# 中国历史文化名城概要

ZHONGGUO LISHI WENHUA
MINGCHENG GAIYAO

贾鸿雁 编著

东南大学出版社
SOUTHEAST UNIVERSITY PRESS

## 内容简介

历史文化名城是我国文化遗产的重要组成部分,对于城市形象塑造和文旅发展有重要意义,受到社会的广泛关注。本书收录我国从 1982 年到现在陆续公布的 134 座国家历史文化名城,分上下两篇。上篇包括绪论、古都名城、地域文化名城、民族地区名城、工商交通名城、风景游览名城、近现代名城七部分,首先概括介绍中国历史文化名城的全貌,包括名城的概念、特征与类型以及名城保护问题、名城与旅游的关系;然后选择古都类等六种不同类型名城的典型代表 31 座,对其历史文化特色进行较详细的论析。下篇为名城速览部分,对其余 100 余座名城进行扼要叙述。

本书可供文化遗产保护、城市规划、旅游管理等相关专业人员以及文史爱好者、旅游爱好者阅读参考,也可作为高等院校历史文化名城相关课程教材。

## 图书在版编目(CIP)数据

中国历史文化名城概要 / 贾鸿雁编著. — 南京:东南大学出版社,2020.8
ISBN 978-7-5641-9084-2

Ⅰ. ①中… Ⅱ. ①贾… Ⅲ. ①文化名城-介绍-中国 Ⅳ. ①K928.5

中国版本图书馆 CIP 数据核字(2020)第 152578 号

## 中国历史文化名城概要

| | |
|---|---|
| 编　　著 | 贾鸿雁 |
| 出版发行 | 东南大学出版社 |
| 出 版 人 | 江建中 |
| 责任编辑 | 胡中正 |
| 特邀编辑 | 刘仁军 |
| 社　　址 | 南京市四牌楼 2 号 |
| 邮　　编 | 210096 |
| 网　　址 | http://www.seupress.com |
| 经　　销 | 全国新华书店 |
| 印　　刷 | 南京玉河印刷厂 |
| 开　　本 | 787 mm×1092 mm　1/16 |
| 印　　张 | 31.00 |
| 字　　数 | 750 千字 |
| 版　　次 | 2020 年 8 月第 1 版 |
| 印　　次 | 2020 年 8 月第 1 次印刷 |
| 书　　号 | ISBN 978-7-5641-9084-2 |
| 定　　价 | 88.00 元 |

\* 本社图书若有印装质量问题,请直接与营销部联系,电话:025-83791830。

# 前　言

　　1982年2月8日,国务院批转国家建委、国家文物局、国家城建总局联合所做的《关于保护我国历史文化名城的请示》,并公布了有重大历史价值和革命意义的24个城市为中国第一批历史文化名城;同年11月19日《中华人民共和国文物保护法》公布实施,将历史文化名城纳入保护对象。自此,历史文化名城正式成为我国文化遗产家族的一员。迄今,我国已陆续公布了一百余座国家历史文化名城,覆盖除港、澳、台之外的31个省、自治区、直辖市。名城已经成为塑造城市形象、发展城市旅游的金字招牌,引起人们广泛的兴趣和关注。

　　历史文化名城的公布使名城由单体文物保护走向整体保护,并严格要求城市的发展建设既要符合现代化生产、生活要求,又要保持其特有的历史文化传统风貌。然而在现实中,名城的保护与发展之间常常出现各种各样的矛盾,保护第一、突出特色是名城保护与发展的共同诉求。本书的写作,不求对每座城市做面面俱到全景式的介绍,而是在充分把握名城特色的前提下取舍内容,力图在有限的篇幅内呈现名城的精华。

　　全书涵盖现有全部135座国家级历史文化名城,分上下两篇。上篇包括绪论、古都名城、地域文化名城、民族地区名城、工商交通名城、风景游览名城、近现代名城七部分,首先概括介绍中国历史文化名城的全貌,包括名城的概念、特征与类型以及名城保护问题、名城与旅游的关系;然后选择古都类等六种不同类型名城的典型代表32座,对其历史文化特色进行较详细的论析。下篇为名城速览部分,对其余100余座名城进行扼要叙述,突出各名城特点。

  本书在写作过程中参阅了大量图书、论文及网络上的资料,未能一一在脚注中标注,谨向作者致以衷心的感谢。

  本书入列东南大学规划教材。东南大学出版社的相关领导与编辑为本书的出版提供了极大的帮助。上海大世界基尼斯记忆地名数量之最保持者刘仁军对书中相关史地内容进行审核把关。在此深表谢忱。

贾鸿雁

# 目 录

## 上 篇

绪论 ········································································· 3
  第一节　历史文化名城的概念 ····································· 3
  第二节　历史文化名城的特征与类型 ···························· 8
  第三节　历史文化名城的保护 ····································· 12
  第四节　历史文化名城与旅游 ····································· 15

第一章　古都名城 ························································ 18
  第一节　秦中自古帝王州——西安、咸阳 ····················· 18
  第二节　天下之中——洛阳 ······································· 32
  第三节　今古京华——北京 ······································· 41
  第四节　六朝遗韵——南京 ······································· 53

第二章　地域文化名城 ··················································· 57
  第一节　孔圣阙里——曲阜 ······································· 57
  第二节　火凤翔舞——荆州 ······································· 62
  第三节　吴风越韵——苏州、绍兴 ······························ 69
  第四节　锦绣蓉城——成都 ······································· 75
  第五节　海滨邹鲁——潮州 ······································· 85

第三章　民族地区名城 ··················································· 91
  第一节　草原青城——呼和浩特 ································· 91
  第二节　文献名邦——大理 ······································· 97
  第三节　雪域佛国——拉萨 ······································· 104
  第四节　西夏故都——银川 ······································· 112
  第五节　南疆古城——喀什 ······································· 117

第四章　工商交通名城 ··················································· 126
  第一节　陶瓷之都——景德镇 ···································· 126

第二节　运河都会——扬州 …………………………… 129

　　第三节　梯航万国——泉州 …………………………… 136

　　第四节　丝路重镇——武威、张掖、敦煌 …………… 145

　　第五节　汇通天下——平遥 …………………………… 152

第五章　风景游览名城 ……………………………………… 157

　　第一节　紫塞明珠——承德 …………………………… 157

　　第二节　人间天堂——杭州 …………………………… 161

　　第三节　巴陵故郡——岳阳 …………………………… 168

　　第四节　山水甲天下——桂林 ………………………… 175

　　第五节　古堰青城——都江堰 ………………………… 183

第六章　近现代名城 ………………………………………… 190

　　第一节　东方明珠——上海 …………………………… 190

　　第二节　北方商港——天津 …………………………… 197

　　第三节　山城雾都——重庆 …………………………… 204

　　第四节　革命圣地——延安 …………………………… 210

## 下篇　名城速览

1. 燕南要塞——保定 ……………………………………… 217

2. 成语典故之乡——邯郸 ………………………………… 219

3. 河朔雄镇——正定 ……………………………………… 222

4. 长城第一关——山海关 ………………………………… 224

5. 京西第一州——蔚县 …………………………………… 226

6. 北魏故都——大同 ……………………………………… 228

7. 七十二行城——新绛 …………………………………… 233

8. 晋商故里——祁县 ……………………………………… 235

9. 北塞门户——代县 ……………………………………… 237

10. 晋韵龙城——太原 ……………………………………… 239

11. 关外京阙——沈阳 ……………………………………… 243

12. 高句丽王城——集安 …………………………………… 246

13. 北国江城——吉林 ……………………………………… 249

14. 北国春城——长春 ……………………………………… 251

15. 冰雪名城——哈尔滨 …… 256
16. 中国鹤城——齐齐哈尔 …… 259
17. 山林城市——镇江 …… 261
18. 湖山胜境——常熟 …… 263
19. 楚风汉韵——徐州 …… 265
20. 运河要邑——淮安 …… 268
21. 太湖佳处——无锡 …… 271
22. 近代第一城——南通 …… 273
23. 紫砂之都——宜兴 …… 275
24. 水韵凤城——泰州 …… 279
25. 中华龙城——常州 …… 282
26. 东方邮都——高邮 …… 284
27. 明州古港——宁波 …… 287
28. 东南阙里——衢州 …… 290
29. 台州古城——临海 …… 292
30. 东南小邹鲁——金华 …… 293
31. 嘉禾之乡——嘉兴 …… 296
32. 丝绸之府——湖州 …… 298
33. 东瓯名城——温州 …… 302
34. 剑瓷之都——龙泉 …… 304
35. 徽商故里——歙县 …… 305
36. 江淮楚都——寿县 …… 309
37. "三曹桑梓"——亳州 …… 312
38. 吴楚分疆第一州——安庆 …… 313
39. 皖南名邑——绩溪 …… 316
40. 八闽首府——福州 …… 318
41. 闽南名城——漳州 …… 321
42. 客家首府——长汀 …… 324
43. 英雄城市——南昌 …… 327
44. 江南宋城——赣州 …… 330
45. 红都圣地——瑞金 …… 332

46. 历下泉城——济南 …………………………………… 334
47. 海上名港——青岛 …………………………………… 337
48. 孟子故里——邹城 …………………………………… 339
49. 江北水城——聊城 …………………………………… 341
50. 齐国故都——临淄 …………………………………… 343
51. "四海皆安"——泰安 ………………………………… 346
52. 人间仙境——蓬莱 …………………………………… 348
53. 山海仙市——烟台 …………………………………… 350
54. 东方第一州——青州 ………………………………… 352
55. 七朝都会——开封 …………………………………… 356
56. 殷商旧都——安阳 …………………………………… 359
57. 楚豫雄藩——南阳 …………………………………… 361
58. 商汤之都——商丘 …………………………………… 364
59. 商都——郑州 ………………………………………… 366
60. 黎阳古邑——浚县 …………………………………… 369
61. 中华龙乡——濮阳 …………………………………… 371
62. 九省通衢——武汉 …………………………………… 374
63. 隆中旧地——襄阳 …………………………………… 378
64. 神农故里——随州 …………………………………… 380
65. 祥瑞所钟——钟祥 …………………………………… 384
66. 湘楚名城——长沙 …………………………………… 386
67. 湘西边城——凤凰 …………………………………… 389
68. 湘南古城——永州 …………………………………… 392
69. 岭南商都——广州 …………………………………… 395
70. 古端名郡——肇庆 …………………………………… 398
71. 南国陶城——佛山 …………………………………… 401
72. 世界客都——梅州 …………………………………… 404
73. 天南重地——雷州 …………………………………… 406
74. 伟人故里——中山 …………………………………… 408
75. 粤东门户——惠州 …………………………………… 411
76. 水绕壶城——柳州 …………………………………… 413

77. 珍珠之城——北海 …………………………………… 416
78. 琼台福地——海口、琼山 …………………………… 418
79. 阆苑仙境——阆中 …………………………………… 420
80. 万里长江第一城——宜宾 …………………………… 422
81. 井盐之都——自贡 …………………………………… 424
82. 大佛之乡——乐山 …………………………………… 427
83. 中华酒都——泸州 …………………………………… 428
84. 川滇锁钥——会理 …………………………………… 430
85. 革命名城——遵义 …………………………………… 433
86. 黔东古城——镇远 …………………………………… 435
87. 春城——昆明 ………………………………………… 437
88. 纳西古城——丽江 …………………………………… 440
89. 滇南邹鲁——建水 …………………………………… 444
90. 南诏故都——巍山 …………………………………… 446
91. 钱王之乡——会泽 …………………………………… 447
92. 后藏首府——日喀则 ………………………………… 450
93. 抗英英雄城——江孜 ………………………………… 452
94. 文史之乡——韩城 …………………………………… 454
95. 塞外驼城——榆林 …………………………………… 455
96. 大汉之源——汉中 …………………………………… 457
97. 羲皇故里——天水 …………………………………… 460
98. 金色谷地——同仁 …………………………………… 462
99. "火洲"——吐鲁番 …………………………………… 464
100. 八卦城——特克斯 …………………………………… 468
101. 歌舞之乡——库车 …………………………………… 472
102. 西域天府——伊宁 …………………………………… 475

参考文献 …………………………………………………… 478

附录:中国历史文化名城名单 …………………………… 482

# 上篇

# 绪　论

## 第一节　历史文化名城的概念

### 一、历史文化名城的缘起

城市是人类文明集中的焦点,是伴随着社会生产力的发展和科学技术的进步而出现的。所谓"市",最初是人们临时交换产品的场所,后来逐渐地在这些地方聚居,"坐地行商",集市由临时性的变为固定的。繁荣的集市,往往成为统治集团的兵家必争之地,安营扎寨,围市筑城,于是集市与城堡合一,演变为城市。中国是历史悠久的文明古国,城市的起源和发展都很早。距今4 300~5 300年前的良渚古城,据目前的考古发现,城墙南北长1 800~1 900米,东西宽1 500~1 700米,总面积达3.07平方千米,相当于四个北京故宫的面积,是同时期规模最大、营建最考究、配置最高级的古城,是中国五千年文明史的重要实证。随着历代政治、经济、文化和社会的发展,在我国广阔的土地上,产生了许多各具特色的著名城市。这些城市集中体现了中华民族的灿烂文化和光荣传统,是历史遗留给我们的珍贵财富。

我国最早提出把城市作为历史文化遗产来进行保护是在1949年3月。当时国立清华大学与私立中国营造学社合设之建筑研究所编制了《全国重要建筑文物简目》,提供给中国人民解放军在作战及接管时保护文物之用,共收入22个省、市的重要古建筑和石窟、雕塑等文物465处。为了对特殊重要的文物建筑加强保护,《简目》将文物建筑分为4级,以圆圈为标志,用圆圈多少表示其重要程度。《简目》的第一项,就是把北平古都作为一个完整的历史文化遗产来保护,并加上了最重要的4个圆圈的标志。条目全文如下:

◦◦◦◦北平城全部〔※〕

　　甲.(详细所在地点)北平市。乙.(文物性质)都市。丙.(建筑或重修年代)元代(1280)初建;明初改建。嘉靖间(约1530)甃砖并加外城。清代历次重修。丁.(特殊意义及价值)世界现存最完整、最伟大之中古都市,全部为一整个设计,对称均齐,气魄之大举世无匹。

〔※〕这一符号,表示由中国营造学社曾经实地调查过的项目。①

新中国成立初期,梁思成先生等即提出了对北京和中国其他历史城市进行整体保护的建议,但在当时的历史条件下未能得到贯彻实施。在随后的新建设热潮和十年动乱中,历史古城遭到广泛和严重的破坏。到20世纪70年代末和80年代初,随着改革开放政策的施行,城市经济迅猛发展,城市建设和城市传统风貌之间的矛盾日益突出。由于对古城的价值缺乏认识,许多文物古迹、历史街区成了经济发展、开发建设的"绊脚石",数百年来形成的古老城区一朝"脱胎换骨",旧颜顿失。凡此种种,在当时国家基本建设委员会、国家文物事业管理局、国家城市建设总局向国务院提交的《关于保护我国历史文化名城的请示》中这样描述:"随着经济建设的发展,城市规模一再扩大,在城市规划和建设过程中又不注意保护历史文化古迹,致使一些古建筑、遗址、墓葬、碑碣、名胜遭到了不同程度的破坏。近几年来,在基本建设和发展旅游事业的过程中,又出现了一些新情况和新问题。有的城市,新建了一些与城市原有格局很不协调的建筑,特别是大工厂和高楼大厦,使城市和文物古迹的环境风貌进一步受到损害。如听任这种状况继续发展下去,这些城市长期积累起来的宝贵的历史文化遗产,不久就会被断送,其后果是不堪设想的。"②在这样的背景下,一些专家提出,对于古城,单独保护一个古迹很难奏效,应当从城市整体上采取保护措施,于是历史文化名城保护的概念应运而生,于1981年底拟订了第一批20个历史文化名城的名单,后又增加为24个,在1982年2月由国务院正式公布。我国的第一批国家历史文化名城由此诞生。此后又陆续公布,截至2018年5月,国务院共公布中国历史文化名城135个(名单见附录)。

---

①罗哲文.罗哲文历史文化名城与古建筑保护文集.北京:中国建筑工业出版社,2003:7.

②罗哲文.罗哲文历史文化名城与古建筑保护文集.北京:中国建筑工业出版社,2003:237.

## 二、历史文化名城的定义

在第一批中国历史文化名城公布的当年,11月19日第五届全国人民代表大会常务委员会第二十五次会议通过了《中华人民共和国文物保护法》(以下简称《文物保护法》),并于同日开始实施。该法的第二章"不可移动文物"第八条规定:"保存文物特别丰富,具有重大历史价值和革命意义的城市,由国家文化行政管理部门会同城乡建设环境保护部门报国务院核定公布为历史文化名城。"①这一表述首次明确界定了历史文化名城的概念,同时也成为国家级名城公布的法律依据。

2002年10月28日,第九届全国人民代表大会常务委员会第三十次会议通过修订的《文物保护法》,并于当日公布实施。2002年版本的《文物保护法》第二章"不可移动文物"第十四条规定:"保存文物特别丰富并且具有重大历史价值或者革命纪念意义的城市,由国务院核定公布为历史文化名城。"②这一修订后的条款成为中国历史文化名城的官方定义。同一条还规定了历史文化街区、历史文化村镇的概念,并要求"历史文化名城和历史文化街区、村镇所在地的县级以上地方人民政府应当组织编制专门的历史文化名城和历史文化街区、村镇保护规划,并纳入城市总体规划",强化了历史文化名城等保护的法律与制度保障。此后,《文物保护法》又迭经修订,但有关历史文化名城的表述未有变动。

## 三、历史文化名城的审定

从上述历史文化名城诞生的背景可以看到,历史文化名城并非单纯字面意义的历史古城,而是有特定含义、面向城市遗产保护、由官方按一定程序核准公布的。自第一批历史文化名城公布后,其审定标准日益明确,审批程序走向规范。

### 1. 历史文化名城的审定标准

在1982年2月公布首批历史文化名城时,《文物保护法》尚未正式出

---

① 中华人民共和国文物保护法,1982年11月19日公布. 中国政府法制信息网. http://fgk.chinalaw.gov.cn/article/flk/198211/19821100267803.shtml.
② 中华人民共和国文物保护法,2002年10月28日公布. 中国政府法制信息网. http://fgk.chinalaw.gov.cn/article/flk/200210/20021000267802.shtml.

台,当时国家基本建设委员会、国家文物事业管理局、国家城市建设总局等部门向国务院提交的《关于保护我国历史文化名城的请示》报告中也没有给历史文化名城下定义,只说道:"许多历史文化名城是我国古代政治、经济、文化的中心,或者是近代革命运动和发生重大历史事件的重要城市。在这些历史文化名城的地面和地下,保存了大量的历史文物与革命文物,体现了中华民族的悠久历史、光荣的革命传统与光辉灿烂的文化。"①这段话提到了历史文化名城应具备的两个基本条件:一是历史上有重要地位,二是保存有大量文物。

在选择第一批历史文化名城时,曾考虑到历史文化名城所必须具备的四个条件:第一是要有悠久的历史或是有特殊重大的历史事件(包括革命史或其他重大历史事件);第二是要有较多的历史文化遗存,也就是要有丰富的文物古迹或革命遗址和文物;第三是要有较多的文化传统内容,如诗歌、曲艺、戏剧、工艺美术、土特名产、风味食品、民俗风情、历史文化名人等等;第四是这个城镇长期以来一直在使用和发展着,而且今后还要继续发展。这四个条件或者完全具备,或者大部具备,才能构成历史文化名城。② 这四个条件是围绕着"历史文化名城"的四个概念要素"历史"(历史悠久或历史地位突出、历史遗存丰富)、"文化"(有较多的历史文化遗存和文化传统内容)、"名"(重要的历史地位、丰富的文化内容带来的城市的高知名度)、"城"(过去、现在、将来都是活生生的城市有机体而非废弃的城市废墟或遗迹)提出的,第一批公布的24个历史文化名城都是大家熟知且公认应该加以保护的。

第一批名城公布之后的几年中,保护历史文化名城的思想逐步推广开来,许多城市纷纷争做名城,名城的审定标准有必要具体化和明确化。在1986年审定第二批名城名单时,当时的建设部、文化部在提交国务院的《关于申请公布第二批国家历史文化名城名单的报告》中提到了在名城的具体审定工作中要掌握的三项原则,它们是:

---

①罗哲文.罗哲文历史文化名城与古建筑保护文集.北京:中国建筑工业出版社,2003:237.
②罗哲文.中国历史文化名城保护与建设的新发展//中国历史文化名城委员会(筹).中国历史文化名城保护与建设.北京:文物出版社,1987:62.

第一,不但要看城市的历史,还要着重当前是否保存有较为丰富、完好的文物古迹和具有重大历史、科学、艺术价值。

第二,历史文化名城和文物保护单位是有区别的。作为历史文化名城的现状格局和风貌应保留着历史特色,并具有一定的代表城市传统风貌的街区。

第三,文物古迹主要分布在城市市区或郊区,保护和合理使用这些历史文化遗产对该城市的性质、布局、建设方针有重要影响。[①]

这三项审定原则强化了对城市现存文物古迹、城市历史风貌的要求,强调了历史文化遗产的保护与合理使用对当代城市建设的影响,明确了名城与单体文物的区隔,使名城保护的重点更加突出。

2008年4月,国务院颁布了《历史文化名城名镇名村保护条例》,对于申报历史文化名城应具备的条件做了如下规定:

① 保存文物特别丰富;

② 历史建筑集中成片;

③ 保留着传统格局和历史风貌;

④ 历史上曾经作为政治、经济、文化、交通中心或者军事要地,或者发生过重要历史事件,或者其传统产业、历史上建设的重大工程对本地区的发展产生过重要影响,或者能够集中反映本地区建筑的文化特色、民族特色……在所申报的历史文化名城保护范围内还应当有2个以上的历史文化街区。[②]

2. 历史文化名城的申报与批准

随着名城审定标准的清晰化,名城的申报审批也逐渐规范。鉴于历史古城风貌保护的急迫性,第一批名城名单是由当时的国家文物事业管理局、国家基本建设委员会和国家城市建设总局共同选定的。随着名城保护工作的深入,历史文化名城的审批由自上而下的专家推荐、国家发布、地方跟进保护措施演变为由地方逐级申报,保护规划先行,先成为省级历史文化名城

---

①罗哲文.罗哲文历史文化名城与古建筑保护文集.北京:中国建筑工业出版社,2003:242.

②历史文化名城名镇名村保护条例(中华人民共和国国务院令第524号)第七条.中央政府门户网站.http://www.gov.cn/flfg/2008-04/29/content_957342.htm.

方可申报国家级名城,形成了一套规范的程序。根据《中华人民共和国文物保护法实施条例》(根据九届全国人大常委会第三十次会议修订通过的《中华人民共和国文物保护法》制定、经国务院第八次常务会议通过、于2003年7月1日起实施,现行版本为2017年修订)第二章第七条规定:"历史文化名城,由国务院建设行政主管部门会同国务院文物行政主管部门报国务院核定公布。"①《历史文化名城名镇名村保护条例》第九条规定:"申报历史文化名城,由省、自治区、直辖市人民政府提出申请,经国务院建设主管部门会同国务院文物主管部门组织有关部门、专家进行论证,提出审查意见,报国务院批准公布。"第十条补充:"对符合本条例第七条规定的条件而没有申报历史文化名城的城市,国务院建设主管部门会同国务院文物主管部门可以向该城市所在地的省、自治区人民政府提出申报建议;仍不申报的,可以直接向国务院提出确定该城市为历史文化名城的建议。"②

## 第二节 历史文化名城的特征与类型

### 一、历史文化名城的特征

历史文化名城是在特定的环境和条件下形成和发展起来的。现有的135个历史文化名城分布于全国除港、澳、台以外的所有省、自治区、直辖市,尽管其所处地域、规模大小、城市功能乃至风格气质各不相同,但总体上仍具备一些共同特征。

1. 历史悠久,遗迹多

历史悠久是历史文化名城的基本特征。中国的城市起源很早,其发展过程又具有相当的连续性。自殷周以来,中国城市就一直是统治集团的坚固营垒,都城和各级中心城市在不同时期常常保持着国家或地区政治、经济、文化中心的地位,这就使得中国的历史文化名城大多具有久远的历史,长达千年者不在少数。北京、南京、苏州、扬州、绍兴、泉州、曲阜、洛阳、开

---

①中华人民共和国文物保护法实施条例(2017年修正本2).国家文物局网.http://www.ncha.gov.cn/art/2017/3/1/art_2301_42897.html.

②历史文化名城名镇名村保护条例(中华人民共和国国务院令第524号).中国政府网.http://www.gov.cn/test/2008-04/30/content_958355.htm.

封、荆州、长沙、广州、成都、西安等都有2 000年以上的建城史。有的名城，虽然城市史不长，但境域内有较久远的开发史，如青岛，城市始于近代，但所辖地区拥有丰富的历史内容和文化遗迹，如战国时期"田单破燕"的即墨故城、西汉初田横500壮士宁死不屈的田横岛等。

悠久的历史，遗留下众多的古遗址、古墓葬、古建筑。一座历史文化名城，就是一座光彩照人的历史博物馆，各城均有驰名中外、占有举足轻重地位的历史遗迹，上至史前文化遗址，以及奴隶社会、封建社会各个历史时期的烙印，下至近代历史文物、革命文物等，应有尽有；不少是世界上独一无二的独特资源，如万里长城、秦始皇陵兵马俑等。可以说，这些名城的遗迹，记载着中华民族的发展史和对外交流史。

2. 风景优美，名胜多

中国名城的地理位置颇为特殊，由于政治控制、军事攻守、经济发展的实际需要，以及礼制、阴阳五行说、风水说等传统意识形态的影响，往往选择在依山傍水之地。因而，历史文化名城大都具有类型多样、多姿多彩的自然风景资源，如桂林、杭州，佳山秀水，天下独步；更多的则是自然风景与巧夺天工的人工设计和建筑互相呼应，如江南三大名楼——黄鹤楼、岳阳楼、滕王阁以及苏州园林等，与所在名城的自然景观紧密结合，使楼阁生辉、山水增色。

3. 人文荟萃，名流多

这是文化名城深刻内涵的体现。在历史文化名城的形成和发展过程中，文化是最基本、最重要的方面。名城孕育和荟萃了许多为祖国文化作出卓越贡献的思想家、文学家、艺术家、科学家和民族英雄豪杰。他们或对名城建设作出直接的贡献，如伍子胥筑苏州城，范蠡筑绍兴城，刘秉忠设计元大都，李冰父子建都江堰，马臻开鉴湖，苏东坡浚西湖、筑苏堤；或以自身才学风骨对名城的民风、民俗施加影响，如孔子之于曲阜，司马迁之于韩城，韩愈潮州兴文教，岳飞、于谦为杭州平添英雄气概等；或以诗词歌赋绘画为名城谕扬，使名城增辉，如杜甫与成都，范仲淹与岳阳，苏轼使西湖墨香四溢，苏州枫桥因诗而定名，寒山寺因诗而改名等。历史文化名城也培养和吸引着代代名流。每座名城，都可列举出一大串与之相关的名流名单。

#### 4. 经济发达，物产多

多数的历史文化名城位于物产富饶的地带，是当地的商品集散地；有的则处于交通要塞，成为内外贸易的枢纽。这就带动了城市本身的繁荣，使之成为经济发达、物产众多的地区。如史载唐武则天时期，东都洛阳有100多万人，有能储粮四亿斤的粮仓；扬州作为著名的商埠，六朝、唐代都是繁华之地，有"江淮之间，广陵大镇，富甲天下"之誉。丰富、独特的物产是名城不可缺少的组成部分，苏绣、蜀锦、景德镇瓷器、北京景泰蓝等等，都是享誉世界的产品。

### 二、历史文化名城的类型

从分门别类的角度考察中国历史文化名城，分析梳理其脉络，有助于总体把握名城的特质，制定切实可行的发展路子。对名城的分类有多种。文物保护专家、曾任全国历史文化名城保护专家委员会副主任的郑孝燮认为，按照历史和自然文化特性，名城可分为七个类型：

（1）历史上以政治中心为主的都城、省城、州城或府城、县城；

（2）风景如画，依托山水名胜和重点文物古迹为主的名城；

（3）传统手工业、商业特别著称的名城；

（4）少数民族地区传统文化特色突出的名城；

（5）边境、口岸及长城沿线以军事防御为主的历史城镇；

（6）以海外交通为主的港口名城；

（7）重点革命纪念地名城。

并特别指出，其中不少名城可以兼有几个特征[①]。

在这一观点的基础上，国家历史文化名城研究中心主任、同济大学建筑规划学院阮仪三做了进一步的阐述。他根据名城的历史形成、自然和人文地理，以及它们的城市物质要素和功能结构等方面仔细对比分析，也将名城划分为七种类型，并引证实例及列表说明。分类如下：

#### 1. 古都型

以都城时代的历史遗存物、古都的风貌或风景名胜为特点的城市，如北

---

① 中国大百科全书总编辑委员会《文物博物馆》编辑委员会. 中国大百科全书·文物·博物馆. 北京：中国大百科全书出版社，1993：304.

京、西安、洛阳、开封、安阳等。

2. 传统城市风貌型

具有完整地保留了某时期或几个时期积淀下来的完整建筑群体的城市,如平遥、韩城、镇远、榆林等。传统的城市建筑环境,在物质形态上使人感受到强烈的历史氛围,体会到建筑的美学价值。通过这些物质形态,可以折射出某一时代的政治、文化、经济、军事诸方面深层历史结构。这类城市不仅文物保存较好,由于发展缓慢或另辟新城发展整个城市,无论是格局、街道、民居和公共建筑均完整地保存着某一时代的风貌。

3. 风景名胜型

这类城市拥有优美的自然景色,再加上内涵丰富的人文景观,便对城市文化特色的形成起了决定性作用,建筑与山水融为一体凸显出鲜明的个性特征,如桂林、承德、镇江、苏州、绍兴、乐山等城市。

4. 地方特色及民族文化型

在名城中有一批少数民族聚居、富于民族文化特色的城市,如散发出浓郁藏族文化气息的拉萨、日喀则、江孜,维吾尔族聚居地、丝路重镇喀什,白族文化故乡大理,藏彝文化走廊重镇、纳西族家园丽江等。另外还有一些保留浓重地方文化特色的城市,如潮州。

5. 近现代史迹型

在近现代史上发生过具有重大历史意义的事件,或一度成为叱咤风云的政治活动中心城市,许多文物和建筑都记载着中国人民革命斗争的光辉历程。如遵义、延安、上海、重庆、天津、广州等。

6. 特殊职能型

一些功能相对独立、专一,并且这一功能逐渐成为显著特征的城市。如寿县,因地处淝水边,积累了防阻洪水的筑城技术和一整套防水措施,城市对中国古代水利科学作出重大贡献。武威、张掖最初是为抵御外侮而建的边防城市。

7. 一般史迹型

以分散在全城各处的文物古迹作为历史体现的主要方式的城市。许多历史城市,由于受到人为及自然的破坏,其原有城市格局遭到破坏,文物古迹零散,但它们历史悠久,文化延续性也强,如长沙、成都、济南等[①]。

## 第三节 历史文化名城的保护

### 一、历史文化名城保护的内容

历史文化名城保存了城市的特色和各个历史时期遗留下来的历史遗迹,是文物相对集中的地方,对其加以保护的意义远在其他零散文物之上。保护历史文化名城应保护以下内容:

(1) 城址环境及与之相互依存的山川形胜;

(2) 历史城区的传统格局与历史风貌;

(3) 历史文化街区和其他历史地段;

(4) 需要保护的建筑,包括文物保护单位、历史建筑、已登记尚未公布为文物保护单位的不可移动文物、传统风貌建筑等;

(5) 历史环境要素;

(6) 非物质文化遗产以及优秀传统文化[②]。

### 二、历史文化名城保护的原则

对历史文化名城进行保护,要始终贯彻两项基本原则。

1. 整体保护的原则

历史文化名城本身是一个整体,既有自然景观,又有人文景观;既有众多文化古迹,且它们又不是孤立的,是被联系在传统城市格局之中的;既有物质环境,又有活跃于这一环境之中的社会生活和民俗民风。所以名城保护一定要从全城出发来考虑研究,而不能单从几个文物点或几处地段着眼。整体保护原则就是保护其精华,使名城在发展过程中始终具有历史的延续性,尤其要注意的是城市传统格局和风貌的保护。

2. 积极保护的原则

历史文化名城不是一座古城遗址,也不是一个博物馆,而是一个活的有

---

[①] 王景慧,阮仪三,王林.历史文化名城保护理论与规划.上海:同济大学出版社,1999:20-25.

[②] 历史文化名城保护规划标准 GB/T 50357-2018. http://www.mohurd.gov.cn/wjfb/201902/t20190228_239602.html.

机体,离不开人的活动。千百年来,它历经沧桑,却又顽强地生存下来,因此它的变是绝对的,永远经历着新陈代谢,世代交替。对它的保护也就不能是博物馆式的、静止的、消极的保护,而要处理好继承与发展的关系。积极保护的原则要求要很好地研究名城发展的规律,扬长避短,充分发挥其优势,使其具有旺盛的生命力。在空间环境上也要研究它的山川自然特色、城市格局和建筑风貌,使新的建设与旧的风貌相协调,有的更要在旧的传统上加以继承和发展,使城市特色更为鲜明,并赋予时代精神。

### 三、历史文化名城保护的相关法规

目前我国关于历史文化名城保护的全国性法规主要是《中华人民共和国文物保护法》[①]和《中华人民共和国城乡规划法》[②]。《中华人民共和国文物保护法》对历史文化名城保护做了原则性的规定:"保存文物特别丰富并且具有重大历史价值或者革命纪念意义的城市,由国务院核定公布为历史文化名城。"(第二章第十四条)规定破坏历史文化名城的法律责任为:"历史文化名城的布局、环境、历史风貌等遭到严重破坏的,由国务院撤销其历史文化名城称号;历史文化城镇、街道、村庄的布局、环境、历史风貌等遭到严重破坏的,由省、自治区、直辖市人民政府撤销其历史文化街区、村镇称号;对负有责任的主管人员和其他直接责任人员依法给予行政处分。"(第七章第六十九条)《中华人民共和国城市规划法》第二章第十四条规定:"编制城市规划应当注意保护和改善城市生态环境,防止污染和其他公害,加强城市绿化建设和市容环境卫生建设,保护历史文化遗产、城市传统风貌、地方特色和自然景观。编制民族自治地方的城市规划,应当注意保持民族传统和地方特色。"另外第三章第二十五条规定:"城市新区开发应当具备水资源、能源、交通、防灾等建设条件,并应当避开地下矿藏、地下文物古迹。"第二十七条规定:"城市旧区改建应当遵循加强维护、合理利用、调整布局、逐步改善的原则,统一规划,分期实施,并逐步改善居住和交通运输条件,加强基础

---

[①]《中华人民共和国文物保护法》1982年11月19日公布,自公布之日起施行,后多次修订,现行版本是2017年修订版。
[②]其前身为1989年12月26日公布,1990年4月1日起实施的《中华人民共和国城市规划法》,2007年10月28日《中华人民共和国城乡规划法》公布,自2008年1月1日起实施,原《中华人民共和国城市规划法》废止。

设施和公共设施建设,提高城市的综合功能。"《文物保护法》《城市规划法》对历史文化名城保护的规定主要是原则性、粗线条的。

除以上两部法规外,对历史文化名城保护有重要意义的部门规章是原建设部2003年颁布、自2004年2月1日起施行的《城市紫线管理办法》[①]。"城市紫线"是指国家历史文化名城内的历史文化街区和省、自治区、直辖市人民政府公布的历史文化街区的保护范围界线,以及历史文化街区外经县级以上人民政府公布保护的历史建筑的保护范围界线。该《办法》要求在编制城市规划时,应当划定保护历史文化街区和历史建筑的紫线,历史文化街区内的各项建设必须坚持保护真实的历史文化遗存,维护街区传统格局和风貌,改善基础设施、提高环境质量的原则;历史建筑的维修和整治必须保持原有外形和风貌,保护范围内的各项建设不得影响历史建筑风貌的展示。《城市紫线管理办法》对历史街区、历史建筑的保护做了比较详细、具体的规定,具有较强的可操作性。

2008年4月2日国务院第3次常务会议通过《历史文化名城名镇名村保护条例》,自2008年7月1日起施行。该《条例》规定了历史文化名城、名镇、名村的申报和批准,保护规划编制、审批和修改,名城、名镇、名村保护措施及对其造成破坏的法律责任。另外,不少省区和历史文化名城还制定了地方性的名城保护法规。

## 四、历史文化名城保护规划

依照《中华人民共和国文物保护法》,"历史文化名城和历史文化街区、村镇所在地的县级以上地方人民政府应当组织编制专门的历史文化名城和历史文化街区、村镇保护规划,并纳入城市总体规划"[②]。《历史文化名城名镇名村保护条例》对于名城保护规划做了专章规定。"历史文化名城批准公布后,历史文化名城人民政府应当组织编制历史文化名城保护规划"(第十三条)。保护规划的内容应包括:

(一)保护原则、保护内容和保护范围;

---

[①] 2011年1月26日依据《住房和城乡建设部关于废止和修改部分规章的决定》(中华人民共和国住房和城乡建设部令第9号)修改;依据《关于公布现行有效住房和城乡建设部规章目录的公告》(中华人民共和国住房和城乡建设部公告第893号)继续有效。

[②]《中华人民共和国文物保护法》第十四条。

（二）保护措施、开发强度和建设控制要求；

（三）传统格局和历史风貌保护要求；

（四）历史文化街区、名镇、名村的核心保护范围和建设控制地带；

（五）保护规划分期实施方案。①

历史文化名城保护规划是以保护历史文化名城、协调保护与建设发展为目的，以确定保护的原则、内容和重点，划定保护范围，提出保护措施为主要内容的规划，是城市总体规划中的专项规划。制定历史文化名城保护规划是历史文化名城保护不可或缺的重要措施，住房和城乡建设部颁布了国家标准《历史文化名城保护规划标准》（GB/T 50357－2018），作为名城保护规划制定的规范。

## 第四节　历史文化名城与旅游

### 一、历史文化名城的旅游发展

体验经济时代，旅游成为愈来愈多的大众的选择。旅游的本质是什么？现代旅游学者偏向于从审美体验的角度加以阐释。谢彦君认为："旅游在根本上是一种主要以获得愉悦为目的的审美过程和自娱过程。"②王柯平认为："旅游观光是一项综合性的审美实践活动。"③历史文化名城熔山水、文物、建筑、园林、绘画、书法、雕塑、音乐、舞蹈、戏剧、服饰、烹饪、风俗、传说、文学、学术文化于一炉，集自然美、社会美、艺术美、科技美于一身，涉及审美的一切领域和一切形态，在满足游客的旅游审美需求方面有着强大的优势，而旅游也是身临其境地解读名城文化、科学、美学诸方面价值的最好形式。

名城与旅游有着天然的联系。早在 1982 年公布第一批国家历史文化名城之初，《国务院批转国家基本建设委员会等关于保护我国历史文化名城的请示的通知》中就明确指出："做好这些历史文化名城的保护和管理工作，对建设社会主义精神文明和发展我国的旅游事业都起着重要的作用。"可见

---

①《历史文化名城名镇名村保护条例》第十四条。
②谢彦君.基础旅游学（第四版）.北京：商务印书馆，2015：42.
③王柯平.旅游美学纲要.北京：旅游教育出版社，1997：20.

促进旅游发展也是公布名城的初衷之一,而当时我国的旅游业在经历了一番坎坷之后也正进入积极稳步发展时期。此后,我国历史文化名城的队伍不断壮大,管理制度日趋完善;旅游业更是获得了高速发展,中国已跻身于世界旅游大国行列,正朝着世界旅游强国的方向迈进。实践证明,旅游发展促进了历史文化名城的保护工作,而历史文化名城则在旅游发展中扮演了极其重要的角色。许多历史文化名城已经具有良好的旅游城市功能,不少还是旅游热点城市,如上海、北京、承德、重庆、杭州、南京、广州、成都、西安、苏州、桂林、昆明、大理、丽江、福州、洛阳、曲阜、敦煌、拉萨等,具有极高的旅游知名度。许多名城旅游经济发达,入境旅游、出境旅游并举,既是旅游接待地,又是旅游客源产出地,城市旅游收入也普遍在旅游总收入中占有主要地位,旅游业在桂林、平遥、曲阜、敦煌、凤凰等城市已经成为国民经济的支柱产业。名城已成为旅游的主体,支撑着中国旅游业的大半江山,具有旅游目的地、旅游集散地和旅游中心枢纽的功能,在中国旅游网络体系中有着特殊地位和价值。

## 二、旅游发展对历史文化名城的影响

旅游发展给历史文化名城带来了诸多正面影响。首先,发展旅游业有利于名城社会功能的发挥。对名城一要保护,二要充分发挥其社会功能,后者是名城保护的目的。历史文化名城具有大量的历史遗存,在历史上,它们又往往是政治、经济、文化中心。其文化功能由于历史的延续部分地被传承,融进现代人们生活的潜意识,在人的观念、生活习俗、性格、思维方式以及文学艺术等方面表现出独特性,从而产生强烈的地方文化特征,但用什么样的方式来诠释历史文化名城极其丰富的内涵,展示其历史风貌,以便让全人类都能够从中得到启迪,充分发挥名城的社会功能呢?旅游业应该说是一种很好的传载形式。旅游者可以通过形形色色的游览活动,去体味历史文化名城内涵的方方面面。旅游业可以和历史文化名城的内在精髓相结合,达到弘扬民族文化的目的。

其次,发展旅游业能促进名城保护工作的进行。旅游业除了自身能取得巨大的经济效益外,还能够带动和促进很多其他经济部门和行业的发展,带来就业机会的增加,收到较好的社会效益。作为拥有深厚旅游基础的名城大力发展旅游业自是明智之举。同时,历史文化名城由于存在对历史遗迹、城市风貌的保护问题,在产业结构配置上需慎重选择,旅游业可以促进环境保护工作和名城原有文化特色的维护。为创造良好的旅游环境,保持城市的独特风貌,不断吸引游客前来访问,旅游接待区必然要重视环境保护和城市整体规划。旅游业还可以促进传统文化的保护。传统文化是历史文化名城的一个基本的支撑点。随着旅游业的开展,一些传统的文化风俗和文化活动得到恢复和开发,特色工艺品因市场需求扩大又得到发展,传统的戏曲、曲艺、音乐、舞蹈等受到重视,历史建筑、文物得到维护等等,均有利于名城的保护。

不过,尽管旅游业的蓬勃发展可以给城市带来巨大的收益,促进名城历史文化的保护,但也有可能因过度逐利、管理不当对名城造成负面影响,如超负荷的旅游开发造成旅游资源及其环境的破坏,旅游设施建设不当破坏名城风貌,传统文化因商业化、娱乐化伤害其真实性,以及文物遗址重修、复建不当带来隐性破坏等。因此,如何在保留城市文化基因、延续历史文脉的前提下,科学规划,适度、合理发展旅游业是名城必须面对的课题。

# 第一章　古都名城

都城是一个政权的政治中心。在我国悠久的历史中,曾经有过许多王朝或政权兴起和灭亡。每一个王朝或政权都各有其都城,有的还不止一处。这些都城的兴废可反映出各自的王朝或政权的若干面貌,诸如政治的窳隆,经济的荣枯,社会的变化,以至国运的盛衰,堪称是王朝的缩影。我国古都众多,其影响力尤大者被称"大古都",有"四大古都""六大古都""七大古都"……之说①。在我国历史上,建都之于城市发展往往有重大影响,因此,诸种名城分类,均将"都城"置于首位。本章介绍"四大古都"名城——西安、洛阳、北京、南京,并将与西安都城史有交集的咸阳附于其中。

## 第一节　秦中自古帝王州——西安、咸阳

### 一、十三朝古都

公元前 206 年楚汉相争中,项羽为了防止被封为汉王的刘邦东进,将陕西关中、陕北分封给三位故秦降将章邯、司马欣和董翳,这三位王统称"三秦王","三秦"沿用至今成为陕西全省陕南、陕北、关中三个区域的总称。从公元前 1046 年周灭商开始,直到天祐元年(904)唐昭宗迁都洛阳,其间历代王

---

① 在中国历史上,凡建立过独立政权的王朝的都城,不管其存废时间长短,规模大小,是否延续发展,分布在内地或边疆,都可算作古都。其总数十分可观,据估算在 200 处左右。从 20 世纪 20 年代开始对那些在中国历史上影响较大、建筑雄伟、文化灿烂、经济发达、规模宏大、人口众多,迄今在全国仍然是著名城市的古都冠以"大"字,以"大古都"显示中国古都的精华所在。先是将西安、洛阳、北京、南京并列为"四大古都",后来加入开封成"五大古都",20 世纪 30 年代又将杭州加列为"六大古都"。1982 年,历史地理学家谭其骧先生提出"七大古都",除上述六大古都外,还增加了安阳;1988 年 8 月在安阳召开的中国古都学会上,通过将通行半个世纪以来的"六大古都"的提法改为"七大古都",从此安阳正式跻身"大古都"之列。2004 年 11 月,在中国古都学会年会上将郑州与西安等正式列为"八大古都";2010 年 9 月中国古都学会将大同列为中国"大古都";2016 年 10 月中国古都研究高峰论坛形成了《中国古都学会·成都共识》,将成都列为中国"大古都"。

朝在关中地区建都的时间长达千年以上。唐代大诗人杜甫诗云"回首可怜歌舞地,秦中自古帝王州"①,道出了关中地区在历史上的显赫地位。

西安、咸阳是关中地区的中心城市,两城东西毗连,历史上建置名称、辖区互有参差,今天两城的历史遗存、文化内涵有很强的同质性,实可视为一个古都②。在西安地区建都的先后有西周(前1046—前771)、秦(前383—前207)③、西汉(前202—8)、新莽(9—23)、东汉(献帝初年190—195)、西晋(惠帝、愍帝时期,304—306和313—316)、前赵(319—329)、前秦(351—385)、后秦(386—417)、西魏(535—557)、北周(557—581)、隋(文帝时期581—604,恭帝时期617—618)、唐(高祖至中宗时期618—684,中宗复位至昭宗时期705—904)13个王朝以及赤眉、黄巢、李自成等建立的农民起义政权,其中作为西周、秦、西汉、隋、唐统一王朝都城的时间长达700余年。

## 二、周秦汉唐的故城

西安地区地理形胜于天下独居第一,得以成为中国政治、经济、文化重心的千年所在。周王朝绵延近八百年,而近八百年基业,奠定于丰镐;秦汉隋唐大帝国的文明光辉,曾耀眼地照射世界,西安地区正是秦汉隋唐四朝的都城所在。秦都咸阳在今陕西咸阳市东、西安市西北,先是被项羽焚毁,后又被渭水冲没。汉初重建未央宫和长安城,在秦咸阳之南。隋唐长安即今西安市,又在汉长安之南。秦汉隋唐的都城名称不一,城市也有变迁,但大体上不出渭水两岸灞水、沣水之间东西40千米的范围。而在这一范围之内,在秦咸阳、汉长安以南,隋唐长安以西,又有西周的都城丰京和镐京(图1-1)。

### 1. 丰京和镐京

自姜嫄践巨人足迹生后稷,一个以农业为主要生产方式的周部落开始兴起。周文王晚年将都城从岐山脚下的周原迁到沣水西岸,修建了丰京,这是古都西安最早的名称。丰京只有宫城,没有外城,所以又称"丰宫"。它的

---

① (唐)杜甫.秋兴八首之六.
② 根据谭其骧先生的意见,西安作为古都包括丰镐期、咸阳期、汉晋北朝长安期、隋唐长安期4个时期,地域范围涉及今西安和咸阳市域(见谭其骧.序//陈桥驿.中国七大古都.北京:中国青年出版社,1991.)。以下为行文方便,以"西安"笼统称之。
③ 其中公元前383—前350,秦都栎阳(今西安市阎良区境内),公元前350—前207都咸阳。

面积不大,内有太庙,太庙中有观望天象的灵台,灵台下有畜养禽兽的灵囿、灵沼。到春秋时丰京的遗址尚存,至今在秦渡镇北还有灵台的夯筑遗迹。丰京建成不久,周武王又在沣水东岸修建了镐京,西南距丰京25里,中间一水相隔,有桥通连。武王取得灭商的胜利后,丰京与镐京成为号令全国的首都,西安作为古代都城的历史由此发端,从周武王至周幽王,共十二王,历时约300年。丰京、镐京不仅是国家的政治中心,而且形成以青铜器制造为主的手工业和商业。据考古发掘,丰镐京城内分布着廊院式宫殿群、手工业作坊、居民区和墓葬。在墓葬窖穴中出土一万余片甲骨和大批青铜器,又发现车马坑,内有驾四马作战用的戎车和驾二马乘坐用的轺车。这一切表明西周丰镐京已达到早期城市文明的较高水平。

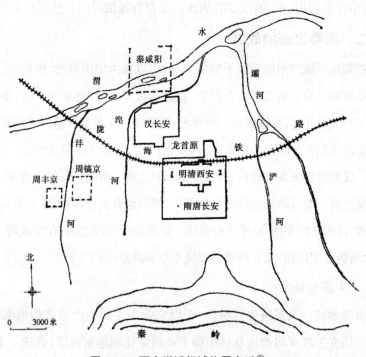

图1-1 西安附近都城位置变迁①

2. 秦都咸阳

公元前770年周平王东迁洛邑后,兴起于今甘肃天水一带的秦人抵达关中。约在公元前6世纪,秦人先后在关中建立过三个城市,其中栎阳和咸

---

①董鉴泓.中国城市建设史(第3版).北京:中国建筑工业出版社,2004:28.

阳的一部分在今西安市境内。秦都咸阳在今陕西咸阳市东,因在九嵕山之南、渭水之北,山水皆阳,故名咸阳。商鞅在修建咸阳城时,仿照了鲁国和卫国的建筑,"大筑冀阙",冀阙就是门阙,在宫城正门外,是宣示法令的地方。大筑冀阙是为了向六国夸耀秦国的强大。此后随着秦国吞并战争的推进,咸阳城和宫苑不断扩大增多,也是出于这一目的。秦孝公之子秦惠文王即位以后,将宫室扩大到南临渭水,北临泾水。秦始皇吞并六国以后,咸阳的宫苑向北扩大到了九嵕山下的高坡上,向南延伸到渭水岸边,接着又跨过渭水到了渭南。史称秦始皇每攻破一国都城,就在咸阳以北山坡上仿建一座该国的王宫,著名诗人李商隐赞曰:"咸阳宫阙郁嵯峨,六国楼台艳绮罗。"①咸阳城最著名的宫殿为朝宫,其前殿名"阿房",经秦始皇、秦二世两代修建,"东西五百步,南北五十丈,上可以坐万人,下可以建五丈旗"②。后人通称朝宫为阿房宫,东西三里,宫殿之大,以至后人称其为"阿城"。但阿房前殿以及朝宫还都是未完成的建筑,"阿房"的名字也是临时的称谓,秦始皇原准备在阿房宫建成后另择好名为它命名。在渭水上有一座横桥,宽六丈,长二百八十步,将南北两岸东西八百余里的300座宫殿连成一片。秦始皇的用意,以阿房宫象征北极,以咸阳宫象征营室星③,以贯通中央的渭水象征银河,以横桥象征跨越银河的阁道六星④。秦始皇甚至在东海之滨的朐县(今江苏连云港市西南)立石为门,作为秦都的东门,又在终南山的峰巅上立木,作为秦都的门阙。秦都的气势之大真是包举宇内、囊括四海了。

吞并六国之后,秦迁六国豪民、贵族12万户充实咸阳,使咸阳人口空前增加,至少有60万~70万人口,加上驻军,有人甚至认为咸阳可能是世界上第一个人口超过百万的特大城市。秦始皇还以咸阳为中心,修建通往全国的驰道,使咸阳成为宫殿林立、经济繁荣、道路四通八达的全国最大城市和中国第一个中央集权制的政治中心。咸阳城里,先后上演着一字千金、焚书坑儒等一幕幕悲喜剧。

---

①(唐)李商隐.咸阳.
②(汉)司马迁.史记卷六·秦始皇本纪.
③营室星,即室宿,二十八宿之一。此星黄昏出现在天空正中,正值夏历十月,人们在这段时间营制宫室,所以得名"营室"。
④阁道为星官名,属奎宿,共六星,在紫宫后,横跨天汉到达营室。

秦末，项羽引兵屠咸阳城，焚烧宫室，大火三月不灭。汉初咸阳城更名为新城，汉武帝时又更名渭城。汉代以后，渭河向北移动10余里，咸阳城又遭水淹，终于残毁。咸阳作为秦朝的都城，自秦孝公至秦二世共历七世八君，144年。

### 3. 西汉长安城

刘邦建都关中，在渭河南岸营建新都与秦咸阳相对，选用了秦都咸阳附近一个村落的名字"长安"作为新都的名称，这便是中国历史上最负盛名的千年古都长安名称的由来。汉高祖刘邦在世时，先修建了长乐宫和未央宫，汉惠帝时修建了长安外城的城墙，汉武帝又修建了内城的北宫、桂宫、明光宫和外城的建章宫，并开凿了昆明池。汉高祖七年（前200），萧何在龙首原上营建未央宫，修建了高大的东阙、北阙以及前殿、武库、太仓等建筑。其中前殿东西长五十五丈，南北长十五丈，高三丈五尺。汉高祖见后发怒说："天下汹汹，劳苦数岁，成败未可知，是何治宫室过度也！"萧何回答说："天下方未定，故可因以就宫室。且夫天子以四海为家，非壮丽无以重威，且无令后世有以加也。"①高祖这才高兴起来。汉惠帝修建外城城墙，前后两次共征发了29万余人。武帝时修筑的建章宫在诸宫殿中最为宏伟、奢靡。前殿西北神明台上铜柱立有巨大铜仙人"舒掌捧铜盘玉杯以承云表之露"。建成后的长安城城区面积36平方千米，城垣周长25.7千米，有12座城门，城内有八街九陌、三宫、九府、三庙、十二门、九市、十六桥，一百六十个闾里，主要宫殿位于城的南部，宫殿面积占长安城总面积的1/2以上。城市规模宏大，建筑密集，交通便利，街道一般宽达45米，人口多时至50万人，是当时世界上只有欧洲的罗马城可与之相媲美的国际性大都市。长安是先建宫殿后建城垣的，为了配合渭水河岸的地形，整个城呈不规则方形，有"斗城"之称（图1-2）。

东汉一朝，长安为西京，是名义上的首都，帝王经常来长安祭扫刘氏皇陵。东汉末年的董卓和李傕、郭汜之乱，使长安城遭到极大破坏，"出门无所见，白骨蔽平原"②，繁华转为凄凉萧条。西晋永嘉之乱后，晋愍帝司马邺匆匆赶到

---

①（宋）司马光.资治通鉴·第十一卷汉纪三·高帝七年.
②（汉）王粲.七哀诗.

长安建都,时"长安城中,户不盈百,墙宇颓毁,蒿棘成林"①。十六国和南北朝时期,长安基本上是在少数民族之手,先后为匈奴人的前赵、氐人的前秦、羌人的后秦、鲜卑人的西魏和北周王朝的都城,但城市建设并无突出成就。

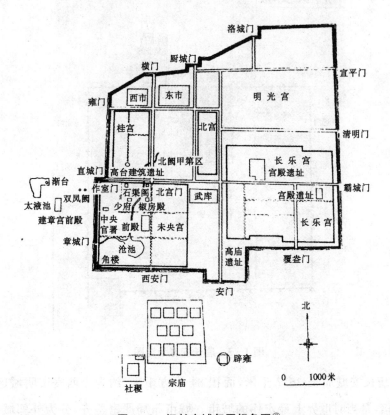

图1-2 汉长安城复原想象图②

4. 隋唐长安城

经过魏晋十六国南北朝的长期分裂,隋朝重新归于一统时,隋文帝仍然选择了在长安建都,但放弃了原来的汉长安城,理由为:汉长安历经破坏,难于修复,且"风水"不利;该地已有多朝建都,不另择新地不能体现新王朝的新气象;环境质量下降,水皆碱卤,不甚宜人;汉长安宫殿与一般建筑杂处,分区不明,防卫和管理不便。隋文帝开皇二年(582),在汉长安城的东南、龙首原的南端另建新城,当时称为大兴城。大兴城的地势较汉长安城更为开

---

①(唐)房玄龄等.晋书卷五·孝怀帝孝愍帝纪.
②董鉴泓.中国城市建设史(第3版).北京:中国建筑工业出版社,2004:29.

阔,新开凿的龙首渠、永安渠、清明渠引浐水、镐水、潏水入城,给新城注入了新鲜活力。隋亡后,唐朝仍在这里建都,改名长安城。

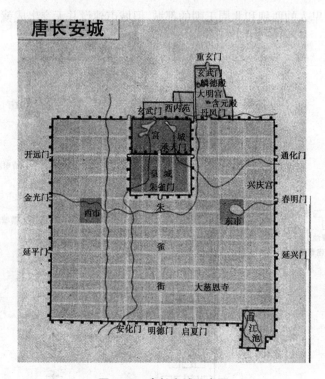

图1-3 唐长安城示意图

唐长安城周长36.7千米,面积84平方千米,约为今西安市明城区的7.5倍,是当时世界上最宏伟的城市。城市布局严密整齐,分为外郭城、皇城、宫城三层,把皇宫、政府机构、居民区用城分开(图1-3)。宫城是皇帝所居,通称禁中,位于全城北部,有三座主要宫殿:李渊、李世民活动的太极宫在城北中央,称西内;高宗和武则天移至大明宫,因在太极宫东,称东内;开元二年(714)玄宗造兴庆宫,因在大明宫之南,称南内。唐宫气势之雄伟、装饰之豪华又远胜汉宫。以大明宫正殿含元殿为例,前有长615米、宽740米的广场,穿广场登上70米长的龙尾道,经七折升高10米,踏石级可进入含元殿。32根殿柱均高10米,直径1米,如天枢支撑玉穹。全殿建造面积大于北京故宫太和殿,从广场看含元殿,犹如遥望天上,杜甫诗云:"蓬莱宫阙对南山,承露金茎霄汉间。"①含元殿是举行盛大庆典、朝会、听政的场所,"千

---

① (唐)杜甫.秋兴八首之五.

官望长安,万国拜含元"①即描写含元殿大朝会的盛况。唐代宫廷建筑是唐帝国经济繁荣、国力强盛的象征。

皇城是官府所在,又称子城,位于宫城正南,有三省六部,最重要的实权机构为尚书省、中书省和门下省三省。外郭城为官员及一般市民居住区,东西略长,南北略窄,周围67里,有11条南北大街,14条东西大街,110坊,12座城门,最重要的是正南的明德门。城内最大的一条街朱雀大街自承天门经朱雀门直通明德门,南北贯通,把长安城平分为东西两部分。最宽的一条街是宫城与皇城之间的横街,达441米。在皇城的东南角和西南角有太庙和太社。外城中有东西两市,两个商业区各有220行,店铺林立,四方珍玩无所不有。西市内有大量胡商活动,更盛于东市。外城东南部晋昌坊内的大雁塔是进士题名的地方,城外东南角上的曲江池是长安著名的风景区。中进士者先在曲江宴会,然后到慈恩寺,推派长于书法者把考中人的名字刻在砖上,称"雁塔题名"。大诗人白居易27岁中进士,在同时考中的17人中年纪最轻,曾得意地吟道"慈恩塔下题名处,十七人中最少年"②。

长安城人口最多时达到一百万人。在唐代,长安是世界上最大、最规整、最宏伟壮丽和文化最为发达的一座城市。它是唐朝政治、经济、文化的中心,也是世界文明的中心和国际性的城市。东罗马从贞观到开元年间五次派使者到长安,波斯仅在开元、天宝年间就十多次派使者前来,日本派出的遣唐使有十三四次之多,每次前来的人数多时达到500人左右,在长安居住的时间长的住到二三十年。韩国派来的使节比日本更多。许多胡人旅居长安,他们将自己的风俗习惯、宗教信仰带到长安,像长安人十分喜爱的打马球就是从波斯传来的,唐朝的皇室贵族都迷恋它,唐玄宗的马球技艺就极为精湛。胡人的饮食、服饰、音乐、舞蹈等都受到长安人的追捧。胡人在长安开了许多胡店、酒店,长安文人常流连于此,大诗人李白《前有一樽酒行》吟道:"胡姬貌如花,当垆笑春风。笑春风,舞罗衣,君今不醉将安归!"除佛教外,波斯的祆教、摩尼教和景教等外来宗教也传布于长安。唐代是一个开放的时代,对各方文化、宗教兼容并包,所谓"九天阊阖开宫殿,万国衣冠拜

---

① (唐)崔立之.南至隔仗望含元殿香炉.
② (唐)白居易.登第.

冕旒"①,可见唐王朝的胸襟气度和都城长安的盛世气象。

随着唐王朝的衰落,天祐元年(904),朱温挟唐昭宗迁都洛阳,强令拆毁宫殿、民房,长安城毁于一旦,"岂知万顷繁华地,强半今为瓦砾堆"②,从此西安地区再无作为全国国都的条件,退居为西北重镇的地位。

### 三、超级历史博物馆

西安地区文明起源早,建都时间长,地上地下文物多,规格高,堪称超级历史博物馆。简单梳理西安及周边地区的历史文化遗存如下。

1. 古遗址

(1) 史前文化遗址

● 蓝田猿人遗址:位于蓝田县陈家窝村和公王岭,距今50~100万年,属旧石器时代早期。建有蓝田猿人遗址保管所,供专家学者研究和游人参观。

● 半坡遗址:位于西安东郊灞桥区半坡村北,距今约6 000年,是大型新石器时代遗址,属仰韶文化类型,是黄河流域规模最大、保存完整的原始社会母系氏族村落遗址。1958年所建西安半坡博物馆是中国第一座遗址博物馆,展现了半坡时代人类生产、生活的真实图景。

● 姜寨遗址:位于临潼区姜寨村,面积5万平方米,是迄今发掘的中国新石器时代面积最大的一个遗址,包含仰韶到龙山文化时期的5个类型序列,其持续时间之长、规模之大是罕见的。该遗址已回填,地表为农田。

(2) 城市和宫殿遗址

● 丰镐遗址:西周都城遗址,位于长安区沣河两岸,周王朝在此建都约300年。

● 秦汉栎阳城遗址:位于西安城东北阎良区境内。秦献公二年(前383)秦国都城由雍城迁至栎阳,秦孝公六年(前356)在此任用商鞅变法,使秦国强大起来,为统一中国打下了基础。秦末项羽三分关中,栎阳曾作为塞王司马欣的都城,汉初刘邦也一度以栎阳为都。

● 秦咸阳城遗址:位于咸阳城东,曾作为秦国都城144年,公元前206年

---

① (唐)王维. 和贾舍人早朝大明宫之作.
② (唐)僧子兰. 悲长安.

被项羽焚毁。现已探知建筑基址10多处,考古发现有壁画、陶圈古井、铜铁器等。

● 郑国渠遗址:位于咸阳城北泾阳县境内泾水出山口附近。郑国渠是我国古代著名的水利工程,秦王政元年(前246)采纳韩国水工郑国引泾灌田的建议,历时10年修成,在秦统一中国中发挥了极其重要的作用。现存郑国渠口、郑国渠古道、拦河坝等,并有大量的碑石遗存。

● 阿房宫遗址:秦代宫殿遗址,位于西安西郊阿房宫村附近,范围南北长约5千米,东西宽约3千米。

● 鸿门宴故址:秦末项羽屯兵并宴请刘邦处,位于临潼区新丰镇。

● 汉长安城遗址及长乐宫、未央宫、建章宫等遗址:位于西安城西北,从汉初建城至隋文帝开皇二年(582)迁都大兴,历时近800年。曾出土有大量的建筑材料、汉俑、简册、封泥等珍贵文物,是研究汉代历史的重要实物资料。2014年,汉长安城未央宫遗址作为中国、哈萨克斯坦和吉尔吉斯斯坦三国联合申报的"丝绸之路:长安—天山廊道的路网"中的一处遗产点成功列入《世界遗产名录》。

● 隋唐长安城及大明宫、兴庆宫、华清宫等遗址:分别位于西安市区和临潼区骊山北麓。隋唐长安城始建于隋文帝开皇二年(582),唐代又经过不断的修建和扩充,规模宏大整齐,是中国古代都城建设的典范,对日本和亚洲其他国家的都城建设也产生了一定影响。大明宫是唐代三大宫殿中规模最大、最为辉煌壮丽的一座,始建于贞观八年(634),作为唐朝的政治中心200余年,现存基址,2010年原址建成大明宫国家遗址公园对外开放,2014年作为"丝绸之路:长安—天山廊道的路网"的一处遗产点列入《世界遗产名录》。兴庆宫原为唐玄宗称帝前与兄弟5人在隆庆坊的藩邸,后加以扩建,开元十六年(728)玄宗移至此听政,也是玄宗与杨贵妃长期居住的宫邸,宫内建筑错落有致,别具风格。1949年后部分旧址辟为公园,重建了花萼相辉楼、勤政务本楼、沉香亭等仿唐建筑,成为西安市区最美丽的风景。华清宫始建于贞观十八年(644),内有汤池称华清池,是当年帝妃皇子贵族沐浴消寒之所,其中海棠汤即杨贵妃"春寒赐浴华清池,温泉水滑洗凝脂"的地方。唐以后被毁。现重建了九龙汤和周围的建筑物,是一处著名的风景名胜地。

- 隋唐圜丘：位于西安市南郊陕西师范大学校园内，始建于隋，是皇帝祭天的礼仪建筑，也是西安作为古都仅存较完好的皇家建筑。

2. 古城墙和钟鼓楼

西安古城墙是全国古城中保存较完整、规模最大的城墙。唐末战乱，驻防长安的韩建为便于防守，放弃外郭城和宫城，以皇城为基本城市规模，改皇城墙而成新的城墙。明洪武三年至十一年（1370—1378）重筑，东北两面比唐长安皇城扩展了约1/3，周长13.7千米，高12米，顶宽12~14米，底宽15~18米，有垛口5984个，四角各有角楼，有四座城门，门外是宽阔的护城河。民国以后新辟城门12座。1982年起进行整治，建环城公园。

古城中央有钟楼和鼓楼，始建于明洪武年间（1368—1398）。钟楼位于东西南北四条大街交会处，为古城西安的标志。鼓楼位于西大街北院门南段。1996年拆除钟鼓楼之间的建筑辟建钟鼓楼广场，进一步突出了钟鼓楼作为古城西安标志性建筑的特点。

3. 陵墓

- 周陵：位于咸阳城北渭城区，相传为周文王、武王陵，两个陵丘保存基本完好。

- 秦始皇陵和兵马俑：秦始皇陵在西安市临潼区。据《史记》记载，嬴政在公元前246年即位为秦王时就开始在骊山建造自己的陵墓，吞并六国后，又征发刑徒70万，历时36年才完工。坟高50多丈，周围5里多宽，掘地极深，灌入铜液。墓中设有百官牌位，有豪华宫殿，珠玉珍宝无数，还用水银造江河大海，以机械转动，用人鱼膏为烛在墓中燃烧。公元前209年始皇入葬时，二世胡亥将后宫没有生育的嫔妃全部殉葬，为防工匠泄密，又把工匠全部封闭在中门和外门之间，活埋在里面。陵园地面建筑内城周5里，外城周12里。现陵园中心地面上还保存着一个高76米，底485米×515米的夯土陵丘。始皇陵周围出土大量文物，兵马俑陪葬坑号称"世界第八奇迹"。秦始皇陵与兵马俑于1987年列入联合国教科文组织《世界遗产名录》。

- 汉代帝陵：关中地区有西汉高祖至平帝11座帝陵，包括高祖长陵、惠帝安陵、文帝霸陵、景帝阳陵、武帝茂陵、昭帝平陵、宣帝杜陵、元帝渭陵、成帝延陵、哀帝义陵、平帝康陵，绵延50千米，基本在一条直线上，全部夯土筑成,为上小下大的覆斗形。武帝茂陵规模最大。陵建在汉槐里县茂乡,建陵后改地名为茂陵,辟为县治,迁来大量贵官、富豪,繁盛一时。现存陵高46.5米,地面建筑不存。陵曾遭盗掘,发现有鎏金铜马、镏金竹节熏炉等器物,亦极奢侈。周围有李夫人、卫青、霍去病、霍光等许多贵戚功臣的陪葬墓。骠骑大将军霍去病墓现为茂陵博物馆所在地。霍去病墓冢呈祁连山形状,石人石兽散置周围,其中马踏匈奴石刻,战马昂首挺胸,踏倒手执弓箭的匈奴入侵者,充满征服者自豪昂扬的情绪。茂陵石刻以其自然、质朴的风采气度体现出汉王朝威加海内的蓬勃向上精神,是我国古代大型纪念性雕刻作品中的典型代表。景帝阳陵因位于西安咸阳国际机场高速公路的中途,1990年以后,伴随机场专用公路的修建,考古工作者开始对这里进行大规模的随工清理和考古勘探。在西汉帝王陵园中,阳陵是考古、调查、勘探工作最为详尽,成果最丰富的一个。汉阳陵陵园主要由帝陵陵园、后陵陵园、南区从葬坑、北区从葬坑、礼制建筑、陪葬墓园、刑徒墓地以及阳陵邑等部分组成。在阳陵近200座从葬坑和近万座陪葬墓内,一列列武士俑披坚执锐,气势威武;一排排仕女俑宽衣博带,美目流盼;成群成组的猪、马、牛、羊、鸡、狗等动物陶塑,密密匝匝,成千上万,还有品类繁多的各种生活器具和兵器。部分坑内还是叠压式埋藏,藏品密不透风,让考古人员无从下手。陕西省人民政府将阳陵确定为陕西汉代文化遗产保护与利用的核心区域,建立起了占地3 000余亩的汉景帝阳陵博物院,其中建筑面积7 000余平方米的帝陵外藏坑遗址保护展示厅,是目前世界上第一座采用国际上最先进的文物保护和展示理念建成的全地下遗址博物馆,也是中国第一座真实展示现场发掘过程和文物遗存,让游客零距离、多角度观赏文物遗存的博物馆,被2005年召开的国际古迹遗址理事会第十五届年会确定为世界文物保护和展示的示范工程,代表着世界目前文物保护和展示的最高水平和未来发展的最新方向。

● **隋唐帝陵**:隋代帝陵有隋文帝泰陵和隋炀帝陵,位于咸阳境内。关中地区的唐代帝陵有18座,包括高祖献陵、太宗昭陵、高宗与武则天合葬墓乾陵、中宗定陵、睿宗桥陵、玄宗泰陵、肃宗建陵、代宗元陵、德宗崇陵、顺宗丰陵、宪宗景陵、穆宗光陵、敬宗庄陵、文宗章陵、武宗端陵、宣宗贞陵、懿宗简陵、僖宗靖陵,另外还有太祖永康陵、世祖兴宁陵和武则天母杨氏顺陵。其中最著名的是昭陵和乾陵。唐帝王陵从太宗起因山为陵,即在山中直接开凿地宫下葬,将整座山作为陵丘。太宗的长孙皇后临终前请求节俭薄葬。太宗选中九嵕山为昭陵,并亲为长孙皇后撰碑文说:"王者以天下为家,何必物在陵中,乃为己有。今因九嵕山为陵,不藏金玉人马器皿,皆用土木,形具而已,庶几奸盗息心,存没无累,当使百世子孙奉以为法。"①不过,昭陵因山为陵,形成面积30万亩的中国最大的一座帝王陵园。陵历时13年建成,在山峰里开凿,山岩旁架梁为栈道,后为保护陵寝安全拆去栈道,陵遂与外界隔绝,可望而不可即了。墓区内分布着魏征、李勣、尉迟敬德、房玄龄、李靖等功臣陵167座。昭陵六骏浮雕是石雕珍品,鲁迅先生在西安讲学时曾专程观看六骏,认为是盛唐气象的集中体现。乾陵位于海拔1047.5米的梁山,是高宗和武则天合葬墓,另有陪葬墓17座。地面石刻很多,有武则天亲撰、中宗御书的"述圣纪碑"和武则天为自己树立的无字碑、61王宾像等。据文献记载,高宗埋葬时,有61个友邦和少数民族曾派特使前来参加葬礼,武则天将61王宾刻为石像立在乾陵。这些石像长袍紧袖,腰束宽带,足登尖头靴,两手前拱。头部绝大多数毁于明清之际。尚残存头部的为高鼻、深目形象。背部原刻有国名、官职和姓名,目前能辨清字迹的仅"吐火罗王子特勒羯达健"等7个。61王宾大都是各少数民族羁縻国的首领,是唐朝民族交往、对外关系的真实写照。在永泰公主墓地设立有乾陵博物馆。

4. 寺院和佛塔

(1) 佛教寺院

隋唐是我国佛学宗派的形成时期,首先出现了天台宗,随后是三论宗、法相宗、华严宗、律宗、禅宗、净土宗和密宗。这些宗派或发端、形成于长安并主要在长安流行,如法相宗、密宗;或原本在外地已有了良好的佛学基础,创立人至长安,受到长安各种学说的影响最终形成一代宗派,如华严宗、三论宗;或起源于他处,后传播至长安,旋即长安成为此学说的中心区域,如律宗、净土宗、禅宗。今西安地区尚存的佛教寺院甚多(见表1-1),佛教文化是西安名城文化的重头戏之一。

---

① (宋)司马光等.资治通鉴·卷一百九十四.

表1-1 西安地区部分佛寺佛塔

| 寺塔名 | 地点 | 始建年代 | 所属宗派 | 说明 |
|---|---|---|---|---|
| 大兴善寺 | 市区南部 | 晋 | 密宗祖庭 | 隋唐时期著名佛经译场 |
| 仙游寺及法王塔 | 周至县 | 隋 | | 自古为游览胜地,是唐代诗人白居易写《长恨歌》的地方。塔为隋文帝为安置舍利而建,曾出土多枚舍利 |
| 净业寺 | 长安区 | 隋 | 律宗祖庭 | 律宗祖师道宣法师曾在此修行著述 |
| 上、下悟真寺 | 蓝田县 | 隋 | | 净土宗创始人善导及高僧净业、法诚等先后住此 |
| 青龙寺 | 市区南部 | 隋 | 密宗主要寺院,日本真言宗发源地 | 空海等日本高僧受法于此,位于乐游原上,可俯瞰长安美景 |
| 华严寺塔 | 长安区 | 唐 | 华严宗 | 华严初祖杜顺和尚灵塔 |
| 慈恩寺大雁塔 | 市区南部 | 唐 | 中、日法相宗祖庭 | 高宗为纪念文德皇后拓建,玄奘曾译经于此,并创法相宗。塔为安置玄奘带回的佛经、佛像、舍利而建 |
| 兴教寺 | 长安区 | 唐 | | 建有唐代高僧玄奘法师灵塔及玄奘弟子窥基和新罗王之孙圆测灵塔 |
| 荐福寺小雁塔 | 市区 | 唐 | | 皇族为高宗荐福而建,曾是重要佛经译场,唐代高僧义净译经处。塔原高15层,存13层,经70多次地震。明成化末地震裂缝,正德末再次地震合拢,痕迹可见,"雁塔晨钟"为长安八景之一 |
| 罔极寺 | 市区 | 唐 | | 太平公主为武则天立。天文学家僧一行圆寂后停葬于此 |
| 香积寺塔 | 长安区 | 唐 | 净土宗 | 净土宗创始人善导灵塔 |
| 草堂寺 | 鄠邑区 | 待考 | 华严宗 | 曾由华严宗五祖宗密主持。有后秦高僧、著名佛教翻译家鸠摩罗什之舍利塔 |
| 牛头寺 | 长安区 | 唐 | | 有为纪念唐代大诗人杜甫所建杜工部祠,为游览胜地 |
| 广仁寺 | 市区 | 清 | 藏密 | 西安唯一的藏密黄教寺院 |
| 水陆庵 | 蓝田县 | 六朝 | | 唐代曾是全国著名寺院,明代为秦藩王的家佛堂,以彩塑驰名 |

(2) 道教寺观

● 楼观台：位于周至县终南山北麓，相传周代函谷关令尹喜曾在此结草为楼，精思至道，老子在楼南高冈筑台，讲授《道德经》，是全国著名的道教胜迹和道教楼观派创始地。唐代崇尚道教，大加营建，修筑台、殿、阁、宫、亭、塔、洞、池、泉等50余处。宋代以来屡有修葺，现存说经台、炼丹炉、吕祖洞、老子系牛柏和碑碣等。

● 八仙庵：位于西安市区东关长乐坊，相传始于宋，是西安市区最大的道观，属全真派，有八仙塑像。

● 祖庵：位于鄠邑区祖庵镇，建于元代，是全真派始祖王重阳的宣教与葬骨地，被视为全真派祖庭。元代全真道鼎盛，祖庵是全国72路教徒的集合点，有道士万人。现仅存灵官殿和祖师殿，收集有元明以来碑刻30余方，有蒙古文、藏文、汉文等多种文字。

(3) 伊斯兰教寺院

● 化觉巷清真寺：位于西安古城内鼓楼西北化觉巷，为西安市规模最大的伊斯兰教寺院，始建于明代，兼有民族传统建筑风格和伊斯兰寺院特色，其礼拜堂可容千人礼拜。

● 大学习巷清真寺：位于西安古城内西大街中段大学习巷内，创建于元代，为中式建筑，有明代航海家郑和所建省心楼。

5. 碑林

位于古城内碑林区三学街，始建于宋，收藏汉、魏到清代碑志2 300余件，是全国规模最大、年代最早的石刻艺术宝库，荟萃了历代书法名家的各体书法作品。其中有集王羲之字刻的《大唐三藏圣教序》、以汉字和叙利亚文字刻写的《大唐景教流行中国碑》和唐代《开成石经》等名碑。

# 第二节　天下之中——洛阳

## 一、河山拱戴——"天下之中"的优越位置

洛阳位于黄河中游南岸，因处洛水之北而得名。洛阳西接秦岭，东临嵩岳，南有伏牛，北望太行，群山环绕，黄河东西横贯，洛、伊、涧、瀍水蜿蜒其

间。群山环绕中的狭长盆地水利丰富,土质肥沃,物产繁饶。近郊北有邙山丘陵,南有天然险壑龙门。龙门也叫伊阙山,传说大禹治水时把山从中间劈开以疏通流水,两山对峙,望之若阙,伊河流经其间,因此得名。山上建有关塞,即伊阙关,是洛阳南面的门户。

洛阳东面的虎牢关(在今河南省荥阳市境内)和西面的函谷关(在今河南省灵宝市境内)为古时交通咽喉和征战要塞。虎牢关南连嵩山,北临黄河,西北为黄、洛河交汇处,山岭夹峙,绝壁峭崖,因西周穆王射猎于郑圃,曾将进献的猛虎在此豢养而得名。汉时在此设成皋县,隋改汜水县,因又名成皋关和汜水关,古有"锁天中枢,控地四鄙"之称。战国时秦并六国,即始于占据虎牢关。秦亡后楚汉相争,于虎牢关相持长达两年零五个月,直到楚汉强弱变化,项羽被迫签定和约,中分天下。

洛阳居天下之中,素有河山拱戴、形胜甲于天下之誉。《史记》记载,武王曾对周公说:"其有夏之居,我南望过于三涂,北望过于岳鄙,瞻国于有河,瞻延于伊雒,无远天室①"。

## 二、五都荟洛——历史最悠久的都城

洛阳通常被称为"九朝古都",指东周、东汉、魏、西晋、北魏、隋(炀帝)、唐(武周)、后梁、后唐九个朝代在此建都。但随着历史研究和考古发掘的深入进展,洛阳的城市史和都城史可以追溯到 4 000 年以前。

### 1. 夏都斟鄩

公元前 21 世纪,我国第一个王朝夏在嵩洛一带诞生。夏的都城经常迁移,难以确考。到最后一个君主桀,都于斟鄩,其地望当在今伊、洛二水汇流处的洛阳市东偃师境内。在二里头发现的夏代宫殿遗址,与史籍记载"昔伊、洛竭而夏亡"②;"夏桀之居,左河、济,右泰华,伊阙在其南"③相合。这是洛阳境内的第一个都城。

### 2. 商都西亳

商族兴起于东方,汤时都亳,本在商丘附近,灭夏后迁西亳建商,从汤至

---

① (汉)司马迁.史记卷四·周本纪.
② (春秋)左丘明.国语·周语上.
③ (汉)司马迁.史记卷六十五·孙子吴起列传.

太戊九王均都于西亳,到仲丁时迁于隞(即郑州商城,或曰在荥阳)。班固在《汉书·地理志》"河南郡偃师县"文下自注:"尸乡,殷汤所都"。1983年在偃师县尸乡沟发现一座周长约6千米的商代早期城址,与班固所述相符。据考证,这里被认为是商都西亳所在,也是洛阳的第二座都城遗址。

3. 两周雒邑

武王灭商后回到周地,为筹划巩固之策夜不能寐,命周公、召公在洛阳新建王都,作为经略东方的根据地,并迁国家重器——九鼎于雒邑。成王即位,周公辅政,对雒邑进行了大规模的营建,据《逸周书·作雒》载,雒邑"城方千七百二十丈,郛方七十里",即城方4.5里,外城方70里,是一座规模宏大的新的都城,称为"成周"或"新邑"。西周末年,幽王无道,申侯联合犬戎攻破镐京,杀幽王于骊山下。太子宜臼即位,是为平王。公元前770年,平王由郑武公、晋文侯、卫武公、秦襄公护拥,东徙雒邑,标志着东周的开始,洛阳遂成为天下共尊的王都,从此直到战国末王室在雒邑内分立的西周、东周两个小国分别于公元前256年和前249年为秦所灭,洛阳作为东周国都长达500余年。

4. 汉魏洛阳城

秦统一全国后,于洛阳置三川郡(以黄河、伊水、洛河而得名),为全国诸郡之首。西汉为河南郡。公元25年,东汉建立,定都洛阳,改雒阳为洛阳,历时近200年。220年,曹丕建魏,定都洛阳。265年,西晋代魏,仍以洛阳为都。436年,北魏在洛阳置洛州,494年孝文帝迁都洛阳。

东汉雒阳城在周代成周城、秦三川郡郡治基础上营建,南北9里,东西7里,城周32里,城门12个,城内有24条大街,长衢夹巷,四通八达,宫殿、台、观、馆、阁、苑囿、池沼众多。东观类似国家图书馆,收藏图籍,又是编史之所,官修纪传体史书《东观汉记》即成于此。白虎观为讲学之所和经学论辩的讲坛。东汉章帝建初四年(79),诸儒会白虎观,议论五经异同,班固以此编成《白虎通义》。太学是中国古代的国立大学。东汉太学始建于建武五年(29),在雒阳东南开阳门外,在校太学生曾多达3万余人。熹平四年(175)于太学讲堂前立石碑46块,史称"熹平石经",是我国最早的官定儒学经本;曹魏正始二年(241)又立石经28块,史称"正始石经"。城南的灵台为测天象之处,创建于光武帝建武中元元年(56),是当时的国家天文台,曹魏、西晋相继使用,累计达250年之久。东汉杰出的科学家张衡曾先后两次任太史令10多年,领导、主持和参与了灵台的天象观测与天文研究。洛阳城的商业盛极一时,都城里的人多数弃农经商。东汉末哲学家仲长统曾说洛阳"船车贾贩,周于四方;废居积贮,满于都城。琦珞宝货,巨室不能容;马牛羊豕,山谷不能受"①。洛阳还有书市。唯物主义哲学家王充少时家贫,就常到书肆看书,过目成诵,因而博通百家之言。

东汉末年,西北军阀董卓胁迫献帝"尽徙洛阳人数百万于长安",洛阳遭到战火破坏。曹魏虽建有豪华的宫殿、苑囿,但就整个洛阳城而言仍是人烟萧条。西晋统一后,建都洛阳,洛阳又开始呈现繁荣景象,宫殿建筑豪华,城市经济繁荣。当时洛阳有三市:金市、马市和羊市。城东建阳里有三丈土台,上有二层楼,悬鼓击之以罢市,可见市的范围很大,须以响鼓重椎来定时开市收市。

西晋亡后,各北方游牧民族进入中原,但洛阳的汉族文化仍然发挥着巨大影响。北魏太和十八年(494),孝文帝迁都洛阳。都城南迁是拓跋族汉化的重要标志。到了洛阳以后,拓跋族改变以往游牧的生活方式,在平原地区定居下来,很快接受了汉族的风俗习惯,改汉姓,取汉名,穿汉人的衣服,说汉话,和汉人通婚,死后葬在汉地。孝文帝自己非常仰慕汉文化,他带头改皇族拓跋氏为元氏,把公主嫁给汉人,娶汉人女子入宫,又让他的六个弟弟都娶汉人之女为正妃,原来的拓跋族正妃降为侧室。他下令凡是到了洛阳的都要称自己为河南洛阳人,死后就葬在城北的北邙山上,不得还葬平城(今大同,孝文帝迁都以前北魏政权的都城)。

鲜卑族的到来也促进了洛阳的繁荣。孝文帝重新营造洛阳,增修外郭城,加修了宫城各殿,新建了华林园九华台。洛阳城内的里坊达到二三百,道路也十分发达,最宽的铜驼街由宫城南门直达宣阳门,贯通南北。北魏注重手工业的发展,曾从北方各地迁徙手工业户集中都城,因此洛阳的手工业制造水平很高。洛阳还是南北贸易和国际贸易的中心,南货经这里畅销北方,北方的牲畜皮毛也由这里销往四面八方,朝鲜、日本、中亚各国都有商人

---

① (南朝宋)范晔.后汉书卷四十九·王充王符仲长统列传第三十九.

在洛阳居住。"自葱岭以西,至于大秦,百国千乘,莫不欢附。商贾贩客,日奔塞下";"天下难得之货,咸悉在焉"①。至东魏天平元年(534),孝静帝迁都于邺,迫使洛阳50万户同迁,尽拆洛阳宫殿,洛阳又一次遭受人为破坏。

5. 隋唐洛阳城

汉魏洛阳城在北魏末的战乱中化为废墟。隋炀帝即位后巡视洛阳,登北邙,南望伊阙龙门,有感于洛阳形胜,决意迁都洛阳,下诏在故城以西18里处营建新都,称"东都"。《隋书·食货志》载:"始建东都,以尚书令杨素为营作大监,宇文恺为将作大匠,每月役丁二百万人。"东都既成,迁豫州城内外居民和天下富商大贾数万户以实洛阳,洛阳城市人口激增至百万以上。又开通济渠、永济渠、江南运河,疏浚邗沟,这样,洛阳西到长安,南达杭州,北抵涿郡(今北京),东至海,水运均畅通无阻。隋大规模营建洛阳,说明随着经济重心向东南的转移,洛阳的地位越来越重要。

唐朝建立后,以洛阳为陪都。天授元年(690),武则天称帝,立洛阳为神都,徙关外雍、秦、同等7州数十万户以实洛阳。令白马寺和尚薛怀义在宫城内监造明堂②(万象神宫),高294尺,又在明堂北修建天堂以贮大佛像,极尽奢华。又应四夷酋长请求,用铜铁铸天枢;又以铜560 712斤铸九鼎。

隋唐是洛阳的极盛时期,人口逾百万,四方纳贡,百国来朝,通商贸易,繁荣一时。东城北面有创建于隋大业年间(605—618)的含嘉仓城,南北长725米,东西宽612米,面积43万平方米,内有排列整齐的密封式地下圆形窖穴400余座,唐天宝年间(742—756)储粮达580余万石。每座仓窖都有铭砖,记载该仓在仓城中的位置、储粮数量、入窖年月等。根据砖铭记载,仓城所储粟米主要来自苏州、楚州(今淮安)、滁州等地,也有部分来自华北一带,可见大运河对于隋唐东都的繁荣有何等重要的关系。城有103坊和东市、南市、北市三个市场,有不少胡人经商,还有不少波斯胡寺、胡袄祠。

唐安史之乱后,洛阳又一次遭到浩劫。五代政权仍以洛阳为都或陪都。北宋以洛阳为西京,设最高学府国子监,是学术文化中心,《宋史·儒林传》中的学者大儒,十之七八与洛阳有关。

---

① (北魏)杨衒之.洛阳伽蓝记·龙华寺.
② 明堂,即天子太庙,朝会、祭祀、庆赏、举士等大典在此举行。

宋人李格非说:"洛阳处天下之中,挟殽、黾之阻,当秦、陇之襟喉,而赵、魏之走集,盖四方必争之地也。天下当无事则已,有事则洛阳必先受兵,予故尝曰:'洛阳之盛衰,天下治乱之候也。'"①。从夏商到北宋3 000余年,洛阳建都(包括陪都)2 000余年,其历史几乎概括中国上古、中古时代。史学家司马光诗云:"若问古今兴废事,请君只看洛阳城"(《过洛阳故城》)。洛阳历史是中国古代历史的缩影。

### 三、河图洛书——独树一帜的河洛文化

河洛之间是中华民族创立辉煌功业的圣地,洛阳是中国古代具有世界意义的重要的文化中心城市。以"河图洛书"为代表的河洛文化,是华夏文明的第一个高峰,成为华夏文明的滥觞。东周礼乐作为我国古代社会重要的典章制度,其尊卑贵贱的等级思想影响中国数千年。道学创始于洛阳,佛学首传于洛阳,理学光大于洛阳。以张衡的地动仪、浑天仪和四大发明中的造纸术、印刷术、指南针为代表,我国古代科技、教育、文化、哲学、文学、艺术等许多重大成就都与洛阳有关。

#### 1. 河图洛书

河图与洛书是中国古代流传下来的两幅神秘图案,历来被认为是河洛文化的滥觞、中华文明的源头,被誉为"宇宙魔方"。相传上古伏羲氏时,洛阳东北孟津县的黄河中浮出龙马,背负"河图",献给伏羲。伏羲依此演成八卦,成为《周易》的来源。又相传大禹时洛阳境内洛河中浮出神龟,背驮"洛书"献给大禹。大禹依此治水成功,遂划天下为九州。又依此定九章大法,治理社会,流传下来收入《尚书》中,名《洪范》。《易·系辞上》说"河出图,洛出书,圣人则之",即指此。河图上,排列成数阵的黑点和白点,蕴藏着无穷的奥秘;洛书上,纵、横、斜三条线上的三个数字,其和皆等于15,十分奇妙。对此,中外学者进行了长期的探索研究,认为这是中国先民心灵思维的结晶,是中国古代文明的第一个里程碑。《周易》和《尚书·洪范》在中国文化发展史上有着重要的地位,在哲学、政治学、军事学、伦理学、美学、文学诸领域产生了深远影响,作为中国历史文化渊源的河图洛书,功不可没。

---

①(宋)李格非.书洛阳名园记后.

## 2. 礼乐之制

礼乐是周王朝立国之本,而制礼作乐这一重大的文化工程是周公在洛阳完成的。"礼,谓制度品节也"①,是当时的社会规范,是天子、诸侯、卿、大夫、士等必须遵循的等级制度。主要内容包括建侯卫、宗法制、封诸侯、五服制、爵位、谥法、官制、刑法、"五礼(吉、凶、军、宾、嘉)之义"等。乐是为配合这些典礼仪式而举行的乐舞。"礼所以经国家、定社稷、利人民;乐所以移风易俗,荡人之邪,存人之正性"②。周公通过礼乐来治理国家,建立社会秩序,促进社会发展。周公的礼乐思想是后世的儒学之源,影响中国数千年,是中国传统文化的重要组成部分,也是河洛文化的一个丰碑。

## 3. 道、佛传播

道家创始人老子曾为东周的"守藏室之史",长期在洛阳管理图书典籍,所著《道德经》是道家学说的主要代表作。道家主张返璞归真、静虚寂寥、以柔济刚、涵蕴包容,曾为一时显学。东汉顺帝年间(126—144),张陵在鹤鸣山倡导"五斗米道",奉老子为教祖,以《道德经》为主要经典,道家借宗教形式逐渐普及下层。李唐王朝以老子为先祖,提倡道教,洛阳又成为道家的活动中心之一。建筑于北邙山上的上清宫是当时规模最大的道观。由于洛阳是道家的发祥地,历代道家名宿如王子乔、张陵、葛洪、寇谦之、王远知、吕洞宾等,先后在洛阳活动。

洛阳还是佛学的始传地。东汉永平八年(65),明帝派郎中蔡愔、博士弟子秦景等18人出使西域拜求佛法,到大月氏迎得印度高僧摄摩腾、竺法兰,二僧所携《贝叶经四十二章》及佛像,于永平十年(67)用白马驮回洛阳,佛学从此正式传入中国。次年仿照天竺式样在当时洛阳城的西门外修建了白马寺,这是我国创建的第一座佛寺。此后,洛阳成为中国佛学研究和佛事活动的中心。汉魏时,佛经与佛律大都在洛阳翻译出来,如最早的汉文佛经《贝叶经四十二章》和汉文佛律《僧祇戒本》即从洛阳播扬北方。北魏时洛阳佛寺多达1 300余所,号称"佛国"。阊阖门北瑶光寺的佛塔高50丈,高耸入云,孝文帝皇后冯氏和宣武帝皇后高氏被废后都入此寺为尼。阊阖门外的

---

① 见(宋)朱熹注《论语·为政》"齐之以礼"。
② 见(东汉)高诱注《吕氏春秋·孟夏》"乃命乐师习合礼乐"。

永宁寺住有外国僧侣3 000多人,九级佛塔高百丈,上挂金铎120枚,金铃5 400枚,夜深人静时,声闻十里。在洛阳城南的龙门山上还开凿了著名的龙门石窟。佛教的兴盛成为洛阳文化景观的一大特色。隋唐时期,洛阳刹庙林立,香火隆盛,继北魏之后再次大规模开凿龙门石窟。宋元明清,洛阳佛教虽不及前代繁盛,但传灯有序,世代不绝。洛阳白马寺不仅是中国佛教的"祖庭""释源",还影响周边诸国。约公元2世纪末,佛教从中国传入越南;4世纪传入朝鲜;6世纪前期传入日本;19世纪末20世纪初随着华人、日本人旅居欧美,佛教在欧美也有所流传。源流所系,均在洛阳。

4. 二程洛学

洛学指北宋洛阳以程颢(1032—1085)、程颐(1033—1107)兄弟为首的学派。二程同受业于周敦颐,他们提出了"理"的哲学范畴,认为理存在于天地万物之中,"一草一木皆有理";还认为理是"天理",是人类社会永恒的最高准则,并以此阐释封建伦理道德,把"三纲五常"称为"天下之定理"。洛学以儒学为核心,渗透佛、道于其中,旨在从哲学上论证"天理"与"人欲"的关系,规范人的行为,维护封建秩序。其后,宋代的朱熹、陆九渊,明代的王阳明,又在二程开辟的方向上发展了理学。宋明理学是宋代以后漫长的中国封建社会的理论基础和精神支柱,而二程洛学则开了理学之先河,在中国哲学史上有重要地位。

此外,东汉、魏晋以至北宋时期,洛阳还是名贤硕儒云集的文化中心,许多重要的著作、发明诞生于此。如东汉蔡伦改进造纸术,张衡制浑天仪、候风地动仪,马钧发明指南车、龙骨水车等,都是在洛阳研制成功。王充作《论衡》,班固、班昭著《汉书》,左思撰《三都赋》,陈寿撰《三国志》,北魏杨衒之著《洛阳伽蓝记》、郦道元著《水经注》,北宋欧阳修修《新唐书》《新五代史》,司马光纂《资治通鉴》等,也基本在洛阳完成。洛阳历史上还有不少文化名人,如商初名臣伊尹,纵横家之祖鬼谷子,纵横家苏秦,战国著名商业活动家、商贾鼻祖白圭,西汉政论家、文学家贾谊,西汉理财家桑弘羊,西晋哲学家郭象,唐代名臣长孙无忌、张说、武元衡,高僧玄奘,文学家元结、刘禹锡、元稹、李贺,宋开国皇帝赵匡胤,北宋名臣赵普、吕蒙正、富弼,理学家邵雍、程颢、程颐等。

## 四、名胜大观——名扬四海的古迹之林

洛阳有千余处古代遗存和 40 多万件出土文物,展现了生动的历史画卷。

### 1. 史前文化遗址

洛阳的史前遗址众多,如王湾文化遗址、孙旗屯文化遗址、矬李文化遗址等。

### 2. 都城与宫殿等遗址

主要有二里头夏代宫殿遗址、尸乡沟商城遗址、周王城遗址、汉魏洛阳城遗址、隋唐东都遗址及汉魏明堂遗址,东汉太学、辟雍、灵台遗址,含嘉仓、应天门(隋唐洛阳宫城正南门)、唐东都明堂遗址等。

### 3. 陵墓

洛阳的帝王陵主要有东周灵王陵,周景王、悼王、敬王陵(合称三王陵),东汉光武帝原陵及明帝、章帝、和帝三汉冢,魏文帝曹丕陵,西晋五帝陵(文帝、武帝等),北魏四帝陵(孝文帝等),南朝陈后主墓,唐高宗太子李弘恭陵,南唐后主李煜墓,后唐庄宗墓,名人墓葬有关林(关羽首级葬地)、唐狄仁杰墓、杜甫墓、白居易墓、宋范仲淹墓、邵雍墓、二程墓等。年代约在西汉中期的卜千秋墓壁画绘制精工,色彩鲜明,保存完好,是研究西汉时期绘画艺术的重要资料。

洛阳城北的邙山上,历代皇亲国戚、达官显贵、文人学士的墓葬难以计数,所谓"北邙山头无闲土,尽是洛阳人旧墓""古坟上面起新坟,新坟古坟无定主"。1984 年在邙山镇建洛阳古墓博物馆,1987 年开馆,是全国第一座以历代墓葬为陈列内容的专题性博物馆,现名古代艺术博物馆。

### 4. 古建筑、石窟

● 白马寺:位于洛阳城东白马寺村,初创于东汉永平十一年(68),是中国兴建的最早的佛寺,被尊为中国佛教的"祖庭"和"释源"。现有天王殿、大佛殿、大雄殿、接引殿、清凉台、毗卢殿等建筑,殿内造像以大雄殿内的元代夹苎干漆造像三世佛、二天将、十八罗汉最珍贵。

● 龙门石窟:位于洛阳城南 12 千米处龙门镇。石窟密布于伊河两岸崖壁上,南北长达 1 千米,始于北魏孝文帝迁都洛阳前后,经东魏、西魏、北齐、

北周、隋、唐和北宋诸朝营造,其中北魏和唐大规模营造达150多年。现存2 100多个窟龛,造像10万余躯。西山南部的奉先寺是石窟中规模最大、艺术精美、最具代表性的大龛,以卢舍那大佛为主尊的11躯大像展现了盛唐雕塑艺术的高度成就。魏碑精华"龙门二十品"选自石窟中北魏时期的二十方造像题记,是北魏书法艺术的杰作。

● 山陕会馆、潞泽会馆:亦称西会馆和东会馆。前者为清代山西、陕西两省来洛商人聚居的地方。后者为山西潞安、泽州在洛商人聚会之所,现辟为洛阳民俗博物馆。

5. 千唐志斋

位于洛阳城西约45千米处新安县铁门镇。1918年张钫在私邸汇集历代石刻,并将其镶嵌于窑洞里外壁间。计有唐代墓志及晋、南北朝、隋、五代、宋、明、清和其他名人书画刻石造像等共1 411件,其中唐志1 185件,章炳麟曾为其题额"千唐志斋",具有重大的历史、艺术价值。

## 第三节 今古京华——北京

北京地处华北大平原北端,燕山山脉南麓,东南与天津相邻,其余各方与河北省交界。北京地区从地方文化中心、北方军事重镇,逐步成为金代以来800余年的都城,经历了一个渐进式的发展过程。

### 一、京城的由来

1. 蓟与燕

北京古为北方军事、交通重镇。帝尧时代,这里即有最初的都邑——幽都。商代北京地区有燕和蓟两个小封国。公元前1046年周武王灭商后,封尧的后裔(一说黄帝之后)于蓟,封召公于北燕。蓟既是诸侯国名,也是国都所在,位置在今北京城西南部宣武门到和平门及广安门一带,与燕的都城(在今房山区琉璃河镇)南北相距约百里。东周时期,蓟国不复存在,燕以蓟城为都。燕在蓟城建都约一百五六十年,到北魏时旧城仍在,《水经注》中有记载。

## 2. 北方的军事重镇

燕国故都蓟是经由华北平原进入北部和东北地区的重要城市,处在牧业文明和农业文明的结合带,是华北北部南北大道的会合点。由于所处的地理位置,在汉族统一封建国家和东北地区少数民族之间的关系上起着非常重要的作用。从秦统一到唐末1 000余年间,每当中原的汉族统治者势力强大,内足以镇压农民的反抗,外足以发展势力、开疆拓土的时候,就会以蓟城作为经略东北的基地;反之,当中原的汉族统治者势力衰微,农民起义日趋激烈的时候,东北游牧民族就常常乘机内侵,于是蓟城又成为汉族统治者军事防守的重镇。一旦防守无效,东北地区游牧部落的统治者侵入,为华北大平原北方的门户的蓟城遂成为双方的必争之地,甚至成为入侵者进一步南下的据点。在比较安定的时期,蓟城又会很快发展起来,成为中国北部的一个贸易中心,汉族与北方游牧部落之间经济文化交流的桥梁①。

秦至唐,北京地区先后为秦广阳郡治,西汉燕王封都,东汉幽州、广阳郡治,魏晋十六国幽州、燕郡治(其中公元350—357年为前燕都城)。隋炀帝时,幽州一度改名为涿郡,是大运河的终点,唐代曾名幽州、范阳郡。隋代和唐代前期,中原王朝多次征伐高句丽,又与奚和契丹等东北方的游牧民族时常交战,蓟城在北方的军事地位显得十分突出,隋炀帝和唐太宗在全国统一后,都曾以蓟城为基地征伐东北。唐中叶以后,危机四伏,北方民族伺机而动,觊觎中原,唐王朝在沿边一带重镇设节度使代表皇帝的权威率兵驻守。天宝十四年(755),身兼平卢、范阳、河东三镇节度使的安禄山,以讨杨国忠为名,发动所部兵将及契丹、室韦等部共15万人从幽州起兵,攻陷洛阳、长安,酿成历时8年的"安史之乱"。"安史之乱"是唐王朝由盛转衰的转折点,也是北京历史上就要到来的巨大变化的先兆。

## 3. 京城之路

唐末五代时期,中原军阀混战,东北契丹势力日益强大。后晋石敬瑭把燕云十六州(今北京至大同一带)割让给契丹。辽太宗耶律德光把原来的皇都改称上京,升幽州为幽都府,立为南京,也称燕京。北京成为陪都,逐步由

---

①侯仁之,邓辉.北京城的起源与变迁.北京:北京燕山出版社,1997:34.

北方军事重镇向全国政治中心转化。

北宋宣和四年(1122),金兵攻陷燕京。北宋曾以高昂的代价从金人手中换回燕京,但金很快南下侵宋,仍占领燕京。1149年,完颜亮杀金熙宗自立,史称海陵王。为巩固对华北中原地区的统治,也为了打击宗室中对他弑君篡位产生的不满,天德三年(1151),完颜亮颁《议迁都燕京诏》,开始在辽南京城的基础上扩建城池,兴建宫殿,宫阙制度完全模仿汴京。贞元元年(1153)改南京为中都,正式建都。自此,北京正式成为皇都。金中都城址在今北京西南广安门一带。永定河上长266.5米的11孔石桥——卢沟桥即建成于金明昌三年(1192)。

金宣宗时,因受到北方日益强盛的蒙古族的威胁,于贞祐二年(1214)迁都开封。次年,蒙古军夺取中都,废中都号。至元元年(1264),元世祖忽必烈采纳汉族大臣刘秉忠的建议,决定迁都燕京,在旧城东北以琼华岛为中心建新城,称大都,至元四年(1267)开始营建,次年宫城完成,接着宫阙、大城相继告成。至元三十年(1293)通惠河工程完成,大都与大运河连接,整个大都的营建才最后完成。元大都的设计恪守《周礼·考工记》规制,宫殿、城门之名多取自《易经》,今鼓楼处为城市规划的基点,设有"中心之台"。全城分大城、皇城、宫城三重,规模宏伟,宫殿富丽,池沼优美,街道宽广,人口稠密,是当时世界上最壮观的都市之一。《马可·波罗行记》描写大都说:"全城中划地为方形,划线整齐,建筑房舍。每方足以建筑大屋,连同庭院园圃而有余。以方地赐各部落首领,每首领各有其赐地。方地周围皆是美丽道路,行人由斯往来。全城地面规划犹如棋盘,其美善之极,未可宣言。"[①]至元八年(1271)忽必烈定国号大元,定都大都,北京成为元多民族国家的统治中心、全国的首都。

公元1368年,明朝建立,定都南京。同年大将徐达北上攻占大都,改称北平府。由于不打算在此建都,再加上迷信等原因,元代宫殿被尽行拆毁。明太祖死后,封于北平的燕王朱棣从建文帝手中夺得帝位,明成祖永乐元年(1403)升北平为北京,称行在,这是"北京"一词的肇始。永乐四年(1406)明

---

① (意)马可·波罗著,(法)沙海昂注,冯承钧译. 马可·波罗行记(新1版). 北京:中华书局,2004:339.

成祖下诏,宣布次年营建北京,但由于和蒙古作战,工程到永乐十五年(1417)才全面展开。永乐十九年(1421)正式由南京迁都北京。北京城规制一如南京,分紫禁城、皇城、内城三重。朱棣修建的重点是紫禁城和皇城,前者周长6里,后者18里,包括万岁山(又称煤山,清初改称景山)、太庙、社稷坛、天坛、地坛、日坛、月坛、山川坛等建筑。内城由元大都城改建而成,北墙南移5里,南墙南移2里余。嘉靖时增筑外城。明清500余年间虽多次修缮,但城的形制仍保存下来。

清顺治元年(1644)定鼎北京,京师建置大体沿袭明代,只是内城改驻八旗军,汉人移到南城,实行满汉分治。清朝在北京的建设主要是增建王府和园林。王府以什刹海畔的恭王府为代表。恭王府是北京现存最完整的清代王府,本是乾隆时大学士和珅的府第,嘉庆时为庆僖亲王永璘府,咸丰时赐予恭亲王奕䜣。王府分府第和花园(萃锦园)两部分,建筑精巧,秀丽典雅。此外,还有醇亲王府(摄政王府)、郑王府、克勤郡王府、礼王府、淳亲王府、庆王府、孚王府等。从康熙年间起,在西郊于明代旧园基础上增修"三山五园"(圆明园、畅春园、香山静宜园、玉泉山静明园、万寿山清漪园),形成20多里的皇家园林区。在城内扩修三海(今北海和中南海)为西苑,又修景山五亭等,历数代不间断。

近代以来,北京城屡遭破坏。咸丰十年(1860),英法联军以进京换约为名,于9、10月间攻入北京,大肆劫掠近50天,火烧圆明园,大火延续两天两夜,11月上旬始携赃离去。光绪二十六年(1900)八月八国联军进入北京,在城内公开抢劫3天,杀人无数,紫禁城、颐和园等处陈设的历代珍宝典章文物被盗劫殆尽。

民国初年,北京仍为首都。为方便民用,有利道路通行,城市布局有所变化,如在正阳门内大清门至天安门前,拓开封闭的宫廷广场,取消御道,使之成为供人们自由活动的开阔场地,紫禁城及全城坛庙园囿相继作为博物馆和公园开放。同时也增加了如清华大学、燕京大学、北京协和医院、交通银行、劝业场(近代北京第一幢大型综合性商业建筑)等新建筑。民国时北京市内的局部变化主要是为适应道路系统的方便使用而出现的,北京古都的全部规模尚保持原来秩序。北京在城市整体布局和结构上达到的高超的艺术水平,是人类历史上任何封建帝都所不及的。丹麦建筑学家罗斯穆森曾以无限景仰和赞叹的口吻写道:"北京,古老中国的都城,可曾有过一个完整的城市规划的先例,比它更庄严、更辉煌的么?"①北京旧城的无可比拟的特殊风貌中,最突出的就是它的整体性,但在过去很长一段时间的城市建设中对这一点认识不够,在很大程度上破坏了北京旧城所表现的整体性特点,造成了无可挽救的损失。其中最突出的一个例子,就是环绕于城市四周、有着数百年历史的城墙被拆除掉,与城墙共存的为数众多的城门、箭楼也大多被毁,只有个别的几座孤立的城楼保存下来,聊以引发今天的人们对昔日北京城墙、城门的辉煌壮丽景象的回忆。

**二、皇城、坛庙、皇家园林和皇家陵寝**

北京的皇城、皇家坛庙、皇家园林、皇家陵寝等集中反映了其作为860余年的帝都、特别是明清两代皇都的面貌。

皇城包括紫禁城、三海、太庙、社稷坛、景山等主要建筑在内,这一范围是在明代确定的。

1. 天安门

天安门是明清皇城的正门,始建于明永乐十五年(1417),原名承天门,为"承天启运""受命于天"之意,曾两次被毁,清顺治八年(1651)重建,改称天安门。天安门总高34.7米,占地面积4 800余平方米,由城基、城台和城楼三部分组成。城基为汉白玉须弥座,座上14.6米高的红色城台用每块重48斤的大城砖砌成。砖台上建两层重楼大殿,顶覆黄琉璃瓦,城楼内悬挂"天安之门"的匾额。城门前的金水河上有5座雕琢精美的汉白玉石桥,称金水桥,正中较宽的名"御路桥",专供皇帝使用。桥前置汉白玉狮一对。城门前后各立有一对华表。天安门在明清两代用处很多。新帝即位或册立皇后时要在城楼上向人民宣读诏书。皇帝亲征,要在这里祭路。皇帝出行祭天地、耕籍田等大典、迎娶皇后等均从天安门出入。明清两代皇帝亲自主持的殿试后两天,皇帝在天安门召见前三名(状元、榜眼、探花),依次传呼其姓名,称"金殿传胪"。中华人民共和国成立后,天安门被绘入国徽,成为中国的象征。

---

①Rasmussen S E. Towns and Buildings. Cambridge:The MIT Press,1969.

2. 紫禁城

紫禁城是明清两代的皇宫,1925 年改称故宫。紫指紫微垣①,比喻帝王宫殿;帝居又称"禁中",意为门户有禁,不得随便入内,所以旧称宫城为紫禁城。

紫禁城位于北京城中部,南接天安门,北依景山,占地 72 万平方米,建筑面积 15 万平方米,现存房舍 8 707 间。紫禁城始建于明永乐四年(1406),永乐十八年(1420)建成,明清两朝屡次重修、改建,是中国现存规模最宏大、保存最完整的古建筑群。其布局可分为外朝和内廷两部分。外朝在前,以太和、中和、保和三大殿为中心,两翼有文华殿和武英殿,是皇帝举行大典、召见群臣的场所。内廷在后,中轴线上有乾清宫、交泰殿、坤宁宫、御花园,两翼有东西六宫和外东路、外西路,是皇帝居住、处理日常政务及后妃居住、游玩和祀神的地方。内廷和外朝之间由广场分开。

紫禁城的正门是午门,因正处子午线(京城南北中轴线)而得名。进午门,金水河上并列 5 座汉白玉石桥,称内金水桥,以区别于天安门前的外金水桥。过桥至太和门。太和殿是外朝主殿,俗称金銮殿,殿前有约 3 万平方米的开阔广场。太和殿始建于永乐十八年(1420),现存建筑为清康熙三十四年(1695)重建。大殿位于高 8.13 米的汉白玉台基上,面阔 11 间,进深 5 间,重檐庑殿顶,从开间到屋顶样式都是建筑的最高等级,是紫禁城中最壮观的建筑和中国最大的木构殿堂。明清两代在这里举行大朝会和大典,共有 24 位皇帝在此登基。

中和殿在太和殿之后,是方形亭子式的四角攒尖顶建筑,皇帝去太和殿举行大典前在此休息,接受内阁礼部及内侍执事人员的朝拜。保和殿位于中和殿后,建筑与太和殿相似但低一个等级,采用"减柱造",内部空间开敞,是举行殿试和宴会的地方。

保和殿后,经过一片广场到达内廷正门乾清门。后三宫(乾清宫、交泰殿、坤宁宫)建在 2.5 米高的白石台基上。乾清宫、坤宁宫是内廷的正殿、正寝,是皇帝处理日常政务和帝后起居的场所。明代皇帝以乾清宫为寝宫,清朝

---

①紫微垣是星座名。古代为便于认识和观测,以若干恒星为一组,每组用一种事物命名,一组即为一个星官,通行的是 283 官 1 464 颗星。星空分为三垣,紫微垣为三垣之中垣,北极星、北斗星均在其中。

自雍正起搬到养心殿居住,乾清宫就成了内廷举行典礼、接见官员的地方。交泰殿建筑类似中和殿而小,是举行授皇后册、宝和皇后诞辰礼的场所。

后三宫两侧的东西六宫是后妃们的寝宫。西六宫之南的养心殿是雍正以后皇帝议政的主要场所,慈禧三次垂帘听政都是在这里的东暖阁。外西路主要是慈宁宫,宫前有慈宁花园。紫禁城东侧的宁寿宫自成体系,称外东路,仿三大殿及后三宫的规制而建,是乾隆为自己修建的太上皇宫殿。后三宫之北为御花园。

紫禁城的四角有高大的角楼,与城墙及其外绕的52米宽的护城河(俗称筒子河)构成防御系统。角楼为三层檐十字脊四面歇山四面抱厦建筑,形制奇特,既端庄雄伟,又玲珑参差,是古代建筑的精品。

故宫不仅以其规模宏大、格局谨严的建筑著称,同时还是中国最大的古代文化艺术博物馆,从1925年10月10日成立故宫博物院以来,收藏各类珍贵文物上百万件。

3. 皇家坛庙

祭坛和祠庙属于古代的祭祀建筑。宫廷祭祀是历朝历代推行礼乐教化的重要内容,以儒家的祭祀观念和礼仪为指导,强调通过对天地神祇及其他人物的祭祀而表现皇权的神圣与崇高,维护封建社会的等级秩序,宣扬封建的政治思想和伦理道德观念。

紫禁城前左有太庙,右有社稷坛,依"左祖右社"之制。太庙在天安门东侧,是明清两代皇室祖庙,始建于永乐十八年(1420),1924年改为和平公园,1950年改为劳动人民文化宫。虽历经修葺,但形制和木石部分基本保持明代结构,是现存最完整的明代建筑群,历史和艺术价值极高。

社稷坛在天安门西侧,是明清祭祀土神和五谷神的地方,1914年辟为中央公园,1925年孙中山逝世后曾在此停灵,1928年改称中山公园。坛方形,铺黄、青、红、白、黑五色土,象征金木水火土五行,四周坛墙按方位覆盖四色琉璃。每年春秋皇帝在此祭太社和太稷。

天坛位于东城区永定门大街东侧,始建于永乐十八年(1420),初名天地坛,嘉靖九年(1530)增筑圜丘坛、皇穹宇,改称天坛,是明清两代皇帝祭天祈谷之地。清乾隆间进行大规模改、扩建,基本形成今日面貌。先农坛位于天坛西侧,始建于永乐十八年(1420),初名山川坛,嘉靖间于山川坛内建先农坛,为明清两代帝王祭祀先农、山川、风云、雷雨的建筑。地坛(原名方泽坛)、日坛(又称朝日坛)、月坛(又称夕月坛),均创建于明嘉靖九年(1530),分别位于市区的北部、东部和西部,是明清两代皇帝祀地祇神、大明神(太阳)和夜明之神(月亮)及诸星宿神祇的场所。

与人间等级森严的现实相对应,天地神祇也被分出了不同的等级,祭坛也就在形制、规模、材料等诸方面有了明显的高下之分。以明清时期所筑的祭坛来看,天帝是最高的神,因而祭天之坛被设计为三层;社稷是国家的同义词,故而社稷坛也被做成三层;地坛为两层,日坛、月坛和先农坛都是一层。层数的多少,依照神格而定。

### 4. 皇家园林

北京的皇家园林主要有皇城内的"三海"和西郊园林。

三海即北海、中海、南海,位于故宫西侧,统称太液池,明后期才有三海的区分,清代统称西海子,是举世闻名的皇家园林。三海始建于辽,传说辽国萧太后的梳妆楼就在现在的白塔山上,元代是大都城的中心地带,明代开挖南海,现存建筑主要是清代遗构。北海于1924年辟为公园,成为城内最大的观光游乐场所。中南海在辛亥革命后曾作为袁世凯的大总统府,1929年辟为公园,1949年后成为中共中央和国务院所在地。北海的白塔、团城,中南海正门新华门(前身是乾隆为香妃建的宝月楼)、南海小岛瀛台(清帝避暑之地和康熙、乾隆等听政之所)、中海勤政殿(慈禧听政之所)、丰泽园(清帝行演耕礼之处,园内菊香书屋是1949年后毛泽东居所)、怀仁堂(原为慈禧寝宫,现为中共中央重要会议场所)、紫光阁(皇帝设功臣宴处,现为国务院重要会议场所)等都是有名的建筑。

西郊园林中现存规模最大、保存最完整的是颐和园,其宏大的气势和至高无上的皇家风范,是中国乃至世界园林艺术的杰出代表。圆明园现存遗址。静宜园于1949年后进行大规模整修,开放为香山公园。

### 5. 皇家陵寝

金代帝陵位于房山区,始建于金海陵王时期(1149—1161),包括睿陵(葬金太祖完颜阿骨打)、兴陵(葬金世宗完颜雍)、景陵(葬金睿宗完颜宗尧），对研究金代历史变迁有重要意义。

明十三陵位于昌平区天寿山下，是明朝13个皇帝陵墓的总称。自永乐七年（1409）朱棣始建长陵，其后依次建献陵、景陵、裕陵、茂陵、泰陵、康陵、永陵、昭陵、定陵、庆陵、德陵、思陵。十三陵以长陵规模最大，保存最完好；明神宗定陵于1956年发掘，1959年建定陵博物馆。另在海淀区有明代宗朱祁钰的景泰陵。

### 三、文化与宗教

1. "北京人"——北京文化的发端

北京地区文化发展源远流长。早在70万年以前，"北京人"就在这里生息繁衍，创造了远古文化。北京城西南40千米处的房山区周口店有两座并列的石灰岩小山，本是烧石灰的地方，因盛产中药材龙骨得名龙骨山。1921年瑞典地质学家安特生和奥地利古生物学家师丹斯基在此采集化石时，发现了一个洞穴，洞内堆积物中有一些远古时代遗留下来的脉石英碎片。安特生认为，这些碎片锋利的刃口是用来切割兽肉的，由此断定人类祖先的遗骸就躺在这里，由此引来了许多科学家。1927年首次发现猿人化石。1929年考古学家裴文中发现一块完整的原始人头盖骨化石，以后又陆续发现猿人骨骼和动物化石及5个古人类头盖骨化石，周口店遂成为国际古人类学研究中心之一。这种原始人类被命名为"北京人"，洞穴被称为"北京人遗址"。这项发现揭开了古人类学研究的新篇章，也揭开了北京地区早期文化发展的帷幕。"北京人"已会制作石制工具和武器，能使用火和保存火种，在人类发展史上属于旧石器时代早期。此外，在周口店还发现有旧石器时代晚期的山顶洞人遗址和文化时代介于"北京人"与山顶洞人之间的新洞人。北京地区还有一些距今一万到六七千年、五千年、四千年不同时期的重要遗址，反映出该地区早期文化发展的面貌。

2. 文化中心的形成

北京古为华夏文化与戎狄文化交流的枢纽，战国时燕都蓟与其他几座城市"富冠海内，皆为天下名都"[①]，是北方的经济与商业中心。汉代，蓟城学

---

① （西汉）桓宽.盐铁论.

术空气浓厚。西晋文学家张华著有志怪小说集《博物志》，现北京大兴有张华村。唐代诗人贾岛曾居房山石峪口石村，遗有贾岛庵。

元代以后，北京确立了全国文化教育中心的地位。京城设国子监，为全国最高学府。天下名流荟萃京师。南宋宗室赵孟頫工诗善画精书法通音乐，入元为官后长期寓居大都，被奉为艺坛盟主。元曲四大家中的关汉卿、马致远、王实甫都是大都人。天文学家、水利学家、数学家郭守敬曾主持通惠河的开凿，通过实测编制出精密程度超过前代各朝历法的《授时历》，施行364年。今北京城北建有郭守敬纪念馆。明代，北京城中的文化事业更加发达，国子监最盛时有生员1万余名，其中不少是来自东南亚的留学生。科学家徐光启在北京任职期间与意大利传教士利玛窦共同翻译了《几何原本》等重要的科学著作。

清代为纂修《四库全书》，纪昀、戴震、姚鼐、翁方纲等大批学者集于京师。北京学者朱筠长于经学，善书法，好金石文字，戴震、邵晋涵、章学诚、王念孙等乾嘉著名学者先后受其指导。当时学者们大都住在南城，相互交往，访谈学问，到琉璃厂购书浏览，促使琉璃厂在短时间内繁荣起来。书业兴旺又带动了其他文化行业的发展，经营碑帖字画、文房四宝、文物古玩的店铺也兴盛起来，琉璃厂逐渐成为闻名的古文化街。

近代新式学堂的代表——京师大学堂（1898年创办，民国成立后改为北京大学）设在北京。辛亥革命后，北京成为新文化运动的策源地和中心，新文化运动的代表人物蔡元培、李大钊、陈独秀、胡适、鲁迅等都曾在北京大学任教。梁启超、王国维、顾颉刚等一批学界泰斗和老舍、齐白石、梅兰芳、马连良、程砚秋、侯宝林等文学家、艺术家亦长期在京活动，北京至今留存有多处名人故居。

3. 宗教和名刹

道教、佛教、伊斯兰教、基督教在北京均有长久的发展历史，不同程度地影响着当地的政治和社会生活，并留下众多遗迹。

佛教于4世纪传入北京地区。北京现存最早的寺庙是位于门头沟区潭柘山的潭柘寺，因前有柘树、后有龙潭而得名。寺始建于晋代，故有"先有潭柘寺，后有北京城"之说。寺内有千年银杏"帝王树"及金代石碑、石塔等。

隋唐佛教文化古迹以号称"北京敦煌"的房山石刻最负盛名。云居寺位于房山区石经山,始建于隋,现仅存塔与石经,其余建筑为20世纪80年代后恢复。云居寺塔位于寺北,辽代创建,四隅有四座唐塔,是北京地区现存最古的塔。这里还是世界上石刻藏经最多的地方。石经版藏于半山腰的雷音洞中和寺南压经塔下的藏经穴中,雷音洞藏经石4 196块,压经塔下藏经石10 082块。隋大业间(605—618),僧静琬为免佛经毁灭,始刻石埋藏,经唐、辽、金、元、明诸朝绵延千余年,共镌刻佛经1 122部,3 572卷,不仅保存了大量佛教经典,同时也为金石、书法、文字、历史等方面的研究提供了大量丰富而珍贵的资料,为国之重宝。

藏传佛教又称喇嘛教。元代萨迦派五世祖八思巴曾会见忽必烈,被封为国师、帝师,显赫一时,但由于喇嘛教在北京民间没有什么基础,元朝灭亡,其影响也就消失了。清代顺治、乾隆等大力推崇喇嘛教,北京的喇嘛越来越多。清代北京地区喇嘛寺共41座,最驰名的当推雍和宫。雍和宫原是雍正当皇子(雍亲王)时的府邸,雍正即位后改为黄教上院和行宫,死后在此停灵,主要的大殿都换成黄色的琉璃瓦,乾隆九年(1744)改为喇嘛庙。整个建筑群规模宏大,金碧辉煌。寺中的檀木大佛、五百罗汉山、楠木佛龛被称为"三绝"。乾隆十五年(1750),西藏朱尔默特那木扎勒郡王反叛七世达赖,乾隆发兵平叛,七世达赖非常感激。他听说乾隆想在雍和宫空荡荡的后院建阁,便将尼泊尔国王从印度运来的一棵巨大的白檀树买来,运到雍和宫,用直径3米的整根白檀树雕成高18米,再加8米高基座的大佛,然后拆掉原来的观音殿,先做好殿基和佛坛,把大佛安好,再开工建万福阁,所以北京有句老话"先有佛像,后有宫殿",后讹传为"先有大佛像,后有雍和宫"。万福阁高23米,是雍和宫最高大的建筑。"五百罗汉山"用紫檀木雕成,极为精美,置于法轮殿中。殿中还有黄教始祖宗喀巴大师的铜像。雍和宫保存了大量珍贵而精美的佛教文物,旧时每年还举办千供法会,各地信徒不远千里而来。

北京地区的著名寺庙还有西山八大处、戒台寺、十方普觉寺、广济寺、定慧寺、法海寺、香山碧云寺、西黄寺(顺治帝为五世达赖建)等多处,各擅胜场。

道教于东汉末年开始在北京流传。蒙古灭金前,成吉思汗命全真派长春真人丘处机掌管天下道教。金正大元年(1224)丘处机自蒙古东归主持太极宫,并将其改名为长春宫。正大四年(1227)丘处机去世,其弟子尹志平购长春宫东院,命名为白云观,建处顺堂葬丘处机。白云观是道教著名宫观,有全真派"北方第一丛林"之称,观中保存有明清两代很多有价值的碑刻资料和明英宗正统十年(1445)编成的《正统道藏》。白云观庙会是老北京著名庙会之一。北京另一处著名的道观是位于朝阳区的东岳庙,是道教正一派在华北地区最大的庙宇。

伊斯兰教最初传入北京是在辽代,辽统和十四年(996)敕建的牛街礼拜寺(位于今西城区广安门牛街)是北京地区最早、规模最大、最著名的伊斯兰教寺院,也是北京伊斯兰教全部发展史的唯一物证。寺坐西朝东,采用了中国传统的木结构,但在主要建筑的细部装饰上有鲜明的伊斯兰风格。宋末元初随着蒙古军的西征及定都北京,大批穆斯林进入北京,伊斯兰教继续发展,元明两代陆续增设清真寺。东四清真寺始建于元至正六年(1346),明正统十二年(1447)重修,建筑具明代风格,珍藏有元代穆斯林学者手抄本《古兰经》等,亦为驰名的古清真寺。清代建寺最多,基本奠定了今天北京城穆斯林寺院分布和居住的格局。

蒙古大军远征欧洲,士兵和俘虏中不乏天主教徒。定都大都后,这些天主教徒也定居下来。同时罗马天主教廷也同元统治者长期保持联系。教皇本尼狄克十二世曾派特使马黎诺里专程来华,在谒见元顺帝后留居大都城主持天主教事务达4年之久。元代把天主教和景教统称为"也里可温"(蒙语意为有福缘的人),是元代同佛、道并列的主要宗教之一,后遭禁止而消失。明代,意大利传教士利玛窦谒见万历帝又开始在北京建堂传教的活动。利玛窦将耶稣会精心准备的西洋钟、西洋乐器、《圣经》等礼物献给万历帝,在京期间曾翻译了很多近代数学、天文学著作,此后来华的天主教士如邓玉涵、汤若望等也大多掌握一些近代科学知识,特别是关于天文历法的知识,以便在中国首都立足传教。清代由于罗马教皇格勒门十一世订出中国天主教徒的专门"禁约",不许教徒参加祭孔、祭祖典礼,甚至不许进孔庙和宗族祠堂进行一般的礼仪活动,不得依中国规矩进行吊丧或留死去的亲人牌位在家。康熙帝认为罗马教廷干涉了宗教之外的中国政令习俗,禁止天主教在中国的传教活动。

基督教中的新教在中国通常被称为基督教。基督教传入中国比天主教晚五六百年，直到 19 世纪初第一个来华的基督教传教士马礼逊才到达广州，但发展极为迅速，重要原因之一是基督教重视兴办教育。在清政府创办近代学堂的过程中，基督教发挥了重大作用并借机扩大影响，创办了燕京大学、协和医学堂等。北京地区众多的天主教和基督教堂中，最为著名的是北、南、东、西四大堂。

## 第四节　六朝遗韵——南京

### 一、龙蟠虎踞——山水城林的城市格局

南京位于长江下游苏皖交界处，三面环山、一面临水，得天独厚的山川形胜向为人艳称。西北面长江奔流而过，号为"天堑"；东面和南面宁镇山脉蜿蜒而来，城内外冈峦起伏，河湖连贯，山环水绕，形势天成。以东郊紫金山为首，富贵山、小九华山（覆舟山）、北极阁（鸡笼山）、鼓楼冈、五台山、清凉山，一路连绵起伏，楔入城内，形成所谓"龙蟠虎踞"之势。相传诸葛亮在赤壁之战前夕与孙权观察这里的山川形势，即建议孙权定都于此。南京东北部沿长江还有幕府山、栖霞山、龙潭山等，西接象山、狮子山、马鞍山，城南有雨花台，秦淮、金川两河绕经南北，玄武、莫愁两湖偎依东西，所谓"白下有山皆绕郭"①，"地拥金陵势，城回江水流"②，都是对南京地理环境的高度概括。明代诗人高启更将其描绘得气象峥嵘："大江来从万山中，山势尽与江流东。钟山如龙独西上，欲破巨浪乘长风。江山相雄不相让，形胜争夸天下壮。"③南京山多水多丘陵多，城与山、与水、与林参差交错，形成山水城林浑然一体的城市格局（如图 1-4）④。

---

①（明）高启.清明呈馆中诸公.
②（唐）李白.金陵三首其二.
③（明）高启.登金陵雨花台望大江.
④汪德华.中国山水文化与城市规划.南京：东南大学出版社，2002：123.

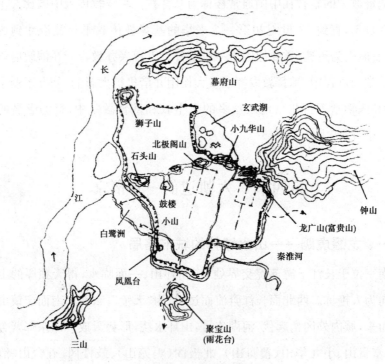

图 1-4 南京城山川形势

## 二、金陵秣陵——十朝古都的荣辱盛衰

南京地区春秋时期属吴,吴王夫差曾经在冶山(今朝天宫所在地)设冶铸作坊,铸造兵器,称冶城。公元前 472 年,越王勾践灭吴后,令范蠡筑越城于秦淮河畔,为南京最早的城池,今中华门外长干里的越台,就是当年的遗址。公元前 333 年,楚大败越国,尽取吴故地,筑城于石头山,置金陵邑,是为南京建制之始。秦始皇统一中国后,曾东巡会稽,路过丹阳(今江宁区小丹阳),听说金陵有王气,遂凿钟阜断长陇以通流,并改金陵为秣陵。东汉建安十六年(211),割据江东的孙权从京口迁治秣陵,次年,改秣陵为建业,取"建帝王大业"之意,筑石头城于金陵邑故址。229 年,三国吴从武昌迁都建业,开创南京建都史;317 年,东晋立国,定都建康;420—589 年,南朝宋、齐、梁、陈均以建康为都。当时以建康为主,周围环列石头城、丹阳郡城、白下城、东府城、宣武城等,形成群星拱月之势,城市总人口超过 100 万,是我国历史上第一个人口超百万的城市,所谓"六朝金粉,十里秦淮",谱写了南京历史上的华彩乐章。

隋唐为抑制江南地方势力,平毁建康城,贬低南京的地位,"金陵王气黯然收",南京变得萧条零落。公元937年徐知诰(李昪)在金陵即位,建立南唐,扩建金陵府城,把南朝的建康城向南移,全城周长二十五里四十四步,把秦淮河最繁华的地段包进了城内,并改金陵府为江宁府。南宋建炎三年(1129),改江宁府为建康府,建行宫,作为陪都。元代先后为建康路、集庆路。1368年,元末红巾军领袖朱元璋在应天府称帝,这是南京第一次成为全国统一的政治、经济、文化中心;同年八月,朱元璋以应天为南京,从此,南京一名正式见于历史记载。明太祖朱元璋接受儒士朱升"高筑墙,广积粮,缓称王"的建议而筑成的南京城墙,周长约35.267千米,开13个城门,上设垛口13 000余个、窝铺200余座,为世界第一大城,虽遭600多年的风雨兵火,现基本完好段25.091千米。明城东倚钟山,西踞石头山,南包秦淮,北临后湖,把六朝的建康城、石头城,南唐的金陵城统统包括在城内,使山、水、城融为一体,形成举世罕见的城市景观。与此同时,朱元璋还在南京兴建了规模宏丽的皇宫建筑群,北京明故宫即以此为母本。永乐十九年(1421),明成祖朱棣迁都北京,南京成为留都,但体制未变,府部犹存,仍不失为南方军事重镇和文化中心。

清代两江总督设置于南京。清末洪秀全在南京建立太平天国农民政权,改称天京,建有天王府和前期七王王府。1912年1月1日,孙中山在南京建立中华民国临时政府,南京成为民国的首都。1927年蒋介石在南京建立国民政府。国民政府制定和公布了《首都建设计划》,这是我国最早的具有现代意味的较为系统的城市规划,部分完成并影响至今。如一条宽阔大道从下关经挹江门、鼓楼、新街口直至中山陵,即著名的中山路;在中山路折向东去转弯处,建起圆形街心花坛,即新街口广场,为市内交通中心;周围则建中央商场、银行大厦等;还设计建设了中山陵、音乐台、中央博物院(今南京博物院)、中央图书馆(今南京图书馆)、中央大学等。古都南京走上了都市现代化的道路。

南京是东吴、东晋、宋、齐、梁、陈、南唐、明、太平天国、中华民国十朝都会,建城2 500年间,历经曲折坎坷,仅城市名称就有过金陵、秣陵、蒋州、丹阳、江乘、湖熟、建业、建康、江宁、升州、白下、上元、集庆、应天、天京等多次更改,建置演变频繁为国内罕见,其间既有过令人仰止的辉煌,也有过任人宰割的衰败。1949年4月23日南京解放,揭开了古都发展的新篇章。

### 三、遗踪旧影——星光闪烁的文物古迹

南京境内文物古迹众多,宛如繁星点点,遍布城乡。越城遗址、金陵邑遗址、六朝陵墓石刻、南唐二陵、明故宫遗址、明代城墙等大批历史遗迹,显示出强烈的古都特色。石头城雄风不减,虎威犹在;六朝陵墓石刻造型生动,栩栩如生;明朝城垣蜿蜒曲折,巍峨壮观;长江大桥横跨天堑,气势恢宏;明孝陵毕现帝王尊严;十里秦淮弥漫金粉气息;栖霞寺、朝天宫等古刹寺宇,金碧辉煌;莫愁湖、玄武湖等湖泊,波光粼粼;煦园、瞻园等园林建筑,清雅恬静;俗称"九十九间半"的甘熙故居是清代南京民居的代表;静海寺、太平天国天王府、总统府、中山陵、雨花台、梅园新村等史迹,是南京在近现代史上重要地位的见证。郊区还有汤山猿人遗址、定林寺塔、胭脂河天生桥、常遇春墓、徐达墓、浡泥国王墓、阳山碑材等古迹点。

### 四、云端锦绣——光彩夺目的传统文化

南京传统文化内容丰富。民间曲艺有南京白局、南京白话、南京评话等;民间舞蹈有方山大鼓、花香鼓、跳五猖、跳当当、解表等;地方戏曲有洪山戏、高淳阳腔目连戏等;特产有南京云锦、雨花石、雨花茶等;风味食品有夫子庙风味小吃、金陵鸭馔等。其中五彩辉煌、极富皇家气派的南京云锦是国之瑰宝。南京云锦是驰名中外的传统工艺美术丝织品,提花编织,锦纹瑰丽有如云彩,因而得名,产品有库缎、库锦、妆花三大类。南京云锦始于南朝,盛于明清,鼎盛时期有织机3万多台,从业人员20余万,是南京最大的产业。清廷设江宁织造府,专司南京云锦业的管理。鸦片战争后,南京云锦迅速衰落。1949年后,成立了南京云锦研究所,继承和发展了传统工艺,曾成功地复制了明定陵出土的"织金孔雀妆花纱龙袍"和长沙马王堆出土的"素纱蝉衣"。2006年,南京云锦木机妆花手工织造技艺名列首批中国国家非物质文化遗产名录,同享此誉的还有久负盛名的秦淮灯会以及南京金箔锻制技艺、金陵刻经印刷技艺。2009年,南京云锦织造技艺被列为联合国教科文组织人类非物质文化遗产代表作。

# 第二章　地域文化名城

中国地域辽阔,由于自然环境和社会结构的差异,不同地区之间社会经济、文化发展很不平衡,而经济与文化的形成与发展,又具有明显的地区特点,正是这些各具地方特色的文化互相交流和互相融合,才构成了绚丽多彩的中华文化。地域文化是一门研究人类文化空间组合的地理人文学科[1],其"地域"概念通常是古代沿袭或俗成的历史区域。关于中国文化地方特色的研究,蒙文通先生早有齐鲁、秦晋、荆楚三支文化之说;梁启超先生亦有中国南北两种文化之论;任继愈先生提出"以秦汉以前的文化为例,在中国黄河长江流域文化大致可分为鲁、晋、齐、楚四个主要文化区域"[2];更有人提出齐鲁、秦晋、荆楚、燕赵、吴越、巴蜀等多支文化。曾作为诸侯国或封国首府的历史文化名城,即各文化区域的中心,也就成为地域文化的源头或突出代表。

## 第一节　孔圣阙里——曲阜

曲阜是鲁国故都,孔子的故乡,素称"礼义之邦""东方圣地",浸透着儒家特色的鲁文化于此发源。

### 一、鲁国故都

曲阜一词首见于《礼记》"封周公于曲阜"。东汉应劭注曰"鲁城中有阜,委曲长七八里,故名曲阜"。曲阜是周武王最信任的弟弟周公旦的封国,因周公留京辅佐天子,未能到任,成王时派周公长子伯禽率领部属前往封地,正式建邦。《诗经·鲁颂·閟宫》曰:"王曰'叔父,建尔元子,俾侯于鲁。大启尔宇,为周室辅'";"泰山岩岩,鲁邦所詹。奄有龟蒙,遂荒大东。至于海

---

[1]编者札记//黄新亚.三秦文化.沈阳:辽宁教育出版社,1995.
[2]任继愈序//王志民.齐文化概论.济南:山东人民出版社,1993.

邦,淮夷来同。莫不率从,鲁侯之功"。从第一代鲁公伯禽算起,鲁国国君传36位君主,在曲阜建都近800年,直至公元前256年为楚所灭。至今仍以"鲁"作为山东省的简称。

秦代,鲁为薛郡治。西汉惠帝七年(前188年)重置鲁国,次年,吕后封张偃为鲁王。8年后张偃因罪除国。景帝三年(前154)徙封皇子淮阳王刘余为鲁王,史称恭王,重建鲁国,传6世163年,后为王莽所废。东汉光武帝刘秀再建鲁国,后并入东海国,东海王传6世168年,至魏黄初元年(220)为魏文帝曹丕所废。

魏晋以后,曲阜先后为鲁郡、任城郡治。宋大中祥符五年(1012),真宗赵恒认定轩辕黄帝是赵氏始祖,而黄帝生于鲁东门之北的寿丘,为纪念其始祖,同时为了尊崇生于曲阜的"六大圣人""十二先哲""七十二贤",乃下诏将曲阜县更名为仙源县,将县治徙于寿丘,并在寿丘"建宫①祠轩辕曰圣祖,又建太极宫祠其配曰圣祖母。越四年宫成,总千三百二十楹,其崇宏壮丽无比。琢玉为像,龛于中殿,以表尊严,岁时朝献,如太庙仪"②。金天会七年(1129),复为曲阜。

从宋初至明中期的500年间,曲阜的县城一直在今城东的旧县村,而阙里孔庙却在一片旷野中。明正德六年(1511)二月,刘六(宠)、刘七(宸)领导的农民起义军攻占曲阜县城,焚官衙府第。当晚又移营阙里孔庙,次日向泗水方向进发。起义军的这一行动使朝廷上下万分惊恐。正德八年(1513),开始"将曲阜县治移徙庙旁,量筑城池,以备防守"的工程,由工部置备工具,户部负责筹资,征调山东各府州县夫役万人,至嘉靖元年(1522)竣工。新建砖城周4.8千米,高6米,设城门5座,外环以河,是一座易守难攻的城池。

## 二、礼仪之邦

曲阜号称"礼仪之邦",民风古朴,文教发达,究其源本,和鲁国的始祖周公有密切的关系。周初,周公旦制定了一系列的典章制度,实行以"周礼"为中心的统治。鲁国是周公的封地,也是推行周礼的东方文化中心。《史记·

---

① 即景灵宫。
② (元)周伯琦.重修景灵宫碑文.载(清)潘相等纂《曲阜县志·通编》,清乾隆三十九年刻本.

鲁周公世家》载:"鲁公伯禽之初受封之鲁,三年而后报政周公。周公曰'何迟也?'伯禽曰:'变其俗,革其礼,丧三年然后除之,故迟。'"伯禽完全按照周公的训诫,三年之中,对鲁地原东夷族和夏商的风俗与礼仪制度进行了一场彻底改革,为以周礼为核心的周文化在鲁打下了基础,形成谨守周礼的鲁文化的基调。

在周初开国功臣中,周公旦是最重要的一位宗室大臣。周武王即位后,以姜尚为师,周公旦为辅。周武王攻进朝歌,周公旦手持大钺,召公奭手持小钺,左右夹卫武王。周武王死后,儿子成王年少,周公旦代行天子之政,营建东都雒邑,讨平三监及东夷之乱。所以周朝在分封鲁国时,分给鲁国大辂车、大旌旂,分给古代的宝物"夏后氏之璜""封父之繁弱",以及六族的殷商遗民。除此以外还特别分给了专掌祝、宗、卜、史的官吏和礼器。据传周公旦在父亲文王在世时就是一位孝子,笃厚仁爱,异于群子。周公旦死后,周王室为了嘉奖他的美德,特别准许鲁国为周文王立庙,每年祭祀时可以用天子礼乐——八佾。《史记·周鲁公世家》载周公死后,"成王乃命鲁得郊祭文王。鲁有天子礼乐者,以褒周公之德也"。因此在礼仪的规格上,鲁国是和周天子同级的。同时,鲁国又是附近封邦的宗主国,经常举行朝、聘、会、盟的大典。鲁国保有仅次于周天子的礼器法物和典册史籍,春秋各国大夫学礼问礼,如果不是去都城雒邑,就要去鲁国曲阜,因此鲁国又被称为"东周",即东方的周室中心。《左传·昭公二年》载,作为当时霸主的晋国,派执政韩宣子聘于鲁,他"观书于太史氏,见《易》《象》与《鲁春秋》,曰:'周礼尽在鲁矣。吾乃今知周公之德与周之所以王也。'"鲁国成为东周的文化支柱,鲁国的都城曲阜成为当时的文化中心。

曲阜地区一向文教发达。鲁僖公(姬申,前659—前627在位)时,曾在鲁城南部风景秀丽的泮水岸边营建规模庞大的泮宫,这是当时诸侯国中最早的一所学宫,以后各诸侯国争相仿效,纷纷在国都近郊筑泮宫,挖泮池,兴学养士。春秋末期,更有孔子聚徒讲学。除孔子外,曲阜几千年来还孕育了一大批知名人物:春秋末期能工巧匠公输般、战国初期哲学家、思想家孔伋,西汉经学家孔安国,东汉文学家、建安七子之一的孔融,清初戏曲作家孔尚任,经学家孔继汾、孔广森、桂馥,书法家孔继涑等。

### 三、圣域贤关

中国有句话叫"江南出才子,江北出圣人",江北的圣人多出自曲阜。封建时代受到皇帝赐封的圣人共6位:至圣孔子、亚圣孟子、复圣颜子、述圣子思、宗圣曾子、元圣周公,前四位都生于曲阜,后二位一位是孔子弟子,一位封在鲁地,曲阜县城有"圣域贤关"的题字,可谓当之无愧。曲阜的圣哲遗迹为数不少,有颜庙,为祭祀孔子弟子颜回的祠庙;周公庙,祀周公旦;尼山孔庙,祀孔子像和孔子父母牌位;孟母林,为孟子父母合葬处;梁公林,为孔子父叔梁纥、母颜征在、兄孟皮的墓地;颜子林,为颜回及其家族墓地以及颜庙、陋巷等。最著名者当属1994年列入世界遗产名录的"三孔"——孔庙、孔府、孔林。曲阜之所以闻名于世,正是由于它是孔子故里,以"三孔"圣地蜚声中外。香港《中国旅游》杂志192期曾以四个第一概括曲阜:"天下第一人孔子,天下第一庙孔庙,天下第一家孔府,天下第一林孔林。"

孔子(前551—前479)为殷代后裔,先世系宋国贵族。自其远祖孔父嘉死于殇公之乱,五世祖避难奔鲁,后定居鲁国陬邑。父叔梁纥为鲁国武士,以勇力闻于诸侯,荣立过两次战功,但一直未得升迁,63岁时纳17岁的颜征在,老夫少妾祷于尼山,不久生孔子,因名丘,字仲尼。孔子3岁丧父,随母移居阙里。因家境贫寒,做过管理仓库的"委吏"和管理牛羊的"乘田",干得都很出色。30岁时已博学多才,成为当地较有名气的一位学者,在阙里收徒授业,开创私人办学之先河,建立儒家学派。36岁时去齐国见齐宣王,宣言"君君臣臣父父子子",未得重用。51岁时任鲁国中都宰,为政有方。52岁提升为鲁国司空、大司寇。鲁定公十年(前500)鲁、齐夹谷之会,齐景公欲威胁鲁公就范,孔子以礼斥责景公,保全了国格,使齐侯不得不答应定盟和好,并将郓、谨、龟阴三地归还鲁国,取得鲁国外交上多年未有的成就,这是孔子一生中政治最得意的时期。54岁时摄行相事,为提高国君权威,试图削弱掌权的三家大夫的势力,但失败。55岁时,孔子周游列国,"干七十余君"而终无所遇。到68岁(前484)回到鲁国,被尊为"国老",但仍不得重用,乃集中精力从事教育及文献整理工作。孔子一生有"弟子三千",总结出一套行之有效的教育理论。其一生的主要言行,经弟子和再传弟子整理编为《论语》一书,成为后世儒家学派的经典。史学家司马迁给予孔子极高的评价。他在《史记·孔子世家》中写道:"《诗》有之:'高山仰止,景行行止。'虽不能至,然心向往之。余读孔氏书,想见其为人。适鲁,观仲尼庙堂车服礼器,诸生以时习礼其家,余只回留之不能去云。天下君主至于贤人众矣,当时则荣,没则已焉。孔子布衣,传十余世,学者宗之。自天子王侯,中国言《六艺》者折中于夫子,可谓至圣矣!。"

曲阜明城正南门悬"万仞宫墙"系乾隆御笔,来源于孔子弟子子贡。鲁国大会诸侯时,有人提出子贡学问博大精深,可与孔子相提并论。子贡马上说:人的学问如一堵墙,我这道墙只有一仞高,孔子墙有数仞高,不入其内,就不知其深①,后用以形容孔子学问博大。

孔子的形象是中华民族文化的象征,儒家思想是华夏文化的代表和人类共同的精神财富。孔子理论从修身齐家到治国平天下,政治、经济、军事、伦理、教育、饮食,几乎无所不包。千百年来,人们给予孔子许多至高无上的评价,孔子被封为大成至圣文宣王、万世师表、千古圣人,三孔所在的曲阜也被视为"圣域贤关"。祭祀孔子的祠庙、孔子后裔府邸和孔氏家族墓地孔庙、孔府、孔林于1994年被列为世界文化遗产。

孔庙即至圣庙,位于曲阜明故城区中心,是祀孔祠庙中建造年代最早、规模最大的一座。公元前479年孔子殁后,鲁哀公命令祭祀孔子,"即孔子之堂为庙屋三间",藏孔子的衣冠、琴、车和书,岁时奉祀,是为最早的孔庙。今孔庙毓粹门外尚存有一矮小门第,就是当年"因以为庙"的孔子故室门。汉高祖十二年(前195),刘邦至淮南平定英布的叛军后,到曲阜以祭天大礼——太牢礼来祭祀孔子,封孔子9世孙孔腾为奉祀君,专祀孔子。这次祭孔活动提高了儒家的社会地位,也为后世皇帝开了祭孔的先河。至清代,先后有12位帝王19次祭孔,其中乾隆帝祭8次。孔庙也历经修葺,规模不断扩大。清雍正二年(1724)大成殿遭雷击被毁,雍正帝亲自指授督修,历时6年,耗银157 600两,使孔庙灿然一新,形成目前所见到的宏伟规模。现存殿、堂、亭、门、坊等104座,466间,九进院落。大成殿是孔庙的主体建筑,取孟子"孔子之谓集大成"之意。另有奎文阁(孔庙藏书楼)、十三碑亭、杏坛

---

①原文为:"夫子之墙数仞,不得其门而入,不见宗庙之美,百官之富,得其门者或寡矣。"见《论语·子张》。

等建筑,还有两汉以来历代碑碣2 200余块,是历代书法珍品。

孔府即衍圣公府,位于孔庙东侧,是孔子嫡长子孙的府第。历代皇帝对孔子后裔一再加封,刘邦封孔子9世孙为奉祀君,汉元帝封13代孙为关内侯,唐玄宗封孔子为文宣王,35代孙为文宣公,宋仁宗至和二年(1055)封孔子46代孙孔宗愿为衍圣公,从此以至民国世代相袭32代,民国时改为奉祀官。衍圣公在元代为三品衔,明代为一品文官,清代班列阁臣之上,特许紫禁城骑马,在宫中御道行走,赐予大量特权和祭田,免征各种赋税差务。乾隆时孔府拥有100多万亩的土地,分布于山东、安徽、河南、河北、江苏等地。任朝代更替,唯孔府主人因孔子成了不倒的公侯,这在中外历史上绝无仅有。

宋代衍圣公的视事厅附设于孔庙内,明洪武十年(1377)奉敕建衍圣公府第,始独立。清光绪九年(1883)大规模重修,达到现存规模。孔府九进院落,三路布局,楼房厅堂463间,保存有青铜玉器、书版字画、衣冠家具等大批珍贵文物。孔府档案已整理出9 000余卷,是我国最完整最丰富的家族文书资料。

孔林亦称至圣林,在曲阜城北1千米处。《史记》载,孔子死后,弟子把他葬于"鲁城北泗上"。汉代以来,随着孔子地位的提高,孔林的规模越来越大。自汉以来先后增扩、重修孔林16次,增植树木5次,现存树10万余株,周围筑有长7.25千米的砖砌林墙,林内坟茔10万多座,孔子直系子孙已葬至76代。作为一个家族墓地,2 000多年来埋葬从未间断,且保存完整,举世罕见。墓园内碑碣如林,有墓碑2 000余块,是我国著名的碑林之一。

## 第二节 火凤翔舞——荆州

荆州位于湖北省中南部,长江中游江汉平原,因"地临江""近州无高山,所有皆陵阜"而得名。自楚文王元年(前689)至秦昭襄王二十九年(前278),20位楚王在荆州建都,延续411年,成就了作为春秋五霸、战国七雄的宏图大业。荆州是古楚国的统治中心,楚文化的发祥地,以光彩夺目的楚文化和脍炙人口的三国故事闻名遐迩。

## 一、文化中心——荆楚文化发祥地

1. 楚国与楚文化

《史记·五帝本纪》记载:"三苗在江、淮、荆州。"所谓三苗,即有苗、苗民、苗蛮,是一个庞杂的族系。三苗的"三",即是说他们族类纷杂,部落众多。江淮和荆州在今河南省南部到湖南洞庭湖、江西鄱阳湖一带。然而楚人的祖先并非苗民,而是原本分布于中原的祝融部落集团。夏人曾与三苗发生冲突,结果是夏人前进、三苗后退了,祝融部落集团在这场冲突中助了夏人一臂之力。夏末,殷人由东向西推进,灭夏建商,祝融部落集团遭到殷人的武力打击,逐渐离散,分布于商朝的南境,约在大别山、桐柏山以北和伏牛山以东的中原南部,后来随着殷人的逐步向南开拓而同步南下。殷人称祝融诸部为荆。商末周初,荆人残部主要是芈姓,已西迁到以丹阳(今湖北秭归东南)为中心的丹水与淅水一带。首领鬻熊很有政治头脑,背弃商朝,亲附方兴的周。文王在位时,给予他"子"的封号。鬻熊曾孙熊绎被周成王封在楚蛮之地,子爵,住丹阳,从此有了"楚"这个正式的国号兼族名。熊绎的国都虽仍名丹阳,地点却已移至荆山东侧、汉江支流蛮河流域(今湖北南漳)。楚人怀旧念祖,国都迁而名不改。楚人立国之初,地僻民穷,势弱位卑。熊绎率部众在睢山、荆山之间的穷乡僻壤耕垦,过着古朴的生活。《左传》称熊绎"筚路蓝缕,以处草莽","跋涉山林,以事天子"。

经过大约一个半世纪的惨淡经营,楚人逐渐显示出转弱为强的势头。熊绎五传至熊渠。熊渠以胆气和勇力见称,他整军经武,在江汉之间很得人心,趁周夷王时中原动乱的良机,征讨蛮夷,开疆拓土。公元前704年,楚君熊通自号武王,其子文王熊赀于公元前689年自丹阳"徙都郢"(即今荆州楚纪南城),楚逐渐由一个荒远落后的小国成为拥地五千里、带甲百万的南方强国,春秋时先后吞并了45国,成为疆土最大的诸侯国,到楚庄王时确立了楚国霸业。

战国时期,楚威王将疆土扩大到云南滇池,楚国地广人多,是战国七雄中的大国。六国合纵攻秦时,楚怀王曾被推为纵约长。其子顷襄王骄奢淫侈,公元前278年秦将白起攻克郢都,楚被迫接连迁都,从此国力削弱,前223年为秦所灭。

楚人是祝融的后裔。祝融是高辛氏的火正,即火官之长,同时也是雷神并近于日神。《国语·郑语》记西周末郑国的史伯说:"夫黎为高辛氏火正,以淳耀敦大,天明帝德,光照四海,故命之曰'祝融',其功大矣!"因之楚人崇日与火;火为赤色,日出东方,所以尚赤、尚东、尚左(周俗尚右),以东向为尊,南向为次尊(因南在东之左)。楚人以凤为图腾,在楚国的文物中,凤的形象多得数不胜数,体形姿态多样,雍容华贵,伟岸英武。先秦之世,唯楚人好以凤喻人。楚庄王自比三年不飞、飞将冲天,三年不鸣、鸣将惊人的大鸟;屈原在《离骚》中以"鸷鸟"自喻,楚狂接舆以凤喻孔子。楚人相信凤与他们的祖先有某种亲缘关系,他们尊崇凤,就是尊崇自己的祖先;钟爱凤,就是钟爱自己的民族。凤成为楚文化的一面旗帜。作为楚文化中心的荆州以"金凤腾飞"作为城标。

楚文化有六个要素。一青铜冶铸工艺,二丝织和刺绣工艺,三髹漆工艺,四老庄哲学,五屈原的诗歌和庄子的散文,六美术和乐舞。楚文化于春秋时期勃然兴起,领异标新,混一夷夏,与中原文化竞趋争先。从楚文化形成之时起,华夏文化就分成了南北两支:北支为中原文化,雄浑如触砥柱而下的黄河;南支即楚文化,清奇如穿三峡而出的长江。两者为上古中华灿烂文化的表率,与时代大致相当的古希腊和古罗马的文化遥相辉映。

2. 故楚遗迹

楚国郢都因在纪山之南,又称纪南城,楚在此立国凡411年,历20位王,城内外散布着多处与古楚国有关的遗址、墓葬、祠庙等遗迹,出土文物亦颇可观。

在八岭山、马山、雨台山等地分布着大量墓葬。八岭山中现封土堆尚存的大中型古墓有560余座,其中以楚墓居多。不少墓冢雄踞山头,宛若山峰,构成八岭山的壮观奇景。史载楚庄王墓在山中,前后陪葬有数十冢,排列成行。山上胜迹众多,雄奇幽深,有"不到八岭山,不算到荆州"之说。八岭山现为国家森林公园。马山古墓群已发掘战国至汉代墓葬近300座,其中被誉为"丝绸宝库"的马山一号楚墓出土了35件迄今所见世界上时代最早、保存最好的丝织物,震惊世界的越王勾践剑、吴王夫差矛也是从该墓群中发掘出土的。雨台山古墓群已发掘2 000多座。

楚纪南城位于荆州城北5千米,自文王元年(前689)始都,至顷襄王二十一年(前278)白起拔郢,有20位楚王建都于此,历411年,为楚国的政治、经济、文化中心,东周时期南方第一大都会。纪南城历经营建,建筑巍峨,人烟稠密,市井罗列,商业繁盛,舟楫穿城而过,车马衔尾而行。东汉桓谭《新论》说:"楚之郢都,车毂击,人肩摩,市路相排突,号为朝衣鲜而暮衣敝。"现遗址平面长方形,东西长约4.5千米,南北宽约3.5千米,总面积约16平方千米。土筑城垣至今犹存,高4~8米。全城有7座城门,其中南北故河道出口处为两座水门,是迄今发现中国先秦时期保存最好的木结构水门。城东南有密集的宫殿建筑遗迹,现存80余处夯土台基,气势壮观。城中还有制陶窑址、金属冶炼作坊、水井遗迹等。楚纪南故城是研究春秋战国时代社会变革和楚国历史的一处极重要的文化宝库。

纪南城东北隅有楚庄王台。楚庄王熊旅是楚国历史上杰出的君主,春秋五霸之一。他不满20岁即王位,三年中不理朝政,淫逸无度,并宣布"有敢谏者死无赦",朝臣苏从入见庄王,说已"三年不飞不鸣",庄王乃罢淫乐,诛小人,用忠臣良将,对内平息叛乱,对外大举用兵。公元前606年,伐陆浑之戎,陈兵周郊,问鼎中原。公元前597年,晋楚大战于邲(今河南荥阳),楚大胜,饮马黄河,威镇华夏,鲁、宋、郑、陈等国纷纷附楚。庄王为安抚列国君主,筑高台邀列国君主聚会,众诸侯共推庄王为盟主。此后庄王威望日重,楚国国势日强。后人因以此台为钓诸侯之台,名"钓台"。

樊妃墓又称"谏猎冢""九里冢"。樊妃为庄王夫人,为谏阻庄王狩猎,不食禽兽之肉以明志;又常劝庄王选贤任能,勤政治国。其墓历代多名人游览,唐张说《登九里台题樊妃墓》诗曰:"楚国所以霸,樊姬有力焉。"现封土高14米,周长300米,犹如小山,林木掩映。

位于荆州城东北3千米处的郢城,是楚平王为防卫吴国入侵而修筑,曾出土楚国金币"郢爰"等遗物。城垣西北角有"庄王望妃台",传为楚庄王为纪念樊妃而筑。

## 二、军事重镇——三国纷争聚焦点

### 1. 三国与荆州得失

荆州扼长江中游咽喉,东连吴越,西控巴蜀,南达湘粤,北通中原,为历代兵家必争之地,历史上发生著名战事100余次。东汉末年,荆州成为三国纷争的焦点,三国围绕荆州得失而展开。赤壁之战,奠定三国的基础,从魏吴争夺荆州,发展到刘备借荆州、孙权讨荆州之争。吕蒙白衣渡江袭荆州,关羽大意失荆州后,蜀汉一蹶不振,最后转变为吴晋相争。晋杜预克荆州,吴国旋即溃灭,三国归于一统。《三国演义》全书120回中70回与荆州有关,10回直接写到荆州,让人油然而起"闻听三国事,每欲到荆州"之想。

2. 三国遗迹

荆州城内外,三国遗迹众多,尤多蜀将关羽的传说遗闻遗迹。

荆州古城是中国南方保存较完好的砖筑古城。春秋时这里是楚国官船码头,名"渚宫"。秦灭楚后为江陵县治所,出现最初的城郭,故始名"江陵城"。汉武帝时改称荆州城。三国蜀将关羽及吴太守朱然、东晋荆州刺史桓温、南朝梁元帝萧绎、五代十国南平国王高季兴等均曾进行扩建、修葺。现有城墙为清顺治三年(1646)依照宋、明旧基重建,唯东南角、西南角、小北门等处,遭乾隆五十三年(1788)大水冲毁后,在次年修缮时退入十数丈,因而城呈不规则的长方形,周长10.5千米,下用条石砌基,以大城砖砌外壳,石灰糯米浆嵌缝,内填黄土夯实,内侧用黄土筑成护坡。城周有护城河环绕。有城门6座,其中大北门朝宗楼是唯一保存下来的古城楼,重建于清道光十八年(1838)。东门宾阳楼抗战时被日军炸毁,1986年复建,与九龙桥、金凤腾飞城标等融为一体。公安门位于古城墙东南角,又称小东门,是古城唯一的水门,如今水门码头虽早已失去它的功用,但码头之上的青石护岸栏杆,上下码头的石阶清晰可辨。东汉建安十五年(210),立营公安县的刘备,从接替周瑜执掌帅印的鲁肃手中侥幸借得荆州,并派关羽镇守,自己仍扎营公安。以后刘备每由公安来荆州视察防务,都经水路,由小东门码头登岸入城。为纪念这段难忘的历史,后人遂用刘备驻守之地的公安代称小东门。

荆州城南门内原有关帝庙,建于明洪武二十九年(1396)。日军侵华时遭严重损坏,文物亦损失殆尽。现依旧址建关公陈列馆。壁画描绘关羽镇守荆州、迎亲救主、义释曹操、单刀赴会、驰援当阳、水淹七军、刮骨疗毒、父子忠魂等故事。

在荆州城东护城河东岸,与公安门隔河相望有画扇峰。南朝盛宏之《荆州记》称:"修竹亭西,一峰迥然,西映落月,遥而望之,如画扇然。"传说三国时曹操、刘备、孙权三家争夺荆州,干戈不息,百姓无宁日,王母娘娘派九仙女下凡收取荆州。关公忠于其兄不肯让出荆州,于是与仙女比赛筑城,以鸡鸣为限,谁先筑成,城即归谁。关公以芦苇和竹片编织城门城墙,九仙女以衣裙兜土筑城。关公先成,鸡尚未鸣,乃振动鸡笼芦席,公鸡啼鸣,九仙女羞愧而去。时张飞守公安,过江从江边芦花荡挑了一担土来帮二哥筑城,可是来晚了,便将土倒在东门外,遂成此峰,故又称"张飞一担土"。

八岭山南麓的马跑泉,传为关羽赤兔马蹄刨地而成,又称马蹄泉。泉边有明万历残碑和清道光所立碑,载:"刘先主困当阳时,关公引师救之,取道过此,人马俱困,焦渴难当,寸步难移,赤兔马以蹄刨地,昂首嘶鸣,忠义感动山神,研泉通,人马得饮,精力复萌,速赴当阳救主。"泉口呈马蹄形,水富含矿物质,或为茶亭取水泡茶以待游人,或为酒厂取水酿酒以款宾客。八岭山北麓的铜铃岗,传为关羽操兵处。传说诸葛亮入川后,担心关羽难守荆州,派人送来草索铜铃,嘱其练兵:"铃索跑掉,精兵练成。"关羽不解,将铜铃套在赤兔马颈上,草索化为金索,方知诸葛亮良苦用心,遂操兵不息,终使金索断裂,铜铃坠地,化为山冈。冈中部凸起,状如铜铃横卧。

### 三、藩府郡治——长江中游一都会

#### 1. 经济文化发展

楚亡后,尽管国都遭到毁灭性的破坏,但由于楚国经济及科学文化的雄厚根基,迨至秦汉,荆州地区经济迅即复苏,成为全国十大商业都会之一。两晋至南北朝荆州是长江流域的重要经济文化中心,南齐和帝、梁元帝、后梁宣帝及五代十国南平国高季兴等均在此建都,凡81年。元帝萧绎为武帝第七子,以湘东王居荆州,平"侯景之乱"后在荆州称帝,曾在荆州建有皇家图书馆,收藏图书14万册。南朝画家宗炳大半生在游览品评山水中度过,晚年还荆州故宅后将游览过的山水绘于墙上,朝夕观览,号称"卧游"。唐代中原动乱后,"襄邓百姓,两京衣冠,尽投江湘,故荆南井邑十倍其初"[1]。时江淮财富,山积于此。肃宗上元元年(760)升荆州为江陵府,定为南都。名

---
[1] (后晋)刘昫.旧唐书·卷三十九·地理志.

贤硕辅纷至沓来,张九龄、张说、陈子昂、王维、孟浩然、李白、杜甫、韩愈、刘禹锡、岑参、白居易、李商隐、杜牧等均有讴歌荆州的名篇。

五代十国时期立都荆州的南平国,靠沟通南北贸易取利,绵延40年,历四世五王。宋代荆州为"国南巨镇""商贾必由之地",设有榷茶机构和采造茶叶的场所,是全国著名的茶市,并设国家金库储钱,供商业之需。明代为封藩处所,诸王府第楼亭栉比。

2. 流风胜迹

● 落帽台:位于八岭山(龙山)。《世说新语》载,东晋荆州刺史桓温于重阳节在龙山东南端此台上设宴,邀部属饮酒赏菊,席间参军孟嘉的帽子被风吹落,孟嘉佯装不知,仍尽情畅饮。他离席净手时,桓温让另一名士作文以嘲,孟嘉归席后挥毫作答,文惊满座,从此传为登高佳话,台因此得名。唐代大诗人李白游此,曾题诗二首:"九日龙山饮,黄花笑逐臣。醉看风落帽,舞爱月留人。"(《九日龙山饮》)"昨日登高罢,今朝更举觞。菊花何太苦,遭此两重阳。"(《九月十日即事》)。考古勘探此处为大型楚墓。

● 张居正街、宅:张居正(1525—1582),荆州人,历嘉靖、隆庆、万历三朝,为宰辅主政10年,推行"一条鞭法",任用名将戚继光等练兵,使北部边关雨十余年无烽火之惊,国势出现中兴景象。在北京去世后归葬荆州。城内曾建有相府,抗战中夷为平地,后复建仿古街,名张居正街。

● 三管笔:位于公安门西侧城墙上,又名文笔峰,为明末荆州府文庙的附属建筑物,状若巨笔,象征公安三袁(明代文学家袁宗道、袁宏道、袁中道)。三袁故里在荆州公安县。

● 荆州三观:开元观——位于城西荆州博物馆内,唐开元年间建,现存为明代建筑,有元、明碑刻及铜钟、香炉等文物。太晖观——位于城西门外太晖山上,明洪武间湘献王朱柏重建。朱柏为朱元璋十二子,15岁就藩,建文元年(1399)被诬告谋反,降罪削藩,与王妃一同阖宫自焚,年29岁。后平反,谥号"献",在观旁建衣冠冢。太晖观为远近闻名的香火胜地。玄妙观——位于城内,始建于唐贞观九年(635),元代最为兴盛。法师唐洞云被元朝皇帝授予"诚明中正玄静法师""第九仙"等尊号。

● 明辽简王墓:位于八岭山西麓,朱元璋十五子朱植墓。

- 铁女寺：位于城内西北隅，唐代孙姓二女以父冤投冶铁炉而死，化为二铁人，荆州人立祠祀之。内供二铁女像，传说系原身所铸。现香火甚旺，膜拜者不绝。辽简王朱植有《铁女寺碑记》。

## 第三节　吴风越韵——苏州、绍兴

江浙一带古为吴越之地。在人们的心目中，吴越山明水媚，民风柔婉，文质彬彬。然而1900多年前班固在《汉书·地理志》却是如此评价吴越人的："吴越之君皆好勇，故其民至今好用剑，轻死易发。"晋人左思在《吴都赋》里也说吴地"士有陷坚之锐，俗有节概之风"。为什么吴越人的形象今古有如此巨大的差异呢？吴越文化经历了怎样的发展和演变呢？透过苏州、绍兴这两座吴越古都、历史在2500年以上的历史文化名城，来领略吴越文化的内蕴与变迁。

### 一、吴越故都

据《史记·吴太伯世家》记载，商末周初，周王古公亶父（太王）在位，周人实行的是长子继承制，古公亶父的王位日后当由长子泰伯继承，而古公亶父偏爱幼子季历，因"季历贤，而有圣子昌（即后来的周文王），太王欲立季历以及昌"，但这样做又不合乎礼制。为了成全父亲的愿望，太王的长子泰伯和次子仲雍一起出走，"乃奔荆蛮，断发文身，示不可用"。他们来到吴地，尊崇吴地风俗，受到当地人的爱戴，乃以"句吴"为号建国。泰伯、仲雍的到来使吴地接触到了先进的中原文化，获得较大的发展。自泰伯后历24代，到吴王寿梦时，吴国强大。寿梦有四子：诸樊、馀祭、馀昧、季札，季札最贤，博学多才，深得寿梦喜爱。寿梦欲立季札，而季札不受，寿梦临终乃让太子诸樊日后将王位让与季札。诸樊死后，季札仍不受王位，遂传馀祭。公元前544年，馀祭为阍（作为奴隶的越国战俘）所害，馀昧即位。馀昧死，其子僚继之，这引起诸樊之子公子光的不满。为夺回王位，公子光广招四方之士积蓄力量，来自楚国的伍子胥很快得到公子光的赏识。伍子胥本为楚人，祖父伍举、父伍奢、兄伍尚皆为楚臣，楚平王当政时，因受到平王宠臣费无忌的谗害，父兄被杀，伍子胥出逃到吴。急于复仇的伍子胥与公子光一拍即合，并向公子光引见勇士专诸,以鱼肠剑刺杀吴王僚,公子光夺得王位,是为吴王阖闾。

阖闾登位,首要问题是如何实现强大吴国、稳固根基、向外扩张的宏图大略。伍子胥建议"凡欲安君治民,兴霸成王,从近制远者,必先立城郭,设守备,实仓廪,治兵库"①,将都城建设作为头等大事。当时吴国的都城是诸樊修的"吴子城",方圆5里,规模很小,伍子胥受命建立新城郭。伍子胥乃"相土尝水""象天法地",建成周47里的阖闾大城,开陆门8座,以象天之八风,水门8座,以法地之八卦。大城内还筑有小城,吴宫坐落于其中。阖闾大城奠定了今日苏州城的规模,也揭开了苏州2500多年历史的开篇,其后苏州城垣虽屡毁屡建,但城垣的范围、位置却改变不大。吴国不惜工本筑造大城,是为了适应争霸的需要。吴以阖闾城为中心,开凿运河,改善水上交通,西攻楚,北伐齐,南略越,终于成就霸业。阖闾城集中反映出吴国雄厚的经济、军事实力。

越为夏禹后裔。相传禹治水成功后,在会稽山(位于今绍兴稽山门外)祭祀土地神,会盟诸侯,死后亦葬于会稽山。夏朝传至第六位帝王少康时,因恐祭禹中断,乃将庶子无余封于今绍兴,号于越。到越王允常时逐渐强大,建立城郭,开垦荒田,发展农业、手工业,但与楚、吴相比仍显弱小。吴越之间曾多次发生战争。公元前506年,越乘吴攻楚之机,为了越楚联盟,偷袭吴国以救援楚国,同时也摆脱了对吴国的从属关系。几年之后,吴王阖闾为报越偷袭之仇,也为了将越重新置于管辖之下,大举攻越,时越王允常刚死,勾践即位不久,两军大战于槜李(今浙江嘉兴附近),吴军大败,阖闾也受重伤,死于回师途中。夫差继承吴王位,立志要报杀父之仇,公元前494年败越,越被迫接受屈辱的城下之盟,勾践夫妇入吴为奴,直到公元前490年才被释放。勾践在即位之初曾把国都从会稽山中迁移到山麓冲积扇的平阳,此时为雪耻复国,重图霸业,接受谋臣范蠡的建议:"今大王欲国树都,并敌国之境,不处平易之都,据四达之地,将焉立霸王之业?"②将国都从平阳迁至更开阔的宁绍平原的中心——今绍兴城区。在很短的时间里,越国在今

---

① (东汉)赵晔.吴越春秋·阖闾内传.
② (东汉)赵晔.吴越春秋·勾践归国列传.

卧龙山(府山)东南麓建起了一座周围1 000多米的国都兼军事堡垒,这是绍兴最早的城郭,俗称小城。随后范蠡又在小城外围筑起大于小城十倍的大城,称蠡城或山阴大城。勾践以此为基地,实行"十年生聚,十年教训"的复兴计划,终于覆灭吴国,并北上称霸,成为春秋最后一个霸主。古往今来,绍兴广泛流传着勾践卧薪尝胆和越国复兴的故事,并有越王台、卧薪楼、投醪河、日铸岭、浣纱溪、文种墓等古迹。

## 二、繁华商会

公元前222年,秦始皇兴兵平定江南,于原吴越之地置会稽郡。会稽郡的范围很大,领26县,包括现在江苏南部、上海和浙江大部分地区,郡治在吴县(今苏州),在绍兴设山阴县,是26县中的显要大县。

西汉初吴县为荆国都,三国吴在此置吴郡。隋开皇九年(589)始名苏州,因城西南姑苏山得名。随着江南的开发和全国经济重心的南移,苏州渐以工商业都会的面貌著称于世。隋大业六年(610)江南运河全线贯通,苏州成为江南运河的航运中心。唐中叶以后,苏州经济发展很快,曾担任苏州刺史的白居易称"当今国用半出江南,江南诸州,苏最为大"[①]。苏州城街市繁华,百业兴旺,是著名的丝织业中心,被描述为"人稠过扬府,坊闹半长安"[②]。北宋开宝八年(975),苏州改称平江军,徽宗政和三年(1113)升平江府,于是苏州又有"平江"之称。据《宋平江城坊考》[③]记载,当时苏州城内商业兴盛,已形成各种行业组织,行业间分工很细,有米行、丝行、果子行、鱼行、船行等,此外还有制作衣帽冠带、金银首饰、胭脂花粉、箫管鼓乐等几十种行业。苏州的农业、丝织业继续得到发展,成为我国最富庶的地区之一。到了南宋,"上有天堂,下有苏杭"的俗谚就已传扬开了。大旅行家马可·波罗称苏州是"漂亮得惊人"的城市,"商业和工艺十分繁荣兴盛",随着《马可·波罗行记》的流传,13世纪,苏州所产丝织品已传闻欧洲了。

明清江南地区率先出现资本主义萌芽。明代的苏州,"东北半城,万户机声"。清代更甚之,乾隆年间,仅东半城的丝织工坊不啻万家,织机约

---

① (唐)白居易.苏州刺史谢上表.
② (唐)白居易.齐云楼晚望偶题十韵兼呈冯侍御周殷二协律.
③ 王謇.宋平江城坊考.南京:江苏古籍出版社,1986.

1.2万台。棉布染织业也很兴盛,而且分工细密,染布的最后一道程序——踹布在乾隆年间已独立成业,从事染踹的工匠总数达 2 万余人。苏州是清代工商业最发达的城市之一,到鸦片战争前夕,城市人口将近百万,商业繁荣,被称为"天下四聚"之一。苏州市场上不仅有来自全国各地的各种特产,还有大量的外国商品,"山海所产之珍奇,外国所通之货贝,四方往来千里之商贾,骈肩辐辏","洋货、皮货、绸缎、衣饰、金玉、珠宝、参药诸铺,戏园、游船、酒肆、茶店,如山如林"。① 因对外交往频繁,得风气之先,明清之际崇拜洋货之风甚盛,房屋舟轿无不用玻璃,衣服帷幕用呢羽,食物器具用洋铜、洋磁、洋布、洋纸、洋扇,甚至通行日本、琉球、英吉利诸国洋钱。南濠街、山塘街、观前街等处是百货盈衢的市廛,著名的游览胜地虎丘画船箫鼓,殆无虚日。

绍兴城也经历了类似的从军事堡垒、政治中心到商业都会的转变。秦灭越后,越国的王统虽不复存在,但于越仍是一个统一的部族,以绍兴为聚居中心。秦始皇十分重视于越部属,始皇三十七年(前 210),他亲自上会稽,祭大禹,登上会稽山峰望南海,勒石颂秦德,山乃得名秦望山。东汉永建四年(129),以钱塘江为界分设吴郡和会稽郡,以江东 14 县属会稽郡,郡治山阴。东汉会稽太守马臻开鉴湖,使大片农田得以灌溉。晋室南渡,会稽接纳了大量的北方居民,城市有很大发展,冶铁、造纸、铜镜铸造等手工业发达,鉴湖也进入全盛时期,对促进农业生产作用很大。晋元帝曾对会稽富庶繁荣的景象感叹道:"今之会稽,昔之关中。"②南北朝时期,会稽的农业生产持续发展,被视为膏腴上地,亩直一金,是全国著名的粮仓,郡治山阴也成为"海内剧邑"。这种迅速发展的形势在行政区划上也得到反映。南朝宋一度把扬州治从建康(今南京)移到会稽,虽不久复还,但会稽与建康成为江南南北对峙的两大都会。由于经济发展和人口增加,南朝陈又分山阴县为山阴、会稽两县,县治均在郡城内,同城而治。隋唐置越州,绍兴为州治。随着手工业发展的加速,丝绸业中的"越绫"、陶瓷业中的"越窑"等,都开始名噪一时。唐末,割据东南的吴越王钱镠以越州为吴越国的行都,钱镠本人曾几度

---

① (清)钱泳.履园丛话·卷二十四下·杂记下.
② (唐)房玄龄等.晋书·卷七十七·诸葛恢传.

驻节越州,擘画经营,促进了这个城市的发展。南宋初年越州作为临时首都为时一年零八个月,公元1131年,宋高宗改元绍兴,取"绍祚中兴"之意,同时为纪念他最艰难危险的日子在越州站稳了脚跟,升越州为府,冠以纪元,从此绍兴成为这个城市的名称。尽管朝廷于绍兴二年(1132)初离开绍兴迁往杭州,但绍兴此后为皇室陵寝所在,朝廷的学宫也于此创办,仍是赵氏宗室的重要聚居地和南宋重要的文化中心,手工业持续发展,制茶全国第一,酿酒、丝绸也占有重要地位。城内商业发达,市容繁华。绍兴二十七年(1157),状元王十朋登临种山俯览城市,看到的景象是:"鳞鳞万户,龙吐戒珠,龟伏东武,三峰鼎峙,列嶂屏布,草木茏葱,烟霏雾吐,栋宇峥嵘,舟车旁午,壮百雉之巍垣,镇六州而开府。"①绍兴号为天下巨镇。明清仍为浙东巨邑。

### 三、人文渊薮

苏州、绍兴在经济获得发展的同时,兴文重教,特别是东晋以后,文风日盛,人才辈出,灿若群星,是名副其实的人文渊薮。

苏州历史上著名政治家和思想家有春秋时吴国大夫伍子胥、北宋范仲淹、明末清初学者顾炎武等;文学家、艺术家有蜚声西晋文坛的陆机、陆云,与顾恺之、吴道子并称为古代"画中四祖"的南朝画家陆探微、张僧繇,唐代文学家陆龟蒙、"草圣"张旭、"塑圣"杨惠之,宋代诗人范成大,元末明初诗人高启,明代文学家王世贞、冯梦龙,散文家归有光,明末清初文学批评家金圣叹,明四大书画家沈周、文徵明、唐寅、仇英及书法家祝允明等;科学家有北宋水利学家郏亶,明代负责建造北京宫殿的建筑师蒯祥,清初著名光学家孙云球,清代天文学家王锡阐,吴门医派的代表人物叶桂等以及清代经学家、"吴派"经学奠基人惠栋,清代藏书家黄丕烈等。在苏州主持过政事的有白居易、韦应物、刘禹锡、文天祥、况钟等。近现代著名学者有柳亚子、顾颉刚、郭绍虞、朱德熙,作家程小青、周瘦鹃,书画家吴昌硕,教育家叶圣陶及苏绣工艺大师沈寿等。苏州历史上出了不少状元,自唐以来计有47名,清代举行的112科会试,取状元114名,其中苏州府就有25名,状元、榜眼、探花

---

① (宋)王十朋·会稽三赋.

半出苏州。

绍兴素称文物之邦,历史文化名人有春秋战国时期的越王勾践和他的谋士文种、范蠡、计倪,东汉的著名唯物主义思想家王充,历史学家袁康、吴平,魏晋南北朝的书圣王羲之、山水诗人谢灵运,唐代诗人贺知章,政治改革家王叔文,南宋爱国诗人陆游,明清时期的哲学家、教育家王守仁,抗倭英雄姚长子,书画家徐渭、陈洪绶、赵之谦、任伯年,我国图书馆学的先驱祁承㸁,档案学的创始人杨宾,史学家、散文家张岱,文学家王思任,理学家刘宗周,曲律学家王骥德,医学家张景岳,史学家、方志学家章学诚,爱国将领葛云飞,近代图书馆事业开创者徐树兰,近代革命志士秋瑾、徐锡麟、陶成章,教育家蔡元培、杜亚泉,文学巨匠鲁迅,政治活动家、学者邵力子,经济学家、人口学家马寅初,生物学家周建人,地理学家、气象学家竺可桢,史学家范文澜,数学家陈建功,核物理学家钱三强,以及一代伟人周恩来。自唐朝开科取士到清末,绍兴有文科进士1 240人,明清有武进士204人,其中文、武状元25人。这许多杰出人物,不仅以他们的功绩彪炳史册,而且遗物、遗迹遍布全城。涉足会稽山下的大禹陵,府山之麓的越王台、殿,山阴道上的兰亭鹅池,洋河弄内的沈氏园亭,前观巷中的青藤书屋,以及密布于绍兴城内的秋瑾故居、蔡元培故居、鲁迅故居、周恩来祖居,都会使人深深感到他们的高风亮节、文治武功永留人间。绍兴因此有"文物宝地""没有围墙的博物馆"之称。

## 四、桥都水乡

苏州、绍兴地处河网地区,境内湖荡罗列,河道纵横,具有浓郁的江南水乡风光城市特色。苏州城历经2 500多年,城池至今仍坐落在春秋时期的城址上,并基本上保持着古代的河道水系和"水陆并行,河街相邻"的双棋盘格局,尽显"小桥、流水、人家"的古朴风貌,受到历代文人雅士的高度赞美。唐代诗人白居易的诗句"绿浪东西南北水,红栏三百九十桥"[①];杜荀鹤的"君到姑苏见,人家尽枕河。古宫闲地少,水港小桥多。夜市卖菱藕,春船载绮罗。遥知未眠月,相思在渔歌"[②],细致入微地描绘了秀丽明快的苏州水城风

---

① (唐)白居易. 正月三日闲行.
② (唐)杜荀鹤. 送人游吴.

光。现在苏州古城区内还保留着"三纵三横一环"的水系骨架,河道总长35千米,有桥170多座,其中清代以前的古桥近百座。

如今的绍兴城是以春秋时越国都城勾践小城为基础发展起来的,至宋代,城市规模、总体格局已经形成。绍兴城处在会稽山脉北部的冲积平原上,城郊既有会稽山脉的支峰,又有宽阔的河流湖泊,使它具有优美多姿的城外环境和城内景观。到清末,绍兴城内八山中藏,较高的山丘有府山、蕺山、塔山,给城内留下绿色风光;有纵横交错的河道33条(含护城河),总长60千米,河上各式石桥229座,9座城门中有7座是水门或兼水门,呈水中有城、城中有水的风貌。城市布局以河流为骨架,街坊临河,宅第傍水,山、水、路、桥、水埠、建筑、园林、古迹巧妙而自然地融为一体。街随河走,河连桥路,形成一河一路、一河两路、有河无路,布置灵活、风格多变的独特格局,配上粉墙黛瓦、水埠拱桥、石板小巷隽美的建筑形态,更增添水乡城市的幽雅和恬静。绍兴的桥,不仅品类众多,千姿百态,有特长型的纤道桥,状如"八"字的八字桥,而且人文内涵也特别丰富,如题扇桥上书圣王羲之题扇赠老媪,春波桥前陆游怀唐琬,在绍兴流传着许多生动的桥梁故事、传说和诗词佳句。

## 第四节 锦绣蓉城——成都

### 一、优美的自然风光

成都别称锦城、蓉城,位于四川省中部、成都平原中部。这里远古时代属"巴蜀湖"的一部分,由于受两侧山地河流冲带物质的填充和地壳提高,逐渐形成现在重叠连缀的复合冲积、洪积平原。西北两面高峰与低山相连,东南部是一马平川。境内山、丘、坝皆备,河渠稠密,水域面积广阔,气候宜人,竹木葱茏,兼有北国的雄浑壮丽和江南的明媚旖旎,为著名的旅游胜地。唐代大诗人李白盛赞曰:"九天开出一成都,万户千山入画图。草树云山如锦绣,秦川得及此间无。"[1]

---

[1] (唐)李白.上皇西巡南京歌十首之二.

## 二、悠久的城市历史

### 1. 古蜀国与蜀王

成都是蜀文化的中心,追溯成都的建城历史,要从古蜀国讲起。商末,原生息于川、甘、青边境高原的众多部落沿岷江进入成都平原,形成名为"蜀"的部落联盟。西周中期以后首领蚕丛始称蜀王。蚕丛传柏灌,柏灌传鱼凫。唐代诗人李白《蜀道难》说"蚕丛及鱼凫,开国何茫然。尔来四万八千岁,不与秦塞通人烟"。史籍对此段历史确实记载寥寥。古代蜀王中,最著名的是杜宇氏和开明氏。杜宇教民务农,功绩卓著,直到民国川地不少地方还有土主庙,供奉杜宇。关于杜宇还有一个流传千载、哀婉动人的化鹃的故事。杜宇时有水灾,其相开明治水有功,杜宇便仿效尧舜禅让之义,禅位于开明,自隐于川西山中,死后化为子鹃鸟,所以子鹃又称为杜鹃。每到春天,杜鹃就不停地"布谷—布谷"地啼叫,到满口鲜血而不止。百姓遥思帝魂,所以号杜宇为望帝。杜鹃鸟的鲜血洒在山间,化成丛丛艳丽的杜鹃花。

开明氏是从长江中游地区沿江西上,以后才定居川西平原,取代杜宇氏的。开明王朝相当于中原地区的春秋中期至战国后期,王12世,历时300余年,是古代巴蜀历史上的重要时期,经济发展,国力强盛。开明王朝曾以今天的乐山、郫都区、双流等地为都,最后于公元前4世纪开明五世(一说九世)徙治成都。成都名称的由来,传统的说法是取周太王从梁山迁岐山"一年成邑,二年成都"①之意,"成"是建成。一说"成"与"蜀"古音相近可通,成都在古蜀语中即为"蜀人居住的地方","成都"二字是用汉字记下的古蜀语。我国的各大城市几乎都有过古今地名的变迁,而成都自从这个名称出现以来,一直未改,仅有过一些别号或使用时间极短而未能通行的称呼,这在我国的大城市中是绝无仅有的。

### 2. 西蜀首府

从开明徙治成都起,成都一直是西蜀地区的首府,其间数次为割据政权的都城,重要的有:公元221年,刘备在成都称帝,国号汉,史称蜀汉,263年国灭;十六国时,李雄建成汉国,前后历6帝,东晋永和三年(347)桓温伐蜀,

---

①(宋)乐史.太平寰宇记·卷七十二.

灭;唐末五代,北方战乱,蜀地相对稳定,曾有两个割据政权建都成都,907年,王建称帝,史称前蜀,934年孟知祥称帝,史称后蜀。另外北宋前期,王小波、李顺起义在成都建立大蜀政权,持续两年;明末张献忠建大西政权,在成都2年,后余部退走云贵。西晋和明代,在成都分别封成都王(晋武帝子司马颖)和蜀王(朱元璋子朱椿),这里为藩府驻地。其余时期为中央政权郡、府、路、省治所。

秦惠文王更元九年(前316),蜀国内乱,蜀王派兵伐苴侯,苴侯求救于秦,秦将张仪、司马错率兵灭蜀,置蜀郡,以蜀王旧都一带置成都县,为郡治。公元前311年,蜀守张若仿咸阳建制兴筑成都城,次年完工。由于成都地湿土软,筑城不易,只能依地势之便修筑城墙,故城不方正,略呈龟形。《元和郡县图志》载,筑城时屡颓不立,忽有大龟周行旋走,巫言依龟行处追逐之,遂得竖立,因有龟城之称。城分大城、少城两部分,曲缩如龟。汉武帝时,因蜀地殷实,人口增多,改筑城池,并增外郭,修驰道。唐安史之乱,玄宗南逃四川,肃宗至德二年(757)升成都城为"南京",四年后废。僖宗广明元年(880)黄巢起义,僖宗避乱入蜀,在成都居住四年。五代后蜀孟昶下令在城墙上遍植芙蓉,并派专人护理。后人继承此俗,遍地栽植芙蓉树,深秋花开,有如锦绣,从此成都又被称作"芙蓉城"。

### 三、发达的文化教育

1. 文翁兴学

在四川古代史上,经济与文化发展均居于全国前列的繁盛时期首推西汉。积极倡办教育的文翁对这一局面的形成及蜀地日后经济文化的发展作出了贡献。

文翁,名党,字仲翁,庐江舒县(今安徽庐江县)人,年少好学,对《春秋》研究尤深。景帝末年任蜀郡太守。他深感蜀地经济虽盛,但文化不昌,学校陵夷。若要使蜀郡有大的发展,必须从文化教育这一根本大事抓起。为此他采取了两项主要措施。首先,选拔聪敏有培养前途的郡县小吏18人,先亲自教导,然后送到首都长安向博士求学。几年以后,这些人学成回蜀,在郡中担任高级官职或郡学教授,成为一批有真才实学的政界骨干与高级知识分子。其次,拨出经费设立郡学,在城南建石室学宫(因用石料修建,故名,后又称玉堂或文学精舍)。入学者免除各种徭役。蜀中重视培养子弟读书,一时成为风气。这个经验得到汉武帝的高度赞扬,令天下郡国皆立学校官。文翁堪称我国古代杰出的教育家。

　　文翁采取的上述两项措施,在短时间内就收到了明显成果,对蜀地学风亦产生了迅速而深远的影响。东汉时仅在成都就同时有郡学、州学、县学,仅县学就有800名学生。汉武帝以后,蜀中杰出人才不断涌现。"巴蜀好文雅,文翁之化也"[1]。文翁长期受到人们的怀念与赞颂,蜀地百姓为之立祠堂,岁时祭礼不绝。历代骚人墨客也写过不少赞誉之作,如杜甫有诗曰"诸葛蜀人爱,文翁儒化成"[2],苏轼有诗曰"苍苔高朕室[3],古柏文翁庭"[4]等。石室自汉至今两千年来,一直是成都的学府所在,不断培养蜀地青年。石室旧址,汉代为蜀郡学,唐宋为成都府学,元代改为书院,清末改为中学,川籍著名学者郭沫若、李劼人、魏时珍等均出于该校。五代的蜀石经亦曾立于此地。这种在同一地址连续办学两千年的情况,世界罕见。

　　2. 蜀石经

　　石经是刻在石头上的儒家经典。写刻石经是古代文化事业中的大事。石经是官方的精校精刻本,具有标准本的意义,有很高的权威。在印刷术普及以前,刻石与手抄是典籍传播的两种主要方式。五代十国前蜀、后蜀均重视文教。后蜀时为给儒生提供儒学经典范本,避免传抄的讹误,仿前代做法,刊刻石经,广政年间(938—965)刻成《孝经》《论语》《尔雅》《毛诗》《礼记》《仪礼》《周易》《尚书》《周礼》九经,至北宋又刻成《左传》《春秋经传集解》《公羊传》《谷梁传》《古文尚书》《孟子》共15经,加上《石经考异》一篇,立于石室,这样形成古代规模最大,而且也是唯一有注文的儒家经典石经。蜀石经是以开成石经为蓝本的精校本,又有双行小字注文,版本精良,阅读方便,南宋时获得很高评价,儒学大师朱熹就常用蜀石经拓本,明代更成珍品。蜀石经对当地乃至全国文教的发展发挥了作用。现有残石藏于四川省博物馆和中国国家博物馆。

---

[1] (汉)班固.汉书·卷八十九·循吏传·文翁.
[2] (唐)杜甫.赠左仆射郑国公严公武.
[3] 东汉蜀郡守高朕于战火后重建石室。
[4] (宋)苏轼.送家安国教授归成都.

3. 文化名人

蜀中自古多名士。成都历史上人才辈出，群星璀璨。西汉时期的成都"文章冠天下"，文学家司马相如和扬雄不仅是我国汉赋创作的代表，也是我国文学史上最早几位有专集传世的作家；晋代成都史学家常璩编纂了中国现存最早的地方志书《华阳国志》；后蜀的成都词人赵崇祚编辑了中国文学史上的第一部词集《花间集》；后蜀主孟昶亲笔写了中国第一幅春联："丰年纳余庆，嘉节号长春。"长期以来，成都地区经济文化繁荣，社会相对稳定，"自古诗人例到蜀"，成都成了文人的向往之地，我国文学史上很多著名诗人都曾经来到成都，把成都作为自己的创作基地乃至第二故乡，如王勃、卢照邻、李白、杜甫、高适、岑参、李商隐、韦庄、陆游、范成大等。近现代文学家郭沫若、巴金、李劼人、艾芜，音乐家王光祈，生物学家周太玄，辛亥革命先烈彭家珍等，或出生、或求学、或执教于成都。他们的遗迹成为今天的旅游胜地。

汉代双星——司马相如和扬雄。司马相如和扬雄是西汉文学创作中成就最高的两位作家，被称为"双子星座"。

司马相如（约前179—前118），字长卿，西汉辞赋代表作家，成都人。小名犬子，因崇敬战国时名相蔺相如临危赴难、智斗强秦、忍辱负重的业绩与品格，更名司马相如。景帝时入京为武骑常侍，成了喜好延揽人才的梁孝王的座上客，后辞官随梁孝王至封国，写出了成名之作《子虚赋》。梁孝王死后司马相如回到成都，生活陷入贫困，遂应旧友临邛令之邀至临邛，在那里结识了卓文君，演出了一场千古佳话。武帝即位后读到已在京中流传的《子虚赋》，大为赞赏，感叹说"朕不得与此人同时哉"。恰好武帝身边有位官员叫杨得意，乃蜀中人士，与相如相识，因言"臣邑人司马相如自言为此赋"。武帝大喜，立即召见相如。相如入京后，与京中文学之士如朱买臣、东方朔等交游，得观国家藏书，创作益丰，写出《上林赋》，为大赋中的代表性作品，并以其超群才华得到汉武帝的信任。时值西南夷骚动，武帝以司马相如为朝廷全权代表，前往成都处理西南夷事务。司马相如持皇上符节，乘高车驷马荣返成都，蜀郡太守郊迎。司马相如与西南少数民族进行了广泛交往，排除关隘，开辟道路，设置郡县，使少数民族与中原民众和睦相处。后为孝文园令，病卒于家。

扬雄(前53—18),字子云,成都人,不善言语却喜读书思考。当时蜀中辞赋之风颇盛,扬雄亦深受影响。他约40岁时到长安,为汉成帝写了《甘泉赋》《羽猎赋》《河东赋》《长杨赋》等大赋,文似司马相如,同入辞赋家之林。另有《蜀都赋》,为现存最早的以都邑为题材的作品。晚年感到辞赋对皇上的讽劝作用微乎其微,遂以赋为"雕虫小技,壮夫不为",转而研究学术,仿《论语》写政论性著作《法言》,仿《周易》写哲学著作《太玄》,仿《仓颉篇》写文字学著作《训纂篇》,仿《尔雅》写语言学著作《方言》,从而奠定了他作为哲学家、语言学家的地位。今成都青龙街第十三中学内有洗墨池旧址,传为扬雄旧宅"东园",曾建有准易堂、解嘲亭、子云亭等。

常璩(？—361),东晋史学家,字道将,成都崇州人。出身世家大族,少年时遍读先世遗书,颇有才名。成汉时任史官,曾依据官方文献资料撰《梁益二州地志》《巴汉志》《蜀志》《南中志》等书。成汉亡后,东晋大将桓温在成都招揽贤才,常璩被授予参军职位,随即到东晋都城建康,在收藏保管档案图书的秘阁任职。他鉴于史籍中记述西南地区社会历史的著作较少,且东晋朝廷重中原故族,歧视蜀人,遂广泛搜集资料,结合自身见闻,写成《华阳国志》。因资料新颖可靠,叙述得法,文辞典雅,成为名闻中外、影响深远的史学巨著,也是我国现存最早以"志"为名的地方志专著。

薛涛(768—832),唐代女诗人,字洪度,长安人,自幼才华过人,能书善诗。早年随父宦蜀,父死家贫,沦为乐妓。脱离乐籍后居于成都西郊浣花溪畔,很多诗人视她为诗坛名家,与她交往,她与成都地方官、文人韦皋、武元衡、段文昌、李德裕、元稹、白居易、刘禹锡、杜牧、张祜等有唱和。薛涛诗作在北宋时有《锦江集》流传,今存91首,其诗绝少脂粉气息而不乏关心时政、忧国忧民之作。如《筹边楼》:"平临云鸟八窗秋,壮压西川四十州。诸将莫贪羌族马,最高层处见边头。"表现了她关心边区战事,提醒诸将高瞻远瞩,保境安民的心情,难能可贵。

薛涛还曾组织工人利用成都出产的木芙蓉树皮和芙蓉花汁水精工制出一种篇幅不大、其上有彩的诗笺,名薛涛笺,以深红、桃红、松花、云母等色彩为主,质量特佳,颇受上层士大夫欢迎。

"三范"。北宋学者范镇、范祖禹、范冲,均为成都华阳(今双流)人。范镇参加纂修《仁宗实录》《起居注》《新唐书》《类编》等书;范祖禹是范镇侄孙,纂修了《神宗实录》《唐鉴》,并担任司马光修撰《资治通鉴》的主要助手。范冲是范祖禹长子,曾主持重修宋神宗、宋哲宗两朝实录。三范在中国史学、文学史上均占有重要地位,范祖禹所撰的《唐鉴》12卷,被誉为"深明唐三百年治乱"的史学名著。

杨慎(1488—1559),明代学者,字用修,号升庵,成都府新都人,正德间状元。嘉靖三年(1524)因议"大礼"①被贬云南。杨慎著述颇丰,有《升庵集》《全蜀艺文志》《陶情乐府》等,另有许多诗作流传于世。

4. 乐舞、戏剧、绘画

成都的音乐、舞蹈在唐宋时期已呈繁荣景象,杜甫诗"锦城丝管日纷纷,半入江风半入云"(《赠花卿》),陆游诗"丝竹常闻静夜声"(《成都书事》),记录了成都乐舞的盛况。前蜀王建墓中出土的石棺床,东西南三面刻有伎乐24人,其中舞者2人,奏乐者22人,共有琵琶、筝、鼓、笙、笛、钹等乐器20种23件,是一个完整的宫廷乐队,是目前已出土文物中反映唐、五代音乐舞蹈较全面、完整的资料。

成都是我国古代戏曲最发达的地区之一,有"蜀戏冠天下"之誉。成都出土的汉代说唱俑趣味横生,是当时艺人的再现。我国第一出有详细记载的戏剧在三国时期的蜀汉宫廷里上演;我国第一次有明确记载的"杂剧"也出现在唐代的成都。成都是川剧的发源地之一。川剧以表演细腻、基本功扎实、唱词优美著称,有不少绝活。川剧在省内有四大流派,称为四条河道,成都是川西河的中心,前后拥有不少名家。

成都绘画曾名噪一时。唐代中期至宋代,全城壁画的数量和质量被称为"天下第一"。五代时期画家黄筌、黄居寀父子等人开创了中国的工笔花鸟画派,当时的"翰林图画院"是中国最早的皇家画院。北宋时黄筌及其画友入汴京,成为北宋画院的主流派。近代,画坛大师齐白石、黄宾虹、张大千、傅抱石、徐悲鸿等曾寓居成都,与成都画家、书法家、金石家共同创立"蜀艺社",互相切磋技艺,使成都绘画达到新的高峰。

---

① 明武宗无子,死后由其堂弟、兴献王朱祐杬之子朱厚熜以藩王身份嗣皇帝位,即明世宗。明世宗不顾当时礼制和大臣反对,尊本生父母为帝后,激起旷日持久的"大礼议之争"。"大礼议之争"最终以皇帝的全面胜利而告终,不少大臣被杖杀或遭贬谪。

### 四、繁荣的手工商业

成都不仅是西南政治、文化中心,也是手工业、商业颇为繁荣的一方都会。

1. 冶铁

蜀郡是开采铁矿、冶炼钢铁著名的地区。秦始皇时迁卓氏和程氏两家冶铁商于蜀郡。卓氏即卓文君先辈,本赵人,以铁致富。他们将先进的冶铁技术带到出产铁矿石的临邛,在临邛发展冶铁业成为富商。

2. 织锦和刺绣

四川自古盛产蚕桑。汉代成都是全国的织锦中心,蜀汉丞相诸葛亮把蚕桑生产放在重要位置,设有锦官专门管理,蜀锦在当时不仅是对外贸易的商品,也是军费开支的来源。唐代蜀锦工艺进一步提高,远销日本、波斯。宋明以来品种更多,应用更广。由于成都锦缎驰名天下,"锦官城"或"锦城"也成了成都的代称。今天蜀锦与云锦、宋锦、壮锦并称"中国四大名锦"。蜀锦织造工艺名列中国首批非物质文化遗产名录。与苏绣、湘绣、粤绣并列为中国四大名绣的蜀绣已有1 600多年的历史,晋代常璩《华阳国志》中把蜀绣称为"蜀中之宝"。

3. 酿酒

成都地区酿酒历史可上溯到开明王朝。唐宋时期成都酒业极其繁荣,酒多、酒家多、酒客多,唐代诗人张籍《成都曲》云"万里桥边多酒家,游人爱向谁家宿",李商隐说"美酒成都堪送老"(《杜工部蜀中离席》)。成都"生春酒"在唐代为贡品。清初随着蜀中经济的复苏,成都酒业也开始了一个新阶段。在众家酒坊之中,有一位王姓酿酒技师于乾隆五十一年(1786)在东郊大佛寺旁开办"福升全"(谐音"佛身全")酒坊,取清澈甘冽的薛涛井水酿酒,酿出的大曲酒质量上乘,号薛涛酒。道光四年(1824),生产日旺的福升全在城内建新厂,以福升全末字为首字,名"全兴成",以一口明代古井水酿酒,并改进技术,酒质更优,命名为全兴酒。1951年,在老号福升全旧址成立全兴酒厂,生产出新一代全兴大曲,是我国名酒中唯一一家在大城市中生产出的名酒。

4. 造纸和印刷

川地盛产麻,是很好的造纸原料。四川自唐代起就是造纸中心,益州黄白麻纸是中央官方用纸,唐玄宗时曾规定宫廷藏书皆以益州麻纸书写。蜀地还生产书画纸,即笺纸。浣花溪是历代造纸制笺的中心,有薛涛笺、松花笺、十色笺等。五代词人韦庄《乞彩笺歌》云:"留得溪头瑟瑟波,泼成纸上猩猩色。手把金刀擘彩云,有时剪破秋天碧。"十色笺,又名谢公笺,俗称鸾笺或蛮笺,北宋富阳(今浙江富阳)人谢景初(1020—1084)创制,因有深红、粉红、杏红、明黄、深黄、浅青、深绿、浅绿、铜绿、浅云等十色,故称十色笺。

在造纸业发展的基础上,成都印刷业较早发展起来。国内现存最早的印刷品实物为1944年在四川大学出土的《陀罗尼经咒》,为唐中后期遗物。相关的文献记载就更多了。唐末,成都出售占梦、相宅、字书、小学等多种印本书;五代冯道主持印《九经》,是儒家经典第一次开雕,官府大规模刻书之始;宋初刻印《开宝藏》①,是我国乃至世界历史上第一部刻印的大藏经,成都印刷业的雄厚实力可见一斑。

5. 商业

手工业的发展带动了商业的繁荣。汉代成都是中国西南最大的商业城市,住户达76 000多户,仅次于长安,与洛阳、邯郸、临淄、宛(今河南南阳)合称为五都,与天竺、大秦等通商。唐代繁荣程度仅次于扬州,号为"扬一益二",但蜀中人士以为"以扬为首,盖声势也",益州"江山之秀,罗锦之丽,管弦之多,伎巧百工之富,扬不足以侔其半"②。我国最早的纸币交子出现于成都,既是印刷术发达,也是商业繁荣的见证。交子是商人之间货款的支付凭证,最早出现于北宋大中祥符元年(1008),初在成都民间发行流通,天圣元年(1023),宋朝政府在成都设置益州交子务,统一管理交子的发行与流通。

**五、众多的名胜古迹**

成都山川秀丽,人杰地灵,为我国旅游名城之一。

---

①又称《蜀藏》。宋太祖开宝四年(971)朝命张从信往益州(今四川成都)雕造佛经全藏,至太宗太平兴国八年(983)告成,历时13年,共5 048卷,1 067部经书,刻板13万块。

②(唐)卢求.成都记序.见《全唐文》卷七四四。

● 十二桥商代建筑遗址：商代早期建筑遗址，出土有大量陶器、石器、铜器、骨器、卜骨等。遗址中商代木结构建筑的发现在全国尚属首次，是我国发现的柱础以上结构最完整、构件最齐全、年代最久远的古建筑遗址。

● 金沙遗址：位于成都市青羊区金沙街道，于2001年2月在基建施工中发现。整个遗址的总体布局以祭祀区为中心，呈块状分布，是一座开放形制的古蜀国都城，由祭祀区、宫殿区、墓地、族邑聚落遗址等众多遗迹组成，出土各类珍贵文物3 000多件，表明该遗址是商周时期大型古蜀文化中心遗址，极有可能是古蜀国的都邑。金沙遗址是四川省继广汉三星堆之后最为重大的考古发现之一，也是新世纪我国第一个最为重大的考古发现，其重要性完全可与三星堆并驾齐驱。遗址出土的太阳神鸟金饰图案被确定为中国文化遗产标志。建有金沙遗址博物馆。

● 武侯祠：纪念蜀相诸葛亮的祠堂，始建于6世纪，明初并入昭烈庙，形成现在刘备、诸葛亮君臣合庙的规模。

● 大慈寺：创建于唐至德年间（756—757）。唐宋时规模宏大，每年上元、寒食、端午、七夕、中秋、冬至等节日，地方官吏和名流学士来此宴饮游赏、诗词唱和。寺内以壁画见称，有唐吴道子、前蜀李升、后蜀黄筌等的画作，所藏碑石书法墨迹也很丰富。现存殿宇为清代中期重建，为成都市博物馆所在地。

● 杜甫草堂：杜甫流寓成都的居所。唐肃宗上元元年（760）春杜甫在友人帮助下于浣花溪畔盖起简陋的茅屋，在这里住了3年又9个月，其间诗歌创作丰富，留存下来的有247首，约占他全部诗篇的1/6。草堂旧址以后几经变化，到宋代正式建立祠宇，经元、明、清各代多次布置修葺，形成现有规模。景区内有浣花夫人祠。唐代宗大历三年（768），泸州兵马使杨子琳趁成都尹、剑南西川节度使崔宁奉诏入朝之机，乘虚突袭成都。崔宁之妾任氏（人称浣花夫人）出家财募得数千人，击退杨子琳。任氏护卫成都有功，朝廷封她为冀国夫人。成都人奉她为守护女神，在浣花溪畔兴建浣花夫人祠。

● 王建墓：墓主为五代前蜀帝王建（847—918）。墓地下无洞穴，全部建筑在平地上。墓中室有须弥座式石棺床，上置棺椁。棺床东、南、西三面浮雕24人，各执琵琶、筝、笙、柏板、正鼓、和鼓、毛员鼓、齐鼓、答腊鼓、羯鼓、吹叶、虎、横笛、筚篥、百肃、贝、铜钹等古代乐器，具有颇高的艺术和研究价值。

- 文殊院:位于成都北校场东侧,为川西四大佛教丛林之一。始建于南唐,原称信相寺,明代毁于兵火,清康熙三十年(1691)重建,改名文殊院。院内有100余尊铜像等文物。
- 成都明蜀王陵:位于龙泉驿区,明第三代蜀王朱友壎陵墓。
- 辛亥秋保路死事纪念碑:位于成都市人民公园内,是1913年川路总公司为纪念四川保路运动中献身的死难烈士修建的纪念碑,巍峨雄伟,肃穆庄重,记录了成都在中国近代史上的重大事件。

### 六、闲适的生活情趣

成都为天府之国的中心,物产丰饶,风景优美,人们生活安闲舒适。川菜为我国四大菜系之一,讲究色、香、味、形,丰俭皆宜。成都小吃品种繁多,制作精巧,风味独特。成都茶馆文化别具一格。四川人饮茶的历史,有文献可考的已有2000多年。成都茶馆之多举世闻名,街头巷尾、公园名胜、乡间小镇皆有。成都人喝茶讲究舒适、有味。座位是靠背竹椅,平稳、贴身,或靠或坐不觉累,闭目养神不怕摔。茶具用三件头,瓷碗、瓷盖和金属托盘(又称茶船子),用长嘴紫铜壶冲开水,冲茶从头到尾点滴不漏,赏心悦目。茶馆供应糕点糖果,还有各种娱乐活动,如棋类、说唱、相声等。人们在茶馆谈国事、数家常、做生意、叙友情、听曲艺、论学术,茶馆成了生活中不可缺少的场所。

成都民间风俗盛会亦多。有春节灯会(青羊宫)、二月花会、端午龙舟会、八月桂花会等。陆游有诗称:"当年走马锦城西,曾为梅花醉似泥。二十里路香不断,青羊宫到浣花溪。"(《梅花绝句》)可见游人不断、热闹非凡的节日气氛。成都有丰富的戏曲曲艺形式,如川剧、木偶戏、谐剧、评书、竹琴、四川清音、金钱板等,盆景艺术以及蜀锦、蜀绣、漆器、绢扇、笺纸等工艺均远近驰名,为当地人精致闲适的生活平添趣味与情调。

## 第五节 海滨邹鲁——潮州

潮州位于广东省东部,韩江中下游三角洲平原与山地过渡地带,古时为南滨大海的海滨城市。境内群峰起伏,河流纵横,北部凤凰山主峰凤鸟髻是潮州第一高峰,海拔1497.8米,韩江自北向南流贯本市。东部海域蜿蜒曲折的海(岛)岸线长136千米,与台湾隔海相望。

潮州远古为南交之地,夏、商、周属扬州。东晋咸和六年(331)析南海郡的东部建立东官郡,撤销揭阳县,分置海阳、潮阳、绥安、海宁四县。义熙九年(413),析东官郡的部分地区置义安郡,郡治海阳县,这便是潮州的前身。隋开皇十一年(591)废郡改州,并以"潮水往复"之故,命名为潮州,是粤东地区的政治、经济、文化中心。

潮州历史悠久,山水秀丽,文物众多,文化独特,素有"海滨邹鲁""岭海名邦"之美誉,又是著名侨乡,与中国台湾、东南亚有着紧密的联系。

### 一、海滨邹鲁,人文荟萃

潮州地区早在新石器时代已有人类聚居,从已出土的石器、陶器、骨器、人骨化石等,可以窥见其远古文明的光辉。唐太宗开科取士,潮州已有进士出现。唐宋时期,先后有10位宰相来到过潮州,即唐代的常衮、杨嗣复、李德裕、李宗闵,宋代的陈尧佐、吴潜、赵鼎、陆秀夫、张世杰、文天祥,"十相留声",他们办学校,兴农桑,修孔庙,传播中原文化。唐宪宗元和十四年(819),韩愈因谏迎佛骨被贬为潮州刺史,经过两个月的长途跋涉,于三月二十五日抵达潮州。他在潮州短短8个月的时间,重置乡校,延师兴学,拿出自己的俸禄以为学本,请当地进士赵德任教师,教化潮州人民,使潮州的文风蔚然兴起。他还访民疾苦,驱除鳄患,写了著名的《祭鳄文》,又修筑堤防,释放奴隶,关心农桑,使潮州生产得到发展。宋代的潮州更是文风鼎盛,"一州两书院,他郡所无",参加科举的"终场至万人以上",终宋一代中进士者多达172人,其中建炎二年(1128)一科连捷9人,一时为之轰动。明代进士160人,并传出了同榜八俊、兄弟连科等佳话和一门三进士的荣耀。在历代的殿试中潮州还涌现出状元林大钦、榜眼王大宝、探花姚宏中这样的英才。近代诞生了冯铿、洪灵菲等左联作家。唐宋以降,潮州人文荟萃,被誉为"海滨邹鲁"。

### 二、岭海名邦,文物众多

潮州古城区,金山、葫芦山、笔架山三山鼎立如屏,韩江一水中分似带,构成了一幅"水色山光护古城"的壮丽图画。相传吉祥的凤凰曾栖于此,给潮州带来瑞气,故潮州城又称"凤城"。潮州保存着大量珍贵的历史文物,有中国四大古桥之一的广济桥,建于唐代的开元镇国禅寺和唐代的葫芦山摩崖石刻,始建于北宋的百窑村、许驸马府,建于南宋的韩文公祠、海阳县儒学宫,近代优秀建筑己略黄公祠、从熙公祠,以及古城东南江边的凤凰塔、广济门城楼、位于市区西湖公园的涵碧楼等。

位于潮州城东门外的广济桥是我国著名的古桥之一,与赵州桥、洛阳桥等齐名,俗名湘子桥,横跨于韩江之上。桥创建于南宋乾道七年(1171),初为浮桥,名"康济",淳熙元年(1174)毁于洪水。后历任地方官不断修筑。明宣德十年(1435)知府王源主持了规模空前的叠石重修,桥名"广济"。广济桥是我国第一座启闭式石桥,集梁桥、浮桥、拱桥于一体,在我国桥梁史上是孤例。该桥东桥13墩,西桥11墩,中间以18只船搭为浮桥,桥梁、桥墩全以巨石砌成,桥墩上修有形态各异的亭台楼阁,兼作经营店铺,原有2只铁牛分东西镇水。当地民谚有"潮州湘桥好风流,十八校船廿四洲,廿四楼台廿四样,两只铁牛一只留""一里长桥一里市""到潮不到桥,白白走一遭"等赞誉。

广济桥西端的广济门城楼是潮州府城的东门楼,始建于明洪武三年(1370),1931年重修,仿宫殿式建筑,三层楼5开间歇山顶,屹立于高大的台基之上,城楼南北两侧仍存2 000余米的古城墙。登楼眺望,大江前横,长桥当户,远山如黛。如遇夏秋,水涨潮急,舟帆点点,随波而下,时见江涛拍墩,时见浪花溅岸,画意诗情,殊足欣赏。楼内有联云"万峰当户立,一水接天来",正是这一景观的大写意。"东楼观潮"为潮州内八景之一。

潮州韩文公祠是我国最早的纪念唐代文学家韩愈的祠庙,位于城区东面的韩江东岸、笔架山西麓。笔架山也称东山,又因韩愈而称韩山。韩愈刺潮,给潮州留下深刻影响。他离任后,当地就在刺史公堂后建庙以示纪念。北宋元祐五年(1090),在城南七里建祠,苏轼撰有《潮州昌黎伯韩文公庙碑》,文中以"文起八代之衰,而道济天下之弱,忠犯人主之怒,而勇夺三军之帅",高度评价了韩愈的德业、学说、文章在中国思想史和文学史上的地位。南宋淳熙十六年(1189),潮州知事丁允元以东山为韩愈登临旧地,有韩愈手植橡木,故于今址另建新祠。祠宇前后两进院落,踞地高旷,构造古雅,内供韩愈及赵德、陈尧佐塑像,环壁镶立历代碑刻40面,年代最早者即从城南移过来的苏轼《潮州昌黎伯韩文公庙碑》。

### 三、潮州文化，特色浓郁

潮州古城有着深刻的文化内涵。依江筑建的州城略为狭长，北高南低，东西略为倾斜。城北是衙署区，城南是居住区，城东为商业区，城西为手工业和平民区，整个布局以《易》为本，突出体现"北贵南富东财西丁"的特点。贯穿于南北的通衢大道太平路，鳞次栉比屹立着40多座形式各异的石牌坊。这些建于明清的石牌坊，宛如潮州的一部文明史，也成了潮州古城独特的人文景观。潮州民居建筑白墙黛瓦，嵌瓷木雕，特色独具。谚云："京都帝王府，潮州百姓家。"潮州的古民居是目前中国保留比较好的。在构成潮州古城框架的"猷、灶、义、兴、甲、家、石、辜、郑、庵"老街巷中，随处可见明清风格的旧居老房。而在这十巷之中，府第较集中、保存较完整、修复工作最完善的当属甲第巷。甲第巷集中了儒林第、大夫第、翰林第等多座典雅气派的府第，建筑形式上具有潮州民居的"下山虎""四点金"等特点；石雕、木雕、灰塑、嵌瓷和彩画齐备，门窗户扇、墙夹屋脊、外墙檐下皆意趣盎然。

潮州还有自己的方言、音乐、戏剧、工艺美术以及饮誉中外的潮州菜和名扬天下的功夫茶，这些有着浓郁地方色彩的潮州文化对台湾及东南亚一带都有着同根同源的深远影响和联系。潮州方言流行于潮汕平原及闽南以至新加坡、泰国、马来西亚、越南等东南亚各国，属汉语八大方言之一的闽南语系。它词汇丰富，幽默生动，富有极强的表现力，并保存着很多古汉语的成分。潮州方言有自己的字典《潮汕字典》以及《潮州十五音》等研究地方语言的专著，20世纪30年代还曾创立潮州方言拉丁文。对潮州人来说，潮州话是维系感情的纽带，有巨大的凝聚力。

潮州戏即潮剧，流行于粤东和闽南一带，东南亚华侨居住地也有演出，属宋元南戏弋阳腔派戏，吸收昆腔、汉剧、秦腔，融入潮州民间小调逐步形成，以优美的行腔和音乐及精湛的潮丑表演著称，其中保存了许多唐宋以来的古乐曲和南戏的曲牌、唱腔。潮戏在发展过程中，不断吸收当地民间艺术的精华，音乐、唱腔、表演形式日趋丰富，为广东四大剧种之一。潮剧唱腔委婉清晰，悦耳动听，生旦表演灵活、细腻、形象，丑角表演滑稽轻捷，诙谐风趣，很受人们的喜爱。舞台上所有行当，一切身段动作都有程式规范。比如手的活动区位,就有"花旦齐肚脐,小生在胸前,乌面到目眉,老丑胡乱来"的基本规范。

潮州音乐具有独特的艺术风格和浓郁的地方色彩。其门类有以二弦为领奏乐器的弦乐;以琵琶、三弦、筝组奏的细乐;以笙箫、管、笛为主要乐器的笛套音乐;以潮州大锣鼓伴以唢呐领奏的潮州锣鼓乐等。表演形式灵活多变,既可表现千军万马气势磅礴的场面,又可奏出轻快活泼悠扬悦耳的曲调,在国内外均享有很高的声誉,特别流行于中国香港、东南亚地区。

潮州菜是中国名菜,以清、淡、色、香、巧著称,鲜而不腥、嫩而不生、肥而不腻。烹调方法有炖、蒸、烧、炸、炒、泡、爆、灼等,特别讲究调味和火候,夏秋多为清淡,春冬多作浓醇。潮州小食口味清鲜,用料讲究,制作精细,乡土风味浓厚,主要品种有春饼、鱼丸、牛肉丸、宵米、沙茶牛肉、金瓜芋泥等。品尝工夫茶是潮州民间最普遍的习俗,也是潮州人的待客之道。潮州工夫茶讲究茶具器皿之精良和烹制之工夫。工夫茶具十分独特,有泥炉、砂铫(水锅)、水瓶、茶壶、茶盘、茶杯、茶垫以及燃料榄核炭等。烹制的方法有泡器、纳茶、候汤、冲点、刮沫、淋罐、筛茶等程序。有谚曰:"高冲低斟,刮沫淋盖,关公巡城,韩信点兵。"意思是冲水时要高,让水撞击茶叶,加速分解;筛茶时要低,以免溅成泡沫;冲茶时手要不停地轮转将茶汤注入各杯中,使茶色浓淡均匀,直到壶中不留余茶。

潮州工艺有木雕、陶瓷、潮绣、抽纱等。潮州木雕又称金漆木雕,主要用作建筑、家具、神器装饰及陈设。其形式有圆雕、浮雕、沉雕、通雕。尤以通雕著称,它融合各种雕法于一个画面,突破时间与空间的限制,表现多层次的复杂内容,外部色彩则根据不同情况分别采用黑漆装金、五彩装金或本色素雕。在潮州,不管是居庙堂之高,还是处民居之陋,人们随处可见到木雕艺术的存在,故潮州有"木雕城"之誉称。

潮州陶瓷业自晋以来已有深厚的根基,唐代潮州城四郊已遍布陶瓷窑址,并出现了使用圆筒形匣钵装烧的先进技术。宋代,潮州瓷业盛极一时,被誉为"广东陶瓷之都"。笔架山窑场绵延2千米,窑灶鳞次栉比,号称"百窑村"。潮州陶瓷产品行销国内外,是广东海上陶瓷之路的始发港之一。1949年后,潮州陶瓷业得到继承和发展,生产瓷器的枫溪被誉为"南国瓷乡",尤以传统工艺美术瓷著称,产品以瓷质洁白、釉色丰润、造型精美、格调清新著称,素有白如玉、薄如纸、明如镜、细如丝、声如磬的赞誉。

潮绣是中国四大名绣之一粤绣的一支,早在唐代已出现。潮绣的品种大致可分为日用品、艺术品和剧服三种,形式有绒绣、纱绣、金银绣、珠绣四大类,针法多达 60 余种。潮州抽纱已有近百年的历史,品种繁多,采用棉布、麻布、玻璃纱、法丝等布料,制作工艺数十种,其中有浮凸精美的垫绣、清晰优雅的平绣、虚幻秀逸的托地绣,产品风格清新雅致,纤细精美。潮州石雕、剪纸、花灯、金银饰、锡器等工艺也很有特色。

# 第三章 民族地区名城

我国是一个多民族的国家,各民族对中华文明的形成和发展都作出了贡献。古代少数民族政权的中心和民族地区的名城呈现了丰富多彩的民族文化内容。

## 第一节 草原青城——呼和浩特

### 一、青城溯源

呼和浩特位于内蒙古中部土默川平原上,北枕巍峨的大青山,南濒滔滔的黄河水,环山之间为平畴沃野。早在30万~50万年前,呼和浩特地区就有人类生息,夏商周三代,许多游牧部落在此活动。战国赵武灵王励精图治,沿阴山山脉筑长城,并于阴山河曲筑城,占卜选址时"昼见群鹄游于云中",遂于其下筑城,取名云中(遗址在今呼市托克托县古城村西)。秦汉时均于此设云中郡,延续近300年,东汉时始废。西汉高祖时将云中郡分为云中郡和定襄郡,定襄郡治成乐城(遗址在呼市和林格尔县境)。东汉时期,匈奴衰落,鲜卑族逐渐兴起,魏齐王年间(240—254),鲜卑族拓跋部定都成乐城,改称盛乐,北魏建国后设为北都。隋唐时期,呼和浩特地区先后为突厥人和回纥人占据。隋文帝时突厥分为东、西两部,互相争斗,隋助东突厥突利可汗,以安义公主许嫁,封为启民可汗,并助其得国。大业三年(607)启民可汗入朝,隋炀帝大摆阔绰,展示国威。同年,隋炀帝出塞观风,溯金河(今大黑河)而上,与启民可汗会盟于河上,令宇文恺大作行宫,旬日而成,突厥人为之震慑。唐中宗神龙三年(707),边将张仁愿筑东受降城(遗址在今托克托县境)以扼突厥。辽、金、元三代呼和浩特地区称丰州滩,辽神册年间(916—921)筑丰州城(遗址在呼市东郊)。

明宪宗成化年间(1465—1487),蒙古达延汗统一蒙古诸部,领有此地。

后其孙阿勒坦汗(或称俺答汗)领有土默特部,驻牧丰州滩。阿勒坦汗强调发展畜牧业和农业,使蒙汉人民定居务农,又大力传播佛教文化,促进蒙、汉、藏民族间经济文化交流。隆庆五年(1571)与明朝达成互市协议,受明封为顺义王。隆庆六年(1572),他召集各族能工巧匠,"依照先圣祖失去的大都式样",在大青山之阴、黄河之滨,破土建设具有八座楼和琉璃金银殿的雄伟美丽的城池。城竣工后,明廷赐名为"归化城"(今呼和浩特市老城)。这座以青砖砌成的规模较大的城池,在层峦叠嶂的青山辉映下,显露着一派苍郁生机,当地蒙古人称为"呼和浩特",意为"青色的城"。万历十年(1582)阿勒坦汗去世,其妻三娘子(1550—1612)成为这座城市的主宰,主政30年。三娘子是阿勒坦汗的第三位夫人,贤良聪慧,有政治眼光,支持和协助阿勒坦汗与明朝交好,促进"俺答封贡",开拓漠南蒙古地区安定团结、和平共处的局面。阿勒坦汗去世后,为了继承阿勒坦汗的事业,稳定土默特部的政治局势,她权衡轻重,做了第二代顺义王(阿勒坦汗长子辛爱黄台吉)夫人。万历十五年(1587),即黄台吉去世后两年,三娘子在明朝的劝说下,又成为第三代顺义王扯力克的夫人。鉴于三娘子顾全大局,信守盟誓,严守先王成法,维护蒙汉和好的功绩,明廷封三娘子为"忠顺夫人"。凡顺义王向明朝政府呈报的正式公文,都必须由顺义王和忠顺夫人共同签署。三娘子依靠自己的治世才干,维护蒙汉团结,发展土默川,建设归化城,深得人民信赖。呼和浩特地区的蒙汉人民把归化城叫作"三娘子城"。

清初归化城为清王朝靖北据点。雍正十三年(1735)议筑绥远城(今呼和浩特市新城),为八旗兵驻防城,乾隆四年(1739)筑就,位于旧城东北2.5千米处,建威将军驻此。1913年合并两城称归化县,1914年改归绥县。民国初年开辟了二城间的大马路。1922年平绥铁路通车,车站附近建起货栈、住宅等,形成旧城、新城、货栈鼎足之势。1928年绥远省建立,以归绥城区设归绥市,为省会。1954年改称呼和浩特,为内蒙古自治区首府。

呼和浩特自古为中原各王朝塞上重镇、漠南通往内地交通要冲,古城遗址众多,有战国云中城、西汉成乐城、拓跋魏盛乐城、隋唐大利城与单于都护府城、唐东受降城、辽丰州城与东胜州城、明归化城、清绥远城。这些古城,或地下出土有丰富文物,或地上遗迹可寻,或沿用至今,用实物写成一部中国北方边塞历史大书。

## 二、召庙探胜

呼和浩特还是著名的召城。"召"即寺庙。呼和浩特从辽代起就兴寺建塔,到明代中叶,阿勒坦汗大力倡导佛教文化,佛事日盛。他亲赴青海邀请西藏黄教高僧三世达赖索南嘉措前来传教,促进黄教传播。明万历七年(1579)在归化城南修建首座寺庙大召;四年后在乌素图谷建庆缘寺,奠定了乌素图召寺庙群的基础;又两年后建席力图召;明天启年间(1621—1627)小召(崇福寺)也创建成功。清初归化城屡遭战火,但召庙却得到清廷保护。清代仍倡导黄教,继续大兴召庙。从明末到清初,呼和浩特出现过3次建庙高潮,建起喇嘛庙近百处,加上其他寺庙约有200座,呼和浩特遂以"召城"著称于天下,形成独特的召庙文化。虽然当时的大部分寺院已毁圮,但最著名的寺庙却较完好地保存下来,如大召、乌素图召、席力图召等,成为呼和浩特一大景观,当地民间有"七大召,八小召,七十二个免名召"的谣谚,以形容召庙之多。召庙鼎盛时,呼和浩特地区有僧众数万,佛事深入社会生活的各个方面,祈福祝寿,生老病死,婚丧嫁娶,皆有佛事。

呼和浩特现存寺庙佛塔主要有:

● 万部华严经塔:俗称白塔,位于辽代丰州故城西北角,建于辽圣宗时(983—1031),原为佛寺藏经塔,寺院毁于明初战火。塔为楼阁式砖木结构,八角七层,通高55.6米,用典型的辽代直纹砖灌注白灰筑成。"白塔耸光"为呼和浩特八景之一。

● 大召:蒙古语称"伊克召",意为大庙。明万历年间,阿勒坦汗在青海会见三世达赖时曾许愿在归化城用宝石金银装饰释迦牟尼像,回来后开始兴建大召,万历八年(1580)落成,明廷赐汉名为弘福寺。寺内供奉银佛像,所以俗称为银佛寺,蒙文史籍中也有称阿勒坦召的。清崇德五年(1640)又经修葺,清廷复赐名无量寺。

大召的珍藏品极为丰富,著名的艺术"三绝"——银佛、龙雕、壁画是明代的历史遗物,具有极高的工艺水平和欣赏价值。银佛,即供奉在佛殿内的释迦牟尼像,距今已有400余年,是中国现存最大的银佛之一。佛像呈坐姿,高达3米,由纯银铸成。据史籍记载,当年银佛落成时,西藏的达赖三世索南嘉措曾亲临大召,为银佛举行了"开光法会",大召也因此有了"银佛寺"

之称。龙雕,是指银佛座前的两条造型生动的金色蟠龙,高约 10 米,分别雕在两根通天柱上,由下向上望,双龙对翔,张牙舞爪,盘旋而上。大召的龙雕形神兼备,气势磅礴,充分显示了明代龙雕艺术的精湛技艺。壁画是大召的一大特色,题材丰富,画面生动,内容以佛教人物、故事为主,描绘了天上、人间及地狱的各种景象。其中以佛祖与外道六师辩经、斗法图最为精美,引人入胜。全图绘有神佛、凡俗等各种人物 770 余人,场面宏大,颇为壮观,反映了我国明代绘画艺术的高超水平。大召壁画用天然石色绘制而成,虽历经数百年之久,至今依然色泽艳丽。大召佛殿内的各种彩塑、金铜造像、晾佛节展出的巨幅唐卡、108 部的甘珠尔经卷,以及宗教活动使用的各种法器、面具等也都是极为珍贵的历史文物和艺术珍品。

● 乌素图召:位于大青山南麓乌素图村,由庆缘寺等 7 座寺院组成,因位于乌素图(蒙古语,意为水很多)谷而得名,建于明末清初。各寺庙宇均有红墙环绕,又相邻近,构成一组藏汉式建筑群。

● 席力图召:明代原为小庙。名僧希体图噶因深谙佛典,精通蒙、汉、藏三种文字,受到阿勒坦汗推崇,万历十三年(1585)王子僧格都楞汗在小庙基础上为其兴建寺院,四世达赖喇嘛幼年曾在此从希体图噶学习经典。万历三十年(1602)希体图噶护送达赖回藏坐床归来,因其曾坐在达赖的法座上,遂称寺庙为席力图召。"席力图"为藏语译音,意为"法座"或"首席"。希体图噶遂成为席力图召一世。同年扩建寺院。清康熙三十三年(1694)再次扩建,清廷赐名延寿寺。召内藏式大殿前侧有康熙御制平定噶尔丹纪功碑。康熙三十五年(1696)西征噶尔丹途中曾驻跸小召,并参加席力图召为其举行的诵经法会。四十二年(1703)御制刻石以纪念平叛胜利,石碑共两通,以满、蒙、藏、汉四种文字铭刻,席力图召与小召各立一通,并建碑亭护碑。碑文叙述平叛经过及意义的文字完全相同,但分别表彰两寺喇嘛功绩的文字稍异。

● 喇嘛洞召:位于呼和浩特土默特左旗毕克齐北 8 千米的大青山中,汉名为广化寺,迄今已有 400 余年的历史。喇嘛洞,也称"银河",原是一个普通的天然山洞,后因喇嘛教僧人在洞内修行和居住,人们将这一山洞称为喇嘛洞,以后又把洞前修建的寺庙称为喇嘛洞召。

喇嘛洞召始建于明代隆庆年间(1567—1572),最早在内蒙古地区修行传播黄教的博格答察罕(即圣人,最高级的活佛之一)喇嘛曾在喇嘛洞修行,明万历(1573—1620)初年,他在银洞前修建了一座小庙,向外传播喇嘛教,这座小庙就是最初的喇嘛洞召。明天启年间(1621—1627),博格答察罕在喇嘛洞圆寂,他的三个弟子又在此重修了小庙,并向南扩建新寺。以后又经历代不断重修、扩建,逐渐形成了一处殿宇众多、规模较大的喇嘛教寺院。清代乾隆四十八年(1783),清廷正式命名为"广化寺"。

● 金刚座舍利宝塔:位于玉泉区五塔寺街,建于清乾隆早期,连同寺庙又称五塔寺召,寺宇不存,唯塔犹在。塔为砖石结构,五座小塔建于高大的方形金刚座上。塔后嵌有三幅石刻画,分别为"须弥山分布图""六道轮回图"、蒙文"天文图",其中"钦天监绘制天文图石刻"是中国现存唯一用蒙文标注的天文图石刻。

此外,呼和浩特境内还有大窑村石器制造场(大窑文化)、和林格尔汉墓壁画、清公主府、清真大寺、绥远城将军衙署旧址、大青山古长城遗迹等多处文物古迹。

### 三、青冢寻幽

在呼和浩特市南9千米大黑河南岸,有一处蒙古语称为"特木尔乌尔虎"(意为"铁垒")的墓冢,是呼和浩特极负盛名的名胜。墓的主人是楚地女子王昭君。王昭君,名嫱,西汉南郡秭归(今湖北兴山)人,元帝时入宫为待诏。竟宁元年(前33)呼韩邪单于入朝请求和亲,昭君自愿出嫁到匈奴,后被立为宁胡阏氏,为呼韩邪单于生有一子,呼韩邪死后又按匈奴习俗嫁给呼韩邪单于的长子,又生了两个女儿。晋代因避司马昭讳,称昭君为明妃。昭君的生平颇具传奇色彩,引起后代许多文人的兴趣。历代文人以昭君为题,敷衍歌咏之作层出不穷。如杜甫在其七律《咏怀古迹五首之三》中咏道:"群山万壑赴荆门,生长明妃尚有村。一去紫台连朔漠,独留青冢向黄昏。画图省识春风面,环佩空归月夜魂。千载琵琶作胡语,分明怨恨曲中论。"宋代王安石诗《明妃曲》、元马致远杂剧《汉宫秋》等也都是以昭君故事为题材的。昭君墓远远望去黛色溟蒙,据说塞外草白,独有昭君墓草青,故称"青冢","青冢拥黛"为呼和浩特八景之一。今存墓高33米,夯土堆成,墓上草色青青,还有许多高大的树木。墓前墓顶各建有亭,存有墓碑八通。1963年董必武参观陵墓时曾赋《谒昭君墓》诗:"昭君自有千秋在,胡汉和亲见识高。词客各摅胸臆懑,舞文弄墨总徒劳。"刻碑立于墓前。昭君出塞,结束了汉匈两族150年的敌对状态,促进了塞北、中原的统一与经济文化交流,董诗对此作出了客观、公正的评价。

## 四、敖包问俗

呼和浩特是内蒙古自治区的首府,洋溢着浓浓的蒙古族风情。蒙古的名称始于成吉思汗统一各部之时,清代蒙古的部落制度变为盟旗制度,沿用至今。

每年夏、秋季节举行的那达慕大会是蒙古人民盛大的节日盛会。"那达慕"蒙古语意为"娱乐""游戏"。届时,牧民身着盛装,骑马、乘车从一二百里外赶来参加,畅饮美酒,祝愿祥和如意,举行赛马、射箭和摔跤比赛,一般持续数日,人们尽兴而归。那达慕大会又是农牧物资交易会,除了工业和农副产品外,还有具有民族特色的饮食,如牛羊肉及其熏干制品、奶酪、奶干、奶油、奶疙瘩、奶豆腐、酸奶。人们还可在茶摊、饭馆喝到酥油奶茶,吃到"全羊"佳肴。

祭敖包是蒙古民族最隆重的祭祀活动。敖包,意为堆子或土包、石包,是用石片或石块垒砌而成的一种圆锥形建筑物。祭敖包就是以敖包为崇拜物进行的一种公众聚会的祭典形式。敖包多选在山冈高处较醒目的地方,顶端插有一根长杆或一束柳枝,上面挂有牲畜毛角和经幡布条,体现了古老的萨满教和藏传佛教融合的文化特点。祭敖包的时间多选在水草丰美、牛羊肥壮、气候宜人的季节。

蒙古人的衣食住行有自己的习俗。蒙古民族为便于在马背上放牧狩猎,自古就形成了为牧猎生活所需要的衣着习惯——"蒙古袍"。蒙古袍或布制,或绸制,袖子很长,款式肥大,有官服、礼服、便服、男服、女服、冬服、夏服等。袍子配上红绿绸缎腰带,两端飘逸,腰带上佩挂吃肉用的蒙古刀,刀鞘装饰华美。有的腰上还挂烟荷包、火镰等物。头饰主要为蓝、褐、红色调,戴帽子或用布缠头。蒙古饮食以兽肉为主,小麦、炒米、高粱、糜子、黍子为辅,喝牛奶和奶茶。居住在适合于游牧的蒙古包。蒙古包建造简易,先选定地址,划一个直径一丈左右的圆,四周排列许多四五尺高的木柱,在木柱间用小木条纵横编织成一个圆形的围墙,再在上面盖伞形屋顶(大多用柳条编成),最后用毛毡覆盖一至二层,用马尾束紧,屋顶开一个圆形天窗。包的西南面开门。包里左边是男子的住处,来客也在左边招待。正面或左上方放一木柜,上供佛像和酥油灯。妇女住在右边,旁边放家用器具。中央置三角形灶,用兽粪做燃料。交通主要靠马和骆驼。

哈达是蒙古人民用来表示敬意的一种礼品,蒙古族人民的最高礼节就是献上哈达。哈达是一种生丝织巾,颜色很多,一般多用白色、蓝色和黄色,长度通常为1.5米,最长的有4米,宽度不等,两端有穗。哈达上绣有佛像或云纹、八宝、寿字等吉祥图案。哈达最初是喇嘛教寺庙中祭神的用品,随着喇嘛教的传入,献哈达的仪式很快被蒙古人接受。每逢贵客来临、敬神祭祖、拜见尊长、婚嫁节庆、祝贺生日、远行饯别、盛大庆典等重要场合,都要献哈达来表示自己的诚心和祝愿。

蒙古民族能歌善舞,2005年11月25日,"蒙古族长调民歌"被联合国教科文组织宣布为人类非物质文化遗产代表作。长调民歌是蒙古族民歌的一种形式,在蒙古族形成时期,长调民歌就已存在。长调一般为上、下各两句歌词,演唱者根据生活积累和对自然的感悟来发挥,演唱的节律各不相同,字少腔长是其一大特点。歌词绝大多数内容是描写草原、骏马、骆驼、牛羊、蓝天、白云、江河、湖泊。长调民歌与草原、与蒙古民族游牧生活方式息息相关,承载着蒙古民族的历史,其高亢悠远的风格既宜于叙事,又长于抒情,是蒙古民族生产生活和精神性格的标志性展示。

## 第二节 文献名邦——大理

大理位于云南省中部偏西,为大理白族自治州州府所在地,是一个以白族为主体的少数民族聚居的边疆城市。这里风景秀丽,物产富饶,享有"文献名邦"的美誉。

### 一、苍山洱海与"风花雪月"

大理地处横断山脉和哀牢山脉的交会区。境内西部点苍山十九峰南北走向绵延40余千米,平均海拔4000米左右,山顶积雪终年不化,山间云雾千姿百态,由北到南19座山峰依次是云弄、沧浪、五台、莲花、白云、鹤云、三阳、兰峰、雪人、应乐、观音、中和、龙泉、玉局、马龙、圣应、佛顶、马耳、斜阳。一首《苍山十九峰诗》将峰名串联在一起,便于记忆:"云弄沧浪洱水西,五台莲花白云迷,鹤云共舞三阳上,兰峰之后雪人居。应乐观音中和峙,龙泉玉局马龙随,圣应佛顶兼马耳,斜阳十九永不移。"十九峰之间,蜿蜒奔泻着十八条溪,由北至南分别是霞移、万花、阳溪、茫涌、锦溪、灵泉、白石、双鸳、隐仙、梅溪、桃溪、中溪、绿玉、龙溪、清碧、莫残、葶溟、阳南。同样有一首《十八溪诗》串联起苍山十八溪名:"霞移万花与阳溪,茫涌锦溪灵泉齐,白石双鸳隐仙至,梅桃二处并中溪,绿玉龙溪清碧间,莫残葶溟阳南居。"十八溪东注于洱海。洱海是著名的高原断层淡水湖泊,云贵高原第二大湖,面积249.34平方千米,最深处20米,成狭长形,走势与苍山平行,因形似人耳而得名。唯一出水口西洱河,流经下关城区,与澜沧江的支流漾濞江汇合。苍山洱海间的万顷沃野,是白族人民世世代代生息的地方。苍山拥有丰富的动植物资源和大理石矿床。洱海丰富的水资源灌溉着大理坝子肥沃的良田,众多的鱼虾是大理人的美味佳肴。

苍山充满神奇变幻的云不仅有着美丽的传说,而且能预报天气,最有名的是望夫云和玉带云。夏末秋初,雨后初霁,在苍山十九峰半腰常会出现一条洁白无瑕的玉带,长达百里,名"玉带云"。民间传说玉带云是玉女的彩带变成的。相传玉女仙姑来到人间,目睹苍山采石人的穷苦辛劳,毅然与一采石青年结合,立志用点石成玉之术把苍山所有的石头都变成玉石,大功未成,王母娘娘催玉女回宫,玉女飞升之时,采石青年拽住玉带不放,最后玉带飘然横落苍山腰间,化为千古玉带云。玉女点过的石头就成了大理石。明清以来,"云横玉带"被列为大理16景之一。俗谚说"有雨山戴帽,无雨山系腰",雨后出现玉带云,预示着将出现较长时间的晴朗天气。冬春季,苍山玉局峰头时有孤云一朵飘忽腾落,像是在翘首企盼,此云名"望夫云",传说为南诏国一位美丽的公主在得知恋人被害葬身洱海后所化。望夫云出现在玉局峰头,总是执着地向洱海方向涌腾,大理坝就会狂风骤至,望夫云成了坝区狂风将起的预兆。

苍山充满神奇变幻的玉带云、望夫云,飞瀑奇石,洱海令人赏心悦目的三岛、四洲、五湖、九曲,遍布大理坝子的名胜古迹三塔、蝴蝶泉、咸通寺、清碧溪、天生桥等,把大理点缀得多姿多彩,恍如仙境。无怪乎明代状元杨慎在其《游点苍山记》中赞叹道:"山则苍龙叠翠,海则半月拖蓝,城郭奠山海之间,楼阁出烟云之上。香风满道,芳气袭人,余时如醉而醒,如梦而照,如久卧而起作,然后知吾曩者之未尝见山水,而见自今始。"

大理古城家家流水,户户养花,到处繁花似锦,终年春意盎然,著名的风、花、雪、月四景声名远播。在当地白族人民中,世代传诵着一首谜语诗:"虫入凤窝不见鸟(风),七人头上长青草(花);细雨下在横山上(雪),半个朋友不见了(月)"。下关风、上关花、苍山雪、洱海月都有着引人入胜的故事传说。

## 二、南诏、大理国故地和文献名邦

大理是云南省最早的文明发祥地之一。远在新石器时代,大理地区就有人类活动的足迹。苍山马龙峰麓有原始居民居住的遗址,考古发掘发现了大量的石制工具和陶器。公元前4世纪,史书中所称的"昆明人"已在大理定居。他们在洱海周围从事农牧业生产,或以捕鱼为生。秦汉之际,大理已是蜀身毒道的重要驿站。汉武帝元封二年(前109),在大理地区设置了楪榆县,属益州郡,正式纳入全国统一建制。三国诸葛亮平定云南后,楪榆县并入了新设立的云南郡。两晋南朝时,苍山之麓,洱海之滨,逐渐形成大大小小的洱河蛮(白族)定居的农业城邑。由于中原先进技术的传入,大理的生产水平已有很大发展,水稻种植、棉布纺织、手工业等生产技术已开始普遍流行。同时,由于与汉族融合,语言文字也有很大发展。

大理地区最早的大禧城筑于隋代,为隋朝史万岁入滇平叛后所筑,人称"史城"(在今大理西北的喜洲镇)。唐初,大理地区居住的是被称作"河蛮"的部落,周围共有六个王国,即"六诏"。开元二十六年(738),位于南边的蒙舍诏迅速崛起,用武力兼并河蛮其他部落,建立了南诏国,定都太和城(今大理市太和村)。南诏王皮逻阁被唐王朝册封为云南王。天宝八年到天宝十三年(749—754),由于吐蕃的关系,唐和南诏之间的矛盾日益尖锐,发生了较大规模的战争。剑南节度使鲜于仲通所率的6万唐兵和剑南留侯李宓率领的7万唐兵在洱海边全军覆没,史称"天宝战争"。大历十四年(779),南诏王异牟寻由太和城迁都至羊苴咩城(今大理古城西北角)。南诏国历时254年,共13主,统治范围东接贵州西部和越南北部,南至老挝北部和泰国北端,西抵缅甸北部,北达大渡河。

唐元和八年(813)以后,南诏发生内乱,大长和国、大天兴国、大义宁国三个小王朝先后更迭。公元937年,通海节度使段思平(白族)联合滇东37部落灭了大义宁国,建立大理国,仍定都羊咀咩城。大理国时期,大理佛教盛行,有"妙香国"之称。大理国与中原的民间贸易非常频繁,大理马、大理刀、中药材是当时大理最主要的交换商品。

蒙古宪宗三年(1253),忽必烈"革囊渡金沙江",灭大理国,在大理地区设置了上下两个万户。后来元置云南行省于中庆城(今昆明市),云南的政治经济文化中心开始东移昆明。大理改设大理路,命大理国段氏为总管,统领滇西的军政事务,并于至元十六年(1279)在大理置太和县。明代大理的行政建制有太和县和赵州,两处以西洱河为界。现在保留的大理古城即是明洪武年间修建的。清代大理的建制基本上与明代一样。19世纪中叶,云南爆发了以杜文秀为首的大规模回民起义。咸丰六年(1856),起义军占领大理,并在大理建立了17年的农民政权。明清是大理经济文化比较繁荣的时期。明初实行屯军制,大量汉人进入大理,与白族通婚,带来了先进的科学技术,促进了农业、手工业的发展。文化方面,明清两代先后办有桂香、龙关、玉泉等12个书院,培养了大批文人学士,许多优秀的白族知识分子涌现,如杨黼、杨士云、李元阳等。他们纂修方志,写下了许多赞美大理的诗篇,为大理古代文化作出了杰出贡献。杨黼的诗作刻为《山花碑》流传至今,杨士云、李元阳撰有《大理府志》《云南通志》,与丰富的历史碑刻一起,使大理成为"文献名邦"。大理古城南门外原有始建于清康熙年间(1662—1722)的文献楼,楼额悬挂云南提督偏图所题"文献名邦"匾额,并有大理人周仁撰写的对联:"朔汉唐以还,张叔传经,杜公讲学,硕彦通儒代有人,莫让文献遗风暗消在新潮流外;登楼台而望,鹤桥小路,鹫岭夕阳,熙来攘往咸安业,但愿妙香古国常驻于大世界中。"

民国时期,大理是云南重要的商贾云集地。大理地区的商号在云南经济中占有举足轻重的地位,通商范围达上海、成都、重庆、拉萨、广州、香港、仰光、加尔各答、新加坡等地,商业资本高速积累,并开始了向工业资本转移的过程。20世纪40年代开始,一批近代工业在大理兴起,大理成为滇西第一经济重镇。

太和城是南诏国在公元738—779年时的都城,其遗址距大理市区约6千米,南北两城墙至今还依稀可见。保留完好的北城墙西段高约6尺,厚近1丈2尺,整个土台近3 600平方米。城南尚有金刚城遗址。据说当年南诏国的避暑宫及金刚城即建在此。遗址内的南诏德化碑为南诏王阁逻凤于唐大历元年(766)竖立,碑文记述了阁逻凤的武功政绩以及南诏与唐王朝友好至失和的起因、经过,表明了与唐王朝友好的愿望,还有对南诏经济、政治、疆域的记载。据传碑文为南诏清平官郑回所撰,流寓南诏的唐御史杜光庭书丹。德化碑是研究南诏历史的重要文献资料。

大理古城建于明洪武年间(1368—1398),西枕苍山,东临洱海,城墙高24丈,周围7里余,砖表石里。四门各有楼,南门曰承恩,东门曰通海,西门曰苍山,北门曰安远。四隅亦有楼。城内为棋盘式布局,家家流水,户户养花,古朴清幽静,是旅游者流连忘返的驻足之地。

崇圣寺三塔是大理的标志性建筑,位于苍山应乐峰下,三座砖塔鼎足矗立。主塔名千寻塔,高69.13米,为方形密檐式,16级,每层正面中央开券龛,置白色大理石佛像一尊,建于南诏劝丰祐时期(823—859)。大塔稍后的两座小塔,均高42.19米,八角形,各10层,建于大理国时期。塔后有崇圣寺。千寻塔基前面有"永镇山川"四个大字,为明黔国公后裔沐世阶所书。1979年维修三塔时,曾在千寻塔中和塔基内发现佛经、佛像、铜镜、药材等600多件文物,是迄今所发现南诏、大理国文物最丰富的一次。三塔浑然一体,气势宏伟,是白族古老文化的象征。

### 三、缤纷的民间传说和民族文化

大理的神话传说源远流长,浩如烟海,为这座古老的历史文化名城增添了神秘色彩,大理也因此被誉为"神话世界""故事海洋"。民间神话主要有创世神话、图腾神话、太阳神话、九隆神话4类,如《开天辟地》《氏族起源》《兄妹配婚》,其中最古老和流传最广的是《九隆神话》,讲南诏蒙氏始祖的来历,此神话最早记入晋代常璩的《华阳国志·南中志》中。南诏到大理国时期(738—1253)涌现了大量的传说和民间故事,主要有龙的传说、本主的传说、观音的传说、民族风俗传说故事、地方风物传说故事、历史故事等。其中最多的是龙的传说和本主的传说。大理地区河流、湖泊、龙潭众多,历史上屡有水患,人们认为住在水里的龙与人的祸福有密切关系,于是产生了很多关于龙的神话,如《苍山九十九条龙》《小黄龙与大黑龙》《白龙潭的故事》等,有300多个。本主崇拜是白族的独特信仰,多数白族村庄每村信仰一个本主,凡有本主都建有本主庙,本主都有各自的神号、神话、民间故事。本主有英雄人物、祖先、自然物、动植物等,因此有关本主的神话传说内容丰富。

大理是白族的聚居地,白族人好歌喜舞,流行于白族的传统曲艺大本曲、古典戏曲吹吹腔及丧葬挽歌、龙舞等渊源已久。白族服饰色彩明快,挑绣精致,极富美感,"苍山绿,洱海清,月亮白,山茶红,风摆杨柳枝,白雪映霞红",生动地展现了婀娜多姿、飘然若舞的白族服饰之美。白族民居采用"三房一照壁"(三幢楼房,主房对面为照壁,中为天井)、"四合五天井"(四幢楼房,每相交处都有一小耳房和天井,院心为大天井)等结构,特别重视门楼、照壁的建筑与装饰艺术,大量运用石料,加以雕塑、彩绘等,外观整齐、庄重、轩昂、大方,白墙青瓦,耀人眼目,喜洲镇的白族民居建筑群典型地体现了民族风格。白族讲究礼仪,"三道茶"是白族招待尊贵客人的礼客习俗,一道为纯烤茶,二道加核桃片、烧乳扇和红糖,三道是加蜂蜜和几粒花椒的蜂蜜花椒茶,即所谓"头苦、二甜、三回味"。

大理白族、彝族等的民族节庆多姿多彩,一年四季有各种节日。每年农历正月初一至十五为鸡足山朝山会,届时大理州境内和附近的各族人民前往鸡足山朝山,祈求国泰民安,观赏名山风光。朝山期间每天游人和朝拜者络绎不绝,欢歌笑语,热闹非常。正月初五在大理古城北门外文笔村举行葛根会,文笔村的大路两旁摆满卖葛根的地摊,数以万计的赶会者竞相购买,以葛根沾土碱食用,其味香甜,有消食作用,此会相传始于唐代。正月初九松花会,相传这天是玉皇大帝的圣诞,各族人民到当地的玉皇阁朝拜玉皇大帝,位于苍山中和峰半山腰的中和寺香客云集。二月十四、十五日白族举行崇花活动,称花朝节。这天,大理城扎起一座鲜花牌坊,红的山茶、黄的杜鹃、白的牡丹、粉红的月季,花团锦簇,香气浓郁。穿过牌坊,便是由一座座花山、花亭、花台组成的长达数里的花街。熙熙攘攘、络绎不绝的观花人逛花街,赏花景。

三月街又叫月街、观音街、祭观音街,在大理城西中和峰麓,是白族传统的贸易集市,每年农历三月十五到二十一日举行。相传观音曾使这里五谷丰登,并到此讲经传教,为了酬神,定期聚会,至今已有1 000多年历史。每逢街期,游人如织,贸易布棚鳞次栉比,进行马、骡、盐、茶、药材、日用百货等交易。1949年后,三月街民族节成为具有浓厚民族色彩的物资交流和民族文艺体育盛会,开幕式有大型民族歌舞和龙狮灯表演,还有白、彝、回、藏、汉等民族参加的赛马活动,精彩纷呈,引人入胜。

火把节是白族、彝族等少数民族共同的盛大节日,相传起源于南诏。每年农历六月二十五日,大理的农村都举行火把庆祝活动。这天傍晚,村头竖起大火把,家家门口则竖起一个个小火把,男子举行跑马活动,女子用凤仙花染红指甲,儿童则在街上或田间玩耍,不时把松香撒在小火把上取乐。这个节日寄托了人们驱害迎祥、预祝丰收的愿望。

绕三灵也称绕山林、绕桑林、祈雨会,是白族人农闲时的春游歌舞活动和栽秧前祈祷丰收的仪式,每年农历四月二十三至二十五日举行,共3天。第一天洱海周围上百个村子的白族男女浓妆淡抹,聚集到大理古城北门外的三塔寺,排成若干长蛇队伍,最前面是两位盛装老人,边歌边舞,顺苍山脚绕到湾桥圣源寺、喜洲镇庆洞村的神都本主庙,通宵达旦地歌舞,祈求风调雨顺、人寿年丰;第二天绕到洱海边的村庄河矣城仙都金龟寺;第三天沿洱海绕到三塔附近的马久邑本主庙,祈求本主保佑,然后各自散去。整个行程30千米。绕三灵始于南诏,见于史籍记载。白族学者赵甲南《咏绕三灵》竹枝词描述了绕三灵的盛况:"淡妆浓抹分外艳,游行手执霸王鞭;咚咚更有金钱鼓,且歌且舞为飘然。欣逢四月最清和,簇簇游人此日多;六诏遗风今尚在,诸君莫笑是夷歌。红男绿女喜春游,山麓海滨绕一周。廿四已过人影散,归家返道事田畴。"

农历八月初八耍海会,洱海周围各村庄把小船聚集到才村,举行龙船比赛、对歌活动,数百只小船荡漾于海中,民歌回荡于洱海之上。据史籍记载,耍海会始于南诏时期,最初与崇奉龙神有关。

## 第三节 雪域佛国——拉萨

拉萨是西藏自治区首府,地处青藏高原,海拔3 600米左右,属高寒气候,空气清爽,阳光充足,年均日照在3 000小时以上,是著名的"日光城"。"拉萨"藏语意为"圣地"。这座世界屋脊上神秘、奇异的高原之城,藏族人民心目中的"神圣之地"究竟是什么样子呢?

### 一、壮丽山河

高原古城,山环水抱,绵延着众多巨大的山脉,奔涌着无数湍急的河流,湖泊星罗棋布,林海涛声万里,气势磅礴,景象万千。

拉萨城西北部是著名的念青唐古拉山脉;南部冈底斯山脉呈东西向分布,四周东有觉母丝丝、东南有明珠孜日、西南有曲加拉日、西北有岗彭吾孜等大山相连环抱。这些山峰云雾缭绕,姿态各异,有似宝瓶,有似海螺,有似莲花吐艳,每座山都有一段娓娓动听的神话故事。

拉萨境内江河纵横,其中较大的有雅鲁藏布江、拉萨河、尼木河、曲水河。属雅鲁藏布江水系的拉萨河,流经拉萨市区,是拉萨的母亲河。拉萨境内的湖泊主要分布于冈底斯山和念青唐古拉山脉中,多为冰川湖泊,如颗颗明珠镶嵌于高山群峰之间,其中最大的是位于当雄县内的纳木错。"纳木错"意为天湖或天池,湖面海拔4 718米,面积1 940平方千米,是我国仅次于青海湖和色林错的第三大咸水湖。湖中有三个岛屿,东南半岛发育成岩溶地形,有石柱、天生桥、溶洞等自然景观,景色瑰丽。广阔的湖滨生长着火绒草、苔藓、蒿草等,形成水草丰美的天然牧场,常有野牦牛、岩羊、野兔出没,春末夏初,成群野鸭飞来栖息,生蛋孵雏。

### 二、千年古城

1. 建城前的拉萨地区

拉萨意为"圣地"或"佛地",在古汉文史籍中也被称为逻些、逻娑等。拉萨城兴建于7世纪前期藏王松赞干布时期,但最早开拓这片土地的时间可以上溯到新石器时代。1985年,在市北郊发现了曲贡村新石器时代遗址,出土了大量石器、骨器、陶器,虽加工较粗,但器形规整,种类较多,特别是骨针的制作最为精美,形状与现代金属针基本一致。发现的窖穴、灰坑和文化层堆积厚度以及出土器物足以证明原始人类在这里经营畜牧业和农业,并在此定居。

公元前2世纪,聂赤赞普作为雅隆部落第一代王出现在西藏历史上,"赞普"意为"雄强丈夫"。有了王,人们开始修建王宫,定君臣之分,建立奴隶主统治的国家机器。五、六世纪,拉萨河流域各部落的生产有了很大发展,到七世纪初朗日伦赞时,拉萨河流域已成为整个西藏高原的中心。但此时的西藏却陷入一场纷争之中。

2. 拉萨城的兴起和发展

朗日伦赞是吐蕃王朝的奠基者。他励精图治,发奋图强,攻占邻近部落,使雅隆部落成为最强大的政权,并开始和唐王朝建立联系,中原的医学、历算、技术等传入吐蕃。朗日伦赞对有权有功的新贵族封赐领地和奴隶,触动了旧贵族的既得利益,被大臣毒死,一些属部趁机叛离。在危急存亡的时刻,13岁的王子松赞干布担负起了平息叛乱、巩固政权、统一全藏等重任,在开始创造显赫业绩的政治生涯的同时,也揭开了古城拉萨历史发展的序幕。松赞干布(617?—650)一生与唐太宗同时,他雄才大略,智慧过人,即位后两三年内,迅速平定叛乱,兼并诸部,终于实现了其先辈统一西藏高原的未竟之业,于公元633年建立了强大的奴隶制吐蕃王朝。拉萨以吐蕃王朝都城的地位,揭开了历史的新篇章。

据藏文史籍记载,松赞干布生于拉萨以东的强巴米久林王宫。其先祖妥妥日年赞是普贤菩萨的化身,曾在红山(布达拉山)建宫隐居修行,后裔遂以红山为造福之祥地,所以松赞干布也到红山营建宫室,以作王都。松赞干布之所以选择拉萨为首府,除这一有宗教色彩的原因外,更主要的是由于当地具有优越的地理、资源和社会条件。首先,拉萨四面环山,一水中流,形成天然屏障;其次,平原广阔,地肥水美,宜农宜牧,资源丰富;第三,交通方便,水陆并举,有利于对地方的控制和经济交流;第四,拉萨是战略要地;第五,拉萨有良好的社会基础,这里长期以来就是西藏高原实际的政治中心,松赞干布的父亲正是兼并这个地区后,接受当地贵族和庶民奉献的尊号才登上大位,从而奠定吐蕃王朝的基业的。633年,松赞干布迁都逻些,从此拉萨成为西藏古代吐蕃社会的政治、经济、宗教和文化中心。

定都前的拉萨是一片沼泽荒芜之地,松赞干布兴建宫殿、寺庙、民房,修筑道路,改变河道,进行城建工作,奠定了拉萨城市的雏形。

松赞干布在拉萨河谷平原中心三座峰峦中最高的红山上建造了布达拉宫。红山后称布达拉山,"布达拉"是观音胜地"普陀洛迦"的梵语译音,意思是"持航"或"航行解脱海岛之舟",表示观音持航以普度众生。藏汉史籍都记载,当时布达拉宫是堡垒式的宫殿建筑,在三道围墙当中,有房999间,加上山顶红楼共1 000间,分作9层,饰以金铃、拂尘、璎珞,华美壮观,气派高贵。后因赤松德赞(吐蕃赞普,755—797在位)时遭受雷击,引起火灾,继而在吐蕃王朝末期毁于兵乱。

著名的大昭寺、小昭寺的建造均与文成公主有关。传说文成公主依据中原的"八十种五行算观察法"细推,知雪域之地俨若罗刹女仰卧状,卧塘湖恰为其心脏,为灭灾驱魔一定要填平卧塘湖,并在上面盖起寺庙。又根据五行相生相克的理论,认为庙宇工程宜用白山羊背土填湖,于是动工兴建大昭寺。藏语羊为"惹",土为"萨",由于大昭寺是最早的建筑,人们便以"惹萨"作为以大昭寺为中心的这一城市的名称。以后随着佛教的兴盛,人们把这个城市视为"圣地",拉萨之名随之兴起,并取代了原有的名称。在大昭寺建成的同时,小昭寺也完工。文成公主入藏,嫁奁中有释迦牟尼12岁等身镀金铜佛像,用木车运至惹木钦(今小昭寺)处沉陷在沙地中。文成公主通过运算,知此处为龙宫所在地,在此建寺供佛可震慑龙魔,国运昌盛,于是从内地请来工匠,建造寺门朝东的小昭寺。大昭寺和小昭寺分别供奉文成公主和尼泊尔墀尊公主(松赞干布的王妃之一)带来的佛像。松赞干布在拉萨地区共建造了几十座佛寺。从松赞干布开始,吐蕃政权传9代赞普,均以拉萨为首府。

自8世纪中叶起,吐蕃王朝社会矛盾渐趋尖锐,在拉萨发生了很多重大的历史事件,最终导致吐蕃王朝彻底崩溃,拉萨作为西藏政治中心的地位衰落了,许多宫堡城寨也在这时毁于兵燹,直到13世纪,拉萨城陷入衰落和萧条。

13世纪中叶,元朝划分西藏为13个万户,蔡巴万户为其中之一,在拉萨颇有建树。1409年,藏传佛教格鲁派(黄教)始祖宗喀巴到达拉萨,开始对西藏宗教进行改革,他创建了格鲁派的第一座寺院——甘丹寺,黄教从此在拉萨正式创立;同年,宗喀巴首创"传大昭",即大祈愿法会,延续至今。宗喀巴及其弟子建造的拉萨著名的三大寺——甘丹寺、哲蚌寺、色拉寺住有大量僧人,拉萨再度成为西藏的宗教中心。格鲁派以拉萨为据点逐步统一全藏,形成政教合一的统治局面。由于禁止喇嘛娶妻,宗教首领采取转世法选择,出现了达赖、班禅两大活佛系统。

1642年,蒙古固始汗统治全藏,迎请五世达赖到日喀则,将西藏地方全部政权和无数财宝给予他。五世达赖在固始汗的扶持下,在拉萨建立了甘丹颇章政权。清顺治九年(1652),五世达赖赴京,受到清廷的隆重接待和册封,次年返藏。此后,西藏政教合一的统治制度得到进一步加强,拉萨作为西藏地方首府也从此一直延续下来。五世达赖对拉萨的城市建设作出了巨大贡献。他改造、扩建大昭寺,广修民房,对拉萨的城市布局产生了重大影响。现在围绕大昭寺一周的著名的八廓街,是拉萨旧城的中心和主要交易场。"八廓"意为"中路朝拜道",随着拉萨的发展,八廓街两旁陆续建起了旅馆、商店、民居,逐步演变成后来的商业街,拉萨市区形成一定的规模,还出现了市政管理机关。五世达赖时期最大的工程要数布达拉宫的重建,今天看到的布达拉宫基本是五世达赖和第巴·桑结嘉措时期奠定的规模。

18世纪40年代,七世达赖开始在布达拉宫西南修建罗布林卡,以后历世达赖都不同程度地扩建,逐渐形成占地360万平方米的大园林。自七世达赖以后,历世达赖在执政之前,均在此习经、学文、修法,执政后每年夏天仍驻此地,所以罗布林卡被称为达赖的夏宫。至此拉萨城的基本格局和主要建筑完成。

### 三、宗教胜迹与民族习俗

拉萨市辖区内有近千处各具特色的名胜古迹,宫殿、寺院、城堡、古墓、碑匾、遗址、古钟等星罗棋布,藏民族和宗教色彩浓重。

1. 宗教胜迹

● 布达拉宫:位于拉萨古城之西的布达拉山上,为世界文化遗产。初建于7世纪松赞干布时期,距今已有1 300多年历史,是西藏现存最大最完整的古堡建筑群,是历代达赖喇嘛生活起居和从事政治活动的场所,也是西藏政教合一统治的权力中心。松赞干布时所建的布达拉宫遭兵燹雷火,仅剩观音佛堂一所。1642年五世达赖当政,三年后着手重建。1648年建成白宫,五世达赖旋移居白宫。1693年第巴·桑结嘉措建成红宫和五世达赖灵塔,举行隆重的落成典礼,并在宫前立无字石碑以示纪念。后来又经历代扩建。布达拉宫高115.7米,东西长360米,按照红山自然形势由南麓蜿蜒修到山顶。主楼外观13层,墙身全部由花岗岩砌就,据传主体外墙为双层墙壁,每隔一段距离中间灌注铁汁,由顶层直灌到岩石层,异常坚固。建筑由红宫、白宫两大部分组成,红宫居中,白宫居于两翼,红白相间,群楼重叠,外观具有宫殿与寺庙的双重特点,远在数十里外即可见其金光灿烂、高耸巍峨的雄姿。宫内每间殿堂和回廊的墙壁上都装饰着色彩绚丽的壁画,内容大多为佛教故事,采用连环画形式,配以藏文说明,是研究西藏历史、艺术的重要资料。宫内还拥有大量雕塑和金字缮写的《甘珠尔》、天竺贝叶等稀世之珍以及皇帝敕封历代达赖的金册、金印等。布达拉宫堪称一座艺术博物馆和文化宝库,对于研究西藏政治、经济、历史、文化、艺术都具有重大的价值。

● 大昭寺:西藏驰名中外的最大寺庙之一,位于旧城八廓街中心,始建于7世纪中叶,后经多次修葺和扩建,形成今天占地2.51万平方米的大型建筑群。建筑具有唐代风格,并吸收了尼泊尔和印度建筑艺术的特色。20多个佛殿里摆满各种大小不一的铜、金铜、泥塑像,回廊绘满大型壁画,其中有表现文成公主进藏的热烈场面和建造大昭寺的浩大情景。著名的《唐蕃会盟碑》树立在大昭寺正门前方。

● 小昭寺:在旧城北部距大昭寺约1千米的地方,藏语称"甲达绕木契",意为"汉人的大院子"。小昭寺与大昭寺同时修建,早期建筑系仿汉唐风格,惜经几次火焚和几次修复,面目已非。现为黄教格鲁派上密院的修法之地。

● 甘丹寺、哲蚌寺、色拉寺:黄教著名寺院。甘丹寺为黄教六大寺之首,建造在海拔3 800多米的山坳中,始建于15世纪初,1410年2月5日,宗喀巴大师主持盛大的开光仪式,并担任该寺第一位池巴。寺法定僧人数为3 300人,实际人数一度达5 000余人。喇嘛们按地区分别组织在各个康村和密村中。庞大的建筑群中,有9个辩经场,以适应春、夏、秋、冬四季法会和平时辩论经典的需要。寺中珍贵历史文物无数,以乾隆盔甲和唐绣最为著名。乾隆皇帝穿过的嵌满金银珠宝的盔甲于乾隆二十二年(1757)七月送到西藏作为对佛的供奉。唐绣是24幅绣有十六罗汉、四大天王等的绣画丝织品,每年藏历元旦要展示三周,称"甘丹唐绣节",以后成为一个宗教节日。甘丹寺系黄教首寺,它的出现标志着黄教已在宗喀巴宗教改革的基础上创立起来,无论在政治、宗教,还是在建筑、艺术方面都占有重要地位。

哲蚌寺全称"吉祥米聚十方尊胜州",是由宗喀巴的弟子绛央曲结、扎西贝丹于1416年创立的,占地75万平方米,为黄教六大寺中最大的寺院,曾有僧人1万多人(额定7 700人)。全寺依山而建,规模宏大,铺满山坡,入内则巷道纵横,有如城镇。寺内最大的建筑措钦大殿是全寺僧人集中诵经和举行仪式的场所,可容纳7 000多喇嘛。该寺最尊贵的文物是大殿二层供奉的由宗喀巴亲自开光的强巴佛像。甘丹颇章为达赖所居,五世达赖在迁居布达拉宫之前就住在这里,因而五世达赖于1642年所建的政权即称为"甘丹颇章政权"。这座寺院曾为西藏佛教培养出大批佛学人才,仅是由三大寺推选出来的继承宗喀巴法座的96位甘丹法王,哲蚌寺就占一半左右。

色拉寺位于拉萨城北5千米处的色拉乌孜山下,因传说建寺前山下长满色拉(野玫瑰)而得名,创建于1419年,宗喀巴弟子释迦益协从南京回拉萨后不久主持修建。建筑雄伟壮丽,并有众多下属寺院分布于西藏各地。保存在措钦大殿的明永乐八年(1410)朱版《甘珠尔》是其最珍贵的文物。

● 罗布林卡:位于拉萨市中心的拉萨河畔,距布达拉宫约2千米。作为达赖的夏宫,罗布林卡在藏族僧俗群众中同布达拉宫一样,享有崇高的地位。藏语"罗布"意为"宝贝","罗布林卡"意即"宝贝园",园内宫殿罗列,富丽堂皇;亭台池榭,曲折清幽,并饲有许多珍禽异兽。除了大量拉萨地区常见的花木,园内还有来自喜马拉雅南北山麓的奇花异草,以及从内地移植或从异国引进的名贵花卉,堪称高原植物园。

● 四大林:又称四大喇让。"喇让"意为活佛的私人公馆中管理行政事务的机构,习惯上连同整个公馆叫喇让。活佛是西藏社会一个非常特殊的阶层,拥有很大的特权和极高的地位,凡是具有活佛资格的都有各自的喇让。四大林指的是丹结林、功德林、措德林和策默林。它们不仅建筑规模宏大,各具特色,代表了一代建筑艺术的发展水平,而且又往往伴随着主人的历史脚步,同许多有声有色的历史事件紧密联系。

## 2. 宗教、节庆与生活习俗

拉萨藏族人民普遍信奉藏传佛教——喇嘛教。7世纪中叶，吐蕃赞普松赞干布在唐文成公主和尼泊尔墀尊公主的影响下信奉佛教，8世纪，天竺僧人寂护、莲花生等到西藏传播显、密两系佛教，外来佛教在与西藏原有的本教长期相互影响、相互斗争的过程中，形成了带有强烈地方色彩的西藏佛教，人们习惯称之为喇嘛教。喇嘛教有许多教派，如红教、白教、黄教，其中黄教势力最大，信徒最多。黄教亦称格鲁派，为15世纪宗喀巴所创立，主张僧众严持戒律，学经遵循次第，加强寺院组织等。宗教领袖是转世相承的达赖和班禅。清代开始，黄教成为西藏的执政教派。

藏文大藏经有《甘珠尔》和《丹珠尔》两个组成部分。《甘珠尔》意为佛语部，包括显、密经律，由贡噶多吉编订。1323—1352年蔡巴贡噶多吉在担任蔡巴万户长期间，邀请布顿·仁钦朱任总校，缮写金银《甘珠尔》各一部，共206函，世称蔡巴《甘珠尔》。早在1312年时，菊登日比热等学者将当时西藏所能收集到的佛学书籍汇集到一起，1320年刻版刊印，藏于纳唐寺，世称纳唐古版。明永乐九年(1411)诏令以太监侯显从西藏带回的纳唐古版为蓝本，在南京刻版印行，供奉于五台山，世称永乐版或南京铜版。《丹珠尔》意为论部，包括对经律的阐明和注疏，以及密教礼仪和杂著。1334年，布顿·仁钦朱汇集过去未曾编入的所有收藏在纳唐寺的1 000多门类经籍，编成《丹珠尔》124函，世称夏鲁手写《丹珠尔》。清康熙二十六年(1687)第司·桑结嘉措以夏鲁、哲蚌、色拉、大昭寺、穷结等以往版《丹珠尔》为蓝本，增加上述版本内未收入经籍的780门类，汇编出《丹珠尔》225函，世称第司手写《丹珠尔》，藏于布达拉宫内。

藏族有自己的传统历法，称为藏历，9世纪初即见于文字记载，基本与夏历相同，采用阴阳历纪年法，以五行、阴阳和十二生肖配合纪年，相当于干支。一年有12个月，共354天。自公元1027年藏历的火兔年(宋天圣五年)开始，每60年称为一个"饶琼"，相当于甲子。

新年是藏族人民最隆重的节日，和汉族的春节在时间上大体一致。从藏历12月初开始，家家户户便为过新年而开始忙碌。年前二十九日，每户要大扫除，并于晚间在鞭炮声中将垃圾送到附近路口点燃烧尽，表示除灾驱邪，来年幸福美满。在灶房正中墙上和大门上画上各种图案以兆吉祥如意。晚饭全家团聚共餐"古吐"。古是"九"，表示 29 日，吐是"吐巴"，意为粥。粥里放糌粑疙瘩，有的糌粑疙瘩里还包入辣椒、木炭块、羊毛等物。如果吃到辣椒，象征食者嘴巴厉害；吃到木炭块，象征黑心；吃到羊毛，象征心地善良，引得全家哄笑，增添欢乐气氛。新年初一，要把长满青苗的长方小盆匣摆在佛龛前，预祝农业丰收。全家穿上节日盛装，按长幼顺序坐好，互祝吉祥如意、幸福圆满，然后欢庆聚餐。

藏历正月十五是酥油花灯节，各寺庙的喇嘛及民间艺人除燃点许多酥油灯外，还用酥油塑造各种人物、鸟兽、花草、树木等放在特制木架上。夜幕降临，花灯闪烁，灿烂辉煌，人山人海，热闹非凡。萨嘎达瓦节是西藏喇嘛纪念佛祖释迦牟尼诞生、圆寂、成佛和文成公主进藏的日子，每年藏历四月十五日在布达拉宫后面的龙王潭畔举行，后逐渐演变成游园和预祝农牧业丰收的群众性节日。届时，拉萨市附近的藏族人民朝拜过神佛后，来到依山傍水、风景秀丽的龙王潭畔，赏景、荡舟、小憩、歌舞。藏历七月一日起举行的雪顿节为期四五天，"雪顿"是藏语译音，意为"酸奶宴"。按格鲁教派规定，每年藏历六月十五日到七月三十日为禁期，大小寺院的喇嘛不许外出，以免踏死小虫，七月三十日解禁之后方可下山。喇嘛下山时，农民拿出酸奶敬献，形成雪顿节。五世达赖时，雪顿节开始演出藏戏。届时，拉萨市附近的居民，身着盛装，扶老携幼，提上酥油桶，带上酥油茶，来到罗布林卡，在繁茂的树荫下搭起色彩斑斓的帷幕，席地而坐，边饮边谈，观看藏戏。下午，各家开始串帷幕做客，主人向来宾敬三口一干的"松准聂塔"（酒礼），唱各种不同曲调的劝酒歌。歌罢，客人将酒三口饮完。敬酒声、欢笑声经久不息。

糌粑、酥油茶、青稞酒是藏族喜爱的饮食。糌粑由青稞制成，将青稞晒干炒熟，磨成细面。吃时大多是把糌粑放在碗里，加点酥油茶，用手不断搅匀，直到能捏成团为止。糌粑营养丰富，携带方便，出门只要怀揣木碗，腰束"唐古"（糌粑口袋），弄一点茶水就行，用不着生火做饭。酥油是藏族人不可缺少的食品。其制作是将奶汁稍为加温，倒入大木桶，用力上下抽打数百次，搅得油水分离，将浮在上面的一层淡黄色脂肪质舀起来，灌进皮口袋，冷却便成酥油。酥油茶是藏族人不可缺少的饮料，用砖茶、盐和酥油做成。如有客人拜访，主妇便会端出酥油茶，恭恭敬敬地捧到客人面前。敬茶时讲究长幼有序、主客有序和尊卑有序,先长辈、父母、客人和尊者,再晚辈和主人。主人要用清水将碗洗净,用火烘干,然后再斟茶用双手捧献于客人前,客人饮用后,主人会很快添上,除非客人以手盖碗表示不能再饮为止。客人告辞时,茶碗里的茶不能全喝完,以表示对主人的尊敬和有礼貌。青稞酒是一种不经蒸馏、近于黄酒的水酒,15~20度,西藏几乎男女老少都能喝青稞酒。敬酒以满杯为敬,一般敬酒,主人先请客人喝三口,添三次,再一满杯饮干。如此主人家会很高兴,否则会被认为没礼貌或瞧不起人。

藏族的服装藏袍以氆氇为主要原料制成。男女藏袍都是大襟服装,一般比人的身高要长,穿时要把腰部提起,腰间系带。女式下身前面要围"帮典",汉译为"围裙",纺织精密,色彩鲜明。藏族住宅以藏式碉房最有特色。一般环绕小院设置二到三层碉房,下层为起居卧室、库房,上层除客房、卧室外,还设有经堂和储藏室。乡间和山区的碉房多依山而建,分为三层,一层关牲畜,二层为卧室、厨房和储藏室,三层是修饰精美的经堂。献哈达是藏族最普遍的一种礼节,婚丧节庆、拜会尊长、觐见佛像、音讯往来、送别远行等都有此习。献哈达是对人表示纯洁、诚心、忠诚的意思。

藏戏是广泛流行于藏族地区以歌舞形式表现故事内容的综合性艺术,相传是由15世纪初噶举派喇嘛唐东布结为化募修建雅鲁藏布江索桥资金而创。一出戏一般分三个段落:首先,出场仪式,藏语称为"顿";其次,正戏,称为"雄";最后,演出结束时的祝愿仪式,称为"扎西"。伴奏主要用鼓、钹等。传统剧目近20本。每年藏历七月初全藏各著名剧团云集罗布林卡,献演藏戏,持续一个半月左右,形成传统的戏剧节。藏戏在2009年入选联合国教科文组织人类非物质文化遗产代表作名录。

## 第四节 西夏故都——银川

塞上江南的美丽风光,西夏故都的文化遗存,回族首府的穆斯林风情,构成了古城银川的三大特色。银川是中国西部河套文化和丝路文化交汇地带最具魅力和发展潜力的旅游城市之一。

### 一、塞上江南

银川位于黄河上游银川平原中部,西依贺兰山,东临黄河。位于银川西界的贺兰山最高峰3 556米,平均海拔2 000多米,是银川平原的天然屏障,削弱了西北寒流和风沙的侵袭。黄河从市区16千米处绕境而过,所谓"天下黄河富宁夏",自秦汉以来,银川平原就引黄河之水灌溉万顷良田,主要灌渠有惠农渠、汉延渠、唐徕渠、西干渠4条干渠。引黄自流灌溉,使银川成为土地肥沃、物产丰饶的富庶之地,自古以来就被誉为"塞上江南""鱼米之乡"。

## 二、城建沿革与西夏文化

### 1. 城建沿革

远在5 000~6 000年以前,银川地区就有人类狩猎、游牧的足迹。秦以前为匈奴等民族的游牧地。汉武帝时曾大规模移民至银川平原屯田戍边。汉成帝阳朔年间(前24—前21),在今银川东郊建北典农城,俗称"吕城",匈奴等称为"饮汗城",为银川建城之始,十六国时大夏国赫连勃勃改建为"丽子园"。北周建德三年(574)在原饮汗城置怀远郡、怀远县,为银川设治之始。唐高宗仪凤二年(677)怀远县城遭黄河水患被冲毁,第二年,在旧怀远县城西唐徕渠东侧(今银川市城区)筑怀远新城,为后来银川城市的发展奠定了基础。宋代改怀远县为怀远镇,为当时"河外五镇"之首。北宋咸平四年(1001)党项族占领怀远镇。景德二年(1005)党项族首领德明与宋签订和约,保境安民,开展边贸,经济出现兴旺景象。德明认为怀远"西北有贺兰之固,黄河绕其东南,西平(灵州)为其屏障,形势利便,洵万世之业也"①,决定在怀远镇建都,大建门阙、宫殿、宗庙、官署等,并于宋天禧四年(1020)将怀远镇改置兴州,成为本地区的政治中心。宋明道元年(1032)元昊(1003—1048)即位后立即为建国称帝做准备,扩建宫城殿宇,次年升兴州为兴庆府,废唐、宋赐姓李、赵,改王室拓跋氏为嵬名氏。1038年嵬名元昊在兴庆府南"筑台受册,即皇帝位",国号大夏,国都兴庆府。从此,兴庆府由一个边塞小城一跃而成为地跨今宁、陕、甘、青、内蒙古辽阔地域的西夏国的军事政治中心,西夏在此立国190年,传10主。

兴庆府的人口不下一二十万,主体是军人和达官贵人,兵器制造、毛织、

---

①(清)吴广成.西夏书事·卷十.

皮革等手工业有很大发展,城市商业和对外贸易业相当繁荣。城中有宫城和宏大的宫殿,西郊贺兰山筑有多处离宫,是皇家苑囿区。城内外广建佛寺,僧院林立,高塔凌云。

13世纪初,成吉思汗统一蒙古诸部后,先后6次进兵西夏,两次兵围中兴府(1205年兴庆府改中兴府)。1226年春成吉思汗亲领大军攻入夏境,11月起围困中兴府半年,城内粮尽援绝。1227年6月发生强烈地震,房屋倒塌,疫病流行,西夏末帝嵬名睍献城投降被杀,西夏亡。元初置西夏中兴行中书省,迁随州(今湖北随州)、鄂州(今湖北武昌)移民1 107户于此,至元二十五年(1288)改行省为宁夏府路,宁夏之名肇始于此。此时大批中亚各族居民以及波斯人、阿拉伯人与蒙古人都迁入这一带,逐渐形成回族聚居区。明代设宁夏府,后改立宁夏卫。建文年间(1399—1402),为阻挡鞑靼、瓦剌的南侵,在北方边境建立了9个军事重镇,宁夏卫升为宁夏镇,为九边重镇之一,归中央右军都督府管辖。建文三年(1401),庆王朱㮵(朱元璋第十六子,封庆王,自15岁封王坐镇宁夏,历洪武、建文、永乐、洪熙、宣德、正统6朝47年)奉命迁王府于宁夏,负责庆阳、宁夏、延安、绥德等地军务,于宁夏镇城南薰门建庆王府。清设宁夏府。康熙三十六年(1697)康熙为征讨噶尔丹,驻宁夏府城18日,祭奠抚恤阵亡将士,检阅军队,以宁夏为筹集军需、组织最后剿灭噶尔丹的大本营。乾隆四年(1739)的大地震使府城和满营(八旗兵及其家属驻地)遭到毁灭性破坏,后来在修复府城的同时,又于城西重建"新城满营",即今银川新城。明清宁夏府城不仅在军事上具有极其重要的地位,而且是北方著名的商业城市,城郭壮丽,风景绝佳,远近闻名。明末清初,一些文人在诗词中开始以"银川"一词形容黄河、引黄渠道及其灌溉平原,并逐渐演变为府城的别名,民间又有"凤凰城"的雅号。1929年设宁夏省,为省会,1944年将省城定名为银川市。1958年宁夏回族自治区成立,银川为自治区首府。

2. 西夏文化

西夏文化是银川区别于其他名城的最大特色。银川城区是西夏都城兴庆府故地,西夏遗址随处可见,以承天寺塔最著名;城区周边西夏文物广布,贺兰山麓及大滚钟口、小滚钟口、大小渠口、正马关、拜寺口等沟口都有大型西夏建筑或建筑遗址。

贺兰山在蒙语中意为"黑色的骏马",这里峰峦叠嶂,崖壁险峭,森林茂密,早在西夏王朝时期就已是避暑胜地,"贺兰晴雪"为宁夏八景之一。贺兰山西夏王陵风景名胜区位于西郊贺兰山东麓,北起拜寺口,南至三关口,南北长30多千米,东西宽4千米,主要景点有西夏陵、滚钟口风景区、拜寺口双塔、贺兰口岩画、苏峪口森林公园、华夏西部影视城等。贺兰口,俗称"豁子口",为贺兰山口之一,两侧峰峦耸立,岩石叠嶂,一湾泉水从沟内潺潺流出,在沟畔山崖石壁上凿刻着300多幅岩画。岩画题材以人首像为主,其次为马、牛、羊、驴、鹿、鸟、狼等动物图形,此外还凿刻有狩猎、祭祀场面的图案和日、月、星辰、人手、人脚及西夏文字等,画面造型粗犷浑厚,构图朴实。贺兰口岩画大致可以分为两期,一期以动物图形、日月星辰为代表,时代大约在春秋战国以后至汉代以前,为匈奴族游牧部落的民间作品;二期以人头像和西夏文字为代表,时代大约在五代至西夏建国初年,为党项民族游牧部落的民间杰作。

在贺兰山东麓50平方千米的范围内,西夏太祖裕陵、太宗嘉陵、景宗泰陵、毅宗安陵等9座帝王陵布列有序,200余座勋臣贵戚陪葬墓坐落旷原,这里就是被称为"东方金字塔"的西夏王陵区。一列列残败的神墙,一座座威严的阙台,一墩墩宏伟的陵塔,历千年岁月侵蚀,凛凛然雄姿犹存。陵区创建于11世纪30年代西夏建国前,西夏前7位皇帝及追谥的两位皇帝均葬于此。

西夏皇室崇信佛教,建了许多寺塔。位于城区西南部承天寺内的承天寺塔,俗称西塔,高64.5米,八角11层楼阁式,简洁朴素,挺拔秀丽。元昊死后,皇太后没藏氏为保佑其周岁登基的儿子毅宗皇帝"圣寿无疆",于西夏天祐垂圣元年(1050)役兵数万,历时5年修成佛塔及寺院。承天寺塔是西夏时代著名的佛教圣地,曾以"梵刹钟声"名噪塞上,为宁夏八景之冠。清乾隆三年(1738)大地震,塔毁,嘉庆二十五年(1820)重建。宏佛塔位于贺兰县金贵镇王澄村,俗称王澄塔,八角3层,高25米,为密檐式砖塔,始建于西夏时期。宏佛塔采用了中国传统的楼阁式建筑形式与喇嘛塔建筑形式相结合的构筑方法,塔身为楼阁式,上面的塔刹由刹座、刹身、刹顶组成,形制基本上是一个喇嘛塔,体现了西夏境内各民族文化相互交流的特点。1990年重修时在原塔天宫槽内发现大批珍贵西夏文物。拜寺口双塔位于城西北50千米贺兰县拜寺口北边的台地上，两塔东西相距约100米，均为八角密檐式砖塔。东塔13层通高约39米，西塔14层通高41米。双塔始建于西夏时期，后经历代维修，仍保持西夏原貌。

西夏王朝有自己的文字。元昊建国前与野利仁荣①创制西夏文字，颁行国内。西夏文字吸收汉字的构字方法，形体方正，结构复杂，笔画繁多，约有6 000字左右。为推广西夏文字，西夏学者在官府的支持下，编纂了大量西夏文辞书，并用西夏文翻译了大量汉文典籍，如《论语》《孟子》《孝经》等。西夏文文献保存最多的是译自汉、藏文的佛经，国内收藏西夏文佛经100多卷，俄罗斯收藏西夏文佛经总数300多种，美国、日本、瑞典等国也有收藏。

## 三、回族首府

银川是回族聚居区，在长期发展中回族保持着自己的宗教与文化。回族信仰伊斯兰教，遵循《古兰经》规定的礼仪和生活方式。伊斯兰教是与佛教、基督教并称的世界三大宗教之一，于7世纪初产生于阿拉伯半岛，创始人为穆罕默德(570—632)，随着阿拉伯帝国的扩张而传播于中亚、南亚、北非和欧洲西南部。伊斯兰教有六大信仰：信安拉、信使者、信天使、信经典、信前定、信末日；五功：念功、拜功、斋功、课功、朝功。凡身体健康、经济条件允许的穆斯林，一生中至少到麦加朝觐圣殿一次，朝觐活动是加深教徒宗教信念和团结各地穆斯林的一种方式。《古兰经》(亦译作《可兰经》)是伊斯兰教的根本经典。

伊斯兰教的主要节日有古尔邦节、肉孜节和圣纪节。古尔邦节直译为"尔德·古尔邦"，"尔德"是节日之意，"古尔邦"是"牺牲""献身"之意，合起来可理解为"宰牲节"。相传古代先知易卜拉欣梦见真主安拉示意他杀死自己的儿子献给安拉，以示对安拉的虔诚。当易卜拉欣遵命举刀刺向儿子的一瞬间，安拉派特使牵了一只羊赶来，命宰羊以代子。此后伊斯兰教信徒每年定期宰羊以祭祀安拉，相沿成俗。伊斯兰教创立后，承认易卜拉欣为圣祖，把伊斯兰教历12月10日定为"古尔邦节"。该节是伊斯兰教的重大节

---

①野利仁荣(？—1042)，西夏开国重臣，通晓党项和汉族文化，对西夏国的建立作出重大贡献。

日，节前家家户户都要打扫卫生，沐浴更衣，节日期间要做礼拜、扫墓和宰牲。肉孜节即开斋节。节前一月内，信徒进入封斋期，白天不得进食、饮水，克制私欲，断绝私念，以示对真主的笃信。肉孜节定于伊斯兰教历十月初一，自此日始，人们方可白天进餐，即已经"开斋"。节前每家每户要粉刷房屋，打扫庭院，理发，沐浴，赶制新衣，购买节日食品、用品。节日清晨，成年男子到清真寺做礼拜，然后全家一同去扫墓，返回后吃粉汤，结队拜节。伊斯兰教历的三月十二日是穆罕默德诞生的日子，这天穆斯林们要集会诵经、赞圣、讲述圣人的事迹，还要聚餐，俗称办"圣会"，称圣纪节。相传穆罕默德也是在这天逝世的，故穆斯林又称此日为"圣忌"。

清真寺是回族聚居区最富特色的建筑物，目前银川有100多座清真寺。南关清真大寺位于银川市区玉皇阁路南端，始建于明末清初，原在南门外，1915年迁至城区，曾在"文革"中被拆毁，1981年重建，为阿拉伯民族风格，以伊斯兰教所崇尚的绿色为主体，楼顶正中耸立着一大四小的绿色穹隆装饰，大的居于中央，直径9米，顶端高悬新月，小的直径3米，分布在楼顶四角，远远望去，绿色圆顶闪闪发光，十分壮丽，是宁夏回族自治区的标志性建筑。主体建筑分为上下两层。上层为大礼拜殿和阳台，下层有沐浴室、小礼拜殿、女礼拜殿、阿拉伯语学校、阿訇卧室、办公室、会客室等，其中大礼拜殿可同时容纳1 300多人礼拜，殿内悬有19盏大宫灯。主楼前有通向上层的阶梯，两侧种植花圃。殿前中部为一座直径15米的喷水池，四周花木扶疏，两边各建有30米高的"宣礼塔"。南关清真大寺以其别具一格、典雅庄重的特点，以及浓郁的伊斯兰建筑艺术风格，成为自治区重点对外开放的宗教活动场所和旅游景观之一。

## 第五节 南疆古城——喀什

喀什是我国最西端的历史文化名城，古称疏勒，历史上著名的"安西四镇"之一，维吾尔族文化的发祥地；民族特色浓厚，有"不到喀什，就不算到新疆"之说。

### 一、地理与物产

在新疆维吾尔自治区南部有我国最大的内陆盆地塔里木盆地。盆地西倚帕米尔高原，南、北、东三面为昆仑山、天山、阿尔金山所环抱，中有中国第一大沙漠塔克拉玛干沙漠。在四周山麓与沙漠之间分布着许多绿洲，喀什即位于盆地西北边缘的喀什噶尔河系三角洲中上部，克孜勒河及其支流吐曼河从南北绕城流过。喀什是喀什噶尔的简称，维语意为"玉石般的地方"和"玻璃瓦屋"，是中国最西端的一座城市。喀什共聚集了汉、回、维吾尔、塔吉克、乌孜别克等17个民族，其中维吾尔族占90%。喀什素有"丝路明珠""歌舞之乡""瓜果之乡"等美称，文物古迹众多，民族歌舞独放异彩，手工艺品制作精巧，一年四季干鲜瓜果不断，具有浓郁的地方特色，被中外人士公认为"不到喀什，就不算到新疆"。

喀什向以稼穑殷盛、花果繁茂、气候和畅、风雨顺序舒而著称，瓜果种类多，品质好。除生产大量的桃、杏、葡萄、梨、苹果、甜瓜外，还有樱桃、药桑、石榴、无花果、巴旦姆、阿月浑子等名特产品。无花果、石榴、阿月浑子分别原产于埃及、伊朗和地中海西亚地区，经西域传入我国，是中外交流的物证。巴旦姆是喀什人最珍视的干果，常用它待客赠友，还把它的图案绣在衣物上，雕刻在建筑物上。巴旦姆属桃类植物，果肉不能食，果仁风味芳香，营养丰富，是高级营养食品和药用价值很高的保健食品，喀什的维吾尔医药中60%都配有它。阿月浑子属坚果类植物，维吾尔语称"皮斯特"，果仁香脆可口，坚果、外果皮在医药上有广泛用途，木材可制精美的家具和细木工艺品。药桑是喀什古老的果树品种之一，维吾尔语称"夏吐提"，果实比一般桑葚稍大，成熟时呈黑色，酸甜可口，一般5月份可陆续成熟食用，有补肝肾、明目、生津、补血等药用价值，是珍贵的保健水果。药桑树冠较大，叶大而碧绿，是别有风姿的观赏树种，全国只有喀什栽种，株数甚少，果实一般市场上少见，只有尊贵的客人才有机会品尝。

喀什有多种传统工艺品，如花帽、首饰、刺绣、服装、乐器（都塔尔、弹拨尔）、地毯等。花帽是喀什浓郁地方特色的标志之一，以制作工艺精细、品种繁多、花纹变化多样、图案千姿百态而著称，"曲曼花帽"和"巴旦姆花帽"最出名。

## 二、历史沿革与重大事件

早在公元前2世纪喀什即为西域36国之一的疏勒国都。汉宣帝神爵二年(前60),汉朝设西域都护府,疏勒始归西汉管辖。东汉永平十六年(73),大将军窦固奉命西征匈奴,班超投笔从戎,出任假司马,奉命率36名勇士沿丝路南道西进,使鄯善、于阗等西域小国相继归附汉朝,永平十七年(74)直逼疏勒国,生擒傀儡国王兜题,平定疏勒国。班超在疏勒主持军务30年,并在古疏勒城(今喀什市东南)扩建军事堡垒盘橐城,以此为中心南安北抚长达17年。唐贞观年间(627—649)设安西都护府,疏勒为所辖"安西四镇"之一,在半个多世纪内,唐王朝和北方西突厥与西南方吐蕃展开了激烈的争夺疏勒城的斗争。公元840—1211年,突厥部族样磨(亚格玛)人以喀什为中心,建立起东起敦煌、西达今中亚锡尔河、北抵巴尔喀什湖、南到昆仑山的强大政权——喀喇汗王朝,喀什作为王朝的东都名震中亚。1218年成吉思汗征西域,将此地封为次子察合台的领地。元至元二十五年(1288)此地隶属阿姆河行尚书省。大德十年(1306),察合台汗后裔都洼汗恢复了原察合台旧有领地,宣布建立察合台汗国。至大二年(1309),汗国分裂为东、西两部,喀什为东察合台属地。之后200余年间,喀什为杜格拉特蒙古贵胄部族及其后裔所统治,这个部族在漫长的时间内完全维吾尔化和伊斯兰化。明成化十九年(1483),杜格拉特部族后裔阿巴拜克日以喀什为中心建立起囊括天山以南与中亚两河流域的庞大的喀什噶尔汗国。明正德九年(1514),东察合台汗国的直系后裔苏里坦·赛义德自中亚领兵进攻阿巴拜克日,夺取喀什噶尔汗国,以叶尔羌(今莎车)为首府,建立了历史上有名的叶尔羌汗国(亦称赛义迪亚汗国)。在长达164年的叶尔羌汗国历史中,喀什一直是汗国的陪都。

17世纪中叶后,以喀什为基地的伊斯兰"白山派"首领阿帕克霍加消灭了叶尔羌汗国,建立了以喀什噶尔为中心的政教合一的"霍加"政权,控制了天山以南地区,延续200多年。清乾隆二十一年(1756),白山派首领的后裔波罗尼都和霍集占[1]在喀什噶尔拥兵反清,自霸一方。次年四月,大小霍加在库车截杀了清朝特使副都统阿敏道,并在喀什噶尔建立"巴图尔汗国"以对抗清朝。乾隆二十三年(1758)五月,清廷派靖逆将军雅尔哈善率兵万余

---

[1] 两兄弟按其家族传统,都自称"霍加"(意为"圣人后裔",是新疆一些地区对伊斯兰教上层的称呼,也译为"和卓"),即"大小霍加"。

进攻大小霍加。库车战役后,波罗尼都退守喀什噶尔,霍集占退据叶尔羌。同年十月,清朝以定边将军兆惠为平乱总指挥,于次年盛夏攻克了喀什噶尔和叶尔羌,全歼叛军,擒杀大小霍加,"大小霍加之乱"被彻底平息。乾隆二十五年(1760)设置喀什噶尔参赞大臣,府衙设在喀什噶尔城(今喀什市),总理天山以南八大城(喀什噶尔、英吉沙、莎车、和阗、阿克苏、乌什、库车、焉耆)军政事务。二十七年(1762)于旧城旁筑徕宁城。

清军平定大小霍加之乱时,大霍加波罗尼都之子萨木萨克在其乳母保护下逃往浩罕汗国①的安集延城,当时年仅4岁,长大后妄图回喀什噶尔恢复祖业,但未能如愿。其次子张格尔出生在浩罕,早年在阿富汗喀布尔求学,其父死后,他着手网罗党羽,开始入境作乱。嘉庆二十五年(1820)和道光四年(1824)张格尔率兵两次入卡均被清军击退。道光六年(1826)七月,张格尔第三次率兵500余人卡,打败清军,夺取喀什噶尔城,九月攻陷徕宁城,宣布自己为"赛义德·张格尔苏丹"(即圣人后裔张格尔国王),并占领塔里木盆地西南缘的所有地方。次年清军反攻,打垮张格尔主力,收复城池,张格尔带残兵逃往边境后,于道光八年(1828)春节前夕再度网罗步骑500余人,偷越边卡潜回阿图什,妄图夺回喀什噶尔,被清军伏击打垮,张格尔被生擒,六月在北京问斩。

同治三年(1864),回族豪绅金相印和阿訇马元鼓动阿克陶(在新疆维吾尔自治区克孜勒苏柯尔克孜自治州西南部)的阿尔克孜伯克司迪克举兵反清夺取喀什噶尔,司迪克自封为王,并派人赴浩罕国请回张格尔之子布素鲁克,打出霍加后裔的招牌给自己当傀儡。浩罕国王为了在喀什噶尔扩充势力,派将领阿古柏带50名骑兵、10多个文武官员,陪同布素鲁克进入喀什噶尔。阿古柏一行到达喀什噶尔后,驱逐了司迪克,占领了喀什噶尔及附近地方,并宣布在喀什噶尔建立"哲德沙尔汗国"②,阿古柏自封为武装部队总司令,布素鲁克为汗国首脑。阿古柏以喀什噶尔为基地,开始南征北讨,大肆进行侵略活动。同治四年(1865)四月,阿古柏率兵进攻叶尔羌,在叶尔羌各族人民的奋力打击下败退,但返回英吉沙时却顺利占领了该城,并于九月

---

①浩罕汗国,18世纪初乌兹别克人在中亚费尔干纳盆地建立的封建汗国,首都为浩罕城,和我国喀什噶尔等地通商。1876年被沙俄吞并。
②哲德沙尔指喀什噶尔、英吉沙、叶尔羌、和阗、阿克苏、库车、库尔勒南疆七城。

围攻喀什噶尔汉城,喀什噶尔汉城守备何步云投降,喀什噶尔办事大臣奎英自杀。次年,阿古柏军队相继攻克了叶尔羌、巴楚、和阗。布素鲁克企图摆脱阿古柏,但被阿古柏驱逐回浩罕。同治六年(1867)春,阿古柏在喀什噶尔建立"洪福汗国",自立为王,相继攻占了天山南北大部地区,整个新疆几乎全部被阿古柏侵略军占领。光绪三年(1877),陕甘总督左宗棠任西征总指挥,一举平定北疆,再攻取南疆,阿古柏军节节败退。五月,阿古柏在库尔勒服毒自杀。清军抵喀什噶尔后,驻守喀什噶尔的阿古柏长子伯克库里伯克及其残部逃往国外,清军收复了喀什噶尔。

光绪十年(1884),清廷在新疆建省,在喀什噶尔设"巡西四城兵备道"(喀什噶尔道),辖喀什噶尔、英吉沙、莎车、和阗四城,道治设在疏附县城(今喀什市)。1949年9月,中国人民解放军和平接管新疆,疏附县属新疆省喀什专区,为专署驻地,1952年5月23日成立喀什市。

### 三、文化特点与古迹名胜

1. 巴扎王国

喀什是历史悠久的边陲古城,为我国境内丝绸之路南、北诸道在西端的总汇点,是中西交通的咽喉和枢纽。穿过塔克拉玛干沙漠西去的商旅和翻越帕米尔高原东来的贾客,都要在此集结休整,大多数货物就在这里集散,喀什成为我国西域的国际市场,素有"巴扎(集市)王国"之美称。位于市区东北角吐曼河东岸的大巴扎(亦称东门市场),为喀什最大的综合市场,极富民族特色,被旅游观光的外宾誉为"中亚第一大巴扎"和"中亚的物资博览会",始建于1979年,正门是一座具有浓郁维吾尔族建筑风格的宏伟的市场交易大楼,园林式的大巴扎内设有牲畜、粮油、生产资料、禽蛋、蔬菜、干鲜果品、肉食、木材、饲料、手工业产品、衣料、服装、百货、皮毛、鞋靴、旧货、饮食、柴草等专业市场。每逢巴扎天(星期日)这里车水马龙,人流如潮,游人不仅可以领略巴扎风情,大饱眼福和口福,也能从中得到别有情趣的美的享受。

2. 历史人物

喀什在历史上出现过多位著名的诗人、学者和思想家。9世纪初佛界巨子慧琳(737—820)费时25年,用汉文编纂出长达100卷的《一切经音义》,"精心结撰,无美不备",对佛教音义作详尽注解,其中包含语言知识及大量地理、物产、风物、民俗和历史资料。此书流传于朝鲜、日本及南亚地区,对后世产生了深远影响。

11世纪出生于喀喇汗王朝的玉素甫·哈斯·哈吉甫的巨著《福乐智慧》和麻赫穆德·喀什噶里的《突厥语大辞典》在中西亚具有重要影响。麻赫穆德·喀什噶里(1008—1105)出身于喀喇汗王朝皇族,自幼攻读于喀什噶尔皇家伊斯兰经文学院,精通阿拉伯文和波斯文,对本民族的传统文化有高深造诣。他曾在中亚的许多文化名城向造诣深厚的名家学者虚心求教,11世纪60年代末期抵达当时伊斯兰文化中心巴格达(今伊拉克首都),刻苦钻研,埋头著述,成为举世闻名的大学者。1072—1077年间,他在巴格达用阿拉伯文编纂出全世界第一部《突厥语大辞典》,献给当时阿拔斯王朝哈里发穆格塔迪。这部巨著结构谨严,条目清晰,收进的词汇极为丰富,堪称关于突厥民族的百科全书,对研究中亚各国的历史、地理、民俗、社会生活、文化艺术等具有很高的价值。现在这部巨著已用10多种文字出版发行,成为中国和世界文化艺术宝库中的珍品。

玉素甫·哈斯·哈吉甫(1018—约1095),出生于喀喇汗王朝的都城八剌沙衮(今中亚吉尔吉斯斯坦托克马克)的一个贵族家庭,青年时为求学来到喀什噶尔,就读于皇家经文学院。1069—1070年间,在喀什噶尔用古回鹘文写成长达85章(另附3章补篇)共计13 290行的叙事长诗《福乐智慧》,献给东部王朝大汗苏来曼·布格拉汗,很受大汗赏识,被封为"哈斯·哈吉甫"——亲随侍卫官,此后便以玉素甫·哈斯·哈吉甫之名传世。他还于1082年、1091年分别写过《百科书》和《政策书》两部著作。《福乐智慧》内容丰富,涉及中古地区维吾尔民族的政治、历史、地理、天文、数学、医学、哲学、法律、文学、宗教以及社会的各个方面,具有很高的文学价值和历史价值,是耸立在维吾尔古文化史上的第一座文学丰碑,对后世的文学创作产生过巨大影响。

米尔扎·穆罕默德·海达尔(1499—1551),16世纪历史学家,出身于杜格拉特贵族,16岁时参加了苏里坦·赛义德汗征伐喀什噶尔汗国阿巴拜克日的远征军,以超人的胆略和勇气,成为叶尔羌汗国的开国元勋和赛义德汗最亲密的朋友和得力助手。他在赛义德汗执政的20年间,曾长期担任叶尔羌汗国首席国务大臣兼喀什噶尔总督。1540年用波斯文写成《拉失德史》(又称《中亚蒙兀儿史》),记录了从第一个皈依伊斯兰教的察合台汗国大汗秃黑鲁·帖木儿开始,一直到叶尔羌汗国第二代大汗阿不都·热西提汗之间长达两个多世纪的维吾尔民族的政治、军事、经济、文化与宗教等方面的发展史,亚洲一些国家以该书为研究自己国家和民族历史的依据。

海尔克提(1634—1724),17世纪维吾尔族诗人,本名为穆罕默德·伊明,海尔克提是笔名。出生于喀什噶尔的一个小村落,自幼家境贫寒,但以坚强的意志刻苦学习,16岁时进入喀什噶尔皇家伊斯兰经文学院,并以优异的成绩毕业。他用诗歌向现实发出愤怒的呼喊,其代表作《爱苦相依》就是在痛苦的挣扎和艰难奋斗中获得的丰硕果实。这是一部典型的浪漫主义作品,通过渴望黎明和春天的夜莺这一艺术形象,对黑暗与强暴提出强烈控诉,道出了常人不敢言及的事实。《爱苦相依》以其事理深邃、浓艳绵密的风格,在中亚诗坛上产生过巨大影响。

阿不都热依木·纳扎里(1770—1848),19世纪维吾尔族诗人,出生于喀什市区的一个手艺人家庭,6岁起就读于经文学校,20岁考入著名的艾提尕尔清真寺伊斯兰经文学院。他精通波斯语和阿拉伯语,书法技艺高超。经文学院毕业后,他以抄书为生,直到60岁时才被清朝喀什噶尔阿奇木伯克郡王卓赫尔丁聘任为官府首席秘书官和掌印官,直到去世。他以《爱情组诗》为总标题,写了25部叙事长诗,累计4.8万多行。其中写于1835年的《热比娅与赛丁》是以真人真事写成的维吾尔族的"梁山伯与祝英台",全诗哀艳动人,催人泪下,至今仍为新疆各族人民广泛传诵。

3. 名胜古迹

喀什是我国伊斯兰教发祥地之一,历史悠久,人文荟萃,有众多的伊斯兰教和佛教古建筑、古墓葬,显示了丰厚的历史文化内涵。集中原建筑、伊斯兰建筑、欧式建筑风格为一体的维吾尔建筑具有浓郁的地方特色。代表性的文物古迹有"四城、两片、九点"。

四城即疏勒城、疏附城、盘橐城、徕宁城。疏勒城、疏附城为地方政权的都城,现仅存遗迹。盘橐城位于喀什市东南部,维吾尔语称"艾斯克萨",意为"旧城",现存一段长七八米,高近3米的残垣。该城1世纪为疏勒国王兜题驻跸之地,东汉永平十六年(73)班超出使西域,擒拿兜题,击败匈奴势力,平定西域,故此城又称"班超城"。10世纪中后期,伊斯兰教喀喇汗王朝和于阗佛教政权在此决战,以佛教政权失败退出喀什噶尔而告终。城毁于乾隆二十四年(1759)平定大小霍加之乱的战火。1994年开始在遗址修建班超纪念公园,建有西域博物馆,收藏有关西域的文物、图片,展示丝路文化的西域发展史。徕宁城位于喀什市区西部,为继盘橐城之后于乾隆二十七年(1762)择地另建的,作为喀什噶尔参赞大臣衙署,乾隆三十七年(1772)清高宗赐名"徕宁城",当地人称为喀什噶尔新城或满城。

"两片"是恰萨片和乌斯塘博依片,有很多具有民族特色和艺术价值的传统民居、乡土市场和古清真寺。

"九点"是艾提尕尔清真寺、阿帕克霍加墓、三仙洞、莫尔佛塔、玉素甫·哈斯·哈吉甫墓、麻赫穆德·喀什噶里墓、阿尔斯兰汗墓、伊斯坎德尔墓和九龙泉。

喀什全市有大小清真寺269座,其中建于1442年的艾提尕尔清真寺是新疆乃至全国最大的清真寺。艾提尕尔清真寺坐落在市中心艾提尕尔广场西侧,以悠久的历史、宏伟的规模和绚丽的民族特色而闻名中外。这里最初为喀什噶尔汗国苏丹阿巴拜克日生父桑尼斯·米尔扎所建的一座小清真寺;1538年由叶尔羌汗国的喀什噶尔总督吾布里哈德尔伯克将其扩修为能做"居玛"(礼拜五会礼)的中型清真寺;1787年女地主福鲁裴叶海尼姆再度扩建,并在城南郊购买上千亩土地捐给寺院作地产;1798年一个名叫古丽拉米娜的外地妇女在前往巴基斯坦途中在喀什病故,临终前将所带财物捐出,拓展旧寺与门楼前空场,正式定名为"艾提尕尔清真寺";1872年阿古柏在寺前正式建起寺门塔楼,又增加了许多设施,形成今日规模。寺内平时有两三千人做礼拜,"居玛日"六七千人,逢节日在寺内外做会礼的穆斯林可达两三万人。每年古尔邦节,几万穆斯林云集广场,载歌载舞,场面甚为壮观。长期以来,艾提尕尔清真寺是喀什市的标志。

阿帕克霍加墓位于市东北郊5千米处艾孜热特村,始建于1640年,是新疆境内规模和影响最大的伊斯兰教"霍加"陵墓。墓中埋葬着明清时期伊斯兰教著名传教士买买提玉素甫霍加、喀什噶尔霍加政权国王和白山派首领阿帕克霍加及其家族5代72人,相传墓中还葬有乾隆皇帝的香妃,故当地汉族群众又称其为"香妃墓"(香妃即容妃,阿帕克霍加的重侄孙女,葬于清东陵裕妃园寝中)。1695年阿帕克霍加死后安葬于此,进行大规模扩建,此墓不仅被冠以阿帕克霍加的名字而被后人神化,且引起清朝统治者的高度重视。陵墓占地2公顷,由门楼、小礼拜寺、主墓室、教经堂、大礼拜寺等组成,是一座具有浓郁维吾尔族传统特色的古建筑群。

三仙洞和莫尔佛塔是喀什早年的佛教遗迹。三仙洞位于喀什市以北10千米的恰克玛克河南岸峭壁的半腰间,维吾尔人称"玉素布尔杭",意为三个佛教洞窟。洞口离地面20余米,离峭壁顶部8米,三洞中唯东洞保存有较多的壁画和佛像。洞窟的开凿年代或认为是东汉时期(140年前后),很可能是自汉代佛教传入我国后,我国最西部保留下来的最早一个佛教洞窟艺术遗迹,也有认为晚至唐代。莫尔佛塔位于喀什市东北30千米处的沙丘上,始建于唐代,高约13米。10世纪初伊斯兰教正式传入喀什噶尔后,莫尔佛塔寺院在战火中消失,塔也一向被当地居民误认为烽火台,故亦名"莫热墩",意为"烟道"。

玉素甫·哈斯·哈吉甫墓位于今喀什市内,占地1 900平方米,包括墓地、清真寺、纪念塔、展览室、接待室五部分。麻赫穆德·喀什噶里墓在喀什市西南,有墓室、纪念馆等建筑。阿尔斯兰汗(狮子汗)是970—998年在位的喀剌汗王朝大汗,在与和田佛教大军的激战中战死,首级被敌方带回喀什噶尔示众,喀剌汗王朝大军反攻获胜后将其头颅隆重安葬在今阿尔斯兰汗墓,墓在喀什市东南2.5千米的吐曼河东岸,以伊斯兰教传播纪念地而在穆斯林中享有盛誉。伊斯坎德尔墓是19世纪喀什噶尔阿奇木伯克郡王伊斯坎德尔耗资巨万为自己兴建的安葬地,但他死于原籍吐鲁番,这座墓遂成为空墓,但以雄浑壮丽和高超的建筑技艺为世人瞩目。

九龙泉位于市区东北部低洼之处,早年有九眼清泉,现存五眼,风光优美。喀剌汗王朝时期这里曾为皇家游览区,建有行宫。清代称为"耿恭泉",筑有耿恭台,纪念东汉名将耿恭。

# 第四章  工商交通名城

中国古代,政治、军事因素是影响城市兴起和发展的主要动因,但并不排斥经济的作用,景德镇、自贡、佛山等就是因手工业发展而兴起的名城。水路交通枢纽也是名城重要的生长点,这些地方贸易往来频繁,从而带动工商业的发达与文化的交流,泉州、武威、张掖、敦煌等海、陆丝绸之路的口岸与重镇,以及扬州等大运河上的重要节点城市都是突出的代表。

## 第一节  陶瓷之都——景德镇

景德镇是江西省省辖市,位于江西省东北部,地处赣、皖两省交界处。市境内低山、丘陵、平原兼备,主要山峰有天河山、双尖、牛角岭、郭璞尖、书房岭等,昌江自东北经中部往西流入鄱阳湖,乐安江自东向西横贯南部。郊区林产丰富,以杉、松和毛竹为主,并有楠、樟、柏、梓等名贵木材。景德镇是驰名海内外的瓷都,其"因瓷设市"的发展道路和无所不在的陶瓷文化形成了这座江南古城与众不同的风格。

### 一、因瓷设市

景德镇在东汉时是个制陶村落,名新平村。东晋时称新平镇。因位于昌江南岸,故又称昌南镇。该镇的兴起和繁荣,始终与陶瓷业生产紧密相关,所以又称陶阳镇。远在汉代,这里的人们已经靠山筑窑,就地伐木,烧制陶器。南朝末,陈后主至德二年(584),建康大建宫殿,所需陶器均命新平镇进贡。隋代有一位叫何稠的建筑家,为仿造琉璃瓦而来此采集绿陶原料,结果烧制成了瓷器,从此新平镇正式烧制瓷器。唐代因城市人口增多,货币需求量增大,朝廷禁止用铜器作器皿,以供铸币专用,因此瓷器的使用领域得到很大扩展,刺激了制瓷业的发展。新平镇生产的白釉瓷因质地精致而赢得"假玉器"的美名。武德四年(621)新平设县,不久撤销。开元四年(716)

复置县时改称新昌县,设治于昌江之北。天宝元年(742)易名浮梁县(因当地溪水时泛,民多伐木为梁之故)。进入宋代,浮梁县独创了举世闻名的青花白瓷(即影青瓷)。这种瓷器釉色细薄晶莹,白中微青,暗透花纹,光润淡雅,具有"白如玉、明如镜、薄如纸、声如磬"的特点。宋真宗景德年间(1004—1007)命浮梁烧制"御瓷",瓷底皆书"景德年制"作为特殊标记。因为这种瓷器光致茂美,天下都称之为景德镇瓷器,此后景德镇之名著,而昌南镇之名不显。宋室南渡后,北方瓷工纷纷迁至景德镇,使景德镇的陶瓷业更加繁荣。元代,国家管理制瓷机构"浮梁瓷局"设于景德镇,镇上官办瓷窑及民窑林立,仅民窑就有300余座。明清以来,景德镇一直是全国的瓷业中心。明洪武二年(1369)在景德镇设立"御器厂"。以后,制瓷技艺又有创新,烧制出青花斗彩瓷,开拓了瓷器釉上彩花的新技艺,还创烧了鲜红、孔雀绿、鳝鱼黄等名贵色釉。清康熙、雍正、乾隆三朝,景德镇的城区逐渐向南扩展,呈现出狭长条带状的街市布局形式,居民在30万以上,交通便利,经济繁荣,与广东佛山镇、湖北汉口镇、河南朱仙镇合称"四大名镇"。制瓷工艺在前代基础上更进一步发展,表现在:烧制出闻名中外的青花玲珑瓷;在釉上彩方面,创造了色彩强烈、形象夸张的"古彩",以及粉彩、珐琅彩等;在色釉方面,研制出霁红、郎窑红、美人醉等华贵精美的名贵色釉。

鸦片战争之后,由于机制洋瓷的倾销,手工业生产方式的瓷业经不起打击,呈现出衰败景象。日军侵华期间,景德镇惨遭轰炸,瓷窑等设施受到严重破坏,加之捐税繁杂,瓷业更趋萧条。

1949年后,古老的瓷都又焕发了青春。国家专设陶瓷研究所和陶瓷学院,造就大批专业人才和工艺美术家。瓷器生产摆脱了手工工厂和手工作坊的生产方式,建立了陶瓷联合企业——江西省陶瓷工业公司,形成一个从原料开采、陶瓷机械、窑炉建筑、制作瓷器和瓷用化工的较完整的陶瓷工业体系,瓷器质量不断提高,青花、玲珑、粉彩、颜色釉四大传统瓷得到发扬光大。现在景德镇已开辟了一个陶瓷历史博物区,再现明代手工制瓷作坊和传统的手工操作技艺。

## 二、陶瓷文化

景德镇陶瓷文化源远流长,御窑遗址上的龙珠阁、古色古香的宋塔、极为丰富的古陶瓷文化遗址、现代化陶瓷生产流程、历代陶瓷精品、明清世俗建筑群以及市场上琳琅满目的精美瓷器,无一不展示着景德镇陶瓷历史文化和辉煌的现代陶瓷文化。漫步景德镇的大街小巷,到处可以见到大小不等、各式各样的瓷器。市区周围有 30 余处古陶瓷文化遗址,包括五代、宋、元、明、清各个时期的古窑址、古窑作坊和瓷片堆积层,其中位于城东南 4 千米湖田村的全国重点文物保护单位湖田古瓷窑遗址面积约 26 万平方米,该处瓷窑兴烧于五代,经宋元至明中叶结束,反映了景德镇近 7 个世纪制瓷技术与艺术及生产规模的发展过程,堪称瓷都历史之缩影。市区三间庙古街,保存着一段 80 余米长的明代街面和多栋明清古建筑。这处历史街区位于昌江西岸,是古代皖、赣诸地通往景德镇的必由之路,明清时期的商业繁荣仍依稀可见。为充分展示景德镇的陶瓷文化,20 世纪 70 年代末 80 年代初在西市区盘龙岗开辟了陶瓷历史博览区,陈列大批古瓷古画和景德镇瓷业发展的史料实物,再现传统工艺的操作演示。

景德镇瓷器中,以四大名瓷声誉最著。四大名瓷是素有"人间瑰宝"之称的青花瓷、有"嵌玻璃"之称的青花玲珑瓷、有"东方艺术明珠"之称的粉彩瓷和有"人造宝石"之称的颜色釉瓷。青花瓷以含有氧化钴的天然矿物质为着色剂,在泥坯上进行彩绘装饰,再罩上透明釉,经 1 300 ℃高温一次烧成。由于其色彩在釉下,故色泽能经久不变,且无铅毒,使用范围很广。青花玲珑瓷是在 10 世纪镂空艺术的基础上发展起来的,是青花与玲珑两种工艺相结合的结晶。瓷工们运用雕镂艺术之妙法,把泥坯镂成许多米粒状花洞,再上釉填平,然后入窑烧成,具有精巧细密、淡雅清新的特点。粉彩瓷是一种釉上彩装饰,用钴土在瓷器釉上描绘线条,勾勒物体轮廓,再用金属氧化物为着色剂,用低温玻璃和保护层,经 780 ℃温度烧成。它源于唐三彩,色彩齐全,表现力强,具有粉润柔和、细腻雅致、圆熟流畅的独特风格,迄今已有 300 多年历史。颜色釉瓷是以多种金属氧化物和天然矿石为着色剂,装饰在坯胎上,经 1 300 ℃以上高温烧成,其釉面色彩极为丰富,红釉鲜艳华丽,青釉素淡高洁,花釉斑驳古雅。颜色釉瓷品种繁多,其中最为珍贵的是"祭红"和"三羊开泰"。

景德镇因瓷设市,陶瓷文化深深积淀于民俗生活中。烧太平窑就是景德镇传统的民间活动之一,意在祝愿瓷业兴旺,市民生活太平、幸福,太平窑窑火寓意幸运之火。旧时此活动每年中秋节举行,这一天全城的年轻人纷纷出动,拾捡搭窑材料——渣饼(一种烧制时废弃的瓷器),募集烧窑材料——松柴。一天光景昌江河岸就出现了一座座形态各异、新奇别致的小窑——太平窑,有的像茶壶,有的像馒头,有的像半个鸡蛋,还有的类似古代的烽火台。晚上,市区的昌江沿岸,开始象征性的烧窑活动,一时人声鼎沸,窑火熊熊,渣饼被烧得通红通红,映得江岸如同白昼。自 1990 年 10 月首届景德镇国际陶瓷节举办以来,烧太平窑成为每届节日一项旅游者能直接参与的精彩节目。

## 第二节 运河都会——扬州

扬州有 2 500 多年的建城史,曾经是中国古代最繁华的商业城市,拥有过汉代、唐代和清代三次历史性的辉煌,是位于长江和大运河交汇处的江河都会,经济发达,文化昌盛,古迹众多,风景优美。所谓"海内雄三楚,维扬冠九州","腰缠十万贯,骑鹤下扬州",扬州自古就是让人心驰神往的地方。

### 一、绿杨城郭

扬州是著名的风光园林城市,境内水系纵横,自然风光秀丽多姿,城市绿荫覆盖,花团锦簇,水连树,树连水,水树相映,体现了中国传统城市对自然生态的追求。历代文人墨客为扬州写下了许多脍炙人口的千古佳句,如"烟花三月下扬州""天下三分明月夜,二分无赖是扬州""绿杨城郭是扬州"等等,为扬州赢得了诸多美誉。

### 二、运河都会

扬州位于长江和京杭大运河的交汇处,城市兴衰变迁始终和运河息息相关。扬州的建城史始于公元前 486 年,吴王夫差为北上伐齐争霸中原,开邗沟,沟通淮河与长江,并在蜀冈古邗邑之地筑邗城。邗沟是我国历史上第一条沟通长江和淮河的人工运河,邗城是历史上最早的扬州城,扬州城一开始就和运河并生共存。邗城和邗沟的作用主要在于军事方面的屯军和运输。越灭吴后,此地属越。楚国打败越国,地属楚,取其地"广被丘陵"之意而改称广陵。公元前 319 年,楚怀王将邗城重加修筑,称广陵城。秦、汉之际,西楚霸王项羽意欲在此建都,曾一度改称为江都,意为"临江之都城"。邗沟的开挖使水上南北交通出现了新的局面,也为这里的经济文化发展创造了条件。汉代扬州先后作为荆国、吴国、江都国、广陵国等诸侯王国的国都,城市规模和生产水平都有了较大发展,地位日益重要。到南北朝时期,这里的经济发展已是"扬部有全吴之沃,鱼盐杞梓之利,充牣八方,丝绵布帛之饶,覆衣天下"①。但自南朝宋孝武帝大明三年(459)发兵进攻广陵后,只留下一片荒芜。著名诗人鲍照的《芜城赋》写的就是扬州当时的凄惨景象,故扬州别称"芜城"。隋开皇九年(589)始称扬州。隋炀帝开凿大运河,沟通江、淮、河、海四大水系,扬州成为国内南北水陆交通的枢纽和对外经济文化交流的重要港口。当时船舶从扬州港启航,可东通日本,南抵南洋,西达西亚。唐代的扬州为盐铁集散之地,随着对外贸易的发展,东南亚各国及波斯、阿拉伯、日本等国人来往扬州络绎不绝,其中聚居在扬州的阿拉伯商人达数千人,城市空前繁荣,当时人称"扬一益二"。天复二年(902)杨行密在扬州建立政权,史称杨吴,改扬州为江都府。北宋仍称扬州,并筑宋大城、宝祐城等。北宋时扬州的经济经过长期的恢复和经营有了较大的发展。明清时期,扬州又成为我国东南经济、文化的中心。特别是清代,扬州盛极一时,不但是我国中部各省食盐供应的基地,也是清王朝南北漕运船舶的咽喉。乾隆年间,由于盐业、漕运的发展,商业兴盛,城内青楼、浴池、茶社、园林、剧苑等应有尽有。乾隆六次下江南,多次到扬州。清末,随着铁路和海运的兴起,运河衰败,扬州的繁华遂逐渐消逝。

作为古运河变迁史上的中心城市和重要枢纽,扬州对古运河的诞生和发展作出了巨大而独特的贡献。可以说,古运河是扬州最具全国乃至世界意义的城市徽号,是集扬州历史、文化、地理、经济等资源于一体的城市综合品牌。扬州是我国大运河申报世界遗产的牵头城市之一,2014年,大运河成功列入联合国教科文组织《世界遗产名录》。

扬州的城市布局以运河为主线,形成"逐(运)河而城,历代叠加"的特征。随着运河功能的发挥,唐代城市向蜀冈以下发展,除官衙集中的子城外,又沿运河建成面积约20平方千米的罗城,作为商业区和居民区,形成

---

① (梁)沈约.宋书·沈昙庆传.

"逐河而城"的格局,并一直延续到清代。从唐至清扬州先后建有5座城池,宋大城、明清古城都是在唐代罗城的基础上不断废兴,虽经一千多年的朝代更替,城址基本上在同一地域,现存明清古城具有唐以后历代城池不断叠加的特征,这在我国城市发展史上较为少见。唐子城遗址是我国保存较好的唐代城池之一,属国家级文物保护单位。

扬州从唐宋以来多次作为全国的贸易中心,商业、手工业发达,市井文化繁盛,并影响到民风民俗。扬州民间素有崇文尚教、重农钦商、喜逸好礼之风,在漫长的城市发展史上曾出现过无数称得上"老字号"的店铺,市肆、市招、市声等均具有浓烈的地方特色。游艺项目多样且表现出独特风格,"广陵十八格"灯谜标新立异,"维扬棋派"称雄一时,扬州风筝、维扬灯彩独树一帜,瘦西湖沙飞船、扬州养鸟、扬州斗虫等游艺项目尚于民间。饮食文化方面,源于扬州的淮扬菜是全国四大菜系之一,源远流长,隋炀帝赞美扬州菜为"东南第一佳味",明太祖朱元璋定都南京时,宫廷御膳多用扬厨。明清时扬州食肆林立。清代康熙、乾隆皇帝南巡,群臣官商接驾,摆宴席,设御宴,扬州尤胜。扬州菜肴选料制作精细,在选料上以淡水水鲜为主,以时令、鲜嫩为佳。案上工夫主要表现在刀工上。火工擅长炖焖,按照菜肴要求和原料质地及刀工形状准确掌握火候,以达到酥烂脱骨而不失其形、滑嫩爽脆而不失其味。口味甜咸适中,讲究原汁原汤。扬州菜肴以造型优美和色泽艳丽著称,配色随季节而变,春季俏丽,夏季浅淡,秋季多彩,冬季色深,厨师擅长彩色象形拼盘,尤擅食品瓜果雕刻。在造型上讲究色、香、味、形、器五方面俱美。扬州"三头宴""红楼宴"因浓郁的文化韵味赢得声誉。扬州茶点亦自成体系,富春包子选料讲究,四季有别,制作精细,甜咸适度,造型优美,三丁包被誉为"天下一品",千层油糕和翡翠烧卖被誉为"扬州双绝"。扬州炒饭更是声名远播海内外。扬州素有"早上皮包水,晚上水包皮"的习惯,茶馆文化、浴室文化名闻遐迩。老城区教场一带是如同北京天桥、上海城隍庙的公共娱乐场所,为扬州市井文化最集中的载体。

扬州的经济繁荣和交通枢纽的地位相应地还带来了文化的繁荣和宗教的兴旺。扬州是我国历代人文荟萃之地,仅唐代著名诗人就有半数以上旅居或出生于扬州,留下大量吟赋扬州的诗篇;宋代"文章太守"欧阳修和苏轼在扬州留下史迹;清代康熙帝和乾隆帝下江南,六次来到扬州。扬州的文学创作源远流长,名家辈出,据统计,从汉末陈琳到现代朱自清,名扬全国、著作广传者达200人以上。唐到清,扬州文学创作高峰迭起,清代尤盛,文人交往频繁,传世文学书籍不下千部万卷,诗歌、散文、小说、戏曲、文学评论诸方面均硕果累累,民间文学亦有丰厚的积淀,在中国文学史上占有重要地位。唐代李白、孟浩然、白居易、刘禹锡,宋代王安石、苏轼、杨万里、姜夔,元代萨都剌、关汉卿、白朴,明代康海、汤显祖、袁宏道、张岱,清代吴梅村、孔尚任、洪昇、吴敬梓、全祖望、杭世骏、厉鹗、姚鼐、戴震、方苞、魏源、龚自珍,现代郁达夫、田汉、曹聚仁、周瘦鹃、丰子恺、陈从周、王西彦等都到过扬州,留下多姿多彩、脍炙人口的文学篇章。不少曾在扬州居官的文学家如唐代高适、杜牧,宋代王禹偁、欧阳修,清代王士禛、曹寅、卢见曾、谢启昆等都以倡导文学为己任,于公余结交名流,举行文会,促进了扬州文学创作的繁荣。民国时期一批文学家各以所长名世,刘师培、朱自清的文学成就尤为突出。"烟花三月下扬州""二十四桥明月夜""淮左名都,竹西佳处"等家喻户晓的佳句成了扬州的广告词。

扬州在本土文化的基础上吸收容纳了各种外来文化,佛教、伊斯兰教、天主教、基督教都有传播。伊斯兰教于唐代中叶由来华贸易的阿拉伯和波斯商人传入扬州,宋代伊斯兰教创始人穆罕默德十六世孙普哈丁来中国传播伊斯兰文化,住扬州十年,身后葬于古运河畔。据不完全统计,历史上扬州的宗教景观约600处。唐代扬州曾和广州、泉州、明州(今宁波)并称四大对外贸易港口,在对外交流史上特别是中日和中国与朝鲜半岛的友好交往中占有特殊的地位。唐代扬州是中日两国交往的直航港口之一,日本遣唐使、留学生和学问僧多由此登陆;鉴真大师从扬州东渡日本,为中日文化交流作出了卓越贡献;许多新罗商人居住于扬州的新罗坊,晚唐新罗著名学者和诗人崔致远入淮南节度使高骈幕府,在扬州生活近4年,留下300多篇文章和60首诗,是中韩文化交流的先驱人物。

### 三、艺术渊薮

扬州的文化艺术历史悠久,绵延不断,种类众多,书法、绘画、曲艺、戏剧、音乐、园林等多种工艺达到了极高的水平,在国内外享有盛誉,名家辈出,流派纷呈。

1. 书法与绘画

早在汉代扬州就出现皇象等最早见诸史籍的书法家,隋唐宋时期,扬州逐步成为全国文化艺术的发达地区,李邕、秦观等人的书法艺术全国知名,李思训、陆仲仁等一大批画家各擅胜场。明代陶成等画家亦有成就。清代前期至中叶,扬州盐业的兴盛、市井的繁华和皇帝多次南巡,促成了艺术的空前繁荣。乾嘉时期,在扬州画坛上活跃着一批以卖画为生的职业画家,其中杰出的代表人物是金农、黄慎、郑燮、李鱓、李方膺、汪士慎、高翔、罗聘等8人。他们在生活作风、艺术观点、绘画风格上都有相通之处,因此形成了一个流派——扬州画派,习惯上称之为"扬州八怪"。扬州八怪在研究、学习传统的基础上,不受成法的约束,自由驰骋笔墨,抒发胸怀,以清高绝俗、清新淋漓的画风出现在清代画坛上,被当时主张复古的正统画派视之为"怪"。他们注重从生活中汲取素材,打破常规,推陈出新,在文人画的传统题材中赋予新意,在构图布局上,诗、书、画、印浑然一体,在形式技巧上丰富了水墨写意手法的表现力,用笔奔放,挥洒自如,给人耳目一新的感受。以"八怪"为代表的扬州画派在中国绘画艺术发展史上占有重要地位。书法、篆刻艺术也形成诸家荟萃的盛况,查士标、石涛、伊秉绶及八怪中的一些画家在书法上都有很高的造诣。阮元等倡导并身体力行的碑学在全国书坛掀起写碑的热潮,邓石如等成为扬州艺术史上第一批篆刻大家。晚清画坛仍活跃着一批画家,较有名气的十位字号都用"小"字,称"扬州十小"。民国有吕凤子等发起的晴社、新芽画会、涛社等组织,画界活动活跃。

2. 戏曲曲艺音乐

汉代扬州即有百戏和说唱演出。元代扬州是杂剧南移的中转地,创作、演出繁荣,有睢景臣等著名剧作家。明代,北曲未尽,南曲又兴,余姚腔、昆腔先后传入扬州,评话、道情等曲艺逐渐盛行。扬州戏剧在乾隆时达于鼎盛,与北京并列为全国两大戏剧活动中心。乾隆五十五年(1790)高朗亭领衔的扬州三庆班赴京演出,为徽班进京之始,为京剧的形成作出了不可磨灭的贡献。发源于扬州的剧种还有扬剧、淮剧(宝应等地为淮剧发源地之一)。扬州评话、弹词、道情、鼓书等曲艺剧种曾十分活跃,评话演出尤盛,说书名家如云,书场遍布街巷,书目丰富,艺术成熟。评话艺人王少堂说书形神兼备,描摹尽致,赢得"听戏要听梅兰芳,听书要听王少堂"的赞誉。扬州有"木偶之乡"的美誉,其杖头木偶与泉州的提线木偶、漳州的布袋木偶齐名。扬州木偶起源于泰兴县一带,1949年前木偶戏班有100余家,后在此基础上成立了泰兴县木偶团,现为扬州市木偶剧团。扬州木偶戏注重剧中人物内心思想的表现,人物形象生动,表演栩栩如生,采用地方戏的曲牌和民歌的曲调,别具一格。形成于清初的广陵琴派200多年来代有传人,至今仍是琴坛上一大流派。

3. 园林盆景

扬州园林艺术源远流长,早有"园林多是宅"①之说。清乾隆年间,在强大的经济实力支持下,园林出现鼎盛局面,城市山林,遍布街巷;湖上园林,罗列两岸。扬州园林艺术以叠石胜,并兼采南北之长,名擅一时。城区住宅园林有汉代到民国名园108座,今存个园、何园都是园林艺术的代表作品。瘦西湖是著名的公共园林。瘦西湖原名炮山河,亦名保障河、保障湖、长春湖,为唐罗城、宋大城的护城河。沿河两岸,经历代造园家擘画经营,逐步形成湖上园林。特别是清代康熙、乾隆皇帝多次下江南,盐商、官僚为迎合帝王的游兴,不惜重金延聘名家沿湖筑园,极盛时沿湖"两堤花柳全依水,一路楼台直到山"。1949年后经不断整修、扩建的瘦西湖景区一直是扬州旅游的招牌景点。

扬州的盆景艺术始于唐宋,清代扬州广筑园林,大兴盆景,有"家家有花园,户户养盆景"之说,并形成流派。扬州盆景技艺精湛,尤以观叶类的松、柏、榆、杨(瓜子黄杨)别树一帜,具有层次分明、严谨平整、富于工笔的地方特色。

4. 传统工艺

扬州的工艺极为出色。漆器、玉器在全国独领风骚;传统的雕版印刷和木、泥、锡、铜、瓷等多种活字印刷首屈一指;灯彩、剪纸、刺绣自成派别;绒花、通草花艳而不俗,神形兼备,是工艺品中的奇葩;扬州玩具以神取胜,富于动态和情趣,声名远扬。

①(唐)姚合.扬州春词三首其一.

扬州雕版印刷始于唐代中期,至宋代已较为发达,现存沈括《梦溪笔谈》最早刻本为南宋乾道二年(1166)扬州府学刊本。元明时期,扬州刻书业继续发展,至清代达到顶峰,刊刻数量之多、部头之大、质量之高为前所未有,其杰出代表作品为曹寅奉旨刊刻的《全唐诗》900卷,是为版本学家公认的清代精刻本之一。清末民初,由于铅字版的影响,雕版印刷日趋衰微。1949年后,为继承和发扬我国传统文化,在扬州成立了广陵古籍刻印社,先后将江苏一带散失的20余万片古书版片集中保存在扬州高旻寺中,经整理修补,出版了《楚辞集注》《西厢记》《杜诗言志》等古书。扬州雕版印刷被誉为"江苏一绝"。2006年4月,由扬州印制的被国际学术界誉为"中国文化的万里长城""东方文化的金字塔"的珍藏版线装本《四库全书》正式向世人亮相。线装本《四库全书》采用传统工艺,手工印刷,手工装帧,典雅大方。全书共1184册,分装148函,特制金桐木仿古书帧函板,古色古香,雍容华贵,堪称中国出版史上又一座里程碑。《四库全书》共限印300套,其中有7部为珍藏本,由北京故宫博物院全程监制,签发特制收藏证书,并手工钤印清乾隆朝故宫文渊阁专用玺印"文渊阁宝"和乾隆皇帝专用御玺"乾隆御赏"。

扬州漆器产品在汉代墓葬中已大量出现,技法不断创新,到清代乾隆时期,扬州已是全国漆器制作中心,名家荟萃,诸品具备,产品远销欧美。扬州漆器有雕漆嵌玉、平磨螺钿、骨石镶嵌、点螺、刻漆等多个类别。由已故著名中国画家、教育家陈之佛和姜壁先生设计,已故著名老艺人梁国海、王国治、孙国权、丁长康等为庆祝中华人民共和国成立十周年于1959年精心制作的雕漆嵌玉《喜上梅梢》《和平颂》特大挂屏珍品,曾陈列在北京人民大会堂江苏厅20多年,受到毛泽东、周恩来、朱德、邓小平等老一辈党和国家领导人的高度评价,是扬州漆器的代表作。

扬州玉器早在汉代已有小件装饰品和中件欣赏品的生产。唐代玉器生产工艺已较为发达,大量应用于豪门建筑装饰,民间则以玉器为佩。宋代玉器向陈设品发展,品种日益丰富。至清乾隆时,扬州琢玉进入全盛时期,清宫中重达千斤、万斤的近10件大玉山,多半为扬州琢制,被称为"玉器之王"的《大禹治水图》玉山成为稀世珍宝。今日扬州玉器在继承和发展传统技艺的基础上,大胆创新,佳作迭出,充分反映了中国玉石雕刻技艺的新水平。

### 四、学术名邦

汉代大儒董仲舒在扬州任江都相,倡导儒学,奠定了扬州学术研究的基础。明清以前,扬州学术研究在文学、文字学、史学方面成就突出。唐代《文选》风靡天下,扬州人曹宪对《文选》进行注释,开创《文选》之学,其后扬州人李善又在他的基础上重新诠释《文选》,使文选学达到一个新的境界。文选学绵延千余年,继承光大者大都是扬州人,清代有阮元等为之表彰,王念孙等为之阐发。南唐扬州人徐铉、徐锴兄弟精于小学,世称"大小二徐",对《说文》的整理影响深远,是中国文字学上的重要成果。

清代是扬州古代学术研究全面发展的鼎盛时期,在全国乾嘉学派中产生了一个重要分支——扬州学派,以汪中、刘台拱、焦循、阮元、王念孙、王引之、刘宝楠、刘文淇、薛传钧、刘毓崧等为代表人物,远师顾炎武,近承乾嘉学派的吴派、皖派两方面,治经兼及小学,博大精深,所涉极广,在史学、文学、天算、地理、校勘、目录等学术领域都取得了卓越成就,将乾嘉学派推向巅峰,并在历史转折时期开启近代学术之先河。清末民初的刘师培被视为扬州学派的殿后者。道光至民国中叶,扬州还出现太谷学派。它以儒家思想为主,糅合佛道二教一些观点,被认为是中国儒家的最后一个学派,代表人物有周太谷、张积中等,其"教天下""养天下"的观点对洋务运动、辛亥革命有直接的启示意义。著名学者启功认为扬州文化是清朝时期中国文化最重要的部分。以上扬州学术的诸代表人物大多留有与其有关的街巷名、故居、祠墓等,至今有迹可循。

## 第三节　梯航万国——泉州

泉州作为中国古代"海上丝绸之路"的起点,"梯航万国"的东南巨镇,曾是南宋和元朝中国最大的对外贸易港口,以"刺桐港"驰名中外。发达的海外交通、频繁的对外文化交流,使泉州吸收了许多海外民族的文化成分,从而形成了自身独具神韵的历史文化传统和城市人文景观。泉州枕三山襟两江面大海,是一座风光秀美的山水海滨城市,多种宗教并存,文物古迹星罗棋布,传统文化独树一帜。

## 一、一冬无雪温陵城

泉州位于福建省东南部,台湾海峡西岸,隔海与金门、台湾相望,距台湾岛最近处100多米。泉州依山面海,境内山峦起伏,河川密布,号称"闽中屋脊"的戴云山脉从东北向西南延伸,主峰海拔1 856米,发源于戴云山脉的晋江贯穿全境,是泉州境内最长的河流。泉州地处亚热带,四季常青,有"温陵"之称。古城与四周"三山两水"(清源山、紫帽山、桃花山、晋江、洛阳江)形成山、水、城三位一体的环境体系。清源山被誉为"闽海蓬莱第一山",三峰高耸,积翠千尺,山势自西向东逶迤延伸,如一道青翠的画屏衬托着泉州古城。清源山有很多别称:因泉眼众多称泉山;因位于市区北郊称北山;因由左、中、右三峰组成称三台山。山上林壑优美,悬泉飞瀑,奇石古木,令人目不暇接,"清源翠岫"是泉州八景中的佼佼者。山间文物荟萃,历史上有36岩洞18胜景,尤以老君岩、千手岩、弥陀岩、碧霄岩、瑞像岩、赐恩岩、南台岩、清源洞、虎乳泉、龟岩为胜。

泉州古为闽越地。唐武德五年(622)属泉州(州治在今福州)之丰州地。嗣圣元年(684)析泉州所辖之南安、莆田、龙溪置武荣州,治所在今南安丰州镇。久视元年(700),武荣州州治迁到晋江下游北岸今泉州市区所在地。景云二年(711),武荣州改称泉州。唐代的泉州州域几乎囊括了闽中和闽南地区。当时的州城城墙全用花岗石筑成,称"石城"。五代时,节度使留从效为适应海外交通贸易的发展,着手于泉州城的扩建,并增筑道路,设置货栈,环城遍植刺桐树,使泉州又有"刺桐城"的别称。元代因经济贸易发展,曾多次在泉州设行省,泉州城扩大30里,砌砖,形状为鲤鱼,称"鲤城",今泉州老城区仍称鲤城区。明清泉州为府,砖城又易为石城,民国间城废。

## 二、梯航万国刺桐港

泉州东濒台湾海峡,拥有总长421千米的海岸线,港湾密布,有4湾12港,其中泉州湾的后渚港区最靠近市区,是历史上泉州海外交通的主港。早在6世纪的南朝,泉州已是海外交通贸易的重要港口。唐代,泉州的海外交通贸易更加发达,成为我国四大海外通商港口之一,曾设置有管理海外来华贸易的使节和商人的机构。南唐时在泉州设置主管海外贸易的机构——"榷利院",并拓建罗城和环植刺桐,泉州港因此得名"刺桐港"。

宋时，泉州对外贸易继续发展，与波斯、阿拉伯、日本、伊朗、东非、南洋等 70 多个国家和地区有贸易往来。北宋元祐二年(1087)，宋王朝在泉州正式设立市舶司，管理货船的进出口、税收等；又设来远驿，接待贡使和蕃官，并于每年夏天举行祈风祭海典礼。南宋时的泉州港和广州港同为中国最大的商港。绍兴年间(1131—1162)，泉、广两市舶司的净收入为 200 万缗，占全国财政总收入的 1/20。

元代，省会一度由福州迁至泉州，城市有了新的扩展，与世界上 100 多个国家和地区有贸易往来。由泉州扬帆出海，可达日本、东南亚、波斯湾、阿拉伯半岛和亚非各地。海上贸易的发展推动了造船业的发展。宋元时期泉州造船业在当时占有重要地位，新型的福船前身已在泉州出现，宋淳熙七年(1180)晋江已自造大战舰。元忽必烈为征日本曾令在泉州造战船百艘。至元二十九年(1292)，为护送公主嫁波斯伊尔汗国，泉州港备船 13 艘，公主的坐船有五六十间房间。据《元史》载，泉州极盛时有海船 15 000 艘。明清时期，泉州所造福船为全国四大船型之一。随着海外交通的发达和贸易的繁荣，许多国家的商人、旅行家、传教士，纷纷到泉州旅行或居住，导致城内出现"市井十洲人""还珠入贡频"①的盛况，伊斯兰教、佛教、摩尼教、基督教等外来宗教也相继传入，泉州成了五方杂处的经济都会，达到历史上最繁华的时代。

明清时代，泉州港不断淤积，根据海洋资料，660 年来，泉州平原向海洋延伸了 4 千米，从北宋起历时 380 多年的泉州市舶司于明初移往福州，泉州港逐渐衰落，原来为出口贸易服务的手工业也衰落下去。由于人多地少的矛盾突出，许多人出洋谋生，或移居澎湖、台湾等地，因此泉州是著名的侨乡和台湾同胞的祖籍地之一。20 世纪初，一些海外归来的华侨试图模仿外国兴办资本主义工商业，极力主张改造城市，1923 年在福建督军的支持下，拆城辟路，5 年内旧城全部被拆除。1949 年后，泉州城市、交通、经济建设发展很快，后渚港已建成福建省辅助性国际商港。泉州在保护传统风貌的前提下，获得新的发展。

泉州，这个以"刺桐"之名蜚声世界的港口城市，在公元 11 世纪以后的

---

① (唐)包何《送泉州李使君之任》，一作《送李使君赴泉州》。

东西方航运舞台上叱咤风云、独领风骚数百年。众多中国文献和西方旅行家的游记告诉我们,在南宋及蒙古帝国时期,中国的航运中心就在刺桐,"涨海声中万国商",其繁盛程度简直无与伦比。据《元史》记载,13世纪末,寄碇刺桐港的国内外贸易船舶达1.5万艘之多,到泉州贸易的国家与地方比南宋又增加40多个,出现"缠头赤脚半番商,大舶高樯多海宝"①的繁荣景象。元代汪大渊的《岛夷志略》记述泉州输出的商品,除闽产丝缎、天鹅绒、瓷器外,还有云南的叶金、四川的草苎、浙江瓷器、苏杭色缎、明州草席、温州锡器、扬州锡镴等。《马可·波罗行记》称:"印度船舶运载香料及其他一切贵重货物咸莅此港。是亦为一切蛮子商人常至之港,由是商货宝石珍珠输入之多竟至不可思议,然后由此港输运至蛮子境内。"②摩洛哥旅行家伊本·拔图塔则称它为世界最大之港,留给他印象最深的是港口停泊着大船百余、小船无数的盛况。正如他们所看到的,这是一个巨大的中外商品集散地,积聚着不可估量的财富,它同亚、非近百个国家和地区有着频繁的贸易往来,是属于整个世界的一座城市。1959年,泉州创设了海外交通史博物馆(1990年在市区东湖路南侧建成新馆),建筑造型如一艘扬帆待发的帆船,作为泉州中古时期海外交通文物陈列处和各地学者参观与学术研究的重要场所,它以丰富而珍贵的海交文物,反映了12至14世纪的东方大港——刺桐港的发展历史,显现了泉州在中外经济、文化交流中的重要作用。

### 三、世界宗教博物馆

高度发展的海外贸易形成了泉州的多元文化特色,泉州多种宗教荟萃,有"世界宗教博物馆"之称,现存有属于佛教、道教、伊斯兰教、古印度教、摩尼教、景教等的遗物遗址。

1. 佛教建筑、造像

● 开元寺及双塔:位于泉州市区西街,为全国重点文物保护单位。寺原是大财主黄守恭的桑园。传说有一天,黄守恭梦见一位和尚向他募地建寺,黄守恭说如果桑树会开莲花,就献地结缘。不几天满园桑树果然开放雪白

---

① (明)释宗泐.清源洞图为洁上人作.
② (意)马可·波罗著;(法)沙海昂注;冯承钧译.马可·波罗行记(新1版).北京:中华书局,2004:609.

的莲花。黄守恭只好把这片桑园施舍出来,由尊胜院匡护大师主持建寺工程。武则天垂拱二年(686)始建,初名莲花道场,今尚存桑莲古迹,即为传说中开白莲的桑树,仍枝繁叶茂,这棵我国现存最古老的桑树是寺中胜境之一。开元二十六年(738)诏令全国各州道各立一佛寺纪年,遂改开元寺。经五代两宋的发展,在其旁创支院120座,元代合为一寺。现占地7.8万平方米,恢宏雄伟,是福建最大的佛寺。主体建筑大雄宝殿由近百根海棠式巨型石柱支撑,俗称百柱殿。殿前月台须弥座有72幅人面狮身青石浮雕,殿后廊的两根古婆罗门教青石柱上刻着古埃及的神话传说和印度、锡兰等地婆罗门教的神话,这些都是元代遗物,从中可以看出元代泉州在开放的全盛时期所受外来文化的影响。甘露戒坛供奉卢舍那佛,四周有23尊佛、菩萨、诸神、天将、金刚力士围护,保持着佛教密宗的规仪,全国罕见。藏经阁收藏各种版本的《大藏经》37 000卷,其中雕于宋代的《碛沙大藏经》和《毗卢大藏经》是稀世之珍。大雄宝殿前东西两侧有镇国、仁寿二塔。东塔镇国塔为唐咸通六年(865)始建,初为木塔,后改砖塔,南宋易为花岗石塔,八角五层,高48米,塔身外壁和塔基雕刻有佛教人物和佛传故事。西塔仁寿塔,五代梁贞明二年(916)闽王王审知始建木塔,后改砖塔,南宋改石塔,比东塔早10年,高45米,形制与东塔相似。两塔是全国最高的孪偶相对的大石塔,是中国古代石构建筑之瑰宝和泉州历史文化名城的标志。

● 瑞像岩:位于清源山天柱峰北侧。北宋时依崖雕凿释迦瑞像一尊,通高4.4米。岩前对面奇石突兀,排成僧群状,俗称罗汉峰。峰后有灵潭深数丈,又有圣泉、瑞香泉、狮子峰、莲花峰等,岩之西南侧有石笋、石龟、石城、石门、石窗、望州亭等胜境。

● 弥陀岩:位于清源山擎珠峰下。宋代依巨岩崖壁间凿弥陀一尊,立像,端庄慈祥,风格古朴,元代重加雕琢并加石室予以保护。室前有石栏、石塔等小建筑群体。

● 碧霄岩三佛像:位于清源山碧霄岩。该岩分上下碧霄,造像在下碧霄,为喇嘛教风格三世尊佛,依天然岩壁雕凿而成,是我国现存年代最早、保护最好、位于最东南的喇嘛教三世佛石雕造像。元代泉州路监临官达鲁花赤阿沙于至元二十九年(1292)登临清源山,感岩之雄奇,选崖而雕。至正丁未(1367)秋,其侄福建江西等处行中书省参知政事般若帖穆尔道出泉州,追忆先伯监郡公遗址,慨然重修,在殿堂南北两侧垒土为墙,架木横跨,筑室供奉。建筑物有主殿、回廊、禅房等六七间。至20世纪60代由于年久失修,殿堂塌毁于暴风雨中,石雕造像暴露于崖壁。1988年12月,市政府拨出专款进行三世佛石雕造像的保护工程,在临崖坡地的原址兴建一座三开间、一进深楼阁式仿木水泥结构的岩寺,一、二层为封闭式屋宇,三层为敞开式阁楼,平面成"品"字形布局,于1991年8月竣工,具有泉州古建筑之特色。

2. 道教造像

● 老君岩:原称羽仙岩,又称元元洞天,位于清源山西峰罗山、武山之麓。由一整块天然花岗石雕琢而成巨型老君造像,高5.63米,宽8米,厚6.85米。老君身披道袍席地而坐,脸带笑容,长髯飘动,雍容慈祥,是全国现存最高大的道教石刻造像,堪称宋代石刻艺术的珍品。原建有道观供人崇祀,但早已无存,石像与大自然更加融为一体,在奇峰碧野衬托下呈现出一幅天然图画。

3. 伊斯兰教圣墓、清净寺

● 伊斯兰教圣墓:位于丰泽区灵山南坡。据明代何乔远《闽记》记载:唐武德年间(618—626),伊斯兰教始祖穆罕默德遣四贤徒来华,一贤传教广州;二贤传教扬州;三贤沙仁谒、四贤我高仕传教泉州,卒葬灵山。葬后该山夜光显发,人异其灵圣,故名曰圣墓,山曰灵山。现存两墓并列,墓盖用花岗岩雕刻,墓后倚山建马蹄形回廊,高约3米,回廊中的几根石柱颇似织布的梭子,古建筑专家称为梭形柱,具有典型的唐代建筑特色。廊内有历代石碑5方,正中为元至治二年(1322)立的阿拉伯文辉绿岩碑刻,记述两位先贤在法厄福尔时代①来到这个国度;右侧一方为明永乐十五年(1417)郑和第五次下西洋途经泉州,来此墓祭告行香后属下为之立的记事碑,上刻"钦差总兵太监郑和前往西洋忽鲁谟斯等国公干,永乐十五年五月十六日于此行香,望圣灵庇佑。镇抚蒲和日记立"。墓上的石亭系1962年重建,墓周围还有一些历代的伊斯兰教徒的石棺墓,上刻伊斯兰教常用的"云月"图案或《古兰经》片段。墓前方约90米处有天然巨石一块,风吹欲动,手推能晃,俗称"风

---

① 据学者考证,法厄福尔系古代阿拉伯人对唐朝皇帝的称呼。

动石",明代知府周道光、清代提督马建纪题刻"碧玉球"和"天然机妙"。这块风动石是泉州著名八景之一,曰"玉球风动"。伊斯兰教圣墓已成为研究泉州海外交通史及伊斯兰教传播史的重要史迹。

● 清净寺:位于市区涂门街中段,又名麒麟寺,或音译为艾苏哈卜大寺,始建于北宋大中祥符二年(1009),是中国现存最早的伊斯兰教寺院之一。主要建筑有门楼、奉天坛、明善堂三部分。门楼全用加工平整的花岗岩石和辉绿岩石砌成,屋顶作平台,名"望月台",是伊斯兰教斋月用以望月决定起斋日期的地方。该寺元至大二年(1309)由伊朗艾哈默德出资重修,全部用青、白两色花岗石砌就,仿叙利亚大马士革伊斯兰教礼拜堂形式,是10世纪以前阿拉伯伊斯兰礼拜大殿的流行模式,如今在中东的阿拉伯地区也已所存无多。门楼东侧的祝圣亭内立有元至正十年(1350)、明万历三十七年(1609)重修清净寺的碑记,是研究泉州伊斯兰教的重要物证。寺内有明成祖于永乐五年(1407)颁发保护清净寺和伊斯兰教的《敕谕》石刻一方,极为珍贵。清净寺是中国现存最古老的伊斯兰教寺,在伊斯兰世界也是少数的古寺之一。

4. 摩尼教草庵遗址

摩尼教为波斯人摩尼三世于3世纪糅合祆教、佛教、基督教等所创,在我国旧称"明教",武周延载元年(694)传入中国。据《闽书·方域志》记载,唐代摩尼教高僧呼禄法师居泉州传教,卒后葬清源山南麓。唐会昌年间(841—846),武宗灭佛,祸及摩尼教,该教遂转入地下,且逐渐与民间巫术相结合。元代对各门宗教兼收并蓄,明教又公开活动。20世纪40年代泉州城区发现元皇庆二年(1313)死于泉州的"管领江南诸路明教、秦教等"高级僧官西雷蒙的墓碑,有叙利亚字母拼写的突厥语和汉文。西雷蒙是由江南诸路明教、秦教(基督教)的寺院共同推举,并由中央宣政院功德使司批准的僧官。摩尼教本来不拜偶像,但宋元时期已发展为偶像崇拜的民间宗教,且与世俗化的佛教、道教紧密结合。朱元璋凭借明教夺取政权,他称帝后怕明教威胁自己的统治,加以禁止,明教又转入秘密活动,并日渐衰微终至消亡。泉州和浙江温州是明教后期的活动中心,也是明教最后的消亡地。

草庵遗址位于晋江市罗山镇华表山麓,始建于南宋绍兴年间(1131—

1162),初为草构,因名草庵,元至元五年(1339)改为石构,并雕摩尼光佛石像,此像被1987年首届国际摩尼教学术讨论会作为会标。草庵遗址是我国仅存的摩尼教寺庙,是研究摩尼教及中外文化交流的重要实物见证。

此外,元代印度婆罗门教传入泉州,建有番佛寺,现已发现300件印度教的遗物。元至正年间(1341—1368)意大利人马黎诺里也奉教皇之命传播景教(古基督教),泉州现存有大量的十字架、莲花图案的墓碑、石墓盖等景教遗物。

### 四、闽中桥梁甲天下

两宋时期,基于海外交通贸易的需要,泉州地区兴建了一系列巨大的桥梁工程。北宋嘉祐四年(1059)竣工的洛阳桥开闽中造桥的先声。该桥是连接福州至泉州港的交通枢纽,位于泉州洛江区和惠安县交界的洛阳江上,是中国第一座海港梁式大石桥。由于桥址在洛阳江入海处,水流湍急,海涛汹涌,泥沙深沉,施工极为困难,桥基屡被摧毁。造桥工匠创造了一种直到近代才被人们认识的新型桥基——筏形基础,就是沿着桥的中轴线抛置大量石块,形成一条联结江底的矮石堤,然后在上面建造船形墩。同时采用"激浪涨舟,浮运架梁"的妙法,把一条条重达数吨的大石板架在桥面上。他们又在桥下养殖大量牡蛎,把桥基涵和桥墩石胶合凝结成牢固的整体,这就是造桥史上最别出心裁的"种蛎固基法",也是世界上第一个把生物学运用于桥梁工程的创举。洛阳桥的建成,开辟了桥梁建筑的新纪元,使洛阳江天堑变成通途,对泉州海外交通事业的发展也起了重大的作用。自洛阳桥建成后,仅晋江一县就建有石桥90座,其中南宋桥35座,长达150丈以上的8座。南宋绍兴八年(1138)又在安海港建造天下第一长桥——安平桥,桥长约5华里(现实测2070米)、宽1丈左右。全桥用坚厚的长条花岗石垒砌而成,工程量浩大,水下施工艰巨,堪称奇迹。同年,又在笋江建石笋桥,又名通济桥,长80多丈。嘉定四年(1211)在笋江下游建顺济桥,长150丈,宽一丈四尺,与万安、安平、石笋并称为南宋泉州四大名桥。

### 五、南戏南音南少林

南戏包括梨园戏、打城戏、高甲戏、木偶戏等。梨园戏是以泉州声腔表演的一个古老的地方剧种,至今已有七八百年的历史。长期以来,它保留着宋元南戏风貌和特有的艺术程式,被誉为宋元南戏在泉州的活文物。梨园戏的音乐与南音关系密切,曲调和道白都用泉州方言。高甲戏源于民间演唱的宋江戏,是糅合京戏、乱弹、漳州竹马戏和梨园声腔的福建一大剧种。百年来,经艺人提炼,并大量吸收木偶戏的技巧,其丑角表演尤为生动活泼。打城戏源于僧道两教的宗教表演活动,后又吸收木偶的演出活动和京剧的武功,清光绪年间组织戏班,民间称为"和尚戏""道士戏",是一个独特的宗教剧种。提线木偶,源远流长,史书上有"宋时福建弄傀儡"的记载。泉州木偶表演难度大,有16条提线,多至30条,表演精彩动人。音乐以南音和梨园唱腔为主,外加民间十音吹奏,有780余个新旧剧目。掌中木偶又称布袋戏,相传起于明嘉靖年间街头的说书表演,活灵活现,神奇敏捷,妙趣横生。

南音又称南曲、南乐、南管、弦管,至今保留着晋唐古乐的遗响,是泉州古老的地方音乐。源于西晋中原文化和清商音乐。唐、五代有中原乐舞在泉州流行,宋代南音又同南戏的乐曲融合,逐步形成泉州方言声腔的演唱艺术,又经元明的杂剧、传奇、词曲的充实,有严格音韵格律,形成专有四管演奏和清唱的南音乐种。几百年来,南音保持着自己的声腔风貌长期不衰,有上千个滚门、曲牌和曲子,还有不少沿用汉唐的古曲牌名。使用乐器有汉唐的曲项琵琶、古老洞箫、二弦、三弦,元代云锣和唢呐。传说康熙年间,泉州南音艺人奉诏进京献艺,皇帝赐给"御前清客"(后谐音为御前清曲)的称号,并赐黄凉伞一把,南音的地位由此尊荣显贵。后来又流传到东南亚、中国台湾等闽南语系地区,形成广大群众喜爱的民间演唱艺术。2009年,南音被联合国教科文组织列入人类非物质文化遗产名录。

天下功夫出少林,少林北以嵩山少林为正宗,南以泉州少林为代表。据载嵩山十三棍僧之一的智空入闽中,建少林寺于清源山麓,闽僧武派由此始,千百年来薪火不衰,与南戏、南音并称泉州"三南"。

泉州是闽南文化主要发祥地和闽南文化遗产的富集区。2007年6月,文化部评定闽南文化生态保护实验区为中国第一个文化生态保护实验区,标志着我国文化遗产的保护进入一个整体、活态保护的新阶段。经过文化部批准实施的《闽南文化生态保护区总体规划》的规划范围为泉州、漳州、厦门三个行政区域,全省共确定了53个整体性保护的重点区域,泉州有20个,为三地最多。

## 第四节 丝路重镇——武威、张掖、敦煌

在我国甘肃省的乌鞘岭以西,祁连山和龙首山、合黎山南北夹峙,形成一条狭长的陆地走廊,因位于黄河以西,被称为河西走廊。河西走廊自古就是中原通往新疆和中亚、西亚的要道,是古代丝绸之路的必经之地。从公元前2世纪起,古丝路几经兴衰,河西走廊的古村镇也随之兴废,其中武威、张掖、敦煌三重镇是古丝绸之路上的耀眼明珠。

### 一、地理环境与物产

武威、张掖、敦煌依次位于河西走廊的东、中、西部,是沙漠中的绿洲城市,古代商旅往来,这里就自然成为休整和商品集散之地。

武威地处河西走廊东端,南靠祁连山,北依腾格里沙漠,中间是一片绿洲沃野,海拔在2 000～3 260米之间。祁连山顶峰常年积雪,是天然水库,夏季冰雪消融,汇集成河流。全市有黄羊、杂木、金塔、西营四大水系,灌溉着全市绝大部分农田。中部绿洲是河西走廊东段最大的绿洲,土质肥沃,宜种小麦,素有"塞北江南"之称。

武威出产丰富,有"银武威"之称。农田以粮食为主,小麦、玉米、谷子、洋芋产量高,质量好,因此,自古有"凉州不凉米粮川"之说,并盛产瓜果、大麻、甜菜、白瓜子、辣椒等。祖司麻膏药是用当地民间治疗风湿和止痛的中草药"祖司麻"及其他30多味药料制成的,已有300多年历史,是治疗风湿性关节炎的良药。

张掖位于河西走廊中部,南依祁连山,北屏合黎山,雪山高耸,弱水长流。其中部为走廊平原,地势平坦宽阔,土地肥沃,水源充足,林木茂盛,鱼肥稻香,素有"塞上江南金张掖"之称。盛产小麦、玉米、水稻、大豆、大麦等粮食作物,油料、糖料、葵花籽的生产有相当规模,瓜果蔬菜品种多、质量好,畜牧业在历史上就占优势,至今不衰。由于特殊的地理环境,张掖集四季风光于一时,在赤日炎炎的夏季仍能看到祁连山皑皑白雪,绿洲平原翻滚麦浪,田园瓜果飘香,水乡碧波荡漾。民国学者、诗人罗家伦有诗赞曰:"绿荫丛外麦毵毵,竟见芦花水一湾。不望祁连山顶雪,错将张掖认江南。"(《咏五

云楼》)

敦煌位于甘肃省、青海省、新疆维吾尔自治区交界处,库姆塔格沙漠东部边缘,河西走廊西端,祁连山北麓。境内西部、北部多为戈壁沙漠,绿洲主要集中在东南一隅。境内唯一的河流党河,发源于祁连山冰川群中,全长390千米,是敦煌绿洲的命脉。

敦煌是稼穑备植,绿树成荫,瓜果飘香的粮、棉、瓜果和蔬菜的重要产地,葡萄、李广杏、紫烟桃、鸣山大枣等享有盛誉。敦煌是西域葡萄东传必经之地,早在西汉中期就有葡萄种植,现有紫葡萄、白水晶、无核白、马奶子、喀什红、玫瑰香等优质品种,大多皮薄、色鲜、清甜多汁。紫烟桃又名李广桃,为甘肃省稀有独特品种,因紫中含绿,乍视如一团烟雾而得名。其果肉呈蜜白色,味甘清香,含汁丰富,有较多的蛋白质、脂肪、维生素、有机酸、矿物质、粗纤维和碳水化合物等营养成分,鲜食可解饥解渴,补养身体。李广杏亦为甘肃省稀有独特品种,大如李子,外表淡黄,光泽鲜亮,皮薄肉厚,香气浓郁,甘甜如蜜,且含有丰富的蛋白质、糖类、维生素及钙、磷、铁等矿物质,营养价值极高,有"敦煌瓜果之王"的美称。1979年始发现于杨家桥乡鸣山村的鸣山大枣不同于国内原有任何品种,因而按产地来源取名"鸣山大枣",其主要特征是果型特大,平均单果重23.9克,状呈椭圆形,皮薄肉厚,核小味甜,含糖量、维生素含量均居全国22个枣品种的首位。

敦煌的特色食品有黄面、丝路驼掌等。黄面是历史悠久、风味独特的地方食品,莫高窟壁画上就有制作黄面的生动情景。其制作工艺十分讲究,一般人很难掌握,以优质面粉加适量的蓬灰(以草木灰烬掩埋数月,经炭化后制成,是一种碱性物质)和成软硬相当的面团拉制而成。煮熟的黄面,澄黄晶亮,滑利爽口,可趁热拌菜食之,也可冷食,开胃去腻,清热解烦,别有一番风味。丝路驼掌又名雪峰驼掌,是声播国内外的敦煌地方风味佳肴,烹制历史悠久,早在三国时代,敦煌太守便用它来接待来往宾客,有"甘肃第一味"之誉。其用料和烹调方法是:用当地特产的驼掌煮熟去骨,用猪蹄、鸡腿加调料同煮使其入味。然后改刀,加上冬菇,压上火腿,加调料煮熟,接着用蛋清糊作雪峰。成菜后,如同祁连雪峰再现于餐桌,造型奇特,色味俱佳。

## 二、建置沿革与兴衰

武威地区发现的磨嘴子、王景寨、皇娘娘台等遗址说明早在四五千年前的新石器时代,这里就有人类活动。据文献记载,西周和春秋战国时期,这里是西戎部落的游牧地,秦时为乌孙、月氏所居。其后,北方匈奴占据了武威及整个河西一带,在武威城北30千米处的石羊河西岸筑起了休屠城,由休屠王统治,并在今武威修姑臧城,后来姑臧发展为这一带的政治、经济、军事和文化中心。

西汉初期,汉武帝派张骞出使西域,联合西域诸国,共同抗击匈奴。汉武帝元狩二年(前121),派骠骑将军霍去病出陇西,在焉支山等地击败了匈奴驻河西的休屠王和浑邪王,设立了武威、酒泉两郡(公元前111年分置出张掖郡、敦煌郡,合称河西四郡),从此河西正式纳入西汉版图。武威有"汉武帝的军威"之意。元封五年(前106),汉武帝分天下为十三州,武威属凉州刺史部。为保障东西交通的畅通,割断匈奴与羌族的联系,汉朝向武威及整个河西移民屯田,修筑边墙。新莽末,窦融割据河西,经济得到发展,姑臧当时被称为富邑。

东汉武威郡仍属凉州刺史部,郡治姑臧县。东晋十六国时,十六国中的"五凉"是先后以凉州为中心建立的政权,历时达120多年。五凉中,除西凉外,其余四凉(前凉、后凉、南凉、北凉)都先后在此建都,对姑臧城进行了大规模的扩建。

北魏灭北凉后,武威属北魏和以后的西魏、北周。凉州自前凉以来就是人文荟萃之地,北魏得凉州后,重用凉州名士,大大促进了北魏文化的发展。从前凉起,西域音乐已传入凉州,几经发展,被称为西凉乐。北魏灭北凉后,西凉乐又传到整个北方。北魏徙凉州居民3万多户到都城平城(今山西大同),其中多为大家世族和能工巧匠,为北魏开凿云冈石窟和龙门石窟提供了技术力量。

隋废武威郡,置凉州总督府。唐武德二年(619)置凉州总管府。唐在这里屯驻重兵,设置河西节度使,统领凉、甘、肃、瓜、沙、伊、西七州,即今甘肃河西及新疆东部地区。唐时,姑臧已成为长安以西的大都会。凉州的文学、艺术、音乐、舞蹈十分有名,流行于京都长安的有《凉州词》《凉州曲》,著名的西凉乐、西凉伎广为流传。清顾祖禹《读史方舆纪要》中说:"唐之盛时,陇右三十三州,凉州最大,土沃物繁,而人富其地。"

五代末,凉州为吐蕃所占有。公元1003年起,凉州及河西一带被党项及其建立的西夏所统治,历时200余年。元至元九年(1272)分封只必帖木儿为永昌王,在今武威城北15千米的地方修建新城,赐名永昌府。1247年在凉州发生了一件大事,就是元太宗窝阔台之子阔端与西藏喇嘛教萨迦派首领萨班通过会谈,议定西藏归顺蒙古的条件,元代中央对西藏地方行政管理的基础由此奠定。萨班死于凉州,葬于武南镇白塔寺。宋元以后,丝绸之路为海上交通所代替,凉州的商业经济逐渐衰落。

明朝建立后,设凉州卫。为巩固这一军事要地,在汉长城的基础上,增修了百余里坚固的边墙,同时增筑城池,洪武十年(1377)增辟西门,并修建了东、南、北三大城门楼,城壕宽2丈多,修吊桥4座,城墙四周箭楼巡铺共36座,还在城北墙的西边建一高楼,供瞭望、警报敌情。又发动民间筑堡、寨,规模如小城,以便于联防自卫。清雍正二年(1724),改凉州卫为凉州府。乾隆二年(1737)在武威城北修筑满城,驻扎重兵。与此同时,采取了发展教育和经济的措施,清朝中期,出现了经济繁荣、文风鼎盛的局面,进士中试者42名,出了有名的文人张澍等。

张掖春秋以前属古雍州。汉武帝元鼎六年(前111)设置张掖郡,取"张国臂掖,以通西域"之意,自此,张掖逐渐成为中西经济、文化交流的咽喉要道和古丝绸之路上商贾云集的重镇。魏晋南北朝时,为前凉、后凉、北凉所割据,其中北凉曾都于张掖。西魏时将张掖改为西凉州,后又改为甘州,因境内甘浚山下有泉水甘美而得名(一说因城南门内有甘泉而得名)。隋唐时代是张掖历史上经济繁荣的鼎盛时期。隋大业五年(609),隋炀帝西巡张掖,登焉支山,接见了西域近30个国家的使者,举行了轰动世界的中西交易会,盛况空前。北宋天圣六年(1028)党项族李元昊打败回鹘,占据了张掖。元初,在张掖设甘肃路总管府,至元十八年(1281)置甘肃行省。明初先后设置了甘州左、右、中、前、后五卫。清为甘州府。

张掖历代各族人民创造了光辉灿烂的历史文化和丰富的历史遗产。许多著名的人物都曾驻足张掖:张骞出使西域,霍去病西征匈奴,班超通西域,玄奘印度取经,陈子昂诗咏甘州,林则徐贬官伊犁,都为张掖留下轶闻逸事。在近代革命史上,徐向前、李先念率领的中国工农红军第四方面军在张掖浴血奋战,写下了气壮山河的一页。

敦煌之名取"盛大辉煌"之意。春秋之前这里为羌戎所居,春秋时月氏、乌孙在此驻牧,称瓜州。西汉初被匈奴占据。汉武帝元鼎六年(前111)设立敦煌郡,辖6县,为汉朝通往西域的门户,治所在敦煌县。公元400年李暠建西凉国,以敦煌为都5年。北魏、隋、唐称瓜州、沙州。唐建中二年(781)陷于吐蕃,大中五年(851)敦煌人张议潮收复归唐。天祐三年(906)归义军节度使张承奉在敦煌建立西汉金山国,自称白衣天子,后改称敦煌国,914年国亡,此后曹氏归义军节度使统辖沙州100余年。宋景祐(1034—1038)中始被西夏占据,长达191年。元灭西夏后,至元十四年(1277)复立沙州,十七年(1280)升为沙州路。明清称沙州卫,清雍正四年(1726)开始从甘肃州县移民,屯垦实边。乾隆二十五年(1760)改为敦煌县。1987年设立敦煌市。

敦煌地处东西交通要冲,扼据两关(阳关、玉门关),雄视西域,是古代丝绸之路上的重镇、边防军事要塞,为中原王朝向西进发、西部民族东入关陇的必经之地,华夏文化由此传入西方,西方文明由此传入中原。唐代的敦煌最为兴盛,凝聚了中国、印度、中亚、西亚等不同脉系的文化,呈现出异彩纷呈的文化景观。络绎不绝的驼队和商旅,又使敦煌发展为国际贸易城市。灿烂的历史文化、独特的沙漠风光,使敦煌充满了迷人的魅力。

### 三、文物胜迹与文化

武威、张掖、敦煌历史悠久,经济繁荣,佛教文化发达,留有众多的文物古迹。

武威古建筑保存得比较完整,如文庙、雷台、海藏寺、大云寺、天梯山石窟等;古遗址墓葬也多,如新石器时代遗址、皇娘娘台遗址、长城遗址、磨嘴子汉墓群、旱滩坡汉墓群、王景寨汉墓群等。又因历史悠久,气候干燥,地上、地下保存了不少文物,其中西夏碑、铜奔马、《仪礼简》《医药简》《王杖简》、汉唐木雕、大云寺铜钟、凉造新泉(货币)、西夏铜火炮等,均属国家珍贵文物。文庙、海藏寺古建筑保存完整,殿宇巍峨,重檐翘角,代表了西北地区明清时期的建筑风格。位于武威城区的雷台为前凉(317—376)国王张茂所筑灵钧台,台上有明清时期的古建筑群雷祖殿、三星斗姆殿等,周围古树参天,湖波荡漾,是闻名遐迩的旅游观光胜地。1969年9月在台下东南角发现了一座东汉晚期(186—219)的大型砖室墓,出土金、银、铜、铁、玉、骨、漆、石、陶等珍贵文物共 231 件,古钱币 3 万枚,被史学界称为一座丰富的"地下博物馆"。在出土文物中最突出的是铸造精致的 99 件铜车马仪仗俑,艺术价值最高的是一匹铜奔马。马昂首嘶鸣,三足腾空,右后足踏一回首惊视的飞鸟,神态生动,想象力丰富,是罕见的艺术杰作。1971 年 9 月全国著名考古学家、人大常委会副委员长郭沫若陪同柬埔寨王国民族团结政府宾努首相在甘肃省博物馆参观时发现铜奔马,称其为"马踏飞燕"。1973 年 4 月至 1975 年 8 月,铜奔马作为中国考古文化的优秀代表先后到法国、日本、英国、罗马尼亚、奥地利、南斯拉夫、瑞典、墨西哥、加拿大、荷兰、比利时、美国等 14 个国家和地区展出,引起了极大的轰动和高度赞誉。1983 年 10 月,"马踏飞燕"被国家旅游局确定为中国旅游标志;1985 年武威市将"马踏飞燕"定为象征武威腾飞的城标。

来源于西域龟兹乐的西凉乐在隋唐曾广为流行,并进入宫廷,著名的《霓裳羽衣曲》即为唐开元(713—741)中河西节度使杨敬述所献,后经玄宗润色并御制歌词。西凉伎原本是盛行于凉州一代的民间技艺,后来流传于唐都长安,而且唐以后千余年间仍流行于全国许多地方,现在流传的狮子舞据说就脱胎于西凉伎。武威还流传着一种名为"凉州贤孝"的民间说唱艺术,因多为盲人演唱,又称"瞎弦",最初源于唐代变文,明清时候非常兴盛。盲人自弹自唱,间或自语,抒发强烈的喜怒哀乐之情,曲调大多是从西域传入的"塞地古音"。

张掖古文化遗存丰富。黑水国遗址为汉代古城堡,有大量汉墓群,曾出土大量陶器、铜器。创于西夏的大佛寺,距今 800 多年,现在保存完整,是甘肃河西走廊规模最大、佛教经卷最多、文物颇为丰富的佛寺之一。寺内的释迦牟尼涅槃像为全国最大的泥塑佛像。唐代五松园为御史赵武孟(张掖人)的家庭花园,至今仍有一青松孤立。隋代木塔始建于开皇二年(582),塔高九层,游人登塔一览,全城尽收眼底。镇远楼俗称钟鼓楼,建于明正德二年(1507),陕西行都司巡抚都御史才宽仿西安钟鼓楼式样建造,气势宏伟。距张掖 60 千米的临松山马蹄寺石窟群,与敦煌莫高窟同是丝绸之路上的重要文物古迹。这里汉代以前是匈奴单于的避暑地,魏晋南北朝时期,北凉国主沮渠蒙逊在临松山大规模开凿石窟,传播佛教,凿成马蹄寺、观音洞、金塔寺等石窟群。其中金塔寺的石雕泥塑保存完好,泥塑飞天是全国独一无二的珍宝。据记载,张掖原有寺院、道观、祠堂、会馆、古塔等古建筑数百处,享有"一湖山光,半城塔影,苇溪连片,古刹到处"之誉。

张掖是佛教文化的圣地,法显、玄奘等高僧都曾到此。大佛寺内现存唐、明、清各代佛经6 819卷,其中明正统十年(1445)英宗敕赐给大佛寺的大藏经636函、6 361卷,系正统五年(1440)官版印刷,是全国仅存的几部大藏经中最完整的一部。明正统初期镇守甘肃御马监尚宝监太监王贵集名士用泥金书写《大般若波罗蜜多心经》《华严经》《涅槃经》等558卷,全部经文恭笔楷书,金银相间,具有极高的艺术价值,被誉为"中国珍宝,张掖金经"。此外还存有明代民间雕版印刷经书,清代金书佛经、墨写佛经及清早期木雕佛经印版等。

敦煌名胜主要有莫高窟,鸣沙山,月牙泉,玉门关、阳关遗址,敦煌郡、寿昌郡古城遗址,古长城、烽燧遗址,古墓葬和相传为鸠摩罗什东来传经瘗白马的白马塔等。

莫高窟为我国首批世界文化遗产项目之一,俗称千佛洞,在敦煌市区东南25千米的鸣沙山麓,洞窟南北延展约1 600米。莫高窟的开凿始于前秦建元二年(366),创始人为乐僔和尚,北魏、西魏、北周、隋、唐、五代、宋、西夏、元各代陆续开凿。唐代是莫高窟全盛时代,遍崖凿窟,层层排叠,五代时崖面上几乎无处可造新窟,因而五代以后造窟较少,多就旧窟改装重绘。现存洞窟492个,壁画4.5万平方米,彩塑2 415身。窟最大者高40余米,30米见方,最小者高不盈尺。彩塑最大者33米,小者仅10厘米,形态各异,风格纷呈,内容多为佛、菩萨、天王、力士等宗教人物。各洞窟四壁及顶部布满彩绘图画,如果将它们排列展出,可布置高1米、长45千米的画廊,真可谓"壁画艺术的长城"。壁画内容大体可分7类:佛像画、佛教故事画、神话题材画、经变画、佛教史迹画、肖像画和图案画。1900年发现的藏经洞内贮满4—12世纪800余年间的各种文献资料4万多件,除大量佛经、道经和儒家经典外,还有史籍、诗赋、小说、民间文学、地志、户籍、账册、历法、契约等写本、印本以及刺绣、绢画、佛像等物。写本文字多为汉文,也有藏文、梵文、龟兹文、突厥文、于阗文、粟特文。藏经洞的发现,引起国内外学者的极大兴趣,在学术领域形成了一个专门学科"敦煌学"。

莫高窟是一组由建筑、绘画、雕塑等组成的综合性艺术宫殿,为我国现存规模最大、内容最丰富的石窟艺术宝库。1900年后,窟内历史文物和艺术品曾遭到帝国主义分子严重破坏,大量珍贵文物被盗。1944年成立国立敦煌艺术研究所,进行修复、保管和研究工作。中华人民共和国成立后,国家几度拨款维修莫高窟,使其得到特殊保护。1987年莫高窟被联合国教科文组织列入《世界遗产名录》。

鸣沙山和月牙泉为国家重点风景名胜区,西起党河峡谷出水口,东止莫高窟,东西绵延40千米,南北广布20余千米。山底部为砾石结构,砾石之上流沙聚为重重山峦。山形弯环,山脊如刃,登山下滑,沙随足颓落,轰然作响,故称鸣沙山。鸣沙山的沙粒有红、黄、绿、黑、白五色,称为五色沙。月牙泉处于鸣沙山环抱之中,因其形酷似一弯新月而得名,水色蔚蓝,清澄如镜。奇异之处在于四周被沙山环绕,流沙与泉之间仅距10米,常遇大风而泉不被流沙掩埋,虽处千古戈壁而不干涸。月牙泉附近村庄有大片蟠桃林,故又传月牙泉即西王母瑶池所在,每年中秋节在泉边举行蟠桃会。

## 第五节　汇通天下——平遥

平遥位于山西省中部,太原盆地西南端,汾河从县东北入境,经西南流过。这样一座不起眼的内地小县城,在19世纪的中后期却曾是全中国最有影响的金融业总部所在地和金融业总部机构最集中的地方,一度曾经操纵和控制了中国的近代金融业。平遥古城于1997年荣登《世界文化遗产名录》,世界遗产委员会给予平遥如下评语:"平遥古城是中国境内保存最为完整的一座古代县城,是中国汉民族城市在明清时期的杰出范例,在中国历史的发展中,为人们展示了一幅非同寻常的文化、社会、经济及宗教发展的完整画卷。"

### 一、沿革概览

平遥历史悠久。在惠济、柳根河等中游地带,陆续发现有近20处新石器时期的仰韶文化和龙山文化类型的遗址,证明早在五六千年之前人类就已经聚居在这里生息劳动。相传帝尧初封于陶,平遥为陶唐之地,史称古陶。西周宣王时为抵御北方游牧民族的侵扰,派大将尹吉甫北伐猃狁,筑点将台和京陵城(在今县城东北约7千米的京陵村),这是平遥建城的开端。秦置平陶县,属太原郡。汉置京陵、中都二县。据《水经注》载,汉高祖十一年(前196),刘恒(即后来的汉文帝)为代王时,建都中都。北魏为避太武帝拓跋焘讳,改名平遥。平遥文化名人有西晋文学家孙楚(有明人辑《孙冯翊集》),东晋玄言诗人孙绰(有明人辑《孙廷尉集》),东晋史学家、无神论者孙盛(著有《魏氏春秋》《晋阳秋》),当代史学家侯外庐、学者王瑶等。

## 二、平遥古城

平遥古城是保存完整的历史名城,也是中国古代城市的典型。古城池总面积2.25平方千米,基本保持着明清时期的历史风貌。

平遥古城始建于西周宣王时期(前827—前782),至今已有2800多年的历史。当时城墙低矮,规模较小。现在下东门南面有一与城墙相连的10米高台,相传是尹吉甫当年的点将台,此外,上东门外的尹墓和门内的尹庙也保留至今。现城墙为明洪武三年(1370)扩建,自万历年间(1573—1620)改筑砖城之后,直到清咸丰年间(1851—1861)止,历代修葺达26次,是全国保存最完整的古城墙之一。城墙平面方形,周长6163米,墙身素土夯实,外用青砖砌裹,底宽10米,顶宽平均5米,高12米左右,建有3000垛口,72座敌楼。南北各开一门,东西各两门,每门有瓮城一座,上有重檐歇山顶城楼,四角有角楼,四周护城河环绕,各门有吊桥。下东门瓮城里有一座小关帝庙,城墙东南角有魁星楼,这是平遥古城的独创。

平遥古城有"龟城"之称,寓意"固若金汤,吉祥长寿"。南门为龟之头,城门和瓮城外门都向南,任龟首自由伸缩,门外有水井两口,为龟眼;北门似龟尾,瓮城外门折而东向,如龟尾东甩;东西各二门似龟脚,三座瓮城外门向南开,如龟正缓缓伸腿屈肢向前爬行,唯东门瓮城外门不向南拐而向东开,正对由京都而来的官道,便于交通,而传说是怕神龟爬向别处,用一根无形的绳索牢牢拴在城东北8千米的麓台塔上,把这条腿都拉直了。

古城街道、建筑群以南大街为轴线,市楼为核心,向四面八方展开,摆成了一个八卦图形:东城隍,西衙署,南小寺,北关帝;东南有文庙,西南为武庙,东北是道观,西北部为佛寺(集福寺与南小寺已不存)。清时,城内有西河、超山书院、贺兰仙桥和凤凰栖台等景点,50多座坛庙、寺观以及商店、民宅等建筑,安排在 4 大街、8 小街和 72 条蚰蜒巷内,浑然一体,构成了完整的城市布局。县城中心即龟心的位置建有市楼,楼顶两坡用黄、蓝两色琉璃瓦组成南"喜"北"寿"字样,表达了良好的愿望,也烘托出古城独特的文化氛围,可以说是"龟城"的点睛之作。市楼高 18.5 米,跨街而立,因东南有井,每逢晴天,日光投映,水色如金,故又名金井楼,可拾级登临,清人赵谦德云:"纵目览山秀于东南,挹清流于西北,仰视烟云之变幻,俯临街市之繁华。"城内的 100 多条大小街巷,还是原来的历史形态,街道两旁的商业店铺基本上是 17—19 世纪的建筑,现存六大寺庙建筑群和县衙署、市楼等均是原来的实物。

历史上平遥曾是繁华的商埠,富商地主为显富斗荣,建造了许多讲究华丽的住宅。深宅大院,自成单元,墙上设垛,防范严密,门楼精心设计,制作华美,引路人注目。沿街店铺相接,多为三五开间的硬山式,铺面高大,正中开门,檐下敷以彩画,梁头等构件雕刻华丽、古色古香。铺面之后以两进四合院为多,二门建有垂花门楼,正中多为砖券窑洞加木构插廊,敷以雕刻彩画,地方特色鲜明。住宅多设偏院,正面窑洞上面加楼者也较多。木砖石等构件以及室内阁龛等陈设雕饰比较突出,最引人注目的是垂花门楼、插廊雀替和窗棂的装饰。平遥城内曾经有 3 797 处传统民居,现存较完整的住宅 400 多处,属上乘的不下百座。

平遥古城自 16 世纪以来曾经是中国北方商业重镇,到 19 世纪中后期达到极盛,一度成为中国近代金融业的控制中心。清中叶平遥是票号集中地之一,城内票号有 20 多家,经营上至官银、军饷,下至商号、私蓄汇兑业务。全国第一家票号日昇昌票号原址,位于城内西大街路南,坐南向北,前后三进院,有厅堂、铺面 67 间。日昇昌票号开设于道光四年(1824),曾以"天下第一号""汇通天下"闻名于世,分号遍及全国,包办全国公私汇兑。这一票号旧址是清代金融中心的代表性建筑。

两千多年来,平遥一直作为县治的所在地,延续至今。在中国历史上,像平遥这一类城市建筑群曾多达数千座,但平遥古城是中原地区城市形态迄今保存最完整的一座古代县城。平遥城内所拥有的文化遗存数量多,密度大,跨越时间长,真实地反映了这座城市在社会、经济、文化、艺术、科学、技术和产业方面的发展状况。平遥古城至今保存的城市风貌充分体现了中原古城建筑布局的方正端庄和建筑节奏含蓄、平稳、连贯、流畅等一系列汉民族传统建筑文化的审美观念和哲学特点。

### 三、名寺古庙

● 镇国寺：位于平遥古城东北郝洞村。原名京城寺，始建于五代北汉天会七年(963)，明嘉靖十九年(1540)改今名。明清时寺庙颓败，清嘉庆二十年(1815)照原样重修万佛殿。寺分前后院，有天王殿、万佛殿、三佛楼、地藏殿、观音殿、二郎殿、土地殿、罗汉殿、阎王殿等殿堂 13 座，殿内有大量塑像和壁画。主体建筑万佛大殿深广各 3 间，平面近方形，单檐歇山顶，出檐深远，斗拱层层叠叠，如同一把把巨伞，颇为罕见。大殿始建于北汉天会九年(965)，是中国唯一保存的五代十国时期木结构建筑，与山西五台山佛光寺和南禅寺一起，为中国最古老的三座木结构建筑物，具有极高的文物价值和科学价值。万佛殿内保存着大量的雕塑和壁画，艺术价值和观赏价值极高。

● 双林寺：在平遥县城西南中都乡桥头村北。原名中都寺，创于北魏早期，迄今已有 1 500 多年历史，北宋重建时取释迦"双林入灭"之说改称今名。经历代多次修葺，现存建筑和塑像多为明代遗物。寺坐北向南，建造于 3 米高的土台上，四周筑有夯土墙，南面开券拱门(山门)，形如城堡，分两道轴线。现有殿堂 10 座，前后组成三进院落。中轴线上有天王殿、弥陀殿、大雄殿、佛母殿。精华集中体现在彩塑艺术上。寺内各殿宇内保存有宋、元、明、清历代彩塑 2 052 尊，其中完好者 1 566 尊，形式多样，反映了不同历史时期彩塑的艺术风格，素有"东方彩塑艺术宝库"之称。其中尤以宋代 18 罗汉雕塑是双林寺彩塑精品，在中国雕塑史上久负盛名。

### 四、工艺特产

平遥著名的工艺品有推光漆器和纱阁戏人。平遥漆器可追溯到商周，盛唐时基本形成地方特色，明清发展到鼎盛时期。推光漆工艺是利用我国特有的大漆，在精致的木胎上挂灰后，髹涂、阴干、磨推，多至八九道，然后手工推光，即成推光漆。再经描金彩画、雕填镶嵌等工艺，装饰出花鸟山水、殿台楼阁、人物故事等丰富的图案，工艺独特，造型华丽，集实用与艺术于一炉。平遥推光漆器有桌、柜、屏、几四大类一百余种，蜚声海内外。

纱阁戏人以纸、泥、谷草为原料制成，以传统戏曲为题材，渊源于傀儡戏、木偶戏、皮影戏,始于元,盛于明清,为全国独有的艺术形式。其工艺复杂,角色丰富,一阁一戏,生、旦、净、末、丑,无不生动入神。阁以木制,长0.88米,宽0.48米,高0.78米。纸扎戏人虽为静态,但做打犹在眼前,唱念似入耳中,虽静若动,惟妙惟肖。

　　平遥特产长山药以条长、茎粗、皮薄、质细著称,性温不火,营养丰富,是健身、护脾、养胃的上等滋补品,有"中国人参"之美称,还可制成拔丝山药、蜜饯山药等佳肴。平遥传统食品有牛肉、碗脱。平遥牛肉制作工艺独特,屠宰刀法讲究,肉块大小、用盐多少和腌渍时间因季节而异,"白煮"过程有条不紊。制作出的牛肉色泽红润,鲜嫩可口,早在清时已誉满三晋,20世纪40年代山西民歌《夸土产》中,平遥牛肉独占鳌头。碗脱是在白面中加入一定比例的盐水、温水、大料水、菜籽油等调匀,盛入五寸小碟内,上笼蒸15分钟左右取出,凉冷离碟而成。形圆,色米黄,折卷不断,光滑如鱼,食用时冷调热炒皆可。平遥碗脱的创始人是清光绪年间城南著名厨师董宣。光绪二十六年(1900),慈禧太后从北京到西安路经平遥时曾品尝过,颇为赞赏。

# 第五章 风景游览名城

"仁者乐山,智者乐水",山安稳敦厚,蕴藏万物并施惠于人;水流转不息,所到之处给大地带来无限生机。中国渊源久远的山水文化与城镇的规划建设活动紧密结合在一起,造就了城市与山水相依的灵动格局,培育了城市特有的文化内涵。负山带水的名城随山势、依清流,山、水、城、林参差错落,人文内容与自然景观交融互摄,宛如天地之间一幅幅优美典雅的画卷。

## 第一节 紫塞明珠——承德

### 一、避暑山庄的兴建与承德设治

承德位处塞外,一直是少数民族的游牧地,直到清朝初年只是一个"名号不掌于职方"的小村落,名叫热河上营,居民也很少。康熙四十二年(1703),在热河上营北面动工营建避暑山庄(即热河行宫),这一重大事件的出现,为热河上营带来了勃勃生机。康熙四十七年(1708)热河行宫开始使用。康乾年间,皇帝每年总要来山庄居住四五个月,多至半年,极少例外,避暑游乐之外也处理大量的政务。每年随行的除皇室宗亲外,还有大批满汉王公大臣以及侍从人员。有些王公大臣因屡次随行,便在山庄附近修建起自己的府第。到乾隆年间,蒙古族王公也有人在这里定居。避暑山庄俨然成为清廷的第二政治中心,设置地方行政和八旗驻防机构也就势在必行。雍正元年(1723)创设热河厅,为承德设治之始。雍正十一年(1733),在康熙皇帝诞生八十年之际,为颂扬康熙德政,取承受先祖德泽之意,罢热河厅,设承德直隶州,"承德"之名自此始。乾隆五年(1740)设热河道,驻承德州;七年(1742)复为热河厅,四十三年(1778)又升为承德府。承德的军事驻防机构,先是雍正二年(1724)设置热河驻防总管,统理东蒙民政事务,乾隆三年(1738)升为副都统,嘉庆十五年(1810)升都统。由于这些文武官职的增设,在避暑山庄附近又修建相应行政和驻防的各级衙署以及兵营、监狱等。

避暑山庄兴建之后,承德人口聚集,对各种生活消费品的供应提出了迫切要求。大商小贩云集辐辏,将形形色色的消费品从各地,特别是北京源源不断地运来。清政府唯独不在古北口设立税卡,目的就是为了鼓励商贩们热心经营。随着商业活动的兴盛,在热河上营也形成了店铺林立、南北杂货应有尽有的市肆商场。种种因素,使热河上营一改旧观,市井行人杂沓,车马喧嚣,酒楼茶铺鳞次栉比,一座新的城市出现了。在乾隆四十三年(1778)的一道谕旨中说:"热河自皇祖建立山庄以来,迄今六十余年,户口日滋,耕桑益辟,俨然一大都会。"[1]

承德的兴起是与避暑山庄相伴的,没有避暑山庄,就没有承德。而避暑山庄的修建,实出于政治的原因,目的在于加强武备,提高八旗军的战斗力,同时联络与蒙古王公的感情,绥抚蒙古,声势浩大的狩猎活动酷似军事演习,对北方沙俄势力也是一种震慑。加之承德与北京相去不远,章奏可朝发夕至,政务来往方便,而且莺啭鹿鸣,草肥林茂,气候凉爽,流泉峰石,尽态极妍,是理想的造园之所。避暑山庄自康熙四十二年(1703)始建,跨康、雍、乾三朝,到乾隆五十七年(1792)停建,历时89年。这期间正值康乾盛世,国力强盛,有充裕的人力财力营建大型园林;而中国园林艺术经过两千年的发展,也已达到炉火纯青的境地,在处理真山真水及人与自然和谐统一方面达到艺术顶峰。避暑山庄占地5.64平方千米,周围宫墙长达10千米,建筑物多达110处,清代康熙、乾隆各题36景,康、乾72景之外尚有100余景,总计184景。避暑山庄不仅规模大,而且在总体规划布局和园林建筑设计上充分利用了原有自然山水的景观特点和有利条件,吸取历代造园的优秀传统和江南园林的创作经验,加以综合、提高,把园林艺术与技术水准推向了空前的高度,造园融中国南北风格于一体,名胜集全国各地为一园,形貌如中华成一统,兼具南秀北雄之美,享有"中国地理形貌之缩影"和"中国古典园林之最高范例"的盛誉。

山庄总体分为宫殿区和苑景区。宫殿区在山庄南部,包括正宫、松鹤

---

[1]《热河志》卷七十三,转引自陈宝森.承德避暑山庄外八庙.北京:中国建筑工业出版社,1995:4.

斋、万壑松风和东宫(遗址)4组宫殿建筑,布局严谨,建筑朴素。苑景区包括湖洲区、平原区和山岳区。湖洲区位于宫殿区北,由热河泉水、山谷瀑布和雨水汇成的塞湖碧波荡漾,其间洲岛错落,有仿西湖苏堤建的芝径云堤、仿浙江嘉兴南湖烟雨楼而建的烟雨楼、仿镇江金山寺意境而建的金山等,典雅明洁,构造别致,一派江南景色。湖洲区北部是平原区,西部绿草如茵,宛然蒙古草原风光;东部古木参天,具有大兴安岭莽莽森林的气象,主要风景点有万树园、试马埭、文津阁等。万树园内不施土木,只按蒙古习俗设置蒙古包和活动房屋,清帝常在此举行马技、摔跤、放焰火活动。山岳区自北而南有松云峡、梨树峪、松林峪、榛子峪四条大峡谷,山峦起伏,峡谷幽深,林木茂密。峰冈崖坡之上,与山木林泉因借,筑有40余处楼、亭、庙、舍,著名的景点有梨花伴月、四面云山、锤峰落照等。

山庄是清代许多重大历史事件的发生地,如乾隆接见六世班禅、土尔扈特部首领渥巴锡、杜尔伯特部三策凌、英国使臣马嘎尔尼等,见证了清王朝的盛衰历史。

## 二、外八庙——多民族国家巩固与发展的见证

避暑山庄自康熙四十七年(1708)驻跸使用以后,皇帝每年秋狝前后均要在此长期停住,消夏避暑,处理军政要务,而大批蒙藏等少数民族首领和外国使臣每年也到承德谒见皇帝,参加庆典。借此,清廷便在承德大兴土木,建造寺庙,为前来的上层政教人物提供佛事活动场所,功能上同避暑山庄相辅相成,互为补遗。从康熙五十年(1711)到道光八年(1828),清廷在今承德市区及滦河镇一带敕建寺庙43座,其中由朝廷直接管理的有30座。避暑山庄东北部的12座寺庙溥仁寺、溥善寺、普宁寺、普佑寺、安远庙、普乐寺、普陀宗乘之庙、广安寺、殊像寺、罗汉堂、须弥福寿之庙、广缘寺中,除罗汉堂、广安寺、普乐寺3个庙朝廷"向未安设喇嘛",由内务府管理外,其他9座庙设8个管理机构(普佑寺附属于普宁寺),由朝廷派驻喇嘛,并由京师理藩院管理,清正史文献将这9座寺庙称"外庙",后俗称外八庙或热河喇嘛庙。

上行下效,从康熙年间开始,承德地方官署也迎合皇帝偏爱积极建设寺庙,连同元代以来遗留下来的几座寺庙在内,至清朝末年,仅在承德市区、近

郊四乡(狮子沟、水泉沟、牛圈子沟、大石庙)及滦河镇范围内,地方政权和民间集资所建寺庙就有80座,加上山庄内外由朝廷直管的寺庙总计为123座。清代,承德庙会祭日繁多,香火旺盛,从这个意义上说,承德历史上曾是庙城。可惜,这些寺庙现今留存仅有1/3,是历史的一个遗憾。

外八庙陆续修建于康熙五十二年(1713)至乾隆四十五年(1780),历时67年,虽然建置背景各不相同,但都是康、乾两朝利用避暑山庄进行政治活动的产物,是清王朝以宗教手段安抚结好边疆少数民族,加强中央政府对边远地区统治的结果。其布局以山庄为核心,呈放射状布置,庙门或规则或不甚规则地朝向山庄,连同山庄之外恭请皇帝敕建的几座寺庙,在山庄周围布置了一周圈庙宇,呈百川归海、众星拱月之势,形成皇权至上、中央集权的格局,展示了各族人民心向皇朝、天下一统的意识,政治倾向鲜明。

溥仁寺、溥善寺建于康熙五十二年(1713),时值康熙六十寿辰,蒙古各部王公齐聚承德朝拜祝贺,敬献白银20万两,一致上书恳请修建寺庙为康熙祝寿。溥仁寺按标准的汉式伽蓝七堂规制建造。溥善寺形制大体与溥仁寺相同,今不存。

普宁寺建于乾隆二十年(1755),清政府平定准噶尔部达瓦齐叛乱后,依康熙战胜喀尔喀蒙古后在多伦诺尔建汇宗寺之例,仿西藏三摩耶庙(桑鸢寺)而建,取普天下臣民安居乐业、永远安宁之意,名普宁寺。寺庙前半部为汉族传统伽蓝七堂式,后半部为曼陀罗式布局的藏式庙宇。

普佑寺建于乾隆二十五年(1760),为庆祝平定回部大小和卓叛乱而建,建筑风格为汉式。

安远庙建于乾隆二十九年(1764)。清初每年夏季准噶尔部众皆赴新疆伊犁河北的固尔扎庙顶礼膜拜,但该庙于乾隆二十一年(1756)被民族分裂分子阿睦尔撒纳部溃军焚毁。清军平叛后,有功的准噶尔达什达瓦部众从伊犁内迁到承德。乾隆念其笃信黄教,为妥善安抚,遂仿固尔扎庙形制修建安远庙,以使入迁部属按自己的习俗瞻仰礼拜,安居乐业。庙落成后厄鲁特蒙古各部首领每年夏季都到热河聚会。

普乐寺建于乾隆三十一年(1766)。清政府平定达瓦齐、阿睦尔撒纳叛乱后,西北边境多年的分裂混战得以平息,巴尔喀什湖附近的左部、右部哈萨克族和葱岭以北的布鲁特族,继准噶尔杜尔伯特部之后归顺清朝,年年来避暑山庄朝拜皇帝,扈从围猎,接受封爵。之前皇朝为厄鲁特蒙古建造了普宁寺、为达什达瓦部修建了安远庙,同理,也应为新归附的哈萨克、布鲁特建造寺庙,为他们的首领来热河聚会举办宗教活动提供场所,故按照蒙古宗教首领章嘉活佛提示的宗教意图修建了普乐寺,其取名与普宁寺、安远庙是相同的思想脉络。该庙为汉式格局,前半部承袭伽蓝七堂,后半部融进藏式风格,主体建筑仿北京天坛祈年殿,所以俗称"圆亭子"。

普陀宗乘之庙始建于乾隆三十二年(1767),历时4年竣工,是外八庙中规模最大的一座。乾隆三十五年(1770)是乾隆六十寿辰,翌年又是皇太后八十寿诞,庆寿之际蒙古、青海等西北少数民族上层人物将齐聚承德,他们大部分信奉喇嘛教,因此乾隆依喇嘛教圣地西藏布达拉宫形式建此庙。"普陀宗乘"是藏语"布达拉"的汉译,故此庙俗称小布达拉宫。

殊像寺建于乾隆三十九年(1774)。乾隆二十六年(1761)皇太后七十寿辰,乾隆曾陪其母游幸五台山,太后喜文殊菩萨之像,回京后刻石立于香山以供瞻拜。又有附会说乾隆帝是文殊菩萨转世。乾隆三十九年(1774)命内务府仿五台山殊像寺规制、按香山文殊相貌在承德修建此庙。该庙喇嘛皆为满族,清廷对此庙按家庙管理。

须弥福寿之庙建于乾隆四十五年(1780)。为祝贺乾隆七十寿辰,西藏政教首领班禅额尔德尼六世请求到承德朝觐,乾隆对此十分重视,仿顺治九年(1652)达赖五世进京朝见皇帝时顺治帝为建西黄寺之例,仿日喀则扎什伦布寺(班禅驻锡地)形制修建此庙,作为班禅在承德期间居住诵经传法之所。"须弥福寿"是藏语"扎什伦布"的意译。该庙外观为藏式,内部布局采用汉式,体现了汉藏建筑艺术的巧妙结合。

外八庙建筑规模宏伟,辉煌富丽,兼有汉、满、蒙、藏、维等民族建筑风格,是中国多民族国家巩固与发展的见证,民族文化融合的典范。

## 第二节 人间天堂——杭州

杭州是浙江省省辖市、浙江省省会,位于中国东南部沿海地区,东濒杭州湾、钱塘江。自秦朝建城以来至今2 200余年,历史悠久,文化底蕴丰厚,文物古迹众多,西湖风景名胜区闻名于世,历史上素称"文化之邦""鱼米之乡""丝绸之府""茶叶之都""旅游之地",近千年来被人们誉为"人间天堂"。北宋词人柳永的《望海潮》词开篇描写杭州说:"东南形胜,三吴都会,钱塘自古繁华。"

## 一、东南形胜

杭州境内西北部和西南部系中山丘陵区,群山起伏,城区山地属天目山余脉,天竺山、灵隐山、老和山并列于西,皋亭山蜿蜒于北,南屏山、凤凰山、五云山、大湖山绵亘于南,宝石山、吴山南北对峙,环抱西湖。钱塘江水系(含富春江、新安江)全长605千米,自西南沿杭州城区向东北,经杭州湾汇入东海,又有京杭大运河、上塘河、余杭塘河、中河、东河、贴沙河等纵横贯穿,构成江南水乡风貌。杭州襟江带湖,集湖山、江川、奇峰、溶洞于一体,风光秀丽,素有"东南形胜"的美称,历来为游览胜地。

"上有天堂,下有苏杭",杭州"天堂"之美誉来自西湖。"天下西湖三十六,就中最好是杭州"。西湖是12 000年前沧海消退时留下的潟湖,因位于杭州市老城区西面而得名。它三面环山,层峦叠嶂,中涵绿水,所谓"三面云山一面城"。在宽阔的湖面上,巧妙地布置着一山(孤山)、二堤(白堤和苏堤)、三岛(小瀛洲、湖心亭和阮公墩),把全湖分为外湖、北里湖、西里湖、岳湖和小南湖。注入西湖的主要溪流有金沙港、龙泓涧、长桥溪,调节西湖水位的主要出水口有圣塘闸和涌金闸。西湖远古时是与钱塘江相通的浅海湾,以后由于泥沙淤塞,大海被隔断,在沙嘴内侧的海水成了一个潟湖,所以民间谚语说:"西湖明珠从天降,龙飞凤舞到钱塘。"西湖承受山泉活水清洗,又经历代人工疏浚治理,诗人白居易和苏东坡等人任杭州地方长官时,都悉心治理西湖,疏挖湖泥,兴修水利,灌溉农田,而且构成了湖中三岛、白苏二堤、湖上塔影的佳丽景色。环湖山峦叠翠,花木繁茂,峰、岩、洞、壑之间穿插着泉、池、溪、涧,青碧黛绿丛中点缀着楼阁、亭榭、宝塔、石窟,天然景色加上人工布局,自然美和人工美融为一体。西湖风光之美,真是"古今难画亦难诗"。明正统间(1436—1449),有日本国使者游西湖,曾题诗说:"昔年曾见此湖图,不信人间有此湖。今日打从湖上过,画工还欠着工夫。"

西湖自古以来就是著名的游览胜地。在旖旎的西湖景色中,最有名的当属"西湖十景"。南宋画家马远、陈清波撷取西湖风景精华所作十幅画作,分别标上柳浪闻莺、两峰插云、平湖秋月、断桥残雪、三潭印月、雷峰夕照、苏堤春晓、南屏晚钟、花港观鱼、曲院风荷,于是便有了"西湖十景"的说法。清朝康熙皇帝南巡游西湖,改"两峰插云"为"双峰插云","曲院风荷"为"曲院风荷",并为十景亲笔题名,刻石建碑,西湖十景就这样确定下来了,乾隆皇帝时又对十景一一题诗。这样,自南宋开始得名的"西湖十景"一直流传至今。

1984年,经杭州市民投票和由知名人士组成的评委会评议,又遴选出西湖新十景,分别为:云栖竹径、满陇桂雨、虎跑梦泉、龙井问茶、九溪烟树、吴山天风、阮墩环碧、黄龙吐翠、玉皇飞云、宝石流霞,陈云、刘海粟、赵朴初等10位名家为之题名立碑。从2002年起,杭州市实施了西湖综合保护工程,西湖的生态环境日益改善,恢复和新建了百余个新景区、景点,实行"还湖于民",53处西湖景点免费开放,成为杭州"休闲之都"美誉的最好范例。2007年10月27日,在第九届中国杭州西湖博览会开幕式上,杭州市又公布了新的西湖十景:灵隐禅踪、六和听涛、岳墓栖霞、湖滨晴雨、钱祠表忠、万松书缘、杨堤景行、三台云水、梅坞春早、北街梦寻。

西湖不仅揽山水之胜、林壑之美,更因众多的历史文化名人而生色。中国历史上的民族英雄岳飞、于谦、张苍水、秋瑾等,都埋骨西子湖畔,他们的英名和浩然正气长留于西湖的青山绿水之间。古代的诗人画家,如白居易、苏东坡、柳永、吴昌硕、黄宾虹、潘天寿等,都与西湖结下不解之缘,留下了"水光潋滟晴方好,山色空蒙雨亦奇。欲把西湖比西子,淡妆浓抹总相宜"①等千古流芳的名篇华章,西湖也因他们的题咏和描绘而更负盛名。清代文学家袁枚诗云:"江山也要伟人扶,神化丹青即画图。赖有岳于双少保,人间始觉重西湖。"②现代文学家郁达夫诗云:"楼外楼头雨如酥,淡妆西子比西湖。江山也要文人捧,堤柳而今尚姓苏。"③两首诗道出了西湖在山水美之外的人文美。西湖的秀水幽山,千百年来曾倾倒过多少墨客骚人!他们各逞所能,创作了大量诗、词、曲、赋、文、联、剧、画、字、印,乃至神话传说、民间故事、工艺珍品、名点佳肴,它们无不是西湖山水滋养哺育之下的精神文化产

---

①(宋)苏轼.饮湖上初晴后雨.
②(清)袁枚.谒岳王墓.
③郁达夫.乙亥夏日楼外楼坐雨.

物。反过来,它们又泽润山水,美化山水,传播山水,使山水之美得以诗(艺术)化,在诗化中得到升华,即所谓"文以地生辉,地以文益秀"。华夏名山胜水何止千万,像西湖山水这样自唐以来,被文学艺术史上几乎所有的大家写入诗文书画连篇累牍的却是绝无仅有。2011年,杭州西湖文化景观被列入联合国教科文组织《世界遗产名录》,世界遗产委员会如此评价:"自公元9世纪以来,西湖的湖光山色引得无数文人骚客、艺术大师吟咏兴叹、泼墨挥毫。景区内遍布庙宇、亭台、宝塔、园林,其间点缀着奇花异木、岸堤岛屿,为江南的杭州城增添了无限美景。数百年来,西湖景区对中国其他地区乃至日本和韩国的园林设计都产生了影响,在景观营造的文化传统中,西湖是对天人合一这一理想境界的最佳阐释。"

## 二、三吴都会

相传公元前21世纪夏禹乘舟会诸侯于会稽山(今浙江绍兴),舍其杭(方舟)于此,因有"余杭""禹杭"之名。春秋时杭州地先属吴,后属越,战国时楚灭越国,又属楚。秦并天下,于始皇二十五年(前222)设钱唐县于灵隐山麓,属会稽郡。三国、两晋、南北朝时期为吴兴郡,属扬州。梁武帝太清三年(549)升钱唐县为临江郡,陈后主祯明元年(587)又置钱唐郡,属吴州。杭州从县升郡,反映出杭州经济的发展。同时,佛、道等宗教先后传入,后世杭州号称"东南佛国",实肇始于此。

隋开皇九年(589)改钱唐郡为杭州,始有杭州之名,并将城址由灵隐山下迁至柳浦西(今江干),辖钱唐等6县,杭州从山中小县自此发展成为江干大邑。大业六年(610)江南运河开通,与邗沟、通济渠相接,从开封、洛阳可直通杭州,促进了南北经济和文化的交流,而杭州也成为"异珍所聚""商贾并辏"的商业都市。

唐武德元年(618)置杭州郡;武德四年(621)因避国号讳,改"钱唐"为"钱塘"。唐代,杭州的都市、人口、经济大大发展,城区范围扩大,由江干一带向西北拓展到今武林门,对内、对外贸易迅速发展,"骈樯二十里,开肆三万室"①,俨然成为东南一大商埠。在经济繁荣的同时,人口也迅速增长,居

---

①(唐)李华.杭州刺史厅壁记.

民超过10万。当时钱塘江海水使居民饮水咸苦,大历年间(766—779)刺史李密开凿六井,引西湖水入城,解决了居民的饮水问题。大诗人白居易任杭州刺史时,浚湖筑堤,使西湖更加美丽,并写下了许多赞美湖光山色的诗句,西湖名声日渐彰显。

五代十国时期,吴越国于公元907年建都杭州,历5帝72年。虽北方战乱频仍,但吴越国采取"保境安民"的国策,励精图治,使杭州更趋繁荣。吴越王钱镠为保障杭城的安全,在候潮门到通江门外修筑捍海石堤,抵御潮患;又建龙山、浙江两闸,遏制江潮倒灌,沟通运河与钱塘江水道。他还扩建城垣,兴建寺庙,整治内河,疏浚西湖,发展海上交通,与日本、高丽、新罗、大食等国家和地区进行贸易和文化交流。钱塘江边,舟楫辐辏,望之不见首尾,四方商贾、货物云集。

北宋时,杭州为两浙路的路治。随着对外贸易的发展,杭州设立了市舶司,管理对外贸易,并成为中国的重要港口之一。大诗人苏东坡先后两次为官杭州,对西湖大加治理,集民工数万,疏浚西湖,以葑泥筑堤(即今苏堤),沟通南北,建桥植柳,增添了"长虹卧波"的瑰丽景观。他还重修六井,疏浚茆山、盐桥两河,促进了城市交通建设。他的许多吟咏西湖风光的诗词,至今传诵不绝,脍炙人口。杭州至此发展成为"东南第一州"。

南宋建炎三年(1129),置行宫于杭州,改名临安,绍兴八年(1138)正式定都,称行在所,历8帝148年,在约一个半世纪的时间里,杭州是南宋的政治、经济、文化中心。随宋室南渡而来的大批北方人口,使杭州人口急剧增长,到南宋后期已近百万,北方的生产技术也随之传入,纺织、制瓷、造船、印刷、造纸、兵器等手工业相当发达。南宋的宫廷文化和民间文化交相辉映,涌现了一大批文学家、艺术家。西湖的旅游业也得到空前发展,一年四时游玩,殆无虚日。当时的西湖风景区,亭台楼阁、寺宇精舍,掩映于青山绿水之间,酒肆茶楼、驿馆旅社,随处可见,"山外青山楼外楼,西湖歌舞几时休",杭州成了人间天堂,西湖成了"销金窝"。与此同时,杭州的对外交往更加发达,范围所及达50多个国家和地区,大量的外国使臣、商人僧侣和旅游者来杭州游历侨居。

元至元十三年(1276),元军攻下临安,复改名杭州。元代杭州为浙江行省治所,人口继续增长,经济持续繁荣,依然是东南重镇。意大利著名旅行家马可·波罗、鄂多立克和北非摩洛哥大旅行家伊本·拔图塔等先后来杭游历，他们对杭城规模之大、人口之众、商业之繁荣、风光之秀丽赞不绝口。许多阿拉伯、中亚地区的商人侨居杭州，景教、犹太教等先后传入，回教发展迅速。海外贸易更趋发达，远及北非、东非沿岸。

元末明初，由于频遭大火和战乱，杭州迅速衰落，直到明代中叶以后才有所恢复。清代仍设杭州府，为浙江省会，政治、经济发展平稳。鸦片战争后，尤其是1895年《马关条约》订立后，杭州被辟为通商口岸，在拱宸桥一带设立租界。随着资本主义势力的入侵和洋务运动的兴起，杭州的近代化工业逐步发展起来，出现了通益公纱厂等民族工业。1927年，设杭州市，直属浙江省。

## 三、风雅钱塘

杭州地杰人灵，英才辈出，文脉源远流长。三国时吴国的创建者孙权，唐初书法家褚遂良，中国号称"皇帝"的第一位女人，唐代农民起义领袖陈硕真，唐代诗人贺知章，五代十国吴越国的创立者钱镠，北宋科学家、政治家、《梦溪笔谈》的作者沈括，北宋建筑家、木结构的祖师"造塔鲁班"喻皓，北宋诗人林逋，词人周邦彦、朱淑真，南宋画家刘松年、马远、夏珪，数学家杨辉，爱国诗人汪元量，明代政治家于谦、商辂，明代作家田汝成，画家蓝瑛，清代兵器发明家、一次可连续发射28发炮弹的连珠炮的发明者、被康熙特封"威远将军"的戴梓，清代剧作家洪昇，书画家金农，金石篆刻家丁敬，诗人袁枚，女作家、长篇弹词《再生缘》的作者陈端生，爱国将领葛云飞，思想家、文学家龚自珍，近代民主革命家、思想家章炳麟，现当代学者、社会活动家马叙伦，作家郁达夫，电影艺术家夏衍，中国敦煌学奠基人常书鸿，科学家蒋筑英等都是杭州人或曾居杭州。孤山上的西泠印社是我国研究金石篆刻的著名学术团体，印社园林建筑精巧，诗韵隽永，为"湖山最胜"。

自20世纪80年代起，为物化杭城的历史文化并为旅游城市增加文化内涵，杭州陆续建起了数十座专题博物馆、名人纪念馆，形成博物馆、纪念馆系列，著名的如中国丝绸博物馆、中国茶叶博物馆、南宋官窑博物馆、胡庆余堂中药博物馆、良渚文化博物馆、中国印学博物馆及苏轼、于谦、李叔同、龚自珍、章太炎、马一浮等名人纪念馆，从各个侧面展现杭州的历史文化底蕴。

中国丝绸博物馆坐落在玉皇山北莲花峰下,1992年2月建馆,占地约4.8万平方米,展示了我国5 000多年丝绸文化与发展成就。丝绸被誉为"东方艺术之花",春秋战国时已在杭州发展,至唐代杭州丝绸有"天下为冠"的盛誉,成为宫廷贡品。早在1 000多年前,杭州所产丝绸就远销东南亚和阿拉伯诸国,从陆上和海上铺设了丝绸之路。今日杭州丝绸,具有缂丝、丝织、绢丝、印染、设计、试样、丝绸机械制造等完整的体系,企业众多,产品种类齐全,花色繁丽,质优物美。常年生产的丝绸品种有绸缎、锦、纺、绢、绫、罗、绉、纱、绒等15个大类近2 000个品种,1 000多种花色。这些丝绸中织进了鲜花、云彩、诗、画,呈现了杭州文化深厚的底蕴。博物馆设有序幕厅、历史文物厅、民俗厅、蚕桑厅、制丝厅、丝织厅、印染厅、现代成就厅等展厅,陈列千余文物、标本、图片、机具和现代展品,馆区内还设有桑园、染草园及与丝绸文化相关的园林小品。

风靡世界的茶文化,其主要源头在杭州。驰名世界的"茶艺""茶道"起源于杭州。杭州径山是茶圣陆羽著《茶经》时的驻足之地,遗迹甚多。径山寺在唐代时常举行茶宴、斗茶会等茶艺活动,茶道由此而远扬海外。杭州茶的代表是龙井茶,在唐代陆羽写的世界第一部茶叶专著《茶经》中就有记载,其"色泽翠绿,香郁若兰,味醇甘鲜,形似雀舌"。龙井山上有乾隆敕封的"御茶"18棵。龙井山下建有中国茶叶博物馆,主体建筑错落有致,四周茶园簇拥,以花廊、曲径、假山、池沼、水榭等相勾连,富有江南园林的独特韵味和淳朴清新、回归自然的田园风光。展厅以"茶的历史""饮茶风俗""茶具艺术""名茶荟萃""茶健康"5个专题,细致形象地反映了我国源远流长、丰富多彩的茶文化和中国几千年茶叶文明的历史轨迹。

杭州的陶瓷业也曾辉煌一时。杭州南宋官窑为中国五大名窑(官、哥、汝、定、钧)之首,在杭州玉皇山南麓的八卦田东侧,距南宋皇城遗址约2千米。官窑瓷器造型多以商周青铜器为母本,典雅大方,纹片古朴厚重,釉面脂润如玉,釉色粉青幽雅。现遗址保存完好,并建有南宋官窑博物馆,开放制作坊及龙窑原址,恢复了原官窑的烧制技术,重现了官窑瓷器的光彩。杭州南宋官窑博物馆位于西湖风景区南缘,闸口乌龟山南麓,是一个以宋代建筑形式为原型的仿古博物馆。全馆分展厅和遗址两个部分。展厅由三个展室组成:第一展室展示了在杭州出土的历代精美陶瓷器珍品;第二展室展示了中国古代陶瓷历史和南宋官窑建立后社会、政治、经济基础及发展的情况;第三展室展示了国内的仿古瓷研究及运用现代技术仿制的官、哥、汝、定、钧宋代五大名窑和越、建窑等精品。遗址内有建筑面积达1 700平方米的作坊遗址保护厅和龙窑遗址保护廊,是我国最大的古遗址保护建筑。作坊内的水沟、练泥地、陶车坑、釉缸、素烧炉、生坯堆和窑炉均是当年的生产设备和制作流程,具有极高的科研价值。

胡庆余堂中药博物馆位于吴山脚下大井巷内,原为清代红顶商人胡雪岩于光绪四年(1878)创立的庭园式药店,建筑属典型的清代风格,古朴雅致,金碧辉煌。它是我国唯一的国家级中药专业博物馆,享有"神奇的科学殿堂,灿烂的医药文化"之誉。整个馆分为五个部分:第一部分为陈列展厅,介绍我国历代医药名人、药物的起源、药物学的发展、中外药物交流、浙江在中国药学发展中的地位和贡献;第二部分为中药手工作坊厅及兴趣室,这里,老药工可以为参观者表演传统制药工艺,参观者还可以动手操作,体验制药乐趣;第三部分为中医保健门诊室;第四部分为药膳厅;第五部分为营业厅。游客到此,不仅可观赏,也可亲身在"兴趣室"一试传统药具的操作,还可以在该馆请名家门诊、选购优质中成药产品,品尝有防病强身、延年益寿妙用的药膳风味。

## 第三节　巴陵故郡——岳阳

岳阳古称巴陵,又名岳州,位于湖南省东北部洞庭湖与长江汇合口,为湘、鄂、赣三省边境连结点,是湖南省唯一的临江口岸,有"湖南门户"之称。这里有横无际涯、气象万千的洞庭湖,有流芳千古、声名远播的岳阳楼,有斑竹滴泪、柳毅传书的湖中仙岛君山,还有彭德怀领导平江起义旧址、任弼时故居等革命纪念地,是一座拥有2 500多年历史,集名山、名水、名楼、名人、名文为一体的历史文化名城。

### 一、巴陵故郡

夏商时期,岳阳为荆州之域、三苗之地。周敬王十五年(前505)在此筑西糜城,是为境内建城之始。东汉建安十五年(210),东吴孙权在今平江县东南的金铺观设汉昌郡,这是岳阳市境内设郡之始。西晋太康元年(280)始建巴陵县,巴陵之名自此始。南朝宋元嘉十六年(439)置巴陵郡,此后巴陵长期作为洞庭湖地区中心城市。隋文帝时,精简郡县,废巴陵郡,建为巴州,开皇十一年(591),改巴州为岳州。宋为岳州,元为岳州路总管府,明清为岳州府。清光绪二十五年(1899),清政府开辟岳州为通商口岸。1913年,改巴陵县为岳阳县。1961年由岳阳县析设市,1983年岳阳市升为省辖市。

岳阳自然资源丰富,素称"鱼米之乡"。君山银针茶、北港毛尖茶、岳州扇、岳州瓷、洞庭银鱼、龟蛇酒、湘莲、兰花萝卜等名特产品远近驰名。

## 二、山川形胜

岳阳地势东高西低,呈阶梯状向洞庭湖倾斜。东部为丘陵,西部为滨湖平原。境内水域面积广大,有洞庭湖、南湖、白泥湖、芭蕉湖、东风湖、松杨湖等湖泊及长江、湘江、汨罗江、新墙河等河流,湖泊星布,河道网织,水系发达,湖光山色,熠熠生辉。

1. 洞庭天下水,岳阳天下楼

洞庭湖是中国第二大淡水湖,跨湖南、湖北两省,目前已被分割成为东洞庭湖、南洞庭湖、目平湖、七里湖及许多小湖群,其中以东洞庭湖最宽广,为岳阳市境所裹挟。洞庭湖波澜壮阔,雄浑广大,景色旖旎,正如范仲淹在《岳阳楼记》中所描述的:"予观夫巴陵胜状,在洞庭一湖,衔远山,吞长江,浩浩汤汤,横无际涯,朝晖夕阴,气象万千。""潇湘八景"中的"平湖秋月""远浦归帆""平沙落雁""渔村夕照",尽在洞庭一湖。

岳阳楼矗立于洞庭湖东岸、岳阳市西门城墙上,西临烟波浩渺的洞庭湖,北望滚滚东去的万里长江,水光楼影,相映生辉,素有"洞庭天下水,岳阳天下楼"的盛誉,与武昌黄鹤楼、南昌滕王阁并称江南三大名楼。岳阳楼始建于东汉末年,距今已有1 800多年历史。建安十九年(214),孙权派鲁肃屯巴丘,在汉代马援所筑巴丘邸阁的基础上扩建巴丘城,城西门谯楼即今岳阳楼的前身。两晋南北朝时称巴陵城楼,唐初称南楼,李白赋诗之后始称岳阳楼。岳阳楼屡圮屡修,有史可查的就有30多次。唐开元四年(716),中书令张说贬谪岳州,曾经修建岳阳楼,每与才士登楼赋诗,楼声名始著。北宋庆历年间(1041—1048)滕子京谪守巴陵郡,集资重修岳阳楼,并请范仲淹作记,大诗人苏舜钦书丹,著名篆刻家邵𫗧篆刻,时称"四绝",尤其是《岳阳楼记》使岳阳楼更加声名远播。自宋至清末800多年,岳阳楼屡遭兵燹灾祸,多次重修,最后一次为清光绪六年(1880)知府张德容拨茶厘税收及地方捐款重修。中华人民共和国成立后,政府多次拨款修葺,保持了古楼的历史风貌和建筑风格。

岳阳楼高21.5米,三层,飞檐,纯木结构。楼顶覆盖黄色琉璃瓦,造型奇伟,曲线流畅,陡而复翘,宛如古代武士的头盔,名为"盔顶"。盔顶下的如意斗拱状如蜂窝,玲珑剔透。"岳阳楼"匾额为郭沫若手书。楼内陈设别具特色。各层内悬挂历代名家撰写的楹联,二楼所嵌雕屏为清乾隆时期大书法家张照所书,字形方正,笔力雄浑,技法多变,独具匠心,为传世一级珍品。三楼所嵌雕屏是毛泽东书杜甫诗《登岳阳楼》,笔法雄健奔放,形神兼备。与岳阳楼相配的还有仙梅亭、三醉亭、怀甫亭、碑廊等建筑。

岳阳楼所处的位置极好。它屹立于岳阳古城之上,背靠岳阳城,俯瞰洞庭湖,遥对君山岛,北依长江,南通湘江,登楼远眺,一碧无垠,白帆点点,云影波光,气象万千。历史上的诗人如李白、孟浩然、杜甫、韩愈、刘禹锡、白居易、李商隐、欧阳修、黄庭坚、陈与义、张孝祥、陆游等均曾前来登临览胜,留下了不少名篇佳作,如李白的"楼观岳阳尽,川迥洞庭开"①,孟浩然的"气蒸云梦泽,波撼岳阳城"②,杜甫的"吴楚东南坼,乾坤日夜浮"(《登岳阳楼》),白居易的"春岸绿时连梦泽,夕波红处近长安"③等皆为千古绝唱。特别是范仲淹所作的《岳阳楼记》,字字珠玑,千古传诵不衰。

2. 丹青画出是君山

君山系洞庭湖中小岛,位于岳阳市区西南方,水程12千米,与千古名楼岳阳楼隔湖相望。君山原名洞府山,取意神仙"洞府之庭"。传说这座"洞庭山浮于水上,其下有金堂数百间,玉女居之,四时闻金石丝竹之声,彻于山顶"④。后因舜帝的两个妃子娥皇、女英葬于此,屈原在《九歌》中称之为湘君和湘夫人,故后人将此山改名为君山,又称湘山。君山素以独特的地理位置

---

① (唐)李白. 与夏十二登岳阳楼.
② (唐)孟浩然. 望洞庭湖赠张丞相.
③ (唐)白居易. 题岳阳楼.
④ (晋)王嘉. 拾遗记·卷十.

和集奇摄胜的绝世佳景而与天下名山争秀。山上有大小山峰72个,回环相连;茂林修竹,郁郁苍苍;层层茶园,铺绿展翠;亭阁楼台,竞相争辉。"烟波不动影沉沉,碧色全无翠色深。疑是水仙梳洗处,一螺青黛镜中心。"①君山灵境不知陶醉了多少文人墨客,自古以来,凡游过君山、望过君山的无不为君山的神奇秀丽所倾倒,在李白的笔下是"淡扫明湖开玉镜,丹青画出是君山"②;刘禹锡形容为"遥望洞庭山水翠,白银盘里一青螺"③;黄庭坚更是"未到江南先一笑,岳阳楼上对君山"④。

君山峰峰灵秀,烟云缥缈,神奇的传说更是美妙动人。娥皇、女英在君山痛悼夫君虞舜的传说已经和君山融为一体;柳毅与龙女的爱情故事极富传奇色彩;秦始皇怒赭君山,暴露了独裁者的肆虐;汉武帝勇射蛟龙,传达了人们对英明君主和盛世的向往。君山古迹众多,曾经山山有亭,坡坡有庙,今尚存二妃墓、封山印、柳毅井、传书亭、朗吟亭、酒香亭、杨幺寨、猴子洞等。弃舟登山,可先谒"舜帝二妃之墓"。二妃墓位于君山码头东南数百米的山麓旁,青石构筑,环境清幽。墓碑乃清光绪七年(1881)湘军将领彭玉麟立,上镌"虞帝二妃之墓"。墓两边的石刻对联是:"君妃二魄芳千古,山竹诸斑泪一人。"墓四周长着一丛丛青翠的斑竹。柳毅井位于君山东麓中部山坳,俗称"龙口舌根"处,据说此井直通洞庭湖龙宫,深不可测,唐代李朝威写的《柳毅传书》的故事就发生在这里。相传当年柳毅为龙女传书时,即由此井下水。井壁上所雕巡海神,相传是柳毅下水时的引路者。井5米开外处有一斜道直通井中,相传柳毅即沿着它走向井里,而斜道两壁上所雕虾兵蟹将,又相传是龙王派来欢迎他的队伍。井后高台上建有传书亭。西山有杨幺寨,相传是南宋初年洞庭湖农民起义军领袖杨幺兵营的遗址。酒香亭位于君山主峰酒香山顶,相传汉武帝听说君山有美酒数坛,饮之可成仙,便派童男童女找寻美酒,结果回报只闻酒香,不见酒迹,武帝只好作罢。从此,君山主峰才有了"酒香"之名,而建于山巅的多角观景亭,也以"酒香"命名。朗吟亭相传为吕洞宾吟诗的地方,与对面的岳阳楼和三醉亭遥遥相望。吕洞

---

① (唐)雍陶.题君山.
② (唐)李白.陪族叔刑部侍郎晔及中书贾舍人至游洞庭五首.
③ (唐)刘禹锡.望洞庭.
④ (宋)黄庭坚.雨中登岳阳楼望君山.

宾数次游岳阳,曾作诗云:"朝游北越暮苍梧,袖里青蛇胆气粗。三醉岳阳人不识,朗吟飞过洞庭湖。"他飞到君山以后,以泉洗脚,在山高卧,后人在他倾酒高吟、醉卧酣眠之处建了一座两层的朗吟亭。飞来钟原为崇胜寺内古钟,杨幺起义时以此报警。杨幺高举"等贵贱,均贫富"的义旗,劫富济贫,深受人民爱戴。百姓自筹款物铸成一口大钟,深夜偷运上龙山头。该钟二毁三造,游人至此,总要击钟吊古,告慰英魂。

君山上遍布珍禽异草,有名贯古今、唐代以来就列为贡品的君山银针茶,稀奇的红绿叶树和品种繁多的斑竹、方竹、梅花竹等。动物有名贵的金龟,还有丰富的鸟类,包括沙鸥、锦鸡、天鹅、鱼燕、黄鹂、杜鹃、斑鸠等 30 余种鸣鸟和水鸟。

### 3. 水闲明镜转,云绕画屏移——南湖和金鹗山

南湖位于岳阳城南,西与洞庭湖相通,南临赶山、龟山,北滨金鹗山、白鹤山,东西湖水分为两支,各弥漫数千米,湖汊与峰峦相交错,水色山光,相映成趣。南岸一脉赶山,绵延起伏,恰似青龙跃水;湖中九个小岛,一字型排列,俗称九龟山,形成"一龙赶九龟"的奇异景观。民间传说秦始皇赶山填海,至此天明,任这位暴君怎样鞭打,那山仍岿然不动,于是这座山就留在南湖之滨。山尾麓留有一道深坳,人称马坳,传说是当年秦始皇留下的鞭痕。湖东面北港湾口有一座三拱大石桥飞架湖面,长桥卧波,饶有风致,这就是熟为人知的三眼桥,为明代户部尚书方钝所修。桥对面有螺蛳山,山上有方钝陵墓,山下四面环水,渔帆往来。湖中有湖心岛,像是镶嵌在碧波中的宝珠。湖北岸半岛鳌突,港湾回环,绿水青山,真个是"千峰出浪险,万木抱烟深"①。

南湖自古是文人集聚和吟诗作画的场所。唐中书令张说贬官岳州后,经常与诗友泛舟南湖,把酒唱和,为一时之盛。著名诗人李白、赵冬曦、尹懋等都曾是南湖的常客,留下了许多名篇佳作。张说的"云间东岭千重出,树里南湖一片明"②,李白的"水闲明镜转,云绕画屏移"③,都是千古佳句。李

---

① (唐)张说. 别灉湖.
② (唐)张说. 灉湖山寺.
③ (唐)李白. 与贾至舍人于龙兴寺剪落梧桐枝望灉湖.

白还有诗曰:"南湖秋水夜无烟,耐可乘流直上天。且就洞庭赊月色,将船买酒白云边。"①

金鹗山位于城区中心,西望洞庭湖,东滨南湖,山形如巨鸟伫立。清光绪《湖南通志》记载"金鹗山在县南二里,相传有异鸟飞集于山,其色如金",故名金鹗山。据民间传说,古时洞庭湖有妖怪兴风作浪,残害生灵,翱翔在天空中的金鹗仙子发现了,非常愤慨,便俯冲下来与恶魔搏斗,将妖怪啄死。金鹗仙子又邀集许多金鸟一道从南海衔来许多鱼苗,放入洞庭湖,她自己则敛翅翘首,屹立岸边,永远镇住妖孽。后来,洞庭湖就成了富庶的鱼米之乡,金鹗山就是金鹗仙子的化身。金鹗山历史悠久,亦为兵家纷争之地,遗留了许多名胜古迹,主要古迹遗址有金鹗书院、吴三桂驻军营垒、谢登之墓、桃花洞、奎星洞、文昌亭等。

### 三、文采风流

岳阳是古楚文化和百越文化的交汇地,秀美的山水风光与深厚的湖湘文化交相辉映,自古以来,在这块神奇的土地上,曾孕育过许多仁人志士、英雄豪杰,流传着许多动人的故事。

伟大的爱国诗人屈原,当理想破灭,以死向邪恶势力抗争的时候,选择了岳阳的汨罗江作为自己生命的最后归宿,从此以后,"日夜江声下洞庭"的汨罗江就一直驰骋着一股悲壮的英雄之气。在汨罗县城西北约10千米处的玉笥山顶建有屈子祠。祠为砖木结构,是一组三进院落的建筑群,有关于屈原生平及屈原作品的写意浮雕等。中国汉民族四大传统节日之一的端午节相传起源于岳阳一带,每年农历五月初五举行纪念屈原的活动,吃粽子、龙舟竞渡的习俗由此发展而来,如今"龙舟之乡"岳阳仍每年举行盛大的龙舟竞渡大赛。

一代诗圣杜甫,晚年曾由四川乘舟入洞庭,流寓岳州,拖着病残的身体,瞻仰屈原祠,登临岳阳楼,写下了著名的诗篇《登岳阳楼》,寥寥40字,既写出了洞庭湖、岳阳楼的雄伟壮观,也道出了自己的悲惨境遇和国事的多舛,忧国忧民之心,感人肺腑,撼人心魄。不久,诗人病逝于岳阳市境内平江县

---

① (唐)李白.陪族叔刑部侍郎晔及中书贾舍人至游洞庭五首.

的一叶小船上。杜甫墓坐北向南,墓为圆形土堆,墓前立青石碑,上刻"唐左拾遗工部员外郎杜文贞公之墓"。墓前是清光绪十年(1884)重修的杜文贞祠。宋人有诗叹云:"水与汨罗接,天心深有存。远移工部死,来伴大夫魂。流落同千古,风骚共一源。江山不受吊,寒日下西原。"诗中对屈原与杜甫这两位伟大爱国诗人死于一地,葬于邻近,有无尽感慨。墓地近处有杜家冲,相传为杜甫子孙住地,墓地一带多有杜姓人,皆称杜甫后裔。

  岳阳还有三国吴鲁肃墓和小乔墓。鲁肃墓位于岳阳楼以东约500米处,坟堆耸立如丘,墓前竖"吴鲁公肃墓"石碑。鲁肃是临淮东城(今安徽定远东南)人。他在赤壁之战中,穿针引线地促成了孙权和刘备的联盟,为周瑜出谋献策,打败了曹操的军队。建安二十年(215),鲁肃率重兵屯守巴丘,建安二十二年(217)因病卒于任上,年仅46岁。鲁肃在陆口和巴丘的六七年间,始终维护孙刘联盟,使曹军不敢南征,充分显示了他的军事才能和聪明才智,晋人陈寿在《三国志·吴志》中称赞鲁肃任职荆州时"威恩大行",岳阳这一带自古尊他为"贤人",修鲁肃墓,建鲁肃将军庙(已毁),崇拜至深。小乔墓位于岳阳楼东北隅,墓北原有小庙,内供小乔像,抗日战争中庙毁,今仅存墓。小乔为三国东吴都督周瑜的夫人,死后葬此。因杜牧诗及苏轼词的文学渲染,使周瑜及小乔传为佳话,加之戏曲流传,影响颇为深远。自明代起,文人凭吊小乔墓的诗联不绝。

  市内文庙为宋朝庆历六年(1046)滕子京所建,当时称岳州学宫,为当年岳州"百废俱兴"的壮举之一。后来经历了数十次重建与修葺,最后一次修葺是清同治十一年(1872)。文庙坐北朝南略偏西,砖木混合结构,面阔5间,进深3间,占地548.5平方米。整个建筑工艺精巧,宏伟壮观,现存的木柱、木墩、石柱座为宋代构件。

  岳阳境内还有平江起义旧址、湘鄂赣革命根据地纪念馆、任弼时故居等革命纪念地。平江起义旧址天岳书院始建于清代同治六年(1867),因书院门对小天岳山而得名。院内原有讲堂3间,住室3间,东西斋各14间。第二次国内革命战争时期,彭德怀率领的湖南独立第五师第一团于1928年5月驻扎于此,同年7月22日,彭德怀与滕代远、黄公略在这里发动平江起义,成立了中国工农红军第五军,开辟了湘赣革命根据地。彭德怀及滕代远当年的住房至今仍保存着。1945年,由王震、王首道率领的三五九旅南下,曾驻扎在这里。1949年7月26日至30日,国民党程潜和陈明仁将军的代表程星龄等人在这里会见了解放军的和平谈判代表团,促成了湖南全境的和平解放。

## 第四节 山水甲天下——桂林

桂林是广西壮族自治区区辖市,位于广西东北部,聚居着汉、壮、瑶、回、侗、苗、土家、毛南等28个民族。唐代文学家韩愈热情歌颂桂林风光:"江作青罗带,山如碧玉簪","远胜登仙去,飞鸾不假骖"[①]。

### 一、山水胜景与山水文化

桂林是著名的山水名城,境内分布着占市区面积68%以上的岩溶(喀斯特)地貌,以岩溶峰林为主,包括峰林平原和峰丛凹地两大类,洞穴数以千计,市区附近的峰林平原有石峰220座,河流有灵剑溪、小东江、宁远河,市内大小湖塘100余个,总面积达82.05平方千米,形成山青、水秀、洞奇、石美的山水胜景。桂林城在拥有众多优美山体的狭窄平原上,选择了一处最适中的地方作为城址,使城与山水结合得天衣无缝,真可谓"城在景中,景在城中",城景交融(如图5-1)。数量众多的题刻、造像点缀其间,赋予山水以深厚的人文内涵。

位于市中心的独秀峰矗立城中,与著名的叠彩山、伏波山三足鼎立,是桂林主要山峰之一。山的相对高度66米,三组几乎垂直的裂隙从山顶直劈山脚,通过水流作用,形成旁无坡阜的孤峰,峭拔俊秀,有"南天一柱"之誉。晨熹夕照,独秀峰披上太阳的光辉,俨然一位紫袍玉带的王者,故又被称为"紫金山"。南朝宋颜延之诗"未若独秀者,峨峨郛邑间",唐张固诗"孤峰不与众山俦,直上青云势未休",都突出写它孤介兀立的气势,最早的"桂林山水甲天下"的诗句就刻在独秀峰上。"桂林山水甲天下"一直作为点评桂林山水景色的不朽名句,此语出自何人之口却长期悬而未决。20世纪80年代中期,桂林市文物工作者对独秀峰石刻进行全面调查清理,发现一块自明

---

① (唐)韩愈.送桂州严大夫.

清以来就不为人知的摩崖石刻,上面一字不差地刻有"桂林山水甲天下"的字句,书写者是南宋庆元、嘉泰年间(1195—1204)担任过广西提点刑狱并代理静江知府的四明(今浙江宁波)人王正功。王正功的诗句极好地凸现出桂林山水的清奇秀美,成为桂林作为风景旅游城市在中国乃至国际上的形象口号。独秀峰顶有独秀亭,亭前有 10 平方米的平台,高踞悬崖之巅,登临四望,云生足下,星列胸前,桂林奇山秀水一览无余。独秀峰园内的读书岩相传为南北朝文学家颜延之读书处。

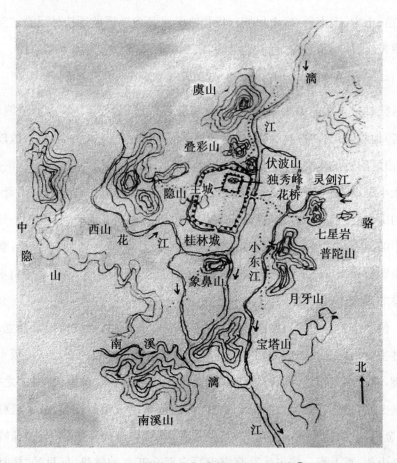

图 5-1 桂林山水与城市平面关系示意①

叠彩山位于桂林市中心偏北部的漓江西岸,由于越山、四望山、明月峰与仙鹤峰 4 峰组成,最高的仙鹤峰海拔 253.6 米。山体由 3.6 亿年前沉积

———————

① 汪德华. 中国山水文化与城市规划. 南京:东南大学出版社,2002:145.

的石灰岩和白云质灰岩组成，岩层呈厚层、中厚层及薄层状，远望岩层相叠，唐代元晦《叠彩山记》记载："山以石纹横布，彩翠相间，若叠彩然，故以为名。"又因山上桂树成林，金秋时节香溢满城，别称"桂山"。另外，明月峰山腰有一个四季生风的洞，因而又得名"风洞山"。叠彩山势由西向东，跌宕起伏，嵯峨挺拔，山间萝悬绝壁，藤绕苍岩，古树繁茂，亭台掩映，千百年来，被誉为"江山会景处"。山中有摩崖石刻201件，佛像98尊。

伏波山位于漓江之滨，孤峰雄峙，半枕陆地，半插江潭，每遇春夏洪波，山麓遏阻着汹涌的巨澜，使江水回流倒转，以此得名。又因汉伏波将军马援南征经此，唐时山上曾建有伏波将军庙而得名。伏波公园主景由伏波山和多级山地庭园组成。伏波山有石磴曲折而上，经休息坪、半山观景亭抵达山顶，崖间石刻、佛像琳琅满目，有唐宋以来石刻160余件，唐中晚期摩崖造像大小共200余尊，其中宋代米芾自画像及其题名和范成大的《鹿鸣宴》诗弥足珍贵。临江处有一下垂的石柱，形如漏斗，高约半米，下端离地寸许，相传为汉伏波将军试剑处，称"试剑石"。伏波山现存清代定粤寺的两件遗物，一是2 500余公斤重的"大铁钟"，口径2米，高2米，二是可供千人食的"千人锅"。

桂林至阳朔80千米的漓江河段，岩溶地貌发育最为典型，其间河谷开阔平缓，山多平地拔起，孤峰、峰丛、峰林环布，漓江依山势流转，江中为洲，间有险滩、流泉、飞瀑，衬映岸边的田园、农舍、翠竹、浓荫，风光旖旎，构成瑰丽雄奇的百里漓江长卷，是桂林山水精华所在。

位于桂林市东南漓江西岸的象鼻山是桂林山水的代表、桂林城的象征，因酷似一只站在江边伸鼻豪饮漓江甘泉的巨象而得名。象鼻山海拔200米，高出水面55米，山体面积1.3公顷，由3.6亿年前海底沉积的纯石灰岩组成。象鼻山原名漓山，又叫仪山、沉水山。清代工部郎中舒书在《象山记》中写道："粤之奇以山，粤西之山之奇以石，而省城相对之象，则又其奇之甚。"1986年依象鼻山辟建象山公园，园内以象鼻山为主体，还有"象山水月"、仿古建筑云峰寺、爱情岛、明代建筑普贤塔等景观，是桂林的重点旅游景点。

水月洞在象鼻山的象鼻和象腿之间，是一个东西通透的圆洞，面积约150平方米。《象山记》载，"有石穴一，彼此可以相望，形圆而长，其半入于漓水中,水时高时下,故其穴亦时有大小"。水月洞洞口朝阳,亦名朝阳洞。每当月朗风清、水平如镜之夜,水月洞倒影酷似一轮皎月浮江,江中二圆月并浮,"象山水月"是桂林山水一大奇景,文人学士属文赋句,莫不叹为观止。宋蓟北处士《和水月洞韵》诗有"水底有明月,水上明月浮。水流月不去,月去水还流"之句,细致地刻画了天上、洞中之水底月亮相互辉映的奇景。洞内有宋代张孝祥《朝阳亭诗并序》、范成大《复水月洞铭》、陆游诗稿手札等摩崖石刻50余件,是古代石刻的集中之处。出水月洞,沿石级登山,山腰有个20多米长左右对穿的岩洞,好似大象的眼睛,因名象眼岩。象山南北两洞景色各不相同,是眺望桂林风景的绝妙窗口。山顶有明代所建普贤塔,为喇嘛式实心砖塔,高13.6米,基座北面嵌有青石一方,平雕"南无普贤菩萨"之像。远看塔似剑柄,又像宝瓶,故有剑柄塔、宝瓶塔之称。

桂林洞穴数以千计,形态奇异,芦笛岩、七星岩、冠岩、莲花岩、丰鱼岩等堪称洞穴瑰宝。桂林市周围的资江、花坪原始森林、猫儿山高山林区、青狮潭水库、龙胜高山梯田等景观风格独特,极具观赏游乐价值。桂林不仅山水秀美,而且气候温润,由于特殊的地理位置,兼有华南、华中的气候特征,所以大诗人杜甫称赞"五岭皆炎热,宜人独桂林"[①],白居易也写道"桂林无瘴气,柏署有清风"[②]。秋天桂花飘香,是一年中最好的旅游季节。

桂林的山水胜景孕育了山水文化,历代由中原来到桂林的官员和学士,如李渤、李商隐、柳宗元、张固、范成大、刘克庄、张孝祥等,都竭力颂扬桂林的"簪山、带水、幽洞、奇石",留下美丽的诗文,据统计,古代关于桂林山水的诗篇不下4 000首。桂林的摩崖石刻和佛像遍布山间,是桂林山水文化遗产的瑰宝,仅摩崖石刻就有近2 000件,由唐宋至清,有题名、题记、诗词、铭文佛经、诰封告示、舆图绘画等。清代著名金石学家叶昌炽在其著作《语石》中称赞"唐宋题名之渊薮,以桂林为甲"。散布在西山、伏波山、叠彩山、象鼻山等处的摩崖造像,琳琅满目,神态各异,风格与我国云冈、龙门石窟造像迥异,具有鲜明的南方特色。

---

① (唐)杜甫.寄杨五桂州谭.
② (唐)白居易.送严大夫赴桂州.

## 二、广西首府与藩王文化

### 1. 历史沿革

夏商周时期,桂林是百越人的居住地。公元前 221 年秦始皇统一中国之后,即发兵 50 万南攻百越,进行统一岭南的战争。秦军主力由湖南沿湘桂走廊进入广西,但在桂林北面越城岭一带遇到百越民族的顽强抵抗,战争十分激烈。岭南交通不便,难以转运粮饷,秦始皇遂令人在兴安境内开凿了一条沟通湘江与漓江的运河,这就是举世闻名的灵渠。秦始皇统一岭南后,设置桂林、南海、象三郡,今桂林属桂林郡的北部边缘,因那时郁江沿岸生长着许多玉桂树,故郡名桂林,这是"桂林"名称的最早起源,不过当时桂林郡治在郁江流域的桂平境内。在灵渠开凿和桂林郡设置后,秦王朝还迁徙大批汉人南下戍守,与百越杂居,在客观上促进了南北经济文化交流和民族融合。

秦末汉初,今桂林属南越王管辖范围。汉元鼎六年(前 111)汉武帝在桂林郡北部地方(今桂林地区大部)设置始安县,归荆州零陵郡管辖。三国吴甘露元年(265)将零陵郡南部划出,设始安郡,始安郡、始安县治所均设在今天的桂林。南朝萧梁时,于天监六年(507)析广州置桂州,大同六年(540)将州治移于今之桂林,桂林地位日益重要。唐仍称桂州,武德四年(621)于独秀峰南修城,光化三年(900)始,属静江节度。五代十国时桂林先后属楚和南汉的桂州。南宋称静江府,当时经济文化繁荣,有"西南会府"之誉。元时属广西行中书省静江路。明清时均属广西省桂林府,为府治和广西省治,是广西政治、经济和文化中心。1912 年设广西军政府于桂林,废府制,广西省会由桂林迁往南宁。1937 年省会复迁桂林。1940 年设置桂林市,1944 年因日军侵逼,省会撤离。1944 年 11 月至 1945 年 7 月 28 日,桂林为日寇占领。1945 年省会迁回桂林。1950 年省会迁往南宁。

### 2. 明靖江王府和王陵

桂林历史上长期为广西政治、经济、文化中心和军事重镇。明洪武三年(1370),朱元璋封诸子为各地藩王,其侄孙朱守谦被封为靖江王,洪武九年(1376)就藩桂林,后因激起民怨被削爵,由其嫡子朱赞仪继位。此后,靖江王传 14 代,清顺治七年(1650),明朝降将孔有德攻陷桂林,最后一位靖江王被俘遇害,不知所终,靖江王历史结束。

靖江王府位于桂林市中心,明洪武五年(1372)建府邸,洪武二十六年(1393)筑城墙。王城面积18.7万平方米,城墙高约8米,辟有端礼、广智、体仁、遵义四门,城门左为宗庙,右为社稷,在主轴线上建有承运门、承运殿、后宫、御园,围绕主体建筑建有楼、馆、厅、堂、亭、阁、轩、室,组成规模宏大、金碧辉煌的建筑群。清初,孔有德攻占桂林后封定南王,靖江王府改为定南王府。顺治九年(1652)农民起义军李定国攻占桂林,孔有德兵败自焚,历时280年的靖江王府付之一炬,现仅存城墙、城门及承运门、承运殿的台基、雕栏玉砌和云阶玉陛。

有11个靖江王葬于桂林,王陵位于市区东郊尧山西南麓,称"靖江王十一陵"。陵墓大小不等,布局均呈长方形,墓园有内外围墙。现在可供游者游览的是近年修复的第三代王庄简王朱佐敬与王妃的合葬墓。陵园占地87亩,分外园和内宫两大部分。陵门内有三条砖墁神道,中为王径,左右为陪径。神道两旁对列着既显示明代的规制,又具有较高的艺术欣赏价值的石刻。由神道进入内宫可登享殿,此殿高大宏伟,富丽堂皇,是祭祀的主要场地。殿后宝城是死者的"寝宫"。墓的左右是两条带状丘陵,遍植苍松翠柏,与红色围墙、朱漆殿宇交相辉映,历史古迹与自然景致融为一体。

### 三、近现代桂林与抗战文化

在近代史上,维新领袖康有为两次到桂林讲学,当地王浚中、况仕任、龙焕纶、龙朝辅、黎文翰等拜在康门受业,地方士绅组织圣学会,创办《广仁报》,设立广仁学堂,力主维新,对广西影响很大。1921—1922年间,孙中山以桂林为大本营,在桂林集师北伐。桂林文化近现代再现异彩是在抗日战争时期(主要是在1938—1944年)。武汉、广州沦陷后,大批文化界名流和科学、教育界人士纷纷迁来桂林。他们从事创作、出版、演出、宣传,开展各种抗日文化活动。全市人口此时增至五六十万人。据统计,当时在桂林的书店及出版社达179家,印刷厂109家,出报纸11种、杂志200多种,出版文艺专著千余种。尤其是1944年举办的"西南剧展",不仅是中国戏曲史上的空前盛举,在世界戏曲史上也是罕见的,桂林一时成为名闻遐迩的文化城。

"西南剧展"即1944年2月15日至5月19日在桂林举行的"西南第一届戏剧展览会",大会由广西省立艺术馆主办,新中国剧社具体筹备,欧阳予倩任筹委会主任,田汉、张家瑶、熊佛西、瞿白音、李文钊等35人任筹备委员,会长由广西省政府主席黄旭初担任,并邀请李济深、李宗仁、白崇禧为大会名誉会长。参加剧展的团队来自广东、湖南、江西、云南、广西5省33个单位,其中话剧团队20个,平剧团队5个,桂剧团队3个,共895人,加上大会工作人员,与会者千人以上。这次剧展共举办了三大中心活动:戏剧演出展览,主要有话剧、平剧、湘剧、楚剧、傀儡剧、瑶人歌舞、皮影子戏、马戏;戏剧工作者大会,内容有各团队工作报告、作品宣读、专家演讲、讨论提案等;戏剧资料展览,包括各团队的工作文献、创作经验、心得和著作。最后通过了《戏剧工作者公约》和《大会宣言》。

为支援、鼓舞在衡阳抗日作战的士兵,安定桂林的民心,保卫大西南,在桂林参加西南剧展尚未离桂的代表和桂林进步人士,于1945年6月18日发起组织了声势浩大的"国旗献金大游行",爱国民主人士李济深亲自主持了游行。初阳画院的画家们高举"保卫西南"的标语和大幅漫画为队伍开路,紧接着是由李济深、龙积之、柳亚子等组成的乘坐宣传车的长老团,再接着是由中华全国文艺界抗敌协会桂林分会和桂林培仁小学的几十名代表牵执着一面大国旗,最后是留桂的戏剧工作者。游行队伍高呼口号,齐唱抗战歌曲,"一百万不多,一块钱不少"的口号声、歌声此起彼伏。为配合这次游行活动,桂林各报刊相继发表社论和报道,各主要街头设立了献金点。献金活动持续3天。结束后,成立了桂林文化界抗战工作协会工作队,由田汉、陈残云带队赴兴安、全州前线,继续开展"国旗献金大游行"。募捐所得400万元,一部分送八路军重庆办事处转给八路军、新四军,另一部分送湘桂前线慰劳军队。

### 四、民族风情与地方文化

桂林生活着壮、瑶、苗、侗等少数民族,他们至今保持着独具特色的衣、食、住、行、婚嫁等民情风俗。三月三歌节、盘王节、达努节、芦笙节、拉鼓节、花炮节、冬节等民族节日是桂林人文旅游资源的重要特色之一。三月三歌节是壮族的传统歌节,又叫歌圩节、歌婆节。歌节分日歌和夜歌。

日歌在野外,以唱歌择偶为主要内容;夜歌在村子里,主要唱生产歌、季节歌、盘歌和历史歌。歌圩一般在农历三月初三。此外,春节、四月初八、中元、中秋以及婚嫁、乔迁也可形成歌圩。歌节前要备好五色饭和彩蛋,姑娘要赶制绣球,小伙子要携带礼物、穿着节日盛装,届时成群结队前往。男女分别列队,进行对歌。姑娘向意中人抛出绣球,男方中意,则在绣球上绑上礼物抛向女方。有的有碰蛋习俗,女方中意男方,则露出半边蛋让男方相碰,否则就把蛋握紧。还有村与村之间送彩球,相邀集体对歌。歌圩场面热闹,气氛热烈,是壮族最盛大的节日,由此逐步发展为"三月三文化艺术节"。

吊楼是桂林常见的民居形式。建筑形式为瓦顶木结构,选址多在水源充足、土地肥沃、交通便利的山腰或高山上,或者河谷小丘地带,以有利生产、便利生活为建筑原则。常见的为5柱3间吊楼,楼层一般为3层。下层为灰房,堆放杂物,圈养牲口;二层有厅、房,厅中央设火塘,是会客、饮食、日常生活的场所,偏房为厨房和储藏室;三层正中为堂屋,高置香火台,供神和家族牌位,香火台下主室为长辈居住,左右为寝室、储藏室。横房、吊楼是晚辈卧室和娱乐场所。尤为考究的屋顶和房檐,有单檐、双檐,顶瓦多为坡顶,两侧多为双檐吊楼,层层挑出,具有飞升灵动之感。

桂林的地方戏曲有桂剧、彩调剧,曲艺有文场、零零落、桂林渔鼓等。桂剧形成于明,发展于清,是广西最早形成和流传桂北地区的剧种,有300多年历史。清末唐景崧撰写的《看棋亭杂剧》40出,成为桂剧第一批剧目。20世纪三四十年代,桂剧因著名戏剧家欧阳予倩创作、改编、新编桂剧《梁红玉》《打金枝》《断桥》等成为中国十大戏曲剧种之一。桂剧剧目达千余出,唱、做、念、舞俱重,尤以唱功细腻、做工传神见长,角色有生、旦、净、丑等15行,历代名演员辈出,深受桂北地区民众喜爱。彩调剧以《刘三姐》最具代表性,在国内外享有盛誉。

桂林地方特产以"桂林三宝"为代表。三花酒、辣椒酱、豆腐乳在广西乃至全国都享有很高的声誉,并称"桂林三宝"。三花酒透明无色,蜜香清雅,落口爽冽,饮后回甜。桂林腐乳表面呈透明胶状,色泽黄爽,奇香袭人,清代诗人袁枚有"广西白腐乳最佳"的评语。桂林辣椒酱鲜红透亮,辣味香醇,辣后回甜,鲜中带香。现盒装"三宝"是旅游者竞相购买的名产。产于桂林荔浦市的荔浦芋头肉白色、质松软,有香糯、略甜之口感,旧时曾为贡品。荔浦芋扣肉是桂林传统名菜,采用荔浦芋、带皮五花肉、五香粉、蒜蓉、桂林腐乳、桂林三花酒等做原料,将荔浦芋和带皮五花肉分别加工油炸,然后将切成块的五花肉皮朝下,与荔浦芋块分隔装碗中,蒸熟后翻扣盘中即可。其特点是色泽金黄,酥而不烂,肥而不腻,芋片芳香,肉片味醇,色、香、味、形俱佳。吃荔蒲芋扣肉有个讲究,不是避开肉块专夹芋头,而要芋头与扣肉成双入口,这样的吃法才算地道,味道也才正宗,肉中有芋味,相得益彰。

## 第五节 古堰青城——都江堰

### 一、满城水色半城山

都江堰位于四川省中部成都平原西北边缘,地处岷江上游和中游结合部的岷江出江口。岷江流经市境,将市境分为河东、河西两大地域。河东诸山属龙门山脉,最高峰光光山海拔4 582米;河西诸山属邛崃山脉,最高峰赵公山海拔2 434米。山区峰峦叠嶂,岩壑幽深,雄奇秀丽;平原区河流纵横,渠系密如蛛网,灌溉便利。都江堰市是山水园林城市,市域林木覆盖率达70%,都江堰渠首傍城,五条河穿城而过,灵岩山矗立城区,玉垒关、松茂古道、安澜索桥点缀其中,山、水、城、林、堰、桥相融,浑然一体,呈现出城中有水、水在城中,"满城水色半城山"的布局特色。

### 二、拜水都江堰

都江堰是一座具有2 000多年历史、因堰而兴的城市。自秦国蜀郡守李冰创建都江堰水利工程后,这里先后为道、郡、军、州、县所在地,并逐步发展成为成都平原西通藏卫、北达甘(肃)青(海)的交通枢纽,川西北重要的物资集散地。明、清以后,人口增加,水陆交通便利,经济更加繁荣,和临近州县相比独具大埠风貌,享有"小成都"之美誉。

1. 水利奇珍

都江堰是中国和世界水利史上的奇珍,被誉为"活的水利博物馆""水文化摇篮"。都江堰水利工程位于成都平原西部的岷江中游,地处都江堰市城西,是全世界至今为止年代最悠久、唯一留存、以无坝引水为特征的宏大水利工程。2 200多年一直连续使用,至今仍发挥巨大效益。

岷江是长江上游的一条较大的支流,发源于四川北部高山地区,每当春夏山洪暴发的时候,江水奔腾而下,由于河道狭窄,古时常常引起洪灾,洪水一退,又是沙石千里。而岷江东岸的玉垒山又阻碍江水东流,造成东旱西涝。秦昭襄王后期李冰任蜀郡太守期间,在深入调查研究,总结前人治水经验的基础上,精心选择成都平原顶点的岷江上游干流出山口处作为工程地点,在公元前256年前后建成了著名的都江堰水利工程。

都江堰的主体工程是将岷江水流分成两条,其中一条水流引入成都平原,这样既可以分洪减灾,又达到了引水灌田、变害为利的目的,另外一条水流则汇入长江。工程最主要部分为都江堰渠首工程,这是都江堰灌溉系统中最关键、最重要的设施。渠首工程主要由鱼嘴分流堤、飞沙堰溢洪道和宝瓶口引流工程三大部分组成,科学地解决了江水的自动分流、自动排沙、控制进水流量等问题,三者首尾相接,互相照应,浑然天成,巧夺天工。

鱼嘴分水堤坐落在岷江中游的顶端。它将奔腾而来的岷江一分为二,外江为原始河床,内江用于引流灌溉,其巧妙之处体现于两点:一是它利用内江河床低,枯水季节六成引水,外江河床宽,洪水季节六成泄洪,所谓"分四六,平潦旱"正是这个道理;二是鱼嘴处于岷江中游第一弯的末端,巧妙地利用了弯道流体力学的自然法则,即表层水流入凹岸,低层水流入凸岸,于是沙石含量较少的表层水自然涌入内江,而底层水则顺着江弯的凸岸挤向外江,绝大部分沙石也就在外江河道上滚动、留沉,所谓"四六分洪,二八排沙"说的便是这个道理。

当鱼嘴将江水导入内江以后,奔腾的江水便准备着流向成都平原。如何驾驭岷江那不羁的野性呢?看上去十分平凡的飞沙堰是确保成都平原不受水灾的要害。飞沙堰的高度刚好超过内江河床2.15米,它的作用主要是当内江的水量超过宝瓶口流量上限时,多余的水便从飞沙堰自行溢出;如果遇到特大洪水的紧急情况,它还会自行溃堤,让大量江水回归岷江正流。另一作用是"飞沙",即巧妙地利用离心力的作用和虎头岩的顶拖作用将上游带来的泥沙和卵石,甚至重达数百公斤的巨石,从这里抛入外江,确保内江通畅,确有鬼斧神工之妙。

宝瓶口是由人工开凿的一通山峡,玉垒山被一分为二,其间只留出20

米的入水口,内江水从百米之宽的河道涌向宝瓶口,平水季节奔流而过,高峰时节则节节升高,不加节制的水流不断爬升,一涌而入,成都平原就会遭受洪涝灾害。此间飞沙堰的设计与宝瓶口相互结合,它的高度刚好超过内江河床2.15米。这就意味着当内江水位升高2.15米后,汹涌的波涛将从飞沙堰溢出,宝瓶口入水便始终在一个几乎平衡的常量上,成都平原从此以后既获灌溉又安然无恙。

都江堰的建成使川西平原成为"水旱从人"的"天府之国",它至今仍在持续地发挥效益,而且灌溉面积不断扩大,并具有供水、发电、养鱼、旅游等综合功能,在世界水利史上是罕见的。四川人民敬李冰如神明,修建了二王庙以纪念李冰父子。二王庙原名"崇德祠",寓意李冰父子治水有功,人们推崇他们的恩德。宋、元两代,李冰父子先后敕封为王,故将崇德祠改为二王庙。现存建筑位于都江堰工程之侧,为清代重修。庙宇负山面水,峰峦簇拥,重重殿宇从山脚逶迤而上,楼、亭、殿、祠、照壁、围墙,迂回幽深。庙内多处刻有治水"三字经""六字旨""八字格言",有大量历代赞颂李冰业绩的碑刻、诗文、匾额、楹联。2 000多年来,李冰父子凿离堆,开堰建渠,为天府之国带来的福泽一直为世人所崇敬、感激,二王庙从古至今不但香火兴盛,而且在历史上一直都有官方和民间的祭典活动与祭祀活动,形成了以李冰父子为主题人物的每年农历六月二十四日至二十六日的传统庙会。

在宝瓶口侧李冰创建都江堰时所凿离堆上建有离堆公园。园内有祀李冰的专祠伏龙观。相传古时岷江中游孽龙为害,李冰父子决心为民除害,李二郎带领"梅山七圣"与孽龙苦斗,捉住孽龙,以铁链锁于离堆之下。观下有深潭,名伏龙潭。伏龙观建在离堆之上,三面峭壁斧削,下临惊涛骇浪,与附近的山、水、城、堰、关、津梁相互辉映于水光山色之中。

2. 清明放水

放水节是每年清明节在都江堰举行的放水大典,是川西平原源远流长的传统习俗,在都江堰人心中,放水节比春节还重要,节日气氛比春节还要隆重和热闹。

都江堰延续至今,历久不衰,主要原因就是保持了严格的岁修制度。

自汉代以来,每到冬天枯水季节,在渠首用特有的"杩槎截流法"筑成临时围堰,修外江时拦水入内江,修内江时拦水入外江。清明节内江灌区需水春灌,便在渠道举行既隆重又热闹的仪式,拆除拦河杩槎,放水入灌渠,这个仪式就叫"开水"。北宋太平兴国三年(978)正式由官方将清明节这一天定为"放水节"。从此,放水节的隆重更盛于以前,不仅宰牛杀羊祭祀,还同时开展相关的商业活动,已经开始有了现在"清明物资交易会"的雏形了。

宋代以后,清明放水节的仪式日渐隆重,一般由总督、巡抚等省级官员担任主祭官主持大典。放水前一日,主祭官从成都启程,途中要先到郫县(今郫都区)望丛祠祭拜古蜀国治水有功的望帝和丛帝,当晚宿灌县(今都江堰市)行台衙门。次日清晨,开水活动正式拉开序幕,大型鼓乐队和仪仗队在前面引路,主祭官坐轿,随从抬着丰盛的祭品先到伏龙观,再沿着玉垒山古驿道,出宣威门玉垒关,来到二王庙祭祀李冰父子。清代规定祭祀李冰的仪礼是:牲用少牢,主祭官穿公服,行二跪六叩礼,宣读祝文。二王庙祭拜之后,官员们就来到堰功祠,瞻仰历代修堰有功者的塑像。最后来到杨四庙前江边的彩棚内正式开水。古堰两岸,人群密集,盘山路上,观者甚众,主祭官一声号令,"咚、咚、咚"三声礼炮,顿时锣鼓喧天,火炮齐鸣,几个彪悍的堰工纵身跳上内江拦河杩槎,挥动利斧,砍断杩槎盘杠结点的竹索,用大绳系住"杩脑顶",河滩上十余名大汉接过扯杩大绳拉倒杩槎。拦河杩槎解体了,碧蓝的江水犹如脱江野马,从决口处涌入内江,堰工们一边吼着开水号子,一边手执竹竿向水头打几下,告诉水头:不要打坏良田,不要冲毁桥堰,安流顺轨,为民造福。此时,两岸群众面对滔滔江水,欢欣鼓舞,年轻人拼命沿江奔跑,欢呼雀跃,不断用小石子向流水的最前端掷去,名为"打水脑壳",老人们则争舀"头水"祭神,认为这可以消灾得福,进而求得神灵庇佑。开水后,主祭官必须立即坐轿或乘车,急奔成都,赶在"水头"前到达,若落在水头之后,当年便有水不够用之危险。民国时期,习俗相沿,放水节由省府和水利厅主要官员主祭。1940年国民政府主席林森曾主持开水典礼,都江堰渠首各主要工程竖立高八尺、宽一丈的工程解说牌,古时的二跪六叩礼改为对李冰塑像三鞠躬,全体参祭人员齐声朗诵《迎神词》。随从人员将鲜花捧送主祭官,齐唱《纪念歌》,歌毕,献花、献帛、献爵,然后奏乐鸣炮放水。1950年清明节举行了新中国成立后的首次放水典礼,万人空巷,盛况空前,川西北临时军政委员会副主任李井泉主持庆典,奏乐鸣炮,剪彩放水,英国《泰晤士报》曾作为重要新闻加以报道。1957年,都江堰岁修措施改进,修建了电动钢制闸门,可以随时启闭,都江堰内江不再断流,以往砍杩槎放水的仪式也不再举行了。

为了弘扬民族传统文化,传承李冰精神,1990年起都江堰恢复传统的放水节,但由于都江堰水利工程的管理和修缮日趋科学和完善,虽然每年仍有清明放水节,却只有"仿古"仪式,而没有"放水"仪式。2006年清明节,都江堰再次砍断杩槎,开江放水,再现川西人民"开水"的盛况,场面气势恢宏,4月5日,中央电视台国际频道对清明放水节活动进行了约两个小时的全球现场直播。经过历史洗练和沉淀的清明放水节作为中国水文化最具独特性和唯一性的民俗活动,被列为中国首批非物质文化遗产,延续了两千多年的水文化在飞滚的浪花中将世世代代传扬下去。

### 三、问道青城山

青城山位于都江堰市区西南15千米处,面积120余平方千米,形如城郭,葱郁苍翠,四季常青,因此得名。山间沟壑纵横,幽深莫测,多奇险胜境,可观云海、日出、圣灯,被称为"天下第五名山",秦时就是皇帝敕封的国家祭祀山川的圣地。青城山又是中国道教发祥地之一,东汉汉安二年(143)道教创始人张道陵来此山结茅传教,此山遂被尊为"道教祖庭",为道教十大洞天之中的"第五洞天",有"神仙都会"之称。全山36峰,有8大洞、72小洞、108景,70余座宫观。山间文物古迹众多,摩崖石刻丰富,亭阁廊榭古朴典雅,宫观建筑巍峨雄伟,匾额楹联多出名家。东汉以来,青城山既是历代名人学者云集之地,又是道家隐居的灵境,先后有800多位骚人墨客、学者名流拜谒,留下许多珍贵的墨宝笔迹。青城山以"天下幽"的美誉著称海内外,同时又是一座纵横千百年的活的道教博物馆。

青城山主要宫观有建福宫、上清宫和天师洞。建福宫在青城山麓丈人峰下,传为五岳丈人宁封子修道处,唐开元十八年(730)始建,原名丈人祠,祀奉宁封子。宁封子原为黄帝陶正,后隐居青城山北岩之上,能策云龙以游八极,曾帮助黄帝战胜蚩尤,被封为"五岳丈人",统管天下五岳名山。宋淳熙二年(1175)该祠被赐名为会庆建福宫,简称现名,清光绪十四年(1888)重建。后殿悬挂一副长联,共394字,历数青城山轶事。旁有鬼城山,传为岷山真人鬼谷子(即蜀中八仙之首容成公,传为黄帝师)隐居处。

  天师洞是青城山最大的宫观,又是全国道教重点宫观和青城山道教协会所在地,也称古常道观。天师洞位于青城山半腰,初名延庆观,隋大业年间(605—618)始建,唐改称常道观,观后天师洞传为张道陵修炼处。唐代著名道士孙思邈、杜光庭相继来此修道。现存建筑是清康熙年间由住持陈清觉主持重建的,主要建筑有山门、青龙殿、白虎殿、三清大殿、古黄帝祠、三皇殿、天师洞府等。三清殿为主殿,供彩塑三清造像,殿正中悬挂康熙皇帝手书"丹台碧洞"匾额。三皇殿内有伏羲、神农、轩辕三皇石刻造像各一尊,唐朝开元十一年(723)刻。神座前立有大唐开元神武皇帝书碑,该碑记载了唐代佛、道之争:开元初飞赴寺僧夺常道观为寺,唐开元十二年(724)玄宗下诏将观归还道家。内有一棵千年银杏,传为汉天师张道陵手植。

  上清宫是青城山位置最高的道观,晋代始建,后废,唐玄宗时重建,五代十国前蜀王衍时再建,明末毁。现存观宇为清同治八年(1869)至民国年间陆续重建。大殿祭祀三清。有传为麻姑浴丹处的麻姑池、八卦鸳鸯井,以及楠木刻版《道德经》全文等珍贵文物。宫左的玉皇坪据说是前蜀王衍行宫所在地。

  青城山道教音乐相传源于张天师。明末战乱,青城道教音乐几成绝响。清康熙初,湖北武当山道士陈清觉来青城山住持,以后青城山各宫观通用全真教科仪音乐,后又派人学习北京白云观的戒律仪制和经韵音乐。现音韵除保持"北韵"的风格外,也部分吸收了民间火居道士所习用的极富四川地方音乐特色的"南韵"。现存韵曲51首,道乐曲牌4首,主要在"早坛功课""晚坛功课"、各种祈祷法事以及济幽度亡等法事中使用。

  青城山出产的青城竹杖等民间工艺品及青城茶、青城泡菜、洞天乳酒等地方风物也很有特色。洞天乳酒以都江堰市青城山风景区所产的猕猴桃鲜果为原料,按道家传统工艺榨取果汁,密封缸中,高糖保鲜,低酒发酵,再配以醪糟汁、冰糖水和少许曲酒酿造加工而成,色如碧玉,浓似乳汁,其味鲜醇,灌装于形制古朴别致的葫芦形酒瓶中,因产于"第五洞天",故名洞天乳酒。杜甫有诗"山瓶乳酒下青云,气味浓香幸见分。鸣鞭走送怜渔父,洗盏开尝对马军"(《谢严中丞送青城山道士乳酒一瓶》),盛赞青城山乳酒。青城泡菜俗称青城道家老泡菜,脆嫩酸甜,保存数年仍色鲜质坚,是解腻、开胃的佐餐佳品。青城茶为古时贡茶,清康熙年间曾规定青城山僧道每年必采办青城茶芽800斤,从中拣贡茶60斤、陪茶60斤、宫茶680斤,贡茶、陪茶均用锡瓶盛装贡解京城。青城雪芽是青城茶中的极品绿茶。青城竹杖俗称弯钩棍,系采用筇竹经烘烤弯制,涂漆彩绘加工而成,生产历史悠久,以美观、古朴、轻便而远近驰名,甚为畅销。

# 第六章 近现代名城

以1840年鸦片战争为开端,中国历史发生了巨大变化,中华民族经受了严重的危机和巨大灾难,而爱国志士也在积极地探索富国自强之路。这是一个停滞与发展并存、血与火交织的时代,以上海、天津、重庆等为代表的沿海沿江开埠通商城市,以延安、遵义等为代表的革命名城,见证了近百年中国政治、经济变迁的曲折历程。

## 第一节 东方明珠——上海

上海是我国最大的经济都会和海港,以兼容并蓄的"海派"文化和众多的近现代史迹著称于世,在我国近现代史上居于显要地位。

### 一、沧海桑田

在中国众多的历史文化名城中,上海是"后起之秀"。当西安、洛阳等著名古城已经经历了辉煌的巅峰期之后,上海还在进行着"沧海桑田"的演变。

上海位于中国大陆海岸线中段,长江入海口,东海之滨。这里地势低平,仅松江区西北一带有少数由喷出地表的岩浆岩构成的孤立残丘,史称"云间九峰",最高的天马山海拔仅有98米,平原一般海拔不过5米;河湖纵横,主要有青浦区的淀山湖和流经市境的黄浦江。远古这里原是绿波一片,六七千年前,现在的上海西部地区,由于浅海沉积和长江泥沙冲积而形成陆地,唐初今市区绝大部分成陆,宋初全境基本形成。上海北部为长江入海口由泥沙堆积而成的崇明岛,自7世纪以来逐渐形成,现为我国第三大岛,面积还在不断增长。

春秋时期,这里是吴国的东部边境。战国初期,先后分属于越国与楚国。公元前248年,楚考烈王封其相国春申君黄歇于吴(今苏州、上海一带),由此上海有"申"之别称。秦始皇统一中国后,曾在今金山区境内置海盐县,又于昆山市境内置娄县,其时,上海的西部地区就属于海盐县和娄县。东晋时,今青浦以东的吴淞江水面宽阔,沿江居民使用一种叫作"扈"的捕鱼工具(用竹子编成的栅栏,插在水底泥沙上,潮水来时,扈被淹没,潮水退去,扈露出水面,将鱼挡住,渔民即可捕捉),而江流的入海口称"渎",由于这两个原因,上海别称"滬(即"沪"的繁体)渎",简称"沪"。

公元6世纪,现在的松江已有集市,名叫赵店。7世纪初,这里称为华亭镇。唐天宝年间(742—756),今青浦区东北的吴淞江南岸崛起一个名叫青龙镇的港口,时人誉称"小杭州",其繁华景象可以想见。天宝十年(751),唐王朝划昆山南部、海盐北部设华亭县,即今松江。13世纪中叶,吴淞江下游不断淤浅,外来船舶不能驶进青龙镇,就改在吴淞江与黄浦江汇合处向南航行,停泊在吴淞江的一条支流——上海浦(位置在今外滩到十六铺的黄浦江中),上海浦西岸的一个小镇就成为货物集散地,名为上海镇,"上海"由此得名。北宋天圣元年(1023)在上海浦设上海酒务,这是文献记载的上海作为聚落名称之始。南宋咸淳三年(1267)在此设立镇治,并设市舶务。元至元十四年(1277)在上海设立市舶司。至元二十九年(1292)以上海镇为基础,设立上海县,上海正式设治。明嘉靖三十三年(1554),明政府在上海设立海防道,翌年筑上海县城郭。明代,上海以内河航运贸易为主要内容的城市经济日渐成长,获"小苏州"之称。清康熙二十四年(1685)清政府诏弛海禁,在上海等沿海港口设立海关。雍正八年(1730)为加强上海海关的税务管理工作,将苏松道由苏州移驻上海,并加兵备衔,名为苏松兵备道,后又将太仓划入,称苏松太兵备道。嘉庆末,上海已是全国贸易大港,被称为"江海之通津,东南之都会"。到近代前夕,上海有"小广东"之誉,沿海贸易的潜力日益明显。

## 二、开埠通商

清道光二十二年(1842)六月十六日,英国殖民者的舰队轰击吴淞口,江南提督陈化成在西炮台迎击,击伤英舰多艘,终因孤军无援,与守台官兵一同壮烈殉国。侵略军打开了上海的大门,占领上海县城,溯长江而上,进逼南京,八月,强迫清廷签订中国近代史上第一个不平等条约——《南京条约》,其中规定上海等五口通商,开放门户。此后,上海以襟江临海的区位优势迅速发展成为中国第一大商埠和繁华的国际性大都市。

1843年,英国领事与上海道台签订土地章程,将北至李家庄(今北京东路外滩),南界洋泾浜(今延安东路),东到黄浦江,西到界路(今河南中路)的830亩土地作为英国人的居留地,这是上海租界的开端。此后相继开辟了法、美等租界,几经扩展,总面积达到32.3平方千米,分布于现在的黄浦、静安、虹口、杨浦、徐汇等区境内。租界有独立于中国政府之外的政权、军队、警察和监狱,形同"国中之国",殖民当局在租界内大兴土木,构成了上海近现代城市的轮廓线,有"万国建筑博览会"之称的外滩建筑群便是其中的代表。20世纪20年代,上海已发展成为中国第一大经济都会。1927年,国民政府决定以上海县城区设立上海特别市,1930年改称上海市,为国民政府行政院辖市。1949年中华人民共和国成立后改为中央直辖市。

近现代上海的工商业、文化教育高度繁荣,是全国的经济和文教中心。据学者研究,1933年上海的工业总产值大约占全国工业总产值的50%～60%,20世纪二三十年代,上海成为"全国最大之转运码头。内地货之运往外洋及沿海各埠者,或外洋货物之运往内地者,多以上海为转口地点。……上海实为贸易之分配中心"①。上海作为近代中国最重要的经济中心当之无愧。上海还是近代中国新式教育、文化事业的主要发源地之一,新式学校、近代报刊和出版及文化设施的数量质量居全国领先地位。1863年李鸿章在上海设立的外国语言文字学馆(后改称广方言馆)为上海新式学校之先声。1896年,盛宣怀在上海创办南洋公学,1911年改称南洋大学,1921年与唐山工业专门学校(今西南交通大学前身)、北京邮电学校、北京铁路管理学校(今北京交通大学前身)合并为交通大学。以南洋大学为基础的交通大学,是中国近代史上最卓越的大学之一。1903年,教育家马相伯在上海创办震旦大学,1917年改名为复旦大学,1942年成为国立大学,是全国名校。1907年,德国医生埃里希·宝隆在上海创办德文医学院,1917年由华人校董会接办,1927年8月改为国立同济大学,同济医科1951年后迁武汉建为同济医科大学。据有关资料,1907年沪上有各级各类学校230所,1934年大中小各类学校达1065所,而且名校林立,20世纪30年代的上海和北平成为中

---

①(民国)实业部国际贸易局.中国实业志·江苏省.1933:34.

国南北两大近代教育基地。

上海是移民城市,居民来自国内各地、世界各国,形形色色的西方文化和中国传统文化在此交融碰撞,形成不拘陈规、敢于创新、兼收并蓄的海派风格。海派文化是中国形态的近代城市市民文化,源于上海城市,其基本特征是兼收并蓄,不受陈规拘束,敢于探索创新。海派文化在近代中国文化史上占有重要地位,对各地有很强的辐射力和影响力。

### 三、沪上访古

上海在人们的心目中是一座城市历史较短、现代化程度很高的大都市,不过在其地域内,20余处古文化遗址、陀罗尼经幢、豫园、古猗园、曲水园、醉白池、秋霞圃、兴圣教寺塔(松江方塔)、泖塔、南翔寺砖塔、圆应塔(西塔林)、吉云禅寺塔(青龙塔)、护珠塔、嘉定孔庙、崇明学宫、玉佛寺、静安寺、龙华寺、真如寺、松江清真寺、大境道观、黄道婆墓、陈子龙墓、夏允彝及其子夏完淳墓等文物古迹如群星点点,散布于城乡。

- 崧泽古文化遗址:位于青浦区。共有三个文化层,上层为商代文化,中层为新石器时代的良渚文化,下层为五六千年前的马家浜文化。

- 马桥古文化遗址:位于闵行区马桥镇,分四层,依次为唐宋时期遗存、春秋战国时期遗存、商周时期遗存和新石器时代遗存,出土大批青铜器、纹印陶器、石器等珍贵文物,为上海古代历史的研究提供了珍贵的实物。

- 福泉山古文化遗址:位于青浦区,发现有马家浜文化、崧泽文化、良渚文化墓葬及战国、秦汉、唐宋墓154座,出土石、陶、玉、骨、铜器和象牙雕刻器等数千件。

- 龙华塔:位于徐汇区龙华街道,相传为三国吴赤乌十年(247)所建,藏佛骨、舍利,唐末毁于战火,北宋重建。塔七层,八角,高40.64米。

- 静安寺:位于静安区南京西路,是上海最古老的寺庙,相传建于三国吴赤乌十年(247),初位于吴淞江北岸,名重元寺,北宋易今名。因寺离江边太近,南宋迁今址。迄今保存着南北朝时期石像、宋光宗题词的诗碑与明洪武二年(1369)的大钟等重要文物。

- 青龙塔:位于青浦区。古青龙镇在唐宋时为对外贸易港,海船辐辏,商贾云集,号称"小杭州"。唐长庆元年(821)造此塔,北宋庆历年间(1041—

1048)重建。青龙塔是上海地区千余年前就是商业繁华的对外贸易市镇的历史见证。

● 松江唐经幢：位于松江区，建于唐大中十三年（859），现存21级，高9.3米，幢身八面，刻《佛顶尊胜陀罗尼经》全文等，是上海地区现存最完整的石刻艺术精品和上海最古的地面建筑。

● 龙华寺：位于徐汇区龙华街道。五代十国吴越王钱俶建造，历经兴废，今寺为清光绪间重建，尚有"镇寺三宝"中的明代"千叶宝莲毗卢遮那佛"一尊、钦赐"赐承恩堂龙华佛寺之宝印"金印一颗。

● 松江方塔：原名"兴圣教寺塔"。寺建于五代，元代已毁，北宋熙宁至元祐间（1068—1094）造塔，经历代修葺，保持宋代原貌。

● 嘉定孔庙：位于嘉定区，南宋嘉定十二年（1219）建，称"文宣王庙"，元、明、清多次扩建，殿堂坊表保存完好。东西两庑辟为嘉定区博物馆陈列室，有历代碑刻87方，以唐刻最早，其中有朱熹等名家书法作品。

● 文庙：位于黄浦区。南宋咸淳年间（1265—1274）始有镇学，为文庙雏形，元代建县学，小刀会起义时，刘丽川曾在此设指挥部。清咸丰五年（1855）清军复得上海县城后，因大半毁坏，迁至今址。

● 秋霞圃：位于嘉定区东大街，江南著名古典园林之一，原为明正德、嘉靖间（1506—1566）工部尚书龚弘的私人花园，后数度易主。现存建筑系清同治元年（1862）重建。

● 豫园：位于黄浦区，是上海现存最完整的明代园林。明嘉靖、万历间建成，原为四川布政使潘允端的私人花园，取"豫（愉）悦老亲"之意。园内大假山为明代造园名家张南阳所遗唯一真品。1853年小刀会起义曾将其中的点春堂作为指挥部。豫园中部玉华堂前有奇石玉玲珑，传为宋花石纲遗物。

● 古猗园：位于嘉定区南翔镇，明嘉靖、万历间曾任通判的南翔镇闵士籍聘嘉定著名竹刻和盆景艺人朱三松设计营建。清乾隆十一年（1746）洞庭东山人叶锦购得此园，重新修葺。1937年"八一三"淞沪抗战，大部分园景毁于战火。1959年后多次重建。缺角亭为该园著名历史遗迹，建于1931年九一八事变时，寓收复东北失地之意。园北"鸢飞鱼跃轩"匾额为南宋理学家朱熹手笔。园中还有两座唐经幢。

- 徐光启墓：明代科学家徐光启于崇祯六年(1633)去世后葬于法华浜和肇嘉浜汇合处，后子孙居此，遂称徐家汇。
- 醉白池：位于松江区，清顺治年间(1644—1661)由工部主事顾大申开辟。名取苏轼《醉白堂记》，记白居易晚年卜居洛阳，在宅旁造池，池上筑室而居，饮酒吟诗，以醉为乐。清中叶为松江善堂购得，内设育婴堂和收租处。1949年后恢复为园林。
- 书隐楼：位于黄浦区，建于乾隆年间，是上海市区较为完整的清代住宅。
- 玉佛寺：位于普陀区，原为清代名宦盛宣怀在江湾的家庵。1882年，普陀山僧人慧根在缅甸请得白玉雕释迦牟尼佛像5座，途经上海时，留下坐、卧佛各一尊于寺内，遂更名为玉佛寺。后寺庙毁于战火。1918年僧可成迁寺于今址，历经十年建成。主要建筑有天王堂、大雄宝殿、玉佛楼、卧佛堂、弥陀堂、观音堂、禅堂及方丈室。寺内还藏有雍正年间雕版大藏经7 000余卷。今上海佛学院设在寺内。

### 四、近现代史迹

上海在近现代史上发生了许多重大事件。1853年爆发了小刀会起义，起义军占领上海县城，坚持18个月。辛亥革命时，上海是革命党人活动较早、开展宣传活动最得力的地区之一。1919年五四运动期间，上海的工人、学生和各界人民举行了连续7天的罢工、罢课和罢市斗争。1921年7月，中国共产主义小组在上海召开第一次全国代表大会，宣告中国共产党成立。尔后，党中央机关先后设在上海达10年之久。1925年，上海爆发了抗议帝国主义屠杀中国人民的"五卅运动"。1926年10月到1927年3月，上海工人发动三次武装起义，夺取除租界以外的上海市区，选举产生了上海特别市临时政府。1927年，蒋介石发动"四一二"反革命政变，第一次国共合作破裂。1937年日军发动八一三事变，中国军队奋起抵抗日本侵略军，拉开为时3个月的淞沪战役。

作为一系列重大历史事件的发生地和重要历史人物的活动地，上海地区近现代史迹繁复：豫园点春堂是小刀会起义指挥部，兴业路76号一幢老式石库门楼房是中国共产党的诞生地，中国共产党第四次全国代表大会会址位于东宝兴路254弄28支弄8号,愚园路1376弄34号是《布尔什维克》党刊编辑部旧址,淮海中路576弄6号是中国社会主义青年团中央机关旧址,中兴路828是上海总工会旧址,思南路73号是中国共产党代表驻沪办事处(周公馆)所在地,延安中路504弄21号是八路军驻沪办事处(兼新四军办事处)旧址。此外还有孙中山故居、宋庆龄故居、毛泽东旧居、任弼时旧居、瞿秋白寓所、邹容墓、宋教仁墓、鲁迅墓、宋庆龄墓等名人遗迹。

上海还集中了许多近现代优秀建筑。位于松江佘山上的佘山圣母大教堂,亦称佘山天主堂,是中国天主教徒在东南沿海的主要朝圣地,包括中山教堂和山顶大堂两座。中山教堂建于1894年,山顶大堂1925年奠基,1935年正式落成。山顶大堂的设计者是葡萄牙籍的耶稣会会士叶肇昌,建筑具有罗马过渡时代的风格。中山教堂建有圣母亭、圣心亭、若瑟亭"三圣亭"。中山教堂到山顶大堂间建造有14处苦路像。1942年该教堂被罗马教廷敕封为"乙等大殿",即仅次于罗马教堂大殿的第二等大殿。

外滩是上海的标志之一。外滩原指旧上海县城至苏州河南岸的黄浦江西岸的滩地,1845年被辟为英租界,以后外国的洋行、银行等相继在此建立,至20世纪初,由于外国银行大量进驻上海,上海遂成为旧中国的金融中心,不少银行或财团在外滩大兴土木,营建豪华大厦。这段全长约1.5千米的街道,东面西临黄浦江,西面为哥特式、罗马式、巴洛克式、中西合璧式等52幢风格各异的大楼,组成被称为"万国建筑博览"的建筑群。外滩的建筑,出自许多位建筑设计师之手,也并非建于同一时期,但它们的建筑色调却基本统一、整体轮廓线条的处理也是惊人的协调。无论是极目远眺,或是徜徉其间,都能感受到一种雍容华贵的气势。著名建筑有东风饭店、外滩12号圆顶建筑、海关大楼、和平饭店、中国银行大楼、上海大厦等等。近些年,上海又新建了一些现代风格的高楼大厦。这些新老建筑的融合,也恰恰是现代化大都市上海风貌的真实写照。

上海十分重视对名城风貌和近现代优秀建筑的保护。早在1991年,上海市人民政府就发布了《上海市优秀近代建筑保护管理办法》,2002年又颁布了《上海市历史文化风貌区和优秀历史建筑保护条例》(2003年1月1日起施行,2019年9月第三次修正),对历史文化风貌区和优秀历史建筑实施立法保护。2004年12月上海市人民政府发出《关于建立上海市历史文化风貌区和优秀历史建筑保护委员会的通知》,按通知要求建立上海市历史文化风貌区和优秀历史建筑保护委员会,作为市政府领导下统一领导和统筹协调该市历史文化风貌区和优秀历史建筑保护工作的议事协调机构。迄今上海市先后公布了 5 批 1 058 处优秀历史建筑,以及中心城 12 片、郊区和浦东新区 32 片,总计 44 片历史文化风貌区,构筑起"点、线、面"相结合较为完整的风貌保护体系,并积极进行"建筑可阅读"的探索和实践,从当代、从游客角度活化历史建筑。

## 第二节 北方商港——天津

天津是我国北方最重要的港口和经济中心,位于华北平原的东北部,东邻渤海,北依燕山,地跨海河南北,毗邻首都北京。天津河流众多,素有"九河下梢"之称。北运河、永定河、大清河、子牙河和南运河五条河流在市中心金钢桥附近汇流后至大沽口称海河。海河是华北地区最大的水系,贯穿天津市区直接通海。此外,天津还有自成体系的蓟运河及流经天津的潮北新河、永定新河、独流减河、马厂减河等众多河流。1983 年 9 月 11 日完成的引滦入津工程,把海河与滦河联结起来,将滦河水引入了天津。天津有着丰富的自然资源。驰名中外的我国最大盐场——长芦盐场就在以天津为中心的地区,海盐年产量占全国年产量的 1/4,居全国第一位,为天津发展海洋化工提供了充足的原料。位于天津的大港油气田,储量丰富,油质量高,是我国著名的油气田和石油生产基地之一。以塘沽为生产基地的渤海油田,是我国重点开发的海底油气田,为发展天津的石油化工工业提供了丰富的原料。

天津的地理位置贯通南北,连接内外,交通便利。元代以来是京畿要冲,临海商埠,有着重要的历史地位。

### 一、京畿重镇

天津作为城市形成较晚,但该地区的开发历史悠久。早在新石器时代,先民们就在现今蓟州区围坊一带劳动、生息、繁衍,到了战国时期,天津不但出现了许多聚落,而且农业、渔业、手工业及商业都有了发展。西汉武帝为开发渤海盐业资源,在这里设有盐官。东汉末年,曹操为消灭袁绍残余势力,北攻乌桓,先后开凿平虏渠、泉州渠和新河,形成贯穿天津的河流干线。隋大业四年(608),隋炀帝调集百万民夫修永济渠,运河与海河在今市区三岔河口交汇,处于大运河北段枢纽地位的天津愈显得重要,以"三会海口"名于史册。唐代为抵御北方游牧民族的侵扰,开始从南方海运粮食等物资入天津。北宋时期因与辽对峙,在天津地区设立了许多军事据点。金迁都燕京(今北京)后,军队所需粮饷都要从河南、山东、河北一带通过南运河运到天津,再经北运河转输燕京,天津三岔口一带是南北运河及海口的咽喉。金贞祐二年(1214)于三岔河口设直沽寨,这是天津城市发展中最早的正式名称。元统一中国后,因河道漕运困难,转用海运,天津又成为海上漕运的必经之地。元延祐三年(1316),改直沽为海津镇。

明朝初年,燕王朱棣与其侄明惠帝朱允炆争夺皇位,于建文元年(1399)发动"靖难之役",发兵由直沽渡河南征。明成祖即位后,因直沽曾是天子渡河之地,故赐名天津。永乐二年至四年(1404—1406)设天津卫、天津左卫、天津右卫,天津之名始于此。永乐三年(1405)天津建筑城墙,城周9里余,面积1.62平方千米。当时天津北城是政治、经济、文化中心,北门外是繁华的商业区。随着商业的日益繁荣,天津成为北方商品的集散地。清顺治九年(1652),将天津三卫合为天津卫。雍正三年(1725),改天津卫为天津州,雍正九年(1731)升为府,成为畿辅首邑,天津在政治、经济、文化等方面处于更重要的地位。光绪二十六年(1900),八国联军侵华占领天津,强行拆除了城墙,辟东、西、南、北四条马路,至今仍是市区的四条主要街道。1928年,天津划为特别市,1930年改为天津市。

天津城市的发源地三岔河口今天是著名的古文化街。元、明时漕运兴盛,此处已是南北货物的集散处,街肆繁荣。元泰定三年(1326)建祭祀慈航海神的天妃宫,以天妃宫为中心,以南称宫南大街,以北称宫北大街。市面百物云集,肩挑负贩熙来攘往,是一处极具民俗韵味的传统商业街。1985年经全面整修,现街全长680米,宽7米,近百家铺面皆仿明清建筑,古朴典雅,经营具有天津特色的民间工艺品和来自全国各地的文房四宝、金银珠宝、文物古董、书籍等。附近有天后宫、玉皇阁、广东会馆等古建筑。

## 二、北方商港

明清两代,天津是都城北京的海上门户。漕粮、绸缎等大宗物资北运,带动了天津商业、金融的兴起和发展,天津的经济和社会日益繁荣兴旺,成为运河北部的新兴商业城市。第二次鸦片战争,英法联军占领天津,攻陷北京,强迫清政府签订了《北京条约》,从此天津被辟为通商口岸,成为帝国主义在中国倾销商品、掠夺原料和输出资本的重要基地。英、法、美、德、日、俄、比、意、奥等帝国主义先后在天津强设租界,占地达15平方千米,相当于旧城的8倍,租界国家之多、面积之大,在全国首屈一指。一大批外国冒险家、传教士、富豪纷至沓来,营建洋行、银号、商店、花园、游乐场、办公楼,开办仓储、航运、进出口贸易,建立医院、学校,盖洋房,造别墅。国内的官僚、买办、政客富商和清廷的遗老遗少也在天津买房兴业,频繁往来,天津官僚资本和民族资本主义工商业相继兴起,商品经济较大规模地发展起来,天津逐步发展为北方的经济、金融中心。

天津是北方洋务运动的中心。第二次鸦片战争后,李鸿章积极推行洋务,并将天津作为大本营。1867年建立天津机器局,后经5次大规模扩充建设,至1893年天津机器局成为包括机械制造,基本化学,金属冶炼、铸造、热加工、船舶修造等大规模的联合企业,能够生产制造车床、锅炉、洋枪、洋炮、水雷等,雇用3 000人,并附设水雷学堂、电报学堂,是中国北方最大的工厂,对北方工业的发展起了很大作用。1866年,清政府在天津建立了第一个邮政局,1877年又在天津架设了全国第一条电报线路。1880年,北洋水师在大沽口建造了具有先进技术的船坞,1881年即开始接修北洋水师各种舰船,还组装和制造一些小型船舶,并能够生产大炮和军火,是北方最早的船厂和重要的军火厂。1881年,修建了一条从唐山煤矿到胥各庄长9.3千米的铁路,这是中国早期自己修建的最长的铁路,轨距为4英尺8.5英寸,成为后来我国铁路轨宽的标准。1887年,李鸿章将开平铁路公司改为"天津铁路公司",是中国最早的铁路公司。同年又设立了近代化铸币厂——天津机器铸钱局。天津洋务运动创办了一批天津早期的近代军事工业和民用工业,加上各租界开办的工业企业,天津的近代工业得以起步和发展。著名的三条石是天津民族机器工业和铸铁业的发源地。这里生产的农机具、纺织机械、衡器等产品经销全国,久负盛名。1949年后,在这里建立了"三条石历史博物馆",并将典型的旧式工厂"福聚兴"整修复原,对外开放。

在接受近代工业文明的过程中,天津也算得是一个"首善之区"。20世纪初,流行着一首童谣:"你吃过洋白面吗?你坐过四轮电(电车)吗?你喝过自来水吗?你打过特律封(电话)吗?"这里的人最先吃上了洋白面,天津面粉厂第一次告诉中国人制作面粉未必一定要用石磨。四轮电的出现,又使劳苦平民有了乘车的权利。

1860年开埠以后,天津的城市建设有了很大变化。租界内建造了风格各异的建筑物,有英国古典式、德国哥特式和日耳曼式、法国的罗曼式和摩登式、意大利的古罗马式和文艺复兴式、西班牙庄园式、希腊雅典式、拜占庭式等。这些建筑形式繁复,大多集西洋建筑各种流派于一体,并采用中西结合手法,闪耀着多种建筑艺术的奇光异彩,成为天津的独特景观。著名的天津金融街是这些建筑最集中的地方。天津金融街,即天津市和平区解放北路,西起解放桥,东南至徐州道,全长2 988米,始修于1870年,1953年改名解放北路,是天津最繁华的街道之一。在这条大街上曾先后开办了英国汇丰、麦加利,德国德华,日本横滨正金,俄国华俄道胜,比利时华比,美国花旗、大通、运通、美丰,意大利华意,法国中法实业、东方汇理等数十家银行,几乎占当时天津外国银行总数的2/3,这条街上还开办了中国银行和银号,因此,这条街被人习称为"金融街"。1949年后,许多银行和金融组织如中国银行、中国工商银行、中国建设银行等的天津分行和天津金融研究所、天津金融学会等组织也都设在这里,所以至今保持着天津金融中心的地位。此外,从清末到民国初年,天津一直是北洋军阀的活动中心。袁世凯、黎元洪、徐世昌、曹锟、段祺瑞、冯国璋等政界要员和他们的后代都曾居住在天津。清王朝灭亡后,末代皇帝爱新觉罗·溥仪及昔日的皇室成员、达官显贵大多栖居天津,在天津的租界地建造庭院,使马场道、成都道、大理道、睦南道、重庆道及河北区民生路、民族路一带形成风格独特的别墅、园林式住宅区,即闻名遐迩的"天津小洋楼",是十分宝贵的文化遗产。

## 三、近现代重大事件与文化教育

近代以来,中国发生的若干重大历史事件与天津有关。1840年英国发动鸦片战争,侵略者为向清政府施加压力,8艘英军舰于8月11日侵入大沽口。第二次鸦片战争中,英、法、美、俄四国3次入侵天津,迫使清廷签订《天津条约》。1859年,侵略者趁到北京交换《天津条约》批准书之机,再次发动侵华战争。6月17日,英国侵略军司令贺布率英、法军舰抵大沽口外进行挑衅,6月25日,向大沽口炮台发动突然袭击,守卫炮台的爱国官兵奋起还击,各营炮位环轰叠击,又有小船20余只,满河游驶,击沉英法军舰3艘,重创3艘,贺布也身受重伤。大沽口保卫战的胜利是鸦片战争后清军在抗击外来侵略中打的第一次大胜仗,也是第二次鸦片战争中唯一的一次胜仗。1870年6月的火烧望海楼事件,是一次大规模的中国民众自发反抗帝国主义压迫的斗争,有力地推动了以反洋教为主要内容的反帝爱国运动。1900年天津逐渐成为义和团活动的中心。八国联军侵入天津后,从6月中旬到10月,义和团和爱国官兵公开向侵略者宣战。6月10日驻扎在租界的各国军队以"保护"使馆为名,组成侵略联军企图侵入北京。天津义和团得悉后立即组织兵力破坏铁道,节节阻击,最后将联军围困于廊坊,使其不得不狼狈逃回天津。义和团为阻击屯驻在大沽口军舰上增援的各国侵略军,6月18日发起攻打老龙头车站(现天津站址)的战斗,毙伤敌人500多名,并一度攻占了车站。义和团还发起了围攻租界的战斗,使敌人伤亡很大。7月,直隶提督聂士成率部和义和团在八里台重创敌军,聂士成壮烈牺牲。坐落在红桥区如意庵大街何家胡同18号的吕祖堂是当年天津义和团的总坛口,现已列为全国重点文物保护单位,并在旧址上建立了天津义和团纪念馆。

1919年五四运动爆发后,天津爱国学生最先响应和声援。从5月5日开始,各校学生纷纷发通电、集会、游行示威,随即成立"天津学生联合会""女界爱国同志会""天津救国十人团联合会"等爱国团体,发动学生、教师、店员工人罢课、集会、讲演、游行示威,揭露日本帝国主义的侵略和北洋军阀的卖国罪行,同时开展抵制日货的运动。随着运动的发展,以周恩来、邓颖超、于方舟、马骏、郭隆真、刘清扬等先进青年为首组成的革命团体觉悟社、新生社相继诞生,从而推动了马克思主义在中国的传播。在当年学生开展革命活动的中心——南开学校东楼建立有"周恩来青年时代在津革命活动纪念馆",在河北区宙纬路三戒里4号的觉悟社旧址建立有"天津觉悟社纪念馆"。1924年春,中共天津地方党组织——中共天津地方执行委员会成立,领导天津人民开展了轰轰烈烈的革命运动。现在滨江道普爱里的中共天津地方执行委员会旧址建立有"中共天津建党纪念馆"。1931 年九一八事变后,日本帝国主义加紧侵略华北,天津人民积极开展抗日救亡运动。1985 年,天津市人民政府在当年天津学生抗日救亡义务教育点——西青区王兰庄建立了纪念碑,并建有"天津学生抗日救亡义教点陈列馆"。抗日民族英雄吉鸿昌烈士在天津居住和开展抗日活动的花园路 4 号红楼、吉鸿昌将军遇刺和被捕的地方——国民饭店也已进行了妥善保护。1948 年底发生了解放战争著名的三大战役之一平津战役。平津战役前线司令部旧址蓟县(今蓟州区)孟家楼和位于西青区杨柳青镇的平津战役天津前线指挥部旧址已列为市级重点文物保护单位,并建立了"平津战役天津前线指挥部旧址陈列馆"。

在文化教育方面,著名的资产阶级启蒙学者严复(1854—1921)最早在天津《直报》上发表《原强》《救亡决论》等文章,鼓吹维新变法,在当时震动很大。严复作为清末维新思潮的代表人物和中国近代介绍西方思想的最主要人物,一生中最有作为的黄金时代是在天津度过的。维新变法运动的领导人之一和著名学者梁启超曾长期在天津从事政治、教育活动,坐落在河北区民族路的梁启超旧居是当时维新派人士的主要活动场所,1915 年蔡锷组织护国军北上讨袁时,梁启超曾在此为其筹办武器、军饷,1924 年所建的书斋"饮冰室"是梁启超后期进行学术研究、著述及为清华大学、南开大学做学术讲演的场所。天津还有"津门才子"李叔同(弘一法师)故居(位于河北区粮店街)和李叔同书法碑林。

天津也是中国近代教育事业发展最早的城市之一。早在 1895 年就设立了北洋中西学堂,1903 年改为北洋大学。以后又相继设立了高等农业学堂、直隶高等工业学堂、法政专门学校、直隶水产学校、北洋女子师范学堂、直隶第一女子师范学校等。著名教育家严修、张伯苓还创办了南开学校(今南开大学)。这些学校为国家培养了很多杰出的人才。

## 四、民间艺术和特产

天津的民间艺术丰富多彩,著名的"风筝魏"风筝、"刻砖刘"砖刻、"泥人张"彩塑和杨柳青年画都生动逼真,巧夺天工。天津风筝的制作始于清代,以优美的造型和精湛的工艺著称。清末民初，已有多家制作风筝的店铺，工艺日益完善，规模日盛，获得"风筝之乡"的美誉，其中的代表人物是被称为"风筝魏"的魏元泰。他制作的风筝造型生动，做工精致，飞行平稳，在天津风筝制作业中自成一家，驰誉海内外，在1914年的巴拿马国际博览会上获得金牌和奖状。

天津泥人创始于清道光年间（1821—1850），"泥人张"彩塑是天津泥人的杰出代表。创始人张长林（1826—1906）自幼随父学艺，在继承传统彩塑艺术的基础上，逐渐形成了自己的风格，形象逼真，神态生动，色调明快，取材多为人们喜闻乐见的古典文学或民间传说故事，作品深得中国人民的喜爱，并驰名日本和欧美。

天津砖刻在明清时代已颇兴盛。清道光年间，回族刻砖艺人马顺清将天津砖刻发展为独立于建筑之外的行业，别树一帜，成为独立的民间艺术门类。马氏创"堆贴法"，即在砖面上加贴一小块砖，以扩大空间，使作品有更强的层次感。其后，马顺清的外孙刘凤鸣继承和发展了马氏刻砖的堆贴法，在同一块砖面上，按需要分贴多块小砖，使作品凸凹起伏，层次更加丰富，被称为"刻砖刘"。

杨柳青年画是我国著名的民间木版年画，与南方苏州桃花坞年画并称"南桃北柳"。始创于明崇祯年间（1628—1644），清雍正时（1723—1735）逐渐繁荣，因产于杨柳青镇（位于天津西青区）及其附近村庄而得名。杨柳青年画在宋、元绘画和明代木刻版画的基础上发展而来，采用木版套印和手工彩绘相结合的方法，画面鲜艳明快，柔丽多姿。它善于利用寓意和写实等手法，反映历史故事、时事风俗和民间传说，在国际上久负盛名。

天津的民间工艺还有剪纸、木雕、玉雕、牙雕、漆器等。1949年后，为保护和继承这些民间传统工艺，先后建立了天津泥人张彩塑工作室、杨柳青画社、天津工艺美术厂等专门生产、创作民间艺术品的机构。

天津素有"北方曲艺之乡"的称号，话剧、京剧、评剧、河北梆子、京韵大鼓、梅花大鼓、京东大鼓、西河大鼓、天津时调、相声等戏剧、曲艺曾十分活跃。新中国成立后成立了天津曲艺团等，使传统艺术发扬光大。

天津的风味小吃有狗不理包子、桂发祥麻花、耳朵眼炸糕等，这三者合称为天津"三绝"食品。狗不理包子名称的由来，一说是清咸丰年间，有个专卖包子的小摊，主人高贵友乳名狗子，为避免连做带卖答腔应声忙不过来，便在摊旁放一瓷碗，让顾客把钱放到碗里，他照钱给包子，一言不发，"一概不理"，时间久了，人们传称为狗不理。狗不理包子色、香、味、形俱佳，外形似含苞欲放的雪莲，吃时满口喷香，凡来津者均以品尝这一绝为快。桂发祥麻花又称十八街麻花，已有80多年历史，创始人是范桂才、范桂林兄弟。当时兄弟俩在东楼附近十八街各开一个麻花店，俗称十八街麻花，酥脆香甜，久存不绵。1949年后，两店合一，由国家投资，定名为桂发祥麻花店。耳朵眼炸糕始于清光绪年间，刘万春（人称"炸糕刘"）在北大关耳朵眼胡同开设"增盛成"炸糕铺，选用上等新黏黄米，水磨淋水后发酵对碱，对上适量红糖汁或豆沙馅，做成的炸糕火候适宜，颜色金黄，外焦里嫩，香甜酥脆。由于"增盛成"字号绕口，人们便习惯以其地名叫耳朵眼炸糕，一直延续至今。

## 第三节　山城雾都——重庆

　　重庆是中央直辖市，位于四川盆地东南部，面积8.24万平方千米，辖38个区县，是我国最大的直辖市和长江上游最大的内河港口城市。自宋代起，重庆就是水陆交通中心和商业繁荣的区域经济中心，明清为西南地区最大的商品集散地。近代以来，重庆经过开埠时期、抗战时期、三线建设时期和十一届三中全会以来几个阶段的发展，成为中国西南地区和长江上游最大的经济中心城市、重要交通通信枢纽和外贸口岸，科技、文化、教育也有较强实力。重庆同世界上100多个国家和地区保持贸易关系。作为西南地区重要的交通枢纽，拥有便利的水运、铁路、航空、公路交通。重庆以古老的巴渝文化、抗战中的陪都地位和港口山城风貌著称于世。

### 一、江州·山城·雾都

　　重庆位于长江与嘉陵江交汇处，市区为两江环抱，三面临水，一面负山，形如半岛，因而它最早的名字为"江州"，即"水中陆地"。城郭依山而建，《水经注》记载该城"地势侧险，皆重屋累居"，"结舫水居者五百余家"，其依山傍水、房屋建筑随山势层层叠叠的城市格局已经形成。清张之洞有诗句描绘重庆的城市景观说："名城危踞层崖上，鹰瞵鹗视雄三巴。"独特的山城风貌是重庆最显著的特色之一。重庆市内交通有山城特有的过江客运索道、客运缆车等。重庆地属亚热带湿润气候区,冬暖夏热,湿润多阴,日照少,霜雪少,市区云雾大,年雾日在 100 天以上,最多可达 200 天,故有"雾都"之称。

重庆市内和周边风景秀丽,有"日看山城,夜观灯海"的枇杷山公园和鹅岭公园;有峭壁飞瀑、碧流温馨的南温泉公园和北温泉公园;有群峰矗立、云雾迷蒙的"川东小峨眉"缙云山;有名花荟萃、山色秀丽的南山风景区;有世界上同纬度唯一保持常绿阔叶林的江津四面山原始森林自然保护区。"新巴渝十二景"——缙岭云霞、北泉温泳、独钓中原、大足石刻、四面飞瀑、南山醉花、统景峡猿、南塘溪趣、歌乐灵音、山城灯海、长湖浪屿、朝天汇流,都是游览的好去处。重庆还是长江三峡黄金旅游线的结点。

## 二、巴渝故地

### 1. 历史沿革

重庆地区的人类活动可追溯到 2 万年前旧石器时代的铜梁文化。新石器时代,重庆人口有大的增加,河岸阶地上形成许多聚落。长江、嘉陵江重庆河段沿岸有新石器文化遗址 50 余处。公元前 11 世纪,周武王分封姬姓宗族于巴,以江州为国都。公元前 316 年,秦灭巴、蜀,以巴国之地建巴郡,治江州,在巴子故城基础上扩建、补筑江州城垣。蜀汉建兴四年(226),都护李严在江州故城外又建大城,周围近 7 千米。西汉至北周,重庆州名屡易,曾名荆州、楚州、巴州等。以荆、楚命名是因为巴楚接壤,大量楚人来到巴地,"江州以东,滨江山险,其人半楚"①。隋开皇三年(583),因所居渝水(嘉陵江古名)称渝州,这是重庆简称"渝"的由来。唐代,四川经济发展较快,川东地区较为富庶。诗人李白、杜甫、白居易等曾寓居川东或路经巴地,留下描写唐代巴渝繁盛的诗篇。宋代重庆是渝州治所、川东重镇,经济发达,手工作坊遍布城郊,烧制的天目瓷远销日本及东南亚,綦江小鱼沱铁矿开始开采,广惠钱监所铸铁钱通行全国。北宋徽宗崇宁元年(1102),改渝州为恭州。南宋孝宗之子赵惇在恭州被封为恭王,后继承皇位,自谓"双重喜庆",

---

① (晋)常璩. 华阳国志·巴志.

乃升恭州为重庆府,重庆之名由此而始。南宋末年,蒙古灭金后,挥师入蜀,全川大震,重庆知府彭大雅筑城,此为重庆历史上第四次筑城。淳祐二年(1242),余玠任四川安抚制置使兼知重庆府,于钓鱼山筑钓鱼城,徙合州州治于其上,又修固重庆城,均为抵御蒙古军计。

元代设重庆路,重庆曾一度为四川行省治所。元末农民起义,明玉珍据蜀,立国号夏,以重庆为都。明洪武初年在旧城基础上又筑城,高10丈,周2 800余丈,环江为池,筑城门17座,形成今日重庆市区形势。清光绪十七年(1891),重庆被辟为通商口岸并建立海关,各国纷纷在重庆设立领事馆,开辟租界,外资侵入,通商、行轮、开矿、兴办实业,民族工商业也逐渐兴起。辛亥革命期间,1911年11月22日,重庆宣布独立,成立同盟会在四川的第一个省级革命政权——蜀军政府。今南区公园有邹容纪念碑,沧白路有张培爵纪念碑,人民公园有喻培伦等3烈士纪念碑。三人均为同盟会著名人物。今市区沧白路市政协,原为重庆府中学旧址,为当年同盟会员策动革命的据点。1927年重庆成立市政厅;1929年国民政府正式批准设立重庆市(省辖市),市区扩展到长江南岸和嘉陵江北岸,城区面积扩大了一倍,修建了连接新老市区的南区、中区、北区三条主干道,成立自来水公司,修建发电厂,初步形成现代城市的规模。

2. 巴渝胜迹

重庆作为有3 000多年历史的巴渝故地,古文化遗存丰富,境内有巫山古人类化石遗址、巴蔓子墓、钓鱼城古战场遗址、大足石刻、白鹤梁题刻等闻名遐迩的文物古迹。

● 巫山古人类化石遗址:位于巫山县境内,年代距今201~204万年,有中国境内迄今发现最早的古人类化石,同时还发现大批古哺乳动物化石。

● 巴蔓子墓:位于渝中区,是一座传闻已久的传说墓。战国时,巴国内乱,无力平息,将军蔓子求救于楚国,允诺事成后以三城酬谢。楚国出兵帮助巴国平乱后,索取城池,蔓子以国土不可割让,又不可食言,于是自刎以头谢罪。楚王以上卿礼葬其头,巴国亦以卿礼葬其身。巴蔓子的爱国精神千百年来受到人们的景仰,但巴蔓子的身首葬地还有待于考古发掘。

● 江津东汉崖墓群:位于江津区石坎村,分布于长100米,高5~10米的砂岩壁上,共5座墓葬,为东汉时期遗留,有人像、女娲像、渔猎图、杂技图、禽兽图案等,内容丰富。

● 白帝城:位于奉节县长江岸边瞿塘峡口北侧的白帝山上。这里扼川东咽喉,当三峡门户,为水陆津要,历代兵家必争之地。西汉末年公孙述在此筑白帝城。三国时刘备为关羽报仇进攻东吴,败退后病逝于此,临终前托孤于诸葛亮。现存白帝城为明嘉靖三十七年(1558)改建的明良殿和武侯观星亭,供刘备、诸葛亮、关羽、张飞塑像,汇集隋至清历代碑刻70余块。白帝城有"诗城"之称,历代学者、诗人如郦道元、李白、杜甫、白居易、刘禹锡、苏轼、黄庭坚、范成大、陆游等都曾旅居于此,留下大量诗文。杜甫曾寓居白帝城两年,写诗400余首。

● 丰都名山:位于丰都县,在长江北岸,有27座名山古刹。丰都是中国传说中的鬼城,建有"阴曹地府"塑像群,集中体现中国鬼文化。

● 张飞庙:位于云阳县,始建于蜀汉末,距今已有1 700多年,是长江上游重要的文物古迹之一。庙面江背山,与云阳县城隔江相望,内有张飞塑像及碑碣题刻等文物。庙内杜鹃亭、得月亭系为纪念唐代大诗人杜甫而建。杜甫曾旅居云阳近1年,作诗50首。

● 大足石刻:位于素有"石刻之乡"美誉的大足区。大足石刻最初开凿于初唐永徽年间(650—655),盛于两宋,明清时期亦有所增刻,最终形成规模庞大,集中国石刻艺术精华之大成的石刻群,堪称中国晚期石窟艺术的代表。大足石刻群共包括石刻造像70多处,总计10万余尊,其中以北山、宝顶山、南山、石篆山、石门山5处最为著名和集中。北山造像依岩而建,龛窟密如蜂房,被誉为公元9世纪末至13世纪中叶的"石窟艺术陈列馆"。宝顶山大佛湾造像区长达500米,由19组佛经故事一气呵成,造像所显示的故事内容和宗教、生活哲理对世人晓之以理,动之以情,诱之以福乐,威之以祸苦,涵盖社会思想博大,令人省度人生,百看不厌。南山、石篆山、石门山摩崖造像精雕细琢,是中国石窟艺术群中不可多得的释、道、儒三教造像的珍品。大足石刻以其浓厚的世俗信仰、纯朴的生活气息,在石窟艺术中独树一帜,把石窟艺术生活化推到了空前的境地。在内容取舍和表现手法方面,力求与世俗生活和世俗审美情趣紧密结合,其人物形象文静温和,衣饰华丽,无论是佛、菩萨,还是罗汉、金刚以及各种侍者像,都颇似现实中各类人物的真实写照。特别是宝顶山摩崖造像所反映的社会生活情景之广泛,几乎应有尽有,无论王公大臣、官绅士庶、渔樵耕读,各类人物皆栩栩如生,呼之欲出,俨然12世纪至13世纪中叶间的一座民间风俗画廊。1999年大足石刻被列为世界文化遗产,世界遗产委员会评价为:"大足地区的险峻山崖上保存着绝无仅有的系列石刻,时间跨度从公元9世纪到13世纪。这些石刻以其艺术品质极高、题材丰富多变而闻名遐迩,从世俗到宗教,鲜明地反映了中国这一时期的日常社会生活,并充分证明了这一时期佛教、道教和儒家思想的和谐相处局面。"

● 白鹤梁题刻:位于涪陵城西长江中的天然大石梁山,东距乌江与长江汇合处1千米。传说唐代白石渔人和尔朱仙在梁山修炼,后乘白鹤飞升,白鹤梁因此得名。石梁中段水际唐代刻有一对线雕鲤鱼,凡石鱼出水即为丰年,因此历代游客络绎不绝,现存163幅、1万余字的历代题刻。这些题刻不仅有很高的书法和文学艺术价值,而且记录了自唐以来1 200年间长江中上游72个年份的水文资料,具有很高的科学价值。

● 钓鱼城古战场遗址:位于合川区钓鱼山上。钓鱼山海拔391米,枕嘉陵、渠、涪三江之口,南、西、北三面据江,峭壁拔地,形势险绝。南宋晚期,四川安抚制置使兼重庆府知事余玠为抗击蒙古军队,采纳播州(今遵义)冉琎、冉璞兄弟的建议在钓鱼山筑城,将合州及石照县治徙于其上。南宋宝祐六年(1258),蒙古发动大规模灭宋战争,蒙哥大汗亲率蒙古军侵蜀,数月间,川蜀之地2/3已归蒙军,未归附者唯重庆府沿江以下数十州而已。合州钓鱼城守将王坚在二冉创筑钓鱼城的基础上,进一步加强对钓鱼城的防御,使其成为一座兵精粮足的军事重镇。自宋淳祐三年(1243)至南宋祥兴二年(1279)、元至元十六年(1279),钓鱼城军民在王坚、张珏的率领下,历经大小战斗200余次,抵御蒙元倾国之师,创造了坚持抗战36年的奇迹,蒙哥汗因亲至钓鱼城下督战,为炮风震伤,伤重而死。钓鱼城的坚守在一定程度上扭转了宋、蒙战局,推迟了南宋王朝的灭亡。现存8千米城垣、8道城门、水军码头、炮台、元帅府、宋军营、阅武场、兵工作坊、拱桥栈道、王坚记功碑、脑顶坪(蒙哥中炮风处)等宋代军事、生活设施遗址,是迄今国内保存最为完好的古战场遗址。

### 三、陪都遗迹

抗战爆发后，1937年10月30日，国民政府决定迁都重庆，继续抗战。11月20日，国民政府发表宣言，正式宣布迁都重庆，以重庆为战时首都。1940年，重庆被定为陪都，市区范围扩大为164平方千米，成为中国战时大后方的政治、经济、文化中心。太平洋战争爆发后，1942年1月21日，同盟国中国战区统帅部在重庆成立，负责指挥中国、越南、缅甸、马来西亚等国的同盟军作战。抗战期间，苏、美、英、法等30多个国家在重庆设有大使馆，40多个国家和地区设有外事机构，并建立反法西斯战争的各种国际性组织和中外文化协会，各国外交官、世界名人云集重庆，使重庆成为有国际影响的重要城市。政府机关、工厂、学校、商店纷纷迁来，加上战时需要新建的大批工商企业和科教文卫单位，重庆人口激增至120万，城市规模再度扩大，经济实力百倍增长。抗战期间，以周恩来为书记的中共中央南方局和八路军办事处移住重庆红岩村，领导大后方人民坚持团结抗战。各民主党派及抗战团体纷纷成立。1945年8月，毛泽东来重庆与蒋介石举行国共谈判，签订《双十协定》。抗战胜利后，1946年5月国民政府还都南京，明确重庆仍为陪都、行政院直辖市。

重庆遗留有丰富的陪都遗迹。南岸区的黄山是当年国民政府军政要员的决策中心，也是重庆现存规模最大、环境风貌保存较好的一处陪都抗战遗迹。这里先后建有蒋介石官邸云岫楼，宋美龄别墅松厅，宋庆龄别墅云峰楼，孔祥熙别墅孔园，张治中、蒋经国、马歇尔旧居草亭，美国驻中国军事代表团驻地莲青楼，抗战阵亡将士子弟黄山小学，空军司令周至柔旧居等。还有蒋介石与要员避空袭的防空洞和防空炮兵阵地及防空壕等。1993年开放黄山陪都遗址陈列馆。

嘉陵江畔的红岩革命纪念馆包括红岩村13号、曾家岩50号、桂园、新华日报社旧址等，这里是抗日战争时期中共中央南方局和八路军办事处在重庆的活动基地，是中国共产党在国民党统治区巩固和发展抗日民族统一战线、领导人民群众进行革命斗争的中心，毛泽东、周恩来等曾工作和生活的地方。

歌乐山烈士陵园是缅怀革命先烈的纪念地。这里原为国民党军事调查统计局(军统局)总部、电台和渣滓洞、白公馆监狱所在地,后称中美合作所集中营。1941年中美为交流对日作战情报,美国海军驻华小组与国民党当局协商,于1943年正式成立一个情报机关——中美合作所,国民党军统局局长戴笠和美国海军少将梅乐斯分任正副主任。所址位于歌乐山下山峦交错、地形隐蔽的地带,内建有戴笠和梅乐斯的住宅、中美情报人员宿舍、办公室、训练场、餐厅、军火库、礼堂及渣滓洞、白公馆等多处监狱。抗战胜利后,这里就成了国民党当局关押、刑讯、残杀革命志士和共产党人的场所。新四军军长叶挺将军曾被囚禁于此,共产党人罗世文、车耀先、江竹筠和爱国将领杨虎城、黄显声等先后在这里惨遭杀害。1949年11月27日,国民党仓皇溃逃之际,对囚禁在狱中的200多名革命志士实行了集体大屠杀。中华人民共和国成立后,修建了烈士墓、纪念碑,设立展览馆,让人们缅怀先烈。

## 第四节 革命圣地——延安

延安位于陕北的南部,延河和南川河交汇处,属于黄河中游地区黄土高原腹地。宝塔山、清凉山、凤凰山三山鼎峙,延河自西向东绕城而过,是一个依山傍水、地势险要的山城。

### 一、军事要塞

商代和西周初期,延安属独立的方国鬼方之域,商王武丁和周康王时均曾讨伐鬼方。周康王伐鬼方后,鬼方销声匿迹,延安成为犬戎和猃狁的领地,周王朝曾多次与猃狁作战。春秋早期和中期时,延安是白狄部族居住地,晋文公重耳在登位之前曾被迫流亡白狄达12年之久,居住在今延安一代。秦昭王三年(前304)秦国在陕北置上郡,在此前后在延安一带设高奴县,这是延安筑城之始,其城垣至今犹存。东晋十六国匈奴赫连勃勃建大夏国,在今延安市宝塔区修筑丰林城,此城枕山面水,地方宏敞,是一处军事要塞。西魏废帝三年(554)置延州,以境内延水得名。汉、晋、北朝延安地区诸多少数民族杂居,形成城市多元历史文化的积淀。隋唐宋元,先后在延安设置郡、州、府、路,明清两代均设立延安府。民国初期属于陕西省榆林道管辖,以后废道设置专署。1934年中国共产党先后创建陕甘边和陕北两个革命根据地,1937年设立延安市,作为陕甘宁边区的首府。1949年后政区屡易,1997年设立延安市,隶属陕西省。

延安城扼陕北高原南北交通之要冲,秦汉时期,作为"山川险阻,边陲保障之地"的延安已开始成为军事要塞。唐、宋时期,延安是防御外族入侵、屏蔽关中的军事重镇。宋代政治家范仲淹曾镇守延安,以防止西夏的进犯。他组织军民大力扩建、加固城池,并以嘉岭山(即宝塔山)为要塞,操练军队,固守疆土。嘉岭山顶东岳庙后曾建有摘星楼,是范仲淹监视敌情的地方。明清至今,延安城经多次修葺,逐步形成众山簇拥、两河交汇、顺山势河川南北延展的城市布局。

### 二、革命圣地

延安真正以它特殊的地位载入中华民族的光辉史册,是在1935年10月中国工农红军完成二万五千里长征,胜利到达陕北,1937年1月中共中央进驻延安以后。从1937年1月到1947年3月,延安一直是中国共产党中央委员会的所在地,指导中国革命的中心,领导中国人民进行抗日战争和解放战争的司令部和总后方。战争年代,延安广大军民发扬自力更生、艰苦奋斗的精神,开荒种地,纺纱织布,做到丰衣足食,保证了抗日战争和解放战争的伟大胜利。1949年后,城市建设按照"为革命纪念地服务,为工农业生产服务,为人民生活服务"的方针,首先修复了一大批当年的革命旧址,建立延安革命纪念馆,市政建设、公共交通、文化教育事业也得到迅速发展。昔日的革命圣地,成为市容整齐美观、交通四通八达、生产蒸蒸日上的新型城市和我国最主要的革命纪念地之一。

延安保留有革命旧址和革命烈士陵园100多处,著名的有凤凰山麓、杨家岭、枣园、王家坪、南泥湾、马列学院、中国人民抗日军事政治大学、鲁迅艺术学院、解放日报社、新华总社、新华广播电台、白求恩国际和平医院、吴起镇、瓦窑堡、洛川会议、陕甘宁边区政府、陕甘宁边区参议会、陕甘宁边区银行、中央印刷厂等革命旧址和刘志丹烈士陵园、谢子长烈士纪念馆、"四·八"烈士陵园等。其中,中共中央所在地凤凰山麓和杨家岭、中共中央书记处所在地枣园、中央军委和八路军总部所在地王家坪、延安大生产运动的发源地南泥湾等,被列为全国重点文物保护单位。

延安城内凤凰山麓是中共中央1937年1月13日至1938年11月20日的所在地。中共中央在此期间正值土地革命战争向抗日战争的战略转变时期和抗日战争的战略防御阶段,中共中央召开了多次重要会议。现在开放供参观的有毛泽东、朱德、周恩来旧居和红军总参谋部旧址。1938年11月20日至1947年3月中共中央所在地为延安城西北的杨家岭。中共中央在此期间领导开展了轰轰烈烈的大生产运动和整风运动,召开了中国共产党第七次全国代表大会和著名的延安文艺座谈会。中央办公厅、组织部、宣传部、统战部、职工运动委员会、青年工作委员会、妇女运动委员会等中央机关和组织都分布在这里。现开放供参观的有中共七大召开地中央大礼堂、延安文艺座谈会召开地中央办公厅楼以及毛泽东、朱德、周恩来、刘少奇等中央领导人旧居。

在延安城西北,与城隔延河相望的王家坪革命旧址是1937年1月至1947年3月中国人民革命军事委员会和国民革命军第八路军总部(后改为中国人民解放军总司令部)所在地。在这里军委和总部领导军民坚持十四年抗战,粉碎了国民党对解放区的"全面进攻"。现开放供参观的有军委礼堂、作战研究室和毛泽东、朱德、彭德怀、王稼祥、叶剑英旧居等。位于延安城西北7.5千米的枣园在中共中央到达陕北后为中央社会部驻地,1943年10月,中共中央书记处由杨家岭迁此。中央书记处在此期间,继续领导了全党的整风运动和大生产运动,筹备召开了中共七大,取得了抗日战争的胜利,并为抗战胜利后粉碎国民党发动的全面内战做了充分准备。现开放供参观的有毛泽东、朱德、周恩来、刘少奇、任弼时、张闻天旧居及中共中央书记处小礼堂、《为人民服务》讲话台、幸福渠。幸福渠是由枣园、裴庄两乡群众及陕甘宁边区建设厅联合投资,附近群众和部队战士、中央机关工作人员共同参加修建的,建成于1940年,渠长6千米,可灌溉土地80多公顷。渠修成后,枣园的旱地变成了水浇地,庄稼连年丰收,因此被称为幸福渠。

1941年抗日战争进入相持阶段后,由于日本帝国主义的疯狂进攻和残酷扫荡、国民党的军事包围和经济封锁,以及自然灾害的侵袭,陕甘宁边区的财政、经济面临极为严重的困难。为战胜困难,坚持抗战,1942年底,中共中央提出"发展经济,保障供给"的方针,号召解放区军民自力更生,开展大规模的生产运动。王震率领的359旅在1941年开进野草丛生、野狼成群的南泥湾,不到 3 年时间,把这里变成了"陕北江南",为边区经济建设作出重要贡献。1943 年 9 月,毛泽东、朱德、周恩来视察南泥湾。现南泥湾革命旧址供参观的有毛泽东视察南泥湾时的旧居和九龙泉以及南泥湾大生产运动展览室。

### 三、黄土风情

延安不仅拥有众多革命遗址,而且有黄帝陵、黄河壶口瀑布等著名的历史古迹和自然景观,具有浓郁的黄土高原风情。

延安城内和延安地区现有古文化遗址、古建筑、古墓葬、古寺祠、石窟等几十处。黄陵县桥山之巅有中华始祖轩辕黄帝陵,山上古柏参天,山下河水绕流,是国务院公布的第一号古墓葬。该陵自汉代以来,历代帝王都在清明期间派员祭扫,其时,车水马龙,歌舞管弦,赋辞祭文,以告先祖风调雨顺,世事太平。每年重阳节民间自发祭拜,或歌功颂德,或祈求太平。黄陵祭祖是中华民族最隆重的祭奠祖先活动,也是一项民族的非物质文化遗产。

宝塔山、清凉山、凤凰山、万花山是延安的 4 座名山。宝塔山上的延安宝塔(又名岭山寺塔)建于 1 300 多年前的唐代宗大历年间(766—779),塔高 44 米,八棱 9 层楼阁式结构,挺拔秀丽,高耸入云,已成为革命圣地延安的象征。宝塔山下有 9 组宋代摩崖石刻,北宋著名政治家、军事家、文学家范仲淹于庆历四年(1044)以陕西河东宣抚使兼知延州时所题"嘉岭山"三字是其中的精品。清凉山风景优美,古迹繁多,山上的万佛洞(清凉山石窟)是延安地区四大石窟之一,开凿于隋唐,具有极高的观赏价值和艺术价值。延安市西南杜甫川的万花山号称"天然花园",满山奇花异草,5 万株 20 万公顷的野生牡丹更是争奇斗艳,党中央在延安时期,毛泽东、朱德、周恩来、董必武、林伯渠、任弼时等曾于 1939 年和 1940 年两次到此观赏。宜川县的黄河壶口瀑布,势如奔马,景象壮观。

延安地区还有富县石泓寺石窟、唐代开元寺塔、北宋柏山寺塔、福严院塔、阁子头石窟,洛川县北宋兴国寺万凤塔,志丹县砖塔群、盘龙寺石塔,黄龙县圣寿寺石窟,子长市钟山石窟,黄陵县石空寺石窟等宗教遗迹,在延长县境内有 1907 年钻凿的中国陆上第一口油井。

延安地区的传统文化内容丰富。"人家半凿山腰住,马车多从屋顶过",

窑洞是黄土高原地区特有的居住形式，延安窑洞有土窑洞、砖窑洞、石窑洞三种，冬暖夏凉，特别适合陕北的地理与气候条件。延安剪纸风格古朴、粗犷、明朗、简练，妇女们一把剪刀一张红纸，不勾底稿，随心所欲剪出各种人物、鸟兽、花卉，把房屋、窑洞装饰成花红叶绿、人欢马叫的剪纸艺术世界。陕北民间盛行秧歌，分大秧歌、小秧歌两种，各有许多不同的表演形式，具有浓郁乡土特色和生活气息。陕北大秧歌在红军到达延安，陕甘宁边区政府成立后，经文艺工作者的不断改进，在化妆、服饰、表演、唱词、动作方面都有创新，中华人民共和国成立后，陕北秧歌流传全国。传统秧歌活动程序为：起场，农历正月初七之后，村里的秧歌队集中起来，村主任宣布秧歌演出计划和纪律后，锣鼓、鞭炮齐鸣，秧歌队舞动起来，拉开秧歌活动的序幕。谒庙，秧歌队来到寺庙，伞头（秧歌队撑伞领头者）烧香磕头，唱秧歌词，众舞者接唱尾句，表达祈求风调雨顺、五谷丰登的心愿。舞蹈时神态虔诚，意为"娱神"。沿门子，谒庙后第二天，秧歌队开始挨家挨户拜年，受拜家送糖果点心、红包等以表谢意。搭彩门，各村秧歌队互访。春节前后，在村、镇十字路口和广场上搭起丈余高的彩门，来访的秧歌队交织在每道彩门前，接受主村秧歌队伞头盘歌（对歌）形式的提问，并以歌作答，若回答不出，客队会被拒之门外。转九曲，在正月十五元宵节观灯时举行，是春节期间最后一次闹秧歌活动，以彩灯排成各种图案的灯阵，转九曲者如顺利转出阵外，则预示新年吉祥太平。

延安及其周边地区盛行鼓舞，安塞腰鼓、洛川蹩鼓、宜川胸鼓、志丹扇鼓、黄龙猎鼓合称"延安五鼓"，粗犷豪放，给人一种遥接古代文化之感。陕北民歌有信天游、小调、劳动号子、秧歌曲、风俗曲等，其中最有特色的是信天游，曲调多，内容广，流传久远，最受民间喜爱。当地曾有"信天游，不断头。断了头，穷人无法解忧愁"的说法。

# 下篇

## 名城速览

# 1 燕南要塞——保定

保定位于河北省中部,与京津呈三足鼎立之势,为历代军事重镇,元、明、清拱卫京师的门户,清代直隶省的政治、经济、文化中心;也是一座文化古城,清末民初曾为北京的文化辅助城市,教育发达,有"学生城"之称。中华人民共和国成立前,保定具有衙署多、驻军多、学生多的特点。境内文物古迹众多,有燕下都遗址、满城汉墓、紫荆关、定窑遗址、定州开元寺塔、阁院寺、开善寺、慈云阁、北岳庙、古莲花池、鸣霜楼、直隶总督署、清西陵、大慈阁、保定陆军军官学校旧址、冉庄地道战遗址、城南庄革命纪念馆等,城东、北有著名风景名胜区"华北明珠"白洋淀和太行胜境野三坡。

## 一、从燕南重地到直隶首府

保定地当太行山东麓冀中平原,春秋战国时期,这里是燕、晋、中山、赵、齐等国角逐的战场。燕佐赵灭中山国之后,重新划分疆界,今保定市划归燕国,为燕国南部的边防重地,称"燕南赵北之地"。北魏太和元年(477)置清苑县(因清苑河得名),是为保定设县之始。北宋因清苑为太祖赵匡胤祖籍,又是军事重镇,设保塞军,后又升保州。淳化三年(992),州、县治所迁至今保定城区,知州李继宣筑城关,浚外濠,葺营舍,造船入鸡距河以运粮物,保州乃具城市规模。公元1213年,蒙古军屠保州,城垣被毁。1227年,降蒙古之金将张柔由满城移驻保州,重建城池,划市井,建衙署,修复并新建庙宇、道观、神祠39处,疏浚河道,使保州成为燕南一大都会。元至元十二年(1275)改原顺天路为保定路,保定之名自此始,取保卫大都、安定天下之意。明永乐帝定都北京后,保定常驻军马数万,是保卫京师安全的战略要地。清康熙八年(1669),直隶巡抚移驻保定,保定为直隶省治。雍正二年(1724),改直隶巡抚为直隶总督署。此后,民国至1968年保定数次为河北省会。

保定易县境内的燕下都武阳城遗址东西长约8千米,南北宽约4千米,是现存战国城址中最大的。燕下都为燕昭王所建,是燕国南部的政治、经济中心和军事重镇,一直延续到燕国灭亡才被破坏和废弃。燕昭王和太子丹两代是燕国史事最为显赫的时期,燕昭王筑黄金台、千金买马骨,延请天下士,破强齐国都临淄;太子丹派荆轲刺秦王,送别易水,荆轲作歌"风萧萧兮易水寒,壮士一去兮不复还",都被千古传颂。而"慷慨悲歌"也成为战国末年以后燕赵文化的独特标志和主要特征。

满城区陵山汉墓是中国目前保存最为完整、规模最大的山洞宫殿。西汉满城为中山国封地,第一代中山靖王刘胜统治长达42年,他与妻子窦绾的墓葬均因山为陵,墓室内陈设豪华,出土各类文物1万多件,构造精巧的长信宫灯、错金博山炉均为文物中的极品,刘胜、窦绾两套完整的金缕玉衣是全国考古中的发现金缕玉衣年代最早的。

元代定都北京后,保定便成了拱卫京师的重镇。自至元年间(1264—1294)顺天路(后改保定路)总管府治中周孟勘建宣化堂作为衙署,几经变化修建,清雍正七年(1729)改建为直隶总督署后,直到清朝灭亡,历8帝182年,驻此署的总督74人99任次,其中著名的有李卫、方观承、刘墉、曾国藩、李鸿章、袁世凯等人,可谓"一座总督衙署,半部清史写照"。该衙署保留了雍、乾时期的风貌,是中国目前唯一保存完好的清代省衙。

## 二、文化古城

保定不仅是一座军事重镇,也是著名的文化古城。早在宋熙宁四年(1071)就建有最早的官学——州学。蒙古太祖二十二年(1227),张柔重建保州后,"迁府学于城东南,增其旧制"①。明清两代,保定的儒学教育一直比较发达,府学、卫学、县学3所官学同时并立。明嘉靖十年(1531)建二程书院(后改称金台书院)。万历三十四年(1606)建上谷书院。清雍正十二年(1734),在元万卷楼基础上建莲池书院,当时堪称北方书院之冠,尤其是光绪年间(1875—1908),书院一时大盛,对北方学术文化的发展起了重大作用。清末国势日危,改革教育、兴邦立国成为朝野的普遍呼声。清政府迫于形势,停科举,兴新学,保定成了推广新学的主要场所。光绪二十五年(1899),创畿辅大学堂(直隶高等学堂)。1902年,袁世凯在保定训练新军,先后建立将弁学堂、参谋学堂、测绘学堂和陆军速成学堂,又建立师范学堂、农务学堂、巡警学堂,并在保定设学校司。在此前后还设立了军械学堂、法

----
① (明)宋濂,王祎.元史·张柔传.

纪学堂、法政学堂、马医学堂、医务学堂。光绪三十二年(1906),又设直隶全省警务学堂。当时保定仅高等学府就达十余所。同时,保定府立中学堂、第一公立中学堂、商业学堂、崇实学堂、直隶第二师范学堂、省立补习学堂(1912年改甲种工业学校)和育德中学等中等学校亦大量出现。而影响最大的则是陆军军官学堂(后更名陆军预备大学堂,1912年迁北京)和1912年建的陆军军官学校(俗称保定军校)。后者是我国近代史上第一所正规化的军事学府,以人才辈出和对中国现代史的影响驰名中外,至1928年停办的16年间毕业生达6 553人,其中不乏近现代史上颇有影响的人物,如吴佩孚、商震、蒋介石、白崇禧、张群、陈诚、顾祝同、上官云相、刘峙、薛岳、罗卓英、张治中、傅作义、蒋光鼐、黄绍竑、唐生智、陈铭枢、刘文辉、李济深、叶挺等,均毕业于此校或此校的前身陆军速成武备学堂。孙中山创办的黄埔军校多以保定军校毕业生作为其军事教育骨干。现军校旧址建有纪念馆。

### 三、世界文化遗产清西陵

清西陵位于易县境内,是清朝皇家陵墓群,先后建有雍正泰陵、嘉庆昌陵、道光慕陵、光绪崇陵4座帝陵及后、妃、王公、公主园寝10座。清西陵一带为丘陵地形,地域广阔,四周群山环绕,层峦叠嶂,林木翁郁,加之殿阁嵯峨,甚为壮观。陵区的中心是雍正帝泰陵,这也是清西陵中建筑年代最早、规模最大的一座,沿神道往北依次建有石牌坊、石像生、隆恩殿、方城明楼和宝顶等50多座建筑。其他陵寝分别位于东西两侧。2000年,清西陵与位于河北遵化的清东陵和湖北钟祥的明显陵一起,被联合国教科文组织列为世界文化遗产。

## 2 成语典故之乡——邯郸

邯郸位于河北省南部。战国时为七雄之一赵国的国都,历158年,此后又作为汉代封国赵国国都400余年。曹魏政权的陪都及后赵、冉魏、前燕、东魏、北齐的都城邺城也在邯郸境内。邯郸600年的都城史留下了丰厚的文化遗存,新石器时期的磁山文化遗址、战国时期的赵邯郸故城及赵王陵墓群、魏晋南北朝时期的邺城遗址、北朝墓群和响堂山石窟、始建于北齐的娲皇宫、宋代北方民窑最杰出的代表——磁州窑、大名故城遗址、广平府故城以及近代晋冀鲁豫边区革命遗址等在此交融。同邯郸历史文化相联系的成语典故多达1 500条,邯郸被称为"成语典故之乡"。

## 一、赵都与赵文化

邯郸是河北省省辖市,位于河北省南部,太行山东麓,晋冀鲁豫四省交界处。城兴起于殷商后期,殷纣王在邯郸建离宫别馆,邯郸成为商王朝的一处政治活动场所。春秋时是卫、晋的主要城邑。公元前386年,赵敬侯迁都于邯郸,在当时城池西南角修筑王城,邯郸作为战国七雄之一的赵国国都,经8代国君,历158年,是黄河北岸地区最大的政治、经济、军事、文化中心。赵王城由西城、东城、北城组成"品"字形宫城,城址至今保存较好。秦设邯郸县、邯郸郡,为郡治。秦二世元年(前209),占据邯郸的武臣自立为赵王,后因内讧被杀。张耳、陈余拥立战国赵王后裔赵歇为王,翌年秦将章邯破城,平毁了邯郸。不过汉朝的建立又给了邯郸新的生机。公元前202年,刘邦始封张耳为赵王,后封子如意为赵王,邯郸又作为汉代赵国都城400余年。战国至汉代,邯郸是经济繁荣的都会。邯郸作为燕赵经济区域的中心,"北通燕涿,南有郑卫"①,腹地资源丰富,尤富有铁矿,工商业相当繁盛,与洛阳、临淄、宛(今南阳)、成都并称"五都",号称"富冠海内"。

邯郸600年的赵都史,使其当仁不让地成为赵文化的中心。赵文化在社会经济、思想观念、文化艺术乃至民族气质上有独特的风韵,是中国地域文化重要的一支。它表现出四个方面的特征:一是开拓进取。赵氏在西周时本是周王的御马小吏,后来迅速成为晋国专权国政的一大政治集团;"三家分晋"后,赵国很快发展为战国七雄之一。赵武灵王胡服骑射,创建了中原的骑兵制度,灭中山,破林胡,扩地千里,达到了富国强兵的目的,在我国军事史上也具有划时代的意义。二是崇尚工商。邯郸是北方重要的冶铁中心,郭纵、卓王孙靠冶铁成业,富比王侯,吕不韦在邯郸经商成为著名的富商大贾。三是学术文化发达。古代邯郸不仅是经济中心,也是重要的文化艺术中心。著名思想家荀况、慎到,逻辑学开山始祖公孙龙,以及知名学者虞

---

① (汉)司马迁.史记·卷一百二十九·货殖列传.

卿、綦毋子、毛公等都曾于邯郸或著书立说,或进行论辩,曾出现百家争鸣的局面。汉代邯郸人毛苌传《毛诗》,戴德、戴圣传大、小戴《礼记》,均为经学名家。邯郸家殷人足,志气高扬,乐舞盛行于民间,赵乐、赵曲、赵声、赵鼓应时而生,"邯郸学步"这个幽默的历史故事与当时音乐舞蹈的普遍有直接的关系,也反映出人们对邯郸这个繁华城市的欣羡程度。四是民风豪侠勇武,重义尚气节。蔺相如的完璧归赵、廉颇的负荆请罪、赵相贯高的宁死不屈等都反映了赵地粗犷、坦荡、重诺的民风。

邯郸今存武灵丛台(传为赵武灵王所建的检阅军队与观赏歌舞之地)、梳妆楼和照眉池遗址(属战国赵王苑囿的一部分)、学步桥(附会"邯郸学步"的典故而得名)、回车巷(相传为赵国上卿蔺相如给大将军廉颇让路回车的地方)、插箭岭遗址(传为赵武灵王跑马射箭训练骑兵的场所,发现有战国时期铸箭炉遗址和大量残缺的古代兵器与箭头)、战国赵王陵墓群等赵文化的遗址古迹。出自邯郸与历史文化相联系的成语典故多达1 500条,胡服骑射、完璧归赵、负荆请罪、毛遂自荐、邯郸学步、纸上谈兵、围魏救赵、窃符救赵、奇货可居等都是人们耳熟能详的,因此邯郸被誉为"成语典故之乡"。在邯郸市插箭岭遗址旁赵苑旅游区内于1997年建成了邯郸成语典故苑。

### 二、邺城与魏齐文化

东汉末年,华北地区干戈扰攘,邯郸开始衰落。再加上距邯郸仅数十千米的邺城兴起,邯郸过去在交通上的优势地位丧失,从此降为小县,变得默默无闻了,但今邯郸临漳县境内的邺城在魏晋北朝却盛极一时。

邺城始筑于春秋齐桓公时,战国初年,魏文侯曾一度都邺。公元前422年,西门豹任邺县令,禁"河伯娶妇",筑堤开渠,引漳水灌溉,使邺成为富庶地区。东汉末,邺城先是袁绍割据北方的中心,建安九年(204)被曹操攻克,从此成为曹操统一北方的政治中心。魏晋北朝时期,邺城先后是魏的陪都,及后赵、冉魏、前燕、东魏、北齐的都城,堪称"六朝古都"。曹魏营建的邺城在我国古都史上有开创性的意义,它采用了新的布局方法,以一条横贯东西的大道把城区分为南北两部分,使宫殿与居民里坊分开,对以后隋唐长安城、明清北京城的规划都有一定影响。在邺城西墙上,以城墙为基础建有冰井、铜雀、金凤三座高大的台榭,上有房屋近400间。三台之间有桥连通,晋左思《三都赋》说"三台列峙而峥嵘",唐杜牧有诗"东风不与周郎便,铜雀春深锁二乔",即咏此三台。当年曹氏父子与"建安七子"登台赋诗,传为千古美谈。北齐高欢时,发 10 万民夫在南墙外筑邺南城,请来 8 万僧尼,广建佛寺,邺城繁盛一时。公元 580 年,北周宣帝去世,杨坚当政,相州(治邺城)总管尉迟迥联合数州举兵发难,杨坚破邺后焚毁邺城,烈焰月余不息,400 余年的六朝故都化为废墟。今邺城址已被漳水冲积,三台尚存部分遗址。北齐时期在邯郸城西 110 千米处涉县城附近凤凰山上建娲皇宫,因建于陡峭的山崖平台处,俗称"吊庙"。山崖上有大面积的《法华经》等摩崖石刻,至今刻字清晰,保存完好。邯郸城西南 35 千米的峰峰矿区响堂山(鼓山)有始凿于北齐年间的石窟群,分南北两处,现有 16 窟 4 300 余尊造像以及大量经文、雕刻。作为北齐一代的皇家石窟,响堂山造像风格融汇东(中原和南朝艺术)西,发展创新,在我国石窟艺术发展史上有自己的一席之地。磁县境内的北朝贵族墓葬区有大小古墓 134 处,出土有壁画、大批陶兵马俑、瓷器、东罗马金币等珍贵文物,是邯郸北朝文化的又一宝库。

### 三、磁州窑与陶瓷文化

邯郸境内的磁县是著名的陶瓷产地。宋代这里已成为我国民窑最杰出的代表,在方圆 90 平方千米的范围内,现存数十处主要窑址,以观台和彭城镇两大区域为中心,出土文物非常丰富。宋元时期,磁州窑影响了我国北方以至南方部分地域,形成"磁州窑系",曾享有"南有景德,北有彭城"的美誉,史书上说"千里彭城,日进斗金"。磁州窑主要以白地黑花、刻花、铁锈花的装饰艺术为特点,现仍为我国主要瓷产区之一。邯郸现代陶瓷产品以陶瓷壁画、象牙瓷、白玫瓷、青玉瓷、青花瓷、骨灰瓷、炻器瓷、艺术瓷著称,远销国内外。

## 3 河朔雄镇——正定

正定位于河北省西南部,石家庄市辖县,是一座传统风貌保存完好的古城,古建筑密集,保存好,规格高。隆兴寺、开元寺须弥塔和钟鼓楼、临济寺澄灵塔、天宁寺凌霄塔、广惠寺华塔、文庙大成殿等是研究宗教、文化及建筑史的珍贵实物。

## 一、京师辅郡

正定位于冀中平原西部,太行山东麓。春秋时为鲜虞国都,后属晋。战国时属中山国东垣邑,公元前305年归赵,秦置东垣县,为恒山郡治所。西汉高祖十一年(前196)改为真定县。汉文帝元年(前179)因避皇帝刘恒讳而改恒山郡为常山郡。西晋时为河北中部政治、经济、文化中心。隋开皇三年(583)改常山郡为恒州,唐元和十五年(820)改镇州,五代后唐长兴三年(932)改真定府,治真定县。宋代为全国二十一大商业都会之一。清雍正元年(1723)改真定府、真定县为正定府、正定县,为"京师辅郡""畿辅之重镇"。1913年后废府存县至今。正定历为郡、州、府、县治,有"燕南故郡""京师屏障"之称,与北京、保定合称为"北方三雄镇"。

正定历史上兴文重教,早在商周时期已出现学馆教育,西汉以后,幼童识字习学之风颇盛,州、县皆立官学,民间塾馆也常兴不辍。明清府学、县学轨制齐备,书院、私塾盛行。正定自宋至清曾有95人考中进士,中举者221名,明清武进士42人,明代曾两度出现一门三进士的情况。戊戌变法后,新学之风吹遍全县。历史上涌现了秦末汉初南越王赵佗、三国蜀汉大将赵云、宋初大将高怀德、元代戏曲家白朴和史学家苏天爵及清代收藏家梁清标等名人。

## 二、古建筑宝库

正定地面地下文物丰富,民俗民建具有特色,古城建筑格局与传统风貌保存完好,享有"古建筑宝库"的美称。隆兴寺是保存较完整的隋代佛教寺院,始建于隋开皇六年(586),初名龙藏寺,唐代更名龙兴寺,清康熙四十八年(1709)改为现名。寺内保存了宋、元、明、清时期不同风格的古代建筑和铜铸、雕塑、壁画等佛教艺术品。始建于宋皇祐四年(1052)的摩尼殿主要结构仍为宋营造法式,是宋代建筑艺术的极品。大悲阁中的宋代铜铸千手千眼观音像高21.3米,其高度在宋、元、明时代居全国第一。开元寺始建于东魏,唐开元二十六年(738)改今名。寺内前为天王殿,中部东为钟楼,西为宝塔,后为法船殿,这种塔与阁相对的平面布局是研究唐代建筑史的珍贵实例。寺内钟楼是我国现存唯一的唐代钟楼,砖石结构的密檐式须弥塔高

53.3米,是寺内主要建筑。临济寺亦始建于东魏,唐大中八年(854),山东人义玄禅师住持该寺,创立了佛教禅宗的一个主要分支——临济宗。义玄圆寂后,其徒建舍利塔。塔为八角九级密檐式,唐懿宗赐名为"澄灵塔",被中外佛教界视为临济宗的圣地。正定城内还有始建于唐代的天宁寺凌霄塔、广惠寺华塔,古朴精美,具有很高的历史和艺术价值。正定古城现存约8 000米的明代城墙,城内县文庙大成殿是五代时期的遗存。正定古建筑丰富完好,1933年4月,著名建筑学家梁思成先生到正定进行文物考察,先后对隆兴寺、四座古塔、阳和楼、县文庙进行了摄影和详细勘测,并撰写了《正定调查纪略》和修复整理计划,许多宝贵的图样资料得以保存。

### 三、民间表演艺术之乡

正定的民间传统表演艺术极为丰富,有落子、拉耩楼、竹马、高照、春牛斗虎、车子、旱船、常山战鼓、河北梆子等。其中常山战鼓在正定城内非常流行。鼓队一般有20~100名鼓手,各自腰挎一鼓,站成圆圈队形,锣鼓钹居中,鼓槌系彩绸。架鼓的套数很多,常演奏的有大川丈、二川丈、幽州花园、点将、十埋伏、猴爬杆等。1973年,上海芭蕾舞团曾到东杨庄研究架鼓的鼓谱和曲法。1990年,中央歌舞团正定籍专家曹志光来正定,帮助整理、编排东杨庄架鼓,并以此为基础组成常山战鼓队,同年9月1日进京参加第十一届亚运会开幕式艺术节,得到好评。在1997年香港回归活动中,常山战鼓再次被邀请进京参加庆典活动。2008年,常山战鼓被列入国家级非物质文化遗产名录。

## 4 长城第一关——山海关

山海关位于河北省最东部与辽宁省接壤处,燕山与渤海之间,为秦皇岛市辖区。山海关又称"榆关",是明长城的东端起点,扼守华北与东北之间狭长的陆路交通要道,素有"天下第一关"之称,在中国历史上具有重要的影响。明末镇守山海关的将领吴三桂倒戈,促成了清军的大举入关和李自成政权的迅速覆灭,清末的抵抗八国联军入侵和九一八事变后的长城抗战也都是在山海关率先爆发。目前山海关的防御体系基本上都保留了下来,是保存较好的一座明长城关城,周边有孟姜女庙、姜女坟、燕塞湖、长寿山等多处古迹名胜。

## 一、战略要地

山海关是河北省秦皇岛市辖区,商周时期为孤竹国中心区域,春秋时期晋灭肥,肥子逃奔燕国,燕封肥子在此地建肥子国。战国和秦代,此地属辽西郡,东汉属卢龙郡。秦汉时期这里是东巡朝拜和兵家必经之地。唐属营州柳城县,是抵御关外突厥、契丹的战略要地。明代筑山海关,设山海卫。李自成推翻明朝后,带兵4万余众到山海关征讨吴三桂,吴三桂引清军15万同李自成大战,这就是改变中国历史命运的"石河大战",经三天苦战,农民军终因兵寡失利,退至卢龙县(永平府),重整军队再战,大败,李自成逃回京城。清乾隆二年(1737),在山海关设临榆县。直奉大战期间,张作霖派张学良赴秦皇岛和谈受挫,在山海关开战。1948年分立山海关市和秦皇岛市。山海关市先归属于辽西省,后于1952年划归河北省,次年并入秦皇岛市成为其山海关区。

## 二、"天下第一关"

山海关历史悠久,名胜荟萃,风光绮丽,是世界文化遗产地。明万里长城东部起点老龙头长城与大海交汇,蔚为壮观,驰名中外的天下第一关,气势雄伟;角山长城,峰台险峻;孟姜女庙,演绎着中国民间四大传说之一孟姜女寻夫的动人故事;中国北方最大的天然花岗岩石洞——玄阳古洞,坐落在奇峰异石的长寿山中;塞北明珠燕塞湖,美不胜收。

天下第一关位于山海关城中心,建于明洪武十四年(1381),是万里长城东起点的第一座重要关隘。天下第一关城楼气势雄伟,是山海关城的东门,又称镇东楼,俗称箭楼,地处要隘,紧扼华北通往东北的要冲,是山海关城的标志性建筑,古人称颂为"两京锁钥无双地,万里长城第一关。"

老龙头是明长城的东起点,位于山海关城南5千米的滨海高地。万里长城好比一条巨龙,经大漠,攀贺兰,越太行,自燕山而下,向渤海飞驰,在辽西走廊上挽了个结,竖起了山海雄关,随之引颈入海,这入海的部分便是老龙头。老龙头与城北的角山长城、城东的威远城构成掎角之势,拱卫着山海关城。从明初洪武年间到明末崇祯年间的260余年中,老龙头不断修建,逐步完善,直至清代长城内外成为一统,老龙头从此失去了军事防御的作用,成为帝王将相、文人墨客观光览胜的佳境。自清朝开国后,康熙、雍正、乾隆、嘉庆、道光都多次到过老龙头,其中乾隆皇帝4次来此登楼观海,留下了大量诗文墨宝。老龙头上的"天开海岳"碑,据传为唐代遗碑,这四个字道出了"放眼天际,苍茫一碧,天造地设"的绝妙景观之神韵。

孟姜女庙,又叫贞女祠,位于山海关城东约6千米的凤凰山上,相传始建于宋朝以前。孟姜女的故事是中国民间四大传说之一,后人景仰孟姜女的忠贞,感叹她的忠烈而建此庙。现存的孟姜女庙体现了明朝的建筑风格,庙前依山砌筑108磴行人石板梯道,前殿挂有闻名全国的奇联:"海水朝朝朝朝朝朝朝落,浮云长长长长长长长消。"1992年9月山海关区政府在孟姜女庙北侧根据孟姜女的传说修建了大型文化园林孟姜女苑。

燕塞湖亦称石河水库,是山海关这座军事要塞的一道天堑,隋、唐、辽、金时期的民族军事冲突多发生在这里。明末农民起义军领袖李自成与明宁远总兵吴三桂和清将多尔衮大战在石河两岸;北洋时期的两次直奉战争也发生在这里;1933年1月,日本侵略军进攻华北,爱国将领何柱国将军奋起抗战也在这里。而今燕塞湖沿岸悬崖峭壁千姿百态,苍松翠柏、野杏山桃各呈其妍,享有北方"小桂林""小三峡"之美称。

角山,坐落在山海关城北3千米处,因是明万里长城跨越的第一座山峰,素有"万里长城第一山"的美称。前山可俯视关城,眺望大海;后山可赏层峦叠嶂,观"北国桂林"燕塞湖山色湖光。

## 5 京西第一州——蔚县

位于河北省西北部,东临北京,号称"京西第一州",为张家口市辖县。蔚县古称蔚州,古城形制独特,城内衙署、寺庙、楼阁、民居等古建筑数量众多,风貌保存较好,仍有明、清古城遗风。全县共有各类文物遗存780余处,古建筑保存最多,达580余处,其中国家级文物保护单位有玉皇阁、南安寺塔、释迦寺、代王城遗址及汉墓群等21处。风景名胜有空中草原景区和小五台山自然生态保护区的金河口景区。蔚县剪纸独树一帜、驰名中外,使蔚县荣膺"中国民间艺术之乡""中国剪纸艺术之乡"。

## 一、史地概览

蔚县地处河北省西北部,东临京津,南接保定,西依山西大同,北枕塞外古城张家口。全县呈盆地状,南部深山、中部河川、北部丘陵,辖 11 镇、11 乡。蔚县古属冀州,殷商时期为古代国地,春秋属晋,战国归赵,秦时属代郡代县,汉、晋先后属并州、幽州。北周宣帝时始置蔚州,属"燕云十六州"之一,州治灵丘(今山西省灵丘县),今蔚县地属之。隋末陷于突厥。唐开元十二年(724)置安边县(治今蔚县城)。天宝元年(742),改蔚州为安边郡,并自灵丘移州治于安边城。蔚州的设置和辖境历代多有变化、移徙。明朝时,属山西大同府,并置有蔚州卫。清雍正七年(1729),蔚州改属宣化府,不再辖县。乾隆二十二年(1757),蔚县(原蔚州卫,康熙三十二年,公元 1693 年改为蔚县)归入蔚州。1912 年蔚州属直隶省口北道,1913 年改蔚州为蔚县,1928 年划归察哈尔省,1952 年划归河北省。

## 二、蔚县古城

北魏、辽、元、明、清各代蔚州均曾繁荣一时。尤其是元、明到清前期,由于蔚州飞狐古道是南通华北平原、北达千里大漠的交通要道,蔚州物资流通,商业发达,文化和教育也空前兴盛。蔚州古城始于北周大象二年(580)。明洪武五年(1372)开始在当时原城址基础上,辟壕洞,修城墙,雄壮甲于诸边,号称"铁城"。

蔚州古城位于壶流河南岸平台地上,周长 3 800 多米,城墙高 11.5 米,有城门楼 3 座,角楼 4 座,三级敌楼 24 座,垛口 1 100 余。东门为安定门,楼为景阳楼,南门为景仙门,楼为万山楼,西门为清远门,楼为广运楼。三门外均建有高大雄壮的瓮城。城外为 3 丈余深,7 丈余宽的护城河。

与传统礼制要求的方正端庄、泾渭分明、中轴对称的城池形制不同,蔚州城呈不规则形,南面宽阔,北面狭小,东、西两面多弯不平直。城没有北门,而在北城垣上修筑玉皇阁。城内以东西南北四大街为主干线,形成以文昌阁(鼓楼)与南门(万山楼)对称,南北大街为中轴的建筑格局。目前蔚州古城的南、东城墙已全部拆毁,保存较好的是北城墙和西城墙的北段,约长 1 600 米。东、西城门已毁,仅存南门。万山楼和城内文昌阁为 1997 年恢复重建。护城河东、西、南三面基本存在,三门外的石桥仍存。古城内现存蔚州署、玉皇阁、真武庙、常平仓、灵岩寺、南安寺塔、鼓楼、城隍庙、财神庙、清真寺等诸多古建筑。南关中现存释迦寺、关帝庙。东关外还建有天齐庙。蔚州古城风貌基本没有改变,加之古城内衙署、寺庙、楼阁、民居众多,仍有明、清古城遗风。

### 三、民俗艺术

蔚县是"中国民间艺术之乡""中国剪纸艺术之乡",拥有"中国剪纸艺术研究基地"。蔚县剪纸始于清朝道光年间(1821—1850),是全国唯一一种以阴刻为主、阳刻为辅的点彩剪纸。蔚县剪纸大部分出自世世代代不知名的农民艺术家之手,题材有戏曲人物、鸟虫鱼兽,以及对农村生活的描绘等,作品构图饱满,造型生动,色彩璀璨,贴在纸窗上,透过户外阳光的照射,分外玲珑剔透,五彩缤纷,别具一种欢快、明朗、清新的情趣。

打树花是蔚县暖泉镇元宵别具特色的古老节日社火,至今已有300余年历史。1 600℃的高温铁水被艺人泼洒到城墙上,铁水遇冷迸溅四射,形成万朵火花,犹如枝繁叶茂的树冠,因而被称为"树花",其壮观程度远胜于燃放烟花。打树花作为一项古老技艺,成为河北省级非物质文化遗产。

## 6 北魏故都——大同

大同位于山西省北部内外长城之间,黄土高原东北边缘地段。秦始置平城县。公元398—494年作为北魏都城,在辽、金时为陪都。大同是著名的边塞军事重镇,历史上发生过多次重要战争,明代为"九边重镇"之一。大同是三代旧都,佛法兴盛,现有大量与都城相关的历史遗存和佛教建筑。北魏时期开凿的云冈石窟是我国石窟艺术的代表作之一,2001年被列为世界文化遗产。还有北魏平城遗址、方山遗址、悬空寺、华严寺、观音堂、慈云寺、大云寺、善化寺、九龙壁、鼓楼、文峰塔等文物古迹。

### 一、九边重镇,金城汤池

大同位于山西省北部,晋、冀、蒙交界处,介于内外长城之间,西北部属阴山山脉和吕梁山脉,东南部属太行山脉,重峦叠嶂,沟峪交错。市区东北部的采凉山海拔2 144.6米,古称纥真山、纥干山,以山峰峭拔、高寒异常、冬夏积雪而著称,"采凉积雪"为大同八景之一,西南有余支马铺山。大同是中原王朝与北方少数民族长期争战的边塞军事重镇,明代列为"九边重镇"之一,是首都之门户,三晋之屏障,历史上曾发生过多次重要战争。

汉高祖七年(前200),韩王信勾结匈奴在大同地区叛乱,刘邦率32万大军北征,被匈奴冒顿单于指挥的40万精骑围困于白登山(今马铺山),相持七日,这就是历史上有名的"白登之围"。后用陈平计,重贿冒顿的阏氏(王后)方得解脱。

公元395年,后燕慕容垂遣其子慕容宝率军8万、后备军1.8万,向北魏大举进攻。北魏拓跋珪采取"避其锋芒,出奇制胜"的战略,于参合陂(大同东北)偷袭燕军。燕军人马相踏,溺死者1万多人,慕容宝单骑逃出,数万人投降或被俘,被北魏活活坑埋。第二年慕容垂率军过此,见到"积骸如山"的惨景,气恨交加,吐血而归。是为参合陂之战。

北魏正光四年(523),拱卫平城的阴山六镇叛魏,北魏先后派兵讨伐,直到孝昌元年(525)借助柔然兵力才平息叛乱。北魏元气大伤,从此一蹶不振,是为六镇之变。

隋文帝仁寿元年(601),与东突厥战于恒安镇,此后东突厥为隋之属国。唐贞观四年(630),李勣率精骑3000夜袭东突厥大本营定襄城(原云中城,在今大同西北15千米),一举破城,从此东突厥衰落。

唐乾符五年(878),沙陀人李克用占领大同等地,被唐封为河东节度使后,以山西为基地,坐观唐朝内乱。923年李克用之子李存勖建立后唐。云州实为李克用父子发迹之地。

北宋为收复燕云十六州,太宗于雍熙三年(986)三月分三路北征,西路以潘美、杨业为正、副将,出雁门,克寰州、朔州、应州,四月收复云州,后由于东路失利,宋廷下令撤退。杨业建议采用"示形于东,而务于西"的办法,避开辽兵袭击,保护军民安全撤退,遭到监军王侁的竭力反对。临行,杨业向潘美陈述利害,让其在陈家峪口接应。言毕率军进入辽军的伏击圈,杨业突围苦战到下午,箭尽力竭拼力杀出重围,到陈家峪口已是黄昏。潘美、王侁听说杨业兵败早已逃走,杨业只好率领剩余士卒继续力战,士兵多战死,杨业遍身负伤,仍砍杀辽兵百人,后被辽军射下马,被俘后绝食三日而死。是为陈家峪之战。

明正统十四年(1449)土木堡惨败,英宗被俘后,人心惶惶,大同参军郭登修城堞,备器械,景泰元年(1450)与蒙古瓦剌军战于沙窝(今云州区),郭登以800骑兵击败敌人数千骑,军民为之一振,接着又两次击退瓦剌,起到了屏障京师的作用。

清顺治五年(1648)大同守将姜瓖降而复叛,并发出檄文,号召明朝旧官员联合抗清,山西各州县纷纷响应。清廷派固山额真巴颜等载红衣大炮,兵围大同,摄政王多尔衮多次亲临大同劝降。大同被围长达9个多月,陷入孤立无援之境,姜瓖部将杨震威斩姜瓖及其兄弟,带人头开城降清。清军入城后屠城,大同府、大同县均移治,姜瓖府邸、宅地及守备衙门均被掘地三尺。三年后大同才复还故治,从周围各县移民复兴。

大同自古为战略要地,城池特重防守。明清大同府城,城楼、角楼、敌楼、窝铺、城壕、吊桥等防御设施俱全,瓮城、小城,层层设防,固若金汤,为中国军城建设的典范。

## 二、三朝故都,佛教重地

公元386年,鲜卑族拓跋珪建国称魏,史称北魏,于398年自北都盛乐(今内蒙古和林格尔)迁都平城,改号皇帝,置司州,治代郡平城,这是大同历史上第一次建都。至公元494年孝文帝迁都洛阳,北魏在平城建都凡97年,历经6帝,大同成为我国北方的政治、经济、军事、文化中心。北魏在平城建都后,营宫室,建宗庙,立社稷,进行一系列首都建设,宫殿苑囿、楼台观堂等重大工程凡上百处,引武州川水入城,大街有潺潺流水,东西鱼池有游鱼嬉戏,水旁是弱柳垂杨,城市清新雅致,花团锦簇。城中佛法兴盛,有寺院100所,僧尼3 000人,云冈石窟、悬空寺均为当时所建。

五代时石敬瑭将燕云十六州割让给契丹。辽兴宗重熙十三年(1044)改云州为西京,为辽之陪都。辽占大同185年,称西京78年。金代仍以大同为西京。辽、金崇信佛教,大同建有许多巨刹塔庙,重熙六年(1037)建观音堂,七年(1038)建华严寺薄伽教藏殿,清宁八年(1062)建华严寺,奉安诸帝石像、铜像,金代修建了圆觉寺、大云寺、永安寺等。佛教胜迹成为大同历史文物的突出代表。

云冈石窟是我国最大的石窟群之一,也是世界闻名的艺术宝库,1961

年被国务院公布为第一批全国重点文物保护单位,2001年被列入联合国教科文组织世界遗产名录。石窟位于市西16千米的武州山麓、武州川北岸,依山开凿,东西绵延1千米,现存主要洞窟53个,计1 100多个小龛,大小造像51 000余尊。石窟从北魏文成帝和平年间(460—465)开始开凿,至孝明帝正光五年(524)建成,前后计60多年。初由著名和尚昙曜主持,现存第16~20窟就是"昙曜五窟"。据《水经注·漯水》记载,当时"凿石开山,因岩结构,真容巨壮,世法所稀。山堂水殿,烟寺相望,林渊锦境,缀目新眺"。云冈石窟以造像气魄雄伟、内容丰富多彩见称,其雕刻艺术继承并发展了秦汉雕刻艺术传统,吸收和融合了犍陀罗佛教艺术的精华,具有独特的艺术风格,对后来隋唐雕塑艺术的发展产生了直接的影响。

华严寺因佛教华严宗而得名,在城内西南隅。此庙具有辽代皇室祖庙的性质,规模宏大,气势壮观。辽末保大二年(1122)金兵攻入西京,寺内部分建筑毁于战火。金天眷三年(1140),僧人通悟大师重建。现存大雄宝殿就是在辽代旧址上重新修建的。明洪武三年(1370),寺被没收为官产,直到洪武二十四年(1391)才恢复。宣德、景泰年间重修,补塑佛像,焕然一新。明中叶后析为上、下二寺,各开山门,自成格局。清代几经修缮,遂成今日规模。1963年,又将上、下两寺连为一体,统称华严寺。华严寺整体建筑坐西朝东,反映辽人信鬼、拜日为神的习俗。上寺布局严谨,以大雄宝殿为主,分为两院,有山门、过殿、观音阁、地藏阁及两厢廊庑等建筑,高低错落,井然有序;下寺布局较自由,风格活泼,以薄伽教藏殿为中心,保存有辽代塑像、石经幢、楼阁式藏经柜和天宫楼阁等。其建筑、塑像、壁画、壁藏、藻井等都各具特色,是不可多得的辽、金两代艺术珍品。

善化寺是辽金陪都大型佛教寺院建筑之一,又称南寺,位于城南门西侧,始建于唐开元年间(713—741),称开元寺。辽保大二年(1122)大部毁于兵火。金天会六年(1128),由住持和尚圆满主持重修。明正统十年(1445)始更今名,为官吏"习仪之所"。明清多次修葺。寺坐北向南,中轴线上分布着山门(天王殿)、三圣殿(过殿)和大雄宝殿,层层叠高。主殿东西两侧各建楼阁,大雄宝殿左右有东西耳殿各一座,饰有画栋雕梁的东西两条斜廊,南北延伸,把寺内主要建筑连成一体,尚有唐代布局之格。

### 三、煤都民俗

大同是著名的煤都,其风俗很有地方特色。大同气候偏干冷,粮食以山药、谷子、高粱、玉米、黍子、莜麦为主,其次是胡麻、大麻、荞麦、油菜和各种豆类。旧俗乡民农闲时每天吃两餐,城市除手艺行概用三餐外,商与民一律两餐。"稠粥莜面软黄糕,荞面圪饦搅拿糕,抿豆面擀豆面,黍子糕、高粱糕,初一十五把馍馍蒸,娶儿媳妇把油糕包"。莜面过去为大同人的主食,有推窝窝,外薄内空;捏圪卷,纤细且长,妇女合十而搓,巧夺天工,还有捏鱼儿、推刨渣、捏酱片、压饸饹等吃法。夏季水萝卜拌黄瓜;秋天烧茄子、青辣椒;冬天羊肉臊子拌莜面。莜面还可做成馄饨、饺子、搅拿糕等。大同油糕以黍面(黄米面)蒸成,包馅炸制,有菜馅、豆馅、糖馅、酱片之分。油炸糕外脆里黏,香甜爽口,是当地婚丧喜庆、节日宴宾的上好食品。

大同的传统衣着以红主腰最具特色。大同人喜红色,过去无论男女老少,人人通年都要穿件红主腰,冬为棉,夏为单,春秋为夹。红主腰类似现在的贴身背心,由腰身、背褡、褡帘组成,式样独特,紧裹腰身、肩膊,保温性好。过去到大同,一眼就能看到红面黄里的"主腰子"。赶大车的"红主腰,红裤带,外穿皮袄敞开怀,腰上掖着个大烟袋,前头拉,后头拽,大鞭一甩跑起来",为街头一景。

煤都大同有些传统节庆与"煤"有关,如煤窑节日。过去大同小煤窑出煤都靠工人土法开采,劳动强度很大,唯每年的四大节日按惯例"歇窑"。四大节日的放假时间是"冬三年四十五三,二月二日歇两天",即冬至放假3天,过年放4天,正月十五放假3天,二月初二放假2天。冬至是矿工最隆重的节日,传说这天窑神巡窑,各窑主在窑门口贴对联,给窑神上供、敬牲、笼旺火,举行隆重的祭窑神仪式,祭毕矿工围着旺火吃肉喝酒,是难得的休息与放松的时刻。旺火是大同特有民间习俗。每逢除夕、元宵和婚嫁喜庆时,都要在门前垒起旺火。旺火取其兴旺红火之意,用当地出产的大炭块垒成宝塔形,中空,实以柴,点柴即燃,旺火垒好后,外面贴上"旺气冲天"等联语,外罩彩色剪纸,称"旺火罩"。除夕之夜,家家点火;元宵节各商行店铺,开门发市,都要在铺前垒旺火,迎杂耍,举城欢庆。结婚拜天地时,也要点燃旺火,使婚礼热火朝天,预示日子越过越红火。

## 7 七十二行城——新绛

新绛位于山西省南部。古名绛州，隋至清为州、府治，民国取"咸与维新"之义改名新绛。新绛在唐代为铸钱重地，历史上手工业发达，被誉为"七十二行城"，是重要的商品集散地。古城旧称"卧牛城"，仍较好地保留了唐代形制。建于隋代的绛守居园池是全国现存唯一的隋代州府园林，另有绛州大堂、龙兴寺、文庙、绛州三楼、三官庙、稷益庙等古建筑。绛州鼓乐、木版年画、社火等民间艺术富有地方特色。

### 一、"卧牛城"

新绛位于山西省西南部，汾河下游。早在旧石器时代，这里就有人类繁衍生息，境内发现旧石器、新石器时代和夏、商、周古遗址数十处。古为台骀之国，春秋时属晋，战国属魏，称汾城。秦属河东郡。汉代置临汾县。晋属平阳郡。南北朝时，北魏在柏壁镇设东雍州，并置正平县，北齐并入泰平县。北周明帝改为绛州。隋开皇（581—600）初，迁今址，称正平县，为绛郡治。唐初置绛州总管府，辖15州，宋、元、明、清为绛州。民国建立后废州改县，取咸与维新之义，又为与绛县相区别，改为新绛。自隋至清，这里均为州府治。

新绛县城古称"卧牛城"，一条大街纵贯南北为牛脊，左右62巷称牛肋，城内东西各一水面宽阔的天池为牛眼，北部唐塔为牛尾。整座城池建筑格局不同于一般县城的"方城十字，对称中轴"，而是依其临川笼丘的地形特点，街、楼、塔、园，踞高就低，随地势制宜，三关（城外设三关）五坊（城内按唐时建制为正平、省元、孝义、桂林、顺城5坊），两门六十二巷皆依其自然，经1400多年，仍较好地保留了唐代形制。城内主要名胜有绛州三楼、绛守居园池、绛州大堂、龙兴寺、文庙、三官庙等。绛州三楼指钟楼、乐楼、鼓楼，位于城内西部高垣，依地势而建。近距离内三楼并峙的布局，全国罕见。绛州大堂位于城内西部高阜，为历代州署衙门的正堂，始建于唐，现存为元代建筑。全国州衙正堂通例为5间，绛州大堂独为7间。大堂北壁嵌有"文臣七条碑"，是宋徽宗年间镌刻的，记述了大中祥符二年（1009）宋真宗所作"文武七条戒官吏"中的"文臣七条":一曰清心,二曰奉公,三曰修德,四曰责实,五曰明察,六曰劝课,七曰革弊。绛守居园池创建于隋开皇十六年(596),当时内军将军临汾县令梁轨凿渠导城北鼓水灌田,余波蓄为池沼,建成园林,唐、宋、元、明、清均有重修,是全国现存唯一的隋代州府园林,经千余年历史变迁,园池的地形地貌仍较完整。唐长庆三年(823),绛州刺史樊宗师曾作《绛守居园池记》,古涩难懂,号"涩体文",描述了园林当时的情景,是有关该园林的主要史料。唐宋间诗人学者岑参、欧阳修、梅尧臣、范仲淹等都留有诗篇。龙兴寺始建于唐,原名碧落观,后经历史演变,道教观宇变为佛家寺庙。现存正殿为元代建筑,内有宋金时期彩塑毗卢佛、释迦牟尼佛、卢舍那佛等,殿后有龙兴宝塔。

## 二、"七十二行城"

新绛是闻名遐迩的手工业城。文献记载,春秋战国时期,这里就能筑造工艺精湛、造型精美的鼎、釜、碗、勺等青铜器。唐代绛州的铸造、纺织、冶炼、木雕、酿酒等业都十分发达,被称为"七十二行城"。天宝年间(742—756)"天下炉(按:铸钱炉)九十九,绛州三十",乾元二年(759),朝廷"命绛州诸炉铸重轮乾元钱,径一寸二分",称"乾元重宝",与"开元通宝钱并行,以一当五十"①。绛州所产白縠(一种有皱纹的纱)、澄泥砚、香墨、毛笔、皮衣、皮胶等均曾为朝廷贡品。

## 三、民间艺术之乡

新绛的戏曲艺术和民间艺术丰富多彩。古绛州为锣鼓杂戏的发源地和元杂剧的主要活动区域,境内出土大批宋、元戏曲人物砖雕。明清戏剧舞台遍布城乡,新中国成立初县城内尚存舞台16座,全县有500多座,现存稷益庙明代舞台、县城内明代双层乐楼,清代舞台常见。木版年画宋已有之,清道光、咸丰年间县城有"三大家、七小家"年画作坊,产品行销西北、华北各地。绛州鼓乐可上溯至唐初,武德三年(620),李世民击败刘武周后,曾与军民在当地擂大鼓奏《秦王破阵乐》庆贺胜利。近年绛州鼓乐走上国际舞台,蜚声海内外。绛州戏曲人物剪纸,民间社火中的抬阁、高跷、地灯、天灯、河

---

① (宋)宋祁,欧阳修.新唐书·卷五十四·食货志四.

灯、鼓车、花车、旱船及民间布玩、花馍、石雕、木刻,形态百出,争奇斗艳。

## 8 晋商故里——祁县

祁县位于山西省中部,别称昭馀。春秋时属晋国,曾为晋大夫祁奚食邑。西汉初置祁县。祁县是晋商的主要集中地,古城格局完好,民居建筑精妙,民居代表作乔家大院和渠家大院被誉为"双璧"。祁县还是晋剧、祁太秧歌的发祥地,教育、出版、藏书亦很可观。历史名人有东汉司徒王允、唐书画家和诗人王维、唐代诗人和词人温庭筠、北宋宰相王溥等。

### 一、祁奚封邑

祁县为山西晋中市辖县,位于山西省中部,太岳山北麓,汾河东岸,远古时代,这里是一片长满杂草的积水地带,叫作昭馀祁泽薮。经过多年的山河变易,积水逐渐干涸,到明代时只剩下今祁城村一带的一片洼地,名昭馀池,因而昭馀成为祁县的别称。祁县盛产小麦、高粱、棉花、干鲜水果等,县西南境煤炭资源丰富,素有"银祁县"之称。春秋时属晋国。公元前556年,晋平公将祁地封给大夫姬奚做食邑。姬奚以地为氏,改姓祁,即历史上著名的祁黄羊。其城邑建在今祁县城东南7.5千米的古县村,疆域几乎包括整个晋中平川。祁奚曾为中军尉,公元前570年请求告老,推荐他的仇人解狐接替职务,不料未及任命而解狐猝然离世,祁奚又推荐自己的儿子祁午。祁奚"外举不避仇,内举不避亲",被后人视为以国家利益为重、不计个人恩怨的楷模。

### 二、晋商集中地

祁县是晋商的主要集中地。历史上山西人以善于经商著称于世,祁县商帮是晋商的杰出代表,其经商史发端于宋,初具规模于明,大盛于清。清道光、咸丰年间,北京城里有300多家粮店,祁县人开的就占100多家。清末民初,祁县在外经商人数达15 000多人,涉及全县一半的家庭。祁商字号遍布全国各地,甚至远及莫斯科、东京、大阪、平壤及南洋等地。祁县商业开设最早的是茶庄,投资最多、规模最大的是票号。1920年,县城有商号214家,1948年尚有112家。

渠家和乔家是祁县的巨商大贾。渠家原籍在上党的长子县,明初时,渠家发迹始祖渠济因生活所迫,带领他的儿子忠义、忠信来回往返于上党与祁县之间做土产生意,有了部分积蓄之后,大约在明洪武二年(1369)迁到祁县,经过几代人的艰苦创业,到第9代结束了摊贩生涯,开始在祁县城内设立自己的商号。清同治、光绪年间,渠家的商业发展到了鼎盛时期,商业字号遍及全国的各大城市及水旱码头。所经营的项目有斗、典、布、杂、茶、票号,可以说是样样精通了。

乔家最初以"走西口"(与北方的蒙古乃至俄罗斯贸易)发家致富,以后随着乔家商业的不断扩大,形成了以"复盛公"为首的乔家复字号19家,从业人员达四五百人,复盛公商号奠定了整个包头市的商业基础,因而在内蒙古包头城里流传有这么一句口头禅:"先有复盛公,后有包头城。"乔家开设两大票号"大德通""大德恒"。辛亥革命后,许多票号纷纷关闭,但唯有这两家连同渠家的三晋源,依然经营着各自的生意,可见乔、渠两家在经商理财方面是有独到之处的。

## 三、祁县古城

祁县古城格局完好,民居建筑精妙,集古寺庙、古街道、古店铺、古民宅于一城,建筑专家概括为"一城四街二十八巷四十八院",是研究中国古代县城建置、街道规划、民宅建筑和商业网点布局的实物资料,也是反映明清时代晋商状况的历史见证。县城有古院落1 000多所,明清建筑风格的房屋20 000多间。民居代表作乔家大院和渠家大院被誉为"双璧"。

渠家大院位于县城东大街路北,始建于清乾隆年间(1736—1795),为全国罕见的五进式穿堂院,分8个大院,内含19个小院,共有房屋240间。大院外观为城堡式,墙头有垛口式女墙,大门洞上高耸眺阁。第一个院为石雕栏杆院,原为待客场所,汉白玉石雕栏杆玲珑剔透。主院牌楼院内高耸着一座10余米高的木制牌楼。主院南面为戏台院,建有戏台的民居在山西全省唯此一家。院与院之间由过厅、牌楼相隔。屋内屋外彩绘华丽,木雕、石雕、砖雕随处可见,甚至每个门墩、石础都有图案。渠家大院现辟为晋商文化博物馆

乔家大院位于县城东北乔家堡村,是著名商业资本家乔氏商号"在中

堂"家人的故居,始建于乾隆二十年(1755),以后多次扩建,迄今保存完整,有"皇家看故宫,民宅看乔家,旅游不到'在中堂',白来山西走一遭"之说。乔家大院分6个大院,含20个小院,房屋313间,布局呈"囍"字形。宅院周围是十几米高的砖墙,上有女墙式的垛口。砖雕、木雕、石刻、彩绘形式各异,连房顶上的140多个烟囱也无一雷同。内设民俗博物馆。

古城内外还有祁奚父子墓、赵襄子墓、文庙、镇河楼等古迹和多处古戏台。

## 9 北塞门户——代县

代县位于山西省东北部,雁门关脚下。隋开皇五年(585)设代州,名称始于此,历为州、县治。代县是中国著名关隘雁门关所在地,是历代兵家必争之地,2 000多年来发生在县境的战争达150起。城池历经沧桑,屡毁屡修,明清时成为北方有名的重镇,尚存西门瓮城与北西两面城墙。有赵杲观、阿育王塔、晋王墓、杨家祠堂、文庙、武庙、代州衙署、雁门关、边靖楼、白草口长城等古迹。

**一、雄关要塞**

代县位于山西省东北部,雁门关下。南及东南、北及西北部为山区,北据恒山余脉,南跨五台山麓,中部为狭长的河谷平川,滹沱河横贯东西,构成南北两面土石山与丘陵盘结、中部低洼平坦的地貌。代县春秋为晋地,战国归赵。西汉置广武县,属太原郡。东汉属雁门郡,三国魏为雁门郡治。北魏、北齐、北周俱称广武县。隋开皇五年(585)改为代州。明洪武二年(1369)始称代县,八年(1375)复称代州,属太原府。清雍正二年(1724)升为山西省直隶州,1912年废州,称代县。

代县自北魏孝明帝时徙雁门郡治于此,历为晋北雄镇。县境北障勾注塞为唐代雁门关旧址。唐初于此立寨栅,置关门,驻兵防守,称西陉关,其左右两侧峭壁如削,中间有路盘旋崎岖,是明以前著名的军事要塞,今关址依稀可辨。明洪武七年(1374)吉安侯陆仲亨自监民工筑新关于旧关东北十里处的要道,南距代城县四十余里,北邻广武古城二十一里,地势更为险要。

关城周长二里,墙高二丈,石座砖身,雉堞为齿,洞口三重,曰东门、西门、小北门。东门上筑楼台,名雁楼,西门上筑有杨六郎庙。小北门未设顶楼,但砖石结构,格外雄固,门额石匾横刻"雁门关"三字,洞门两侧镶嵌对联:"三关冲要无双地,九塞尊崇第一关。"东门外北侧建有靖边寺,祀战国时代的军事家赵将李牧,西门外右侧建有关帝庙。关城正北置有驻军营房,东南设有练兵教场。整个关城建筑虎踞龙蟠,雄伟壮观。明末清初著名学者顾炎武曾亲临此地,他在《天下郡国利病书》中描述说:"两山对峙,其形如门,而飞雁出于其间。"雁门关出东门有 2.5 千米的石头路,或石上开凿,或石头铺设,盘旋上下,陡峭光滑,十分险峻。关外原有大石墙 3 道,小石墙 25 道。在今白草口至广武村之间有一段全长 5 964 米的长城,系明万历三十三年(1605)巡抚都御史李景元所筑,连接唐雁门关(即西陉关北塞)和明雁门关(东陉关北塞),属明内长城。靠白草口一段长城历史上称陉岭,是捍卫中原的门户。雁门关与宁武关、偏关合称为三关,素称"三关重地,九塞之首",为幽燕入关之要径,系晋秦之安危,为历代兵家必争之地。史书记载 2 000 年来发生在代县境内的战争多达 150 起。明清以后,随着我国多民族统一国家疆域的逐步形成,内长城作为"内边"的作用已经失去,所属的雁门雄关也随之荒废。现在的关城仅存东门、西门、小北门三个门洞和靖边寺前的一对石狮,一副石旗杆,明镌李牧碑石一块,以及寺后的青松数株。

代县城池历经沧桑,屡毁屡修。县城中央坐北朝南高耸明代所建边靖楼,南北各悬匾额曰"声闻四达""威震三关",气势不凡,被誉为"雁门第一楼"。城东的杨家祠堂则是为纪念北宋名将杨业而建的。自五代石敬瑭割燕云十六州予契丹,雁门关一线即成为中原与契丹的边界。杨业仕北汉 29 年,在雁门一带屡立奇功,归宋后镇守代州,防御契丹,敌军闻风丧胆,称杨业为"杨无敌"。杨业之后,杨家满门忠烈,戍边报国,留下许多传奇故事。元至元十六年(1279),杨业 13 世孙、龙虎卫上将军、左统军元帅杨友与弟杨山建"忠武祠",内塑杨业、佘太君彩像和杨家八子及名将名宦像。祠堂内还有"六郎甲""五郎棍""杨氏族谱"等文物。

历代镇守代州的名将还有李牧、李左车、薛仁贵、郭子仪等。唐宋以来,陈子昂、李白、范仲淹、元好问等文人学者都曾在代县登眺浏览,吟咏边塞风物,写下诗文篇章。元代诗人萨都剌,自幼随祖、父居代州,及第后为官各地,创作了许多抒写江南美景、塞上风光的景物诗,名冠元代诗坛。他生前把多年诗作自辑为《雁门集》,传世至今。

## 二、民间文艺

代县民间流传着道情、庙堂音乐等民间艺术。道情原为道家宣传教义的宗教艺术形式,后被群众文化吸收利用,成为地方小剧种。代县道情具有浓厚的乡土气息和地方特色,道白用方言,风趣幽默,民间剧团和艺人活跃于乡间。庙堂音乐本是佛、道教在寺庙进行宗教活动的音乐,后走出寺庙,进入民间丧事,成为民间的鼓乐班形式,活动于乡间。代县人素有剪纸、作画的传统,明清以来,民间画匠画师颇有名气,画铺生意兴隆。20世纪80年代初,代县出现农民画热,农民画被源源不断选送太原、北京展出,1988年被文化部命名为"中国民间绘画画乡"。

# 10 晋韵龙城——太原

太原是山西省省会,别称并州、晋阳,是有2 500余年建城历史的古都,自商周以来一直是中国北方重要的军事和政治、经济文化中心。太原三面环山,汾河自北向南流经全市,自古有"锦绣太原城"的美誉。太原是中国拥有文化遗产项目数最多的城市之一,著名的有古代园林建筑的杰作晋祠、建于明代的永祚寺及双塔建筑的杰出代表凌霄双塔、中国最大的道教石窟龙山石窟、千年名城晋阳古城遗址、著名佛教石窟天龙山石窟,以及太原秧歌、晋祠庙会、山西面食、清徐老陈醋酿制技艺等非物质文化遗产。中国煤炭博物馆是我国唯一的国家级煤炭行业博物馆。

## 一、山川地理

太原位于山西省中部,华北地区黄河流域中东部,西、北、东三面环山,中、南部为河谷平原,黄河的第二大支流——汾河自北向南横贯太原市全境。市区东有太行山阻隔,西有吕梁山作屏障,雄关险隘环绕,历来是易守难攻、可进可退的军事要地。在历史上,太原长期处于华夏文明和中国政治力量的核心半径之内,与国都互为表里,共安危同存亡,直接或间接影响着华夏政治格局。同时,因太原处于农耕文明与草原文明的过渡地带,两种文明的互动,不同程度影响着中原王朝和北方游牧民族政权的兴替与治乱。

从经济地理角度看,太原是中国古代重要的经济地区之一,经济实力突出。太原盆地位于黄河中游的汾河谷地,地势平坦,土质肥沃,得汾河、晋水灌溉之利,是重要的农业区。原盆地东、西、北三面的山地丘陵地区,古代植被繁茂,水草丰沛,是理想的牧场,畜牧业也很发达。另外太原盆地自然矿产资源丰富,是我国古代手工业的基地。冶铜、冶铁业自古有名,玉器、骨器、车马器等制造业也很发达。太原这种农牧结合、渔猎并举,手工业商业相兼的经济地理环境,为其占据重要的战略地位、扮演重要的政治角色,奠定了雄厚的物质基础。

## 二、龙城兴替

太原是华夏文明较早发展的地区。境内的考古发掘表明,太原早在距今 10 万年前就有人类生息,七八千年前的母系社会早期,太原先民创造了灿烂的新石器文化。史传太原的肇始者台骀,是黄帝的五世孙、帝喾的治水官,因治理汾水,开拓太原盆地,被尊为"汾水之神",又称台神,为后代崇祀。

西周初,成王封弟叔虞于唐;叔虞子燮夫即位,见晋水奔流不息,哺育人民,遂改国号为"晋"。春秋鲁昭公元年(晋平公十七年,前 541 年),晋国荀吴率兵北征,大败占据今太原一带的无终及狄人,太原地区始入于晋国版图。春秋末期,晋公室势力渐弱,智、韩、魏、赵、范、中行氏六卿专权。晋定公十五年(前 497),赵鞅入晋阳,显赫于世的晋阳古城问世于汾河晋水之畔。三家分晋后,赵国曾都晋阳。秦庄襄王二年(赵孝成王十八年,前 248 年),秦将蒙骜攻打赵国,太原地入于秦。次年,于晋阳置太原郡,为太原设郡之始。公元前 221 年,秦统一六国,分全国为三十六郡,太原郡为其中之一,辖三十七县,治所晋阳。

汉代,郡国并行,以郡国统县,晋阳为代国都或太原郡治所。武帝元封五年(前 106),设十三州刺史以监察郡国。并州刺史监察太原、上党、西河、朔方、五原、云中、定襄、雁门、上郡九郡,州治晋阳。十六国时期,并州战火不断,太原地区先后为西晋、前赵、后赵、前燕、前秦、西燕、后燕交替占据。东魏和北齐,以晋阳为别都,号为"霸府"。隋代置并州总管府、太原郡。隋末,李渊为太原留守,起兵晋阳,因晋阳有古唐国之称,定都长安后以"唐"为国号。唐代太原地区建置变动频繁,大体晋阳为太原府治,曾称北都,与长安、洛阳并称三都或三京。五代后唐、后晋、后汉均以晋阳为陪都,北汉以晋阳为都,一时间太原名声显赫,传为"龙城"。

北宋太平兴国四年(979),太宗赵光义亲征北汉,灭北汉。赵宋深恨太原军民顽抗,火烧晋阳城,又引汾、晋之水夷晋阳城为废墟,降、撤州、县,迁移州治。太平兴国七年(982),因并州治所榆次"地非要会",迁至唐明镇(今太原城区),新的太原城重新崛起。嘉祐四年(1059),改并州为太原府。金太宗天会四年(1126),太原沦于金。

元至元二十七年(1290)实行中书省、路、州、县四级建置。太原路(大德八年,公元1304年太原路发生长达年余的地震后改冀宁路)直属中书省辖领,境域远较前代广大。明代为太原府,朱元璋封其三子朱棡为晋王于太原,扩建太原城。清朝,置太原府,府治阳曲县。

1927年,太原确定市的建置,隶属山西省政府直辖。1937年11月至1945年8月间,为日军占领。1949年后,太原成为山西省省会。

### 三、古建遗迹

太原亘古以来文化昌盛,文人荟萃,东晋有书画家王廙、小说家郭澄之,唐代有著名诗人王翰、王之涣、白居易,宋代有在中国绘画史上占有重要地位的王端、王诜、米芾、米友仁,金代有著名诗人李汾,元代有剧作家乔吉,元末明初有文学巨匠罗贯中。地上、地下历史文化遗存丰富,非物质文化遗产多样,体现了深厚的文化底蕴。

太原著名的古建遗迹有晋祠、天龙山石窟、永祚寺、纯阳宫、崇善寺、窦大夫祠等。其中晋祠圣母殿内宋塑侍女像栩栩如生,姿态各异,在海内外享有盛名;天龙山的北朝石窟及隋唐造像、崇善寺明代藏经、纯阳宫关羽立马铜像,在我国文学艺术史上均占有辉煌的一页。此外,唐太宗李世民撰写的"贞观宝翰"——《晋祠铭并序》碑文,是现存最早的唯一完好的唐太宗行书碑。

晋祠位于市西南25千米悬瓮山下晋水发源处,始建时间在北魏以前,为纪念周武王次子叔虞而建,北宋天圣年间(1023—1032)追封唐叔虞为汾东王,其母邑姜亦供奉于正殿中,后叔虞祠迁于北侧,形成今日格局。祠内有几十座古建筑和周柏、唐槐、难老泉等,风景秀丽,是集中国古代祭祀建筑、园林、雕塑、壁画、碑刻艺术为一体的唯一而珍贵的历史文化遗产。难老泉、侍女像、圣母像被誉为"晋祠三绝"。

永祚寺在太原市东南郊,明万历三十六年(1608)高僧福登奉敕建造。寺内有双塔,因名双塔寺。双塔名宣文塔,八角13层,高约54.8米,砖筑楼阁式,塔表仿木结构用精美的砖雕、斗拱、琉璃、飞檐装饰,塔内设踏阶可盘旋而上,直达最上层。人们出入太原,双塔首先映入眼帘,成为太原的标志。寺内牡丹遍地,传为明代所植。

天龙山石窟在太原市西南天龙山腰。天龙山亦名方山,海拔1 700米,风光秀丽,历史上曾是北齐皇帝高洋之父高欢的避暑宫。石窟分布在天龙山东西两峰,东峰8窟,西峰13窟。各窟的开凿年代不一,自东魏至唐,历魏、齐、隋、唐四个朝代。以唐代最多,达15窟。石雕体态生动,刀法洗练,具有丰富的质感。寺前蟠龙古松苍翠蔽日,为天龙山上又一奇观。

蒙山大佛,也称晋阳西山大佛,位于晋源区寺底村西北的蒙山中。大佛开凿于北齐天保二年(551),本是净土宗早期道场蒙山开化寺后的摩崖佛像。唐高祖李渊、唐高宗李治与皇后武则天、后唐武皇帝李克用、后汉高祖刘知远都曾来此礼佛。元朝末年被毁。1980年的太原市地名普查中,蒙山大佛被重新发现,发现时佛头已不知去向,佛身埋在土石之中,风化严重。古籍记载,蒙山大佛高二百尺(合今制59米)。根据实际测量,蒙山大佛原本的高度大约为46米。

纯阳宫又称吕祖庙,在太原市五一广场西北隅。创建年代无考。明万历二十五年(1597),晋王朱新扬对宫内重新规划扩建,规模空前。清乾嘉年间郡守郭晋及太谷人范朝升又先后出资扩建,增筑巍阁三层。该院整个建筑布局类似八卦形式,为国内少见。

龙山石窟在太原市西南20千米的龙山山巅,是中国现存规模最大的元代道教石窟群。主窟开凿于元代太宗六年至十一年(1234—1239),由丘处机弟子、大道人宋德芳主持。共8窟,分别为虚皇龛、三清龛、卧如龛、玄真龛、三大法师龛、七真龛及两座辩道龛。造像40余尊,大都保存完好,雕刻朴实,形象敦厚。

晋阳古城遗址位于今太原市晋源区古城营一带,建成于春秋末年,毁于宋初,历时近1500年,是我国北方重要的政治、经济、军事重镇。遗址面积大约20平方千米,由城池遗址、古墓葬遗址、宗教祭祀遗址组成,分西城、东城、中城、太原府、晋阳宫城、大明宫城、仓城、罗城等。

## 11 关外京阙——沈阳

沈阳是辽宁省省会,中国东北地区经济、文化、交通和商贸中心。沈阳古为东北地区军事重镇,清朝发祥地,努尔哈赤、皇太极先后在此立都。现有清故宫、福陵、昭陵三处世界文化遗产和新乐遗址、锡伯族家庙、明清四塔七寺、张氏帅府等历史文化遗迹。

### 一、"天眷盛京"

沈阳位于辽宁省中部,是东北地区的经济中心和最大城市。古代这里是东北的军事重镇,公元前300年前后,燕国在此屯兵戍边,设立哨所,称为斥堠。西汉武帝元朔元年(前128)在沈阳境内设侯城,初具县邑规模。辽代在此置沈州,以土夯筑城墙,是为沈阳建城之始,沈阳渐渐成为关内外交通要塞、商品集散地和文化联系的纽带。元元贞二年(1296)改沈州为沈阳路。明代设沈阳中卫,建砖城以加强防御。明末,建州女真兴起,万历四十四年(1616),努尔哈赤统一女真各部,国号大金,定都赫图阿拉(今辽宁新宾县永陵镇)。后金天命六年(1621),努尔哈赤攻占沈阳,天命十年(1625)迁都沈阳,扩建城池,把明朝的砖城加高加宽,改原四门四关为八门八关,改城内"十"字街为"井"字街,还大兴土木,修建了许多具有汉、满、蒙、藏等各族文化艺术交融特色的宫殿、寺塔。次年努尔哈赤第八子皇太极继承汗位,在沈阳皇宫大政殿举行登基大典。天聪八年(1634)皇太极下令官名及城邑名皆改以满语,沈阳改为"谋克敦"(兴盛之意),汉文写作"天眷盛京"。1636年皇太极称帝,建国号为大清,改元崇德,沈阳成为大清国都。顺治元年(1644)清迁都北京后,沈阳作为陪都。顺治十四年(1657)以"奉天承运"之意在沈阳设奉天府,这是沈阳又名奉天的由来。

1911年后,沈阳成为张作霖统治东北的中心,修铁路,开矿山,办工厂,建银号,近代工业获得长足发展。1923年设奉天市,1928年张学良"东北易帜",次年,奉天市改为沈阳市。1931—1945年沈阳沦陷于日本14年。日军改沈阳为奉天,霸占铁路、兵工厂、机场、通信设施、银号钱庄及一切官办、官商合办企业,支持日本财阀办厂,掠夺各类资源,推行奴化思想。1948年中国人民解放军解放沈阳。

## 二、关外皇宫和皇陵

沈阳是清王朝的发迹之地,留有清廷入关前的"一宫二陵"——沈阳故宫和福陵、昭陵。

沈阳故宫是后金和清初皇宫,清入关后被尊为奉天行宫,为历代清帝循制祭祖和东巡时的临时听政、寝居之所,又称盛京宫阙,始建于后金努尔哈赤天命十年(1625),皇太极崇德元年(1636)建成,乾隆时又增建。沈阳故宫占地6万平方米,由20多个院落、300多间房舍组成,是仅次于北京故宫的保存较完整的宫殿建筑群。皇太极即位后,为修筑这座宫殿,先后征集30多万劳力,伐木9 000多立方米,烧瓦700多万块,汇集各地能工巧匠。沈阳故宫整体布局分中、东、西三路,四周绕以高大的宫墙,建筑规模虽较北京故宫小得多,但当初建造时有模仿明制的意思,故中路布局接近北京故宫。

中路南端大清门为正门,是日常朝会时文武大臣候朝的地方和清帝接受群臣谢恩之处,东侧有太庙。入宫,飞龙阁和翔凤阁左右对峙,构成前院。正中的崇政殿建于天聪六年(1632),俗称"金銮殿",是皇太极处理军机要务和接待外国使臣、少数民族代表的地方,1636年后金改国号为清也在此举行大典,后代皇帝东巡在此临朝。殿后的师善斋和协中斋构成中院。殿后两侧为东西宫。东宫包括颐和殿、介祉宫、敬典殿等,是东巡时皇帝、后妃给太后请安之处和皇太后寝宫及存放实录、玉牒处。西宫包括迪光殿、保极殿、继思斋、崇谟阁等,是东巡时皇帝、后妃及子女居住的地方和存放《圣训》《满文老档》的地方。中院以北为内宫,全部建筑在高约4米的青砖高台上,周围绕以宫墙,自成一组。内宫的门楼凤凰楼高3层,是当时沈阳的最高建筑,"凤楼晓日"为沈阳八景之一。内宫以清宁宫居中,左右配以衍庆、永福(曾为顺治帝生母庄妃居所,顺治出生地)、麟趾、关雎四宫,为后妃寝所。清宁宫为五开间,东间为帝后寝室,称暖阁,西四间是皇帝祭祀的神堂。清宁宫庭院的东南角有一根朱红色的木杆,叫索伦杆,满族人称神杆。木杆顶端有锡斗,内放米谷碎肉来喂乌鸦,是满族的习俗。传说早年努尔哈赤在明朝总兵李成梁手下做勤务兵时,因他脚下长有红痣,被认为是未来夺取大明江山、有帝王之相者,李成梁便要除掉他。努尔哈赤闻讯仓皇逃跑,李成梁率兵疾追,就在即将被发现时,一群乌鸦落在努尔哈赤身上,努尔哈赤在乌鸦的掩护下得以逃生。努尔哈赤成为后金之王后,为感谢乌鸦的救命之恩,告谕全族,永不屠鸦,索伦杆饲鸦的风俗便延续下来。

西路以文溯阁为中心。文溯阁与仰熙斋、嘉荫堂与戏台分别自成院落。文溯阁建于乾隆四十七年(1782),建筑模式仿宁波天一阁,六间二楼,顶盖为黑琉璃瓦绿剪边,专藏《四库全书》。文渊阁也是皇帝东巡时读书之所。

东路是与北京故宫差别最显著的地方,也是清初宫阙特色所在。居于北端的大政殿是八角重檐攒尖式殿宇,为皇帝举行大典的地方。殿前排列10座方亭,是八旗首领固山额真和分左右统辖八旗的亲王贝勒办公的地方。十王亭在大政殿两侧按旗位顺序呈八字形扇面排开,登上大政殿南望,十亭排列错落有致,北狭南宽,似无穷尽,象征兵多将广,万世绵延。

沈阳有两座清初帝王的陵墓,太祖努尔哈赤的福陵和太宗皇太极的昭陵。福陵又名东陵,在沈阳市东北11千米的丘陵上,是努尔哈赤和皇后叶赫那拉氏的陵墓。陵园坐北朝南,前临浑河,后倚天柱山,四周围以红墙,古松参天,绿草铺地,气势雄浑。门内参道两侧对称排列石狮、石马、石驼、石虎等。平地尽头顺山势筑有108级台阶,俗称"一百零八蹬"。登上石阶有碑楼,碑楼后为陵园主体——方城。方城后有月牙形宝城,宝城中的宝顶下是葬置棺椁的地宫。昭陵位于沈阳城北,称"北陵",是皇太极和孝端文皇后博尔济吉特氏的陵墓。陵园建制格局与福陵大致相同,但配备的装饰和附加建筑更多。

沈阳城内还有始建于辽代的无垢净光舍利塔、东北道教第一丛林太清宫以及张学良旧居等历史古迹。

### 三、民族节庆

沈阳生活着汉、满、朝鲜、回、蒙古、锡伯等41个民族。许多少数民族有着自己的节庆习俗。

- 满族族庆:每年农历十月十三日,沈阳满族同胞身着传统的华丽民族盛装,在约定地点集会联欢,讲述族庆由来,并演出有民族特色的"珍珠湖""扇子舞"等文艺节目,尽情娱乐一天,以示对满族共同体形成的庆贺。满族族庆可溯源于后金晚期。天聪九年(1635)农历十月十三日,皇太极下令撤掉本族女真之旧称,改为满洲,并声称:"自今以后,一切人等,只称我国满洲原名,不得仍前妄称。""满洲"二字作为族名通用到清末,民初才确立"满族"的称谓。

● 锡伯族怀亲节:是沈阳锡伯族纪念祖先西征戍边的传统节日。古代锡伯族人骁勇强悍,善于骑射,天聪五年(1631)归附后金。康熙三十七年(1698)部分锡伯族人从齐齐哈尔等处移入盛京。乾隆二十九年(1764)清廷因新疆伊犁一带人烟稀少,土地荒芜,防务空虚,外国势力又不断向东扩张,为开发和保卫边陲,应伊犁将军请求,调盛京部分英勇善战的锡伯族官兵去新疆屯垦戍边。锡伯族官兵及眷属从沈阳启程,经艰难跋涉,历时一年多才到达目的地,完成中国民族史上的一次西迁壮举。当年西征前夕,锡伯族父老乡亲齐集锡伯族家庙太平寺为他们饯行。此后每逢农历四月十八日,锡伯族同胞都在家庙供灶、杀猪、聚餐,由各户当家人去参加这个纪念祖先戍边卫国光荣业绩的活动。

● 朝鲜族家庆:沈阳朝鲜族自古以来和汉族和睦相处,彼此习俗交融,但举办周岁宴和回甲节、真甲节等家庆仍颇为流行。周岁宴是祝福孩子长命百岁的活动,亲友聚会,有的送金银首饰,有的送服装玩具,有的送糕点瓜果,都陈列在收拾得五光十色的孩子卧室的桌面或炕头上,然后人们热热闹闹地谈笑风生,尽欢而散。回甲节、真甲节是为老人六十或七十大寿举办的庆典,以示子女不忘父母或老人养育之恩。这种活动只能在老人生日那天或之前举行,届时,子女亲友分别置备衣料、礼金等送给老人,摆宴祝酒,陪老人欢度生日。

## 12 高句丽王城——集安

集安位于吉林省最南部,中朝边界鸭绿江西岸。集安是典型的山城,长白山系的老岭山脉横贯全境,蜿蜒200余千米。战国时期属燕,汉武帝时曾设高句丽县,属玄菟郡。公元3年至427年,为高句丽政权的都城。清光绪二十八年(1902)建立辑安县,1965年改为集安县,1988年撤县设市。集安作为高句丽都城长达425年,历经19代王,留下了大量珍贵的文化古迹,高句丽王城、王陵和贵族墓葬于2004年被列为世界文化遗产。

## 一、高句丽史事

集安自公元3年至427年作为高句丽王都425年,历19代王,高句丽古迹在境内星罗棋布,形成独具特色的历史文化景观。

高句丽是扶余族的分支,西汉元帝建昭二年(前37)由吉林南下,迁移到鸭绿江附近,成立高句丽国,领有辽东的大半和朝鲜北半部,统治了700年左右。平帝元始三年(3),高句丽第二代王迁都国内城。全国大约有3万人户,住在高山深谷之中。贵族喜造大宫室,饮酒歌舞,坐享下户供给的米粮鱼盐等。汉光武帝时高句丽王曾遣使到汉朝聘问,汉赐给他们乐伎乐器和衣冠服饰。东汉建安十四年(209),辽东割据势力公孙康乘高句丽内讧之机进袭,"焚烧邑落,攻破国都",国内城被毁,山上王移居丸都。魏明帝时,毌丘俭任幽州刺史,平定辽东,高句丽屡次侵扰叛乱。正始五年(244),毌丘俭攻伐高句丽,破丸都,屠城,杀获8 000余人,高句丽第十一代东川王"单将妻子逃窜",山城从此荒废近百年。342年,即高句丽第十六代故国原王十二年的春天,高句丽重修丸都城,并于同一年秋又一次移居丸都。但不到4个月,前燕慕容皝带兵4万,再遣将带兵1.5万,南北夹击高句丽,将高句丽王钊赶入山谷,劫掠毁城后收兵。丸都山城几经盛衰,终于荒废为历史的陈迹。次年,钊派弟弟向前燕称臣。公元370年,前燕为前秦所灭,高句丽又遣使入贡于前秦。385年,后燕慕容垂时期,高句丽击败后燕,占领辽东、玄菟二郡,幽、蓟不少流民归附高句丽。此后后燕虽屡次进攻高句丽,一度收复二郡,但都不能大胜。高句丽反过来开始侵燕。407年,高句丽人高云杀后燕王慕容熙,即王位。

北魏拓跋珪时期,高句丽王谈德的势力开始强大,在辽东地区发展,击败百济、新罗,占有朝鲜半岛大部及辽东平原抚顺、辽阳一带,高句丽进入历史上的强盛时期。谈德于412年去世,谥"国冈上广开土境平安好太王"。高句丽王钊的曾孙高琏继位后,派使者向北魏太武帝进贡,受封辽东郡王、高句丽王。高琏继位十五年(427)迁都平壤。高琏死于北魏太和十五年

(491),活了98岁,谥长寿王。

## 二、高句丽史迹

集安境内有多处高句丽时代遗址,如国东大穴遗址(祭址)、南北道遗址(通往国内城的南、北道路)、气象站遗址、采石场遗址等,反映了颇具特色的高句丽文化。2004年高句丽王城、王陵和贵族墓葬成为联合国教科文组织世界文化遗产项目,该项目还涉及了辽宁省桓仁县,共包括王城3处:五女山城、国内城、丸都山城;王陵14处:麻线0626号墓、千秋墓、西大墓、麻线2100号墓、麻线2378号墓、七星山0211号墓、七星山0871号墓、太王陵及好太王碑、临江墓、禹山2110号墓、禹山0992号墓、将军坟及1号陪葬墓;贵族墓26处:角抵墓、舞俑墓、马槽墓、王字墓、环纹墓、冉牟墓、散莲花墓、长川2号墓、长川4号墓、长川1号墓、禹山3319号墓、五盔坟1号墓、五盔坟2号墓、五盔坟3号墓、五盔坟4号墓、五盔坟5号墓、四神墓、禹山2112号墓、四盔坟1号墓、四盔坟2号墓、四盔坟3号墓、四盔坟4号墓、兄墓、弟墓、折天井墓、龟甲墓。高句丽项目符合入选世界文化遗产名录六个标准中的五项:它体现了人类创造和智慧的杰作;作为历史早期建造的都城和墓葬,它反映了汉民族对其他民族文化的影响以及风格独特的壁画艺术;它也体现了已经消失的高句丽文明;高句丽王朝利用石块、泥土等材料建筑的都城,对后来产生了影响;它展现了人类的创造与大自然的完美结合。

丸都山城位于集安西北2.5千米处,建在群山之中,凭借山峰的自然走向,在山脊上建筑城垣,形如簸箕,周长6951米,城内有瞭望台、蓄水池和规模宏大的宫殿遗址。丸都山城建于公元3年,原为储放兵器粮草的守备城,高句丽时代山上王和故国原王时期两度以山城作为都城。427年长寿王迁都平壤后,随着驻守军队的减少、国家的衰败,山城终于荒废。

国内城位于集安市鸭绿江畔,洞沟河口东侧,公元209年以前是高句丽王朝的政治中心,迁都平壤后为别都。城长方形,由巨大花岗石筑墙基,墙厚10米,周长2.7千米,现残高3~4米。城外东、南、北三面有10米宽的壕沟,西面是洞沟河。城开6门,筑有瓮城,四面有角楼,城墙上有突出墙面的垛台,形成森严的防御体系。

集安境内现存高句丽古墓近万座,分布在洞沟河畔,有土坟和石坟两种,石坟一般砌筑年代较早,土坟年代较晚,其中规模宏大的有太王陵、将军坟等。太王陵是高句丽王谈德陵墓。谈德是高句丽第十九代君主,号永乐太王,是高句丽历史上最强盛时期的统治者,死于公元412年。陵墓宏大,呈截尖方锥形,残高14.8米,边长66米,四周用石材砌成阶坛形,现阶坛已塌掉。陵墓附近有一碑亭,内存永乐太王碑,高6.39米,碑文计1 800余字,记述了高句丽建国的历史传说和永乐太王攻城略地、广开疆土的业绩。高句丽史在中国正史上记载极为简略,此碑文成为研究高句丽历史最重要的第一手资料。将军坟位于城东7千米的龙山山麓,也是一座雄伟的高句丽王坟,用1 100余块花岗石条砌筑成阶坛式,共7级,墓顶有祭享建筑遗迹。旧志把将军坟定为高句丽第一代王朱蒙的陵墓,但专家根据陵墓形制和建筑技术考察,应建于5世纪初。将军坟构筑严谨,雄伟壮观,被誉为"东方金字塔"。

## 13 北国江城——吉林

吉林位于吉林省中部,长白山支脉环绕城间,松花江低回漫转流贯市区,山水相映,风景秀丽。吉林历史上为东北各少数民族居地,清王朝定鼎中原后,视这里为发祥地。康熙年间筑吉林城,1676—1954年的200多年间是吉林将军辖区首府、吉林省会所在地。境内有七家子西山遗址、西团山墓群、东团山遗址、帽儿山墓群、龙潭山山城、乌拉部都城等石器时代和历代东北民族政权遗迹。北山寺庙群是吉林省最大的寺庙群,规模盛大的庙会久负盛名。还有阿什哈达摩崖碑、文庙、东北第一个近代军火工厂吉林机器局旧址等文物古迹。吉林是关东三宝——人参、貂皮、鹿茸的主要产地。

### 一、"沿江之城"

吉林是吉林省第二大城市,位于吉林省中部偏东,长白山区向松辽平原过渡地带,林地面积广大,有红松、樟子松、水曲柳、赤松等,为木材的重要产地。市区三面临水,四面环山,松花江呈反S形从东南向西北流贯全境,白山湖、红石湖、松花湖呈梯形镶嵌在松花江中上游,形成山区、丘陵、河谷平原梯次分布的地理景观。

吉林原名"吉林乌拉",满语意为"沿江之城",汉语简称吉林。清康熙二十一年(1682),康熙第一次东巡吉林,在游览松花江时作《松花江放船歌》,其中有"连樯接舰屯江城"的句子,因此吉林又别称"江城"。在松花江流经市区沿江5千米的区段,形成优美的江滨景色,两岸垂柳,一片清波。每当隆冬时节的清晨,沿江十里长堤的柳条松针上便挂满了微小的冰晶或冰粒,宛若玉树琼花,被称为"江堤雪柳",是一种雾凇景观。吉林雾凇持续时间长,从每年的12月开始,一般到第二年的三四月才逐渐结束;每天从傍晚开始,随着入夜气温降低不断加重,到第二天上午气温升高才逐渐脱落。吉林雾凇和桂林山水、长江三峡、云南石林一起被誉为我国四大自然奇观。1991年起,吉林市不定期举办雾凇冰雪节,除观赏雾凇奇景外,还有冰灯游园会、河灯焰火、街头秧歌等活动。吉林市区东南部松花湖是我国较大的人工湖。湖区两岸森林茂密,主要景点有五虎岛、金龟岛、卧龙潭、美松岩等,是著名的旅游和疗养胜地。

## 二、江城沿革

早在新石器时代吉林地区即有人类聚居,周秦为肃慎居地,两汉属玄菟郡辖,魏晋为扶余、高句丽等居地,隋唐为渤海涑州治所,后为辽、金属地。明初属努尔干都司。辽东都司都指挥使刘清远征努尔干等地,曾在今吉林市南面的松花江上造船,至今留有刘清为纪念这些活动刻下的摩崖石刻。清顺治十五年(1658)为抵御俄罗斯、加强对东北地区的控制,在此设水师营和造船厂。康熙十二年(1673)建城垣,十五年(1676)宁古塔将军移驻船厂,改名吉林乌拉,成为清政府统治松花江、乌苏里江、黑龙江流域广大地区的政治、军事中心。光绪八年(1882)设吉林府。光绪三十三年(1907)实行省制,为吉林省省会,辖区跨黑、吉两省,后省会迁延吉。1936年设市。1948年,吉林省人民政府从延吉迁吉林,1954年省会迁长春。

吉林境内留有多处古代遗址遗迹,青铜时代的西团山文化以西团山遗址而命名,东团山、帽儿山一带是古代东北地区的民族政权夫余王朝前期都城所在地,地上地下保留有这一时期的城址和数以千计的墓葬群。龙潭山上有四、五世纪高句丽王国强盛时期所建的山城。城垣四隅各有一个平台,内有"水牢"和"旱牢"。水牢又名龙潭,是利用山泉修建的贮水池,龙潭山因此得名,"龙潭印月"为旧时吉林八景之一。旱牢为储备粮食的仓库或囚禁犯人的监狱。龙潭山山城是一座典型的军事城寨,提供了高句丽王国北部疆域的实物资料。吉林城北的乌拉部都城是明代扈伦四部(乌拉、哈达、叶赫、辉发)之一乌拉部的都城,有内城、中城和外城。明万历四十一年(1613)正月,努尔哈赤亲率重兵征讨乌拉部,乌拉部首领布占泰战败,赫赫有名的乌拉部都城便成了努尔哈赤的战利品。乌拉古城是研究后金和清朝入关前历史的重要遗址。

### 三、北山庙会

北山坐落于吉林市区西北,有东西两峰,相对高度不过百米左右,却因东峰上分布着关帝庙、药王庙、坎离宫、玉皇阁4座寺庙和200年来相沿成俗的庙会而驰名。北山庙会主要有农历四月初八的佛诞庙会、四月十八的三霄娘娘庙会、四月二十八的药王庙会,早期还有五月十二(关帝生日)、五月十三(关帝单刀赴会)、六月二十四(关帝庙会)三个关帝庙会日,以四月二十八药王庙会游人最多,在东北影响最大。清代曾有"千山寺庙甲东北,北山庙会盛千山"之说。至今北山庙会仍热闹非凡。

## 14 北国春城——长春

长春位于东北大平原腹地,吉林省省会,辖7区3市1县,市域辽阔,土地资源丰富,有满族、回族、朝鲜族、蒙古族、锡伯族5个世居少数民族。长春境内最早出现的城市是汉代夫余族建的夫余王城,北宋时期,辽帝国设东京道黄龙府。清嘉庆五年(1800)设置长春厅,是长春正式设置之始。1932—1945年间为伪满洲国都新京。长春所在地区是古代东北地区不同自然条件、人文特征区域交汇形成的历史悠久的区域性中心城市所在地,历史遗存丰富;城市空间格局独特,广场统领、轴线放射、气势恢宏;是新中国汽车、电影等特色工业摇篮,工业遗产特色鲜明。

### 一、历史沿革

长春市域从远古起就有先民在松花江、伊通河与饮马河流域从事渔猎和耕作。1951年,在长春地区的榆树县(今榆树市)发现一批人骨和哺乳动物化石,属旧石器晚期、母系氏族社会初期。考古还发现了新石器、青铜器直至汉代不同历史时期时间跨度达7 000多年的约百处原始聚落。

在距今两千多年以前,长春地区是北方肃慎族生活过的地方。西汉初,夫余族建立起以"吉林—长春"为中心的夫余国,王城前期在今吉林市,后期迁至今长春市农安县。夫余王城是长春地区最早的城市。从汉代到西晋,夫余族国家一直臣属中原王朝。公元493年被北方勿吉族所灭,王城及以东广大区域被高句丽占领。

高句丽末期,勿吉族(属肃慎族系,南北朝时称勿吉族,隋唐时称靺鞨各部)建国,唐开元元年(713),唐玄宗册封大祚荣为"渤海郡王",国称"渤海国",在夫余故地设夫余府(今农安县),成为渤海国西部与契丹往来的边贸中心和通往契丹、新罗、日本及唐王朝的交通要冲。

两宋时期,长春地区先后受辽、金管辖,辽属东京道黄龙府,金归上京路隆安府。此一时期,长春农业大开发,古城大发展,在沿用已有古城的基础上,新建了一大批古城,已发现的辽金古城共90座。其中,农安古城规模宏伟,城墙高大,是辽金两代东北中部地区的行政、军事和交通中心。元属辽阳行省开元路。明代在长春设立其塔木卫、亦东河卫、木古河卫。清代前期,属蒙古郭罗尔斯前旗扎萨克辅国公的封地。

清乾隆以后,东北地区土地被大面积开发,人口剧增。嘉庆五年(1800)清设置长春厅,置理事通判,隶属吉林将军,这是长春正式设置之始。2000年1月17日中共长春市常委会确定1800年7月8日为长春建城纪念日。道光五年(1825),治所北移宽城子。宽城子原是一个较大的集镇,地理位置优越,交通四通八达。自长春厅迁入后,发展很快,迅速成为垦区行政中心。同治四年(1865),由于马傻子义军攻打长春,城内商贾出资,建了颇不规则的城垣,全长约10千米,最初用木板修筑,后改为砖瓦结构。城内建有12条街路,城外有护城河,绕城而过,注入伊通河。旧城区的建成,对长春经济发展产生了重大影响。在宽城子旧城周围,迅速兴起了卡伦、万宝山等十几个集镇。

光绪十四年(1888),长春厅升为长春府,城市建设进展很快,在旧城区的基础上,又新建了4块街区——中东铁路附属地、南满铁路附属地、长春商埠地和吉长铁路用地。1913年3月,民国政府将长春府改称长春县,置县公署。1925年设长春市政公所。清末民初时期,长春城市发展很快,迅速成为东北中部地区的中心城市。

1931年九一八事变,翌日,长春沦陷。1932年3月伪满洲国宣布定都长春,改名为"新京",8月,改为"新京特别市",隶属伪满洲国国务院。伪国都是日本对东北实行殖民统治的政治中心,建立了伪皇宫、伪国务院及其所属各部,以及日本关东军大本营等裹以威严雄伟的近代化建筑,竭力显示伪国都的政治尊严和殖民统治气势。1945年8月15日,日本宣布无条件投降,伪满洲国随之垮台。12月20日,国民党中央政府在长春市设置长春市政府,隶属吉林省。1948年10月19日长春解放。1954年9月27日,吉林省人民政府从吉林市迁到长春,长春市成为吉林省省会城市。

## 二、近代城市规划

长春市的城市格局与风貌具有广场统领、轴线放射、气势恢宏的杰出近代城市与建筑特色,是近现代规划理念在中国大规模实践的重要实例。

远在清光绪三十三年(1907),日俄战争后,日本夺得南满铁路(长春至大连),为对其管理,开始有规划的城市建设。1931年九一八事变后,长春沦陷,日本关东军主持了详密的伪首都建设规划。一批第一流的日本专家被集中到长春,在长春的城市规划中吸收了霍华德的田园城市理论,规划全市的绿化系统,还注意了城市的环境。在规划的新区内采用了分流制的排水系统,以保持公园绿地流水的清净;利用每一条天然沟渠又造成一条借助于自然地形的绿化带。主要干道采用了电力、电讯、照明线路的地下化,新的住宅区设置了电力线路的走廊。为适应20世纪30年代的城市交通方式,多处采用了平面的环状交叉,设计了许多圆形广场。

人民大街是长春市区的主干道之一,南北贯通市中心,全长13.7千米,有100多条街道与它组成放射状、环状、棋盘格状的"血管网"。1907年,日本人修建了长春火车站,并在车站前修建了直径175米的街心广场,初建时命名为北广场,由广场向南修建了一条长约900米的街路,当时叫长春大街,也就是现在的人民大街北段(长春站至胜利公园)。1923年,长春大街更名"中央通"①。1933年开始,中央通由胜利公园延伸到现工农广场的位置,并更名为大同大街。当年的大同大街修建非常豪华:一是"三块板"路面;二是重要交叉路口设街心广场;三是给水、排水、煤气、电缆全部埋在地下。大同大街两侧设置的都是伪满洲国重要的权力机关,包括满铁新京支社(长春铁路局)。1936年为强化满铁的经营活动,设立"新京事务局",1938年4月1日,满铁进行机构改革,将"新京事务局"升格为"新京支社"。1942年9月18日,再次扩大"新京支社"。后来又设立了日本关东军司令部、日本关东宪兵司令部、伪满洲国中央银行等重要机构。1945年8月,日本战败投降,苏联红军进驻长春。长春市各界人民为纪念在反法西斯战争中牺牲的苏联红军战士,在大同广场中心修建了苏联红军烈士纪念塔。国民政府接管长春后,将胜利公园北段的大同大街改名为中山大街,南段改名为中正大街,大同广场改名为中正广场。1949年,大街更名为斯大林大街。1996年,更名为人民大街。现人民大街除了站前至胜利公园的北段为36米宽外,其余宽为54米,是市区最宽的街道之一,串联站前广场、人民广场、卫星广场等广场。

人民大街是长春历史上第一条现代意义的城市道路,从空间上支撑起现代长春的城市骨架,两侧各个历史时期的特色建筑由北向南绵延分布,是城市生长的历史。人民大街作为长春城市近现代发展的主轴线,贯穿了近百年的城市建设发展历史,是承载长春百年发展历史信息和城市历史积淀的最具典型代表性的街路。2010年人民大街街区被吉林省政府公布为历史文化街区。

新民大街北起解放大路,南到新民广场,长1 446米,是城区内最短的一条大街。它曾是伪满洲国时期的政治中心、"中央大道",两侧聚集了一院(伪满国务院)、四大部(伪满军事部、司法部、经济部、交通部)、一衙(综合法衙,伪满最高司法机关),而伪满八大部中的兴农部、文教部、外交部和卫生部,与新民大街的距离基本上都不超过3 000米。新民大街于1933年建成,当时取名"顺天大街",1946年国民党时期改为"民权大街",新中国成立后改为新民大街。

---

①日本式的街名一般大一点的街路称"通",小一点的街道称"町"。

新民大街对长春城市总体风貌的形成起到了导向的作用，强化了长春从建设之初即在全国城市的规划领先地位。其在选址、规划、建设方面，受到中国传统城市规划思想影响，同时又融合了西方近代先进的规划理念，呈现出布局纵向延伸、建筑轴向对称、绿化层级丰富的特征，其两侧分布的官厅建筑具有较高的建筑艺术价值，充分体现了东西方融合的现代设计风格，是中国建筑历史上特殊而又独具特色的一页。新民大街历史街区作为伪满洲国时期重要行政机关集中建设的区域，是日本侵略并妄图长期独霸中国东北的重要历史见证，具有深远的历史和警示教育意义。2012年5月，新民大街成功入选"第四届（批）中国历史文化名街"。

"中东铁路宽城子车站"是长春第一块经过统一规划设计再行建设的区域，标志着长春近代城市建设的开始。中东铁路宽城子车站始建于1899年，1900年基本建成，相继建设了车站及附属设施、铁路员工住宅、俱乐部、兵营、小教堂、学校等建筑，还建了一条向东至伊通河的取水管道和车站供水设备——水塔。它的建设真实地记录了沙俄侵略掠夺中国东北的历史，同时反映了机器工业时代长春城市的历史变迁。

东到东四条街、吴淞路、贵阳街一线；西到东二条街、南京大街、新伦胡同一线；南到新发路；北到黄河路一带被划为"南广场历史文化街区"。这里是东北历史上因铁路而形成的最早的城区之一，是满铁附属地长春段保存最完整的区域。它不仅是长春市城区历史建筑最集中和保存最完整的区域，更是堪称长春最具历史完整性和历史真实性的典型街区。南广场历史文化街区是长春历史上第一块具有现代意义的城区。南广场一建成即成为商业和金融发达的地域，并形成了"放射状道路＋方格路网＋圆广场"的街路格局。该街区应和了20世纪的世界规划潮流，即圆广场加八条放射路网的街路格局，构成了长春市城市空间框架的基础要素，在全国城市街路空间中独具特色。

## 三、新中国工业摇篮

长春是新中国汽车、电影等特色工业摇篮，是功能环境延续良好的工业遗产聚集地。

长春是中国著名的汽车城。位于长春市西南的孟家屯车站西北侧的第一汽车制造厂,是我国第一个五年计划时期建设的 156 个重点项目之一,是我国汽车工业的摇篮。一汽生产了我国第一辆汽车、第一辆轿车,成为第一个产销上百万量的汽车企业,是新中国工业发展的标志性见证。其厂区和宿舍区建设是历史上中苏两国友谊的结晶,是新中国成立后最大的工业区及配套居住区之一,其规划手法在我国城市规划历史中占有特殊位置。

长春是中国轨道车辆的摇篮。新中国第一辆轨道客车在这里诞生;新中国第一辆有轨电车在这里诞生;中国第一列地铁列车在这里诞生。位于长春的中国中车长春轨道客车股份有限公司(中车长客)是我国最大的轨道客车研发、制造、检修及出口基地。

长春的电影文化历史较长。早在 1937 年,伪满洲国在新京成立了"满洲映画协会",在满映存在的八年里,共拍摄故事片 108 部,教育片、纪录片 189 部。新中国成立后满映被接收并改为长春电影制片厂。长影是新中国电影事业的"摇篮",新中国第一部电影和动画在长春诞生,《英雄儿女》《刘三姐》《五朵金花》《白毛女》等影片成为共和国经典影片。

## 15 冰雪名城——哈尔滨

哈尔滨是黑龙江省省会。城市始自金代初期,1115 年完颜阿骨打于会宁府(今阿城上京遗址)称帝,建立大金,哈尔滨为京畿地区,形成城镇雏形。1897 年沙俄开始以哈尔滨为中心修筑中东铁路,哈尔滨作为城市开始兴建,至 20 世纪初,迅速兴起并成为国际性城市,城市格局和建筑充满异国情调,享有"东方小巴黎""东方莫斯科"之誉。市境内尚存金上京会宁府等多处遗址、墓葬,以及文庙、极乐寺、慈云寺、清真寺等古建筑,还有圣索菲亚教堂等许多东正教堂、天主教堂等欧式建筑和中央大街。哈尔滨又是一座具有革命传统的城市,周恩来、刘少奇、杨靖宇、赵尚志、李兆麟等先后在此从事革命活动,有中共满洲省委机关旧址,抗日联军第三、第六军基地旧址,中共北满分局旧址,东北民主联军前线指挥部旧址,李兆麟将军墓等革命遗迹。哈尔滨素有"冰城"之称,冰雪文化驰名中外。

### 一、北国冰城

哈尔滨位于黑龙江省南部,属中温带大陆性季风气候,冬长夏短,结冰期长达190天左右,有"冰城"之称。哈尔滨是中国冰雪艺术的发祥地,以自然冰、雪为原料,通过雕刻、造型、点景,形成独特的冰雪艺术博览会,还有冰帆、冰橇、冬泳、马拉雪橇、狗拉爬犁等众多的冰雪体育活动,极富吸引力。哈尔滨人还别出心裁地创造了"冰雪宴",制作出"雪山鸳鸯飞龙""金凤卧雪莲""冰城八景"等美观精巧的冰雪菜点,让宾客强烈感受到哈尔滨冰雪文化的特色。1963年起,哈尔滨创办了第一届冰灯游园会,以后每年定期举行。1985年开始举办一年一度的哈尔滨冰雪节。节日期间,全城开展冰雪艺术、冰雪体育等活动。哈尔滨的夏天也是迷人的,松花江的秀丽、太阳岛的妩媚,有50多年历史的"哈尔滨之夏"音乐会,吸引着游人纷纷造访这个避暑胜地。

## 二、大金故都

哈尔滨曾为满族先祖肃慎的西境,后相继为匈奴、鲜卑、扶余、契丹及蒙古民族居地。公元1097年前后,女真人在此建阿勒锦村。1115年完颜阿骨打于会宁府(今阿城上京遗址,俗称白城)称帝,哈尔滨为京畿地区,为当时会宁府出入松花江要地。女真语"阿勒锦"为"荣誉"之意,元代逐渐转音为哈尔滨。1126年,金兵攻破北宋都城汴梁。次年,金军掳徽钦二帝北返,北宋灭亡。初解至金上京城(今阿城区境内),金天会八年(1130)改囚于五国城(今依兰县境内),二帝先后死于此。贞元元年(1153),海陵王完颜亮将金国的政治、经济、军事中心从今哈尔滨地区迁往燕京(今北京),以会宁府为上京。今哈尔滨境内留有不少辽和金代早期的遗址遗迹,有依兰县五国头城遗址(辽代始建、金代沿用)、呼兰区团山子城址及墓葬(辽金时代古城和辽代墓葬)、木兰县蒙古尔山城址(辽金时代城址)、阿城区城子村古城址(金代初期建)、宾县永宁城址(金代)、市区东南郊新香坊金代墓群(金建国前期墓葬)、阿城区小岭冶铁遗址(金代早期冶铁基地)、阿城区金代齐国王墓、五常市营城子古城(金代城址)、方正县黑河口城址(金代城址)、依兰县土城子遗址(金代扼守牡丹江的军事重镇)、阿城区亚沟摩崖石刻像(国内仅见的一处金代摩崖石刻像)、阿城区松峰山道教遗址(其中金代始建的海云观是东北最早的道教圣地)等。

阿城区境内金代历史遗存最为丰富,其中金上京会宁府遗址是女真族建立的金帝国早期都城所在,历经金太祖、金太宗、金熙宗、海陵王四代皇帝,作为金王朝的统治中心38年。金上京仿北宋都城建筑,城市布局与汴京基本相同,由毗连的南北二城和皇城组成,整个外围周长达11千米,经800余年的风雨剥蚀和战争破坏,其夯土版筑的城垣仍高达3～5米,基阔7～10米。全城5个城脚各构筑角楼一处,为城墙上的重点防御工事。城门9座,其中7座带有瓮城。城外有护城河围绕。据史书记载,阿骨打称帝时只设毡帐(称皇帝寨),晚年始筑宫殿。太宗天会二年(1124)始建南城内的皇城,初名会宁州,建为都城后升为会宁府。天眷元年(1138),熙宗以京师为上京。皇统六年(1146)春,仿汴京规模进行了大规模的扩建,奠定南北二城的雏形。贞元元年(1153)海陵王迁都燕京后,正隆二年(1157)削上京号,毁宫殿庙宇。金世宗大定十三年(1173)又恢复上京称号,为金朝的陪都。两年后内外砌青砖,清初为阿拉楚喀副都统拆去建筑阿城(今县治),遂毁。距上京遗址300米处原为金太祖完颜阿骨打葬地。阿骨打病逝后,葬于上京宫城西南,并在陵上建有宁神殿(太祖庙),后迁于北京,今原陵址和宁神殿大量的建筑构件尚存。

### 三、"东方莫斯科"

哈尔滨地区在明代隶属努尔干都司,清代为阿拉楚喀(阿城)副都统管辖区。19世纪末,在今香坊一带出现了以手工业、商业为主的村镇,成为城市形成的基础。光绪二十二年(1896),俄国政府胁迫清政府签订《中俄密约》,获得中东铁路[①]修筑权,在中东铁路附属地区成立"哈尔滨自治区",兴建码头、铁路专用线、工厂、机关、商店、庭园、教堂等,初步奠定了城市格局。此后相继有日、法、英、美等16个国家在哈尔滨设领事馆,先后有30多个国家10万余侨民集居于此。他们在哈尔滨开办数以千计的工商金融企业,并设立商业会议所,专营进出口贸易,哈尔滨迅速兴起,成为中国东北北部最大的商品市场和物资集散地,很快发展成为国际性城市,其城市格局和建筑充满异国情调,被称为"东方小巴黎"或"东方莫斯科"。今哈尔滨尚有多处

---

[①]中东铁路以哈尔滨为中心,西起满洲里,东至绥芬河,南到旅顺口,总长2 478千米,1903年7月13日中东铁路全线竣工,次日由中东铁路管理局接管,从此中东铁路管理局成为沙俄在中国的殖民机构和侵略工具。

东正教堂、天主教堂等欧式建筑和中央大街,著名的圣索菲亚教堂、哈尔滨天主教堂、东正教圣母守护教堂(仿土耳其伊斯坦布尔圣索菲亚大教堂而建)都是这一时期兴建的。1920年以后中国北京政府逐步收回中东铁路部分主权和哈尔滨城市行政权,1926年成立哈尔滨特别市。

## 16 中国鹤城——齐齐哈尔

齐齐哈尔位于东北松嫩平原黑、吉、蒙三省区交会处,黑龙江省第二大城市,东北老工业基地之一。别称卜奎(达斡尔语,意为"天然牧场"),亦称奎城、龙城、龙沙等。境内扎龙自然保护区有中国最大的芦苇湿地,栖息繁衍着珍禽丹顶鹤,因又有"鹤城"之称。齐齐哈尔自古为北方民族肃慎、濊貊、靺鞨、契丹等居地,明末成为达斡尔、蒙古、锡伯等少数民族活动的地区。清康熙三十八年(1699),黑龙江将军移驻齐齐哈尔,齐齐哈尔成为黑龙江的政治、经济、文化中心,直至1954年黑龙江省会迁哈尔滨,前后长达255年,留存有黑龙江将军府、黑龙江督军署、金长城等古建筑。

### 一、滨水园林城市

齐齐哈尔位于黑龙江省西部的松嫩平原,东与本省绥化市、东南与大庆市、南与吉林省白城市、西与内蒙古自治区呼伦贝尔市、北与本省黑河市接壤,是黑龙江省第二大城市和东北地区的中心城市。城临嫩江,东南方向是面积达21万公顷的扎龙湿地,劳动湖穿城而过。城区绿化覆盖率达到40%。境内河湖众多,整座城市"沿江抱湖临湿地",清新灵秀,无愧为熠熠生辉的嫩江明珠。

毗邻城区的扎龙湿地面积为中国最大的芦苇湿地,被列入中国首批"世界重要湿地名录"。湿地内湖泽密布,芦苇丛生,栖息着众多水禽,尤以鹤类最为珍稀。世界上现有鹤类15种,中国有9种,扎龙可见6种;全世界丹顶鹤不足2 000只,扎龙有400多只,是名副其实的"鹤乡"。

### 二、北方边陲重镇

齐齐哈尔有800年的建城史和255年的黑龙江省会史,历史底蕴深厚,地域文化丰富多彩。

齐齐哈尔境内的人类活动可追溯到距今2万年前的旧石器时代，今龙江县景星遗址是旧石器文化的代表。距今六七千年的新石器时代昂昂溪古文化遗址由39处遗址和遗物点组成，分布在嫩江中下游的大小沙丘上，与洼地、沼泽和湖泊相伴而生，是中国北方细石器文化、渔猎文化的代表，被誉为"北方的半坡氏族村落"，在中国乃至世界上古史占有重要位置。

夏、商、周时代，齐齐哈尔地区为肃慎居地；秦汉时为濊貊之地。后相继隶属于夫余、室韦、黑水靺鞨、契丹等。辽、金、元时分别为上京路、蒲与路、开原路等所辖。明时属朵颜卫。明末，满洲崛起，黑龙江、吉林基本被后金政权所控制，齐齐哈尔成为达斡尔、蒙古、锡伯等少数民族活动的苑囿。清顺治元年（1644），设立隶属于理藩院的索伦达呼尔总管，康熙七年（1668）于齐齐哈尔屯设立总管衙门，是清代黑龙江第一个管理少数民族的政权机构。康熙三十年（1691），索伦总管衙门归属黑龙江将军管辖，齐齐哈尔进入军府制管理时代，同时应黑龙江将军萨布素、索伦总管玛布岱之请建齐齐哈尔城。康熙三十八年（1699），黑龙江将军移驻以"扼四达之要冲、为诸城之都会"的紧要之地、闻名遐迩的齐齐哈尔城。康熙四十九年（1710），清廷正式设立齐齐哈尔副都统，管辖齐齐哈尔军政和民政。清末军事驻防制度渐衰，光绪三十一年（1905），清廷设黑水厅，管理齐齐哈尔民政，光绪三十三年（1907），黑水厅升为龙江府。1914年，黑龙江省设置龙江道，道尹公署驻齐齐哈尔城。龙江府改为龙江县，隶属龙江道管辖，1929年归黑龙江省直辖。1936年4月，伪满市政局改组为伪满齐齐哈尔市公署，为齐齐哈尔立市之始。1945年，齐齐哈尔光复。到1954年，黑龙江省政府与松江省政府合并，省会从齐齐哈尔迁驻哈尔滨，齐齐哈尔作为黑龙江省会城市，持续了255年。

### 三、魅力旅游名城

齐齐哈尔历史文化遗存丰富，重要的历史遗迹有昂昂溪新石器古文化遗址、塔子城辽金遗址、金长城（金东北路壕界边堡）、黑龙江将军府；古建筑有黑龙江督军署（现为齐齐哈尔博物馆部分）、卜奎清真寺、大乘寺、寿公祠（纪念明末兵部尚书袁崇焕后裔、甲午战争烈士袁寿山）、关帝庙；以及打响中国武装抗日第一枪的江桥抗战遗址等。在申报国家历史文化名城的过程中,梳理出了6处历史文化街区、6处历史文化风貌区、4处工业遗产集中区,其中昂昂溪区罗西亚大街名列中国历史文化名街。

得天独厚的生态环境和黑、吉、蒙三省区交通枢纽及嫩江流域中心城市的地位,使齐齐哈尔成为生态旅游胜地和中国最具魅力的旅游城市之一。目前该市不仅形成文化古迹、红色之旅、工农业旅游、冰雪旅游等专题旅游线路,还利用地域文化、民族文化等资源,打造了关东文化旅游节、梅里斯达斡尔族区那达慕大会及敖包大会、齐齐哈尔冰雪游览会、齐齐哈尔观鹤节等节庆活动,为旅游发展注入活力。

## 17 山林城市——镇江

镇江位于江苏省西南部,长江下游南岸,三面环山,一面临江,古运河中贯市区,整个城市镶嵌在山水之间,形成"城市山林"的自然风貌。西周时为宜侯封地,是吴国早期的政治、经济、文化中心所在。公元208年吴主孙权迁治于此,称京口。民国时期曾为江苏省会。风景名胜众多,市域范围内有道教上清宗和茅山派的发祥地、号"第一福地""第八洞天"的茅山,佛教律宗第一山宝华山隆昌寺,古代江防重地圌山关以及新四军茅山抗日根据地遗址等;市区风景名胜有著名的"京口三山",南山国家森林公园,西津渡古街,宋代科学家沈括故居梦溪园旧址,宋抗金将领宗泽墓,纪念辛亥革命烈士赵声的伯先公园以及美国作家、诺贝尔文学奖获得者赛珍珠故居等。

### 一、吴文化发祥地之一

商代末年,周太王之子泰伯、仲雍奔吴,与当地土著荆蛮族融合,建立吴国,镇江地区是吴国早期的政治、经济、文化中心所在,称为"宜"。公元前11世纪,周康王南巡至此,封宜侯,并赐予田地、武器、人众等。春秋时名为朱方邑,吴亡属越。战国时越亡属楚,更名为谷阳。秦始皇时称丹徒。西汉初始置丹徒县,为荆国都地。东汉建安十三年(208)孙权自吴(苏州)迁治丹徒,号曰京城,又称京口。孙权在北固山前峰筑铁瓮城。唐置润州。宋徽宗政和三年(1113)升润州为镇江府。元代升为镇江路,属浙江行省浙西道。明初改镇江路为江淮府,不久改为镇江府,一直沿袭至清代。民国初改为丹徒县。1929年江苏省政府从南京迁驻丹徒县,改丹徒县为镇江县。1949年设市。

## 二、江山形胜的城市风貌

镇江具有江山形胜的自然风貌,绚丽独特的风景名胜,深厚广博的文物古迹。这里是长江古入海口,长江流经境内69.4千米。市区滨长江南岸,东西走向的宁镇山脉余脉横陈市北,城市南郊群山连绵,绿树葱郁,楔入市区。古运河中贯市区,由京口闸入江。金山绮丽,焦山朴雅,北固山雄峻,南山幽深,加之滔滔大江、古老运河,使整个城市镶嵌在山水之间,山山水水融为一体,是典型的山林城市。

镇江风景名胜众多,尤以金山、焦山、北固山三山天下闻名。金山原为江中小岛,清末逐渐与长江南岸陆地相连。山上有始建于晋代的江天禅寺。寺庙依山而建,规模宏大,远望去,从山脚到山顶,殿堂楼台层层相接,见寺而不见山,故称"金山寺裹山"。慈寿塔高耸云霄,"天下第一泉"清流汩汩,民间《白蛇传》中"水漫金山"的故事,更为金山增添了浪漫色彩。焦山在镇江市区东北的长江中,山上定慧寺始建于东汉兴平元年(194),是我国最早的佛寺之一。与金山不同,焦山的殿宇楼阁建筑均深藏于林木当中,远望去见山不见寺,故称"焦山山裹寺"。东西山麓有碑林和摩崖石刻,其中"瘗鹤铭"碑刻被奉为"大字之祖",是书法珍品。北固山在城区北面的长江边,形势险峻,历来是军事要地,山后峰的甘露寺据说始建于东吴,相传刘备招亲的故事就发生在这里。甘露寺背后的多景楼是登临胜地,宋元以来文人雅士在此聚会赋诗。山上还有凌云亭、遛马涧、狠石、试剑石、铁塔等名胜,不少被附会上孙刘联盟的传说。北固山古来被称为"天下第一江山"。

## 三、抗击侵略者的阵地

镇江"西接石头,东至大海,北距广陵,而金、焦障其中流,实天设之险"①,历来为兵家必争之地,3000年来,在这块土地上进行了大小200余起战争。镇江人民富有反抗外来侵略的爱国主义精神和为反压迫求解放而献身的革命精神。清道光二十二年(1842)七月,英军出动7000兵力进攻镇

---

① 见清顾祖禹《读史方舆纪要》卷二十五引《江防考》。

江城,镇江人民同守军一道同英国侵略军展开了殊死奋战,使侵略军官兵伤亡 185 人而威震世界。恩格斯在《英人对华的新远征》一书中指出:"如果这些侵略者到处都遭到同样的抵抗,他们绝对到不了南京。"

### 四、传统手工业城市

镇江是历史上传统的手工业城市,著名的有六朝到唐的造船业、唐代的金银器制作、宋代的丝绸、明清时期的料丝灯和近代的江绸等。现今比较出名的有玉雕、灯彩、竹编、柳编、苇编、绒花制品、香醋、酱菜、封缸酒等。镇江为我国著名的醋产地,当地民间有杜康之子造醋的传说。镇江香醋已有 180 多年历史,具有色、香、酸、醇、浓的特色,在国内外多次获奖。扬中为长江中小岛,以盛产竹子而闻名,民间谚语"扬中有三宝,芦苇、竹子和柳条",扬中竹编已有 200 年历史,凉席等竹器用品和奇巧的竹器工艺品、竹器玩具,既有古朴的民间韵味,又富有地方民俗特色。正则绣、扬中箫笛、丹徒挑花、堆花团、高资石雕、华山泥叫叫等也都是有名的民间艺术。镇江肴肉是在全国享有盛名的传统佳肴。号称"长江三鱼"的鲥鱼、刀鱼、鲖鱼是镇江的名特产。

## 18 湖山胜境——常熟

常熟位于江苏省东南部。古城布局独特,西北隅有虞山绵延伸入古城,境内有形似古琴的琴川河,故向有"七溪流水皆通海,十里青山半入城"的美称。文物古迹有商代仲雍墓,春秋言子墓,南梁昭明太子读书台,南齐兴福寺,宋代方塔、聚沙塔,元代画家黄公望墓、祠,明清翁氏故居彩衣堂,清藏书名楼铁琴铜剑楼和江南名园燕园等。常熟向以"文化之邦"著称,名人辈出,上有商代丞相、天文学家巫咸,春秋时期孔子弟子、启迪东南文化的先驱言偃,下有清代状元、两代帝师翁同龢以及唐代草圣张旭、元代画家黄公望、清初虞山画派创始人王翚、晚清文学家曾朴等众多独树一帜的艺术家、文学家。

### 一、勾吴旧地

商末,周太王长子泰伯、次子仲雍让国奔赴南方,建勾吴,常熟为勾吴北境。泰伯卒后,仲雍继位,殁后葬于常熟之地的海隅山,山因此而更名为虞山。春秋战国时期属吴国,后属越,继又属楚。孔子唯一的南方弟子言偃是常熟人,他擅长文学,化民有方,深得孔子赞赏,学成后南归,从游弟子无数,对吴地文化的繁荣作出了很大贡献。言子墓也在虞山之麓,与仲雍墓毗邻。西晋太康四年(283)建立海虞县,此为常熟建县之始,海虞城址即现在的古城区。东晋时划海虞县西北境的南沙乡设立南沙县。南朝梁大同六年(540)将南沙县改名常熟县。隋开皇年间(581—600),并海虞县等入常熟,并以常熟升为常州,未几,常熟复为县,属苏州。唐武德七年(624)移县治至海虞城,城址至今未变。清雍正四年(1726)析常熟县东境置昭文县,西境置常熟县,以琴川河为界,两县同城而治,宣统三年(1911)复将两县合并为常熟县。

## 二、山水古城

常熟全境属长江三角洲平原,长江流经常熟北境,拥有江岸线 37 千米,水深江阔,有天然良港之誉。境内河湖众多,其分布特征以城区为中心向四乡放射扩散,水域占全境面积的 22.8%,是典型的江南水乡。市域中央突兀着虞山,形如卧牛,又称卧牛山,呈西北东南走向,山地构造复杂,西南坡短陡而多悬崖,东北坡长缓而多幽深的溪涧洞壑。

常熟古城建于山水之间,格局独特,建筑风貌古朴典雅,园林景点精巧别致。今常熟城址确定于唐武德七年(624),南宋建炎年间(1127—1130)初扩城垣,元末依山(虞山)筑城,成"城半在山高"的特有景观。明嘉靖三十二年(1553),为防御倭寇重筑城墙,将虞山东部纳入城中,从而形成常熟古城的最终格局。常熟古城位于虞山东麓,地势高爽,虞山面尚湖,风景绝佳,"虞山十八景"脍炙人口;城东面是平川,唐代开凿的运河——琴川河纵贯城中,西侧是七条平行的支流,宛如琴弦,整体平面形状略呈圆形。城市空间轮廓的塑造也结合地形进行,南宋时在城市东部五条入城河道的交汇处建方塔(崇教兴福寺塔),作为虞山的对景;明代跨山建城后,又在城内西北的最高点建辛峰亭。城内道路主要结合水道建设,纵贯城中的琴川河是城市的主轴,沿河是城内最长的街道城东街,其余主街多面向各城门呈放射状布置。这样,古城形成山、水、城一体的城市格局,放射状水陆通道的网络,"七溪流水皆通海,十里青山半入城"的城市形态,虞山、方塔呼应的城市空间关系与视廊,再加上城内外水网密布呈现出的烟雨胜景和水乡田园风光,体现了城市建设与自然环境的完美结合。现存的古城面积约 3 平方千米,城内街坊巷弄有 300 多条,至今仍基本上保留着明清时期的格局。城内宋、元、明、清各个时代的古代建筑均有,民居绝大多数仍保留着典型的江南水乡传统民居建筑的风貌。

### 三、文化之邦

常熟向以文化之邦著称,地杰人灵,名人辈出。上有商代的丞相、天文学家巫咸,春秋时期孔子的著名弟子、启迪东南文化的先驱言偃,下有清代状元宰相、两朝帝师翁同龢等。自唐至清,常熟共出宰相 9 名,状元 8 名,进士 483 名。与此同时,还涌现了众多独树一帜、蜚声中外的艺术家、文学家和其他专家。著名的有名列元代四大画家之首的黄公望,列入"清六家"、首创虞山画派的王翚、吴历,唐代草圣张旭,明代雕刻名家王叔远,明末清初虞山琴派的创立者严澄,虞山诗派的领袖、号称东南文宗的钱谦益,晚清文学家、翻译家曾朴,现代美学家宗白华,工艺美术教育家庞薰琹,电影演员周璇等。文苑著述载入地方志书的起自先秦迄于清季有作者 1 864 人,又有民国以来直到 20 世纪 80 年代中期的著作选目 1 200 多种,堪称代有才人,各领风骚。历史上的虞山琴派、虞山画派、虞山诗派、虞山印派和常熟藏书素负盛名。北宋以来,常熟的私家藏书代有相承,明毛晋汲古阁以刻书、藏书名震全国;清瞿氏藏书楼铁琴铜剑楼被列为清代四大藏书楼之一,后人赞美为"虎视中原,独执藏书家牛耳"。常熟藏书,不仅讲究数量,而且并重质量,向以多宋元精刻、孤本、善本及精钞秘本而著称,涌现出一批精于考订、校雠的出版家和版本目录学家。藏书之风,至今兴盛。

## 19 楚风汉韵——徐州

徐州位于江苏省西北部,居中原南北要冲,战略地位重要,历来为兵家必争之地,春秋时期著名的晋楚彭城之战、秦末楚汉战争、抗战时期的徐州会战、解放战争时期的淮海战役都是以徐州为中心展开的。徐州古称彭城，尧封彭祖于此；秦汉之际，楚怀王心、西楚霸王项羽曾都彭城；三国始称徐州。徐州是汉高祖刘邦的家乡，两汉楚国、彭城国封地，汉文化遗存特别丰富，有汉墓、汉兵马俑、汉画像石等文物珍品。古城内保留了一些古代城墙、成片的民居和建筑，古城风貌依稀可见，户部山明清民居是国家历史文化保护区。南郊有云龙山、云龙湖风景区。

### 一、彭城古邑，五省通衢

徐州古称彭城。据《国语》《史记》等典籍记载，尧曾封颛顼玄孙彭祖于此，为大彭氏国。彭祖是中国有文字记载的第一位烹饪大师，对推动中华民族的饮食文化作出过杰出贡献，又是气功鼻祖，还是一位老寿星，《列子》等书都说他活了七八百岁。徐州今存彭祖宅、彭祖井、彭祖庙等遗迹，人们年年祭祀这位先祖。

徐州位于苏、鲁、豫、皖四省交界地带，有"五省通衢"之称，交通运输十分方便，是区域经济中心。远古时期，获水（汴水）、泗水在此交汇，徐州以河兴市，春秋战国时期已发展为商业都会。汉代，这里是江淮流域漕粮西运的主要通道。随着京杭大运河的开通，北宋以后，黄河又流经徐州，徐州便成为南北商贾云集之地。明代南粮北运的漕船，每年经过徐州多达万艘，运输量达到400万石以上。陆路交通也比较发达。唐代以前，徐州就有古驿道。明清时期，这里又成为全国驿传中心之一。近代，津浦、陇海两条铁路干线交会于徐州，推进了徐州城市的近代化。今天徐州仍是徐海地区重要的交通枢纽和工业基地。

### 二、龙争虎斗，军事要地

"自古彭城列九州，龙争虎斗几千秋"，"九里山下古战场，牧童拾得旧刀枪"，这些在徐州传唱已久的谣谚折射出这座古城刀光剑影的战争史。徐州居中原南北要冲，战略地位十分重要，历来为兵家必争之地，自古以来驻军多、战事多，从秦汉之际霸王项羽以徐州为中心北上、西进、南下，到唐设武宁军、感化军；从五代十国、宋、金设武宁节度使，元置兵司马，明清设总兵，到近现代新老军阀的司令部、"剿总"，历史上曾约有百万军队驻扎在这个远不足百万人口的古城之中。从我国第一个朝代夏朝的"彭伯寿征西河"，至解放战争时期的决战淮海,历史上以徐州为中心展开的战事约 400 起,其中较大规模的战事约 200 起。春秋时期著名的晋楚彭城之战,10 个诸侯国争夺彭城,打了一年多时间。秦末,农民起义军以彭城为中心,掀起倒秦的狂飙巨澜,战火席卷半壁山河,嗣后在长达 4 年多的楚汉战争中项羽同刘邦争夺彭城异常激烈。东汉末年,群雄割据,吕布屯兵徐州,刘备驻扎小沛,袁术兴兵问罪,曹操率部征讨,杀吕布,擒关羽,屠彭城,群英混战,风悲日曛。南北朝时期,徐州更是战乱频仍,北魏太武帝拓跋焘在这里进行过空前的大厮杀;南朝宋武帝刘裕以彭城为据点三次大举北伐,取得辉煌战果。唐朝镇压庞勋起义,徐州城一片血腥。元朝镇压芝麻李二起义,以巨炮轰城,血流成河。明代燕王朱棣发动靖难之役,伏兵九里山,打开通往南京的门户。清代曾国藩、李鸿章先后驻守徐州,镇压捻军起义。辛亥革命以后,张勋阴谋以徐州为据点复辟清王朝,革命军分三路北伐徐州。抗日战争中,以李宗仁为首的第五战区长官部驻守徐州,指挥了震惊中外的台儿庄战役。解放战争时期,中国人民解放军以徐州为中心,发动了闻名中外的淮海战役,歼敌 55.5 万余人,为横渡长江,直捣南京,席卷江南,解放全国奠定了胜利的基础。

至今徐州仍保留着许多重要的战争遗迹和遗址,古代的如项羽阅兵练马的戏马台,十面埋伏的九里山,刘邦酣酒高歌的歌风台、大风碑,汉王策马挥剑的拔剑泉,吕布一矢解斗的射戟台,南朝刘裕北伐所筑的台头寺等;现、当代的如津浦铁路抗战员工纪念亭、马坡抗日烈士陵园、淮海战役烈士纪念塔、淮海战役纪念馆、淮海战役总前委五人雕塑像、国防教育馆、王杰烈士墓、王杰纪念馆、双拥碑。所有这些无一不显示了这座古城的烽火经历和现代军人的风采。

### 三、楚汉故地,汉墓珍宝

秦末农民起义中,楚怀王心曾建都彭城;秦亡后,项羽自立为西楚霸王,建国都于彭城,统治梁、楚等 9 郡。西汉建立后,汉皇室对徐州十分重视,在此建立楚国,先是封"三杰"之一的韩信为楚王,继则改封刘邦之弟刘交为楚王,此后楚王世袭,均建都彭城。东汉时期,汉章帝改楚国为彭城国,一直延续到刘宋代晋,彭城国始被废除。

徐州以丰富的汉文化遗存享誉中外,主要有汉墓、汉兵马俑、汉画像石等文物珍品。徐州的汉墓数量众多,种类齐全,有大型崖洞墓,也有构筑精巧的砖室墓和画像石墓,龟山、狮子山、北洞山、驮篮山4处西汉楚王墓葬,工程浩大。茅村汉画像石墓、白集汉画像石墓设计周密,雕琢精细,是汉画艺术的珍品。徐州汉代兵马俑威武壮观,4 000余件兵马俑排列有序,代表了西汉陶塑艺术的水平。徐州出土的数万件汉代文物珍品具有极高的价值,鎏金兽形砚、铜牛车(灯)等都是稀世珍宝。

## 20 运河要邑——淮安

淮安位于江苏省北部,隋唐至清历为州、郡治,元明以来漕运发达,为运河要邑。古城结构独特,晋以前筑有老城,宋代在老城外北部增筑新城,明代又筑联城,将新老二城联成一体。城区有萧湖、勺湖、万柳池(月湖)等湖泊,文渠贯穿三城、湖泊和居民街巷,形成完整的城市水系。镇淮楼雄踞老城中心,以此对称展开棋盘式的32街、76巷、40余座桥,基本保持明清风貌。文物古迹有青莲岗古文化遗址、韩侯祠、文通塔、金代铜钟、梁红玉祠、镇淮楼、淮安府署、吴承恩故居与墓、关天培祠与墓、刘鹗故居、周恩来故居等。

### 一、漕运枢纽

淮安地区上古属淮夷,春秋属吴。周敬王三十四年(前486),吴王夫差为争霸中原,开凿邗沟,引江水北上,在淮安末口入淮,此即大运河江淮段的前身。邗沟沟通了南北交通,促进了淮安的发展。汉武帝元狩六年(前117)置射阳县,此为淮安建县之始。东晋义熙七年(411)分广陵郡于此置山阳郡,改射阳县为山阳县,为郡治所在地。隋始称楚州,唐天宝年间曾一度改名淮阴郡。南宋绍定元年(1228)改称淮安军、淮安县,不久复升为淮安州。元为淮安路,明清为淮安府。从东晋设置山阳郡直到清末1 500年间,淮安长期是郡、州、府、路的治所,各种管理机构林立,如总漕署、总河署、淮扬道署、都司署、参府署、参将署、府署、县署等,管理以淮安为中心的广大地区。在很长的一段历史时期内,淮安一直处于区域性的政治中心地位。

南北朝以后,中国经济中心南移到江淮流域,隋代京杭大运河贯通,沿运河的楚(淮安)、扬(扬州)、苏(苏州)、杭(杭州)发展迅速,号称"四大都市"。淮安在漕运史上有着特殊的地位,素有"七省咽喉"之称。每年淮南、江南各地的粮船衔尾而至淮安,由末口入淮北上,淮北的盐亦经过淮安南运到全国各地。北宋最盛时期,经运河北上的漕粮达800万石,明清时仍达400万石左右。除漕运、盐运之外,纺织品、杂货过境的数量也很惊人。明清两代,朝廷在淮安的板闸镇设立户部钞关,下设18个口子,征收往来船只的税款,每年多达几十万两白银。

漕运、盐业促进了淮安造船、酿造、冶铜、纺织等手工业的发展。明清时板闸的船厂每年造船560余艘,工匠多达6 000余人。明代城内有百余家造酒作坊,每年耗粮几十万石。淮安造鼓"鞔法独精",明代朝廷曾专程来淮安订购朝鼓。淮安所产的布匹也很有名,早在唐宋便被列为贡品。淮安的商业十分活跃,"市不夜息",各地客商在淮安广建会馆,以便商业活动。淮安饮食业随之繁荣,为淮扬菜的发源地之一。淮安蒲菜、鼓楼茶馓、文楼蟹黄包、平桥豆腐素负盛名,长鱼(鳝鱼)宴席尤首屈一指,单鳝菜可做108样,味不雷同。淮安蒲菜以香蒲之茎制成,其历史可追溯到汉初,明清以来,更是文人诗文中经常歌咏之物,并列入方志中。蒲菜原料出自淮城天妃宫万柳池中,蒲茎粗壮洁白,长而脆,可烩可炒,制作多种菜肴,通常有清蒸蒲菜、虾米蒲菜,是淮安待客必备佳肴。其他如面粉业、酱醋业和糕点制作也颇具规模。明人姚广孝曾赞誉淮安"襟吴带楚客多游,壮丽东南第一州"(《淮安览古》)。

## 二、三城联属

淮安古城由旧城、新城通过夹城联结而成,构造独特,气势雄伟。旧城始筑于晋,周长11里,城内以南门大街、镇淮楼、漕运总署、府衙门为中轴线,共有39条街、77条巷、27个坊和17个市。新城为元末张士诚部将史文炳守淮时所筑,明初包以砖壁,城高近3丈,周长7里许,与旧城成掎角之势。夹城(又称联城)建于明嘉靖三十九年(1560),是漕运都御史章焕为防倭寇侵犯而筑。三城相连,共有11座陆城门、7座水城门,是我国唯一的一座由三座城相连的古城。现在城区仍保持了古城的格局和风貌,镇淮楼雄踞老城中心,以此对称展开十字形棋盘式道路格局,32条街,76条巷,40余座桥,以及古式街坊与民居,保存得比较完好。城内有密集的河网水系,萧湖、勺湖、万柳池(月湖)等湖泊相连相映,占城市面积的20%,文渠将三城、湖泊和居民街巷贯串在一起,使古城既古朴清雅,又灵动自然。

### 三、文兴武蔚

淮安是江淮流域古文化的发源地之一,距今5 000多年前的青莲岗文化,即因首次发现于淮安宋集乡青莲岗而得名。自隋唐以来,淮安便是苏北地区的文化中心之一。历代科举中,淮安共出文武进士261名,文武举人948名,三元与鼎甲齐全。北宋著名诗人张耒父子四进士,杨鸿弼五子登科,汪廷珍、李宗昉师生俱中榜眼,一时传为佳话。出生于淮安的名人有:西汉军事家韩信,文学家枚乘;东汉末文学家陈琳;唐代"大历十才子"之一的吉中孚,诗人赵嘏;北宋诗人张耒,天文数学家卫朴;南宋抗金女英雄梁红玉,画家龚开;明代小说家吴承恩,清代朴学大师阎若璩,扬州画派的画家边寿民,古文字学家和考古学家吴玉搢,医学家吴瑭,数学家骆腾凤,经学家丁晏,弹词女作家、长篇弹词《笔生花》的作者丘心如,抗英民族英雄关天培及考古学家罗振玉,爱国人士、社会教育家李公朴等。此外,著名小说家施耐庵和刘鹗都曾长期寓居淮安。唐代诗人李白、白居易、刘长卿、刘禹锡、杜牧,宋代文学家欧阳修、范仲淹、苏轼、秦观、黄庭坚、文天祥和书画家米芾,元代戏曲家关汉卿、文学家萨都剌,明代姚广孝、王世贞,清代文学家韩梦周、吴敬梓、阎尔梅及书画家郑燮、金农等均到过淮安,留下许多诗文墨迹。一代伟人周恩来于1898年3月5日出生在淮安,并在这里度过了12个春秋。抗日战争前夕,淮安新安小学12名学生在革命教育家汪达之先生的带领下,组成新安旅行团,走遍大半个中国宣传抗日,闻名一时。

淮安曾是控制江淮的军事重镇。吴王夫差曾三次过淮,率兵北上争霸;东汉末年曹操任命的广陵太守陈登曾驻军此地;魏黄初六年(225)曹丕率水师经过淮安,青龙四年(236)曹叡令邓艾在淮军屯;两晋南北朝时,祖逖、桓温、谢玄、石勒、刘裕、郗鉴等皆率兵驻守过淮安;五代后周显德四年(957)世宗柴荣讨南唐,任赵匡胤为先锋,攻楚州40天方克;南宋初年,抗金名将韩世忠和夫人梁红玉曾镇守淮安;元末,张士诚部攻克淮安,第二年被朱元璋大将徐达、常遇春赶走,大将华云龙被封淮安侯镇守淮安;明朝中期,巡抚李遂和状元沈坤率领乡勇击败倭寇的两次进犯;明末,史可法曾驻兵两淮,抵抗清兵南侵;辛亥革命期间,淮安人周实、阮式在淮安组织革命团体淮南社,积蓄武装力量,响应武昌起义;抗日战争时期,陈毅曾在淮安指挥过曹甸战役,粟裕在淮安指挥车桥战斗,歼灭日伪军1 600余人。总之,淮安历来为兵家必争之地。

## 21 太湖佳处——无锡

无锡位于江苏省南部,北靠长江,南濒中国第三大淡水湖——太湖。无锡历史悠久,文化底蕴丰厚,历史遗存丰富,地方特色突出。商末周太王长子泰伯因让位,偕弟仲雍避居江南,在梅里(今梅村一带)建"勾吴"国,筑"泰伯城",使无锡成为吴文化的发源地。无锡建置始于西汉高祖五年(前202)建县,日渐发展为农业发达,手工业门类丰富,商旅往来不绝的鱼米之乡和闻名全国的稻米、棉布集散市场,近代更成为著名的民族工业重镇。无锡拥有秀美的太湖风光、寄畅园等典雅的古典园林、善卷洞等神奇的溶洞景观,文物古迹数以百计,惠山泥人、宜兴紫砂陶等传统工艺蜚声中外。

### 一、太湖佳绝处

无锡市下辖宜兴、江阴两市及梁溪、滨湖、锡山、惠山、新吴五个区,市境内除宜兴南部属丘陵山区外,地势平坦,间有低山矮丘,河流湖泊纵横交织,土肥水美,物产丰饶。市区南濒浩渺太湖。太湖是我国的第三大淡水湖,也是东部近海区域最大的湖泊,水面烟波浩渺,湖中48个大小岛屿连同沿湖的山峰和半岛号称"七十二峰",山重水复,宛如天然图画。无锡境内沿太湖鼋头渚、龙头渚、马山诸处,山水风光秀媚多姿,独得"太湖佳绝处,毕竟在鼋头"(郭沫若语)之誉。市区西抱锡、惠二山,京杭大运河从中流过,寄畅园、惠山寺、天下第二泉、梅园、蠡园、东林书院及薛福成、钱锺书等名人故居诸人文胜迹点缀其间。市境内尚有宜兴竹海、善卷洞、张公洞、灵谷洞(三洞合称"宜兴三奇")、江阴鹅鼻嘴公园等自然胜景。近年无锡市利用得天独厚的自然人文条件,加以着意经营,形成鼋渚春涛、太湖仙岛、蠡湖烟绿、锡山晴云、寄畅清韵、二泉映月、梅园香雪、泰伯遗迹、薛家花园、东林书院、运河古风、灵山胜境、龙头马迹、中视影城、宜兴竹海、善卷洞天、霞客故居、鹅鼻揽江"十八景",并兴建了众多休闲度假设施,使无锡成为中国著名的旅游休闲胜地。

## 二、勾吴第一城

无锡先民的原始文化先后属于马家浜文化、崧泽文化和良渚文化。公元前12世纪,周太王长子泰伯、次子仲雍为让王位南奔荆蛮,断发文身,受到当地人的拥戴,筑城建都于梅里(今锡山梅村一带),史称"勾吴"。周灭商后,武王封仲雍曾孙周章为吴君,建吴国。泰伯、仲雍将中原先进的农耕技术和文化带入江南,促进了当地的发展,促成了具有鲜明地域特征的吴文化的形成。无锡梅里一直是吴国的都城所在地,是名副其实的"勾吴第一城",无锡在吴文化的形成与发展中占有极其重要的地位。

无锡置县始于西汉高祖五年(前202),属会稽郡。"无锡"之得名一说因周、秦间锡山产锡,至汉朝锡尽,故名"无锡",新莽时(9—23)因锡复出,曾改名"有锡";一说是以汉字记录的古越语地名。县迭有废兴,元元贞元年(1295)一度升为州,明初复降为县。1927年后无锡县直属江苏省。

## 三、"锡商"谱华章

春秋时期的吴国生产力发展,国力强盛,曾争霸于诸侯。汉末魏晋以来,大量人口南迁,江南地区得到进一步开发,无锡大量兴建水利设施,农耕技术提高,手工业门类众多。京杭大运河开通后,无锡成为运河上的重要商埠,商旅往来不绝,市场繁荣。迨及明清,无锡粮食产量增加,是全国重要的"米仓","米市"亦逐渐形成。清代前期,无锡稻米的经营规模、交易数量居江苏各县之冠,是漕粮的主要采办地。与此同时,苏北产棉区的棉花由购米船队运至无锡,无锡的棉纺织业随之兴盛,并形成棉布交易的"布码头"。清代中叶,无锡全县年产土布300万匹,占全国棉布产量的6.7%,各地布商云集无锡,布市绵延数里。近代以来,无锡成为江南经济中心城市之一。光绪十四年(1888)起,清政府把浙江各州府的漕粮转到上海、无锡采办,又指定江苏各县的漕粮在无锡集中转运,无锡米市臻于极盛。除布码头持续兴盛外,蚕丝贸易同时活跃,生丝产量居江苏各县之首,丝茧市场甲于东南。

基于良好的经济基础,无锡的近代工业也得到较早发展,而且一开始就是民族资本兴办的。自1895年杨宗濂、杨宗瀚兄弟创办业勤纱厂始,继而1900年荣宗敬、荣德生兄弟与朱仲甫合伙创办保兴面粉厂,匡仲谋创办亨吉利布厂,1904年周舜卿开办裕昌丝厂,以棉纺织业、缫丝业、面粉加工业为支柱的无锡近代工业迅速崛起,在全国赢得令人瞩目的地位。据1937年国民政府军事委员会《中国工业调查报告》统计,无锡在全国6个主要工业城市中,产业工人数占第二位,工业产值仅次于上海、广州居第三位,资本总额居第五位。无锡成为近代中国民族工商业发展的见证,中国民族工商业博物馆在无锡建立。

锡商不仅创造了经济上的辉煌,而且兴文重教,20世纪20年代,在锡商的积极参与下,无锡的新式学堂由清末的120所陡增至380所,形成初、中等教育和职业教育并举的格局。锡商还热衷铺路、造桥、兴建公园,推进无锡的城市建设。锡商商业经营的成功之道与人文精神成为中国经济史上的宝贵财富。

# 22 近代第一城——南通

南通位于江苏省中部,长江入海口北岸,"据江海之会、扼南北之喉",素称"江海明珠""扬子第一窗口"。南通有1 000多年的建城史,海盐业、植棉业、家庭手工土布业相继兴盛,逐步成为一个重要的商业城市。近代,在清末状元张謇的带动下,南通进行了一系列近代化的城市规划与建设,被誉为"中国近代第一城"。狼山风景区、濠河风景区、中国近代第一座博物馆——南通博物苑、张謇墓所在地啬园、徽派园林孤本——如皋水绘园是南通著名的名胜地。

## 一、江海明珠

南通地处黄海南部,长江入海口北岸,三面临水,一面靠陆,南与苏州、上海两市隔江相望,西与泰州市接壤,北与盐城市接壤,下辖如东1县,如皋、启东、海门、海安4市,崇川、港闸、通州3区及富民港办事处(南通经济技术开发区)。

远古时代,南通是一片茫茫的江口海域,随着长江泥沙的沉积,逐步形成了沙洲、浅滩、陆地。海安市成陆最早,在五六千年前,海安青墩就已有人类生活。如皋市和如东县相继在汉代和南北朝时同陆地连接,而今南通市区在南北朝时还是洲,名胡逗洲,直到唐末才同大陆相连。

今天的南通,隔江与中国经济最发达的上海及苏南地区相依,被誉为"北上海";北接广袤的苏北大平原,通过铁路与亚欧大陆桥相连;从长江口出海可通达中国沿海和世界各港;溯江而上,可通苏、皖、赣、鄂、湘、渝、川七省市及云、贵、陕、豫等省。南通集"黄金海岸"与"黄金水道"优势于一身,拥有长江岸线226千米,其中可建万吨级深水泊位的岸线30多千米;拥有海岸线210千米,其中可建5万吨级以上深水泊位的岸线40多千米。全市海岸带面积1.3万平方千米,沿海滩涂21万公顷,是我国沿海地区土地资源和水产资源最丰富的地区之一。南通面临海外和内陆两大经济辐射扇面,与上海有着相似的地理区位优势,享有"江海明珠"的美誉。

## 二、"中国近代第一城"

早在汉代,南通地区即开始"煮海为盐",唐代设有盐官。唐僖宗乾符二年(875),由于胡逗洲是海盐的重要产地,设狼山镇遏使。五代十国时期(907—960),吴曾设东洲静海都镇遏使,南唐立静海都镇制置院。公元958年,后周派兵南下占领静海,升为静海军,筑城池,旋改通州,以其四通八达的地理位置而得名。宋天圣元年(1023)一度称崇州或崇川,不久复称通州。民国建立后,废州设县,为了与河北省的通州(今属北京市)相区别,改称为南通县,南通之名即始于此。

南通以工商兴市,早期盐业厚利促进了城市繁荣,城市规模也日益扩大,至明代时已成为苏北的重要城市。后来虽然因海滩淤涨,海岸线东移,海盐业逐渐衰落,但植棉业和家庭手工土布业代之而起,南通很快成了大宗棉花土布的集散中心,工商地位更加显著。1895年,清末状元张謇回家乡兴办大生纺织厂和大生企业集团,南通又成为中国近代纺织工业的发祥地之一,成为闻名遐迩的纺织城。

在张謇的推动下,南通迅速向适于发展工业和航运的新型近代城市转变,设立了市政机构——路工处,负责测绘地形,并对城市道路进行规划和修建；开辟了新工业区和港区，同旧城区组成互有分工的城镇组群；沿濠河建了总商会、剧场、博物馆、专科学校等新型建筑，我国最早创办的师范学校、最早的近代博物馆都出现在南通。两院院士、著名的城市和建筑问题理论家吴良镛考察南通博物苑建设和城市的规划建设后，在有关城市规划建设的谈话中提出南通是"中国近代第一城"。

### 三、紫琅山色

南通大部为海拔五六米以下的平原，唯沿江自东向西，军山、剑山、狼山、马鞍山、黄泥山一线排开，五座山峰若即若离，绵延 3.6 千米，宛如长江口岸的天然绿屏。海拔 106.94 米的狼山居其中，最为峻拔挺秀，其他四山如众星拱月，狼山风景区即由这五山组成。相传狼山曾有白狼居其上，又传因山形似狼而得名。北宋淳化年间（990—994）州牧杨钧觉得狼山之名不雅，便改狼山为琅山，又因山上的岩石多呈紫色，后人又称之为紫琅山。狼山原在长江之中，北宋时才与陆地涨接。自宋至清陆续兴建了庙宇殿塔，总名广教寺。佛教中狼山为大势至菩萨道场，位列佛教"八小名山"之首。

狼山风景区内文物古迹众多，狼山上除了法乳堂、幻公塔、圆通宝殿（内供大势至菩萨）、支云塔（建于北宋太平兴国年间，976—984，高 35 米，与市内的文峰塔和光孝塔合称"南通三塔"）、大圣殿等宗教建筑外，尚有初唐四杰之一的骆宾王墓、南宋民族英雄文天祥的僚属金应墓、清《五山全志》编纂者刘南庐墓、辛亥革命烈士白雅雨墓、朝鲜爱国诗人金沧江墓以及望江亭等，是览景怀古的好去处。狼山向西 500 米马鞍山西坡有梅林春晓，是一座具有江南园林风味的建筑群，乃赏梅佳处。再西黄泥山东冈建有狮踞亭，可观日出、听涛声。黄泥山最西部的龙爪岩，多半浸于江水如龙爪伸进江中，岩头建有全国第一座风力发电航标灯。

## 23 紫砂之都——宜兴

宜兴位于江苏省南端，太湖之滨，古称荆邑、阳羡，现为无锡市下辖的县级市，环境宜人，物产丰富，经济发达，文化深厚。宜兴的陶瓷文化源远流长，尤以紫砂陶名扬天下，享有"陶都"美誉，在丁蜀镇建有中国宜兴陶瓷博物馆。著名古迹有国山碑、周处庙、东坡书院、太平天国辅王府及丁蜀镇古龙窑、蜀山古南街等,善卷洞、张公洞、灵谷洞并称"宜兴三奇"。宜兴也是梁祝传说的发源地之一。

### 一、史地概况

宜兴地处江苏省西南端、沪宁杭三角中心,东面太湖水面与苏州太湖水面相连,北面以滆湖与武进相隔,东南临浙江长兴,西南界安徽广德,西接溧阳,西北毗连金坛。宜兴有山有水有平原,称"三山二水五分田"。山地属天目山余脉,河流纵横交错,灌溉、运输两利,除太湖外有天然湖荡 30 个。市区东西两侧三氿(西氿、团氿、东氿)相伴。

宜兴山水俱备,物产丰富。丘陵山区盛产板栗、毛竹、竹笋、杨梅和多种名特优茶,"阳羡紫笋茶"唐朝时就被定为贡茶,2008 年宜兴市被命名为"中国名茶之乡"。太湖"三鲜"即白鱼、白虾、银鱼味道鲜美,营养丰富;溧区百合被誉为"太湖之参";滆湖螃蟹蟹肉肥、香、鲜;野生菌类雁来蕈味道鲜美,营养价值高。蜀山独有的陶土是制作紫砂器具的上等原料。

宜兴古称荆邑,春秋时属吴。秦始皇二十六年(前 221)建县,称阳羡。西晋太安二年至永嘉四年(303—310),朝廷为表彰周处长子周圯三兴义兵平乱之功,设置义兴郡,属扬州。隋开皇九年(589),改义兴县,属常州。宋太平兴国元年(976),因避宋太宗赵光义讳改为宜兴县。清雍正四年(1726)分为宜兴、荆溪二县。1912 年荆溪县并入宜兴县。新中国成立后宜兴曾隶属常州、苏州、镇江,1983 年 3 月起属无锡市。1988 年 1 月撤销宜兴县,设宜兴市(县级市)。

### 二、陶瓷文化

宜兴陶瓷文化可远溯至新时期时代。商周时期,丁蜀等地已有古陶器皿烧制。2002 年新街骆驼墩出土的马家浜文化时期陶器、丁蜀镇至今仍在使用的古龙窑是宜兴陶瓷文化源远流长的见证。宜兴陶瓷中的紫砂、精陶、均陶、青瓷、美彩陶被誉为"五朵金花"。

青瓷被欧美国家誉为"东方的绿宝石",青中泛蓝,苍翠欲滴,是陶瓷中的上品。宜兴周处家族墓出土有原始青瓷器"西晋青瓷神兽尊";南唐时,宜兴青瓷生产规模很大。

宜兴均陶兴于宋代,明代《宜兴县志》有规模生产的记载,至清代雍正年间成为皇家御用器物。宜兴均陶釉色美艳动人,有赤、橙、黄、绿、青、蓝、紫及非常多的变色,可媲美以"窑变千色"闻名的北宋钧窑瓷器。

精陶是宜兴20世纪60年代初发展的陶瓷新品种,兼有陶和瓷的特点,采用可塑法、注浆法或半干压法成型,素烧后施釉。精陶采用堆、雕、刻描、彩、釉下釉中、色边、缕网印花等多种装饰方法制作,形美质坚,瑰丽多姿。

宜兴彩陶、美术陶瓷和彩釉细陶是在汲取传统工艺的基础上发展起来的,以雕塑、花瓶、灯具、壁画和其他实用工艺品为主,釉色丰富,绚丽典雅。

紫砂陶是宜兴陶瓷的佼佼者,"紫玉金砂",享誉世界。紫砂陶以丁蜀镇紫砂泥矿为原料,烧制成紫砂茶具后,独有的双重气孔结构既能透气怡香,又能保水保温,能将茶叶的温、色、香、味很好地保持住,不夺茶香气又无熟汤气,因此紫砂壶赢得几百年来人们的推崇。据说紫砂壶的创始人是明正德、嘉靖年间的供春,当时人称赞供春壶"栗色暗暗,如古今铁,敦庞周正"[①]。供春传时大彬、李仲芬。二人与时大彬的弟子徐友泉并称为万历以后的明代三大紫砂"妙手"。留存至今的供春的"供春壶"、时大彬的"三足如意壶"、项圣思的"圣陶杯"均为国家一级文物。

4人之后的第二期紫砂壶大师为清初人陈鸣远、惠孟臣。陈鸣远以生活中常见的栗子、核桃、花生、菱角、慈姑、荸荠、荷花、青蛙造型入壶,善于堆花积泥,使紫砂壶的造型更加生动活泼,把传统的紫砂壶变成了有生命力的雕塑艺术品。他还发明在壶底书款,壶盖内盖印的形式,到清代形成固定的工艺程序。明末天启、崇祯年间的惠孟臣,长于制作小壶,以小胜大。第三期紫砂壶大师是清代中叶嘉庆、道光年间的陈鸿寿和杨彭年。陈鸿寿为清代中期的书画家、篆刻家,倡导"诗文书画,不必十分到家",但必须要见"天趣"。其紫砂陶艺的第一大贡献,是把诗文书画与紫砂壶陶艺结合起来,在壶上用竹刀题写诗文,雕刻绘画。第二大贡献是凭着天赋,随心所欲地设计了许多新奇款式的紫砂壶,为紫砂壶创新带来了勃勃生机。他与杨彭年的合作堪称典范。后人将陈鸿寿设计、杨彭年制作的称为"曼生壶"。同时的还有邵大亨,是陈鸣远以后的一代高手。其他如邵友兰、邵友廷、蒋德休、黄

---

[①] (明)吴梅鼎.阳羡瓷壶赋·序.

玉麟、程寿珍诸人,守旧多于创新,制作工艺也日渐草率荒疏。1949年后七老艺人任淦庭、吴云根、朱可心、裴石民、王寅春、顾景舟、蒋蓉,以及现当代紫砂代表人物徐秀棠、徐汉棠、鲍志强、高海庚、何道洪、汪寅仙、吕尧臣、周桂珍、李昌鸿、顾绍培、曹安祥等也各自身怀绝技,制作与设计皆各有专长。

由江苏省宜兴陶瓷公司陈列室发展而来的中国宜兴陶瓷博物馆,以古陶、名人名作、紫砂、精陶、美彩陶、均陶、青瓷、工业卫生陶及世界陶瓷、国内陶瓷等16个展厅,常年陈列的8000余件陶瓷产品,系统地反映了宜兴陶瓷发展演进的轨迹,以及当今灿烂的宜兴陶瓷文化和巧夺天工的制陶艺术。

### 三、名人胜迹

宜兴物华天宝,人杰地灵。历代曾出进士近400名,其中状元4名、榜眼5名、探花1名;有宰相10位、将军15位。晋朝周处文武双全,是弃恶从善、发愤励志、尽忠报国的典型,所撰《阳羡风土记》是中国最早记述地方风土民情的著作之一。北宋蒋之奇长于理财,能诗善书,著述颇丰。卢象升为明末著名抗清将领。明代徐溥入阁为相12年,政绩卓著,为一代贤相。周延儒在明万历四十一年(1613)连中两元(会元、状元),两度为相。文学方面,唐代蒋防、宋代蒋捷、明代吴炳、清代陈维崧等在中国文学史上享有较高声誉。蒋防的传奇《霍小玉传》广为流传;蒋捷的词句"红了樱桃,绿了芭蕉"成为千古名句,与周密、王沂孙、张炎并称为"宋末四大家";吴炳著有"粲花斋五种曲",其中《绿牡丹》和《西园记》至今仍为越剧和昆剧的保留剧目;陈维崧是晚清阳羡词派领袖,曾参与编修《明史》,与吴江的吴汉槎、云间的彭古晋并称为"江左三凤凰"。宜兴享有"书画之乡"之盛誉,中国现代美术事业的奠基者、杰出的画家和美术教育家徐悲鸿享誉海内外,还有吴冠中、吴大羽、尹瘦石、钱松嵒等一批知名画家。当代宜兴也是人文荟萃,被称"教授之乡",在各个行业活跃着宜兴籍领军人物。

宜兴历代文化遗存众多。2002年发掘的骆驼墩遗址,代表了太湖西部山地向平原地带过渡的新石器考古文化特点,对研究长江下游古代文明进程有着重要意义,被列为当年国内六大考古发现之一。建于三国吴天玺元年(276)的国山碑被誉为"江南第一碑"。始建于晋元康九年(299)的周王庙,又称英烈庙、周孝侯庙,为祭祀晋平西将军周处而建。东坡书院是宋代大文豪苏东坡在宜兴丁山买田讲学之地,书院屡经兴废,现为明代建筑。位于宜城通贞观路的太平天国王府,始建于清,原为史姓宅第,清咸丰十年(1860)太平军攻克宜兴后成为辅王杨辅清的府第,后又曾作为忠王李秀成的行辕。徐悲鸿故居位于屺亭桥塘河西侧,包括徐悲鸿原生活起居间、弟妹生活间、徐父授书房和一个天井,2000年经重新修建后开放。周培源祖居位于宜兴芳桥镇后村,原有两处。一处在后村河南,为周培源祖父所建,是周培源的诞生地,20世纪80年代被大火焚毁。现存的一处为周培源父亲周文伯于民国初所建。

善卷洞、张公洞、灵谷洞三座石灰岩溶洞并称"宜兴三奇"。善卷洞位于宜兴市西南约25千米的祝陵村螺岩山上,景区内林木葱茏,风光旖旎,洞景巧夺天工,有"万古灵迹""欲界仙都"之美誉。善卷之名得于《慎子》记载:相传在4 000多年前,舜以天下让善卷,善卷坚辞不受,入深山而隐居于斯洞,因此得名。善卷洞区面积约为5 000平方米,分上、中、下、水四个洞穴,洞穴之间相互连通,景色不同。景区也是宜兴梁祝传说的发源地,有"晋祝英台琴剑之冢""祝英台读书处"等景观。当地民俗有"观蝶节"。张公洞,又名庚桑洞,位于城西南约22千米的孟峰山麓,有大小洞穴72个,洞中有洞,洞内套洞,大洞包小洞,洞洞不同,素有"海内奇观"之称。相传汉代张道陵曾在此修道,唐代张果老在此隐居,故称张公洞。灵谷洞距张公洞6千米,洞内有石厅7个,石笋、石花、石柱、石幔等形状奇异,色彩绚丽。灵谷洞为唐代诗人陆龟蒙探茶发现。陆曾雇人开挖,因工程力不能及而作罢。宋以后陆续有人入洞探幽,今石壁上尚存宋、元、明、清游人的遗墨。

## 24 水韵凤城——泰州

泰州位于江苏省中部,地处长江以北,河网密布,是名副其实的水城。泰州有2 100年建城史,古称海陵,南唐时立泰州,历代以来,人文荟萃、名贤辈出,施耐庵、郑板桥、梅兰芳是其中的杰出代表。名胜古迹众多,有始建于东晋的江淮名刹光孝寺,始建于唐及江苏境内现存最大、保存最完整的城隍庙,祀泰州学派创始人王艮的崇儒祠,古典园林日涉园,以及梅兰芳纪念馆、人民海军诞生地纪念馆等。泰州的风景名胜颇具特色,溱湖湿地、垛田风光、古银杏森林等生态自然,风光绮丽。

## 一、历史沿革

泰州境内有距今4 000多年的龙山文化遗址,以及新石器时代晚期至商、周的古文化遗址。周秦时代,今泰州称海阳。西汉武帝元狩六年(前117)置临淮郡,其下有海陵县。《大清一统志》卷六十七云"以其地傍海而高故曰海陵"。东汉属广陵郡。南朝梁海陵县改属海陵郡。唐武德九年(626)起属扬州。唐以后县治位于今泰州市市区(海陵区)。南唐烈祖昇元元年(937)设置泰州,名取"通泰"之义①。1912年,裁府废州,泰州改称泰县。1949年设立泰州市。1996年泰州从扬州划出,设立地级泰州市。现辖三区三市:海陵区、高港区、姜堰区、靖江市、泰兴市、兴化市。

泰州别名凤城。清道光《泰州志》记载,宋时泰州"城峻而坚,壕深而广,城翔壕上,若凤凰展翅",故称"凤凰城"。

## 二、水城与水文化

古时泰州处于长江尾闾、淮河下游、大海之滨,江、淮、海三水汇聚,因之别称为"三水"。境内河网密布,纵横交织,北部地区地势低洼,水网呈向心状,由四周向低处集中,湖泊分布较多。全市除靖江有一独立山丘——海拔55.6米的孤山外,其余均为江淮两大水系冲积平原。

泰州现在的内河水系格局是自然和工巧结合的成果,双河绕城,水城一体,风韵独特。泰州的城原是城墙内外各有一条环河,水映城影、城夹水中;泰州的市原是因河成市,东、西、南、北、中各有一条市河,加上一条横缠在城中的玉带河。泰州历史上著名的官员,十分重视水利建设。宋代泰州西溪盐监范仲淹曾率通、楚、泰、海4万民夫筑捍海堰,使泰民"波澜不惊",被称"范公堤"遗存至今。南宋州守王涣,开市河、造桥梁、筑城墙;陈垓浚"小西湖"。元末徐达开济川河,明御史蒋诚挖跃鳞河⋯⋯清《道光泰州志》记载的有名称的水利工程有:河道上河21条、下河16条、市河6条,桥96座,坝12座,涵洞65座。历史为泰州留下了罕有的复式城河和众多的水利工程。

泰州通江达海,粮、盐的漕运滋养了城市的繁华,形成以泰州为中心收

---

①(南宋)王象之.舆地纪胜·卷四十.

取盐税的盐税文化。水文化渗透到泰州社会生活各个方面。

### 三、历代名贤

泰州历来文教发达,历代名贤辈出。唐代书法评论家张怀瓘,擅长正、行、草书,著有《书断》《书议》《书估》等。宋代大儒、理学家、教育家胡瑗在泰州创办安定书院,并于多地任教讲学,在几十年的教学实践中,确立了培养"致天下之治"人才的教育理念;纠正了朝廷取仕时的弊病,要求德、智、体、乐全面观察;实施分科教学,推广普及教育;严格校规,言传身教,注重学生的社会实践,著有《松滋县学记》《周易口义》《洪范口义》《论语说》和《春秋口义》等。元末明初文学家施耐庵创作古典文学名著《水浒传》。明代哲学家王艮阐发以尊身立本为内涵的"格物说"与具有社会改良思想的"王道论",开创"泰州学派"。清代泰籍名贤有天文历算家陈厚耀,评话宗师柳敬亭,"扬州八怪"之一郑板桥,"扬州学派"先驱任大椿,文艺评论家刘熙载,太谷学派集大成者黄葆年。近现代有地质学家丁文江,爱国实业家刘国钧,杰出女教育家吴贻芳,剧作家丁西林,京剧表演艺术家梅兰芳,文学史家、传记文学家朱东润等。

### 四、文物名胜

泰州境内文物众多,墓葬有战国时期昭阳墓、《水浒传》作者施耐庵墓、扬州八怪之一的郑板桥墓;古建筑有光孝寺、城隍庙、庆云寺、东岳庙、胡安定祠堂、岳飞生祠、崇儒祠、胡公书院、马洲书院、襟江书院、扬郡试院;古典园林有日涉园、李园,名人故居有郑板桥、刘熙载、刘国钧等故居,以及梅兰芳纪念馆等。

依泰州城河凤城河而建的凤城河景区,集中而又完整地体现了泰州的都市水韵,彰显了泰州悠久的历史文脉。凤城河畔,望海楼、桃园景区内30多个景点汇集了泰州历史、戏曲、民俗、商贾四大特色文化。其核心景观望海楼,始建于宋,领江淮雄风。楼西文会堂,史载初为北宋滕子京所建,列北宋时在泰为官,而后升迁至宰相的晏殊、范仲淹、富弼、韩琦、吕夷简五相史料,堂前植"五相树"。加之以景区内有千年历史的州城遗址和宋城古涵等景点,尽显泰州"州建南唐,文昌北宋,名城名宦交相重"的辉煌历史。望海楼隔河为桃园景区,取孔尚任寄寓泰州陈庵创作《桃花扇》之意,与泰州梅园戏剧、柳园评话相联,形成"戏曲文化三家村"的独特人文旅游景观。桃园东侧是2007年动工兴建的仿古街区泰州老街,集中了当地的老行当、老手艺等民俗文化。

姜堰区的溱潼镇是苏中里下河地区历史悠久的古镇,镇区拥有2万多平方米保存完好的明清古建筑群,随处可见老井当院、麻石铺街、古树名木。一年一度的溱潼会船节现被列为国家级非物质文化遗产、国家重点旅游项目、中国十大民俗节庆。会船节源于宋代。相传山东义民张荣、贾虎曾于溱潼村阻击金兵,溱潼百姓助葬阵亡将士,并于每年清明节撑篙子船,争先扫墓,祭奠英魂,久之形成撑会船的习俗。溱潼会船主要分布在里下河水乡,纵横数百平方千米。每年清明时节,上千船只、上万船民来此聚会,场面壮观;当地老百姓"上到八十三,下到要人搀"都要赶来参加,从看会船到踏青、会亲、赶会,完全是一种民间庙会的形式。溱潼会船是中国保存最完整、最具原生态特质的"水上庙会",有着"溱潼会船甲天下"之称。

## 25 中华龙城——常州

常州隶属江苏省,位居长江之南、太湖之滨,处于长三角中心地带,与上海、南京两大都市等距相望,与苏州、无锡联袂成片,构成苏锡常都市圈。常州有3200多年历史,自西晋武帝太康二年(281)起,历朝均为郡、州、路、府治所,隋文帝开皇九年(589)始有常州之称。境内名胜古迹众多,历史文化名人荟萃。历史古迹有圩墩村新石器遗址、春秋淹城遗址、天宁寺、红梅阁、文笔塔、藤花旧馆、苏东坡舣舟亭、太平天国护王府遗址、瞿秋白纪念馆等。历史名人有吴公子季札,《昭明文选》作者萧统,抗倭英雄唐荆川,常州画派开山祖师恽格(号南田),"常州三杰"瞿秋白、张太雷、恽代英,数学家华罗庚,实业家刘国钧,书画家刘海粟等。传统工艺有常州梳篦、砖刻屏、掐丝法琅画、乱针绣、中国彩绒画、留青竹刻、金坛刻纸。常州深挖历史文化资源,相继建成三大主题公园,成为中国的"主题公园之都"。

### 一、春秋淹城

先周吴泰伯奔吴,在太湖流域立国勾吴,常州即为吴国领地,迄今已有

3 200多年的文字记载历史。位于今常州市武进区中心城区的淹城遗址,占地300公顷,是春秋时期至今保存最完整最古老的地面城池遗址,距今已有2 700多年的历史。淹城为古淹君地。淹国(奄国)本为殷商属国,周初因反抗周王被平定,遗民南逃辗转至太湖流域。筑于春秋早期的淹城形制独特,三城三河相套,全国绝无仅有。2003年开始,常州市武进区经组织专家反复论证,最终确定了淹城遗址旅游区保护利用总体规划。淹城遗址城内立足原生态保护,城外保护性开发,建成以淹城遗址公园为核心,淹城春秋乐园、淹城传统商业街坊、淹城野生动物世界、淹城春秋文化拓展区、宝林禅寺五区联动的春秋淹城风景名胜区。其中淹城春秋乐园是一个从春秋时期政治、军事、文化等元素取材,以情景体验的形式,设置春秋文化意境下的静态观赏型项目、互动演艺性项目和体验游乐式项目相结合的大型主题梦幻乐园。乐园以春秋文化为纽带,再现历史人文景观,全方位演绎春秋故事,展示春秋文化,并注重游客的参与性、互动性和娱乐性,成为常州的旅游品牌之一。

## 二、从延陵到常州

春秋末期公元前547年,吴王寿梦第四子季札封邑延陵,常州开始了长达2 500多年有准确纪年和确切地名的历史。西汉高祖五年(前202)改延陵为毗陵,毗陵作为县、郡之名沿用约500年。毗陵郡一度为江南大郡。西晋惠帝永兴元年(304)改毗陵为晋陵。晋陵之名沿用290年。隋初废郡,开皇九年(589)于常熟县置常州,后割常熟县入苏州,遂移常州治于晋陵,常州之名由此始。此后常州作为州、路、府、市名,沿用至今。唐武宗会昌四年(844)升常州为望,列入全国州府十望之一。元至元十四年(1277)升常州路,领晋陵、武进二县和宜兴、无锡二州。元末至正十七年(1357)朱元璋改置长春府,同年更名常州府。清雍正四年(1726),常州府统领8县,有"中吴要辅,八邑名都"之称。常州行政区划屡经分合变迁,现常州市辖5个市辖区(天宁区、钟楼区、新北区、武进区、金坛区),代管1个县级市(溧阳市)。

## 三、文化遗产与旅游

常州作为有3 200多年历史的江南文化古城,境内名胜古迹众多,历史文化名人荟萃。历史古迹有圩墩村新石器遗址、春秋淹城遗址、天宁寺、红梅阁、文笔塔、北宋藤花旧馆、苏东坡舣舟亭、太平天国护王府遗址、瞿秋白纪念馆,以及金坛道教名山茅山等。历史名人有吴公子季札,《昭明文选》作者萧统,抗倭英雄唐荆川,清代书画家恽格(恽南田),近现代知名人物有"常州三杰"瞿秋白、张太雷、恽代英,数学家华罗庚,实业家刘国钧,书画家刘海粟等。工艺特产中常州梳篦、乱针绣、留青竹刻合称"龙城三宝"。在已公布的四批国家级非物质文化遗产名录中,常州有常州吟诵、天宁寺梵呗唱诵、锡剧、常州小热昏、常州留青竹刻、常州梳篦,金坛董永传说、直溪巨龙、金坛抬阁、金坛刻纸、金坛封缸酒酿制技艺,溧阳蒋塘马灯舞和武进象牙浅刻13个项目入选。

常州的旅游发展,在依托城市品牌和文化遗产的基础上,走出了一条创意之路。创立于2000年的中华恐龙园,创造性地提出了涵盖主题教育、主题游乐、主题环艺、主题演艺、主题商业以及管理设施、服务设施、媒体设施在内的主题公园"5+3"发展模式,是一家融展示、科普、娱乐、休闲及参与性表演于一体的恐龙主题综合性主题游乐园,陆续获得了"国家AAAAA级景区""全国科普教育基地""中国文化产业示范基地"等称号,在国内主题公园界位居第一方阵。恐龙园一炮而红之后,常州又相继推出环球动漫嬉戏谷、淹城春秋乐园等,使常州成为"主题公园之都"。从2004年开始,常州举办中国(常州)国际动漫艺术周(CICDAF),在国内外动漫业界产生了广泛而积极的影响,成为我国举办的水平最高、专业性最强、最具权威性的国际动画活动之一,为常州文化旅游发展赋予了新的内涵,常州由此成为全国首批9个"国家影视动画产业基地"中唯一的地级城市。

## 26 东方邮都——高邮

高邮位于江苏省中部,长江北岸,里下河西缘,由扬州市代管。高邮有7 000多年的文明史和2 200多年的建城史,史称"江左名区、广陵首邑",是全国唯一以"邮"命名的城市。明代洪武八年(1375)始建的盂城驿是我国现存规模最大、保存最为完好的古代驿站。高邮文化遗存丰富,古城传统格局和风貌保持完好,邮驿文化和运河文化特色突出,历代众多帝王将相、文人名士都在高邮留下大量诗文、墨迹。北宋婉约派词人秦观,明代散曲家王磐,明清重臣王永吉,清代训诂学家王念孙、王引之父子,当代著名作家汪曾祺等均是高邮人。

## 一、江左名区,广陵首邑

高邮地处江苏省中部、里下河西缘。境内湖荡连片、沟渠纵横,水域面积占总面积的40%。碧波万顷的高邮湖为江苏省第三大淡水湖。京杭大运河高邮段以东里下河浅洼平原由古㵐湖淤积而成,河渠成网,良田万顷。

位于龙虬镇的龙虬庄遗址,是江淮地区东部最大的一处新石器时代早期遗址,距今7000年至5000年,表明7000年前高邮境内便有人类的璀璨文明。春秋,高邮属吴邗沟地,越并吴属越;战国,楚并越属楚。秦王嬴政二十四年(前223),灭楚,筑高台,置邮亭,故名高邮,亦称秦邮。西汉武帝元狩五年(前118)置高邮县,属广陵国。东汉,高邮县属广陵郡。东汉末,高邮县废。西晋,复高邮县,属临淮郡。东晋,高邮县属广陵郡。东晋和南北朝,高邮西北(今金湖县、天长市部分)侨置幽、冀、青、并州及后魏平阿县。南朝宋置高邮县,属广陵郡,又划设临泽县,属海陵郡;南梁起,先后置广邺郡、神农郡,辖高邮县划设的高邮、竹塘、三归三县;临泽县仍属海陵郡。隋,竹塘、三归、临泽三县仍并入高邮县,属吴州(不久改称扬州),后属江都郡。唐,高邮县先后属兖州、邗州、扬州、广陵郡(均为现扬州)。唐玄宗天宝元年(742),划江都、六合、高邮三县部分地区置千秋县,天宝七年(748)改称天长县。五代十国,高邮县先后属吴都江都府、后唐东都(扬州)、后周扬州大都督府。宋开宝四年(971)置高邮军,直属京师。诏文为:"惟彼高邮,古称大邑,舟车交会,水陆要冲,宜建军名,以雄地望。"建炎四年(1130),升高邮军为承州,领承州、天长军,辖高邮县与兴化县;绍兴五年(1135),废州,县属扬州;绍兴三十一年(1161),复为军,仍领高邮、兴化二县。元,至元十四年(1277),置高邮路,辖高邮、兴化二县;至元二十年(1283),改为高邮府,辖高邮、兴化、宝应三县,属扬州路。至正十四年(1354),张士诚在高邮建都,国号大周。元末,高邮改为散府。明洪武元年(1368),置高邮州,领兴化、宝应二县,属扬州府。清顺治元年(1644),置高邮州,属扬州府,不久遂为散州。古代高邮,由宋置军至清设州,有

900多年中等行政区划的经历,史称"江左名区,广陵首邑"。中华人民共和国成立后设高邮县。1991年2月,经国务院批准撤县设市(县级),同年4月1日,正式建高邮市。

## 二、邮驿之都,运河名城

高邮自古就是漕运和驿道的必经之路。公元前223年,秦王嬴政在境内筑高台、置邮亭,迄今已有2 200多年的历史,高邮是全国唯一以"邮"命名的城市。

盂城驿开设于明洪武八年(1375),位于高邮市南门大街馆驿巷内,是我国目前保存最好、规模最大的古代驿站遗存。盂城驿原规模宏大,有正厅5间,后厅5间,送礼房5间,库房3间,厨房3间,廊房14间,马神庙1间,马房20间,前鼓楼3间,照壁牌楼1座。驿北为驿丞宅,驿旁为秦邮公馆,堤上有迎宾客的皇华厅,东南有马饮塘。1985年盂城驿在文物普查中被发现,为研究我国古代邮驿制度和邮驿文化提供了重要的实物见证。1993年高邮市人民政府修复了驿站的主体建筑,修复后的盂城驿辟为邮驿博物馆,室内恢复了驿站当年的陈设,布置了中国古代邮驿史展览,以史料、图片和邮驿文物展示3 000年的邮驿文明史。盂城驿和已修旧如旧的南门古街,组成了亮丽的明清民居建筑群。

2014年大运河被列入联合国教科文组织《世界遗产名录》,高邮作为大运河上重要的节点城市,有盂城驿遗产点和高邮明清运河故道遗产河道跻身其中。高邮明清运河故道是历史上的古邗沟高邮段,即高邮里运河的前身,位置在现运河的西侧,位于高邮镇的石工头至界首镇四里铺之间,全长26.5千米。1956年大运河拓宽时裁弯取直,在里运河东堤外另开新河,原河道废。20世纪80年代为保运堤的安全,基本填平了里运河故道,但河道形状、走向及块石护坡至今仍清晰可见,形成"二河三堤"、古代运河与现代在用运河并行的独特景观,内有南门大街、镇国寺、平津堰、马棚湾铁牛、耿庙石柱、杨家坞、万家塘、御码头、车逻坝、界首大码头等多处明清水工遗迹。该段故道集中反映了大运河由湖道向河道演变的动态过程,是了解大运河河湖关系的活化石。

## 27 明州古港——宁波

宁波位于浙江省东北部东海之滨。早在7 000年前就有相当发达的河姆渡原始文化。城池建于唐穆宗长庆元年(821),原称明州,历为州、路、府治,明洪武年间因避国讳,改为宁波。宁波处水网地带,有"三江六塘河,一湖居城中"的独特地理环境,山明水秀。唐宋以来是中国著名的港口城市,鸦片战争后辟为通商口岸,现城区保存着古海运码头、使馆、会馆等众多体现港口特色的文物史迹。宁波是越窑青瓷的中心产地,上林湖越窑青瓷遗址在陶瓷文化中占重要地位。天童寺为日本曹洞宗祖庭,阿育王寺素负"东南佛国"的盛名,是临济宗的重要道场。明清以来,思想家黄宗羲开创的浙东学派在国内外有深远影响。天一阁、五桂楼等藏书楼是藏书文化的杰出代表。宁波还拥有甬剧、姚剧、宁波走书、骨木镶嵌、朱金木雕、泥金彩漆、金银彩绣、草席、竹编、宁波汤团等内容丰富的地方戏曲、传统工艺和土特名产,堪称"浙东文化渊薮"。

### 一、稻作文明河姆渡

距宁波城区20余千米的余姚河姆渡镇,1973年发现了著名的新石器时代河姆渡遗址。遗址内出土的大量人工栽培的水稻和生产工具骨耜、木桨、部分凿有榫卯的木构建筑残件,让人们想见约7 000年前河姆渡人饭稻羹鱼、临水结庐而居的生活。遗址还出土大量骨器、木器、陶器及小猪、小狗、木碗、骨匕、象牙饰件等,以彩绘、刻画、捏塑、编结等手法制成,显示了宁波先民的巧手和智慧。随后在市域内又发现了30多处河姆渡文化遗址,证明了长江下游是世界最早栽培水稻的地区之一,而长江流域也和黄河流域一样,是中华民族古老文化的发祥地。

### 二、东方大港古明州

宁波在东海之滨,600多个岛屿星罗棋布于沿海;海岸曲折,海岸线长1 678千米;港湾众多,其中有著名深水良港北仑港、甬江入海处的镇海港、象山湾内象山港、浙江四大渔港之一的石浦港。历史上宁波是中国对外贸易的重要港口,秦代在今宁波境内置鄞、鄮、句章、余姚四县,古鄮县的名称便是取贸易之意,即所谓"贸易的城邑"。唐开元二十六年(738)设置州治,称明州,以境内四明山为名,州治设小溪(今鄞州区鄞江镇)。长庆元年(821)明州州治移于三江口(今市区)。唐代的宁波,对外贸易兴隆,是建造船舶的处所和越窑青瓷的产地,对外形成了一条"海上陶瓷之路",与广州、扬州、泉州并称四大贸易港口,日本遣唐使曾多次在明州入境、返航。北宋时,宁波的对外贸易更为兴盛,设有市舶司,与杭州、广州市舶司合称"三司",同日本、朝鲜、东南亚及阿拉伯各国均有贸易往来。宁波在元代仍是主要海运外贸口岸。明代取"海定则波宁"之意,改称宁波府。嘉靖后,因倭寇侵扰,厉行海禁,对外贸易逐渐衰落。清康熙年间开海禁,设浙海关,宁波的对外贸易一度复苏,乾隆年间复关闭港口。鸦片战争后,宁波被辟为通商口岸之一。1984年,宁波被列为对外开放的沿海14个港口城市之一,是浙江省外贸商品和出口产品重要生产基地、我国沿海重要港口城市。

### 三、浙东文化渊薮地

宁波历来是浙东区域的中心城市,人文荟萃。诸如:汉代不慕荣利的严子陵,晋代著名天文学家虞喜,隋唐书法大家虞世南,唐代著名药物学家、方剂学家陈藏器,宋代曾任明州知州的"唐宋八大家"之一曾巩,"梅妻鹤子"的诗人林逋,被封为"会稽郡王"的宋朝三朝元老史浩,豪放派词人张孝祥,大学者王应麟,注释《资治通鉴》的史学家胡三省,元代著名戏曲家高则诚,元明间医学家滑寿,明初理学家、文学家方孝孺,著名哲学家、教育家、阳明学派创始人王守仁,明末抗清英雄张煌言,浙东学派鼻祖黄宗羲,把中华民族灿烂文化带进台湾的学者沈光文,思想家、中日友好使者朱舜水,清初一代名士万斯同、全祖望,近代新文化运动的杰出战士柔石、殷夫、应修人,著名教育家杨贤江,著名文艺理论家、作家巴人(王任叔),杰出的京剧表演艺术家周信芳,艺术大师潘天寿,书法名家沙孟海,被鲁迅称为"乡土文学"作家的王鲁彦,中国实验胚胎学的主要创始人童第周等,他们都占籍宁波,蜚声海内外。学术史上,南宋"四明学派"师承陆九渊"心学"在前,明王守仁创姚江学派发扬"心学"在后,明清之际思想家黄宗羲创浙东学派,批判君主专制制度,主张"经世致用",研究领域涉及天文、地理、数学、文学、艺术、宗教等多方面,是清代最有影响的学派之一。

宁波的藏书文化名冠天下。明嘉靖间兵部右侍郎范钦所建藏书楼天一阁以及他所创立的严密的图书保藏制度是古代社会藏书家的典范。清乾隆皇帝为贮藏《四库全书》，特派员到宁波丈量天一阁书楼、书橱的营制尺寸，并仿建了文源、文渊、文溯、文津北四阁和文汇、文宗、文澜南三阁，天一阁遂名满天下。

宁波人心灵手巧，传统工艺尤以历史悠久、造型精美、风格独特享有盛名。其中有图案古拙，手艺精绝的骨木镶嵌、泥金彩漆；制作精巧、造型典雅的宁波传统家具；与蜀锦、苏绣等齐名的宁波刺绣；质地精密、柔软光滑、能散热降温的宁波草席等。宁波地方戏曲、曲艺乡土气息浓郁，梁祝传说浪漫动人。宁波又拥有山海之利，素有"四明八百里，物产甲东南"之称，有长街蛏子、西店牡蛎、龙山黄泥螺、浙贝母、象山白鹅、奉化水蜜桃、余姚杨梅、宁波汤团、宁波菜肴等为数甚多的风物土特海产、传统名点。宁波人以善于经商闻名，有"无宁不成市"之说。宁波是我国著名侨乡，旅居港、澳、台地区和世界各地的宁波籍人士及其后裔达数十万人，他们中间不少人是当地政界、商界、学术界的著名人物，"宁波帮"成为一种特殊的历史文化现象。

## 四、明山秀水好物华

宁波地处水网地带，城外东、南、西有六大河流，城区被余姚江、奉化江、甬江三江自然划分为呈鼎足之势的海曙、江东、江北三区，城中有风景秀丽的月湖，形成"三江六塘河，一湖居城中"的独特地理环境。今海曙楼坐落在唐代子城南城门谯楼基址上，城内天封塔是古城的标志性建筑。城中月湖在宋代已形成"十洲胜景"。禅宗五大名刹之一的天童寺、以珍藏佛祖舍利闻名于世的阿育王寺、保存有长江以南最好的宋代木结构建筑的保国寺三大寺庙，梵宇峥嵘，丛林幽深，是著名的佛教圣地。上林湖古越窑遗址则是中国青瓷器发源地之一。建于唐太和七年(833)的它山堰水利工程，与都江堰、郑国渠、灵渠并称为中国古代四大水利工程，2015年入选国际排灌委员会世界灌溉工程遗产名录。鄞州区东钱湖是浙江第一大天然湖，享有"西湖风光，太湖气魄"的美称，奉化溪口—雪窦山风景区、宁海南溪温泉也都是有名的游览胜地。

## 28 东南阙里——衢州

衢州位于浙江省西部。城始筑于汉代，唐扩城郭，经历代修缮，目前衢州府城是浙江 11 府城中保存最完整的。全市有明清特色民居 100 多处，三门源叶氏建筑群融浙、闽、赣、皖建筑风格于一体，以戏曲为题材的砖雕精美绝伦，廿八都古民居建筑是中国江南传统村镇形态和集镇生活的典型活标本。衢州是孔子嫡系后裔第二故乡，史称"东南阙里"，有南宗孔氏家庙；也被视为围棋的故乡，烂柯山因晋人王质观弈烂柯的传说驰名，历代题咏不断。

### 一、南孔圣地

衢州位于浙江西部，钱塘江上游，夏禹时为百越之地，东汉献帝初平三年（192）置新安县，始为县治。南朝陈永定三年（559）置信安郡，为治所。唐武德四年（621）于信安县置衢州，为衢州得名之始。明清两代均为府治。衢州是南孔圣地，全国有两处孔氏家庙，一在山东曲阜，一在浙江衢州。1127 年，金兵攻陷汴京，北宋灭亡。次年，孔子第四十八世孙、衍圣公孔端友奉孔子夫妇楷木雕像，率宗室成员随宋室南渡，赐家于衢州。当时南迁孔裔多次请求在衢州建立孔氏家庙。宋高宗于绍兴六年（1136）下诏："权以州学为家庙。"绍兴八年（1138），赐田 5 顷供祭祀。宝祐三年（1255）朝廷拨款 36 万缗，建家庙于城北菱湖芙蓉堤畔，广至 200 余楹，规模略同曲阜家庙，衢州遂成孔裔第二故乡。南宋亡，家庙毁于兵燹。明永乐初，家庙改建于城南崇文坊。弘治元年（1488）拓建。正德十五年（1520）家庙再迁到先义坊西安县学宫旧址（今家庙所在地）。清康熙、雍正时屡有修葺，道光元年（1821）再进行大规模拓修。衢州孔氏家庙北背菱湖，南对峥嵘山，按三条纵轴线布局。中轴线上自南而北，前为头门，门外两侧跨街立两石坊，分别题"德配天地""道贯古今"，坊旁立"文武官员至此下马"石碑。进头门为棂星门，院中有古银杏冠盖庙宇。一进为大成门，额题"东南阙里"，两侧碑亭立有明清时期家庙碑刻。再进东西两庑分祀中兴祖孔仁玉、孔传和南渡祖孔端友。最北为大成殿，是祭祀孔子的主殿，殿内正中彩塑孔子像。东轴线上有孔氏家塾、崇圣门、崇圣祠(祀孔子五世先祖)、圣泽楼、报功祠(祀有功于孔氏南宗者)。西轴线上有五支祠(祀孔氏五支祖先)、袭封祠(祀孔氏南宗十五代翰林院五经博士)、六代公爵祠(祀孔氏南渡后的六代衍圣公)、思鲁阁(为衢州孔氏家庙特有建筑,阁上供孔子夫妇楷木雕像,阁下立"先圣遗像"碑)。西轴线以西,前为博士署(即奉祀官府,或称孔府),后有内宅。1942、1944年,日军两次进犯衢州,孔氏家庙遭严重破坏;"文革"中再次遭到破坏,所幸大成殿等主要建筑被保存下来,1984年后进行了修复。

## 二、府城与民居

衢州古城景观保存良好。衢州城始筑于汉代,唐建州治后,依山筑城,经历代修缮,现存古城门6座,其中保存较好的古城门有水亭门、大南门、小南门、东门4处,部分城垣旧址残高3～5米,护城河基本保存,城外有府山屏护。衢州府城是浙江省11府城中保存最完整的。衢州有明清特色民居100多处,廿八都古民居建筑堪称江南民居的典范之作,是中国江南传统村镇形态和集镇生活的一个典型活标本。廿八都位于衢州城西南85千米处江山市仙霞岭高山深谷之中,是浙江省历史文化名镇。全镇有800多户人家,民居缘溪而建,依山傍水,黛瓦青墙。自唐末黄巢起义军开辟仙霞古道,这里遂成为浙、闽、赣边境商旅集散地。北宋熙宁四年(1071)此地设都后至今从未更名。明末亦在此设浙闽枫岭营,派兵驻守。抗日战争时期,国民党49军军部驻此,日军未能侵入一步。镇上清代建筑有36幢,公共建筑有孔庙、大王庙、文昌阁、万寿宫、真武庙、忠义庙、观音阁、老衙门、新兴社等11幢,以大王庙规模最大,孔庙最为雄伟壮观。民居建筑风格与省内各地迥异,布局随地势、环境、巷道之不同,错落有致,变化丰富。

## 三、特产与工艺

衢州盛产柑橘,据记载已有1 400多年的柑橘栽培历史,品种丰富,其中衢江区椪柑、常山胡柚最负盛名。椪柑是具有衢州地方特色的优良果品,被誉为"亚洲宽皮桔之王",果皮橙红,汁多味浓,甜酸适度,尤耐贮藏。胡柚是常山县特有的柑橘品种,系柚与橘自然杂交的群体品种,果实色泽金黄,略含清苦味,具有很高的营养价值,贮藏后风味更佳。产于海拔1 000余米的开化大龙山顶的开化龙顶茶是中国名茶之一,条索如眉,白毫显露,色泽绿润带翠,香气鲜嫩清幽,滋味醇鲜甘美,在采制上有一套较为完整、规范的工艺过程,一般在清明前后采摘,以一芽一叶初展为原料,采用传统的手工炒制。浙西仙霞岭所产江山绿牡丹冲沏之后色泽翠绿明亮,恰似朵朵牡丹盛开杯中,宋代大诗人苏轼曾品为"奇茗",明代被正德皇帝赐名为"绿茗",列为进贡御茶。龙游小辣椒是浙西久负盛名的名优特产,其栽培、加工历史悠久,早在清代嘉庆年间就因选料上乘、制作精良、味美形佳而轰动京华,被列为贡品。按传统的严密工艺、经数十道工序手工制作而成的龙游宣纸和已有千年历史的江山西砚则是文房四宝中的上品。

## 29 台州古城——临海

临海位于浙江省中部沿海。三国吴大帝时建临海县,唐至清历为台州路、府治所。古城始建于东晋,现存西、南两面部分明代城墙和四座城门。城东沿海有明代防倭卫所桃渚城,保留有基本完好的城墙和7座烽火台。临海素有"小邹鲁""文化之邦"的美誉,自唐广文博士郑虔来台州开办学馆、启蒙教化之后,教育发达,历代科举中试者甚多,现存为纪念郑虔而建的郑广文祠。还有巾山、云峰山、武坑、珊瑚岩群等风景名胜。

### 一、台州府城

自唐武德四年(621)置台州以来,临海历来为台州路、府之所,是台州地区的政治、经济、文化和交通中心。台州府城相传为东晋辛景为抵御孙恩农民军而筑,唐初置台州后,城的规模扩大,由原来的依山而筑,增扩为后沿北固山,前濒灵江的布局。布局的变化,导致城墙在功能上也起了变化,即由原先单一的军事防御功能,又增加了一项新的功能——城市防洪功能,而且从历史情况看,台州城防洪的作用和地位总体上都要超过军事防御功能。临海历史上水灾之频繁、严重,足令人震惊。而临海频发大水,主要成因有二:一是上游天台、仙居两县之水集于灵江一江,中又注入大田港、义城港之水;二是东海潮水回涨,以致一旦夏秋季节天台、仙居、临海三邑出现暴雨,兼以东海大潮倒灌,上下之水交汇,临海城就成了一片汪洋。古城因为要担负军事防御和防洪的双重功能,在结构上有自己的特色:一是各城门楼与下面通道顶有一呈长方形的天井。为了防止城门进水,开启的大木门在高度上明显高于城门拱券,由于木门高度接近城墙顶部,从安全角度考虑,故将城门方台中间亦即大木门启闭范围的上端做成一个长方形"天窗"。二是沿江西南一带的马面不是一般城墙的方形,而是无棱角的弧形。马面在城墙中的军事作用是非常突出的,在敌方攻城登城的情况下,守军可以凭借马面向两侧射箭或投掷石块等,能够阻止或削弱敌方的攻城能力。一般马面都呈方形外凸之状,唯独临海不然,凡临江迎水一面均做成弧形或斜形,大大降低了江水的冲击力。

台州古城城周 6 000 米,现存西、南两面保存较完整,沿城经修葺整治,已成为富于吸引力的风光带,临海人颇为自豪地说:"不上古城走,枉在江南游。"

## 二、抗倭桃渚城

临海城东沿海 60 千米处有一座桃渚城,建于明洪武二十年(1387),是明代沿海 59 个防倭卫所之一,名将戚继光、谭纶曾驻防于此,并大败倭寇。现城墙基本完好,周长 1 千米,前对石柱山,后倚将军台,东傍狮子山,西邻伏虎山,玉带泉环流城郊,形势险要。临海还有纪念戚继光、谭纶的戚公祠、戚继光表功碑、谭纶画像碑。

临海自唐代广文博士郑虔来台州开办学馆、启蒙教化之后,民重耕读,教育发达,有"小邹鲁"之称。境内古城、古迹与武坑胜景、珊瑚岩群国家地质公园、云峰国家森林公园等相映生辉。临海还保留有词调、花鼓道情、狮子舞、鼓亭等民间艺术和传统娱乐活动。

# 30 东南小邹鲁——金华

金华位于浙江省中部偏西。市域春秋时属越国,三国吴宝鼎元年(266)始置东阳郡,南朝陈改名金华郡,隋开皇十三年(593)改置婺州。金华城市发展历史悠久,历史文化遗存丰富,太平天国侍王府是我国目前保持原貌最完整、壁画艺术最丰富、建筑规模最大的太平天国遗迹,还有天宁寺大殿、八咏楼、法隆寺经幢等一批历史文化遗迹和东阳卢宅、兰溪诸葛八卦村等民居建筑。金华乃文化之邦,素称"小邹鲁"。宋代以吕祖谦、陈亮为代表的金华学派、永康学派一时名播四海。传统文化特色突出,金华斗牛、金华道情等民俗文化历久弥新,浦江乱弹、兰溪摊簧、东阳木雕等项目入选全国首批非物质文化遗产名录。

## 一、仙游胜地

金华位于浙江省中部偏西,南北为仙霞岭和会稽山、龙门山夹峙,多山地和丘陵,东面义乌江与南武义江在通济桥上游汇合,名为金华江(婺江),城市沿金华江两岸分布,市区的地势为"两山夹一川"。金华北山双龙洞现为国家级风景区,层峦叠嶂,林木参天,岩洞奇特,有水石、风雾和洞天奇观,尤以"一水穿开岩底石,片槎引入洞中天"的双龙洞、"一瀑垂空下,洞中冰雪飞"的冰壶洞和"洞落千寻通地脉,光生一线透天门"的朝真洞最为著名。金华的奇秀山水吸引了无数文人雅士,留下了许多名篇佳作。南宋女词人李清照咏金华名胜八咏楼:"千古风流八咏楼,江山留与后人愁。水通南国三千里,气压江城十四州。"(《题八咏楼》)唐陈子昂的《春日登金华观》、孟浩然的《寄赤松道士》和宋苏轼的《卧羊山》、王安石的《山桥》等,为金华之山光水色增辉添彩。明代旅行家徐霞客在《游金华山记》中生动地描述了北山三洞诸景。及至近代,郁达夫的《金华北山》、叶圣陶的《记金华的两个岩洞》,写得娓娓动人,饶有情趣。

金华北山是道教名山,双龙洞为道教"三十六洞天"之一,还是在中国香港、东南亚、北美等地香火极盛的黄大仙出生、修道之仙地,现有黄大仙祖宫。金华流传着许多有关黄大仙的传说故事。2003年起,金华市举办"中国·金华国际黄大仙文化旅游节",向外界展示金华"仙乡文化名城"的旅游形象。

## 二、东南"小邹鲁"

金华自古有崇文重教的传统,素称东南"小邹鲁",是文化名邦。历代名人辈出,有文坛巨匠、丹青大师、爱国志士、民族英雄、专家学者。如"初唐四杰"之一的骆宾王,"诗名画手皆奇绝"的五代诗僧和书画家贯休,宋代抗金名将宗泽,南宋"浙东学派"的代表人物吕祖谦、陈亮,金元四大名医之一的朱丹溪,明朝"开国文臣之首"宋濂,清初戏剧家李渔,近现代国画大师黄宾虹、张书旗、吴茀之、张振铎,新闻学家、一代报人邵飘萍,史学家、教育家何炳松,现代思想家、文学家陈望道,文坛理论家冯雪峰,历史学家吴晗,著名诗人潘漠华、艾青,杰出科学家严济慈、蔡希陶等。他们的功绩成就,彪炳史册。

在中国的学术史上,金华作为"金华学派"的发源地占有重要地位。金华学派又称"婺学""吕学",是南宋中期由吕祖谦开创的儒家学派,为南宋"浙东学派"重要的一支。"婺学"之得名,是因为唐宋时期金华名"婺州"之故。吕祖谦(1137—1181,学者称其为东莱先生)家学渊源深长,为学"明理躬行",治经史以致用,反对空谈阴阳性命之说,与朱熹、张栻齐名,时称"东南三贤"。他又与浙东诸子及江西三陆子(陆九龄、陆九韶、陆九渊)私交很深,曾邀集朱熹和陆九渊的"鹅湖之会",企图调和朱陆关于哲学思想的争执。由吕祖谦创建的"婺学",在当时有相当影响,与朱熹的"理学"、陆九渊的"心学"鼎足相抗,开浙东学派先声。

### 三、风味独具"婺文化"

金华不仅孕育了代代英才,保存了众多文物,还拥有名扬四海的民间艺术、风物特产,"婺文化"乡土特色浓郁,风味独具。始于宋明道年间(1032—1033)的金华斗牛被称为"东方一绝";存世400多年的金华戏——婺剧是浙江省主要剧种之一,其代表剧目《断桥》,被周总理称为"天下第一桥";始于唐代的东阳木雕工艺高超,名扬全国;始产于唐开元年间(713—741)的金华火腿,以其色、香、味、形闻名于世,1915年获巴拿马国际博览会金奖。

婺剧是一个在农村土生土长的剧种,艺人多系农民出身,长期流动于乡村演出,逐渐形成了自己独特的艺术风格。婺剧在表演艺术上以鲜明生动与强烈粗犷相结合,不但保留了许多傀儡、傩舞、目连戏等古老表演的动作和程式,且拥有变脸、耍珠、舞叉、蹿火、窜梁、穿刀、十八吊等大量特技表演。道情是民间一种说白加唱的叙事曲艺,金华各地都有唱道情的,说唱艺人经常出没在群众间,自编自唱,极富生活气息。金华各地还保留有兰溪滩簧、浦江乱弹、浦江板凳龙、永康十八蝴蝶等曲艺舞蹈形式及擎台阁、磐安迎大旗、磐安炼火等民俗活动。

东阳木雕因产于浙江东阳而得名,约始于唐而盛于明清,自宋代起已具有较高的工艺水平,明清逐渐闻名全国。清乾隆年间约有400名能工巧匠进京修缮宫殿,有的艺人被选进皇宫雕制宫灯及龙床、龙椅、案几等,后来又发展到在民间雕刻花床、箱柜等家具用品。辛亥革命以后,东阳木雕转向商品性,木雕艺人制作的工艺品及箱柜家具被商人买去远销美国、南洋等地,形成东阳木雕产品的盛期。至今东阳木雕已发展到 7 大类 3600 多个品种,随着时代的发展,东阳木雕在结合运用传统的木雕工艺,仿古、营造现代建筑与装饰的方面又有很多成功之作。位于浙江省义乌市上溪镇黄山五村的黄山八面厅和坐落于东阳城东郊的东阳卢宅集中保留了大量精美的木雕作品,堪称木雕艺术的博物馆。

## 31 嘉禾之乡——嘉兴

嘉兴位于浙江省东北部,杭嘉湖平原腹心,春秋时地跨吴越,史称"吴头越尾"。嘉兴是江南古文化——马家浜文化的发祥地,唐代以来一直为繁华富庶之地,号为"鱼米之乡""丝绸之府",民风崇文好学,为文物之邦。嘉兴的自然风光以潮、湖、河、海并存驰誉江南,境内有革命圣地南湖、"天下第一潮"海宁钱江潮、江南水乡古镇嘉善西塘和桐乡乌镇等知名景点。

### 一、"嘉禾"之兴

嘉兴地处东南沿海,当钱塘江与东海之汇,与沪、杭、苏、湖等城市相距均不到百公里,下辖南湖、秀洲两个区,平湖、海宁、桐乡三个市和嘉善、海盐两个县。

嘉兴是江南文化的发源地之一。早在六七千年前,先民们就在此孕育了长江下游太湖流域早期新石器文化的代表——马家浜文化。春秋战国时期为吴越战争之地,称樵李,战国时划入楚境。公元前 221 年,秦始皇统一中国,设由拳、海盐两县,属会稽郡。三国吴时,因野稻自生,以为祥瑞,更名禾兴,吴赤乌五年(242)改称嘉兴。

两晋南北朝时,嘉兴得到进一步开发,"一岁或稔则数郡忘饥"。隋朝开凿江南河,即杭州经嘉兴到镇江的大运河,给嘉兴带来灌溉舟楫之利。唐代嘉兴屯田 27 处,成为中国东南重要产粮区,有"嘉禾一穰,江淮为之康;嘉禾一歉,江淮为之俭"[①]之说。五代十国时期,吴越国在嘉兴设置开元府,领嘉

---
① (唐)李翰.嘉兴屯田政纪绩.

兴、海盐、华亭3县,是为嘉兴首次设州府级政权。宋元时,嘉兴经济较发达,被称为"百工技艺与苏杭等","生齿蕃而货财阜,为浙西最"。乍浦、澉浦、青龙等港口外贸频繁,海运兴隆。明宣德五年(1430)析嘉兴县西北境为秀水县,析东北境为嘉善县;析海盐县置平湖县;析崇德县置桐乡县,嘉兴府下辖7县,称一府七县。此后四五百年内嘉兴府县体制基本未再变动。其时,在农业和手工业发展的基础上,商品经济日渐繁荣,棉布丝绸行销南北,远至海外。嘉兴王江泾镇的丝绸有"衣被天下"的美誉,嘉善有"收不完的魏塘纱"的谚语,桐乡濮院镇丝绸"日产万匹",名闻遐迩。明弘治《嘉兴府志》记载:"嘉兴为浙西大府","江东一都会也"。明末清初,清军攻破此处后进行了屠杀,使嘉兴损失惨重,不复当年繁华。清朝中期,清政府进行了赋税改革和整顿,并多次对杭州湾沿岸海塘进行修筑,嘉兴社会经济才逐渐好转,市镇恢复繁荣。清咸丰十年(1860),太平军攻克嘉兴,建听王府为当地军政领导机构。清朝中期以后,受太平天国战乱和帝国主义掠夺影响,嘉兴的经济和城市面貌日渐衰落和凋敝。1911年11月7日,辛亥革命党人光复嘉兴,成立嘉兴军政分府。民国初废府存县,改称嘉禾县,后复称嘉兴县。1949年后分设嘉兴县、嘉兴市,后撤并及名称改易频繁。今嘉兴市及所辖5市县均为经济开放区。

## 二、水乡名城

唐代以来,嘉兴一直为富庶繁华之地,被誉为"鱼米之乡""丝绸之府","百工技艺与苏杭等",经济发展处于领先地位。民风秉礼勤劳,崇文好学,文贤人物之盛前后相望。古今名人中,有唐代著名诗人顾况、刘禹锡,名相之一陆贽,晚清大儒沈曾植,国学大师王国维,民主人士沈钧儒,文坛巨匠茅盾,新月派诗人徐志摩,漫画家丰子恺、张乐平,物理学家黄昆,数学家陈省身,武侠小说大师金庸等。

嘉兴地处太湖泽国,境内大部分地区河湖交错,密如蛛网,埠头系舟,石桥跨渡,水乡特色鲜明,潮、湖、河、海并存,驰誉江南。举世闻名的海宁钱江潮,"壮观天下无";海盐南北湖是我国唯一集山、海、湖为一体的风景区。秀洲区和嘉善县的北部多湖泊,梅家荡、莲泗荡、南雁荡、麟瑞湖、相湖、夏墓荡、祥符荡,都是历史上的名湖。市区的南湖是中国共产党的诞生地,嘉善西塘、桐乡乌镇是江南水乡古镇的代表。

位于嘉兴中心城区北部的月河历史街区,东临建国北路,西靠禾兴北路,北与东升路相望,南枕京杭大运河,整个街区总占地面积9.4公顷。街区主要有三个东西走向的街区——中基路、坛弄、秀水兜,大运河及月河贯穿其中,形成"一河一街"的月河特色。中基路全长350米,并有蒲鞋弄、财神弄、烟作弄、任家弄等多条支弄。该路原是繁荣的商业区之一,抗战时曾有商店百余家,1949年后一直为传统的集市贸易之地。现还保存有原高公升酱园店等传统名店作坊。坛弄长156米,宽2.5米,因明代在此设厉坛得名。厉指鬼神,厉坛为祭鬼神之处,初建于明洪武十五年(1382),清代废,形制今不可见。弄内居民稠密,并有严家弄、石佛弄、糕作弄等多条支弄。秀水兜因其状如兜而得名,现保存有市级文物保护单位唐兰故居。市区内还有范蠡湖、落帆亭、子城、瓶山、清真寺、小蓬莱等知名景区。

嘉兴特产有姚庄黄桃、五芳斋粽子、南湖菱、余新蜗牛、文虎酱鸭、三珍斋八宝饭、新塍月饼、蓝印花布、汾湖蟹、平湖蜂蜜、平湖糟蛋、平湖西瓜、平湖元青豆、杭白菊、嘉善黄酒、乌镇姑嫂饼、乌镇丝绵、桐乡槜李、槜李荷叶粉蒸肉、西塘八珍糕、杨庙雪菜、凤桥水蜜桃、洪合蜜梨、黄沙坞蜜橘、海盐大头菜、南北湖虎鲻鱼、王店三元鸡及海宁皮革、海宁经编等。

## 32 丝绸之府——湖州

湖州位于浙江省北部,地处长三角中心区域,是一座有着2 300多年历史的江南古城,也是环太湖地区唯一因湖而得名的城市。湖州素有"丝绸之府、鱼米之乡、文化之邦"的美誉,是湖笔文化的诞生地、丝绸文化的发源地、茶文化的发祥地。自古以来,湖州地方崇文重教,人才辈出,哺育、吸引了沈约、张僧繇、陆羽、孟郊、钱起、张先、苏轼、姜夔、赵孟頫、凌蒙初、吴昌硕、俞樾、俞平伯、沈尹默、钱玄同、陈其美、张静江、沈家本、钱三强等一大批名人,古迹名胜有飞英塔、嘉业堂藏书楼、䜩宋楼、钱业会馆、莲花庄以及避暑胜地莫干山等。依托自然景观和人文古迹形成"太湖、竹乡、古镇、名山、湿地、古生态"六大旅游品牌。

## 一、鱼米之乡

湖州现辖吴兴、南浔两区和德清、长兴、安吉三县。西部以山地、丘陵为主,重岗复岭,群山逶迤,海拔千米以上的山峰有 15 座,其中龙王山高 1 587 米,比在临安境内的天目山主峰还高出 80 米。东部为水乡平原,地势低平,河网湖荡密布。境内水系有西苕溪、东苕溪、下游塘、双林塘、泗安塘等,北濒太湖,东连大运河。大运河和源于天目山麓的东、西苕溪纵穿横贯湖州全境。苕溪东经由页塘流于黄浦江,北经数十条溇港注入烟波浩渺的太湖。境内水系密如蛛网,交织一起,形成江南水乡。湖州地形俗称"五山一水四分田",山地地形起伏高差大,垂直气候明显,耕地80%以上是旱涝保收的高产田,水系发达,有利于稻、麦、油、桑、鱼、茶、竹、果、木等种植业、养殖业的发展,早在宋代便有"苏湖熟,天下足"之说。如今的湖州是浙江省乃至全国的粮食、蚕茧、淡水鱼、毛竹的主要产区和重要生产基地。地方土特产有双渎雪藕、太湖百合、菱湖白扁豆、练市白菊花、长兴白果、长兴青梅、长兴板栗、南浔香大头菜、雷甸枇杷、天目笋干、顾渚紫笋茶、安吉白茶、莫干黄芽以及太湖三宝银鱼、鲚鱼、白虾。

## 二、丝绸之府

湖州地宜蚕桑。1958 年,在市郊良渚文化时期钱山漾遗址出土的丝线、丝带、绢片等实物,是迄今我国发现的最古老的蚕料和丝织品遗物,距今已有 4 700 多年的历史。《尚书·禹贡》有"厥篚织贝"[①]的记载,用来织作贝纹锦的丝,当是上等丝料。三国时,吴兴郡永安一带丝质很好,为"御丝"(皇家贡品)取给之地。唐代,"湖丝"在全国已崭露头角,玄宗开元年间(713—741),湖丝为贡品,史称"湖州开元贡丝布",以湖丝所织的绫纱罗缎在全国尤其是京城有非凡影响。宋代,湖州蚕丝业更加兴旺。南宋嘉泰年间(1201—1204),安吉一县一年就要上贡 5 万两。元代湖州缲出的丝清白如银,供官方织造之用。元代画家唐棣有诗云:"吴蚕缲出丝如银,头蓬面垢忘苦辛。苕溪矮桑丝更好,岁岁输官供织造。"(《上复齐郎中》)

宋迄明,湖丝的产地重心逐渐从山地丘陵区的安吉、武康移到东部水乡

---

① 织贝,锦名,织为贝纹,称贝锦。织贝之精者,盛于筐内上贡。

乌程、归安和德清。明万历年间(1573—1620)，乌程县南浔镇七里(辑里)村人改良蚕种，改进养蚕缫丝技术，所缫之丝白、净、柔、韧，一跃为湖丝中的佼佼者，"七里丝"("辑里湖丝")也成了湖丝的代名词。清代湖州更是"比户养蚕"，而且蚕丝质量居全国之冠。南浔辑里丝此时更因质优而名甲天下，辑里湖丝成为浙江优质丝的代名词，粤缎粤纱、山西潞绸及江苏、福建等省的丝织原料特别是高级原料都须仰给湖丝，官营的内织造局更依赖上贡的湖丝为原料，江宁、苏州、杭州三织造局在每年丝季都前往湖州大量采办生丝，还有部分湖丝销往日本、南洋等地。丝绸成为湖州最主要的生产事业和人民的衣食之源，成为当地经济支柱，"公家赋税，吉凶礼节，亲党酬酢，老幼衣著，唯蚕是赖"[①]。

近代随着湖州商帮的兴起，湖州丝绸业更是达到了鼎盛。南浔镇的丝商在清末迅速崛起，形成了以"四象、八牛、七十二金狗"为代表的中国近代最大的丝商团体。以南浔丝商为代表的湖州商界接触到西方近代思潮，加入推翻清政府统治的革命运动之中。孙中山先生的革命经费绝大部分都是由以张静江为主的湖州丝商筹集和捐赠的，而南浔的丝商成为支持后来民国财政支柱的江浙财团的中坚力量之一，也是蒋介石在财政上的主要支持力量。湖州的丝商在上海举办了大量的绸厂，并控制了码头和租界大半房产，包括当时的远东第一高楼——国际饭店。1851年，英国举办首届世界博览会——万国工业博览会，商人徐荣村寄送的12包产于湖州南浔辑里村的"荣记湖丝"夺得金奖，成为我国第一个获得国际大奖的民族工业品牌。在1915年巴拿马—太平洋国际博览会上，南浔"辑里丝"获得金奖。丝绸无愧为湖州的历史之根、经济之基、文化之脉、发展之源。

## 三、文化之邦

湖州是一座有着2 300多年历史的江南古城，历史久远。早在夏代即有防风氏在今德清县武康境内建国。商周之交，吴太伯开辟吴地，湖州即"三吴"(苏州、湖州、吴江)之一。春秋楚考烈王十五年(前248)，春申君黄歇徙封于此，在此筑城，始置菰城县，以泽多菰草得名。三国吴甘露二年

---

[①] (清)胡承谋.乾隆湖州府志.卷三十九.

(266),吴主孙皓在此置吴兴郡,取"吴国兴盛"之意。隋仁寿二年(602),置州治,以滨太湖而名湖州,湖州之名从此始。

湖州不仅是丝绸文化的发源地之一,也是湖笔文化诞生地、茶文化发祥地。湖笔之乡在南浔区善琏镇,相传毛笔的发明者秦大将蒙恬曾居善琏,采兔羊之毫,"纳颖于管",制成后人所称之"湖笔",并将湖笔技艺传给善琏百姓,使当地几乎家家出笔工,户户会制笔。当地建有蒙公祠世代祭祀笔祖。湖笔蜚声四海始于元代,得益于地方才子迭出,书画风盛,客观上促进了制笔业的发展。有元一代,湖州制笔能工迭出,冯应科、沈日新、温生、杨显均、陆颖等十余人留名史卷,"湖笔"之名就此奠定。明清以降,善琏笔工逐渐散布于大江南北、京师通衢,湖笔亦遍布各地。湖笔选料讲究,工艺精细,品种繁多,具有尖、齐、圆、健四大特点,2006年入选首批国家级非物质文化遗产名录。三国时期,东吴已成为当时茶叶传播的主要地区。唐代湖州茶叶开始特供朝廷,紫笋茶是皇家贡品。茶圣陆羽在湖州写出了世界上第一部茶文化专著《茶经》。

湖州历来崇文重教,人才辈出,书画尤胜,特别是开宗立派的书画家众多,有"中国书画史,半部在湖州"之说。三国吴兴人曹不兴是文献记载最早一位传奇画家,其画风被称为"曹衣出水";南朝曾任吴兴太守的张僧繇留下"画龙点睛"的佳话;元代赵孟頫,博学多才,能诗善文,工书法,精绘艺,擅金石,通律吕,解鉴赏,尤以书法和绘画成就最高,开元代新画风,开创了"赵门书";近代吴昌硕,开创了"吴门画",成为海派宗师;书法大家沈尹默被尊为"书坛泰斗"。此外,近现代湖州还诞生了曲学大家俞樾,红学大师俞平伯,新文化运动的倡导者钱玄同,集科学家、教育家、政治家于一身的朱家骅,中国近代法律体系的奠基人沈家本,近代体育教育家徐一冰,核物理学家钱三强,中国飞机设计研制的开拓者徐舜寿等科教名家。

湖州历史遗迹和建筑有战国时楚国菰城县和秦置乌程县的县治下菰城遗址,始建于唐代的飞英塔、杼山与陆羽墓,始建于北宋的湖州标志性建筑之一多宝塔,因宋铸铁观音像而闻名的铁佛寺,辛亥烈士陈英士故居及陈英士墓等。名胜有西塞山、莲花庄、陈武帝故宫、大唐贡茶院等。市区衣裳街、小西街两片历史文化街区承载了"商之源、市之根"的城市记忆和名人文化。

## 33 东瓯名城——温州

温州位于浙江省东南部,古为东瓯国地,东晋设永嘉郡,唐高宗上元二年(675)始有温州之名。温州山水清嘉,有雁荡山、楠溪江、百丈漈等名胜,山水甲于东南;历史上以手工业发达著称,是青瓷发源地之一,造纸、造船、丝绸、绣品、漆器、鞋革等在我国历史上均有一定地位,号为"百工之城"。温州人杰地灵,代有名家。南宋时以叶适为代表的永嘉学派和以"永嘉四灵"为代表的江湖诗派,近现代的孙诒让、夏鼐、夏承焘、苏步青等,在我国思想史、文学史、科学史上都具有重大影响。

### 一、东瓯重镇

温州市位于浙江省东南部。古为扬州荒服之域,春秋属越。越王无疆次子蹄(欧阳宰勋)建东瓯国(又名东越国)。汉惠帝三年(前192),"立驺摇(时东瓯国君,作者注)为东海王,都东瓯,世俗号为东瓯王"①。

东晋明帝太宁元年(323),析临海郡南部4县置永嘉郡,属扬州,建郡治于瓯江南岸(今鹿城区)。此为温州置郡级地方政权之始。相传当时学者郭璞选址建郡城时,有白鹿衔花跨城而过,故名之为"鹿城"。唐高宗上元二年(675),析括州之永嘉、安固二县置温州,治设永嘉,隶江南道,温州之名从此始;以地处温峤岭以南,"虽隆冬而恒燠"得名。

温州建置,历代变化较大。目前,温州市辖鹿城、龙湾、瓯海、洞头4区,乐清、瑞安、龙港3市和永嘉、文成、平阳、泰顺、苍南5县,市政府驻鹿城区。

### 二、百工之乡

温州素称"百工之乡",各种各样的手工业在历史上曾经十分繁荣。今域内仍存黄杨木雕、细纹刻纸、龙档、瓯绣、瓯塑、米塑、绸塑、彩石镶嵌、竹丝镶嵌、蓝夹缬、泰顺木偶头雕刻、乐清首饰龙、木活字印刷、玻璃银光刻等传统手工技艺。

瓯绣源自古代妇女的绣房习作,始于唐宋,兴盛于明清。民间盛行在

---

① (汉)司马迁.史记·卷一一四·东越列传.

鞋、帽、衣服上刺绣。清道光年间,温州开始有专业绣铺,绣工人数曾达到六百至八百人。光绪年间,瓯绣销往欧美与南洋各地。1916年温州设立刺绣局,温州城区府前街、五马街、打锣桥等处均设有刺绣社。早期工艺美术家蔡墨笑、金静芝的刺绣作品,曾在巴拿马、加拿大和美国展出。瓯绣的针法严谨、构图精炼,绣面光亮生动,色彩绚丽,具有浓厚的地域文化特色。

米塑又称"粉塑",是温州独有的民俗工艺,在宋朝时就已出现,已有千余年历史。以糯米、粳米等为原料,磨成粉蒸熟,成粉团状后,和以各种色素,并以揉、捏、掐、刻、扮等手法制成人物、花卉、水果、水族、虫鸟等形状,染上色彩,让人真假难辨,多用于寿庆、婚嫁、筵席、礼佛等场合,重阳糕上更不可少。在农历三月"拦街福"寿桃山上,众多米塑戏剧人物情韵生动。

细纹刻纸早在元代已见记载流行于乐清,距今700多年历史,最初多应用于龙船灯装饰,后妇女用它做绣花底图,绣成帽花、鞋花、肚兜花,故又称剪花。刻纸高手能在一平方厘米的面积上刻出100来个小方孔的细纹白花,1厘米阔度薄纸能刻22刀,每刀间隔不到半毫米,细如发丝。

## 三、山水之城

温州东濒东海,南毗福建,主要水系有瓯江、飞云江、鳌江,境内大小河流150余条,陆地海岸线长502千米,有岛屿700多个;境内名山秀水众多,风光旖旎,素有"山水甲东南"之美誉。

久负盛名的雁荡山,清奇灵秀,全山有102峰、103岩、29石、66洞、28瀑(包括4湫)、22嶂、22潭、20寺、12亭、11门4阙、9谷8坑、8岭9泉、11溪1涧等500余处胜景,主峰百岗尖海拔1 150米,灵峰、灵岩、大龙湫为全山风景中心,大龙湫瀑布高达190米,直泻龙潭。雁荡奇秀是因构成山体的流纹岩断裂发育,经风化作用而形成的奇特地貌。

楠溪江系瓯江下游最大的支流,干流全长145千米,江流蜿蜒曲折,两岸绿林葱郁,呈典型河谷地貌景观。楠溪江风景区沿江分布,内有"百丈瀑""含羞瀑""莲花瀑""梯瀑"等50多处瀑布。奇岩林立,石桅岩一峰拔起,三面环溪,相对高差300多米。有台湾水青冈、银杏、华西枫杨等多种国家重点保护珍贵树种。景区大若岩山麓江滨村寨风貌独特,保存有宋代以来亭台楼阁、庙观祠殿牌楼等古建筑。

温州境内古迹有瑞安玉海楼、文成刘基庙、瓯海四连碓造纸作坊、龙湾永昌堡、瑞安(苍南、平阳)石棚墓、乐清南阁楼、苍南蒲壮所城等。

## 34 剑瓷之都——龙泉

龙泉位于浙江省西南部浙闽赣边境,是属于丽水市代管的县级市,素有"瓯婺八闽通衢"之称,历来为浙、闽、赣毗邻地区商贸重镇。龙泉历史街区保存完好,非物质文化遗产丰富,古城西街是中国首批历史文化名街之一,龙泉宝剑锻制技艺和龙泉青瓷烧制技艺名列首批国家级非物质文化遗产代表作,龙泉青瓷传统烧制技艺是"人类非物质文化遗产代表作名录"中唯一的陶瓷类工艺。龙泉也是中国香菇文化的发源地。境内有龙泉山、披云山、白云岩景区及大窑龙泉窑遗址、龙泉青瓷博物馆等文化景点。

### 一、龙泉宝剑

春秋晚期,楚王请越国铸剑大师欧冶子铸剑。欧冶子遍访江南名山大川,在龙泉看到秦溪山郁郁苍苍,山侧有湖十数亩,旁有七口井排列如北斗状,泉水清洌,环境幽静,甚宜铸剑,于是驻龙泉三年,锻出三把绝世宝剑,名龙渊、泰阿、工布,铸剑的湖被称作剑池湖,铸剑之地得名龙渊。东晋太宁元年(323),建置龙渊乡,属永嘉郡松阳县,唐武德三年(620),因避高祖李渊讳,改龙渊乡为龙泉乡。唐乾元二年(759),建立龙泉县,县治地黄鹤镇(今龙渊镇)。宋徽宗宣和三年(1121),诏天下县镇凡有龙字者皆避,因改名为剑川县。宋绍兴元年(1131),复名龙泉县。1990年12月26日,经国务院批准,撤销龙泉县设立龙泉市(县级)

龙泉因铸剑得名。其铸剑之业递代不衰。宋时,古城西街有铁铺百家,明、清时,依然是"五十步不缺打铁炉"。西街铁铺除制作日用铁器之外,主要还是锻造龙泉宝剑。铸剑,成为传统产业,经历代匠人经验积累,铸造出具有"坚韧锋利、刚柔并寓、寒光逼人、纹饰巧致"四大特色的龙泉宝剑,被公认为剑中之魁。

### 二、龙泉青瓷

龙泉青瓷始于三国两晋,盛于宋元,以"清澈如秋空、宁静似深海"的哥、弟窑瓷器享誉海内外,龙泉"哥窑"与著名的官、汝、定、钧并称宋代五大名窑。在城南35千米的琉华山下,有大窑国家级重点青瓷古窑址。该地制瓷始于五代,有古瓷窑址50多处,形成古青瓷窑群。世传南宋章生一、生二兄弟在此制瓷,所制青瓷各有特色,因有哥窑、弟窑之称。大窑青瓷遗址,在民国初至抗日战争前因外国传教士和古董商抢购古物,引发盗掘古窑风,古窑址遭破坏,但深层仍埋藏有古工场和部分窑床,地面亦遗留大量古代瓷片。城南隅1.5千米的秦溪山边有剑池湖,相传为春秋战国时铸剑名匠欧冶子铸剑处。

1949年后,龙泉县政府根据周恩来总理"关于迅速恢复中国历史五大名窑,尤其是龙泉窑和汝窑的生产"批示,在上垟设立国营龙泉瓷厂总厂及青瓷研究所,集中当时龙泉最优秀的民间制瓷艺人,如李怀德、张高岳、张高礼等恢复传统技艺,使龙泉青瓷在较短时间内恢复到较高的历史水平。上垟也因此成为新中国龙泉青瓷发祥地。2009年,龙泉青瓷传统烧制技艺入选"人类非物质文化遗产代表作名录"。2016年,上垟中国青瓷小镇被列为住建部第一批中国特色小镇。

### 三、龙泉香菇

龙泉是世界香菇发源地之一,自然条件十分优越,所产椴木香菇、代料香菇质地优厚,菇形圆整,色泽纯正,香气浓郁,味道鲜美。南宋龙泉县龙溪乡龙岩村人吴煜(1130—1208),相传是世界"砍花法"人工栽培香菇技术创始人,发明了"砍花""惊蕈"种菇法,传之于世。因其排行老三,后人敬称"吴三公"。龙泉灵芝也是著名特产。

## 35 徽商故里——歙县

歙县位于安徽省南部,黄山东南麓,新安江上游。秦始皇统一中国后,始置歙县。晋代属新安郡。隋唐置歙州,北宋改徽州。隋末至1949年,歙县均为郡、州、路、府和专署治所。城池始建于明,现保存有南、北谯楼和部分城垣,城内有大量明、清民宅和庭园,一些街巷还基本保持着明清风格,县城东北的斗山街古民居群为歙县历史文化保护区,许国石坊、棠樾石牌坊群等牌坊、祠堂、民居珠联玉缀。歙县是徽商故里,在徽商的大力扶植下,文教发达,产生了不少有影响的流派,如新安画派、新安医学、徽派木刻、徽派篆刻、徽派园林建筑和徽派盆景等,还有歙砚、徽墨等传统名特产品。

## 一、歙县的山水

据北宋乐史《太平寰宇记》载"有水口名曰歙浦,或云歙者翕也,谓山水翕聚也",歙县因此得名。歙县在黄山脚下,北接九华山、太平湖;东近天目山,毗连杭州;南通千岛湖;西邻齐云山。著名的自然保护区清凉峰屹立境南,清澈明媚的新安江曲折蜿蜒盘绕在崇山峻岭之中。歙县城(徽城镇)位于县中部。丰乐、富资、扬之、布射四水在城西汇合成练江,经城南向东流去,把古城紧紧环抱,然后在城东南 5 千米处与渐江汇合成新安江。斗山与长青山横亘城中,将城区分成东西两部分。东部以问政山为屏障,形如半月,是历史上的县城;西部面对练江诸水,地域开阔,是历史上的府城。城距著名风景名胜区黄山 72 千米,与清凉峰自然保护区相距 62 千米。歙县名城与黄山、清凉峰成三足鼎立之势。

## 二、歙县的物产

歙县特产首推歙砚。歙砚又称龙尾砚,是我国四大名砚之一,始创于唐开元年间(713—741)。相传歙州婺源县(今属江西)猎人叶氏,在龙尾山得一金星砚石,献给州守,州守精雕细刻后献给唐玄宗,自此徽砚为朝野所重。南唐后主李煜推崇"龙尾歙砚为天下冠"。宋代书画家米芾在《砚史》中将歙砚的特点概括为"金星宋砚,其质坚丽。呵气生云,贮水不涸。墨书于纸,艳丽夺目。数十年后,光泽如初"。他曾以一块三十六峰砚换得苏仲恭的一座豪华宅邸。歙砚的纹理除金星、金晕外,还有银星、银晕、大小眉纹、刷丝纹、鱼子纹等,砚工即根据这些美丽的纹理设计种种优美的图案,雕出龙鳞月砚、黄山奇松、秋瓜鸣虫、古钱、海上骑鲸客、嫦娥奔月等精美之作。歙县徽墨的生产也已有 1 000 多年历史。唐末易州(今河北易县)墨工奚超、奚廷珪父子避乱来歙,利用黄山丰富的古松,重操旧业。由于奚氏之墨工艺精湛,深得南唐后主李煜的赏识,不但任廷珪为墨务官,且赐以国姓李,从此,李墨风靡一时,名满天下,到北宋宣和年间(1119—1125)出现了"黄金易得,李墨难求"的景况。明正德、嘉靖年间,徽墨分成歙县、休宁两派,而以歙派的罗小华、程君房首屈一指,从松烟改为桐油烟,进而创造了漆烟。清乾隆四年(1739)又发展为歙派的曹素功、汪节庵,休宁的胡开文,绩溪的汪近圣制墨四大家。徽墨坚而有光,黝而能润,舐笔不胶,入纸不晕,幽香浓郁,书画自如,素有"落纸如漆,万载存真"之誉。此外,歙县还出产歙县炒青、歙县花茶、黄山银钩、顶谷大方等名茶。问政贡笋、徽州贡菊曾作为献给皇帝的贡品。色白气香、皮薄多汁的徽州雪梨,被誉为王母蟠桃的三潭枇杷,可与黄岩蜜橘媲美的歙县金橘及金丝细缕、形如琥珀的蜜枣等是历史悠久的著名果品。

### 三、徽商与徽学

西晋太康元年(280)改吴新都郡为新安郡,郡治迁歙县。隋代置歙州,唐代因之,州治均在歙县。北宋宣和三年(1121)改歙州为徽州。唐、宋、元、明、清 5 朝,歙县均为郡、州、府治所在,是徽州政治、经济、文化的中心。

东晋初年士族南渡,加深了中原文化在歙县的影响。五代时歙县经济文化有了长足发展,且出现歙砚、徽墨、造纸等重要产业。南宋定都临安,歙县成了京畿腹地,经济文化更趋繁荣,徽商兴起,理学扎根,并最终形成"官商学一体"的经济文化体系。明代中叶,徽商足迹遍布大半个中国,出现了"无徽不成镇"的局面。在南宋到明清的中国商业史上,徽商占有极重要的地位。清乾隆年间,皇帝南巡时召见全国八大巨商,其中 4 位是歙县人。徽商腰缠万贯,在家乡"盛馆舍以广召宾客,扩祠宇以敬宗睦族,立牌坊以传世显荣",修桥、办学、刻书、资助文人墨客,使自己有一种儒雅的生活。这种繁盛的局面一直延续到清代嘉庆、道光年间。就在这种社会背景下,出现了新安理学、皖派汉学、新安画派、徽派篆刻、徽派书版、徽派四雕(砖、木、竹、石)、徽派建筑、徽派盆景、新安医学等独特的徽派文化。

徽派文化的代表人物,五代南唐时有制墨家李廷珪;宋代有方志学家罗愿,所著《新安志》为全省第一部较为系统的志书;明代有戏曲作家汪道昆,戏曲理论家潘之恒,画家程嘉燧、黄柱、郑旼、渐江和尚(江韬),书法家方元焕,制墨家方于鲁、程大约;清代有汉学家黄生、程瑶田、汪中、凌廷堪、江有诰,诗人吴绮,文学家张潮、方成培,画家罗聘、虚谷(朱怀仁),版本学家鲍廷博，篆刻家巴慰祖，制墨家曹素功，以及全国三大医家之一的名医吴谦，在乾隆时奉命主编《医宗金鉴》九十卷，为当时国内医者必读的教科书；近现代有马克思在《资本论》中提到的唯一的中国人、杰出的理财家王茂荫，被周恩来称为"后学楷模"的经学大师吴承仕，"与聂耳同为文化战线两员猛将"的音乐家张曙，被宋庆龄称为"万世师表"的教育家陶行知，继承和发展新安画派艺术，享有"南黄北齐"盛誉的国画大师黄宾虹等。徽商中的佼佼者，明代有吴养春，清代有江春、鲍志道等。

歙县文风昌盛，教育发达，向以"东南邹鲁""文化之邦"而见誉。歙县是宋代程朱理学的重要发源地，朱熹、程颢、程颐故里均在歙县篁墩。仅清康熙年间全县即有学社、书院126所，"十家之村，不废诵读"。宋、明、清三代有进士372人，并有"父子尚书""同胞翰林""十里四翰林"的佳话。这些中举者，不少成为朝廷股肱之臣。

歙县现存的文物古迹，地面文物有重要历史、科学、艺术价值者有400余处，世传文物难以数计。其中古遗址有：新州新石器遗址、竦口唐至宋青瓷窑址。古墓葬有：稠墅东汉墓葬群、汪华墓、浙江和尚墓、汪采白墓。古建筑有：歙县古城，即现今县城，原系汉末山越首领毛甘屯兵处，隋末汪华于其址建吴王府，并定为歙州州城，现尚有城郭残段和谯楼、西门月城及明清街道。原附郭的县城现留有城门两座及部分城墙、宋代始建的紫阳书院和文庙。两城内共有明清牌坊16座，其中明建许国石坊，俗称"八角牌楼"，造型壮丽，世所罕有。城郊有唐建圣僧庵，宋建长庆寺塔、新州石塔、渔梁坝，明建太平桥、万年桥、紫阳桥。在新安碑园中，陈列着宋、元、明、清碑碣200余方。分布于乡村的有元末始建的贞白里坊，明建忠烈坊、老屋阁、绿绕亭、张林福宅、岩寺文峰塔等。呈坎村保留有明代建筑30余座，其中宝纶阁三进九间重楼，无论在形构还是在装饰上，都可与宫廷建筑媲美，其雕刻、彩绘极富南方传统风格。棠樾村头有石坊7座，迤逦成群，甚为壮观。清代建筑在歙县城乡比比皆是，除各式牌坊外，著名的有太白楼、北岸吴氏宗祠、唐模檀干园、雄村竹山书院等。多数清代民居在门楼、门罩、柱头、柱脚、窗台、槅扇等处都有极为精美的雕刻。

## 36 江淮楚都——寿县

寿县位于安徽省中部淮河南岸。古称寿春,殷商时是南方诸侯的封地,周代为州来国地,春秋为蔡侯重邑。公元前241年,楚国迁都寿春,改名"郢",城市经济一度繁荣,楚文化与当地淮夷土著文化结合,形成楚文化一大支脉,留下众多文化遗存。始建于宋代的城垣保存完好,兼有防洪功能。城郊八公山、淝水,是著名的"淝水之战"古战场。位于城南安丰塘镇境内的春秋时期大型水利工程安丰塘(芍陂)被誉为"天下第一塘",正阳关镇境内的正阳关曾是淮河南岸经济重镇,为历史文化名镇。

### 一、楚都寿春与江淮楚文化

寿县殷商时期为南方诸侯的封地,周代属州来国地。公元前529年吴灭州来,寿县地区成为吴王诸樊之弟季札的封地。公元前493年,楚昭王攻蔡国,蔡昭侯求吴王翼护,把国都迁于州来,改称下蔡。楚灭蔡国,其地属楚。楚考烈王二十二年(前241),楚迁都寿春,改名郢(今古城位于楚城西北区,占楚城的1/10)。秦王政二十四年(前223),秦破楚克郢,虏楚王,楚亡。秦统一中国后,划江淮之间为九江郡,治所设于寿春。汉高祖十一年(前196)刘邦之子刘长被立为淮南王,建都寿春。汉武帝元狩元年(前122)淮南国废,复九江郡制。东汉末年袁术称帝,以寿春为都。东晋末,为避简文太后郑阿春讳,改寿春为寿阳。南北朝后,寿县屡为州、府、路、道、郡的治所。

战国时随着楚国向东扩张,源于江汉地区以荆州为中心的楚文化也随之东渐江淮,与淮夷土著文化融合,形成了以寿春为中心的江淮楚文化,成为楚文化的一大支脉。

江淮楚文化的巨大成就,首先体现在水利科学上。楚庄王时,令尹孙叔敖在此主持修建了大型水利工程芍陂(音 què bēi,亦名期思陂、龙泉陂、安丰塘)。芍陂建于平原之上,四面筑堤,周长二三百里,灌田万余顷,是中国古代著名的水利工程,建成之后,纳川吐流,灌田万顷,对楚国的经济繁荣、政权巩固起到了举足轻重的作用。历经2 600多年沧桑,芍陂至今仍有水面34平方千米,蓄水量近1亿立方米,1972年联合国大坝委员会名誉主席托兰先生率海内外专家来考察,称之为"天下第一塘",2015年入选国际排灌委员会世界灌溉工程遗产。芍陂周围遗存有孙公祠(祀孙叔敖)、邓公庙(祀邓艾)、安丰城遗址等古迹。

江淮楚文化的成就还体现在寿春城市建设和丰富的楚文化遗存上。楚国迁都寿春后,进行了大规模城市建设,包括考烈王城和春申君城两处,人口最多时30余万,城区面积达26.35平方千米,是两千多年前中国最繁华的大都市之一。现存的寿县古城始建于北宋熙宁年间(1068—1077),面积虽只有楚城的1/10,但城墙上独特的"月坝"型防洪设计堪称天下一绝,任凭城外洪水滔天,城内仍可安然无恙。寿春作为楚国的最后一座都城,有着非常丰富的楚文化遗存,最具代表性的有:楚幽王墓,是目前国内发掘的楚墓中规模最大、年代与墓主确切、出土文物最多的侯王墓葬,也是可以认定的唯一一座楚王墓,出土文物4 000余件,其中青铜器1 000余件,楚大鼎重约400千克,是周代最大最重的鼎,器形巨大,纹饰细腻;楚考烈王墓,是一座可考的楚王墓,学术界尚存异议,但其价值不容置疑;廉颇墓,以勇气闻于诸侯并留下"负荆请罪"千古佳话的名将廉颇,在赵国失意后辗转投奔楚国,卒于寿春,葬于八公山上;柏家台楚国宫殿建筑遗址,面积3 000多平方米,被列为1985年度中国十大考古发现之一;自楚寿春城遗址中出土的卢金、郢爰为国内楚金币出土量之最,鄂君启节也是稀世珍品。

西汉建都寿春的淮南王刘安,偕门客编著《淮南子》内外54篇。《淮南子》秉承楚文化的精神,描述宇宙万物的形态,叙述往古的传说,包罗万象,文笔优美,想象丰富,保存了很多中国古代哲学和自然科学知识,许多历史故事、神话传说和成语典故也出自它或经由它而广为流传。可以说,《淮南子》是楚文化的延续和发展,代表了江淮楚文化在学术上和文学上的最高成就。

## 二、"草木皆兵"八公山

寿县"控扼淮颍,襟带江沱,为西北之要枢,东南之屏蔽"①,是兵家必争

---

① (清)顾祖禹.读史方舆纪要·卷二十一.

之地。晋太元八年(383)前秦苻坚一度攻占寿阳,这里发生了历史上著名的"淝水之战",留下了"投鞭断流""风声鹤唳,草木皆兵"的典故。淝水之战是中国历史上以少胜多、以弱胜强的著名战例,也是决定南北朝对峙局面的重大战役。如今八公山已成为优美的风景区,有"淮南第一胜迹"之誉。山上有廉颇墓、淮南王刘安墓、茅仙古洞、淮王丹井等古迹。

八公山还是豆腐的发祥地。相传淮南王刘安与苏非、左吴等八公在山上论道炼丹,以求长生,结果仙丹未成,却做出了豆腐,制豆腐之法由此传开。八公山豆腐洁白细腻,清爽滑利,鲜嫩味美,用当地珍珠泉、玛瑙泉、大泉的优质矿泉水磨制,细如脂,白如玉,无豆浆味,是豆腐品牌中公认的上品。

### 三、民风与特产

寿县民风淳朴,"编笆接枣,锯树留邻""王祥焐冰"等美好传说最早流传于此。汉魏以来,荐举名贤200余人,宋代吕公著一门六世十进士,数十人为名宦、学者。清咸丰年间(1851—1861),孙家鼐举状元,为帝师,主持创办京师大学堂(今北京大学)。寿县人尤爱书法,"寿字"与怀(远)诗、定(远)文章并称凤阳府三绝。明清时,著名金石书画家被旧志列入"方技"者有方度等40余人,近百年来则有张树侯、孙多慈、司徒越等人。寿县在当代有"教授县"之称。

寿县土地肥沃,物产丰盈,淮王鱼、银鱼、瓦虾历史上被列为贡品。淮王鱼又称回王鱼、回黄鱼,是淮河中正阳关到黑龙潭一段特产的名贵鱼,体型似鲶鱼,呈鲜黄色,嘴扁,身体光滑无鳞,多生活在水底岩石洞穴之中。西汉时,有人把这种鱼献给淮南王刘安品尝,他觉得鲜美可口,给它取名"回黄",并经常以此鱼宴请贵宾。淮南王喜食回黄鱼传到民间,人们称之为淮王鱼。银鱼头扁平,体细长,光滑透明,洁白如银,体长1～2寸,杜甫"白小群分命,天然二寸鱼"的诗句即指此鱼。现寿县境内瓦埠湖、安丰塘、大井水库盛产银鱼。瓦虾即瓦埠湖所产的白虾,银白色,透明,腹部有一棕色条纹,壳薄,肉嫩,无泥沙,煮熟后仍呈白色,味道鲜美。清代瓦虾与银鱼同被列为贡品。八公山酥梨皮薄肉嫩,色正形俏,食之酥脆爽口,味甜汁多。

## 37 "三曹桑梓"——亳州

亳州位于安徽省西北部,皖豫两省交界处。夏末为商汤都邑南亳,秦设谯县。三国时期因谯县为曹魏皇室本籍,诏为陪都。北周时称亳州。涡河绕流城东北,古代水运较发达,曾为商埠,是我国最大的中药材集散地。城区明清建筑风貌犹存,有72条古街,36条古巷。亳州是春秋时期思想家、道家学派创始人老子,东汉神医华佗以及魏武帝曹操、文帝曹丕和陈思王曹植的故乡,名胜古迹众多,有成汤之墓汤陵,曹氏家族墓董园石墓、曹四孤堆,敬奉华佗的庙宇华祖庵,古代地下军事建筑古地下道,元末农民起义军领袖小明王韩林儿即位处明王台,以及建于清顺治十三年(1656)、蜚声中外的雕刻艺术宝库花戏楼等。

### 一、商汤旧邑

亳州是中华民族较早的发祥地之一,夏代末年(公元前16世纪)商汤都于南亳(今亳州,一说今河南商丘),故史称南亳故地。涡河北岸的汤陵为商朝帝王成汤之墓。周初属焦国。春秋时期改属陈国,境内有焦、夷二邑。楚平王灭陈后,改焦为谯。东汉建安后期置谯郡,谯县为其郡治。三国时期,因谯县为曹魏皇室本籍,改谯县为陪都,与长安、许昌、洛阳、邺并称五都。西晋承袭旧制,并一度封为谯国。以后又先后归属后赵、前燕、前秦。南北朝末改谯县为小黄县。东魏、北齐置南兖州陈留郡,为南兖州刺史治所。北周大象元年(579)改南兖州为亳州,治于小黄,以杨坚为亳州总管。隋大业三年(607)改小黄为谯县。唐武德元年(618)置总管府。开元元年(713)诏亳州为全国十望州府之一。五代时期,先后置宣武军、防御州、团练州,均驻于谯县。北宋大中祥符七年(1014),升为集庆军,置节度使。元代,谯县改属河南江北行中书省归德府。至正十五年(1355)刘福通拥立韩林儿为小明王,国号大宋,以亳州城为都。明洪武初降为亳县,弘治年间复为亳州。清雍正二年(1724)升为直隶州。1912年,改亳州为亳县。1948年8月成立亳州市,1949年2月撤市建立亳县。1986年3月,经国务院批准,改亳县为亳州市。

### 二、三曹故里

亳州是老子、曹操、华佗的故乡,人杰地灵,文物古迹丰富。春秋时期老子是道家学派的创始人,道德中宫相传是老子讲学授道的地方。东汉神医华佗,被称为"外科鼻祖",明代所建的华祖庵是敬奉华佗的庙宇。三国魏武帝曹操、魏文帝曹丕、陈思王曹植不仅有帝王之业,而且建安文采光耀史籍,亳州所存董园二号墓、薛家孤堆、曹四孤堆,均为曹氏宗族墓葬。老城区地下有以城内大隅首为中心、呈"十"字形向四方延展的地下道,全长约 4 000 米,相传是曹操的运兵道,为国内保存完好的古代地下军事设施。宋初道人陈抟也是亳州人,他博学多识,精研易学,长于诗、文、书画,被誉为奇人,留有诗歌和养生学方面的著作,道家称他为陈抟老祖、希夷子,亳州有敬祀陈抟的家庙希夷祠。

亳州文化名人还有唐代李绅,以两首《悯农》诗闻名千古;曹霸善画马,与韩干齐名;元代孟汉卿的杂剧受到后世戏曲学家的推崇;明代薛蕙、薛凤翔以其大量诗文创作,丰富了中国的文化遗产;清代梁巘的书法被乾隆誉为"无梁不成书"。许多知名人物如孔子、嵇康、祖逖、杨坚、欧阳修、张柔、徐光启等或游历于亳,或知事于亳,或驻节于亳,丰富了亳州的历史文化内容。

### 三、酒乡药都

亳州是中国名酒古井贡酒的产地。古井贡酒是中国老八大名酒之一,早在东汉时期就闻名天下,曹操曾将家乡的"九酝春酒"进献汉献帝,此后 1 000 余年间,一直作为皇室贡品。古井贡酒"色清如水晶,香纯似幽兰,入口甘美醇和,回味经久不息",被世人誉为"酒中牡丹"。亳州还是全国最大的中药材集散地,地产药材 130 余种,《中国药典》中冠以亳字的就有亳芍、亳菊、亳花粉、亳桑皮 4 种。亳州是中外驰名的"芍药之乡",自古就有种植白芍的习惯,所产白芍条直、体重、粉性足、光泽好,医疗效果显著,具有平肝潜阳、养血敛阳、柔肝止痛之功效。

## 38 吴楚分疆第一州——安庆

安庆位于长江下游北岸,皖鄂赣三省交界处,自古就有"万里长江此咽喉,吴楚分疆第一州"之称。南宋绍兴年间置安庆军,始得名"安庆",嘉定十年(1217)始筑安庆城。清乾隆二十五年(1760)至 1937 年为安徽省省会所在地。安庆是清代最重要的文学流派桐城派的发源地,还被誉为"黄梅戏之乡""京剧之祖""禅宗圣地",历代名人辈出,桐城派代表人物方苞、刘大櫆、姚鼐,中国新文化运动的先驱、中国共产党的创始人之一陈独秀,京剧鼻祖程长庚,小说家张恨水,黄梅戏表演艺术家严凤英,两弹元勋邓稼先,佛教领袖赵朴初等都生长于此。安庆自然景观秀丽,有雄奇灵秀的古南岳天柱山、长江绝岛小孤山、海上蓬莱浮山、南国古长城白崖寨、蜿蜒似龙的大龙山、高山平湖花亭湖、避暑胜地妙道山和城中翡翠大湖等旅游区。

## 一、安徽之源

安庆市位于长江下游北岸,皖鄂赣三省交界处,东与安徽省池州市、铜陵市隔江相望,南以长江与江西省九江市相连,西界湖北省黄梅、蕲春、英山三县,北接安徽省六安市、合肥市,是皖西南及华东地区的重要交通枢纽,自古就有"万里长江此咽喉,吴楚分疆第一州"之称。这里曾发生过太平天国安庆保卫战、解放战争时期的渡江战役等著名战役。安庆具有悠久的历史,潜山薛家岗和市郊张四墩等新石器时代的遗址见证了安庆的祖先自古就生息、繁衍在这片美丽而富饶的土地上。相传东晋诗人郭璞路过此地赞叹说"此地宜城",故安庆别称"宜城"。南宋绍兴年间置安庆军,始得名"安庆",嘉定十年(1217)始筑安庆城。清乾隆二十五年(1760)至1937年,为安徽省省会所在地和安徽省政治、经济、文化中心。安徽就是"安庆"和"徽州"首字的合称。因安庆境内有座皖山,又有皖河绕流其间,春秋时期这里曾有过一个皖国,安徽简称"皖"即出于此,因此,人们常说安庆为安徽之源。安庆是中国较早接受现代文明的城市之一。清咸丰十一年(1861),曾国藩在安庆创办的安庆军械所,云集了徐寿、华蘅芳、李善兰等中国一流的科学家,制造了中国第一台蒸汽机和第一艘机动船。安徽的第一座发电厂、第一座自来水厂、第一家电报局、第一个图书馆、第一所大学、第一张报纸都诞生在这里。

## 二、禅宗圣地

安庆是中华禅宗圣地。禅宗二祖慧可受达摩心法,只身南下司空山,开宗立派,三祖僧璨完成了禅宗的理论体系。至今安庆境内仍留有二祖禅堂、三祖寺和迎江寺等诸多佛教活动场所。二祖寺坐落在岳西县司空山麓,是佛教禅宗二祖慧可弘扬达摩学说的圣地,距今 1 400 余年。北齐天保三年(552),二祖慧可由嵩山少林寺至司空山,"掘石窟而居禅,造重阶而通术"。唐天宝三年(744),玄宗始敕法师本净在圣地营建无相禅寺,筑下院 9 庵 4 寺、僧房 5 048 间,僧尼 7 000 人,自此,香客云集,名播中外。后几度兴废。现存二祖石窟、传衣石、二祖空观、祖刹重辉、二祖对弈石、立化塔等遗迹。三祖寺坐落在潜山市城西的凤凰山麓。梁武帝时,高僧宝志禅师至此开山建寺,名山谷寺。三祖僧璨自罗浮山归山后,合掌立化葬于寺后。唐肃宗乾元元年(758),奉旨赐名为三祖山谷乾元禅寺,此后即称"三祖寺"。今寺内有祖师殿、大雄宝殿、千佛殿、客堂、花堂等,汉白玉雕释迦牟尼像为华东众寺院中少见的巨佛之一。迎江寺位于安庆市沿江路,古称护国永昌禅寺,又名万佛寺,始建于北宋开宝七年(974),明万历四十七年(1619)邑绅阮自华募资重修。殿宇华丽,气势恢宏,为沿江名刹。数百年来,迎江寺香火旺盛,名僧辈出,僧徒多时达千人,故有青铜铸"千人锅"遗存寺中,历代文人墨客、名宦大臣多莅寺观光览胜。寺内振风塔又名万佛塔,始建于明隆庆二年(1568)。振风塔以其独特的结构和临江昂扬的雄姿,被誉为"万里长江第一塔"。塔为 8 角 7 级楼阁式,高 64.8 米,塔的每层八角飞檐下饰兽衔铁钩,悬挂风铃。徐徐江风,摇动铃铎,清脆悠扬。每当皓月中天之时,古塔雄姿影映江中,虚实辉映,灵光隐射,为"塔影横江"之绝景。

### 三、戏剧之乡

安庆是戏剧之乡。黄梅戏的前身是皖、鄂、赣交界处流行的采茶调,清乾隆以后逐渐流传到安庆境内,吸收了安庆官话柔和委婉、通俗易懂和徽戏韵白节奏鲜明、富有韵律等特长,形成具有浓郁安庆风味的地方剧种,人们称之为"怀腔"或"府调"。民国年间,黄梅戏进入省城安庆,演出阵容日渐扩大。其间曾两度赴沪,汲取了姐妹剧种的营养,艺术水平有了很大提高,逐渐成为蜚声海内外的剧种——黄梅戏,《天仙配》《女驸马》等著名曲目脍炙人口,深受海内外广大戏曲爱好者的喜爱。乾隆年间,安庆四大徽班进京演出,深受京城皇族及百姓的喜爱。徽班领袖程长庚融昆曲、汉调等剧种之长,创造了国粹艺术——京剧,被誉为"京剧鼻祖"。

## 39 皖南名邑——绩溪

绩溪位于安徽省东南部,为皖南山区县。唐永泰二年(766)置绩溪县,隶属歙州、徽州(歙州于宋末改名徽州),2000年起属地级宣城市辖县至今。绩溪是徽商故里,徽文化重要发源地之一,被称为"徽墨之乡"、徽菜的正宗源地。绩溪文风昌盛,"邑小士多",清代"红顶商人"胡雪岩,现代国学大师、新文化运动倡导者胡适,"湖畔诗人"汪静之,原党和国家领导人胡锦涛等均为绩溪名人。古城格局完整,古祠堂、石牌坊、古民居、古庙宇、古书院、古桥梁比比皆是,其中龙川胡氏宗祠、奕世尚书坊、胡适故居、周氏宗祠、湖村门楼巷、仁里、冯村、坎头、棋盘村等皆为徽派建筑之精品。

### 一、山清水秀,百里花园

绩溪是皖南山区县,地处皖赣通衢。汉代称华阳镇,属歙州。梁大同元年(535)置良安县,唐武德七年(624)废。唐永泰二年(766)复置县,名绩溪。据《元和郡县志》载,绩溪县"北有乳溪与徽溪相去一里并流,离而复合,有如绩焉",县因此而得名。唐至宋属歙州。北宋宣和三年(1121),改歙州为徽州,以绩溪徽岭、徽溪得名。绩溪一直属徽州地区,1988年划属宣城地区。

绩溪山清水秀,处处粉墙黛瓦,古风悠悠,世称"百里花园"。绩溪县位处含中山的低山丘陵山区,西部为黄山支脉,东部为西天目山脉,崇山峻岭,重峦叠嶂,主要山峰皆在千米以上。境内大鄣、大会、大獒三山鼎立,溪流纵列,植被丰盛,风光旖旎。大鄣山主峰清凉峰,海拔1 787.4米,是天目山脉最高峰,以石门、断崖、云海、虬松四胜著称,"鄣山叠翠"为古华阳一景。清凉峰主要通道瑶瑶岩是徽杭重要关隘,山势险峻,怪石嵯峨,素称"江南第一关"。地藏王苦修始地——小九华山势突兀,涧壑深邃,似游龙数条逶迤奔聚,一山丘中立,河水至此曲折潆洄,形如半岛,上有地藏殿,山水幽奇。位于家朋乡山云岭东南的笔架山,形如笔架,悬岩削壁,望不可攀。西北有群峰排列,若菡萏初绽,纷呈云海,蔚为奇观。石镜山又称石照山,在华阳镇东部,海拔463米。山中有峭石壁立,方广2丈,平滑晶莹,光可鉴物,人称"石镜"。"石镜清辉"为古华阳一景。有关石镜的神话故事颇多,相传此为"女娲补罢情天漏,堕向人间作镜台"之遗石;又有石镜照人三生之说,不仅显示外形美丑,还能透视人的心灵善恶。

## 二、邑小士多,绩溪为最

南宋文学家汪藻云:"大江之东,以郡名者十,而士之慕学,新安为最;新安之属以县名者六,而邑小士多,绩溪为最。"①绩溪自古文风昌盛,所谓"十户之村,不废诵读"。宋景德四年(1007),绩人首建桂枝书院,这也是安徽省最早的书院。宋元丰年间(1078—1085),史称唐宋八大家之一的苏辙知绩溪县事,在他的倡导下,绩溪文风蔚起,书院大兴,社学和私塾也纷纷建立。明代全县书院57所,居省内前列。清光绪间(1875—1908)邑人首建毓才坊女校,开创安徽女子学校的先河。

绩溪文化氛围深厚,人才辈出,名士如林。隋末汪华率众保州,唐封越国公。南宋胡仔著有《苕溪渔隐丛话》,被誉为诗坛泰斗之作。明代抗倭名将、兵部尚书胡宗宪,总督东南七省军务,率名将戚继光、俞大猷剪除海盗,功勋卓著。清季绩溪胡匡衷、胡秉虔、胡培翚叔侄孙三代,博通经史,著述颇丰,号称"礼学三胡"。晚清又有宦海"三奇士"——程秉钊、邵作舟、胡铁花和红顶商人、一代巨贾胡雪岩。现当代文化名人有国学大师、新文化运动倡导者胡适,"湖畔诗人"汪静之,古典小说标点创始人汪原放,当代出版家王子野以及原党和国家领导人胡锦涛等。

## 三、"徽墨之乡""徽厨之乡"

绩溪是徽商故里,据史料记载,唐代就有县人去长安经营饮食业,宋代绩商已成为徽商中的一支劲旅,足迹遍布大江南北。明清时期,全县旅外经商者占总人口的25%甚至30%以上,高于徽州其他县约三四倍,江南商埠有"无徽不成镇,无绩不成街"的说法,各地的徽州同乡会馆和同业商会也多以绩溪人为中坚。

绩人历代经商,经久不衰,在长达六七百年的时间里,创下了辉煌的业绩,其中最有影响的一是徽墨,一是徽菜,绩溪也以"徽墨之乡""徽厨之乡"闻名于世。

---

① 语见《朝散郎致仕胡君咸墓志铭》,载明人程敏政撰《新安文献志》卷九十一。

徽墨历史悠久,从唐代李(奚)超徙歙算起,已有1 000多年历史。绩溪人从事墨业,代有其人,最有名的是清代的"鉴古斋"和"胡开文"两墨庄。鉴古斋墨庄为汪近圣于清康熙六十年(1721)所创。胡开文墨庄为胡天柱于清乾隆四十七年(1782)开创,因经营有方,曾设分肆于许多大小城市,胡氏精制的地球墨荣获1915年巴拿马万国博览会金奖。徽州墨模是徽雕中的精品,胡开文的墨模更是其中的瑰宝。胡氏的墨模雕刻能手,人才辈出,清代的胡国宾就是一代墨模雕刻名师。胡开文的徽墨今已独领风骚。

徽菜是安徽菜肴的主要代表,中国八大菜系之一,由乡土风味饮食发展而来,徽菜的扬名与徽商的兴盛相生相伴,其中也有绩溪商人的一份功劳。县人自唐代即设酒店于长安,宋代设菜馆于徽州府,明清时期发展到大江南北,民国时期徽菜馆遍及海内。徽菜以烹饪山珍野味著称,选料务求新鲜活嫩,决不滥竽充数,制作讲究火功,善于巧控火候,尤其讲究用木炭微火单炖、单烤,擅长烧、炖、蒸,有重油、重色(酱油)之特点,浓淡适宜。徽菜的技术特征在于:一是善于发挥原料本身的滋味,即保持原汁原味;二是常用火腿佐味,冰糖提鲜,料酒除腥引香;三是炖、蒸时,蛋白质分解出富含鲜味的氨基酸、脂肪分解出的有机酸同加进的料酒生成香酯,因而特别清香可口。代表菜肴有臭鳜鱼、蛏干烧肉、腐乳爆肉、杨梅丸子、方腊鱼、瓢甲鱼、清蒸石鸡、石耳炖鸡、雪天牛尾狸、虎皮毛豆腐、冬笋煨火腿、沙地马蹄鳖等。

## 40 八闽首府——福州

福州是福建省省会。古为闽越国故都,秦设闽中郡,后一直为福建的政治中心,宋末、明末两次作为临时京都。城池始于汉代的冶城,晋、唐、五代、宋几次扩大,逐步奠定三山鼎立、两塔对峙、一江横陈的格局,"三坊七巷"和朱紫坊街区坊巷纵横,石板铺砌,白墙青瓦,集中体现了闽越古城的民居特色。福州汉代即有海外贸易,宋代为全国造船业中心,近代为"五口通商"口岸之一,是重要海港和著名的侨乡。文物古迹有西禅寺、涌泉寺、华林寺大殿、开元寺铁佛、瑞岩弥勒像、王审知墓、林则徐祠墓、严复墓、林纾墓、林祥谦烈士陵园、马江海战纪念馆、鼓山摩崖石刻等。

## 一、福建的首府和主要海港

福州古为闽族聚居地,闽越诸侯国封地。秦时为闽中郡。汉高祖五年(前202),无诸受封为闽越王,在冶山下建城,称冶城。汉昭帝始元二年(前85),就冶城原址建立冶县。晋太康三年(282)建晋安郡,太守严复高建子城为郡城。隋至唐初,称泉州或闽州。唐玄宗开元十三年(725)改设福州都督府,这是福州命名的起始。此后,福州城经历了3次大的扩建。第一次是唐昭宗天复元年(901)节度使王审知扩建周围达40里的罗城;第二次是后梁太祖开平三年(909),王审知被封为闽王后,筑南、北两夹城,将屏山的一部分和乌山、于山都围进了城内;第三次是在宋太祖开宝七年(974)郡守钱昱增筑东南外城。南宋景炎元年(1276),益王赵昰登基于福州,定为行都。宋元时期,设福州路及福建行中书省于福州,福州从此具有省城的地位。明、清两朝,福州均为府治。民国后为省会所在。

福州马尾港自古就是我国重要的对外贸易港口,汉朝时开始与菲律宾通商。宋初,东航日本,西通阿拉伯诸国。明代的市舶司曾移驻福州。鸦片战争后,福州被辟为五处通商口岸之一。

## 二、"三山"和温泉

福州别名"三山",城内于山、乌石山、屏山三山鼎立,白塔、乌塔两塔对峙,闽江横贯市区,构成"三山两塔一条江"的独特城市格局。福州又称"榕城",宋代太守张伯玉倡植榕树以后,"绿荫满城,暑不张盖"。城内外榕荫郁郁,古树名木良多。

福州是一座难得的温泉城市。在南北长约5千米、东西宽约1千米的范围内,地下布满温泉,而且水温高,水压大,埋藏深,日涌温泉14 000多吨。水内含有硫、钙、镁、铁、氟、氡、钠等几十种有益于人体的矿物质。在温泉分布地区,遍设温泉浴室,故有"浴在福州"之称。

## 三、教育与人文

福州素有"海滨邹鲁"之美誉。早在五代十国时,闽王王审知就设"招贤院""四门学",到19世纪中叶马尾船政学堂成立,一千年来学风兴盛,历代英才辈出。北宋名臣、书法家蔡襄,明末音韵学家陈第,清代名医陈念祖,清朝大臣、爱国政治家林则徐,洋务运动重要人物之一沈葆桢,爱国华侨领袖、民主革命家黄乃裳,翻译家林纾,近代启蒙思想家、翻译家严复,国民政府主席林森,"戊戌六君子"之一林旭,黄花岗烈士林觉民、林文、方声洞,京汉铁路大罢工领袖林祥谦,女作家庐隐,作家、"左联五烈士"之一胡也频,中科院学部委员(1994年改称院士)侯德榜、张钰哲、陈景润等是其中的佼佼者。福州还是著名的侨乡,旅居国外的侨胞和港澳同胞250万人,遍布世界50多个国家和地区。率民移居马来西亚垦殖拓荒的黄乃裳被誉为沙捞越"新福州之父"。"华人首富"林绍良、"世界糖王"郭鹤年、"香烟大王"蔡云辉、"木材大王"黄双安等在海外的创业史,更使福州人刚强自信、刻苦耐劳的精神发扬光大。

## 四、古建与民居

福州地面、地下文物丰富,古城建筑格局和传统风貌保存较好。西禅寺是福建规模最大的古刹,始建于南朝梁,寺院廊庑广阔,擅园林池馆之胜。鼓山山腰的涌泉寺为五代十国闽王王审知填池而建,构筑精美,为"闽刹之冠",寺内珍藏佛舍利子数十粒和2万多册佛经。屏山南麓的宋代华林寺大殿是中国长江以南现存的最古老的木结构建筑物。福州还留有自唐以来形成的坊巷。"三坊七巷"(衣锦坊、文儒坊、光禄坊、杨桥巷、郎官巷、塔巷、黄巷、安民巷、宫巷、吉庇巷)是古代富绅宅第街区,保留有明清民居和庭院园林数十处,区内坊巷纵横,石板铺地,白墙青瓦,结构严谨,房屋精致,匠艺奇巧,集中体现了闽越古城的民居特色,是古城中里坊的代表。但近年由于道路建设和房地产开发,受到一定破坏。

## 五、传统工艺与特产

福州传统工艺品有木雕、寿山石雕、软木画及被称为"福州三宝"的脱胎漆器、油纸伞、角梳等。寿山石雕是福州市传统雕刻工艺品,始于南朝,以晋安区北峰寿山村出产的寿山石为主要原料,唐代福州寺院僧侣的寿山石雕流传各地,元明时期盛行用寿山石刻制印章。清康熙年间的杨玉璇、周彬技艺冠绝当时,许多作品供奉宫廷。寿山石雕品种有印章、烟灰缸、水盂、花瓶等实用品以及人物、花鸟、山水、屏风、挂屏等欣赏品。寿山石之珍品为田黄石,质地细腻,色彩斑斓,有"国之瑰宝"的美誉,乾隆田黄玉玺即为稀世珍宝。

福州名菜佛跳墙已有 100 多年历史,为聚春园菜馆老板郑春发研制。据传当年几位秀才来到聚春园吟诗作赋,郑春发送上一坛菜,坛盖揭开满堂荤香,秀才们无不拍手称奇,吟诗道:"坛启荤香飘四邻,佛闻弃禅跳墙来。"此菜因此得名。它集山珍海味之大全,用鱼翅、海参、鲍鱼、鸡、蹄筋、干贝、香菇、笋尖、鲜鸽蛋等 20 多种原料和配料煨制而成,烹制程序严格,醇香浓郁,是国宴上的珍品。

## 41 闽南名城——漳州

漳州位于福建省最南端,台湾海峡西侧,是台胞、海外侨胞的祖籍地之一。唐垂拱二年(686)设漳州,历为州、郡治所。漳州历史上文化昌盛,有"海滨邹鲁"之称,清代以谢琯樵等为代表的"诏安画派"饮誉画坛。文物古迹有漳州石牌坊、白礁慈济宫、华安二宜楼、东山关帝庙、云洞岩摩崖石刻、文庙、陈元光墓及明建仿宋古城赵家堡、明代铜山古城、清代民间军事城堡诒安堡、明清牌坊、芝山红楼革命纪念地等。水仙花、片仔癀、八宝印泥号称"三宝",是漳州著名的特产。

### 一、台胞之乡

漳州地区先后发现了旧石器时代、新石器时代及商周至战国乃至汉代的多处古文化遗址,充分说明了其年代的久远。秦汉时在闽粤通道的盘陀岭设蒲葵关,此后,随着封建王朝统治范围的拓展,漳州境内陆续有了县一级的建置。唐高宗总章年间(668—670),闽粤一带少数民族常联合反抗唐王朝,高宗诏令左郎将归德将军陈政率府兵 3 000 入闽,统领岭南行军征战。陈政死后,其子陈元光袭父职,率军平定了闽粤边境。唐垂拱二年(686)陈元光奏请朝廷批准,在泉州、潮州之间设置漳州,州治设在临近漳江的云霄西林,是为州一级的建置之始。后州治屡经迁移,辖县由少增多。元代称漳州路,明清两代称漳州府。1985 年,原龙溪地区改为漳州市,原漳州市改为芗城区。

漳州位于福建省最南端,东与台湾省隔海相望,与台湾近在咫尺,是台胞的祖籍地之一。据 1926 年台湾人口调查统计,祖籍福建的台湾人居全台湾汉族人口的83%以上,而其中祖籍漳州者则居35.1%,仅次于祖籍泉州的人口数。现在台湾总人口中,祖籍漳州的占35.8%。

漳州的信仰习俗也随移民带到台湾。位于漳州城东30千米处的龙海市角美镇白礁村内的白礁慈济宫祀"保生大帝",闽台又称"大道公"吴夲。吴夲(979—1036),白礁人,道德高洁,医术高明,救人无数,人称神医,卒后乡人争立肖像敬祀,又建宫供奉。白礁慈济宫始建于宋绍兴二十年(1150),初称庙,乾道二年(1166)宋孝宗赐庙号"慈济",淳祐元年(1241)改庙为宫。宫坐东北向西南,三进。前殿为面阔5间、进深3间的二层宫楼,楼后两侧是钟鼓楼,中殿、后殿依山递高。宫内还有宋代所建刻有飞天乐伎和双狮戏球等浮雕的石构献台、"龙泉井"、明代石雕"国母狮"。宫两侧有附属建筑"文武朝房"。此宫装饰甚为考究,遍布全宫的壁画和石雕内容丰富,技艺高超,梁架上诸多木刻精细生动,朱檐斗拱金碧辉煌。郑成功收复台湾时,许多白礁将士追随东渡,后来,他们在最初登陆的台南学甲镇仿造慈济宫。从此,每逢农历三月十一日,学甲慈济宫前都要举行盛大祭典,数以万计的人士遥拜大陆,称"上白礁谒祖祭典",300多年来这种祭典从未间断。今台湾还有相继建造的慈济宫253座,都以白礁慈济宫为祖宫。

## 二、花果之乡

漳州素有花果之乡的美称,花果园林绚丽诱人,有花市一条街、水仙花田、百花村、凤凰山万亩荔枝海、马口花博园等。花卉有1 200多个品种,水果有330多个品种。水果中荔枝、龙眼、柑橘、香蕉、柚子和凤梨(菠萝)被称为"六大名果",其中最负盛名的是:龙海九湖、漳浦乌石所产的乌叶、兰竹荔枝,长泰岩溪、平和坂仔所产的芦柑,漳州市郊天宝所产的香蕉,平和琯溪所产的蜜柑,以及华安黄枣坪山村所产的坪山桂花柚、文旦柚。在繁多的漳州花卉中,以被定为漳州市花的水仙花最为娇美。水仙是中国传统名花,素有"雅客""凌波仙子"之称。漳州自15世纪中叶以来就盛产水仙花,产地以市区西南郊圆山一带最为著名,其所产"宜春"最为名贵。漳州水仙花花球大、花株多、花期长、味芬芳。新春岁首供水仙,既有高雅情趣,又富吉祥气氛,这种习俗不仅在闽南蔚然成风,而且在港、澳、台胞和海外侨胞中颇为盛行。水仙花与片仔癀、八宝印泥是最著名的漳州特产,被称为漳州"三宝"。

### 三、书画之乡

漳州人文荟萃,文化昌盛,昔有"海滨邹鲁"之称。唐代首任刺史陈元光就提出"其要则在兴庠序",创办了福建首座书院——松州书院。到清代,漳州境内尚有书院 39 座。历史上涌现了陈政、陈元光、许天正、马仁、沈世纪、李伯瑶、高登、陈淳、林偕春、黄道周、张燮、唐朝彝、庄亨阳、蔡政、蓝鼎元、连横、许地山、林语堂、杨骚等一大批政治家、思想家、教育家、史学家、文学家、数学家和地理学家。明清出现了以谢琯樵、沈古松、沈镜湖、汪志周、马兆麟等为代表的"诏安画派"。

诏安县是著名的书画之乡,明代便有沈起津、方辰、蔡润石饮誉画坛,清代更是名家辈出,沈大咸的花鸟、康瑞的佛像和山水人物、沈锦州的富贵牡丹称绝一时。这些画家承前启后,逐步形成了画风严谨潇洒、风格淳朴的诏安画派。清道光年间诏安画派空前昌盛,杰出的代表谢琯樵擅长兰竹、山水画,艺术风格对闽粤台画坛有一定影响。其后的马兆麟、沈镜湖等也有较高的造诣。诏安画派的作品既流畅豪放又不失细腻隽秀,体现了漳州传统文化既有南方风味又保留着中原文化色彩的特色,显示了漳州的尚文风尚。漳州木版年画也有悠久的历史。到明清之际,漳州已是全国闻名的木版年画产地之一,产品行销海内外。众多作坊中,以颜锦华书坊最为著名。颜氏一家从明永乐年间(1403—1424)开始印书、制年画,逐渐发展到有画、刻、印工 60 多人的年画作坊,称"红房",到清中晚期成为漳州木版年画的主流,作品达 200 多种,有各种门神、避邪的狮头、娱乐用的"葫芦迷"和以风俗、小说、戏剧为题材的连环画等,内容丰富。漳州木版年画形象概括洗练,套色自由洒脱,线条短促厚实中配合着精细活泼,风格古拙朴实,刚柔相济,富有乡土韵味,尤以黑纸印刷的年画为其他地区所罕见。

### 四、戏曲曲艺之乡

漳州地方戏曲、曲艺等特色鲜明。芗剧亦称歌仔戏、子弟戏,流行于闽南和台湾,并传播到东南亚华侨聚居地。明末清初,尤其是郑成功收复台湾时,有大批漳州人前往台湾,把他们家乡的锦歌也带了过去。后来在台湾盛行起来的锦歌,糅合采茶等从漳州传过去的民间歌舞,吸收台湾民歌小调及四平戏、乱弹等剧种的艺术,发展形成歌仔戏,并很快跃居台湾剧坛之首。

由于剧源和乡音的血肉关系,歌仔戏很快在闽南流行起来,其中以漳州芗江一带最为盛行,故又称为芗剧。芗剧以闽南方言演唱,声腔以锦歌为主,音乐风味独特,表演淳厚朴实。布袋木偶戏又称掌中戏,闽、台俗称布袋戏,为手套式木偶戏。布袋戏由来已久,相传明代就已盛行。其偶人形象是将木雕木偶头及手脚连缀在布内套上,外着服装而构成。表演时一手将木偶套在掌中,食指操纵头部,其余四指分开操纵双臂,另一手辅以腿部动作,亦可双手同时操作两具木偶。漳州布袋戏风格明快刚毅又细腻轻盈,使用闽南方言,行当齐全,还可表演鸟兽虫鱼和特技,被誉为"掌上明珠"。

### 五、土楼之乡

遍布漳州市南靖、华安、平和、诏安、云霄、漳浦等县山区的漳州土楼,以历史悠久、数量众多、规模宏大、造型奇异、风格独特而闻名于世,被誉为"神话般的山区建筑"。土楼以生土为主要材料,掺上石灰、细砂、糯米饭、红糖、竹片、木条等,经反复揉、舂压、夯筑而成,具有聚族而居、防盗、防震、防兽、防火、防潮、通风采光、冬暖夏凉等特点。土楼一般高三至五层,一层为厨房,二层为仓库,三层以上为起居室,可居住 200~700 人。土楼起源于唐朝陈元光开漳时的兵营、城堡和山寨,是闽南地区自唐以来外寇出入、蟊贼内讧的特殊社会环境的产物。漳州土楼共 800 多座,其中华安县沙建镇齐云楼是目前所发现的最古老、有确切纪年的土楼,建于明洪武四年(1371),迄今 600 多年。诏安县官陂镇在田楼是最大的土楼,直径达 94.5 米,有"超级土楼"之称。漳州土楼结构奇特,有圆、方、椭圆、半月、交椅、雨伞、风车、八卦等形状,各具特色,各领风骚,南靖县书洋镇田螺坑的土楼群,由一方一椭三圆 5 座土楼组合而成,气势磅礴,令人震撼。

## 42 客家首府——长汀

长汀位于福建省西部,汀江上游。唐开元二十四年(736)置长汀县,历唐至清为州、郡、路、府治所。长汀是著名的八闽古城,现存古城墙、文庙、天后宫、云骧阁、朱子祠等文物古迹;也是客家首府,有十分丰富的客家传统文化,府第式客家民居遍布城乡,客家牛角屋、围龙屋格局独特,汀江被誉为客家母亲河;第二次国内革命战争时期是中央苏区的经济中心,中国工农红军革命圣地。

## 一、唐宋古城

长汀是福建古代文明的重要发祥地之一。早在 4 000 多年前,闽越人就已经在这里繁衍生息,掀开了长汀文明史。汀州土著民多以蛇为图腾,蛇王宫的"蛇王塑像"是最具代表性的实物见证。已发掘的 200 多处新石器遗址,出土的大量古石器和陶器,诉说了远古的岁月和文明。唐开元二十四年(736)置长汀县,隶属汀州,从此历唐、宋、元、明、清,长汀城均为州、郡、路、府的治所,是闽西政治、经济、文化中心。

处万山之中的汀州古城历经变迁,由"枕山临溪为城"逐渐形成"一川远汇三溪水,千幢深围四面城"的府城特色,1 200 多年来古风犹存。古城墙始建于唐,沿汀江而筑,自东向西呈弧形,东西两端沿卧龙山两旁的山脊筑到山顶,把半个卧龙山圈进了城内,使整个城池前有汀江天堑、后有卧龙山为屏,成为能攻能守的"高城固壁",今古城墙仍残存 1 500 多米,保留有朝天门、五通门、惠吉门、广储门、宝珠门 5 座古城门,犹有唐代遗风。古代传统街区沿着古城门延伸,五通街、南大街、半片街等是现存的宋明时代传统街区,街道宽 6～8 米,路面用河卵石砌成;沿街两侧房屋以木质和土质结构为多,基本是前店后宅,店铺密集,依稀可见当年古城的繁华。唐代古井八卦龙泉、宋代古井府学阴塔,合称"双阴塔",至今井水清澈甘甜,终年不枯。八卦龙泉位于城区开元寺内,井深 16 米,口径 1.72 米,上宽下窄,每层用石板砌成八卦形,和地面的塔恰好相反,犹如一座倒置于地底的八卦塔,故称"阴塔"。城区汀州府学内的府学阴塔是一座砖砌圆形古井,深 13.5 米,口径 11 米,井旁立有石碑。碑文记载,建造"双阴塔"古井意在"镇文风",盼望汀州多出人才。城区卧龙山麓的宋代汀州文庙,历经修葺,承传着汀州人的重教传统。

## 二、客家首府

长汀是福建最大的客家人聚居地。汀江是客家人的母亲河,源起福建长汀、宁化境内,自北向南流,穿过闽西流入广东,与梅江汇合成韩江,经潮州奔腾入海,是福建四条著名的大江之一。汀江流域竹木葱郁,资源富饶,土地肥沃,气候宜人,从晋代开始,成千上万的中原汉人——客家先民为躲避战乱、灾荒,纷纷南迁,定居于汀江流域,形成中国汉民族中一支独特的民系——客家。正是由于客家先民的大量涌入,使位于汀江上游的汀州以有"避役百姓三千余户"而置州。客家先民创建了汀州,并推动了汀州的繁荣和发展,而无数客家人又从汀州起步,顺着八百里汀江水不断向外迁移,播衍海内外,开拓新的生存空间。汀江流域是客家民系的摇篮、天下客家人的主要聚居地和祖籍地。

客家人创建了汀州,也创造了独特的客家文化,其建筑、饮食、民风都独具特色。客家民居以府第式建筑为特征。其建筑依次为门楼、正门、照壁、天井、厅堂、厢房、后天井、后厢房等依中轴线两边展开,层层递进,前后左右对称,流线明显,布局严谨,继承了中原古代的建筑风格。长汀馆前镇沈坊的沈宅,俗称"九厅十八井",整座房屋有9个厅堂,18个天井,占地面积2 179.68平方米,是客家民居的代表。另有客家民居代表建筑"围屋",在府第式主体建筑的外围又筑了一道圆形房间,把主体建筑围绕起来,围屋内既有厅堂、住房、厨房、猪栏、谷仓、茅厕,又有池塘、水井、空坪、后花园,还有在府第式建筑后筑一道或几道弧形房屋的,称为围龙屋或牛角屋。

长汀还集中了客家美食的精华。擂茶是将适量大米加进芝麻、黄豆、花生、茶叶、橘皮擂制后熬煮而成,又叫擂米茶,清香、微苦,呈灰绿色,稀糊浑浊,喝起来却十分可口。由于内含部分中草药,故能起到解毒通气的功效。簸箕饭是将大米浸泡后磨成米浆,舀入直径约30厘米的圆形簸箕内,左右摇动使米浆均匀,再入锅以猛火蒸,约5分钟后将蒸熟的薄薄一层米浆揭下,把炒熟的肉丝、笋丝、香菇丝、豆芽等放入,卷成筒状,与油条相似,细嫩可口,多食不腻。白斩河田鸡是汀州客家菜之首。汀州河田鸡以肉嫩、色黄、味鲜而闻名。选用当年生的河田鸡杀后洗净,入锅隔水蒸熟,然后切成二指宽的小块装盘。再把嫩姜去皮后加盐捣成姜泥,入锅添上鸡汁,沸后即起淋浇在鸡上,这样一来既保持了本色本味,又有姜的香辣。麒麟脱胎是长汀传统佳肴,在喜庆酒宴中属上等好菜,享有极高声誉。所谓"麒麟"即乳狗,"胎"即猪肚。猪肚内包着乳狗蒸熟,吃时切开猪肚,"麒麟"便脱胎了。过去还先将人参塞入麻雀腹内,又将麻雀塞进鸽子腹内,将鸽子塞进小母鸡腹内,将小母鸡塞进乳狗腹内,最后将乳狗塞进猪肚内。烧大块是长汀城乡年节喜庆酒宴上必备的传统名菜。其制作讲究一个"烧"字,将大块五花猪肉入锅用文火煮透,捞起后趁热蘸上料酒,再将猪肉放油锅里炸至肉皮金黄色时捞起。食用时,将炸好的肉切成小块,入锅焖煮,加些糖、酱油、盐、味精、蒜头,待肉皮煮软后起锅即成。海外长汀籍客家人每逢年节都吃烧大块,以解思乡之情。客家灯盏糕、豆腐饺也很有特色。

汀州城中的客家博物馆、客家母亲园浓缩了汀州的客家历史文化,展现了古城与客家的深厚渊源。

### 三、红色闽都

长汀是中国工农红军革命圣地。1929年3月,红军入闽,建立长汀县革命委员会。1932年3月,在长汀成立福建省苏维埃政府。长汀是第二次国内革命战争时期中央苏区的中心城市,也是福建省红色区域的首府。毛泽东、朱德、刘少奇、周恩来、陈毅等在此开展过革命活动,瞿秋白、何叔衡就义于此,现保存有红四军司令部、政治部旧址,福建省苏维埃政府旧址,中共福建省委旧址,福音医院旧址,中共福建省委第四次反"围剿"紧急会议旧址和瞿秋白纪念碑等大量的革命文物。

## 43 英雄城市——南昌

南昌是江西省省会。汉初建城,以后一直为江西省政治、经济和文化中心。南昌水陆交通发达,形势险要,自古有"襟三江而带五湖"之称,是北来南往的重要通道,唐宋时已成为江南著名都会。作为江南历史名城,南昌人文荟萃,西汉南昌县尉梅福、东晋"南州高士"徐稚(字孺子)、元代航海家汪大渊、明代戏曲理论家朱权(宁王)、清初书画家朱耷(八大山人)均为出类拔萃的人物;历史名胜繁多,有滕王阁、南浦亭、百花洲、孺子亭、绳金塔、青云谱等;梅岭峰秀谷幽,有"小庐山"之称,是佛、道两教圣地;西山松青竹翠,有为祀奉道教人物许逊而建的万寿宫。南昌还是革命的英雄城市,1927年8月1日,南昌起义打响了反对反动统治的第一枪,开创了中国共产党领导的武装斗争和创建人民军队的新纪元。

### 一、豫章故郡,英雄名城

早在5 000多年以前,南昌就有较为集中的居民点。汉初始立豫章郡,汉高祖六年(前201)建灌城,为南昌建城之始,并首建南昌县为豫章郡之附郭,取"昌大南疆""南方昌盛"之意。唐宋时,南昌已成为江南著名都会。明清以来,海外交通主要以广州为口岸,而国内交通又以河流为便利,南北官商来往,每每取道南昌,南溯赣江进入广东,或北从赣江出鄱阳湖入长江转往长安。南昌在历史上曾数度易名。汉晋时称豫章郡,隋唐时称洪州。南唐中主李璟曾建南都于此,称南昌府。宋改隆兴府,元称龙兴路。明清时均称南昌府。1926年设南昌市。从汉代起,南昌一直是江西政治、经济和文化中心。

南昌地处江南要塞,为历代兵家必争之地。1927年8月1日,中国共产党前敌委员会以周恩来同志为首,在南昌领导了震惊中外的武装起义,中国人民解放军由此诞生,南昌也因此被誉为英雄城市。今存八一南昌起义总指挥部旧址,第二十军、第十一军指挥部旧址,朱德旧居,新四军军部旧址等革命遗址,市中心八一广场建有八一南昌起义纪念塔。

### 二、物华天宝,人杰地灵

南昌作为江南历史名城,人文荟萃。西汉南昌县尉梅福、东晋"南州高士"徐稚(字孺子)、元代航海家汪大渊、明代戏曲理论家朱权(宁王)、清初书画家朱耷(八大山人),均为乡土之出类拔萃的人物。孔子门生澹台灭明(春秋鲁国人)曾南游至此讲学。历代文坛名流如王勃、白居易、张九龄、孟浩然、韩愈、杜牧、施肩吾、欧阳修、曾巩、王安石、黄庭坚、苏辙、朱熹、辛弃疾、文天祥、虞集、解缙、汤显祖等均在南昌留有传世佳作。

南昌的历史名胜繁多,最负盛名者有所谓"豫章十景"——滕阁秋风、东湖夜月、苏圃春蔬、章江晓渡、龙沙夕照、西山积翠、南浦飞云、徐亭烟柳、洪崖丹井、铁柱仙踪。作为十景之首的滕王阁,始建于唐永徽四年(653),因王勃所著《滕王阁序》而名扬天下,名列江南三大名楼之一。苏圃春蔬、东湖夜月二景以及百花洲已扩建为八一公园。南昌境内还有寨子峡商周文化遗址、七座连城商周文化遗址、铜锣山周文化遗址等古文化遗址,刘城庙古城、孙虑古城、铁河古城等古城址,洪崖石刻、碧云庵石刻、新庵里石刻等石刻,南浦亭、佑民寺、杏花楼、绳金塔、蛮英塔、孺子亭、青云谱、西山万寿宫等古建筑。

南昌地方传统工艺有起源于清末的瓷板彩画、玉雕,我国南方著名的毛笔之乡进贤县文港镇出产的文港毛笔,采用本地特产上乘柯木为原料加工而成的烫金旅游香木扇、绢扇和始于唐朝的安义石鼻糕点印模等。传统食品、菜肴有产于安义县黄洲镇宗山坳的宗山米粉,洁白细嫩,久煮不糊,久炒不碎,美味可口;以新鲜乳白色藠头为原料,经腌制、自然发酵精制加工而成的甜酸藠头罐头,具有独特的天然乳酸芳香味,能调节胃口,清口解腻;源于明末清初的南昌丁坊酒乾隆年间曾作为贡酒,金黄清亮,香味浓郁;因烹调时加入甜米酒、猪油、酱油各一小杯,不放汤水,以炭火炖熟的"三杯鸡"色泽发红,肉鲜汤美;民间佳肴泥鳅钻豆腐制法特别,汤清如镜,豆腐鳅鱼交错,味鲜可口;蛋黄麻花、海参饼、雪枣坯等都是有一二百年历史的传统糕点。

### 三、梅岭西山,神仙胜境

梅岭位于南昌市西郊,鄱阳湖西南岸,北与庐山对峙,海拔841.5米,为南昌境内最高峰,峰秀谷幽,松青竹翠,有"小庐山"之称,是理想的游憩胜地。梅岭原名飞鸿山,西汉末年,南昌县尉梅福不满王莽专政,退隐飞鸿山,后人在山上建梅仙坛、山下建梅仙观,改山名为梅岭以纪念梅福,梅岭逐渐成为游人云集,佛、道两教经营的胜地,道书称之为第十二洞天。梅岭古迹中最古老的洪崖丹井,传为黄帝乐臣伶伦(后世号为洪崖先生)所凿,他在此汲水炼丹,脱俗成仙。隋代因洪崖所在,改豫章郡为洪州。洪崖丹井原址尚存,康熙丙辰年石刻"洪崖"二字清晰可见。

西山万寿宫为奉祀著名道教人物许逊而建,朝仙会的习俗一直延续至今。许逊是道教净明道派的创始人,字敬之,道号真君,南昌人。东汉末年,其祖父为避战乱从河南汝南迁居豫章。他年轻时好道家修炼之术,42岁任四川旌阳县令,在任10年,为官清廉,政绩卓著,并用自己所学秘方为民治病。归隐南昌后,一面精心修炼,为民治病,一面组织民众兴修水利,足迹遍及南昌、九江、湖南、福建等地,时间长达20年。著有《灵剑子》等书,被尊为道家经典。他还在南昌梅仙祠旧址创建道院,取名太极观(青云谱前身)。传说他活了136岁,后人尊其为"许仙"。相传东晋宁康二年(374)八月初一,许真君及全家42口人一齐升天,连房屋和鸡犬也一齐飞去。南昌人尊许逊为福主菩萨,俗定于八月初一为福主生日,这一天许多人家都要斋戒礼拜,前往西山万寿宫进香朝拜。久而久之,外地来进香朝拜的人也越来越多。每年从农历八月到十月前后两个多月的时间,方圆百里的高安、上高、新建、南昌、丰城、进贤等县,都成群结队,有组织地以族、以村为团体前往朝拜进香。为了敬到头香,敬香者要提前赶路,有的要起早摸黑,提前数天到达,等待八月初一这天烧头香,敬到了头香的人比中了状元还高兴。

## 44 江南宋城——赣州

赣州位于江西省南部,章、贡两江汇合于赣江处,被誉为"千里赣江第一城",现为赣州市章贡区。古为百越地,西汉初始置赣县,城址城名屡有变更。东晋郡守高琰于章、贡两江间筑南康郡城,始为赣南政治、经济、文化中心。赣州是沟通中原与岭南重要的南北通道,繁荣兴盛于宋代,手工业发展,市场兴旺,至今保持宋代的城市布局特色,留存有多处宋代文史古迹以及王阳明讲学的新安书院、爱莲书院、濂溪书院、阳明书院、文庙和灶儿巷、南市街历史街区。

### 一、赣江第一城

赣州位于江西省南部,赣江上游章、贡两江汇合处,居连通闽粤两省和湘南及赣中腹地交通要冲,为赣南政治、经济、文化、交通中心。西汉高祖六年(前201),灌婴定江南地,置赣县,这是赣州最早的建置。晋、南北朝为南康郡治。隋为虔州治,因虔为"虎"字头,俗称"虎头城"。南宋绍兴二十三年(1153)改虔州为赣州,沿用至今。

唐代开通大庾岭道,长江中下游的物资由长江进鄱阳湖,溯赣江而上达赣州城,然后转入章江抵大庾岭下,再翻越梅关进入珠江流域,由北江到达广州,这条交通线是唐代以后中国东南地区最重要的南北交通要道。宋代从赣江溯贡江而上,然后翻越武夷山进入福建地区的交通线也已开通,赣州实际上成了中国东南地区长江、珠江、闽江三大水系的交通枢纽。因此,直到鸦片战争以前,广州吞吐的各种进出口货物主要通过大庾岭道运送而必须经过赣州,作为交通枢纽的赣州,其纺织、陶瓷、造船、制糖等手工业发达,商业繁荣,"商贾如云,货物如雨",跻身全国30大名城行列,成为南方经济、文化的一个重镇。现代史上,1939—1945年初,蒋经国来到赣南,任国民党江西第四行政区督察专员,他在赣州建的虎岗"中华儿童新村"和花园塘官邸等旧址至今保存完好。

## 二、宋城遗迹

宋代赣州城经贸繁荣,城市建设随之取得大发展。嘉祐年间(1056—1063),知州孔宗翰继五代扩城之后,又开始了规模宏大的修筑石基砖城墙的工程。熙宁年间(1068—1077),刘彝知赣州,主持开挖城内福寿沟,开凿水门水窗,建成完善的城市地下排水系统。从北宋熙宁至南宋淳熙年间,章、贡江上陆续建起了西河、东河、南河三座浮桥。两宋时期,赣州的风景名胜也得到了兴建与修葺,城东南的慈云寺内建造了高达42米的舍利塔,八镜台、郁孤台因大文豪苏轼、辛弃疾的题咏而扬名。郁孤台坐落在城区西北部的贺兰山上,海拔131米,是城区的制高点,以其地山势高阜、郁然孤峙,故名。郁孤台在唐代宗时就有记载,历代文人墨客登临题咏甚多,其中南宋著名词人辛弃疾《菩萨蛮》词:"郁孤台下清江水,中间多少行人泪。西北望长安,可怜无数山。青山遮不住,毕竟东流去。江晚正愁余,山深闻鹧鸪。"为千古绝唱。景因文传,郁孤台也随之名播四海。通天岩石窟开凿在宋代达到了鼎盛时期,以完成于北宋的十八罗汉为造像精华所在。七里镇瓷窑在宋代盛烧,是江西四大窑厂之一,今沿贡江北岸一线东西长约2千米、南北宽约0.5千米的范围内是宋代瓷窑遗址区。

## 三、客家文化

赣州是客家人的主要集散地和聚居地之一,是客家民系形成的摇篮。保存有唐宋古韵的客家方言,神奇的客家围屋,古朴的客家民居,美妙的客家山歌,融山歌、灯彩、舞蹈为一体的采茶戏,以及吃擂茶、吃满碗等古朴民俗,洋溢着浓郁的客家风情。2013年,文化部同意在赣州市设立国家级"客家文化(赣南)生态保护实验区",保护区域内的非物质文化遗产及其传承人和相关文物古迹、所依存的自然生态环境和文化生态环境。

## 45 红都圣地——瑞金

瑞金位于江西省东南部。唐天祐元年(904)置瑞金监,因"掘地得金,金为瑞"得名。第二次国内革命战争时期,瑞金作为中华苏维埃共和国临时中央政府所在地,是全国苏区政治、文化中心,留下了中华苏维埃共和国临时中央政府旧址、第二次全国苏维埃代表大会会址(中央政府礼堂)、红井等一大批革命旧址。瑞金依托丰富的文化遗址资源,积极推进红色旅游发展,拥有全国红色旅游经典景区之一、国家 AAAAA 景区——共和国摇篮旅游区。瑞金也是客家人的重要聚居地。

### 一、史地概况

瑞金位于江西省东南部,武夷山脉南段西麓,赣江东源贡水上游,与福建省长汀县相邻,素为赣闽粤三省通衢,是中西部省市沟通东南沿海的中转要地,海峡西岸经济区的第一腹地。

瑞金地域春秋属吴,战国初属越;楚灭越后,全境归楚;秦属九江郡。唐末天祐元年(904),析雩都县象湖镇淘金场置瑞金监,因"掘地得金,金为瑞",故名。自此始有瑞金之名。南唐保大十一年(953),瑞金监改置为瑞金县。1930 年 4 月,瑞金境内农民暴动成功,推翻民国县政府;同年 6 月,成立县革命委员会。1931 年 11 月,中华苏维埃共和国临时中央政府在瑞金成立,瑞金县置为中央直属县。1934 年 10 月,中国工农红军主力开始长征,中华苏维埃共和国中央政府随之撤离,瑞金县重归民国江西省政府管辖。1994 年 5 月,瑞金撤县置市,隶属于赣州地区(1998 年,撤销赣州地区,设立地级赣州市)。2014 年 5 月,瑞金市成为省直管县(市)体制改革试点之一。

### 二、红色故都

瑞金是闻名中外的红色故都、共和国摇篮、中央红军长征出发地,是苏区时期党中央驻地和苏维埃中央政府诞生地。从 1929 年 2 月,中国共产党在以瑞金为中心的赣南、闽西地区开辟中央革命根据地,到 1934 年 10 月红军离开瑞金长征,以瑞金为中心的中央苏区一共存续了五年零八个月。1931 年 11 月 7 日,中华苏维埃第一次全国代表大会在瑞金的叶坪隆重召开,宣告通过了《中华苏维埃共和国宪法大纲》,中华苏维埃共和国诞生,中华苏维埃共和国临时中央政府正式成立。瑞金为共和国的首都,改名为"瑞京"。当天在叶坪举行了隆重的"开国大典"。1934年1月,第二次全国苏维埃代表大会在瑞金沙洲坝召开,此时因中共中央政治局已经从上海迁到了瑞金,原中华苏维埃共和国临时中央政府正式成为中华苏维埃共和国中央政府。瑞金作为红色首都,是当时毛泽东、周恩来、朱德等一大批当代中国先进文化的缔造者和传播者生活战斗的地方,是毛泽东思想的主要发源地和初步的形成地,以及人民代表大会制度和八一建军节的诞生地。新中国第一、二代领导人大多数在瑞金得到了历练。

瑞金为中国革命作出了巨大的贡献和牺牲。当年24万人口的瑞金,有11.3万人参军支前,5万多人为革命捐躯,其中1.08万人牺牲在红军长征途中。为支持苏区建设和红军北上抗日战略转移,1932年至1934年间,瑞金人民一共认购革命战争公债和经济建设公债78万元,支援粮食25万担,捐献银器22万两,连同存在苏维埃国家银行瑞金支行的2600万银元,全部无私奉献给了中国革命。

瑞金境内留下了一大批革命旧居、旧址,主要集中在叶坪、沙洲坝、乌石垅、云石山等地。叶坪在城东北,1931—1933年中共中央驻此,革命旧址有中华苏维埃共和国临时中央政府、中共苏区中央局旧址以及红军烈士纪念塔、纪念亭、博生堡、公略亭、红军检阅台等,还有毛泽东、朱德、周恩来等领导人的旧居。叶坪临时中央政府旧址原是谢氏宗祠,建于明代,1931年在此召开第一次全国苏维埃代表大会,宣告成立临时中央政府。旧址内部以木板隔成15间,作为各部委办公室。中央苏区中央局旧址原为私宅,建于1922年。纪念塔、纪念亭等均是1933年动工兴建的,上有毛泽东、朱德、周恩来等的题词题字。

1933年4月至1934年7月,中央工农民主政府从叶坪迁到沙洲坝。沙洲坝现存有临时中央政府执行委员会、人民委员会、中央革命军事委员会、中共临时中央局、少共中央局、中华全国总工会及列宁小学旧址等和中央大礼堂。建于1933年的中央大礼堂面积约1530平方米,内有固定戏台,四周开17门,辟百页大窗,上下两层可容纳2000多人,正门上方嵌红油漆涂饰的"中华苏维埃共和国临时中央政府"和国徽图案。

中央军委旧址在乌石垄,原为私宅,朱德、周恩来、刘伯承、叶剑英等领导人住此。

1934年7月,中央机关从沙洲坝搬迁至位于瑞金城西19千米的云石山境内。1934年10月,中央苏区的第五次反"围剿"战争失利。10月10日,苏区中央党政军机关率领中央红军主力撤离瑞金,实行战略大转移,开始了举世闻名的二万五千里长征,云石山也因此被誉为"长征第一山"。

瑞金的其他革命旧址还有大柏地的"弹洞壁"、洋溪祠堂的中央党校、大埠村的红军大学及"长征第一桥"武阳桥等。

瑞金红色资源丰富,52个中央和国家机关部委到瑞金"寻根问祖",修复革命旧址、建立爱国主义和革命传统教育基地,瑞金成为全国最大、影响最广的革命传统教育名城。由叶坪、红井、"二苏大"(第二次全国苏维埃代表大会)、中华苏维埃共和国历史纪念园等游览区组成的瑞金共和国摇篮景区占地4 500余亩,是全国红色旅游经典景区之一,2015年7月成为AAAAA旅游景区。

## 46 历下泉城——济南

济南是山东省省会。商周时代为古谭国地,春秋战国属齐地,秦代称历下邑。汉初设济南郡,为"济南"一名之始。济南是山东地区乃至全国古文化发展脉络最清晰的几个文化中心地区之一,晋代以后千余年间为海岱地区的区域性中心城市,有龙山文化命名地城子崖遗址、商周大辛庄遗址、小屯遗址、东汉孝堂山郭氏墓石祠、始于晋代的灵岩寺、隋代四门塔、唐代千佛崖石窟造像、九顶塔、龙虎塔、多宝佛塔、大佛寺造像、历下亭、唐槐亭、始创于宋的济南府学文庙、元代清真南大寺、张养浩墓、北极阁等众多文物古迹。济南号称"泉城",现有趵突泉、珍珠泉、黑虎泉、五龙潭、百脉泉五大泉群,并拥有千佛山、大明湖等名胜,构成"四面荷花三面柳,一城山色半城湖",自然与人文相交融的景观。济南历代人才辈出,是战国时期思想家邹衍,汉代儒者伏生,唐代名将秦琼,宋代词人李清照、辛弃疾、周密,元代散曲作家张养浩,明清学者李攀龙、周永年等的家乡。

## 一、家家泉水,户户垂杨

济南位于山东省中部偏西、黄河下游南岸,是黄河下游一座著名的古城。济南地处鲁中山地丘陵和鲁西北冲积平原的交接地带,市南郊为鲁中南丘陵的北缘,自东向西绵延着许多高低不等的山丘,市北郊是坦荡的平原。千佛山、四里山、白马山等蹲峙于南,黄河、小清河等流泻于北,地势南高北低,南部为断层石灰岩结构,有大量地下溶洞,地下水依山势由南向北流动,为北部不透水的火成岩所阻,于裂缝夺地而出,遂形成涌泉,济南以"泉城""泉都"闻名于世。济南泉水粼粼,杨柳依依,清代刘鹗在《老残游记》中盛称济南是"家家泉水,户户垂杨",自古有 72 泉之说,其实涌泉众多,不可胜数,其中趵突泉、黑虎泉、珍珠泉和金线泉号称四大名泉,而以趵突泉居 72 泉之首,号为"天下第一泉"。

泉城诸泉汇集北流,注入市中心的大明湖。大明湖被誉为"泉城明珠",是济南三大名胜之一,最早见于北魏郦道元《水经注》记载。今大明湖《水经注》称"陂""历水"。六朝时因水内多生白莲曾名"莲子湖"。金代元好问在《济南行记》中始称大明湖。宋熙宁五年(1072),齐州知州曾巩为防水患修建北水门,基本形成今日大明湖之雏形。"明湖泛舟""历下秋风""汇波晚照"等在明代即被列入济南八景。沿湖名胜古迹众多。大明湖南岸的遐园,建成于清宣统元年(1909),水聚溪绕,回廊曲折,山石叠立,花木扶疏,人谓"历下风物,以此为胜"。湖边有建于清末、1961 年改建的南宋词人辛弃疾纪念祠。北岸有纪念宋代文学家、齐州知州曾巩的南丰祠。大明湖湖心岛上,有北魏以前得名、清康熙三十二年(1693)重建的名重一时的历下亭及御碑亭和名士轩等建筑。此外,沿湖还有汇波楼、汇泉堂、月下亭、明湖居等名胜,可谓集"造化钟神秀"之大成。郭沫若曾题有《大明湖》诗云:"东风送暖百花香,春到芙蓉韵满堂。一片清芬无限意,大明湖畔柳丝长。"

## 二、海右此城古,济南名士多

济南历史文化源远流长。1964 年秋在西郊田家庄发现的北辛文化遗址是济南境内迄今已知最早的新石器文化,距今已有 7 000 年。继北辛文化之后是大汶口文化,在济南市平阴县、长清区及历城区等处发现多处遗址。大汶口文化的上限距今 6 500 年,下限则在 4 500 年前过渡到龙山文化。龙山文化的命名是因为 1928 年首先在济南市章丘县(今章丘区)龙山镇的城子崖发现了一处典型的新石器时代晚期的古文化遗址,其社会发展阶段约相当于原始社会末期。它是全国最早发现的两支史前文化之一,由于当时考古界以河南的仰韶村出土的彩陶为新石器时代文化的标志,称之为彩陶文化,所以龙山文化也被学术界称为黑陶文化以与之区别。龙山文化的遗址和墓地,较之大汶口文化的遗址和墓地分布更广、规模更大、内涵更丰富。城子崖遗址早在 20 世纪 20 年代末和 30 年代初就进行了发掘,是中外知名的古文化遗址。它的上限距今 4 500 年,下限距今 3 800 年左右,已经到了我国历史上第一个王朝——夏朝。大约距今 4 000 年,济南地区开始进入青铜时代。20 世纪 60 年代初发现的岳石文化是龙山文化的后继文化,其年代在公元前 1 900 年到公元前 1 500 年前后,作为济南地区的早期青铜文化,它使该地区的新石器文化与青铜文化有机地联系在一起,形成了济南地区新石器文化、青铜文化连绵不断的谱系。

商周时期的济南,经济繁荣,文化发达,在今章丘区城子崖一带建有谭国,是隶属于商王朝的东方古国之一。济南地区的商文化遗址遍布全境。西周和春秋战国时期,济南隶属齐国,时称泺,为齐国西南之锁钥要地。泺指泺水,发源于趵突泉。后来因为泺邑处于历山(今千佛山)之下,齐国又把泺邑改为"历下",直到现在济南市仍简称为历。汉代,在此设济南郡,从此有了济南这个名称。济,即大清河,古称济水,因城位于济水之南而得名。汉文帝十六年(前 164)改济南郡为济南国,首府设在东平陵城(今章丘境内),晋代以后济南国(或郡)的首府才迁至历城,此后,历城成为地方行政中心。明洪武九年(1376)山东布政使司由青州迁济南后,济南一直是山东省会。

古城济南是人文荟萃之地,古往今来,英雄豪杰辈出,代不乏人。故唐代大诗人杜甫云:"海右此亭(指历下亭)古,济南名士多。"[1]相传舜曾耕于历山,故历山又称舜耕山,城内有舜庙、舜井,至今犹有舜井街。春秋齐国大夫鲍叔牙对齐国作出了卓越贡献,后人因此把埋葬他的那座山称为鲍山(在今济南东近郊)。唐代著名诗人李白、杜甫,宋代文学家欧阳修及苏轼、苏辙、

---

[1] (唐)杜甫.陪李北海宴历下亭.

曾巩、晁补之等都曾在济南留下足迹和诗文。特别是济南在宋代先后诞生了两位有卓越成就的词人——李清照和辛弃疾,在中国文学史上写下了辉煌篇章。

## 47 海上名港——青岛

青岛位于山东省东南部,黄海西岸,环抱胶州湾。清末青岛地区亦称胶澳,光绪十七年(1891)在胶澳设防,为青岛建置之始。1897年后先后被德、日占领,由于优良港口的修筑和胶济铁路的通达,青岛在较短的时间里从十几个小村镇发展成为一座城市。现存德国总督公署、官邸和原警察署及有欧、亚、美等数十个国家建筑风格的八大关建筑群,享有"世界建筑博览会"之美誉。青岛市境内地区历史源远流长,文化遗迹丰富,有琅玡台、田横五百义士墓、天柱山摩崖石刻、康有为墓等。境内崂山是道教名山。

### 一、东夷旧地

青岛地区西周时为东夷地,春秋战国时属齐国境域。秦统一中国后,今青岛地区基本属于胶东郡和琅玡郡。今青岛市曾先后隶属于三个县:自西汉起首隶于不其县;北齐天保七年(556)不其县并入长广县;隋代开皇十六年(596)后属即墨县。宋元时期这里为商船寄泊之所。明代为防御倭寇,在即墨县东南沿海设鳌山卫,青岛市区曾一度划入该卫统属的浮山千户所。清雍正年间撤销浮山所建置后,青岛市区又划入即墨县仁化乡。

青岛所辖地区历史悠久,拥有丰富的历史内容和文化遗迹。在青岛境内发现了多处史前文化遗址,周代齐即墨故城在平度市境内,战国著名的历史事件"田单破燕"就发生在这里。胶南市(今黄岛区)的琅玡台,三面临海,一面接陆,秦始皇曾三度登临,立石颂德,并遣方士徐福入海求仙药,嗣后秦二世和汉武帝也都曾登临琅玡台,秦二世刻石尚存于中国历史博物馆中。西汉刘邦称帝后,齐王田横率500徒属退居海中岛上,汉高祖五年(前202),田横应召赴洛阳,行至中途自刎而死,消息传到海岛后,500壮士于田横衣冠冢前哀唱《薤露歌》,集体挥刀自杀殉节。后人收其遗骨葬于岛顶,立庙祭祀,此岛即位于即墨区田横镇东海上的田横岛。青岛市境内有春秋战国时期齐国修筑的长城 68 千米,虽早已倾圮,但仍有多处遗迹可寻。

## 二、近代新城

青岛城市的崛起与发展是近百年间的事。清同治四年(1865)东海关在青岛地区设分关,青岛口商贸活跃。清末,青岛地区亦称胶澳,光绪十七年(1891)清政府议决在胶澳设防,是为青岛建置之始。翌年,登州镇总兵章高元率部移驻胶澳,筑栈桥,修炮台,设总兵衙门,青岛始为小镇,并逐渐发展为海防重地。光绪二十三年(1897)十一月,德国以"巨野教案"为借口,强占了胶州湾,并强迫清政府于次年签订了《胶澳租借条约》,在租界建设若干军事设施。1904 年胶济铁路通车和大港码头建成后,商业贸易急剧增长。第一次世界大战爆发后,1914 年日本取代德国强占青岛,在青岛设银行、办工厂。一战结束后,中国人民为收回青岛进行了不懈的斗争,迫使日本于 1922 年同中国政府签订了《解决山东悬案条约》,收回青岛,设立"胶澳商埠督办公署",直属北洋政府。1929 年 4 月南京国民政府接收青岛,设青岛特别市,1930 年改称青岛市,为直辖市。抗日战争爆发后,1938 年 1 月日军再次侵占青岛,1945 年 9 月战败退出,青岛被国民党政府接收,仍为直辖市,并成为美国的海军基地。1949 年 6 月,中国人民解放军接管青岛,成立青岛市人民政府。

青岛是 19 世纪末新兴的城市,百余年间曾几次遭受殖民主义的统治,自 1897 年德国侵占胶澳开始,这座城市的变迁堪称近代中国半殖民地化的缩影。由于青岛市区地理位置优越,尤其是优良港口的修筑和胶济铁路的通达,在较短的时间内,便从十几个小村镇发展为一座城市。近代青岛的市区是在特殊历史环境下发展起来的,特别是德占青岛期间,对青岛进行了近代城市规划和建设。青岛的建筑繁博多姿,在近代建筑史上独树一帜,集有 24 个国家的风格,享有"世界建筑博览会"之美誉,原青岛德国总督府、德国总督楼、德国警察署、江苏路基督教堂等是青岛近现代建筑的代表。位于青岛市市南区香港西路之西南侧的八大关建筑群,始建于 20 世纪 30 年代,因其街道以中国古代著名关隘命名,故称"八大关",实有 10 条以关隘命名的道路。这里的楼房设计精巧,形式各异,有欧、亚、美数十个国家和地区的建筑风格。

### 三、崂山胜境

位于青岛市区东部的崂山是中国道教名山,临海而峙,风景优美,秦始皇、汉武帝都曾登临。唐玄宗曾派人进山炼仙药,崂山道教得以兴盛,有九宫八观七十二名庵之说。金代,道教全真派创始人王重阳的弟子丘处机三次来崂山说法传教,对崂山道教的发展影响很大,嗣后崂山道教进入鼎盛时期,被称为全真道教天下第二丛林。明清文徵明、王士祯、顾炎武、高凤翰、康有为等也慕名而来,留有吟咏题刻。蒲松龄在崂山写下了《聊斋志异》中的许多作品。崂山山舒水缓,林幽壑美,步步生奇,有上清宫、太清宫、太平宫、华楼宫等建筑。

崂山是中华道教圣地,其道乐有独特之处。崂山道乐经曲多由上古民歌和民间号子演变而成,具有强烈的东夷文化气息,后来风行全国的"十方经韵"传入,融入了崂山道乐。金代全真道北七真来崂山传真布道,特别是丘处机来崂山,把崂山道乐和十方道乐进行了广泛交流,逐渐形成了风格独特和档次齐备的道乐体系。嗣后,崂山道乐分为"内山派"和"外山派",特别是外山派道乐使用管弦伴奏,而且又直接参与各种民俗活动,促进了崂山地区民间吹奏乐的蓬勃发展。许多民间老艺人多师承崂山道乐,不少道乐名曲在民间流传至今。

## 48 孟子故里——邹城

邹城位于山东省西南部。商代属奄国,周初封颛顼后裔建邾国。秦统一后始设驺县,唐初改驺为邹。邹城是孟子故里,有孟庙、孟府、孟子林,还有野店遗址、邾国故城、重兴塔、明鲁王朱檀墓和铁山、岗山、葛山摩崖刻经等文物遗迹。境内峄山与泰山南北对峙,石美、洞奇、神话传说丰富,被誉为"岱南奇观",是历代经营的文化名山,有秦峄山碑等300多处摩崖刻石和碑碣。

### 一、亚圣孟子故里

邹城地区商代属奄国。周克商灭奄,封颛顼玄孙陆终第五子晏安之苗裔曹侠于此,国号邾,附庸于鲁国。秦统一中国后始设驺县,隶属薛郡。唐初改驺为邹,属河南道兖州鲁郡。宋曾改县为镇。宋元丰七年(1084)复设邹县,明清沿袭。1992年,邹县改为邹城市。

邹城是一块圣贤辈出的土地,孕育了"亚圣"孟子,创造出了光辉灿烂的儒家文化,素有"孔孟桑梓之邦,文化发祥之地"的称誉。在我国历史上享有盛誉的孟母,三迁择邻,断机教子,不仅培育了"功不在禹下"的历史文化巨人孟子,而且影响了邹城相沿2 000多年的办学之风,民以向学为荣。开国明君郏文公,"一经传家"的西汉父子丞相韦贤、韦玄成,凿壁偷光、刻苦好学的经学家、西汉丞相匡衡,建安七子之一的王粲,主张社会进步的思想家仲长统,文武兼备、尤通经史的西晋安北大将军刘宝,魏晋名医、医学名著《脉经》的作者王叔和等,都是这块土地培养出来的大贤巨擘。

孟庙又称亚圣庙,是历代祭祀孟子的地方,其规模仅次于孔庙,现有殿庑64楹和碑亭、牌坊,正殿亚圣殿始建于宋宣和三年(1121),庙内存有秦汉以来历代碑碣280块。孟府在孟庙西侧,是孟子嫡系后裔居住的宅第,始建于北宋晚期,为衙宅合一的古建筑群。邹城东北四基山麓的孟子林是埋葬孟子及其后裔的家族墓地,始建于北宋景祐四年(1037),经历代扩建整修,规模宏大。每年旧历四月初二为孟子林古会,孟氏子孙和游人纷纷来此瞻拜一代儒学宗师孟子。

## 二、岱南奇观——峄山

历史文化名山峄山位于邹城东南12千米处峄山镇北,海拔545米,又名东山,孟子曾说"孔子登东山而小鲁,登泰山而小天下"(《孟子·尽心上》),东山即指峄山。峄山怪石叠积、象形透剔、洞穴幽邃、灵泉喷涌,集泰山之雄伟、黄山之秀奇、华山之险峻于一身,与岱宗争奇斗艳,从而博得"灵通泰岱""衍岱钟灵""岱南奇观"之美誉。峄山传说是女娲用补天剩下的滚滚乱石叠垒而成,因其"怪石万迭,山无土壤,积石相连,络绎如丝"而得名,在《诗经》《尚书》等典籍中均有提到。孔子、孟子、秦始皇、李斯、司马迁、华佗、李白、杜甫、欧阳修、苏轼、王安石、黄庭坚、陆游、赵孟頫、董其昌、郑板桥等历史名人都曾登临览胜,并在峄山留下300多处摩崖刻石和碑碣。尤其著名的是,秦始皇立国之初,首次东巡齐鲁即慕名率群臣登上了峄山,于惊叹山石神工鬼斧、风光隽秀之际,命丞相李斯撰文刻石,颂扬"废分封,立郡县,统一天下"之奇功,从而留下了国内著名的秦峄山碑。峄山有一种天造地设的自然美。一曰石头美。山石参差嶙峋,如龟、如鱼、如兔、如冠、如丸,千姿百态,令人叹为观止。二曰洞穴泉水美。累累巨石之下,有许多天然洞穴,大如广庭,小如斗室,纵横通达,曲径通幽;且洞穴多有泉水,每每东北风起,百泉涌涨,云气汹涌,其情景犹似仙山。三曰神话传说美。峄山石、洞、泉变化神奇,民间传说很多,曲折离奇,令人陶醉。峄山还是道家活动的重要场所,甚得历代达官显贵的垂青,多有慷慨解囊捐资修山之人,经历代经营,山上建有五大奇观、二十四景、三十六洞天、七十二庙宇,宫殿庙庵数百楹,碧瓦红墙,错落山间,十分壮观。

## 49 江北水城——聊城

聊城位于山东省西部,冀鲁豫三省交界处,是大运河北段的著名商埠。城市格局独特,有全国最宽的护城河——东昌湖。城区内外大量文物古迹保护完好,光岳楼雄踞古城中心,山陕会馆构筑巧妙,曹植墓庄严雄浑,还有宋建13级铁塔、明代舍利塔、古色古香的鳌头矶、武松打虎的景阳冈、藏书名楼海源阁、遐迩闻名的狮子楼以及文庙、清真寺、海汇寺等100余处作为省市级文物保护单位的古建筑。聊城的民间艺术多样,有柳林秧歌、临清琴曲、临清时调、莘县火狮子、东昌木版年画、临清羽毛画、董庄中堂画、郎庄面塑、茌平剪纸、雕刻葫芦等。

### 一、"江北一都会"

聊城地处鲁西平原,古运河畔,是座历史悠久的重镇。商末曾建有微子国,春秋后期为聊国,齐灭聊国后,城因国名,始称聊城,是齐国西部的重要城邑。公元前221年,秦置聊城县,属东郡,三国时改属魏平原郡。隋开皇十六年(596)为博州治,南宋景定四年(1263)为博州路总管府治所,明、清为东昌府治所。1940年为纪念抗日民族英雄范筑先将军一度改名为筑先县。1947年1月1日解放,属平原省。1949年恢复聊城县。1952年改属山东省。1983年撤县设市。聊城是鲁西政治、经济、文化中心,明清时期经济繁荣,文化昌盛,为沿古运河九大商埠之一,被誉为"漕挽之咽喉,天都之肘腋,江北一都会"。

## 二、湖水环绕"凤凰城"

聊城古城池南门像凤凰头,北门似凤凰尾,东西两侧扭头门好像凤凰展翅,布局状若凤凰,故素有"凤凰城"之称。城市格局独特,始建于宋代的古城区,被宽阔的护城河(东昌湖)环绕,方正规整;元代以后随运河开通兴起的新城区,沿运河带状展布,因地势自由舒展。古城中心耸立光岳楼。明朝初年,东昌卫守御指挥佥事陈镛为与元朝残余部队作战,将宋代东昌土城改建为砖城,并在洪武七年(1374)利用修城余木修建了这座高达百尺的更鼓楼,所以初名"余木楼",后因地而名"东昌楼"。当时建造此楼的目的是为了"严更漏、料敌望远、报时、报警",随着明王朝统治的巩固,此楼的军事功用很快被遗忘,而以雄伟高大名扬天下。明弘治九年(1496),吏部考功员外郎李赞在他的《题光岳楼诗序》中这样说:"余过东昌,访太守金天锡先生。城中一楼,高壮极目,天锡携余登之,直至绝阁,仰视俯临,毛发欲竖,因叹斯楼,天下所无,虽黄鹤、岳阳亦当望拜。乃今百年矣,尚寞落无名称,不亦屈乎?因与天锡评,命之曰'光岳楼',取其近鲁有光于岱岳也。"光岳楼由此得名。楼由墩台和主楼两部分组成,外观为四重檐歇山十字脊过街式楼阁,通高和底边长都是古代的九丈九尺,在中国古代九是阳数之极,寓意它的高度不可超越。600多年来,光岳楼也一直是中国最雄伟最高大的木构楼阁之一。众多帝王将相、文人墨客路过聊城都要登楼抒怀。清朝康熙皇帝曾4次登楼并题匾"神光钟暎",意为东岳之神光与光岳楼之神光交相辉映;乾隆皇帝更是九过东昌,6次登楼,题写了"光岳楼"匾额,作诗13首。

登上光岳楼,举目四望,首先映入眼帘的就是水域辽阔的环城湖,清澈的湖水像一条巨大的彩缎环绕古城,古城区又有片片湖水似明镜镶嵌其间,湖光波影与铁塔、光岳楼、山陕会馆等名胜古迹相映生辉,为聊城增添了迷人的色彩。环城湖即东昌湖,始成于宋熙宁三年(1070),素有"北方西湖"之誉。东昌湖是在原护城河的基础上拓展而成的,早在宋熙宁三年(1070)掘土筑城时,便形成了护城河及周围洼地,后来又在城四周洼地之外修筑了护城堤。现在东昌湖是聊城著名的游览区。

### 三、武松打虎景阳冈

明清之交,漕运兴盛带来了聊城文化的发展,中国古典名著《水浒传》《金瓶梅》《老残游记》中许多故事都取材于这个地区。在今阳谷县城西有景阳冈,传说是武松打虎之处。据《阳谷县志》记载,当年这里冈阜起伏,草密林茂,人烟稀少,野兽出没。今日的景阳冈已成一片沙冈,沙冈顶部正中建有武松庙,据传始建于明代中期,现存古庙为1958年修建。庙前方有一方刻有"景阳冈"三个大字的石碑,系我国当代著名书法家舒同所题。庙东二三百米处,有一刻有"武松打虎处"的墨玉色石碑。周围还有"三碗不过冈"酒店、山神庙、虎啸亭、碑林、虎池、猴山、鹿苑等景点。1973年以来,经省考古队多次试掘,认定景阳冈为龙山文化遗址。

在阳谷县城大隅首西南角,有一座狮子楼,始建于北宋景祐三年(1036),相传是《水浒传》中武松斗杀西门庆的地方,前来观光旅游者甚多。

## 50 齐国故都——临淄

临淄位于山东省中部,是淄博市辖区。公元前11世纪,姜尚封于齐,都营丘,后改称临淄。公元前391年齐国政权转归田氏,至公元前221年亡于秦。临淄是东夷文化和齐文化的主要发祥地,留有大量文物宝藏,境内有后李文化遗址、齐国故城遗址、遄台、梧台、雪宫台等和大型古墓156座。齐人多好经术,矜功名,足智谋,人才辈出,田齐桓公至威、宣王间设于临淄稷门外的稷下学宫,汇集当时各学派的代表人物,开中国百家争鸣之先声,其兼容并包、思想自由的学风对中国知识界影响深远。

### 一、"海内名都"

临淄是我国历史上开发较早的地区之一,早在七八千年以前的新石器时代,先民们就已在这里生息繁衍。这里是东夷族的主要活动中心,少昊的司寇爽鸠氏的封地。公元前11世纪,姜尚佐文王、武王灭商兴周,以首功封于齐,建都营丘(今临淄区齐都镇)。齐哀公被周王烹杀后,胡公迁都薄姑。前859年,齐献公复都营丘,并以营丘濒临淄水而更名为临淄。前391年,田和取代姜齐,齐国政权转归田氏,直至前221年亡于秦。秦置临淄县,属齐郡。汉初,刘邦封子刘肥为齐王,都临淄。始建国元年(9)王莽因境内齐陵密布而改临淄为齐陵县。东汉复称临淄,并复齐郡为齐国,临淄为县治、国治、青州刺史治所。在很长一段时间里,临淄一直被称为"八大通衢""海内名都",为重要的经济中心。战国时期,"临淄之途,车毂击,人肩摩,连衽成帷,举袂成幕,挥汗成雨,家敦而富,志高气扬"[1],一片繁荣景象。西汉时,"齐临淄十万户,市租千金,人众殷富,巨于长安"[2],为汉"五都"之一。曹魏时,青州刺史仍治于此。此后由盛而衰。自南北朝以迄明清,临淄为县,先后隶属于青州、益都府、益都路、青州府。1969年,临淄县改为临淄区,划归淄博市。

## 二、齐文化发祥地

临淄作为西周至春秋战国齐国的故都,两汉齐国的王城,是齐文化的主要发祥地。姜尚是齐国的缔造者和创始人,他先后辅佐周文王和周武王,东征西讨,伐纣倾商,因战功卓著被周武王封为齐侯,都于营丘。作为齐国的第一位国君,他为齐国的发展制定了许多适宜的政策,奠定了坚实的政治经济基础,使齐国在西周时期的社会发展中一直处于领先地位。据《史记·齐太公世家》记载:"太公至国,修政,因其俗,简其礼,通商工之业,便渔盐之利,而人民多归于齐,齐为大国。"又据《汉书·地理志》记载:"初太公治齐,修道术,尊贤智,赏有功,故至今其士多好经术,矜功名,舒缓阔达而足智。"

自姜尚以来,齐国人才辈出。继齐桓公、管仲、鲍叔牙、晏婴等明君贤相之后,有司马穰苴及其《司马法》、孙武及其《孙子兵法》、孙膑及其《齐孙子》及田单等兵家和兵书;有扁鹊、淳于意、徐文伯等医药学家;有甘德、薛凤祚等天文和数学家;有贾思勰及其《齐民要术》等农学家和农学著作;有左思、左芬、段成式等诗人和文学家;有房玄龄、段志玄等贤相名将。齐人尚功利,务实效,以开放为传统。齐桓公以农商并重而致富强。范蠡帮越王勾践兴越灭吴以后来齐国经商,称陶朱公,经商19年,获千金之利,分济贫民,司马迁称他为"富好行其德者"。孔子弟子子贡来齐经商也成巨富。西汉齐人刁

---

[1] 战国策·卷八·齐策一.
[2] (汉)司马迁. 史记·卷五十二·齐悼惠王世家.

间及东郭咸阳在齐经商,都积金巨万,富比王侯。故齐人有通商工之业、开发山海之利的风尚,并多以范蠡"富而好德"为榜样。直到今天,临淄仍以工商业发达为特点。

战国时期,齐桓公田午于临淄稷门外设学宫,招揽天下名士,称稷下学宫。齐威王、宣王间(前356—前301)学宫鼎盛时,儒、墨、道、法、阴阳、纵横、杂、名各学派云集于此,稷下先生达数百人之众,他们"不治而议论",形成百家争鸣的学术繁荣局面。

### 三、齐故城遗迹

临淄作为齐国故都、王城1 000余年,留下了大量文物宝藏,现有桓公台、孔子闻韶处、晏婴墓、东周墓殉马坑等众多遗迹,规模巨大的临淄古墓群是齐国王侯、大臣、贵族的墓葬,共有156座,著名的有姜太公衣冠冢、齐桓公墓、齐威王墓、齐宣王墓、管仲墓、田单墓、公冶长墓等。境内还有300余处古文化遗址,其中后李文化的年代在距今7 300~8 300年前,是迄今海岱地区发现的最古的新石器时期文化。

临淄齐国故城遗址位于临淄辛店城北7.5千米的齐都镇,西依系水(俗称泥河),东濒淄河。西周初年周武王封太公姜尚于齐,都营丘,公元前859年齐献公更名临淄,至前221年秦灭齐止,临淄作为齐国都城长达800余年。今故城城垣尚存,包括大、小城。小城位于大城西南隅,是国君和主要大臣居住的宫城,大城是平民、商人和一般官吏居住的郭城,两城总面积约15平方千米。齐都城有门13座,主要交通干道10条。在故城内还发现排水系统,城周有护城壕,既能排水,又能御敌,是世界同时代古城中少见的。宫城内的主要建筑遗址桓公台和大城内的晏婴墓还高高地矗立在那里。故城内重要遗存还有齐景公殉马坑、孔子闻韶处、韩信故宅遗址。东周墓殉马坑位于大城东北部,占地6 000平方米,全部殉马在600匹以上,排列密度平均每米地段2.7~2.8匹,数量之多,规模之大,前所未见。经鉴定,多属青壮年马,处死后人工排列而成,个个呈临战威姿,井然有序,十分壮观。其墓主是姜齐第二十五任国君齐景公。从庞大的殉马葬式,可看出齐侯的奢侈豪华,也反映了齐国经济的发达、军力的强盛。1982年就地建起殉马展厅。孔子闻韶处位于大城东南部,相传是孔子在齐听韶乐的地方,立有"孔子闻韶处碑"。1985年在遗址上建立齐国故城遗址博物馆,1997年又以文物陈列馆为基础建成齐国历史博物馆,展示齐国800余年产生、发展、兴盛和衰败的历史以及齐文化内容。

## 51 "四海皆安"——泰安

泰安位于山东省中部,泰山脚下。泰安因泰山而得名,取"泰山安则四海皆安"之意。它因泰山而建,因泰山而发展,是一座有一千多年历史的文化名城。城市现址在唐中后期已有雏形,宋开宝五年(972),作为县址和帝王封禅中心的中心城镇开始发展起来。城市"山城相依、山城一体"的格局独具特色,历史遗迹保护较好,自然风光雄伟壮丽,具有重要的历史、科学、艺术价值。泰安古城内岱庙的天贶殿是中国古代三大宫殿建筑之一。

### 一、山城相依

泰安位于山东省中部的泰山南麓,北依省会济南,南临儒家文化创始人孔子故里曲阜,东连瓷都淄博,西濒黄河。泰安山与城相连,城与山相依,风景秀丽,人文积淀厚重,是著名的文化旅游城市。

泰安地区历史悠久,早在5万年前即有人类生息繁衍,6 000年前产生了繁盛的大汶口文化。西汉高帝置泰山郡,隶属兖州刺史部,郡治在今市域内。北齐时改为东平郡。隋至宋代未设单独行政区。金初设泰安军,大定二十二年(1182)设泰安州,是为泰安得名之始。清雍正十三年(1735)升州为府,设附郭泰安县。1913年,裁府留泰安县。

泰安因泰山而得名,寓"国泰民安"之意。泰安城北依泰山,南临徂徕,汶水环绕,风物繁华。城市现址在唐中后期已有雏形,宋开宝五年(972),作为县址和帝王封禅中心的中心城镇开始发展起来,逐渐形成与泰山"山城一体、山城相依"的格局。

### 二、五岳独尊的泰山

雄踞泰安北部的泰山融雄伟壮丽的自然景观和久远丰厚的人文景观于一体,被誉为"五岳之首",享有"天然山岳公园"和"东方历史文化宝库"之称,1987年被联合国教科文组织列为"世界文化与自然遗产"。

泰山自然美的主要特点是雄伟壮丽,其海拔高度在五岳中虽仅居第三位,但相对高度达1 300多米,与周围的平原、丘陵形成高低、大小的强烈对比,在视觉效果上显得格外高大。泰山山脉绵亘约200千米,基础宽大,形体集中,使人产生安稳、厚重之感。泰山风景区内,有山峰156座,崖岭138座,名洞72处,奇石72块,溪谷130条,瀑潭64处,名泉72眼,古树名木万余株,寺庙58座,古遗址128处,碑碣1 239块,摩崖刻石1 277处,自然景观与人文景观融为一体。

泰山山峦叠起,主峰突兀,气势非凡,蕴藏着奇、险、秀、幽、奥、旷等自然景观特点。岱庙是山下泰城中轴线上的主体建筑,前连通天街,后接盘道,山城一体,内有与北京太和殿、曲阜大成殿同称为"中国三大殿"之一的宋天贶殿。从泰城西南祭地的社首山、蒿里山至告天的玉皇顶,步步登高,形成"地府""人间""天堂"三重空间,由此而由"人间"进入"天庭仙界"。

泰山是古代帝王封禅祭祀的场所。"封"即在岱顶聚土筑圆台祭天帝,增泰山之高以表功归于天;"禅"即在岱下小山丘积土筑方坛祭地神,增大地之厚以报福广恩厚之义。据《史记·封禅书》载,秦汉以前即有封禅祭祀活动,至秦汉封禅乃成大典,至唐宋仪礼臻于完备。自宋真宗封禅之后,帝王只祭祀,不再封禅。

随着封禅祭祀的兴起,道、佛、儒在泰山不断发展、融合。东汉张道陵弟子崔文子曾在泰山活动。魏晋时,佛教传入泰山,天竺僧朗公在岱阴创建朗公寺;北魏僧意在泰山、徂徕山创建谷山玉泉寺和光化寺。唐宋时,泰山道、佛教进入鼎盛时期,寺庙声振齐鲁。元、明时,先后有日本僧邵元、高丽僧满空等航海来中国,曾分别任灵岩寺、普照寺住持。泰山地方神主要有泰山神、碧霞元君和青帝。宋之后,由于封禅制的嬗变,泰山神逐渐被碧霞元君取而代之。明、清时,元君庙遍及中国各地。泰山神祇不仅影响中国,还影响到国外。日本平安时代(794—1192),泰山崇拜传入日本,长期为日本人民所崇祀。

由于泰山的崇高地位,中国历代的名人文士,似乎有一种与生俱来、无法排解的泰山情结。孔子"登泰山而小天下"对后世名人文士产生了巨大影响和垂范作用,沿袭成为积淀深厚的文化心理,蔓延成为流传久远的文化风气,演变成为传统文化中的一大景观。曹植宣称"我本泰山人"(《盘石篇》),

把泰山看作精神寄托与生命归宿;李白狂吟"天门一长啸,万里清风来"(《游泰山六首》),创造了奇丽壮美的神奇意境,体现了纵横天地的放逸精神;杜甫高歌"会当凌绝顶,一览众山小"(《望岳》),给人以积极向上、奋发进取的精神鼓舞;苏轼、苏辙兄弟以未登泰山为憾,说:"恨君不上东封顶,夜看金轮出九幽"(苏轼《和子由四首·韩太祝送游太山》);自称"诗人爱山爱彻骨"的元好问,登泰山时,"山灵见光怪,似喜诗人来"(《登岳》),与泰山有着高度的心灵契合。文人墨客对泰山的无限景仰与无数动人篇章,更造就了泰山这座文化名山的伟岸与瑰奇,为泰山增添了无穷魅力。

## 52 人间仙境——蓬莱

蓬莱属山东省烟台市,地处胶东半岛最北端,濒临渤海和黄海,东临烟台,南接青岛,北与天津、大连等城市及朝鲜半岛隔海相望,曾是中国古代重要的港口。蓬莱素称"人间仙境",有古代著名的楼阁建筑蓬莱阁、自然奇观"海市蜃楼"和流传广远的"八仙过海"传说,享有"东方神话之都"之誉。始建于明代的蓬莱水城,是我国迄今保存最完整的古代水军基地。神奇的自然风光、卓绝的人文景观,以及灿烂深厚的文化、醇香馥郁的葡萄美酒,使蓬莱成为中外知名的旅游城市。

### 一、登州古港

蓬莱地处胶东半岛最北端,濒临渤、黄二海,与朝鲜、韩国一衣带水,海岸线长64千米。这里新石器时代即有人类聚居。唐杜佑《通典》载,汉元光二年(前133),武帝东巡,"于此望海中蓬莱山,因筑城以为名"。唐贞观八年(634),始置蓬莱镇。唐神龙三年(707),登州治所移蓬莱,蓬莱遂升镇为县。明洪武九年(1376),登州升州为府。清代袭之。由唐至清的1 100多年间,蓬莱一直为胶东地区政治、经济、文化中心。

自秦至唐,蓬莱是东渡韩国、日本的三大出海口之一。古登州港是海上丝绸之路的起点和隋唐时期中外文化交流的桥头堡。今天的蓬莱仍是重要的港口城市和沿海开放城市,全市现有蓬莱新港、蓬长客港、栾家口港、安邦油港4个港口,蓬大、蓬旅航线是连接山东半岛和辽东半岛的黄金水道。

## 二、神话之都

蓬莱是中国东方神话的策源中心。蓬莱神话是中国古代流传下来的神话系统之一。蓬莱城北海面常出现海市,散而成气,聚而成形,虚无缥缈,变化莫测,方士乃以此演绎出海上神山的传说,勾画出一个令世人向往的神仙世界。《山海经》《史记·封禅书》都生动地描绘了蓬莱、方丈、瀛洲三座东海神山。战国齐威王、燕昭王曾派出探险家到海中寻求神山,后来又有了秦始皇东巡求长生不老之药,汉武帝御驾访仙的故事;白居易、苏东坡有"忽闻海上有仙山,山在虚无缥缈间"[1]"东方云海空复空,群仙出没空明中"[2]之句;另外"八仙过海"的传说又与蓬莱结合在一起,更增加了蓬莱的神话色彩。

## 三、人间仙境

蓬莱依山傍海,气候宜人,环境优美,兼之海市蜃楼奇观和八仙过海等传说,素以"人间仙境"著称。境内有古代名楼之一的蓬莱阁,秦末义士田横率徒500所居的田横山,我国迄今保存最完整的古代水军基地——蓬莱水城,登州古船博物馆,民族英雄戚继光祠堂和戚氏牌坊,以及三仙山景区、八仙过海景区等山海自然风光,百里黄金海岸、绵延百里的生态谷和山东半岛地区面积最大的天然氧吧——艾山国家森林公园。蓬莱是当之无愧的旅游名城、休闲胜地。

蓬莱阁始建于北宋嘉祐六年(1061),坐落在城北濒海的丹崖山巅。丹崖拔海而起,通体赭红,与浩茫碧水相映。蓬莱阁以其独特的地理位置和气象条件成为世界上海市奇观出现最频繁的地区之一。秦始皇、汉武帝曾于此望海中仙山,求长生不老药。传说,八仙就是在这仙阁之上酒酣耳热之后,才各显神通,乘风渡海的。蓬莱阁因海市蜃楼和八仙过海传说名扬天下,被历代文人墨客视为仙境。阁是一个庙宇与园林交错的建筑群体,佛寺、道殿、神庙同聚于此,和谐统一。阁中历代文人留下的碑刻匾额琳琅满目,有宋代大文学家苏轼卧碑真迹《题吴道子画后》、明代书法家董其昌手书《海市》诗碑等,文化瑰宝为海山增色。

蓬莱阁西侧是蓬莱水城,古称登州港,是我国目前保存最完好的古代水

---

[1] (唐)白居易. 长恨歌.
[2] (宋)苏轼. 登州海市.

军基地。港位于山东半岛最北端,地理位置特殊,自古以来就是对外经济文化交流的窗口和防御外患入侵的战略要地。唐代许多日本、朝鲜的遣唐使多由此登陆。宋庆历二年(1042),为抵御北方契丹,于此建停泊战船的刀鱼寨。明洪武九年(1376)在原刀鱼寨的基础上修筑水城,总面积27万平方米,南宽北窄,呈不规则长方形。它负山控海,形势险峻,其水门、防浪堤、平浪台、码头、灯塔、城墙、敌台、炮台、护城河等海港建筑和防御性建筑至今保存完好。明代著名的民族英雄戚继光就曾在此操练水军,抗击倭寇。水城南门振阳门北侧建有仿古建筑水师府,内辟戚继光纪念馆。

蓬莱是明代杰出的军事家、民族英雄戚继光的故乡。从明初洪武年间戚斌(戚继光五世祖)世袭登州卫指挥佥事始至今,600多年来,戚氏族人在蓬莱留下了大量文物古迹,现今保存完好的戚氏古迹主要有戚继光祠堂、戚氏牌坊、戚氏墓园等,纪念性建筑有戚继光纪念馆、戚继光立式塑像等。如今,位于蓬莱市区武霖村内的戚继光祠堂附近仍有戚继光后裔居住。

### 四、葡萄酒城

蓬莱是中国著名的酿酒葡萄产地。蓬莱地处北纬37°附近,与美国加州等世界知名葡萄酒产区处于同一纬度,在生产海岸葡萄酒方面优势突出,被誉为"世界七大葡萄海岸"之一。优越的地理、气候、土壤等条件,吸引了法国拉菲、烟台张裕、中粮长城、天津王朝、香格里拉等众多国内外知名葡萄酒企业进驻。蓬莱葡萄酒约占中国葡萄酒产销量的1/6。中粮君顶酒庄、国宾酒庄、苏各兰酒堡等是体验葡萄酒文化的休闲旅游区。

## 53 山海仙市——烟台

烟台位于山东半岛东部,依山傍海,气候温和,盛产水果,被称为"中国北方水果之乡"。古称芝罘、登州、莱州,秦始皇三次东巡至此,射大鱼于芝罘,遣徐福出海东瀛。登州古港是中国古代北方最繁华的港口、海上丝绸之路的起点之一;近代烟台是山东第一个开放口岸,中国近代工业和近代邮政的发祥地。1892年,爱国华侨实业家张弼士在此创办了中国第一个工业化生产葡萄酒的厂家张裕酿酒公司,1987年被国际葡萄与葡萄酒局宣布为

"国际葡萄·葡萄酒城"。烟台也是著名的避暑、旅游胜地,有蓬莱阁风景区、八仙过海风景区、三仙山风景区、南山风景区、张裕酒文化博物馆、金沙滩海滨公园等知名景区景点。

## 一、起源与建置

烟台古称芝罘,是中国古代早期文化发祥地之一。距今1万年以前即有人类繁衍生息。在烟台市芝罘区西南部,发现有距今7 000年的新石器时代白石村遗址。烟台沿海是东夷人活动的重要地区之一,东夷人有着发达的渔业、盐业,及活跃的商品流通。夏朝时东夷族在此建国,商、西周、春秋时为莱国地,战国属齐,秦代属齐郡,汉代为东莱郡。秦始皇统一中国后,曾三次东巡登临芝罘岛;汉武帝也曾驾临芝罘。后历代称东莱、莱州或登州。

烟台建城有600多年历史。明洪武三十一年(1398),为加强海防,在此设奇山守御千户所,依山势建立坚固的城堡,在临海北山设狼烟墩台,用以警报敌情,简称"烟台",烟台由此而得名。清咸丰八年(1858),依《天津条约》辟登州为通商口岸,1861年改为烟台。新中国成立后,1950年建立文登、莱阳专区和省辖烟台市,1958年设立烟台专区,1983年11月成立地级烟台市。现烟台市辖5区、6个县级市和国家级经济技术开发区、高新技术产业开发区、保税港区及昆嵛山保护区。

## 二、对外开放与近代发展

烟台市北、西部濒临渤海,东北和南部临黄海,海岸线和岛岸线长达909千米,有500平方米以上大小近岸基岩岛屿72个。烟台市区的芝罘湾水深滩平,是一个天然良港,在春秋战国时代已是中国北洋航线上的重要停泊点。唐宋时期,中国与朝鲜、日本的往来许多经过芝罘。烟台是海上丝绸之路的起点之一。

近代,烟台被辟为通商口岸后,英、法、美等17个国家陆续在烟台设立领事馆,洋学堂、洋行、洋医院相继在烟台建立,洋货洋品相继由烟台上岸,中国的花生、大豆、丝绸、矿产等土特产也由烟台出口海外。烟台的近代工业开始起步。1892年,旅居南洋的华侨张弼士在烟台创办张裕酿酒公司,聘奥地利驻烟台领事做酒师,取得成功。1912年烟台设瑞丰面粉厂;1913

年设电厂;1913年至1915年,建起5座罐头厂;1915年李东山兴建钟厂,同年,张裕葡萄酒获国际金质奖;1920年设醴泉啤酒公司。张裕酿酒公司和钟厂在中国属最早创业的厂家,罐头厂、啤酒厂是山东最早创业的工厂。

烟台也是中国近代邮政的发祥地。1868年,烟台海关设邮务办事处,兼办邮递外使文件,这是中国近代邮政的萌芽;1879年,清政府议决在北京、天津、烟台、牛庄(营口)、上海五处试办邮政,为中国近代邮政之先声。20世纪初,烟台先后敷设至上海、大沽、大连的水下电缆,成为中国最早设水缆电报的商埠。

### 三、古今名人与胜迹

烟台著名历史人物有东汉数学家、天文学家徐岳,东汉末名将太史慈,金代道教全真派七真之刘长生、丘处机,明代抗倭名将戚继光,清代金石学家王懿荣;现代名人有北洋军阀首领吴佩孚,侦察英雄杨子荣,作家杨朔等。

烟台人文胜迹众多,自然风光优美,是著名的旅游城市和避暑胜地。主要景区有蓬莱黄海之滨的蓬莱阁景区、八仙过海景区和三仙山风景区,保留众多晋、唐、宋、元、明、清遗迹的南山风景区,展示中国民族酿酒工业百年辉煌的张裕酒文化博物馆,中国北方规模最大、保存最完好的封建地主庄园牟氏庄园,烟台据以得名的烟台山,天后行宫福建会馆,清初黄县巨富丁百万家族所建丁氏故宅,秦始皇三次登临的芝罘岛,道教全真派发祥地昆嵛山国家森林公园等。市区留有许多近代建筑遗址,如英国领事馆旧址、俄国领事馆旧址、基督教长老会堂、张裕公司原址、芝罘俱乐部旧址、中国内地会学校旧址、东海关税务司公署旧址等。

## 54 东方第一州——青州

青州位于山东省中部,潍坊市代管。青州为古九州之一,"海岱惟青州",有"东方第一州"之誉。自西汉武帝在青州设刺史部始,历代为州、府、路等治地。青州是东夷文化中心,有7 000多年的文明史,历史文化深厚,驼山、云门山石窟及龙兴寺造像为珍贵的佛教艺术遗存;范仲淹、欧阳修、文彦博、李清照等政治家、文学家或在青州为官,或在青州居住,为青州历史增添了光彩;云门仙境、驼岭千寻、玲珑奇秀、仰天秋月、范公遗风、偶园一隅等青州胜景吸引着海内外游客。

## 一、海岱古城

青州为古九州之一,《尚书·禹贡》曰"海岱惟青州",州位于海(东海)、岱(泰山)之间,华夏东方,东方五行属木。早在 7 000 年前,青州古城所在地就已出现人类文明的曙光。周初封于齐国。秦统一后,归齐郡。西汉武帝元封五年(前 106)设青州刺史部,为全国 13 刺史部之一,辖 5 郡 4 国 100 多县,治所广县(今城西 0.5 千米处),称青州城。东汉至三国间,青州城为东方之重镇。西晋怀帝永嘉五年(311)曹嶷弃广县,筑广固,为青州刺史治。东晋安帝隆安三年(399)慕容德陷广固,定为南燕国都。义熙六年(410)刘裕灭南燕,夷广固,筑东阳城,置北青州刺史治于此。北魏孝明帝熙平二年(517)增筑东阳城南郭,即南阳城。北齐文宣帝天保七年(556)迁益都县治于东阳城,移青州府治于南阳城。魏晋南北朝的青州刺史部辖 9 郡 47 县,并于公元 399—410 年为南燕国都。

隋为青州总管府治,辖 4 郡 36 县,后改为北海郡治。唐仍先后置青州总管府、都督府,辖 8 州 49 县,中唐及五代设平卢淄青镇,辖 15 州。宋为京东东路路治。金为山东东路益都总管府治。元初为益都行省治,后为山东东西道宣慰司治,辖 3 路 12 州 44 县。明初设山东行中书省,辖 6 府 15 州 89 县,洪武九年(1376)移治历城(今济南)。此后至清代,为青州府治。民国时期,撤青州府,益都县直属山东省辖。中华人民共和国成立后仍称益都县。1986 年改称青州市。

青州地处交通要冲,"右有山河之固,左有负海之饶",东扼半岛,南控沂蒙,北望渤海,为历代军事重镇。南北朝及唐初政治官员兼顾军事,唐五代时期青州是平卢节度使治所。宋金在此设镇海军,北宋在此设京东东路安抚使,金代设山东东西路统军使,元设益都帅府、元帅府,明设山东都卫、都指挥使司,清设山东提督、分巡道、海防道,建八旗驻防城。1948 年 3 月—1949 年 4 月,华东局驻青州。自汉初以来,青州为 1 000 多年的省级治所,1 600 多年的郡府治所,明洪武九年(1376)前始终是山东政治、经济、军事、文化中心。南燕国定鼎青州古城 12 年,青州也是山东省内唯一的王朝都城。历史上在青州分封的王侯亦较多,汉代封召欧为广侯传五世,封刘便为广侯传三世,元封迈努为忠靖王、益王,明封齐王、汉王、衡王。

## 二、文化重镇

自两汉时期到明朝初年,青州一直是山东地区的政治、经济、军事、文化、贸易中心。寇准、范仲淹、宗泽、张叔夜等朝廷重臣,郑道昭、欧阳修、王世贞等文坛巨匠,都曾居官青州;王曾、邢王介、钟羽正、冯溥等一代名臣,燕肃、于钦等学术巨擘,都诞生在青州;青州还哺育过郦道元、黄庭坚、李清照、冯惟敏等一代名流。

位于城西门外的范公亭公园因北宋政治家范仲淹惠政知青州而得名。亭建于范公离青不久,院内有唐楸、宋槐数棵。亭旁有祀范仲淹、富弼、欧阳修(三人均曾知青州)的三贤祠,富、欧二祠故址原在城西瀑水涧之侧,明末移于范公祠左右。公园中心有洋溪湖,湖北岸建有"顺河楼",相传宋代著名女词人李清照曾居住于此十余年之久,与其夫赵明诚收集了大量珍贵的书籍、字画、金石,撰写了著名的《金石录》和许多诗词作品。楼西北建有李清照纪念祠。楼南侧有老柳横斜,俯身河上,酷似老翁垂钓,故名曰"洋溪晚钓",为古青州八景之一。

青州古城城建格局完整,历史脉络清晰,是至今保存完好、山水城一体的明清古城。城内大量衙署建筑遗存、西洋建筑群、遍布古街的牌坊、120多条青砖青瓦的明清古街道及众多传统民居,蔚为大观。有文物保护单位220处,其中全国重点文物保护单位4处,省级重点文物保护单位6处。奎星楼、三官庙、青州府贡院、清真寺等上百处古典建筑汇聚古城,凸显了古城文化的共融共生。博物堂为中国最早的西洋博物馆。偶园曾是明代衡王府东花园,距今已有500多年历史,园内假山堆砌巧夺天工,与中南海瀛台的假山同出一脉,"福、寿、康、宁""春、夏、秋、冬"奇石及十三贤石江北仅有,具有极高的艺术价值和史料价值,被誉为国宝。

青州市博物馆是全国唯一一座县级博物馆,馆藏文物近4万件,三级以上文物2 000余件,国家一级文物142件。馆藏东汉"宜子孙"玉璧,是世界上保存最完好的出廓玉璧;唯一存世的明代状元卷——赵秉忠状元卷,填补了明代宫廷档案的空白;龙兴寺窖藏佛教造像数量多达400余尊,其雕工之精、贴金彩绘保存之好震惊世界。

青州古城内生活着汉、回、满等多个民族两万多原住民,他们延续着古青州地区的传统文脉。隆盛糕点、金城药铺、鲁味居等400多家老字号和特色店铺,100多种青州府传统名吃,延续着海岱都会的繁华;世界上最早的拉弦乐器——青州挫琴、国家级非物质文化遗产——青州回族花毽以及满族八角鼓等70余项非物质文化遗产,述说着青州古城独具魅力的地域文化。这里,先后走出了800名进士,12名状元,国内罕见;四大古典文学名著多处涉及青州古城;北宋名臣范仲淹、富弼、欧阳修先后知任青州,惠及青州百姓;李清照客居青州18年,留下大量的千古名篇[①]。

### 三、佛教名区

青州因其在政治、经济、文化等方面的背景,作为齐鲁境内的佛教中心有1700多年的历史,是佛教传入汉地最早的地区之一,拥有净土宗、禅宗、密宗等多种佛教宗派,并留下了大量的珍贵遗迹,尤以驼山石窟、云门山石窟、龙兴寺雕像为著。

驼山自古以来是青齐游览胜地,号称"驼岭千寻",它位于青州城西南4千米处,海拔408米,面积5平方千米,远望顶上双峰对峙,其形似驼,故名"驼山"。山上古木森然,与城南的云门山、劈山同为古城青州的天然屏障,被《齐乘》赞为"三山联翠,障城如画"。驼山摩崖石窟造像群唐时称为驼山寺,共有石窟5座,摩崖1处,大小造像638尊。造像题材多为西方三圣像,其次是千佛像、力士像、飞天像及较小的供养人像等。造像造型精美奇特,雕工流畅细腻,汇集了南北朝时期的北周、隋、唐三个时代的石窟造像,展现了各个时代的风格、艺术特点和追求。驼山摩崖石窟造像群是山东省内最大的摩崖石窟造像群,也是我国东部保存最为完整的石窟造像群之一,是研究我国古代雕塑、绘画艺术和佛教发展史极为珍贵的实物资料。1988年被定为国家级重点保护文物。

云门山位于青州城区南部2千米处,海拔421米,山势巍峨,景观棋布,宛如一个巨大的盆景端放城南。山顶有一个南北贯通的天然穴洞——云门

---

① 青州古城:百处古典建筑尽显古城风韵. 新华网 http://www.sd.xinhuanet.com/travel/2017-03/01/c_1120548701_2.htm,2017-03-01.

洞,洞高约3米,宽约4米,深6米余,远望如高悬于天空的明镜,拱壁镶嵌。每到夏秋季节,云雾缭绕,穿洞而过,将山顶的亭台楼阁托于滚滚云海之上,犹如仙境一般,故被称为"云门仙境",又称"云门拱壁",为古青州胜景之一,云门山也因此而得名。云门仙境,历来颇得佛、道两教的青睐,山阳有大小5个石窟,石刻造像272尊,主要为西方三圣像,也有力士、释迦多宝二佛说法像等。有题记者可追溯至隋开皇九年(589)。山上还有许多明清两代的题刻,其中最有名的是山阴处罕见的巨大镌刻"寿"字,字通高7.5米,宽3.7米,单是下部的"寸"字就高2.22米,故当地有"寿比南山""人无寸高"之说。

1996年10月,在青州博物馆南邻的龙兴寺遗址出土窖藏佛教造像400余尊,分石灰石、汉白玉、花岗岩、陶、铁、木、泥塑七种质地,包括佛、菩萨、力士、供养人、罗汉、飞天等几种类型,以高浮雕的背屏式造像和单体圆雕造像为主,造像上的贴金彩绘保存完好。最早有纪年者为"北魏永安二年(529)",最晚为"北宋天圣四年(1026)",其间跨越了北魏、东魏、北齐、北周、隋、唐、北宋几个朝代,近500年的时间。因其品种之全、雕刻之精、贴金彩绘保存之好、跨越时间之长,被评为1996年全国十大考古新发现之一及中国20世纪百项重大发现之一。造像现收藏于青州市博物馆。

## 55 七朝都会——开封

开封位于河南省东部,是我国著名古都,公元前364年,魏惠王迁都大梁(今开封),为开封建都之始。北周始称汴州,隋代开通济渠,汴州地位日益显要,五代后梁、后晋、后汉、后周及北宋相继在开封建都,金末亦曾迁都于此。特别是北宋时期,开封城垣宏大,工商繁荣,园林壮丽,是当时世界上最繁华的都市之一。开封是北方水城,市区内有大片河湖水面,古城传统风貌浓郁,文物遗存丰富,有北宋汴梁城遗址、铁塔、相国寺、延庆观、禹王台、繁塔、镇河铁犀、岳飞庙、龙亭、山陕甘会馆等。地方特产有开封大米、开封花生、汴绸、汴绣、朱仙镇木版年画、官瓷仿制品,地方风味食品有花生糕、百子寿桃、长春轩五香兔肉、大京枣、马豫兴桶子鸡、陆稿荐卤肉、鲤鱼焙面、套四宝等。

## 一、北方水城

开封北滨黄河,南向黄淮平原,市境分属黄河、淮河两大流域,主要河流有黄河、贾鲁河、涡河、惠济河,市区内湖泊众多,主要有包公湖、潘家湖、杨家湖、铁塔湖等,素有"北方水城"之称。

隋朝初年,隋炀帝开凿大运河,开封成为"四达之会",即黄河、汴河、惠民河、广济河四河漕运的集中点。广济河一名五丈河,位于开封城东北部,由开封东流,经曹、济、郓(均在今山东境内),汇于梁山泊。惠民河即蔡河,由开封西南引闵水合于原来的蔡河,南流至陈州(今河南境内)合于颍河。汴河由今河南省荥阳广武山北引黄河水东南流,自西向东横穿开封城,到泗州(今安徽境内)入于淮河。当时黄河由广武山北向东北流去,距开封稍远,但黄河中的船运,仍可由汴河而达开封。开封即凭借这些水道向外辐射,构成庞大的水上交通网,转运漕粮等物资,经济发展十分迅速,地位终于超越长安和洛阳,北宋时成为国都和全国第一大经济都会。

## 二、七朝古都

开封是我国著名古都之一。夏代帝杼至帝廑在开封一带建都217年,史称老丘。商朝在开封一带建都27年,史称嚣。春秋时期,公元前743年到前701年,郑庄公在开封城南朱仙镇附近的古城村筑启封城(汉初避景帝刘启讳,改为开封)。战国时期,魏惠王六年(前364),魏国将国都从山西安邑(今山西夏县西北)迁到大梁(今开封所在地),并修筑了大梁城,魏国在大梁历经6帝140年。西汉初年,汉文帝刘恒封皇子刘武为梁孝王,设王国都城于大梁。东魏在开封设置梁州,北周灭北齐后,又改梁州为汴州。大运河开凿后,汴州成为水陆都会,交通发达,号称"雄郡",五代时期,完全取代了长安、洛阳的地位。公元907年,朱温建立后梁,升汴州为开封府,建为国都,号为东都。后晋、后汉、后周相继建都开封。后晋高祖天福三年(938)以洛阳为西京,称开封为东京。

公元960年,禁军大将赵匡胤在陈桥驿发动兵变,夺取后周政权,建立北宋,定都开封,仍称开封为东京。北宋在开封建都历经9帝167年。靖康元年(1126)冬,金兵攻下开封。第二年春,金将徽、钦二帝、后妃、宗室数千人及皇城百工巧匠、文物珍宝等掠往北方,东京被洗劫一空。同年三月,张邦昌在东京称伪楚帝。金宣宗贞祐二年(1214),金主完颜珣因避蒙古威胁迁都南京开封府,立都开封20年。元至元二十五年(1288)改南京路为汴梁路。元末红巾军领袖刘福通攻取汴梁,迎小明王韩林儿进汴,定为国都。翌年,元军夺取汴梁,韩林儿退回亳州。明代设开封府,朱元璋封第五子朱橚为周王,在开封传11世,历261年。当时开封号称"八省通衢",经济繁荣,"势若两京"。明崇祯十五年(1642),李自成第三次攻打开封,围城四月余,官军为淹退农民军,在开封城北朱家寨、马家口两处扒开黄河大堤,周王及其眷属趁机逃走,城中百姓十有八九葬身鱼腹。大水过后,城内37万多人幸存者仅2万多人。清朝建立后,仍如明代设河南省,省治开封府。历史上的开封,先后为战国魏、后梁、后晋、后汉、后周、北宋、金七朝都城。

## 三、宋都文化

北宋是开封历史上的鼎盛时期。作为都城,城市规模宏大,城垣分外城、内城、皇城三重城郭,三道护城河。经济发达,当时的东京,人口逾百万,货物集南北,比"汉唐京邑,民庶十倍"。城市临街店铺林立,夜市兴起,改变了汉唐束缚都市繁荣的"坊市"之制,开创了我国古代城市建设的新格局,不仅是全国最大的城市,也是当时世界上"万国咸通"的国际大都会,有着"琪树明霞五凤楼,夷门自古帝王州"[①]"汴京富丽天下无"的美誉。这一时期的开封,涌现出了清正廉明的包公、满门忠烈的杨家将、图强变法的王安石等一大批具有重要影响的历史人物,对中国历史的发展产生了重大影响。艺术领域曾产生过"苏、黄、米、蔡"四大书法派系。民间工艺汴绣,古称宋绣,缘起于距今1000多年的北宋,当时东京城设有"文绣院",收容300多名绣女,专为帝王嫔妃及达官显贵绣制衣服及其他装饰品。民间刺绣也很盛行,相国寺门外一条大街被称为绣街。宋都文化成为开封的历史文化特色。

开封留有众多宋代的文物古迹,著名者如北宋东京城遗址、繁塔、铁塔、龙亭等。铁塔是中国名塔,建于北宋皇祐元年(1049),坐落在开封城东北隅的夷山上,原开宝寺的上方院内。因塔体遍镶褐色琉璃砖瓦,远看似铁色,俗称铁塔。塔高55.08米,八角形,为13层仿楼阁式砖塔。塔的外部采用

---

① (金)李汾.汴梁杂诗.

经过精密设计的 28 种标准砖型加工合成,筑砌成各种仿木结构,飞檐斗拱,色彩晶莹,富丽堂皇。铁塔外壁镶嵌的花纹砖图案精美,计有飞天、降龙、麒麟、雄狮、伎乐、佛像等 50 余种,均为宋代砖雕的艺术佳作。塔内有塔心柱,各种外壁砖瓦构件通过蹬道与塔心柱紧密衔接咬合,成为一体,具有很强的抗震能力,900 余年中,历经地震、水患、兵燹,仍巍然屹立。塔座及塔下的八棱方池,于清道光二十一年(1841)被黄水淤埋于地下。铁塔现为我国最高的琉璃砖塔,登塔眺望,可鸟瞰古城风光,"铁塔行云"为古城八景之一。

传世名画《清明上河图》描绘了北宋东京的市肆风情,画中舟车轿马、桥梁城楼、行商坐贾、官吏仆役、房屋建筑、道路河流、林野树木无不毕肖,很好地体现了宋代文化特色。以《清明上河图》为蓝本的清明上河园以及宋都御街、天波杨府、包公祠等仿古建筑再现了宋都风貌。

# 56 殷商旧都——安阳

安阳位于河南省最北部晋冀豫三省交界处。约公元前 14 世纪,商王盘庚迁都于殷,安阳遂为殷商国都,历 273 年。今市区小屯村殷墟为殷商后期都城,发现有殷王宫殿、宗庙、陵墓、手工业作坊、民居遗址多处;出土甲骨文 15 万片以上,记载了殷商王朝政治、经济、文化诸多内容;出土大量青铜器,其中重达 832.84 公斤的后母戊鼎是世界古代青铜器中最大的一件。安阳是周易文化的发祥地。商末周文王姬昌被纣王拘于羑里七年,演成《周易》,这是中国历史上最早最重要的典籍之一。安阳是南宋抗金名将岳飞的故乡,有明代所建岳飞庙;城北袁林是袁世凯的墓葬,为中西合璧式的陵墓建筑。还有灵泉寺石窟、修定寺塔、二帝陵、天宁寺塔、西门大夫庙记碑、昼锦堂记碑等文物。

## 一、殷商故都

安阳是中国第一个有文字可考、有确定位置、长期稳定的著名古都,距今已有 3 000 多年历史。公元前 14 世纪,商王盘庚自奄(今山东曲阜)迁都于殷(今安阳市区小屯村),安阳遂为殷商国都。殷商王朝在此历 8 代 12 王,历 273 年。公元前 11 世纪,周武王率诸侯之师,与商纣王战于牧野(今淇县西南),纣王兵败自焚,殷亡。

现市区小屯村殷墟,为殷商后期都城。清光绪二十五年(1899),此处出土的刻字甲骨首先被金石学家王懿荣发现,安阳很快蜚声中外。1928年10月到1937年6月,"中央研究院"历史语言研究所考古组对殷墟进行了15次发掘。1949年后,中国科学院考古研究所恢复了中断多年的殷墟发掘,并在此建立了固定机构"安阳工作站"。殷墟的布局为:小屯村东北是宫殿宗庙区,周围分布着手工作坊、居住址和墓葬,洹河北岸以侯家庄西北冈和武官村北地为中心是王陵区,分布着居住地、墓葬和祭祀坑。遗址区内出土了大量的甲骨、陶器、青铜器、玉器、石器、骨器等文物,有的是华夏之最、世界之冠,蕴藏着殷代先民们的创造、智慧和卓越的技能。其中后母戊鼎,通高133厘米,重达832.84公斤,是古代最大的青铜器;刻纹白陶,质地坚硬,不易吸水,已经近似瓷器;墓葬中有大量以贝币形式随葬的殉贝,可见当年殷都商业繁荣之一斑。1987年在宗庙宫殿遗址上建立了殷墟博物苑。

殷墟出土甲骨文15余万片,单字4 500多个,其中能认定为汉字的有1 732个。殷人信巫,无论国家大事还是日常生活都要问卜,卜辞记载在龟甲和兽骨上,因此甲骨文的内容极为广泛,反映了殷商王朝政治、经济、文化诸多情形。在结构上,甲骨文已具备了象形、指事、会意、形声、假借5种造字形式,为中国汉字的形成奠定了基础。

殷商末期,西伯姬昌(周文王)被纣王拘于羑里(今安阳市南15千米处的汤阴县境内)达7年,将伏羲八卦演为16卦、384爻,并提出"刚柔相对,变在其中"的富有朴素辩证法的观点,著成《周易》一书,被后世列为五经之首。后人为纪念西伯姬昌,在羑里城遗址上建起文王庙。因此,安阳还是周易文化的发源地,羑里城也是我国历史上自有文字记载以后第一座国家监狱。2006年,殷墟跻身联合国教科文组织《世界遗产名录》。

## 二、从殷墟到安阳

殷商亡后,殷都沦为废墟。周朝分畿内地为邶、鄘、卫三国,安阳隶属卫。春秋时,先属卫,后属晋,称东阳。战国时称邺,也称宁新中。魏文侯七年(前439)建都于邺,以西门豹为邺令,安阳为都畿之地。公元前257年,秦军攻克宁新中,更名安阳,安阳之名始见史册。秦始皇统一六国,始置安阳县,隶属邯郸郡。从公元前257年到汉代,在这块土地上演出过西门豹治邺、苏秦拜相、廉颇巧取安阳、名医扁鹊殒命伏道等诸多历史事件。东汉末年到魏晋南北朝时期,曹魏、后赵、冉魏、前燕、东魏、北齐,先后建都于邺,在邺置相州、魏郡、邺县,安阳均为属地,一时成为中古时期的政治、经济、军事、文化中心。北周大象二年(580),杨坚辅政,相州总管尉迟迥不服,发兵讨杨坚,兵败自杀,杨坚下令焚毁邺城,并徙相州、魏郡、邺县治所及邺民于邺南40里之安阳城。隋大业元年(605)废相州,存魏郡,治安阳,领11县。唐高祖武德元年(618)复改魏郡为相州,领8县。宋初,相州隶属河北西路,并置彰德军节度。金章宗明昌三年(1192)彰德升为府,明清因之。

南宋抗金名将岳飞,即今安阳市汤阴县程岗村人。明景泰元年(1450),在汤阴城内始建岳飞庙,今庙犹存,成为人们缅怀抗金英雄的场所。安阳城北太平庄有袁世凯墓葬,称袁家林或袁坟,墓由德国工程师按皇家陵墓规格设计,中西合璧,古今并存,风格殊异,反映了袁世凯在近代历史舞台上瞬息多变的身份。

## 57 楚豫雄藩——南阳

南阳位于河南省西南部,豫、鄂、陕三省交界处。古称宛,西周为申伯国地,城始建于西周宣王时期,距今已有2 800余年历史。战国时为楚国重邑,东汉称陪京,后历为府治。两汉时宛城规模宏大,经济发达,与洛阳、长安、成都、临淄并列为全国五大城市。境内有多处古人类与新石器时代遗址、宛城遗址、张衡墓、张仲景祠墓、武侯祠等古迹和中国历史文化名镇荆紫关。南阳出土的画像石、画像砖,妙绝人工,具有极高的历史、艺术和科学价值。南阳还是"中国楹联文化城市"。南阳板头曲、内乡宛梆被列入首批国家非物质文化遗产名录。

### 一、南都帝乡

根据地下发掘,远在5 000年前的新石器时代,南阳已有先民定居,从事农业生产活动。商文化遗迹在南阳附近多有发现,古籍中称为申和吕,当是殷商时的诸侯国。周宣王时,南阳市中心城区为申伯国地,西周将领召伯虎筑城,即宛城。春秋时申、吕等国为楚所灭,楚在申地设申邑。春秋中晚期,楚改申邑为宛县,据说因地形似碗而得名。宛是楚进逼中原、争霸诸侯的北方重镇,也是楚国著名的手工业城市和商业城市。由于宛是冶铁富庶之地,经常为各国所争夺。战国后期,宛被韩国占领,成为其南方的重要冶铁基地。公元前291年,秦伐韩拔宛;同年,宣太后把她最宠爱的公子芾改封于宛,公子芾因而"私家富重于王室"①。前272年,秦于此设郡,因其地位于当时中国之南,居汉(汉水)之阳,故名南阳,领14县,治于宛。

汉承秦制,仍置南阳郡,领36县,治所宛。汉代宛是长江、汉水、淮河三水路与关中来往的孔道,工商业发展极其繁盛。南方的特产,多通过宛与北方交易,宛是南北贸易的重要枢纽,曾有"商遍天下""富冠海内"之称,与长安、洛阳、邯郸、临淄、成都并为全国六大商市。东汉时期,由于光武帝刘秀的"帝业"起于南阳,宛为陪京,号称"南都""帝乡",工商业的发展达到鼎盛时期,和京都洛阳并为全国两个最大的中心城市。特别是南阳为光武帝刘秀及大批文臣武将的故乡,所谓"云台二十八将""三百六十五功臣",就是一个以南阳豪强为基干的统治集团。"洛阳帝京多近臣,南阳帝乡多近亲",南阳成为皇亲贵戚麇集的地方。汉代宛城规模宏大,有内、外两重。据古文献记载,其时南阳城内,"王侯将相,第宅相望",光武帝又时时南巡于此,文物之盛,为他郡所不及。

东汉末年,群雄并起。建安年间,曹操与张绣曾于此发生争夺战;刘备破曹的"火烧博望坡"之役也发生在这里。三国时期,魏于此设南乡郡、南阳郡。晋为南阳王司马柬的封国,史称南阳国。唐、五代、北宋属邓州、唐州。南宋绍兴中,割与金。金末于南阳设申州,元初改为南阳府,此后,终明清之世,皆为府治。

明代南阳为重藩,是朱元璋的第二十三子唐王朱桱的封国,共历9世11王,统治南阳200多年。永乐(1403—1424)中,在城内建造起规模宏大的唐王府,城周3里余,有宫殿堂舍800余间。成化年间(1465—1487),又建造郡王府9座,其他尚有将军府与郡、县主府,以至城中府第相望。清军入关后,原封藩南阳的唐王朱聿键曾在福州称帝,建号隆武。清代南阳是北京到

---

① (汉)司马迁.史记·卷七十九·范雎蔡泽列传.

云贵的驿道要冲，客商游贾云集，工商业十分繁盛，为鄂豫陕界上的贸易中心。

## 二、"南阳诸葛庐"

南阳人文荟萃，文韬武略，代有所出。著名人物有春秋时代的秦相百里奚，越国上将军范蠡；水利家召信臣，东汉光武帝刘秀，科学家张衡，医学家张仲景；三国军事家诸葛亮、蜀将黄忠、魏将邓艾，玄学家与文学家何晏；南朝宋画家宗炳，史学家范晔；唐代边塞诗人岑参，名将张巡；元代农学家畅师文及现代建筑学家杨廷宝，考古学家董作宾、郭宝钧，新闻学家任白涛，教育家张嘉谋，哲学家冯友兰，诗人李季，红军、新四军高级将领彭雪枫，文学家姚雪垠，作家二月河等。范蠡、张衡、张仲景、诸葛亮分别被称为"商圣""科圣""医圣""智圣"。

三国时期杰出的政治家、军事家诸葛亮出山之前曾"躬耕于南阳"。魏晋时期，南阳城西卧龙岗上已建有纪念诸葛亮的祠宇——武侯祠，由蜀国故将黄权始祭。唐时刘禹锡《陋室铭》里有"南阳诸葛庐"的句子，南宋时岳飞曾夜宿武侯祠，书诸葛亮《出师表》。宋末元初武侯祠遭兵燹。元大德二年（1298）由官府扩建，明弘治年间（1488—1505）规模最大。清康熙五十一年（1712）南阳知府罗景根据新发现的前人"龙岗全图"石刻，修复草庐、古柏亭、梁父岩、抱膝石、伴月台、老龙洞、野云庵、诸葛井、躬耕亭、小虹桥等"卧龙岗十景"。今武侯祠有明清建筑155间，诸葛亮、刘备等人塑像13尊，历代题记、碑刻300余通，以及大量匾额楹联。

## 三、南阳画像石

汉画像石是两汉时期出现并流行的以石为地、以刀代笔的艺术品。从制品的方法和艺术形象看，它具备了雕塑和绘画的特征，被泛称为画像石。所谓汉代画像石墓，就是用这样的绘雕石制品作为墓室材料而营建起来的墓葬，犹如一幅绣像的汉代史，再现了两汉时期的真实情况，因而具有重要的历史、艺术和科学价值。南阳市汉画像石内容丰富，题材繁多。墓门类画像石有白虎、朱雀、铺首衔环等；墓室类画像石有宴饮、百戏、舞乐、战争、讲经、肖像、侍者、田猎、历史故事、神话传说、驱魔辟邪等。雕刻技法一般为剔地浅浮雕，细部加阴线刻。所用石料大部分为石灰岩，少量为泥质砂岩，一般就地取材。南阳市卧龙区蒲山就是古代取石的石灰岩山地之一。

两汉时期,新野、唐河、邓州、淅川一带流行画像砖墓。这种墓一般用模印有纹饰或画像内容的空心砖、长条砖和方形砖,一般用作墓室地坪、四壁及墓顶,故有汉代画像砖墓之称。南阳汉画像砖墓主要集中于新野樊集一带。画像一般用于墓门的门楣和门柱部位,内容有舞乐、百戏、车骑出行、祥瑞、战争、甲第、宴饮、门吏、历史故事、神话传说等。其中一幅"汉胡战争"画像,以题材独特、内容丰富见称于世。画像以步兵、骑兵、混战为主题,有以手擘弓、以脚踏弓的强悍战士形象,有骑兵奔突、断头洞胸的厮杀内容,还有拘系、拷问、拜谒的场面,表现的是西汉武帝、宣帝时期对匈奴的战争,展现了胜利者的得意姿态。

## 58 商汤之都——商丘

商丘位于河南省东部,豫、鲁、皖三省交界处。舜封契于商,契后裔汤灭夏前初都于此,称南亳。西周封商后裔建宋国。汉代以后历为郡、州、府治,北魏、南宋短时做过帝都。建于明正德年间的归德府城,内方外圆,造型为全国仅有。商丘是商王朝发迹地,孔子祖籍,道家代表人物庄子、墨家创始人墨翟、名家代表人物惠施以及南朝文学家江淹、明末才子侯方域的故里,历代许多名人名臣客居于此,素有"文雅"之风。文物古迹有阏伯台、伊尹墓、三陵台、陈胜墓、芒砀山西汉梁国王陵墓群、文庙、壮悔堂及梁园、文雅台等遗址。

### 一、商汤旧都

商丘是商族的发祥地。据《史记》记载,黄帝的曾孙帝喾最初居于高辛(今商丘高辛镇),帝喾生契,契佐禹治水有功封于商。因商地低洼,人们多居于"丘"或"墟"之上,故名商丘。到公元前16世纪契的第十三代孙汤时,灭夏建立商朝,都帝喾旧都南亳。500多年以后,周朝建立。周成王封殷纣王的庶兄微子启于宋,始建宋国。宋襄公曾为春秋五霸之一,宋国都城址在今商丘市区西南部。宋国历经32主,750多年。公元前286年,宋被齐、楚、魏三分其国,今商丘市城区以西属魏,以南属楚,夏邑至永城一带属齐。秦统一中国后,置睢阳县,因城址位于睢水之北得名。睢阳城址在今睢阳区城湖南岸,睢阳属砀郡,砀郡城址在今永城市芒山镇政府院北。汉高祖五年(前202)封彭越为梁王,都定陶(今山东定陶),睢阳属之。汉文帝十二年(前168)封次子刘武于大梁(今开封),称梁孝王,以其地潮湿而迁都睢阳,筑宫苑方圆300余里。梁国包括40多个县,乃天下膏腴之地。三国时属魏国梁郡(国)。晋代属豫州。后魏时称梁郡。北齐时称睢阳郡。隋初复称梁郡,开皇十六年(596)置宋州。唐代称睢阳郡。五代十国时仍称宋州,后梁置宣武军,后唐皇帝李存勖为鼓励宣武军节度使袁象先的投诚,改称归德军。北宋时称应天府,大中祥符七年(1014)又升应天府为南京,作为陪都。元代称归德府。明初降府为州,嘉靖以后到清末一直为归德府治所。

## 二、"文雅"之地

商丘是上古帝王之都、商王朝的发迹之地,古文化蕴藏丰厚,民风高古,名人辈出,文物丰富。商丘不仅孕育了商人始祖契、一代帝王商汤和宋人先公先祖,这里还是孔子的祖籍、庄子的故里,也是墨家创始人墨翟、名家代表人物惠施的诞生地,以后又是西汉开国功臣灌婴、南朝才子江淹等历朝名人的故地。商丘自古就有"文雅"之风。西汉文景年间,梁孝王普招天下名士云集商丘,辞赋名家司马相如名在其列,吟诗作赋,留下许多瑰丽篇章;名臣贾谊曾为梁怀王太傅。唐宋间商丘经济繁荣,商旅辐辏,为一方之都会,李白、高适、杜甫、颜真卿、范仲淹、杜衍等,均先后寓居商丘。故有"梁园宾客甲天下,流寓商丘皆巨人"之说,留下很多遗物遗迹。现存古文化遗址、名人故居、古建筑、古墓葬、碑刻200余处。城东原有纪念孔子的名胜文雅台。春秋时孔子率弟子由鲁到宋,在城东北角一棵大檀树下讲学习礼。汉梁孝王在孔子讲学之地建起亭台楼阁,召集文人雅士聚会赋诗。城中壮悔堂是清初文学家侯方域幼年读书之所,35岁时,侯方域回首往事,追悔壮岁言行,遂将堂名易为"壮悔"。侯家花园前李姬园村有李香君墓。

## 三、金戈之城

商丘自古以来就是兵家必争之地。据统计,从公元前418年到公元1642年的2000多年中,发生在商丘的重大战役就有43次。春秋时期,宋国争霸于诸侯数百年。楚汉之争相拒于荥阳、成皋之间,彭越为汉攻下睢阳

(今商丘市),破其积聚,楚败。西汉景帝时七国之乱,吴楚两国叛军进攻睢阳,梁孝王刘武力拒叛军,吴楚以梁为限不敢西进。东汉初,刘永擅命于睢阳,号召东方,一时成为刘秀的劲敌。唐天宝年间,张巡、许远力守睢阳,抗击安史叛军。北宋建陪都于睢阳,也确认这里是战略要地。后来,蒙古军攻金于汴京,另遣一军陷睢州,夺归德,归德失,汴京的金兵溃退。1930年蒋(介石)、冯(玉祥)、阎(锡山)中原大战时,竭力争夺商丘,蒋介石险些被俘。1949年,人民解放军淮海战役总前委设在商丘阎集乡。凡此,均说明了商丘在军事活动中的不可忽视的战略地位。

建于明朝正德年间(1506—1521)的归德府城,砖城墙、外城湖、土城堤三位一体,呈现内方外圆的奇特造型,为全国仅有。整座古城保存基本完好,城内街道纵横交错,呈棋盘式布局,加上龟背形地势、梅花形古井,使古城有"金戈之象"。

## 59 商都——郑州

郑州是河南省省会,曾为商代中期隞都所在地。西周为管国封地,是周朝之东方重镇。春秋战国先后属郑、韩、魏。隋开皇三年(583)始称郑州。郑州是中华文明发祥地之一和重要的古都,境内古文化遗址和夏商周古城遗址众多,其中郑州商城保存有城墙、宫殿基址和各类手工业作坊遗址,是早于安阳殷墟的都邑。中岳嵩山是文物荟萃之地,有太室阙、少室阙、启母阙、嵩岳寺塔、观星台、中岳庙、嵩阳书院、法王寺、初祖庵等,驰名中外的少林寺是禅宗祖庭,少林武术源远流长。市境内还有后周皇陵、北宋皇陵、杜甫墓、欧阳修墓、明藩王陵等。郑州也是具有革命传统的现代历史名城,二七大罢工就发生在这里,有二七纪念堂和纪念塔。

### 一、"第八大古都"

郑州位于黄河中游南岸,地处中原,是华夏族的重要发祥地,境内文化遗址、古城遗址极多。郑州市区及所属新密、新郑、荥阳等县市的地上地下保存有裴李岗、马良沟、秦王寨、大河村、后庄王、八方、青台、点军台、沙石嘴、西山古城、二里岗等古代文化遗存,以及为数众多的古都城址,比较著名的有仰韶文化时期的郑州西山古城址、龙山文化时期的新密古寨古城址、夏代早期的新密新寨古城址、夏代早期的登封王城岗古城址、商代早中期的郑州商城遗址、春秋战国时期的郑韩故城等,此外还有文献记载中的祝融之墟、密国城、郐国城等小国的都城,其总数可达二三十个,形成一个十分可观的古都群。这些古城从五帝时代一直延续到春秋战国时期,不仅延续时间长、分布集中,而且一些古城址现在地面上还保留有高大的城垣。其中王城岗古城的地望和年代与文献记载的"禹都阳城"相符,对探索夏文化有重要价值;位于郑州市区的郑州商城则是早于安阳的商代前期城址。这些古城址对探讨中华文明的起源及中国的古都学研究都有着十分重要的意义。2004年11月,在中国古都学会年会上郑州被列为继西安、北京、洛阳、南京、开封、杭州、安阳之后的中国第八大古都。

### 二、军事和交通要地

郑州地区为夏商王朝的统治中心地区,西周时期,周武王封其弟管叔鲜(姬鲜)于此,称管国,为管国都。周公摄政后,管叔因勾结蔡叔、武庚叛乱而被诛,管城因此而废。春秋时期郑州属郑,为郑大夫子产的采邑,又称东里。战国时期,初属韩,后属魏。由于地处"天下之中",成为当时各国使节来往、商贾贸易的通道。秦汉时期的郑州以荥阳为中心,荥阳冶铁业发达,歌舞、百戏盛行,是"富冠海内"的天下名都。隋开皇三年(583),改荥州为郑州,自此郑州一名开始用于今郑州地区。

郑州因"西控虎牢(关),东蔽大梁(开封),北通幽燕,南达两湖",为"雄峙中枢,控御险要"的要冲,是兵家必争之地,历史上发生过多次重要的军事争夺战。秦汉之际,刘邦、项羽对垒于今荥阳市境的广武山,各筑城池,西城为刘邦所筑,称汉王城,东城为项羽所筑,称霸王城,中隔广武涧,即著名的鸿沟。中牟县城东北2.5千米的官渡桥村一带是三国官渡古战场。据《中牟县志》载,这里旧有城叫"官渡城",又有台名"官渡台"或"曹公台",乃东汉曹操与袁绍相拒之处,附近有"水溃村",距官渡20千米的霍庄有袁绍岗,传说是袁绍屯兵处。官渡之战发生在东汉建安五年(200),曹操以少胜多,歼灭袁军主力,为统一北方奠定了基础。

近代以来,郑州成为铁路交通枢纽,联结南北、东西的京广、陇海两大铁路干线在此交会,城市工业、贸易获得较快发展。今天市中心的二七广场是郑州最繁华的商业区,也是河南省最大最具代表性的商业区。广场四周有众多大型商场和数百家中小型商店、餐饮店,集中展示了郑州的"商都"风貌。

### 三、中岳嵩山和少林寺

登封境内的中岳嵩山是文物荟萃之地。嵩山东西绵亘近百千米,主体部分由太室、少室两山组成,共有72峰。太室山主峰峻极峰山势峻峭,海拔1 491.7米;少室山主峰连天峰,海拔1 512米。山间历代遗留下来的阙、寺、庙、塔等有70余处,包括太室阙、少室阙、启母阙、中岳庙、嵩阳书院、嵩岳寺和嵩岳寺塔、会善寺、法王寺塔群、少林寺等。

少林寺是中国禅宗祖庭和少林武术发源地。少林寺始建于北魏太和十九年(495),32年后,印度名僧菩提达摩来到少林寺传授禅宗。以后寺院逐渐扩大,僧徒日益增多,少林寺声名大振。达摩被称为中国佛教禅宗的初祖,少林寺被称为禅宗的祖庭。禅宗修行的禅法称为"壁观",就是面对墙壁静坐。由于长时间盘膝而坐,极易疲劳,僧人们就习武锻炼,以解除身体的困倦,因此传说少林拳是达摩创造的。少林寺在唐朝初年就扬名海内。少林寺和尚善护、志操、惠玚等13人在李世民讨伐王世充的征战中,助战解围,立下了汗马功劳,唐太宗李世民后来封昙宗和尚为大将军,并特别允许少林寺和尚练僧兵,开杀戒,吃酒肉。寺内有一块《唐太宗赐少林寺主教碑》,记述了这一段历史。由于朝廷的大力支持,少林寺发展成驰名中外的大佛寺,博得"天下第一名刹"的称号。宋代,少林武术又有很大提高,寺僧多达2 000余人。少林寺在鼎盛时期,有7进院落,规模很大。可惜在1928年的军阀混战中,军阀石友三火烧少林寺,天王殿、大雄宝殿、法堂和钟楼等主要建筑统统被毁于一炬,许多珍贵的藏经、寺志、拳谱成为灰烬。现在还存在的建筑有山门、立雪亭、千佛殿等,其他建筑在陆续恢复。

在少林寺西约300米处的山脚下有一塔林,是唐以来少林寺历代住持僧的葬地,共250余座,是我国最大的塔林。塔的大小不等,形状各异,大都有雕刻和题记,反映了各个时代的建筑风格。2010年,包括少林寺(常住院、初祖庵、塔林)、东汉三阙(太室阙、少室阙、启母阙)、中岳庙、嵩岳寺塔、会善寺、嵩阳书院、观星台等 7 处 11 项历史建筑在内的"天下之中"历史建筑群被列入联合国教科文组织《世界遗产名录》。

# 60 黎阳古邑——浚县

浚县位于河南省北部。古称黎,西汉初置黎阳县,宋、金、元为浚州,明降州为县,始称浚县。县城在广阔的豫北平原上,夹在突兀对峙的大伾、浮丘两山之间,面对黄河故道,形成"两山夹一城"的古城格局和独特的天际线。两座山上松柏常青,聚集着天宁寺、太平兴国寺、千佛寺石窟、大伾山铭、碧霞宫、龙洞、吕祖祠等大量的人文景观。老城区古意犹存,现存明代城墙、黎公祠、文治阁、翰林院与翰林府等古建筑。

## 一、黎阳古城

浚县隶属河南省鹤壁市,位于河南省北部,北接"七朝古都"安阳,东临油城濮阳,南靠电子城新乡,西依煤城鹤壁,距省会郑州市 150 多千米。

浚县商代称黎,春秋时为浚邑,以浚水得名。浚水是卫河与淇河合流处的古称,两河相激,使流水浚深,故以"浚"为名。西汉高祖年间始置黎阳县,治所在大伾山东北 1.5 千米处。大伾山古称黎山,城在水之阳,因水取山之名称黎阳。公元 351 年后赵置黎阳郡,辖黎阳县。东魏置黎州,延至隋。唐初置黎州总管府,辖 4 州 8 县。宋代置通利军,后改安利军、平川军、浚川军,政和五年(1115)升浚州。明洪武二年(1369)降州为县,称为浚县,沿用至今。浚县盛产粮食,古有"滑(县)、浚收,顾九州"之说。

在两千余年的历史长河中,浚地名流辈出。春秋时的端木赐(子贡)是孔子七十二贤之佼佼者,西汉经学家贾护是《左氏春秋》的重要传人,唐初的白话诗人王梵志开创了我国通俗诗的先河,其诗被称为"梵志体",明代的王越"出将入相,文武全才"。

浚县古城夹在突兀对峙的大伾、浮丘两山之间,面对黄河故道,"十里城池半入山",具有城市山林特色。县城始建于明代,现存部分城垣。文治阁屹立在县城中心,高峻壮丽,庄重典雅,为古城的标志。文治阁原名中心阁,始建年代失考,明万历年间已存在,距今当有 400 余年历史。清顺治六年

(1649)毁于火。康熙四十八年(1709)知县梁通洛重修,改名文治阁,意为"以文为治"。南门内有黎公祠,亦称子贡祠,明弘治十二年(1499)知县刘台创建,现祠为清光绪元年(1875)知县张宝禧与子贡后裔端木继敏重修。县城西大街有翰林院与翰林府,是子贡后裔第78代孙端木照琛于清光绪二十二年(1896)兴建的。城内外还有升仙塔、北关文昌阁、恩荣坊、子贡墓等古迹和清代民居。

## 二、大伾、浮丘二山

大伾山、浮丘山这两座在千里平原上突起的秀丽青石山峰,松柏苍翠,聚集着大量的人文景观,是古城的两颗明珠。大伾山虽然海拔只有135米,但因当年大禹治水登临此山,被载入我国最早的史书《尚书·禹贡》中,历代称为"禹贡名山"。大伾山以其独特的地理优势,吸引了无数历史名人或登临高歌,或赋诗摩崖。千百年来,有十几位帝王将相亲临大伾山,汉光武帝曾于山上筑坛祭天,陈子昂、王维、岑参、范成大、王阳明等20多位著名诗人墨客留下脍炙人口的诗篇。浮丘山因山势若浮舟而得名,东峙大伾,西扼卫河,北视古城,形势险峻。两山现有佛道建筑9处,亭台楼阁、寺庙宫观遍布。北魏的天宁寺,因保存有"八丈石佛七丈楼"而闻名遐迩。大石佛高22.37米,后赵主石勒依西域僧人浮图澄之言在大伾山东麓依崖凿成,以镇黄河,距今已1 600余年,是全国最早、北方最大的一尊大型摩崖造像,它所包含的宗教文化、石刻艺术、历史政治等早已引起专家学者的惊叹。位于浮丘山顶的唐代石刻瑰宝千佛洞有大小造像1 000余尊,是中原石刻艺术的经典之作。道教的圣地碧霞宫始建于明代,位于浮丘山南端高峰,规模宏大,构造精美。一处处保存完好的名胜古迹如一幅幅历史画卷,再现了宗教文化在中原传播、发展的历程。两山被誉为"豫北平原第一胜迹",古有"登浮丘即朝东岳,攀大伾如游三壶"之称。

以浮丘山为中心的浚县正月会,规模盛大,范围涉及城内、南关、西关、东关和大伾山,方圆数里,又称浚县山会,又因赶会者多上山朝拜老奶(碧霞元君),故俗称老奶会。浚县正月会兴起于明代中期,会期自正月十五至月底,为时半月。远近香客由会首带领,高挑朝山进香旗,直趋碧霞宫,燃放鞭炮,焚香叩头,祈祷保佑,浮丘山顶鞭炮声昼夜相继,大殿前铁火池内香火昼夜不熄。县城四关四街人流如潮,水泄不通,县城四郊道路车水马龙,"家家户户香客满,送往迎来不得闲"。豫、冀、鲁、皖、晋商贾如期赴会,绸缎、布匹、京广杂货等,一应俱全。新中国成立后,政府扬其利,抑其弊,扶持改造古庙会,使其在经济、文化交流中发挥更大作用。

# 61 中华龙乡——濮阳

濮阳位于河南省东北部,黄河之滨。上古时代,这里是五帝之一颛顼及其部族活动的中心,战国时期城址位于濮水之阳,始称濮阳,历代曾先后称东郡、澶州、开州,是黄河下游地区的一个政治、经济、文化中心。濮阳是中华民族的发祥地之一,1987年出土的距今约6 400年的珍贵文物蚌塑龙形图案,被国内外考古界誉为"中华第一龙",中华炎黄文化研究会据此命名濮阳为"龙乡"。现老城区内的东、西、南、北4条大街较完整地保留了明清时期形成的格局和风貌。历史遗存有西水坡遗址、卫都高城遗址、春秋戚城遗址、五代澶州城遗址、仓颉陵、子路墓祠、回銮碑、中共中央原北方局和平原分局旧址等。

## 一、颛顼遗都

濮阳位于河南省的东北部,黄河下游北岸,冀、鲁、豫三省交界处。东北部与山东省的聊城毗邻,东、南部与山东省济宁、菏泽隔河相望,西南部与河南省的新乡市相倚,西部与河南省的安阳市、北部与河北省的邯郸市相连,处于华夏族早期活动的重要区域。

濮阳古称帝丘,据传五帝之一的颛顼曾以此为都,故有帝都之誉。濮阳之名始于战国时期,因位于濮水(黄河与济水的支流,后因黄河泛滥淤没)之阳而得名。1987年,在濮阳西水坡发掘出三组蚌砌龙、虎图墓葬。据测定,其年代距今6 400年左右,蚌塑龙被考古界公认为"中华第一龙"。专家据此遗址推断,6 000多年前濮阳地区已率先进入父系氏族社会,并成为中华民族龙文化的发源圣地,濮阳因此被中华炎黄文化研究会命名为"中华龙乡"。

相传黄帝与蚩尤的大战发生在濮阳境内,据说蚩尤之首就埋在台前县蚩尤冢。黄帝长子玄嚣邑于顿丘(今清丰县南),次子昌意在南乐筑昌意城;黄帝史官仓颉始作书契,被尊为"造字圣人",今南乐有造书遗址及仓颉陵、仓颉庙。中原地区继黄帝之后由颛顼统一治理,都帝丘(今濮阳西南,史称"颛顼之墟")。颛顼时,其氏族集团实力强大,打败了以共工为首的集团,活动范围大为扩展,万邦来朝。颛顼之后,帝喾继位,初都帝丘,后迁都伊洛平原。帝喾之后,尧继位成为祁姓集团首领,以冀州为活动中心,死后葬于城阳(今范县东)谷林,今范县有尧母庆都庙、尧子丹朱墓。舜生于姚墟(今范县城西南),他在黄河之滨烧制陶器,到雷泽(古泽名,在今范县东南)渔猎,去历山耕作,贩于顿丘(今清丰,范县、清丰均属今濮阳)。

夏王朝时期,濮阳地区建有昆吾、斟灌、顾等宗族邦国。夏启时于昆吾铸九鼎,并视其为国宝。夏帝仲康的儿子相为羿所逐,奔依同姓邦国斟灌氏。后相即位,都帝丘,至帝杼时迁都于原,其间历百年,濮阳一直是夏文化中心地带,不仅农业发达,制陶和冶铜技术也处于领先地位。商朝建立之前,以契为始祖的子姓集团至相土时迁至帝丘(今濮阳),活动于今豫北、冀南和豫东一带,势力发展至东海之滨。汤灭夏建商,以帝丘为其陪都。

周代,濮阳一带属卫国,为当时较先进的地区之一。公元前629年,卫成公迁都帝丘,帝丘成为卫国政治、经济、文化中心,凡389年。公元前602年,黄河大改道流经濮阳,给这里带来水利之便。这一时期人们用桔槔提水灌田,农业生产水平大幅度提高,纺织、皮革、竹木、冶铸等手工业进步,商业兴旺,涌现出一批城镇。如临黄河的戚邑,水陆交通便利,经济十分繁荣,仅公元前626年至前479年的140多年间,《春秋经传》中关于戚的记载即达28处,诸侯来卫国的14次会盟中,有7次在戚举行。今戚城遗址尚存,遗址东墙外的一座高4.6米、长20米、宽16米的夯土台就是当年的会盟台基址。先进的卫文化培育了中国第一个杰出的爱国女诗人许穆夫人。战国时期,濮阳政治家和军事家吴起、儒商子贡、改革家商鞅、政治家吕不韦等,为推动社会进步作出了贡献。战国后期,大国争霸,帝丘一带战争频繁,卫国衰亡,濮阳成为秦东郡治。

秦汉时期,为束黄河之水,多次修筑黄河大堤。东汉明帝永平十二年(69),在著名水利专家王景主持下,濮阳人民修渠筑堤千余里,固河道于濮阳城南,黄河安澜700余年。期间濮阳经济得到快速发展,今戚城遗址丰富的汉代灰层出土大量陶器、铜镞、铜釜、犁、铁镬、石器及水井等文物,表明当时这里十分繁华。魏晋南北朝时,濮阳兵连祸结,乱多于治,毁多于创,经济萧条,文化衰退。

## 二、澶渊旧郡

隋开皇十六年(596)置澶渊县,唐武德四年(621)置澶州。唐代黄河安澜,濮阳的农业、手工业等得到长足发展,丝绢业闻名全国,文化发达,人才辈出,杰出的天文学家僧一行第一个测量子午线长度,最先发现了恒星运动。唐末至五代,濮阳一带又成了战场,仅后梁、后唐就在濮阳征战20余场。宋代濮阳是保卫京师和河朔安全的屏障,称"北门锁钥"。真宗景德元年(1004),契丹兵临澶州,濮阳军民奋起抵抗,在寇准力谏下,真宗御驾亲征。宋以少胜多,大败辽军。辽军战败求和,双方签订了有名的"澶渊之盟"。此后百余年,两国相安,濮阳的农业、手工业、商业都得到较大发展,纺织业发展更快,成为宋代"衣被天下"的地方。这一时期,濮阳名人辈出,著述家晁迥、晁宗悫、晁永之,名将赵延进,清官王赞、张田,治黄专家高超等彪炳史册。金皇统四年(1144)改澶州为开州。金元时期,黄河屡决,加之受战争破坏,到明初土地荒芜,人烟断绝。从洪武二十一年(1388)起,明廷数次将山西黎民徙居濮阳一带置屯垦荒,即历史上著名的"老鸹窝"移民,同时还加强水利建设,至明中叶,濮阳又成为"河朔之名区"。不过明中期以后,濮阳地区水、旱、蝗、风、地震等灾害频繁,经济文化逐渐落后。

## 三、名胜一览

濮阳居中原要冲,悠久的历史、激烈的争逐、灿烂的文化给这块大地留下了许多珍贵的文化遗产和名胜古迹。全市共有古墓葬、古战场、古城址、古建筑、名人故居、革命战争纪念地等文物古迹276处。如"造字圣人"仓颉陵和仓颉庙、孔子讲学遗址"学堂岗圣庙"、被江泽民称为春秋时期"联合国"的戚城遗址、濮阳历史地位的象征——中心阁四牌楼、古代重型建筑的杰作濮阳八都坊、刘邓大军强渡黄河纪念碑、濮阳西水坡仰韶文化遗址发掘的"中华第一龙",还有子路墓祠、回銮碑、普照寺大雄宝殿、文庙大成殿、蚩尤冢、长乐亭、宣房宫、南乐牌坊、龙虎福寿碑等。

## 62 九省通衢——武汉

武汉是湖北省省会,地处南北东西交通要冲,自古就是中原与南方、长江中上游与下游间文化交流的交汇点,有"九省通衢"之称。城市文明史始自商代中叶,为古今人文荟萃之地。清代汉口为全国"四大名镇"之一、华中地区的物资集散中心,近代又被辟为对外开放的口岸,逐步发展成繁荣的工商业大都会。武汉还是一座革命名城,20世纪以来,先后为辛亥革命中心、国民革命中心和抗战初期全国抗日救亡运动的中心,有着重要的政治地位。名胜古迹、革命遗址有商代盘龙城遗址、明楚王墓群、洪山宝塔、古琴台、晴川阁、长春观、归元寺、黄鹤楼、东湖风景区、武昌起义军政府旧址、京汉铁路总工会旧址、武汉国民政府旧址、武昌中央农民运动讲习所旧址、中华全国总工会暨湖北省总工会旧址、八七会议会址、辛亥革命烈士墓、施洋烈士墓、向警予烈士墓等。江汉路商业街、汉口原租界风貌区及武汉大学集中了大量优秀近现代建筑,是武汉近100多年来经济、文化、教育发展的缩影。

### 一、三镇沿革

武汉位于长江和汉水的交汇处,市区被分割为武昌、汉口、汉阳三镇。境内地形属残丘性河湖冲积平原,山丘、湖泊与平陆相间,较大的湖泊有梁子湖、涨渡湖、汤逊湖、东湖等,江河湖水面占武汉总面积的25%。

武汉三镇历史悠久,考古发掘有旧石器文物多件及新石器文化遗址(属屈家岭文化)多处。市郊黄陂区有堪与安阳殷墟匹敌的商代盘龙城遗址,距今约3500年。武汉地区周代先后属鄂国、郧国和楚国,秦属南郡,两汉时属荆州江夏郡沙羡县。东汉末年到三国时期,武汉成为兵家必争之地,在现主城区内开始形成城堡,成为地区政治中心。汉阳于东汉末建成郤月城,隋初改置汉阳县,遂有汉阳之名,自唐迄清,先为沔州、汉阳军、汉阳府和汉阳县治所。武昌于三国吴黄武二年(223)建夏口城,初为吴江夏郡治,晋代为荆州、沙羡县、江夏郡等治所,尔后先后为南朝郢州、隋唐鄂州、宋鄂州路、元湖广行中书省及武昌路、明清武昌府及各朝江夏县的治所,亦为明楚王府所在地。早在唐宋时,武昌、汉阳两城已是国内著名都市,蜚声海内的黄鹤楼为游人登临胜处,李白、崔颢、孟浩然、白居易、苏轼、岳飞、陆游、范成大……无不慨然命笔,留题赋诗,崔颢的《黄鹤楼》尤为千古绝唱:"昔人已乘黄鹤去,此地空余黄鹤楼。黄鹤一去不复返,白云千载空悠悠。晴川历历汉阳树,芳草萋萋鹦鹉洲。日暮乡关何处是,烟波江上使人愁。"诗仙李白为之搁笔,武汉因此被称为"白云黄鹤的故乡"。黄鹤楼屡毁屡建,明代因崔颢诗意而建的晴川阁也屡废屡兴,同为武汉名胜。汉阳龟山西麓的古琴台为纪念春秋时期高山流水遇知音的俞伯牙和钟子期而建,始于宋代。明代,武昌、汉阳两府已为人合称"武汉",封于武昌的楚藩王在武昌城外龙泉山营建有庞大的陵墓群。明末清初,汉阳县汉口镇迅速崛起,发展成国内工商巨埠。清光绪二十四年(1898)张之洞奏准设夏口厅,汉口遂正式从汉阳分出成为独立行政区。1912年,国民政府改江夏县为武昌县,改夏口厅为夏口县,三镇始以同级建置鼎立。1926年国民政府设武昌市和汉口特别市,汉阳县隶属于汉口特别市。次年元旦,国民政府迁汉口办公,合三镇成立武汉市,称京兆区。旋又分治。1949年后重以三镇为武汉市。

## 二、百年风云

武汉地处南北东西要冲,自古就是中原与南方、长江中上游与下游间经济文化交流的交汇点,在南朝时就是著名的商业港口,唐宋时期发展为商业繁盛、水运发达的商业都会。清代汉口兴起,更是"十里帆樯依市立,万家灯火彻夜明",为全国四大名镇之一、华中地区的物资集散中心,航路通达川、黔、豫、陕、湘、赣、苏、皖等地。19世纪60年代初,武汉被辟为对外开放的商埠,英、俄、法、德、日相继建立租界,英、俄、美、法、日、德、意、比、荷、丹、墨等国先后在汉口设领事馆。他们陆续开设了洋行、工厂、银行近200家。尤其是洋务运动以后,湖广总督张之洞大办洋务,先后创办汉冶萍煤铁公司、汉阳兵工厂、纺纱局、织布局、制麻局、缫丝局等近代企业17家,并办新学多所,练新军数万,同时,民间资本亦创办火柴厂、水电公司、机器厂、面粉厂、纺织厂等41家,武汉兴起近代工业和教育,航运直达海外,芦(京)汉、粤汉铁路在此连接,遂发展成为繁华的近代工商业大都会,仅次于上海、天津的经济中心。

武汉的城市风貌也发生了变化。19世纪60年代以后,由于汉口各国租界的开辟,从而在今江汉路至黄浦路、中山大道至长江之间,形成1.8平方千米颇具西洋风格的城区。除街道格局基本保持原状外,目前尚保存近代西式建筑500多处,其中列入"武汉市保留历史优秀建筑"名单的达50余处。在近代历史上,这里是西方建筑文化、科学、艺术传入中国及中国民众了解西方文化的一个窗口。租界的规划与建设以及租界的建筑,曾对中国近现代城市建设及建筑业的进步与发展起了诱导和促进作用。特别是上起江汉路、下至一元路之间地段,至今依然保存着较浓郁的近代风貌,近代建筑也最为集中,具有较高的历史价值和旅游观光价值。

20世纪以来,武汉先后成为辛亥革命的中心、国民革命(大革命)的中心和抗战初期全国抗日救亡运动的中心,又是一座革命名城,有着重要的政治地位。1911年10月10日武昌起义,成为辛亥革命的开端,以摧枯拉朽之势结束了清王朝的封建统治。位于武昌的起义门、武昌起义军政府旧址、三烈士亭和汉阳的黄兴铜像是武昌起义的纪念地(物)。武昌起义军政府旧址位于武昌城内阅马场,背靠蛇山,旧址原是清末湖北谘议局所在地,建于1909年,因整幢建筑采用红砖红瓦,故称红楼。1911年武昌起义胜利后,在此成立湖北军政府(中华民国鄂军都督府),颁布了废除清朝帝制、建立中华民国的布告,通电号召各省起义。院门外正前方立有孙中山塑像,"武昌起义军政府旧址"系宋庆龄书写。

1923年2月,京汉铁路沿线16个工人运动俱乐部的代表在郑州举行铁路总工会成立大会,遭到军阀吴佩孚的武力阻挠和破坏,总工会遂秘密迁到汉口江岸,组织总同盟罢工。武汉现保留有京汉铁路总工会旧址、施洋烈士墓等多处罢工遗迹。

五四运动后,马克思主义开始在武汉传播,1920年,董必武、刘伯垂、包惠僧、陈潭秋等在武昌成立武汉共产主义小组,后又成立了武汉社会主义青年团,开展革命活动。1927年,在汉口秘密召开了决定中国共产党命运的中央紧急会议——八七会议,中国共产党从此走上武装夺取政权的道路。会议旧址为一幢三层西式公寓建筑的一个单元。当年会场设在二楼,现保存完好。1978年开辟为纪念馆。

### 三、风味饮食

武汉饮食博取四方之长,又有江汉平原鄂菜特色。地方传统名菜名点有三国时誉满江南的武昌鱼、明清时称为"金殿玉菜"的洪山红菜薹、外酥内软的豆皮、鲜美滋补的煨汤及价廉物美的热干面、面窝、发米粑等。

武昌鱼学名团头鲂,因盛产于武昌梁子湖(今武汉江夏区与鄂州市交界)而得名。鱼体侧扁呈菱形,肉味鲜美,为淡水鱼类中的珍品。烹调以清蒸味道最佳,汤汁鲜香,营养丰富。自唐宋及今,流传着许多赞美武昌鱼的诗句,使其驰名中外。洪山菜薹是武汉特有的蔬菜品种,旧时作为湖北地方向皇帝进贡的土特产,曾有"金殿玉菜"之称,因产于洪山一带而得名。因其茎叶呈紫红色,故又名紫菜薹、红菜薹。后虽移种于别处,但仍以洪山附近所产品质最好。

豆皮原是湖北民间的一种节令传统小吃。制作时先用绿豆、大米混合浸透磨浆,摊成皮,包上糯米饭、肉丁和葱姜等作料,再用油煎。1931年老通城酒楼以豆皮为其经营的小吃品种。该酒楼在民间技术基础上,摊皮时加入鸡蛋,并在糯米馅中拌入鲜肉、鲜蛋、鲜虾,然后精心煎制,称为三鲜豆皮,形成特色风味。尔后又在馅中加入猪心、猪舌、猪肚、鸡丁、香菇、玉兰片等,依馅质分成不同的品种。老通城豆皮皮薄色鲜、外脆内软、松嫩爽口、油而不腻。

武汉民间宴席十分推重煨汤,有"无汤不待客"之说。1946年,陶坤甫、袁得照采用民间传统煨汤技术,合伙创办了一家专门经营煨汤的特色风味餐馆,取名"筱陶袁",不久闻名武汉三镇,后改名小桃园。其煨汤以鸡汤为主,还有排骨汤、牛肉汤,后来又增加甲鱼汤、八卦汤、肉鸽汤等品种和其他菜肴,发展成为一座风味突出的著名酒楼。小桃园鸡汤至今仍保持用陶器烹制,称"瓦罐鸡汤"。用黄陂、孝感一带所产重750克左右传统品种的肥嫩母鸡,先用大罐用大火煨至八成熟,然后分装于小陶罐中,用文火煨熟,汤清油黄,色鲜味美。

热干面是武汉特有的方便熟食,相传是20世纪30年代由一位卖汤面的店家偶然创制的一个面条新品种。其制作方法是:先将新鲜机制挂面置于锅中煮熟捞出,拌油摊凉,然后放进沸水中烫热捞起,加入芝麻酱、小麻油、辣萝卜丁、香葱、姜末、酱油、醋等辅料,拌匀便可食用。面条呈金黄色,味道丰富,面韧耐嚼,即食即烫,方便便宜,受到武汉市民的普遍喜爱。汉口蔡林记热干面最为纯正可口。

# 63 隆中旧地——襄阳

襄阳位于湖北省西北部。战国时为楚国要邑,西汉初置襄阳县,东汉时樊城建城。三国置襄阳郡,后历代多为州、郡、府治所。襄阳城市格局为"一水分二城",汉水以南为襄阳(今称襄城),北为樊城;城市功能"南城北市""南文北商"。襄阳是古代军事要地、交通孔道,南北不同交通方式"南船北马"的分界点,三国时期尤为著名,相传是"三顾茅庐""隆中对策"的发生地,古隆中、水镜庄、刘备马跃檀溪处、关羽水淹七军处、刘表斩孙坚之凤林关都在襄阳境内。市内还有邓城遗址、习家池、鹿门寺、仲宣楼、水星台、夫人城、昭明台、广德寺多宝佛塔、米公祠、绿影壁等古迹。

## 一、七省通衢

襄阳地跨汉江中游两岸,系原襄阳、樊城两城的合体,汉江北岸为樊城,南岸为襄阳。樊城因周宣王封仲山甫(樊穆仲)于此而得名,襄阳以地处襄水(今南渠)之阳而得名。樊城始于西周,襄阳筑城于汉初。自东汉献帝初平元年(190)荆州牧刘表徙治襄阳始,襄阳历来为府、道、州、路、县治所。两城于1950年合为襄樊市,2010年更名襄阳市,境辖3个城区(襄州、襄城、樊城)、3个县级市(枣阳、宜城、老河口)、3个县(南漳、保康、谷城)和3个开发区(襄阳国家级高新技术产业开发区、东津新区、鱼梁洲经济开发区)。

襄阳地处我国中部,自古以来是南北经济文化的交汇点。春秋战国时期,这里是楚国与中原周天子和郑、晋、卫诸国联络的通道。汉至隋唐时期,从洛阳经襄阳到江陵的驿道是沟通南北政治、经济的大动脉,加上长江最大的支流汉江在此与唐白河汇合,襄阳就成了"南船北马"的汇集地。明清以来,襄阳的商业经济辐射到黄河上下、长江南北,在樊城沿江兴建了20个码头,建立了几十个包括沿海省市在内的商业会馆,成为汉江上游农副土特产集散地,有"小汉口"之称。湖南会馆、抚州会馆、黄州会馆、山陕会馆至今保存完好。

## 二、军事重镇

作为历朝重镇的襄阳,自春秋始即为兵家角逐之地,曾上演过数以百计的战争史剧,发生过许多重大的历史事件。据《左传》载,公元前711年,楚武王派大臣道朔带领巴国使者出使邓国(今市郊邓城),途中被人处斩,财物被抢掠一空。武王闻讯大怒,旋即派兵攻打邓国,邓遭楚、巴夹击,大败。公元前691年前后,楚灭罗、邓,以襄阳为北进中原并向东拓展的主要渡口和军事要塞,称北津。西汉末年,王莽新朝引起百姓不满,宜城人秦丰起兵攻占襄阳等12座城池,号称"楚黎王"。汉末,孙坚跨江击刘表,攻襄阳不克,反被乱箭射中,饮恨襄阳城南凤林关。

三国鼎立时,这里曾进行过多次争夺战。刘备躲过刘表妻弟蔡瑁等人的暗算,马跃檀溪获救,到隆中三顾茅庐,请出诸葛亮,终于建立蜀汉政权。樊城北郊罩口川是关羽水淹曹操七军的古战场。建安二十四年(219)七月,关羽围攻樊城,曹操派左将军于禁率兵来援,驻屯城外。当时大雨十日,汉水暴涨,溢出堤外,曹军退至高阜扎营,营寨分散,关羽的水师较强,分别切割击破各曹营,曹军被杀被俘很多,于禁只得投降。关羽还生擒骁将庞德。这是襄樊大战中关羽取得最大战果的一次战役。西晋时,名将杜预扼守襄阳,积蓄力量,一举歼灭东吴,三国统归于晋。

东晋太元三年(378),前秦苻坚派苻丕率军7万攻打襄阳,驻守襄阳的梁州刺史朱序错误地认为前秦无船,难渡沔水(汉江),遂疏于防范。前秦军以5 000骑渡水,得船百只,全军渡河。朱序退守城中。朱序母韩夫人颇知军事,襄阳被围攻时,她亲自登城巡视城防,率领家婢和城中妇女增筑一道内城,晋军凭借内城得以击退苻丕。后人将这段城墙称为夫人城,传为脍炙人口的佳话。次年,秦军收买内应,突然攻城,破襄阳,俘朱序。

南宋初期,金兵占领襄阳达6年之久。岳飞率兵攻襄阳,讨伐伪齐襄阳守将李成,以长枪步兵击其骑兵,以骑兵击其步兵,打败李成,收复襄阳。咸淳三年(1267)蒙古军攻打襄阳,围城5年始破,是中国古代历时最长的攻城战之一。元末,朱元璋率众抗元,也在襄阳激战。明末,李自成领导的农民起义军一举攻陷襄阳,以襄阳为基地,改襄阳为"襄京",称"新顺王"。清代中期,白莲教起义军曾于襄阳拥兵数万,以"襄阳黄号"名义转战湖北、陕西、四川等省,迫使清军几易其帅,坚持抗清达9年之久。1911年,武昌起义,老河口的新军张国荃、李秀昂等人积极响应,领兵攻打襄阳。

襄阳自五四运动起成了鄂西北革命运动的中心。1920年,革命先驱萧楚女在襄阳从事革命活动,为鄂西北建立党的组织奠定了思想基础,嗣后,李先念、刘少奇、李富春、贺龙、徐向前、陶铸、陈少敏、黄火青、王翰等均曾在这里进行过斗争。1940年5月16日,爱国将领张自忠与日军血战9昼夜,不幸以身殉国于襄阳与宜城交界的长山南瓜店,是我国在抗战中牺牲的最高级将领。

### 三、人文盛区

古城襄阳不仅以它悠久的历史吸引着人们,而且还以钟灵毓秀、人才辈出著称于世。春秋中期,邓国(今市郊邓城)的邓侯吾离是位开明的君主,对内富国强民,对外睦邻友好,使国家繁荣昌盛,百姓安居乐业。春秋末期,名将伍子胥(今襄阳谷城人)才能超人,辅佐吴王,整军经武,出师伐楚,一举攻下楚国郢都。战国时期著名辞赋家宋玉留下《风赋》《登徒子好色赋》等有口皆碑的名篇。西汉末、东汉初,襄阳出了刘玄、刘秀两个皇帝。汉末建安七子之一的王粲,水镜先生司马徽,三国时著名政治家、军事家诸葛亮,刘备的军师中郎将庞统,晋代名将羊祜、杜预,著名史学家、《汉晋春秋》的作者习凿齿,唐朝武则天的宰相、后又废黜武则天的张柬之,著名诗人杜审言、孟浩然、皮日休、张继,宋代文学家欧阳修、魏泰、刘过,书画家米芾,清代宰相单懋谦等,都出生或生活在襄阳这块土地上,留下了极为丰富的历史文物,市区有米公祠、夫人城、习家池,郊区有隆中诸葛亮故居、水镜庄、抱璞岩、白马洞、承恩寺、汉光武帝故居、宋玉故居、楚皇城等。

## 64 神农故里——随州

随州位于湖北省西北部大洪山与桐柏山之间,鄂豫两省交界处。西周初至春秋战国,地域内有厉(赖)、随、唐3个诸侯国,战国末楚始建随县。西魏大统元年(535)为随州。北周杨坚受封随王,称帝后以"随"为国号,因忌讳"随"字中有"走"字旁,怕其江山不能长久,故改随为隋。唐以后为随州州治。随州传说为炎帝神农氏故里,厉山镇(古称烈山)有神农洞遗址、神农庙等。城西擂鼓墩古墓群中曾侯乙墓出土大量文物,真实再现了2 400多年前随文化的巨大成就。其中有极其珍贵的编钟、编磬等古乐器。境内还有虞舜厉山耕耘故地、多处古文化遗址、古墓葬和大洪山、桐柏山、鸡鸣山风景名胜区。

## 一、炎帝神农故里

随州是华夏人文始祖炎帝神农的故乡。五千年前，神农氏在此创耕耘，植五谷，尝百草，疗民疾，制历时，兴贸易，开创了古代文明。又有"大舜耕烈山"之说。在随州城北的厉山镇（古称烈山）有神农洞，相传为神农的出生地，洞下尚存"日中街"旧址，传为神农首倡"日中为市，物物交换"的街道。又传说距城北50千米的殷店是古厉国、厉乡，乡南有重山（即烈山），是神农出生处，所以称神农为烈山氏。魏晋南北朝时，这里便建有神农灶、神农观、炎帝庙等建筑。为弘扬炎帝神农的丰功伟绩，湖北省每年举办"中国湖北烈山炎帝神农节"，在神农洞遗址附近修建了神农庙、神农纪念馆、神农纪念广场、烈山大宗祠，使烈山成为海内外炎黄子孙来随州祭祀朝祖的圣地。随州城北30千米处的尚市镇相传是虞舜耕耘故地，尚存犁山坡、舜田、龙陂堰、耙山寨、舜井等遗迹。

随州境内有多处新石器时代文化遗址，其中较为重要的遗址有淅河镇西花园、三里岗镇冷皮垭、厉山镇陈家湾、殷店戎家湾、淮河镇莲花寺、高城赵家庙、万店点将台等7处。淅河镇西花园遗址文化内涵有东周、石家河和屈家岭三个时期的遗存，最下层的屈家岭晚期文化层发现有房基5座，这些房基皆由红烧土块堆积而成，木骨泥墙，茅草之类盖顶。红烧土由稻草拌泥土烧成，里面含有大量稻谷壳。发现窖穴1座，成人墓葬2座。出土文物最丰富的是石家河文化，出土有当时使用的生产工具、生活用具和装饰品，生产工具种类计有骨镞、石刀、石铲、石斧、石锛、陶纺轮等，生活用具种类计有陶彩绘扁腹壶、直筒杯、高柄杯、钵形座豆、圈足碗、大口罐、小口罐、鼎、擂钵、盆、锅、甑等，装饰品有陶环、玉环、玉珠等。纺轮和陶器的大量出土，可见当时纺织业和制陶业的发达程度。冷皮垭遗址位于随州城西南40千米的三里岗镇冷皮垭，出土有磨制石斧、石刀、石镰、石箭镞等石器，以及夹砂陶、泥质灰陶与泥质磨光黑陶等陶器，其中以彩绘蛋壳黑陶最为典型。值得注意的是，遗址中还发现了大量含稻谷壳的红烧土块，某些土块稻料呈密集块状,虽大部分已经炭化,但仍能清晰辨识稻壳的痕迹。根据遗址出土文物分析,其文化内涵大致包括屈家岭文化和类似于中原地区龙山文化这两种文化遗存。

随州境内的这些文化遗址与神农、虞舜的传说相印证,反映了文明初期该地区的面貌。

## 二、编钟古乐之乡

西周初至春秋战国,随州地域曾有厉(赖)、随、唐3个诸侯国。楚于公元前538年灭厉(赖),公元前505年灭唐,战国末灭随,并厉、唐入随,建随县。

1978年夏,考古工作者在随国故都的今随州市郊发掘了一座战国早期墓葬——曾侯乙墓,墓中出土的大量精美的青铜礼器、漆木器、金银器、珠玉器以及各类乐器、车马兵器和纺织服饰等,不仅荟萃了2 400多年随文化的辉煌成就,而且在诸多方面还代表着当时中国乃至世界文化的最高水平。

曾侯乙墓系一座呈卜字形的大型岩坑竖穴木椁墓,其地宫似一座超豪华的"三室一厅",东室放置主棺1具、陪棺8具;西室放置陪棺13具;北室放置兵器、车马器及竹简;中厅大约是墓主人的音乐室、礼宾接待厅,内置大量礼乐器。地宫东西长21米,南北宽16.5米,距地表深13米,面积为220平方米。整个椁室由底板、墙板、盖板共171根巨型长方木料铺垫垒叠而成,使用成材楠木达500立方米。木椁顶面及四周填塞防潮木炭6万公斤。该墓共出土文物15 404件,各种铭文12 696字。文物品类齐全,礼器、乐器、兵器、车马器、甲胄、生活用具等应有尽有;质地多样,青铜、金、玉、陶、铅、锡、漆、木、竹、皮、骨、角、丝、麻等无所不包。其数量之多、质地之精、保存之好,在同期发掘墓葬中均为罕见。其中青铜器的铸造,综合使用了浑铸、分铸、锡焊、铜焊、雕刻、镶嵌、铆接等工艺,充分展示出当时的青铜冶铸技术已经达到炉火纯青的水平。墓中出土的二十八宿星象图是目前所知世界上写有二十八宿全部名称并与四象匹配的最早图像实物,出土的丝麻纺织纱是我国乃至世界发现的最早的混纺物。墓中还有大量的工艺美术品、雕塑艺术品、漆画艺术品和书法艺术品。曾侯乙墓既是一座蕴藏丰富的古代科学宝库,也是一座精美壮观的古代艺术殿堂。

墓中出土的编钟被誉为"世界奇观中独一无二的珍宝"。巨大的铜木结构钟架呈曲尺形,长 7.48 米,宽 3.35 米,高 2.73 米。七根彩绘横梁,两端均有雕着盘龙和花瓣纹的青铜套加固,由 6 个佩剑武士形铜柱承托。钟架及钟构达 264 个构件,可以拆装,设计精巧合理。65 件青铜钟分 3 层 8 组悬于架上,包括钮钟 19 件,甬钟 45 件,每件钟均有一面刻"曾侯乙乍(作)时(持)",标记着钟的主人,另有楚惠王赠送的镈钟 1 件。钟体总重量达 2 500 公斤,其最大者,通长 153.4 厘米,重 203.6 公斤。钟架、钟钩、钟体上共有铭文 3 755 字,内容有编号、记事、标音及乐律理论,钟体铭文大都镀金。

编钟件件保存完好,闪亮着青铜光泽的钟体,保留着优美迷人的原有音响。除少数大型甬钟的侧鼓音不甚明显之外,绝大多数钟均能在正鼓部和侧鼓部分别击奏出呈三度音程,且与标音相符的两个乐音。全套钟含有深沉浑厚的低音、铿锵圆润的中音、清脆明亮的高音,音色丰富,富于表现力。其音域跨 5 个八度音程,可奏出完整的五声、六声,以至七声音阶乐曲;中心音域内 20 半音齐备,可以旋宫转调,演奏古今中外多种乐曲。钟及架的装饰,取人、兽、龙、花、几何形等多种题材,采用了圆雕、浮雕、阴刻、雕绘、线描等多种技法,布局精巧,刻画细微。整架编钟,宏观巍峨庄重,微观精美华丽,是耐人观赏的艺术佳作。

无独有偶,1981 年在擂鼓墩二号墓又发掘出一套 36 件编钟,包括 28 件小甬钟与 8 件大甬钟。经专家鉴定,二号墓编钟与曾侯乙编钟属同一体系,其中 8 件大钟与曾侯乙编钟的音律完全一致。从编钟的音高分析,二号墓出土的编钟恰好填补了曾侯乙编钟的高音区,并使曾侯乙编钟的音域从 5 个八度扩展到 6 个多八度,因此二号墓编钟被称为曾侯乙编钟的"姊妹钟"。两套乐钟(镈钟除外)合计 100 件,这百件编钟可分可合,是一个完整而宏伟的编钟系列。

1978 年 6 月底,曾侯乙墓发掘工作总体告竣,随即于 7 月 1 日起在随州市文化馆举办了"曾侯乙墓出土文物展",慕名参观者络绎不绝。为了弘扬历史文化,有关专家做出了将古编钟搬上舞台的设想。经文化部音乐研究所对编钟进行了测音后,就地在驻随部队炮兵礼堂进行了首次演奏。1987年12月,曾侯乙编钟邮票、小型张有声邮折发行,开国内外音响邮票之先河,再次把编钟的形声推向世界。湖北省歌舞团运用编钟素材创作的"编钟乐舞",用歌、乐、鼓、舞相结合的艺术形式,将曾侯乙墓出土的编钟、编磬、建鼓等数十件古乐器仿制品同台演奏,"金、石、丝、竹、匏、土、革、木",八音和鸣,重奏千古绝响,把古代荆楚人民的艺术风貌、盛楚乐章再现于舞台。

## 65 祥瑞所钟——钟祥

钟祥位于湖北省中部,汉江中游,大洪山南麓。春秋战国时曾为楚国陪都。三国时属吴,称石城。明嘉靖十年(1531),因嘉靖皇帝生养发迹于此,取"祥瑞所钟"之意,赐名钟祥。名胜古迹有楚辞赋家宋玉伴顷襄王游览答问的兰台、楚国歌舞艺术家莫愁女放歌荡舟的莫愁湖、因盛唱阳春白雪而得名的阳春台、始建于唐代的白乳高僧塔、明兴献王藩府兴王宫、明嘉靖敕建道观元佑宫、嘉靖皇帝生父母合葬墓明显陵。其中明显陵2000年被列入联合国教科文组织《世界遗产名录》。大洪山国家风景名胜区核心景区——客店风景区,以黄仙洞最为壮观,洞内2万平方米的喀斯特地貌被专家认定为世界溶洞一绝。

### 一、楚国别都

钟祥古属荆州地,春秋战国为楚别邑,称郊郢,是楚国的陪都。钟祥是楚文化的发祥地之一,也是楚文化繁荣发达的一个中心。战国辞赋家宋玉曾陪伴楚顷襄王登兰台,披襟当风,作《风赋》。楚歌楚舞盛于钟祥。楚国的歌舞艺术家莫愁女将民间歌舞带进楚王宫廷,得屈原、宋玉、景差的指导,将屈、宋骚赋和楚辞乐声融于古曲,将《阳春白雪》《下里巴人》《阳阿》《薤露》《采薇歌》《麦秀歌》等楚辞和民间乐诗入歌传唱,曲高和寡的《阳春白雪》成为千古绝唱。到南朝宋又有《石城乐》《莫愁乐》《阳春曲》《白雪歌》等楚歌。郢中"三台"——兰台、阳春台、子胥台(伍子胥追击楚昭王的屯兵之地)是故楚遗迹。

### 二、嘉靖龙兴之地

西汉改郊郢为郢县,三国属吴,名石城。西晋到明中叶的1 200多年,钟祥地区先后设郢州、安陆府、安陆州,县名长寿。明嘉靖十年(1531),出生于此的明世宗赐名钟祥,为全国三大直辖府之一的承天府治。嘉靖十八年(1539)设兴都留守司,故钟祥又有兴都之称。

钟祥是嘉靖皇帝的生养发迹地。明武宗无子,死后由皇太后召其堂弟朱厚熜继承皇位。嘉靖帝即位后,经"大礼议"之争,最终得以为自己的生父母上帝后尊号,并以帝陵规格大规模重修生父墓葬,即显陵。嘉靖十八年(1539),朱厚熜将其母归葬钟祥。明显陵于2000年成为世界遗产。显陵葬嘉靖帝生父恭睿献皇帝朱祐杬、母亲章圣皇太后,始建于明正德十四年(1519),迄于明嘉靖三十八年(1559),历时40年建成。陵园外罗城周长3 600米,红墙黄瓦,金碧辉煌,蜿蜒起伏于山峦叠嶂之中。陵园由30余处规模宏大的建筑群组成,依山间台地渐次布列有纯德山碑、敕谕碑、外明塘、下马碑、新红门、旧红门、御碑楼、望柱、石像生、棂星门、九曲御河、内明塘、祾恩门、陵寝门、双柱门、方城、明楼、前后宝城等,疏密有间,错落有致,尊卑有序,建筑掩映于山环水抱之中,相互映衬,如同天设地造,是建筑艺术与环境美学相结合的天才杰作。显陵是明嘉靖初期重大历史事件"大礼仪"的产物,规划布局和建筑手法独特,在明代帝陵规制中具有承上启下的作用。其陵寝建筑中金瓶形的外罗城、九曲回环的御河、龙鳞神道、琼花双龙琉璃影壁和内外明塘等都是明陵中仅见的孤例,尤其是"一陵两冢"的陵寝结构为历代帝王陵墓绝无仅有,由瑶台相连而成哑铃状的两座隐秘的地下玄宫神秘莫测,一直为世人称奇。显陵是我国中南地区唯一的明代帝陵,也是全国最大的明代单体帝陵。

钟祥保留有嘉靖皇帝生父兴献王的藩府兴王宫,位于钟祥城区北部,距市中心约1千米,嘉靖十八年(1539)嘉靖皇帝南巡承天府,对殿宫进行了扩建。兴王宫旧有龙飞、隆庆等殿,卿云、凤翔等宫,宫前有三孔石桥1座,桥下有荷花池1个、汉白玉龙云御阶1块、出水石雕龙头6具,四周环以朱色围墙。

嘉靖二十八年(1549),嘉靖帝御敕兴建元佑宫,三十七年(1558)建成。宫的结构与北京故宫相似,四周围绕宫墙,墙外环水。宫门前巨型三圆一方的琼花照壁巍然屹立。元佑殿雄踞正中,红墙碧瓦,金碧辉煌。其后为降祥殿、三洞阁和宣法、衍真二配殿,与前面钟、鼓二楼御敕碑交相辉映。两侧的殿宇楼阁、亭台轩榭布局严谨,并有延禧、保祚二坊及鹤轩廊房拱侍环列,气势威严。元佑宫被誉为"三楚巨观"。现为钟祥市博物馆,珍藏着上万件珍贵的历史文物。

# 66 湘楚名城——长沙

长沙是湖南省省会,又名星沙,因楚是配于轸星的分野,而轸星又有一颗小星叫长沙,遂以此命名。秦设长沙郡,隋唐改称潭州,明改为长沙府。长沙临湘江,橘子洲浮贯江心,麓山耸峙江滨,江、山、城、洲,呼应依托,构成山水城市特色。长沙是楚汉名城,屈贾之乡,自古以来科技文化发达,创建于北宋的岳麓书院是延续教学至今的千年学府,有"惟楚有材,于斯为盛"之誉。长沙也是一座英雄的古城,是戊戌维新、辛亥革命和新民主主义革命重要的活动地。有马王堆汉墓、贾谊祠、麓山寺、隋舍利塔、岳麓书院、天心阁古城墙、云麓宫、爱晚亭、曾国藩墓、谭嗣同故居及墓、黄兴故居及墓、蔡锷墓、徐特立故居、刘少奇故居、杨开慧故居、新民学会成立旧址、中共湘区委员会旧址、秋收起义文家市会师旧址等文物和革命遗迹。地方土特产有湘绣、羽绒制品、菊花石雕、湘粉、湘菜、浏阳豆豉、浏阳烟花鞭炮、铜官陶器等。

## 一、驰誉中外的历史古城

长沙在夏、商时期属古三苗国,其名始于西周。春秋晚期以后逐渐成为楚南重镇和楚国主要的粮食产地。秦统一中国后,设长沙郡,为全国 36 郡之一,这是长沙列入全国行政区划之始,郡治设湘县,即今日之长沙市。汉高祖五年(前 202),封功臣吴芮为长沙王,置长沙国。吴氏在旧邑基础上筑城,这就是历史上的"临湘故城"。所以长沙素有"楚汉名城"之称。此后,东汉、西晋、东晋、南朝及明代均以长沙为封藩之地,同时,历代中央政权以长沙为郡、州首府,或为府、县治所,或为省垣,使长沙的地区政治、文化中心地位不断得到加强。到 1904 年,清政府被迫与英、日等签订不平等条约,辟长沙为对外开放商埠,外商以此为立足点,向全省倾销洋货,收购原料,打破了这座古城的封闭性,促使一批有识之士提倡民族工商业以自强,于是长沙的商品经济日益发展,城市规模日益扩大。

历史悠久的长沙,古城遗址、古代墓葬、古刹名寺、古阁亭院等名胜古迹历历在目,随处可见。20 世纪 70 年代以来,长沙陆续出土了大量历史文物,其中尤以马王堆汉墓和三国孙吴纪年简牍震惊中外。

马王堆汉墓位于长沙市区东部的马王堆街道,为汉初长沙国丞相利苍及其家族的墓地。这三座古墓规模巨大,随葬品有漆木器、纺织品、帛书、帛画、兵器、乐器等 3 000 余件。一号墓出土了一具保存 2 100 多年的完整女尸,全身润泽柔软,部分毛发尚存,部分关节可以弯动,内脏器官保持了完整的外形,相对位置基本正常,是世界上已发现的保存时间最长的一具湿尸。墓葬内的丝织品种类繁多,其中一件素色禅衣,薄如蝉翼,长 128 厘米,仅重 49 克;"T"字形彩绘帛画长 205 厘米,画面从上到下,反映天上、人间、地下的景象,构思巧妙,布局严谨。墓葬还出土了 12 万多字的帛书,大多系早已失传的史籍。帛书中还有 3 幅地图,比我国过去传世的地图要早 1 300 多年,是世界上现存最古老的地图。马王堆汉墓的发掘,在考古学上有着划时代的意义,对研究汉初的政治、经济、文化和科学技术具有重要价值。

1996 年 7—11 月,长沙市文物工作队配合城市基础建设,对市中心五一广场走马楼西侧平和堂商厦建设区内的古井群及遗址进行了清理发掘,共出土铜、铁、木、竹、陶、瓷各类文物 3 000 件,其中一古井中出土了三国孙吴纪年简牍 17 万片。简牍内容可归纳为 5 方面:一为券书类,包括田租券书和官属各机关之间钱、米、器物调拨券书;二为司法文书类;三是长沙郡所属人名簿类;四为名刺类、官刺类,涉及赠物、问安、行政公务方面的内容;五为账簿类。这批简牍真实而详细地记录了当时人们的现实生活、社会交往和经济关系,再现了 1 700 多年前的社会生活画面,可大大增补史籍之缺。走马楼这批简牍数量之大,超过全国历年出土简牍的总和。它与殷墟甲骨、居延汉简、敦煌文书、满文老档一起被称为中国古史研究文献资料的五次大发现。

## 二、人文荟萃的文化名城

长沙是历代人文荟萃之地。战国时期,屈原行吟于沅湘,从这一带民间汲取创作源泉,完成了巨著《离骚》。西汉杰出的思想家、文学家贾谊为长沙王太傅,过湘水时作《吊屈原赋》,在长沙作《鵩鸟赋》,开汉赋之先声。他们充满爱国主义思想的歌赋传颂至今,启迪后代,故长沙有"屈贾之乡"的美称,市区贾谊祠被称为"长沙最古的古迹"。东汉张仲景任长沙太守,为民医治疾病,著《伤寒杂病论》,被尊为"医圣"。晋陶侃为长沙郡公,教民惜阴,后人以此名衔相纪念。唐宋,怀素、欧阳询、杜甫、刘长卿、岳飞、辛弃疾、文天祥、朱熹、张栻等文化艺术名人,或流寓,或为官,或执教,在长沙留下了光辉的作品和史迹。一代药王孙思邈曾栖隐于浏阳孙隐山,山麓犹有升冲观、洗药桥、洗药井、炼丹台等胜迹。创于北宋的岳麓书院是宋代全国四大书院之一,大理学家张栻、朱熹曾讲学于此,创立了"湖湘学派",学风远播,弦歌不绝,长沙因之被誉为"潇湘洙泗"。元代以后,书院屡毁屡建,历经沧桑,而优良学风不辍,培养出大批栋梁之材,清代王夫之、陶澍、曾国藩、左宗棠、魏源、郭嵩焘等一代风流人物,都出自岳麓,真可谓"惟楚有才,于斯为盛"。现仍是高等学府湖南大学的所在地。

## 三、英才辈出的革命圣城

长沙具有光荣的革命传统,是近代革命发祥地之一。鸦片战争之后,长沙仁人志士奋起图强。谭嗣同是戊戌变法六君子之一,曾和唐才常、黄遵宪、梁启超等在长沙开展维新活动,宣传变法主张,其忠骨葬于浏阳。辛亥革命领导人之一黄兴,和陈天华、宋教仁等在长沙成立华兴会,组织起义,从事推翻清廷的活动,后与孙中山联合组建同盟会,先后领导过广州起义和武昌起义。1911年,正处于青年时期的毛泽东来到长沙求学,与蔡和森等创立新民学会、自修大学,组织一批青年赴法勤工俭学,并很快成为马克思主义的信奉者和宣传者。1920年10月,他与何叔衡在长沙建立共产主义小组,是全国最早的六个共产主义小组之一,随后又建立社会主义青年团,在工人中开展革命活动。1921年7月,毛泽东与何叔衡参加了上海中国共产党第一次全国代表大会,成为中国共产党的缔造人之一。之后,又回到长沙,组建了湖南第一个党的支部。翌年5月,在清水塘成立了中共湘区委员会。从此,长沙的工人运动和农民运动轰轰烈烈地开展起来。在长期革命斗争中,革命英雄人物大批涌现。出生于长沙地区的国家领导人和风云人物有刘少奇、李富春、何叔衡、李维汉、徐特立、谢觉哉、萧劲光、许光达、胡耀邦、王震、王首道、李贞等。现在长沙的革命纪念地如新民学会旧址、自修大学旧址、中共湘区委员会旧址、第一师范等处,都是毛泽东和他的战友早年从事革命活动的地方。

### 四、得天独厚的山水洲城

长沙有自然天成的名山,有奔流不息的秀水,有稀世少见的沙洲,有赏之不尽的奇景,风光如画,自古就以"山水名郡"闻名天下。城内岳麓山巍峨西峙,浏阳河逶迤东来,湘江水穿城而过,橘子洲静卧江心,融山、水、洲、城于一体,人在城中行,如在画中游。城郊有天际岭国家森林公园,城外有大围山国家森林公园、灰汤温泉国际旅游度假区等旅游胜地,以及石霜山、黑麋峰、九溪洞、道吾山、沩山、石燕湖等山山水水,是休闲、旅游、观光的绝好去处。

岳麓山雄峙湘江西岸,钟灵毓秀,景观与史迹蔚为大观,以云麓峰、半山亭、爱晚亭、白鹤泉、啼笑岩、枫林峡等处最佳。名胜古迹有始建于西晋泰始四年(268)的麓山古寺,唐开元十八年(730)大书法家李邕书写的麓山寺碑,北宋开宝九年(976)潭州太守朱洞创建的岳麓书院,南宋嘉定五年(1212)何致摹刻的禹王碑,明成化十四年(1478)建造的云麓宫,清乾隆五十七年(1792)兴建的爱晚亭,以及黄兴墓和蔡锷墓。自然景观有被道家称为"洞真墟福地"的云麓峰、飞泉泻石的石濑、常流不涸的白鹤泉、击石穿流的穿石坡、人踏有声的响鼓岭及飞来湖、笑啼岩、飞来石等。

## 67 湘西边城——凤凰

凤凰位于湖南省西部、沱江之畔,隶属湘西土家族苗族自治州。自古以来一直是苗族和土家族的聚居地区。县城所在地沱江镇,古称镇竿,已有1000多年建城历史,是湘西地区的政治、军事、经济、文化中心。凤凰县城较完整地保留了明清时期的传统格局和历史风貌,境内唐代黄丝桥古城、"中国南方长城"苗疆边墙、朝阳宫、天王庙等大量文物古迹和苗族民居构成凤凰城独特的景观。凤凰是中国现代作家沈从文的故乡,民国首任内阁总理熊希龄、著名画家黄永玉也是从这座小城走向全国的。有戏剧"活化石"之称的傩戏、流传数百年的苗族蜡染等民间艺术至今光彩照人。

## 一、"中国最美丽的小城"

凤凰是一座有千年历史的小城。据清《凤凰厅志》记载,三代以前,这里是苗蛮之地,春秋战国时期属楚地,秦属黔中郡。《元和郡县志》记载,唐垂拱二年(686),"在坡山西址设渭阳县",坡山即指凤凰山,据考古证实坡山西县城址就是今黄丝桥古城。元、明设五寨长官司,驻镇竿(今凤凰县城)。清乾隆五十三年(1788)置凤凰厅,以境内的凤凰山而得名,1913年改为凤凰县。经千余年的历史演递,凤凰的区域地位日显突出,最终成为统辖"大湘西"20余州、县(厅),辐射影响至湘鄂渝黔四省市边区的一个政治、军事、经济、文化中心。

凤凰有美丽的风景,东岭迎晖、南华叠翠、奇峰挺秀、溪桥夜月、龙潭渔火、梵阁回涛、山寺晨钟、兰径樵歌并称凤凰八大景,而且地灵人杰,据不完全统计,从清道光二十年(1840)至清光绪元年(1875)短短的36年间,这里就涌现出提督20人、总兵21人、副将43人、参将31人、游击73人等三品以上军官。民国时,凤凰出中将7人、少将27人。当代以来,凤凰更是人才辈出,涌现出一批将军、高级领导干部、作家、书画家、工艺美术家。特别是随着民国第一任民选内阁总理、政治家、慈善家、教育家熊希龄,著名作家、历史学家沈从文,著名画家黄永玉的出现,凤凰不仅闻名全国,而且蜚声世界。

古城境内古迹众多,现有文物古建筑68处,古遗址116处,历史名寨30多个,明清两代特色民居建筑120多栋,石板古街道20多条。建于唐代的黄丝桥石头城,是中国保存最完整的石头城之一。始建于明朝万历年间(1573—1620)的苗疆边墙——中国南方长城,全长190千米,成为国际国内关注的焦点。

清亮的沱江水、翠绿的南华山、成排的吊脚楼、古朴的石板街、雄壮的"天下第一大石桥",与中国南方长城、黄丝桥石头城、熊希龄故居、沈从文故居、虹桥风雨楼以及浓厚的民俗风情,构成一幅天人合一的风景画、一道自然和人文相互交融的独特旅游景观,为凤凰赢得了"中国最美丽的小城"之誉。

## 二、民族民俗风情

凤凰聚居着苗族、土家族、汉族等多个民族,多元文化在这里交织沉淀。原汁原味的楚巫文化、韵味独特的凤凰土话、别具一格的苗族服饰、苦辣咸酸的饮食习惯,还有原始戏剧活化石傩堂戏、地方风味十足的阳戏、散发着泥土清香的文茶灯和玻璃吹画、蜡染、纸扎、苗族银饰等格调高古的民间工艺,以及苗族神秘、隆重的祭祖礼拜活动,构成了凤凰独具特点的民族民俗风情。

"椎牛"是苗族最隆重的祭祖活动。椎牛的目的既有富裕人家为家道兴旺,感谢祖先保佑的,也有因为病灾或事不称心而祈求祖先保佑的。椎牛分合村公祭和单家独户举行祭祀两种。一般在许下椎牛大愿后,必须经五六年乃至十几年的准备才能还愿。还愿需要一头水牛、两头黄牛、两头猪、一只鸡,耗费非常大。椎牛那天,亲朋好友要前往庆贺送礼,所以围观者很多。椎牛时,在空地上立一花柱,柱上套一篾圈,牛系圈上,巫师口中念念有词将牛献给祖灵,由母舅将牛刺死。牛死后,唢呐齐鸣,锣鼓喧天,人们尽情笑闹嬉戏。椎牛一般要三天时间,第一天上客,第二天椎牛,第三天散客。椎牛期间,无论是谁都要打花鼓一次,但一般按与主人的亲疏关系来排序,先主人、再母舅、再妻舅等等,晚上主客对唱椎牛歌。

接龙是苗族一种非常神圣的礼拜活动。苗族人为家道兴旺,往往许愿于龙,并请两位苗老司来做法事,请母舅接龙,请寨中族人帮忙。母舅来时,主人要到村口迎接,并当场送酒两碗、红包一个。整个接龙活动要两天。第一天,敲起锣鼓,吹起唢呐,请苗老司祝词。到中午时分由苗老司带主妇和母舅接龙。主妇要穿节日盛装,与母舅同来的妇女都要着绣花衣裙,戴银首饰。龙接回时,在家男子都要拿着纸钱和香火,由另一苗老司引到村口接龙,燃放鞭炮,引龙进屋。第二天,要根据苗老司的安排,在堂屋挖一小坑,放朱砂水一碗,用岩板盖上,称为龙室。随后,苗老司带着主人家男女,摇铃念咒,绕龙室三周,放鞭炮,引龙入室,再用土填实周围,接龙仪式即告完毕。苗族人家十分看重龙室,走到苗家人家屋内,敲打龙室、惊扰神灵被视为大忌。

# 68 湘南古城——永州

永州位于湖南省南部，潇、湘二水纵横于市境，故雅称"潇湘"。隋朝以前，此地称"零陵"，得名于舜帝南巡，"崩于苍梧之野，葬于江南九嶷，是为零陵"；隋代开始有永州之设。唐代文学家柳宗元谪居永州十年，写下《永州八记》的不朽名篇；怀素少时出家永州绿天庵，以蕉叶练字，终成草书名家。永州保存有独特的"两山一水一城"的古城格局，古迹名胜有舜帝庙、浯溪碑林、柳子庙、永州文庙、永州武庙、李达故居、九嶷山、阳明山等。江永县潇水流域一带流行的江永女书是世界上唯一存在的女性专用文字。

## 一、山水绿城

永州位于湖南省南部，南界广东连州，西接广西桂林，北邻衡阳、邵阳。其地势是西南部较高，东北及中部较低，境内都庞岭、越城岭屏障于西北；萌渚岭、九嶷山雄踞于东南，阳明山、紫金山拦腰穿越东西，将全市分成南北两大块——零祁、宁道两大盆地。即形成三山围夹两盆地，呈现向东倾斜的"山"字形地貌总轮廓。湘江经西向东穿越零祁盆地，潇水自南至北纵贯全境。永州境内地貌复杂多样，奇峰秀岭逶迤蜿蜒，河川溪涧纵横交错，山冈盆地相间分布，呈现"七山半水分半田，一分道路和庄园"的格局。

永州因山水而城，秀丽如画图。北宋文人欧阳修"画图曾识零陵郡，今日方知画不如"[①]和南宋诗人陆游"挥毫当得江山助，不到潇湘岂有诗"[②]的美文佳句，使永州声名远播。

## 二、汉唐名郡

永州现为地级市，辖零陵区、冷水滩区和祁阳县、东安县、双牌县、道县、江永县、宁远县、蓝山县、新田县及江华瑶族自治县。

夏、商时期永州属天下九州之中的荆州之域，春秋战国时期为楚国南境。秦始皇时始置零陵县（县治在今广西壮族自治区全州）。西汉武帝元朔

---

[①]（宋）欧阳修.咏零陵.
[②]（宋）陆游.予使江西时以诗投政府丐湖湘一麾会召还不果偶读旧稿有感.

五年(前124)置泉陵侯国(治今永州市零陵区),在永州开始筑城建都。元鼎六年(前111)置零陵郡。东汉时为泉陵县邑。东汉光武帝建武元年(25)为零陵郡城。三国吴将吕蒙取零陵,筑吕蒙城。隋文帝开皇九年(589)置永州总管府,始有"永州"之名。至唐代,建有子城,城厢格局基本形成。南宋嘉定年间(1208—1224),增修里城。南宋时期,先后三次修葺城墙,增两廓。明洪武六年(1373),加高加厚了城墙。永州古城建置沿革脉络清晰,城池格局保存完整,两千多年来,古城的空间格局始终未曾改变。古城"踞水陆之冲,当楚粤之要,南控百越,横连五岭",早在汉唐时期,就成为潇湘流域著名的都会城市,被誉为"汉唐名郡",潇湘流域中心城市和楚越"边城"的历史地位历久不衰。

### 三、"舜德柳风"

永州历代名贤辈出,他们传播的道德文章和书画艺术,开湖湘文化之源,凸显了永州地域文化的鲜明特色。舜葬于九嶷山,柳宗元在永州十年,"舜德柳风"成为永州文化最靓丽的名片。三大摩崖石刻,是永州千古文脉的基干和衣冠文物的翘楚。一代圣人周敦颐,是宋明理学的开山鼻祖,成为湖湘文化的渊薮和根基之一。唐代"草圣"怀素、清代书法大家何绍基,他们的传世作品充满着迷人的魅力。近现代,李达、李启汉、蒋先云、陶铸、江华、唐生智等,都是"中国脊梁"式人物。

永州是湖南省的文物资源大市,境内各类不可移动文物遗迹2 656处,各级文物保护单位500多处,包括国家级27处、省级56处、市级212处和县(区)级285处。尤其在永州历史城区所在的建成区内,文化遗存更为富集,有各级文物保护单位115处,其中国家级8处、省级9处、市级61处、区级37处、登录文物点434处,文化遗存内涵深厚,特色鲜明[1]。

今宁远县城南30千米处的九嶷山有舜帝陵、舜帝庙。《山海经·海内经》有云:"南方苍梧之丘,苍梧之渊,其中有九嶷山,舜之所葬。"《史记·五帝本纪》载:"(舜)践帝位三十九年,南巡狩,崩于苍梧之野,葬于江南九嶷,是为零陵。"

---

[1] 吴林.从历史深处走来的名城——我市创建国家历史文化名城纪实.永州日报,2016-09-06,A1版.

浯溪碑林位于祁阳县城西南的湘江西岸,苍崖石壁连绵78米。公元761年,曾两任道州刺史的中唐诗人元吉撰写了《大唐中兴颂》,后来大书法家颜真卿将此文书写下来镌刻于江边崖石,因其文奇、字奇、石奇,被后人誉为浯溪"三绝"。此后,历代共有250多名文人学士到此游览,题诗作赋,铭刻石上,成为国内最大碑林之一。除《大唐中兴颂》外,著名碑刻还有宋代著名书法家米芾的《浯溪诗》和著名文学家黄庭坚的长诗《书摩崖碑石》及清人何绍基、吴大澂等名家题名刻石的浯溪新三铭等。碑林中还有清代越南使者途经此地留下的刻石4块。1996年后,无产阶级革命家陶铸的《东风》诗碑和《踏莎行》词碑相继在景区树立,又增建了陶铸铜像和陶铸革命事迹陈列馆,千年古迹更添胜景。

唐代古文家柳宗元因参与主张政治革新的王叔文集团,永贞革新失败后,被贬为永州司马,在永州度过了十个年头。此期间,他考察民情,研究经史,在理论上取得重大建树,在文学上获得卓越成就,为世人流下了《永州八记》《江雪》《捕蛇者说》等脍炙人口的千古名篇。南宋文学家汪藻在《永州柳先生祠堂记》中指出:"盖先生于零陵者十年,至今言先生者必曰零陵,言零陵者亦必曰先生。零陵徒以先生之故,遂名闻天下。"今零陵区潇水西岸柳子街存柳子庙。庙始建于北宋,面对愚溪,背靠西山,为歇山顶式砖木结构,有戏台、中殿和后殿。庙内有柳宗元塑像和柳宗元生平历史陈列室。殿后墙壁中镶嵌有四块苏东坡书写的荔子碑文,两旁竖立着明万历年间王泮的《捕蛇歌》,明正德年间严嵩的《访愚溪谒柳子庙》、清嘉庆年间王日照的《愚溪怀古》等碑刻。

女书是一种只在女性中传承和使用的文字,是目前人类所发现的唯一一种女性文字,对文字学、语言学、历史学、考古学、民族文化史、妇女学、民间文学等多学科领域都具有重要的研究价值,历史上主要在中国湖南省江永县及其毗邻的县、江华瑶族自治县的大瑶山和广西部分地区的妇女之间流行、传承。20世纪80年代,江永女书被外界发现。经过研究,女书基本单字共有1 700多个,其中借源于汉字而造的占80%,暂不明来历的自制字仅占20%。女书字的外观形体呈长菱形的"多"字式体势,右上高左下低,斜体修长,秀丽清癯。女书本身的功能、文学性及艺术性蕴涵着极高的历史文化价值和美学价值。2006年被评为国家级非物质文化遗产并被"吉尼斯世界纪录"收录为"最具性别特色的文字,是极具吸引力、极富神奇色彩的垄断性文化旅游资源"。江永上江圩镇浦尾村建有江永女书园。

## 69 岭南商都——广州

广州是广东省省会。远古为百越所居,公元前214年,秦设南海郡,治番禺(今广州),郡尉任嚣筑"任嚣城"。秦末,赵佗建立南越国,筑赵佗城。三国吴始名广州。五代十国时为南汉国都55年。广州一直是我国对外交通贸易的港口城市,光孝寺、华林寺、南海神庙、光塔、怀圣寺、清真先贤古墓、怀远驿、十三巷、竹岗外国人墓地、巴斯教徒墓地、琶洲塔见证了2000多年的海交史。广州也是岭南地区的政治、经济和文化中心,有南越国宫署遗址、六榕寺、三元宫、南汉康陵遗址、镇海楼、余荫山房、陈家祠、西关大屋等众多古迹,粤剧、粤曲、广东音乐、岭南画派、岭南诗歌、岭南建筑园林、岭南盆景、广雕、广彩、广绣和岭南民俗体现了岭南文化的丰富内涵。广州是中国近现代民主革命的策源地和大本营,相关文物古迹有万木草堂、黄埔军校、孙中山大元帅府、黄花岗七十二烈士墓、中华全国总工会旧址、广州起义旧址、广州起义烈士陵园、中山纪念堂等。

### 一、岭南地区的文化中心

广州是广东省省会,位于广东省中南部,濒临南海,处珠江三角洲腹地,是华南政治、经济、文化和交通中心。

广州在远古时为百越所居。传说周夷王八年(前878),楚国曾派人来百越之地的广州设置"楚庭"(又名"楚亭")。又相传那时有五仙人,穿五色衣,骑着五色羊,带着每茎六穗的稻谷来到楚庭,仙人腾空而去,羊化为石,故广州有"羊城""穗城"之称。秦始皇三十三年(前214)设立南海郡,郡治番禺(今广州),郡尉任嚣在此筑城,后人称为"任嚣城"。西汉初年,赵佗据岭南称帝,建南越国,都城仍在番禺,扩建任嚣城为"赵佗城"。三国时期,岭南属吴。黄武五年(226)分交州为交、广二州,始有广州之名。五代十国时期,广州是南汉政权的都城,历时55年。宋至清广州是路、道、府、省治。

广州的传统文化内容丰富,粤剧、粤曲、广东音乐、岭南画派、岭南诗歌、岭南建筑园林、岭南盆景、广雕、广彩、广绣和岭南民俗体现了岭南文化的丰富内涵。

广彩、广绣、广雕等是传统手工艺。广州织金彩瓷源自明代五彩,清代雍正年间形成鲜艳富丽、金碧辉煌、绘画精细的艺术风格,是我国四大名瓷之一。传统产品有花篮、斗鸡、彩蝶、古装人物花瓶、餐具、茶具等几十个品种,上千个花式。广绣与苏绣、湘绣、川绣并称为中国四大名绣。它源于民间,又因与少数民族接近和受外来的影响,形成了装饰性强、色彩鲜艳、绣艺精湛、技法多变的独特风格。明代广绣工艺创造性地使用孔雀毛入线,又以马尾毛缠绒,在用线方面自成一格,其中以金银线与金绒线混合绣最负盛名,还有用头发作绣线的"发绣"。广绣的钉金垫浮绣的二针龙鳞和鱼鳞立体针法为刺绣工艺中仅有的高难度针法。广雕包括牙雕、玉雕、木雕等传统的雕刻工艺,其中象牙雕刻始于汉朝,其工艺以精湛细刻、纵深透彻著称。

## 二、历久不衰的外贸港市

早在秦汉时期,广州已是当时比较富庶的商业贸易城市,纺织、制陶、食品加工、金属冶炼等手工业已经兴起,造船和航海技术有一定的水平。当时中国船队从广州远航南洋诸国和波斯湾,与东罗马帝国(大秦)亦有贸易往来。东晋南北朝时期,广州的海外贸易和对外文化交往也比较频繁,东罗马帝国曾派使者到广州,海外僧人接踵而至,印度佛教传入广州,建立了王园寺(今光孝寺)和西来庵(今华林寺)。

隋唐时期,广州成为联结内地与海外贸易的著名国际商港。唐王朝在广州设立市舶司管理国家对外贸易。东郊黄埔的南海神庙是当时的外港,外来商船常停泊于此。唐政府还在城西专设"番场",供外商居住。信奉伊斯兰教的阿拉伯商人,在番坊兴建了怀圣寺,寺内高耸的光塔,就是导引海舶入港的灯塔。两宋300多年间,广州所处的珠江三角洲经济迅速发展,广州工商业繁荣,外商云集,朝廷在此设立外贸机构市舶提举司,番坊扩大,还设"番学",立"番市",促进了中外经济和文化的交流。在南洋的印度尼西亚、马来西亚和菲律宾等地曾发现大量当时广州西村窑的产品,反映了广州海外贸易的发展。明代广州出现了大规模的手工业作坊,商业繁盛,成为朝贡、互市与商舶贸易最重要的口岸,也是新兴资本主义国家东来中国的门户和热点。明清政府曾实行海禁,但广州的海外贸易一直进行。康熙二十四年(1685)设四口通商,广州为其中之一,乾隆二十二年(1757)关闭其他三口,广州成为全国唯一合法的对外贸易港口。

清前期,广州的对外贸易航线比前代又有了发展,新开辟了到北美、俄罗斯、大洋洲的航线。乾隆四十九年(1784),美国商船"中国皇后号"自纽约开到广州,开辟了北美洲到广州的贸易航线,受到广州商人的热烈欢迎。为管理方便,清廷把粤海关贸易税与国内常关贸易税分开,设"洋货行""金丝行"分别经营外贸与内贸。洋货行是专营进出口贸易的垄断商行,后来洋货行商人发展为特许行商,乾隆时称"十三行"。朝廷委托半官半商性质的十三行协助粤海关管理广州的外贸业务,包括承销外商进口商品,代购出口货物;代表外商缴纳关税;代表政府管束外商、传达政令、办理外商交涉事宜。广州外贸达到巅峰状态,十三行行商闻名中外。

### 三、近现代民主革命的策源地

广州是近代中国民族工业最早出现和较为发达的地区,也是近代资产阶级维新变法和民主革命的摇篮。康有为、梁启超变法前,曾在广州进行启蒙活动。光绪十七年(1891)康有为在广州开办"万木草堂",讲学著述,宣传维新变法思想,写成《新学伪经考》等重要著作。辛亥革命前夕,孙中山领导的同盟会在广州发动了一系列反清武装起义,吹响了辛亥革命的前奏曲,极大地激励了全国人民的革命斗志。

辛亥革命后,广州成为军阀争夺之地。为反对南北军阀的统治,孙中山三次在广州建立革命政权。20世纪20年代,广州是中国革命的中心。1924年1月,在广州召开了中国国民党第一次全国代表大会,提出了联俄、联共、扶助农工的新三民主义,标志着第一次国共合作开始。共产党人彭湃、毛泽东等从1924年到1926年在广州主办了六届农民运动讲习所,为全国农民运动培养了骨干。1924年5月,孙中山在黄埔创办了陆军军官学校,培养军事政治干部。1925年广州爆发了震惊中外的省港大罢工,持续1年零4个月,沉重打击了英帝国主义。由于工农运动的持续高涨,进行北伐战争的条件成熟,1926年7月国民革命军正式出师北伐,不到10个月,革命势力席卷半个中国。三元里平英团旧址、中山纪念堂、广州农民运动讲习所旧址、省港罢工委员会旧址、黄花岗七十二烈士墓、黄埔陆军军官学校旧址、广州公社旧址等记录了广州在近现代走过的光辉道路。

## 70 古端名郡——肇庆

肇庆位于广东省中西部。西汉武帝元鼎六年(前111)设高要县,隋置端州,宋始称肇庆。境内湖泊池塘珠串璧联,石山溶洞镶嵌其间,鼎湖山、七星岩被誉为"北回归线上的明珠""桂林之山,西湖之水"。肇庆是远古岭南土著文化的重要发祥地,春秋战国以来,更与楚越文化、中原文化积极融合,包拯、汤显祖、袁枚等历史名人在此留下足迹。肇庆也是中外文化交流较早的地区之一,唐代禅宗六祖惠能在肇庆传播佛教文化,其法孙陈希迁创立的曹洞宗远传至日本、东南亚以至北美。明代意大利传教士利玛窦住肇庆6年,建起中国第一座天主教堂仙花寺,主编首部葡华字典,沟通中西文化。现老城区传统格局基本完好,境内有七星岩摩崖石刻、梅庵、德庆学宫、肇庆府学宫、阅江楼、崇禧塔、文明塔、龙山宫等古迹,所产端砚是我国名砚之一。

### 一、端州古城

肇庆古名端州。先秦时,肇庆东北部属百越,中西部为楚之属国西瓯的一部分。秦始皇三十三年(前214),秦平定百越,建南海郡、桂林郡及象郡,并在南海郡立四会县。今肇庆部分地域属桂林郡、南海郡,四会县辖区包括现在的四会、广宁、怀集等市县的全部或部分。汉武帝元鼎六年(前111)设苍梧郡高要县(治今肇庆城区)。隋置端州。宋升端州为兴庆军节度,宋徽宗即位前为端王,徽宗于重和元年(1118)赐名肇庆府。元代改路。明洪武元年(1368)复置肇庆府,辖德庆州及11个县。嘉靖四十三年(1564)两广总督府驻肇庆,直至清乾隆十一年(1746)迁往广州,历时182年。1646年,南明桂王朱由榔以肇庆为行宫称帝,翌年改元为永历。明弘治年间至清代,肇庆辖区多有变化,驻肇道台多辖肇庆、高州、罗定、阳江等府、州。肇庆现辖端州区、鼎湖区、高要区、德庆县、封开县、广宁县、怀集县,代管四会市。

肇庆市区旧城区仍存古城墙2 800米。宋皇祐间(1049—1054)肇庆始筑土城墙,政和三年(1113)扩大城池,改筑为砖城。该城墙历史上历尽沧桑,经过 20 多次修葺,民国期间城墙上的城门楼、角楼、雉堞、瓮城被全部拆毁,用以填塞城门和护城河以利交通,但主体城墙保存仍较完好,为广东省所仅见。城中府衙旧址入口处耸立始建于宋代的丽谯楼。宋徽宗赵佶曾为端王,即皇位后,升端州为府,御书"肇庆府"。为供奉御书,重和元年(1118)在府衙前筑高台建楼,名御书楼。明天顺六年(1462)郡守黄瑜重建,改称为丽谯楼。1646 年桂王朱由榔抗清时在此登基,改作永明宫。新中国成立初,因该楼为红色,俗称红楼。丽谯楼曾陈列铜壶滴漏、乾宁铜钟、大藤鼓等报时器以报时刻。楼后的府衙是古端州治所,宋名臣包拯曾于此任职三年,政绩卓著,以"不持一砚归"的清廉之风闻名于世。现在丽谯楼的台基拱道门上还有匾额"古端名郡"和对联"星岩朗曜光山海,砚渚清风播古今"。

## 二、文化交汇

肇庆是远古岭南土著文化的重要发祥地。封开峒中岩、罗沙岩的人牙化石和黄岩洞的人颅骨化石及上千件石器遗存表明,14 万年前这里已有古人类生存,1 万年前已进入新石器时代;鼎湖区岘壳洲屈肢葬墓群、封开乌骚岭二次葬墓群、高要茅岗建筑遗址表明,四五千年前,肇庆已有种植、饲养、编织、制陶、建筑等业。市郊松山、四会鸟蛋山等多处春秋战国墓出土的青铜器,有受中原商周文化和长江流域楚越文化影响的痕迹,也有岭南文化的地方特点。

秦汉时中原文化主要经西江传播到岭南地区,而肇庆正是西江通衢必经之地。汉代研究《左传》的专家陈钦、陈元是封开人。陈钦曾向王莽讲授《左氏春秋》,自名为《陈氏春秋》;其子陈元,潜心为其父所著书训诂,自成一家,陈元子坚卿在经学上也有造诣,后人称之为"三陈"。三国时的士燮一家及南朝至隋唐时期的泷州陈氏,不但是一方豪族,而且颇有学识。他们在西江一带的活动,对促进肇庆古代文化的发展也作出了一定的贡献。唐大中五年(851),封开人莫宣卿高中状元,时年 17 周岁,是岭南第一个状元。

宋代西江各县建学宫、办书院,名臣包拯执政端州三年间创办的星岩书院是岭南最早的书院之一。明万历年间创办的端溪书院,到清初发展成为岭南学术研究的中心之一,乾嘉学派的杰出人物全祖望等十多位全国知名学者曾在书院任教。清代,肇庆城内书院达 20 多处。肇庆吸引了历代文人驻足咏叹。仅唐代就有15位宰相来过肇庆,唐代以来李邕、李绅、宋之问、包拯、周敦颐、郭祥正、俞大猷、陈献章、汤显祖、屈大均、袁枚、张之洞、黄遵宪、孙中山、叶挺等历史名人都在肇庆留下足迹。这些人的活动促进了当地文化的发展。

肇庆也是中外文化交流较早的地区之一。东汉佛教传入中国后不久,学者牟融在封开写出了佛教论文《理惑论》。唐代禅宗六祖惠能开创了禅宗南派,主张不立文字,教外别传,直指人心,见性成佛,在中国思想史和佛教史上占有重要的地位。惠能法孙、唐代佛教学者石头和尚陈希迁创曹洞一宗,所著《参同契》传到日本,成为日本曹洞宗和尚的必诵经典。

日本留唐僧荣睿因与鉴真五次东渡未果,于天宝七年(748)辗转来到端州,染病圆寂于龙兴寺。天宝十三年(754)鉴真终于按荣睿遗愿东渡日本成功,传授中国佛教、医学和文化艺术。鼎湖山建有荣睿纪念碑。明万历年间(1573—1620),意大利传教士利玛窦住肇庆6年,建立了中国第一座天主教堂仙花寺,主编了首部葡华字典,被誉为"沟通中西文化第一人"。

### 三、桂林之山,西湖之水

肇庆是著名的风景游览城市,鼎湖山、七星岩名闻遐迩。七星岩位于肇庆城区北郊,因七座挺拔秀丽的岩峰布列如北斗星而得名。这里的奇峰异洞、湖光山色,吸引了历代文人墨客驻足咏叹,写下了众多的优美诗章,留下了庞大的摩崖石刻群。叶剑英"借得西湖水一圜,更移阳朔堆七山。堤边添上丝丝柳,画幅长留天地间"(《游七星岩》)的诗句,就是七星岩风景的生动写照。七星岩文物古迹丰富,主要建筑物有石峒古庙、玉皇殿、三仙观、旋空轩、双清馆、南华亭、十友亭、七星桥、聚星桥等。

鼎湖山在肇庆城东北18千米。鼎湖,原名顶湖,因山之绝顶有湖,四时不竭而得名。在历史上与仁化丹霞山、博罗罗浮山、南海西樵山并称广东四大名山。山上层峦叠嶂,林木茂密,飞瀑如练,是国家自然保护区和著名的旅游避暑胜地。鼎湖山位于北回归线北侧,山上有自然林约267公顷,高等植物和珍稀植物1700种,被誉为"北回归线上的明珠",联合国教科文组织将其定为"人与自然保护圈"生态系统定位研究站,作为世界珍贵的自然保护区。鼎湖山自然景观甚多,有老虎潭、飞水潭、三昧潭、天鹅潭、葫芦潭、水帘洞天、天湖、浴佛池、涅槃台等胜景。山间始建于唐代的白云寺和始建于明崇祯年间的庆云寺均是岭南名刹,还有跃龙庵、半山亭、补山亭、时若亭、忠烈亭、寒翠桥等建筑物及唐至民国期间众多的摩崖石刻。

### 四、端砚之乡

肇庆物产资源丰富,端砚、檀香扇、肇庆花席等工艺品和文㞷鲤、怀集燕窝、莲藕、肇实、剑花、紫贝天葵、巴戟、首乌、柑橘等土特产久负盛名。

端砚为中国四大名砚之一,自唐初开始生产,以石质坚实、润滑、细腻、娇嫩而驰名于世。用端砚研墨不滞,发墨快,研出的墨汁细滑,书写流畅不损毫,字迹颜色经久不变。好的端砚,不论是酷暑还是严冬,用手按其砚心,砚心湛蓝墨绿,水气久久不干,古人有"哈气研墨"之说。端砚石产自肇庆市东部的烂柯山和市北面的北岭山,砚石多为青紫色、猪肝色、天青色,其上有凤眼、鹦哥眼、鸲鹆眼者属上品。属佳品者,其上又多伴有冰纹、胭脂晕、马尾纹、金线纹,或单一纹路,或兼而有之。

## 71 南国陶城——佛山

佛山位于广东省中南部。唐贞观二年(628)因乡人在冈上掘地得3尊铜佛像而得名,后渐成墟市。宋代始置佛山镇。明清时期佛山镇经济繁荣,与汉口镇、朱仙镇、景德镇并称"四大名镇",又与京师、苏州、汉口并称"四大聚"。佛山以陶业著称于世,被誉为"南国陶城"。文物古迹有祖庙、大岗山窑址、南风灶古窑址、孔庙、梁园、清晖园、康有为故居、黄公祠等。境内南海西樵山是广东四大名山之一,奇石异洞散落其间,并有庙宇、书院、石刻等丰富的人文景观。

### 一、历史沿革

佛山位于广东省中南部,珠江三角洲腹地,北连广州,南临港澳,简称禅。5 000年前,佛山人就在这里以渔耕和制陶开创原始文明,秦汉时已是颇具规模的农渔村落,原名季华乡,自秦至南北朝为番禺县地,隋开皇十年(590)分番禺县置南海县,属广州南海县地。唐贞观二年(628)乡民在塔坡岗塔坡寺遗址挖出罽宾国(今克什米尔)僧人遗下的铜佛像三尊,于是重建塔坡寺祀佛,并立石榜称"佛山",自此季华乡又称佛山乡。唐宋年间,佛山的手工业、商业和文化已十分繁荣,明清两代更是发展成商贾云集、工商业发达的岭南重镇,是中国四大名镇和"四大聚"之一,纺织、陶瓷、铸造、医药四大行业鼎盛南国。清雍正十年(1732),佛山从南海县划出,设佛山直隶厅,直隶广州府,次年易名广州府佛山分府,由广州与南海县共辖。清末,佛山得风气之先,成为我国近代民族工业的发源地之一,先后诞生了中国第一家新式缫丝厂和第一家火柴厂。

## 二、人文史迹

佛山自古人文荟萃,才俊辈出,唐宋以来广东出过 9 位状元,佛山地区占其五。明清时被称为"气标两广的人文之邦"。近代以来,孕育了维新运动领袖康有为,政治活动家张荫桓、戴鸿慈、谭平山、何香凝、罗登贤、邓培,民族实业家陈启沅、简照南、简玉阶,文学家吴趼人,广东近代第一位天文学家、数学家邹伯奇等。

佛山历史文物有河宕新石器时期文化遗址,宋元间修建的祖庙,明代陶瓷生产窑场"南风灶"遗址,清仁寿寺和广东四大名园中的清晖园、梁园(群星草堂)、康有为故居等。

祖庙始建于北宋元丰年间(1078—1085),称"北帝庙""祖堂",毁于元末,明洪武五年(1372)重建,明清两代经过 20 多次重修扩建,自明景泰二年(1451)敕封"灵应祠"后一直被称为"祖庙"。佛山以工商兴市,佛山人以水为财,祖庙凝聚了珠三角人民藉供奉道教水神北帝祈求风调雨顺、国泰民安的厚望。祖庙的主体建筑有万福台(戏台)、灵应牌坊、锦香池、钟鼓楼、三门、前殿、正殿、庆真楼(后楼)。建于明代的 12 柱三开间三重檐楼式灵应牌坊,是广东现存最雄伟壮观的木石混合结构的牌楼,国内也罕见。为酬神演戏而建的万福台,从清顺治十五年(1658)至今,见证了广府大戏——粤剧发源地佛山三四百年孕育无数名家的辉煌历程,保存了活生生的岭南戏曲氛围。戏班演首台戏,必选万福台,相沿成习,使万福台焕发着粤剧朝宗和粤剧审戏台的影响力。祖庙内的装饰工艺尤具特色,有陶塑人物的瓦脊、栩栩如生的灰塑、多层壁龛式的砖雕、玲珑剔透的漆金木雕、粗犷古拙的石雕,大多以历史人物、民间传说、古代神话为题材,人物花卉,数以万计。祖庙以其独特的岭南古建风貌和所存的冶铸、漆扑、箔金、雕刻,反映了明清至民国当地高超的工艺技术水平,融古代佛山经济、文化、宗教、民间艺术于一炉,展现着工商、科举、民俗、粤剧、武术五大文化主题,凝结成古代佛山的缩影。21世纪初,设在祖庙的佛山黄飞鸿纪念馆引发了全世界黄飞鸿门人的寻根拜祖,万福台的粤剧朝宗演出和佛山粤剧博物馆、国际粤剧珍藏馆吸引着世界各地的粤剧艺人寻根之旅,祖庙这座号称珠三角诸庙之首的"古祠艺宫"又谱写出一曲新韵。

### 三、南国陶都

佛山素有"南国陶城"之誉,石湾陶瓷与江西景德镇陶瓷齐名。石湾制陶业历史悠久,距今5 000年前的河宕贝丘遗址就发现有数以万计的陶片,秦汉制陶逐渐成为行业。到唐代,石湾陶瓷产品除日用陶瓷外,又出现了美术陶瓷,产品开始大量出口。宋代石湾窑包括石湾、小塘奇石两大窑场,花色品种和釉色均有很大进步。元代以后,中原人的南迁促进了石湾窑的发展。明中叶以后,石湾六七万户,业陶者十居五六,民谚曰:"石湾瓦,甲天下。"石湾陶瓷进入鼎盛期,祖庙陶塑的瓦脊就是石湾陶文化的代表作。

南风灶古窑址是石湾源远流长的制陶业的历史见证。南风古灶建于明代正德年间(1506—1521),是石湾陶瓷业繁盛时期生产技术进步的产物,也是我国南方陶瓷生产技术承前启后的里程碑。500年来窑火不绝,生产不断,完好保存至今,是我国乃至世界上年代最久远、保存最完好且延续使用至今最古老的龙窑。邻侧的高灶也是与南风古灶同年代建成的同类龙窑。南风古灶及高灶,对研究陶瓷生产技术和陶瓷发展都具有很高的历史价值和科学价值,在我国陶瓷文物中有着不可替代的地位,为我国陶瓷史留下一份珍贵的遗产。

### 四、佛山"秋色"

"秋色"是丰收的景色之意。"佛山秋色"是佛山古代民间艺术活动的称谓,也作佛山传统民间艺术的总称,兴起于明永乐年间(1403—1424)。佛山手工业发达,民间工艺丰富多彩,除上述石湾陶瓷外,还有彩灯、剪纸、砖雕、木雕、狮头艺术、漆扑、饼模、灰批、木版门画、金银铜锡箔、铜凿金花等,造就了不少能工巧匠,也为佛山秋色艺术提供了大量的原材料。秋收之余,佛山人利用手工业的边角料如纸、碎布、丝绸、橡胶、蜡、陶泥、竹木,以及农副产品如蚕茧、谷豆、鱼鳞、瓜果、萝卜等,以扎作、粘砌、纸扑、雕刻、剪贴、雕塑、灌注等技法,制作成各种仿铜铁器物、仿陶瓷古玩、仿花鸟虫鱼瓜果等,达到以假乱真、奇巧斗胜的艺术效果。每年秋夜,人们在商定的晚上,各自带自制的工艺品及各项节目参加游行表演,逐渐形成富有地方民间特色的佛山秋色赛会,佛山人称为"出秋色"。每到赛会举办之日,佛山人以店铺或行业为单位,以"担头""台面"的形式挑着、推着作品穿街过巷,供人们观赏评议,再辅以舞龙、舞狮、锣鼓助兴,佛山城内,万人空巷,盛况空前。

  佛山秋色最大的特点是以假乱真,出奇制胜。因为秋色艺术是手工业工人、农民、小商贩创作的,它主要表现平民的理想和情趣。比如秋色中的担头,就是由扮演小商贩的人将水产鱼虾、水果花卉等,肩挑车拉,沿街"叫卖"。浓厚的乡土气息、显著的行业特征也是佛山秋色的一大特点。制作秋色的人们总是将他们赖以生存的手工艺品和农副产品当作制作秋色艺术品的主要项目,如仿陶瓷制品,令人真假难辨;仿酒菜佳肴,令人垂涎欲滴。很多制作秋色的人都以自己的行业为创作对象,如经营水产的多制作鳞蚧类作品,经营玉器古玩的多以制作仿古工艺品见长。

## 72 世界客都——梅州

  梅州位于广东省东北部,粤、赣、闽三省交界处。南齐时设立程乡县,为梅州建城设治之始,北宋始称梅州。自秦开五岭至明清的两千多年间,梅州是岭南州郡连接京城和内地通向南方出海口的水陆交通枢纽,为中原文化和南方土著文化的交汇点,是久负盛名的"人文秀区",有狮雄山汉代建筑遗址、大觉寺、灵光寺、千佛塔、梅州学宫、兴宁学宫、长乐学宫、元魁塔、英烈庙、人境庐、丘逢甲故居、叶剑英故居等文物。梅州是客家人的主要聚居地和客家文化中心,典雅堂皇、风格独特的客家民居是中国民宅建筑的瑰宝。

### 一、人文秀区,华侨之乡

  梅州在先秦时为百越地,秦汉属南海郡,南朝齐置程乡县,南汉乾和三年(945)程乡县升为敬州,宋开宝四年(971)改梅州。明洪武间废州留县,名程乡县,属潮州府管辖。清雍正十一年(1733)设立直隶嘉应州,领5县。1912年改为梅县。1988年撤销梅县地区改建为市。

梅州素有"人文秀区"之誉,是我国客家文化的中心。客家先民从中原南下,出身书香门第者众多,历来有重视文教的传统。自北宋谏官刘元城谪居梅州创办第一间书院开始,900多年来,梅州兴学之风长盛不衰,城乡各族姓社区竞相集资办学。到清代中期,学风鼎盛,读书人占总人口的1/3。据清嘉庆二十年(1815)嘉应州户口统计,州属五县共二万八千一百户,人口不足二十万,而"每年应童子试者不下万余人"。乾嘉年间,梅州曾出现"一科五进士""一腹三翰院""公孙三进士""公孙三翰院""五科连解"之盛事,清代状元吴鸿督学广东时,盛赞梅州"人文为岭南冠"。乾隆十五年(1750),嘉应知州王之正特置"人文秀区"牌坊于衙前大街,以志梅州学风之盛。唐至清光绪1 000多年间,梅州士子登科第者众多,有资料可查的,进士121人,翰林院学士33人,举人1 645人,解元17人,廪生、贡生、秀才16 479人。历代名人有叶剑英、宋湘、丁日昌、丘逢甲、黄遵宪、何如璋、张振勋、邹鲁、邓铿、黄琪翔、吴奇伟、姚雨平、吴桓兴、杨简、黄子钦、梁伯强、吴佑寿、钟惠澜、李国豪、李国平、林风眠等数十人。

梅州由于地处山区,俗称"八山一水一分田",人多山多田地少,漂洋过海谋生者众,从清末民初起,就成为广东省重点侨乡之一,华侨分布于世界五大洲67个国家和地区。历代侨贤辈出,如清代著名侨领罗芳伯、张振勋,辛亥革命前后支持孙中山的谢逸桥、张榕轩、张耀轩、姚德胜等。

## 二、"文物由来第一流"

梅州地区是中原文化和百越文化的重要交汇点,留下了丰富的历史文化遗迹。境内有新石器时代文化遗址398处,古窑址87处,古墓葬179处,古建筑206处,近现代革命历史文物遗址140处。城区有历经千年的千佛塔和曾井,诗人黄遵宪的人境庐和状元桥、孔子庙等。其中如华城西汉"长乐台"建筑遗址,梅西、长田新石器时代石器工具作坊遗址,南汉千佛铁塔,唐代古建筑灵光寺,茶阳"丝纶世美"石牌坊等均称为国家文物之瑰宝。郭沫若1965年至梅州时曾作诗赞曰"文物由来第一流"。

### 三、客家山歌之乡

梅州作为客家民系的最终形成地和最大聚居地,是当之无愧的世界"客都"。梅州客家民俗一直遵循中原汉族的传统习惯。在语言上,以梅县语音为代表,保留浓厚的中州音韵的客家方言是我国汉语八大方言之一;在服饰上,山区仍有汉唐遗风;一般民俗礼仪,如婚丧嫁娶,都是遵循古礼;客家民居建筑更被誉为"华夏一绝",主要有围龙屋、土围楼、中西合璧楼等。

梅州土俗爱唱山歌,素有唱歌、对歌、斗歌之风。客家山歌被称为有《诗经》遗风的天籁之音。据专家学者考证,客家山歌继承了《诗经》十五国风的风格,脱胎于魏晋南北朝乐府民歌,是客家人在长期劳动和生活中集体创造的民间文艺奇葩。近代著名维新变法先驱、外交家、诗界革命领袖黄遵宪常常"引歌入诗",推动了客家山歌的发展。中秋节被定为梅州的"山歌节"。每届山歌节,都有众多海内外乡亲回来观摩,万人空巷,热闹非凡。1996年梅州被国家文化部命名为"山歌艺术之乡"。

## 73 天南重地——雷州

雷州位于广东省西南部雷州半岛。西汉元鼎六年(前111)置徐闻县,为合浦郡治。隋代始名海康县,唐贞观八年(634)改州名为雷州。唐以后海运兴起,雷州地位日益重要,宋、明两代曾大规模拓展城郭。雷州城处于山环水合之中,有着风水绝佳的"湖山傍古城"的自然环境特色,至今保留着方城十字街、骑楼式楼房及传统民居的环境风貌。雷州史称"天南重地",是中国南海"海上丝绸之路"的始发港之一,也是古代朝廷流放罪臣之地,宋代先后有寇准、苏轼等十位先贤被贬来此,促进了当地文化教育的发展。雷州歌、雷州音乐、雷剧等民俗文化和雷州石雕、陶瓷、珍珠、木雕、纺织等工艺具有浓郁的地方特色。有伏波祠、雷祖祠、天宁寺、真武堂、天后宫、十贤祠、县学宫、苏公亭、三元塔、吴氏宗祠等古迹。

### 一、雷州之设

雷州位于广东省西南、雷州半岛中部,东临南海,西濒北部湾,是大陆通往海南的必经之路,素称"天南重地"。雷州秦属象郡。西汉武帝元鼎六年

(前111)置合浦郡徐闻县,为郡治。隋开皇九年(589)置海康县。唐贞观八年(634)应州刺史陈文玉之请,以其地多雷,改州名为雷州。自汉至清末,雷州城大都为县、州、郡、道、府治,是雷州半岛的政治、经济、文化中心。

## 二、文教之兴

雷州代有人才。唐代俊杰陈文玉求学自立,才智过人,多次被推荐当官,都以双亲年老为由不受,直到贞观五年(631)才出任东合州刺史。他精察吏治,使人民生活安定富裕,壮、瑶各族和睦相处,安居乐业。贞观八年(634)奏请朝廷把东合州改为雷州,雷州从此得名。陈文玉为雷州半岛的开发作出了突出贡献,深得百姓爱戴,太宗也曾降诏褒奖:"养晦数十年恶事非君,受职父母邦,德政彰明。"他去世后雷州人为之立祠纪念,尊为"雷祖"。清初历官福建古田、台湾知县、福建巡抚兼署闽浙总督的陈璸,为官清廉,爱民如子,被誉为明清岭南三大清官之一,迄今台湾仍流传着脍炙人口的"陈璸放犯"的故事。乾隆年间进士、翰林编修陈昌齐,当官为民,公正廉明,百姓书写他的生牌如神供奉。他知识渊博,著作等身,还参加过《四库全书》的编校。

历朝贤臣名将对雷州的开发作出了贡献。西汉、东汉伏波将军路博德、马援衔命维护祖国版图的统一,先后挥师南下,屯兵雷州,庇护民众,雷人筑伏波祠以记其功。雷州在隋唐之前,由于地处天涯海角,瘴雨蛮烟,文化教育还比较落后。宋代名宦寇准、苏轼、苏辙、秦观、王岩叟、任伯雨、李纲、赵鼎、李光、胡铨等先后受贬南来,他们在雷州不遗余力倡教办学,传播先进的中原文化,为雷州的文化发展打下了良好的基础。雷州人民为之建十贤祠、寇公亭、苏公亭、真武堂纪念。从史料统计得知,到了明代,雷州城区已拥有9所社学和雷阳、平湖、崇文、怀坡、文会5所书院。这些社学、书院为社会培养出一批又一批优秀人才,为发展雷州的文化教育事业发挥了巨大作用。

## 三、港口之盛

雷州城濒临雷州湾,南依雷州最大的河流——南渡河,交通便利。西汉时期,城南已经开设港口雷州港,打通了海上交通的航路。汉武帝曾派官员率领应募船员,携带黄金和丝织品,由此港口起航,前往东南亚各国进行外交往来和贸易活动,并将交换得来的珠宝带回朝廷。由此可见,当时的雷州港已是海上丝绸之路的一个主要起航站、对外贸易的重要口岸。后来,随着航海技术的提高、广州港的发展,雷州港的重要地位逐渐下降,但是直到唐宋时期,雷州港仍然很繁荣。据《宋史》记载,唐宋时期雷州港出口的主要物资有米、谷、牛、酒、黄鱼等。唐宋元时期的海康陶器,便是通过雷州港输往海外的。元代在此曾设提举市舶司。明清两度实行海禁,雷州港日渐衰落。

唐宋时期,雷州的手工业经济已经相当发达,陶瓷、纺织、铁工、木雕等项目成为重要的行业,尤其是雷州陶瓷生产,曾是雷州半岛最具特色、影响最大的手工业部门。在雷州市境内发现唐宋元窑址 60 多座,从中出土有碗、盘、杯、碟、壶、炉、罐、枕等大量彩色陶瓷产品,造型美观,技艺精湛,色调鲜明,是当时远销国内外的精品。从唐代起雷州出产的葛布,因工艺精致、质地优良,被朝廷列为贡品,直到明隆庆元年(1567)才免去进贡。雷州人还以当地木棉纺织成布,名曰"吉贝",自制自用。雷州是中国"南珠"的重要产地,历史悠久,颇负盛名。著名的产珠区主要在雷州与合浦之间的海域珠母海,历代均在此设官收税,明代朝廷曾多次派官员和太监到雷州大量采办珍珠。在今北和镇盐庭村西南 1 千米处,发现面积达 2 万多平方米的珍珠贝壳遗址,堆积厚达 2 米多,这正是当年珍珠养殖业繁荣的历史佐证。

## 74 伟人故里——中山

中山位于广东省中南部,珠江三角洲中部偏南,珠江口西岸,北连广州,临近港澳;古称香山,是一代伟人孙中山先生的故乡,1925 年孙中山先生逝世后更名中山。自清康熙年间起,中山的社会经济文化进入一个快速发展期,在中国近代史上占有突出地位,中国第一位资产阶级知识分子、"留学生之父"容闳,中国近代著名改良主义思想家、实业家郑观应,中国第一位驻外大使郑藻如,中国空军之父杨仙逸,中国为共和革命牺牲第一人陆皓东等均为中山人。中山也是我国著名的侨乡,澳洲中山籍华侨马应彪、郭乐兄弟、蔡昌兄弟、李敏周和刘锡基,先后创办了先施、永安、大新、新新中国四大百货公司,开创了近代中国百货业的先河。现中山旅居世界各地的海外华侨和港澳台同胞有 80 多万人。

## 一、沧海桑田香山岛

中山位于珠江三角洲中南部的西、北江下游出海处,地貌由大陆架隆起的低山、丘陵、台地和珠江口的冲积平原、海滩组成,全市最高峰五桂山海拔531米。中山古称香山,因"地多神仙花卉"而得名。香山本是孤悬于珠江口外伶仃洋上的岛屿,境域为现今的五桂山和凤凰山(今属珠海市)及周围的山地和丘陵地。自唐朝开始,珠江水流挟带大量泥沙在此不断沉积,逐渐形成广阔的冲积平原,经过宋、元两代,由大海变为冲积平原的土地约占原陆地面积的三分之二,被称为"西海十八沙",即今小榄、东升、坦背、横栏等镇区。至明朝,冲积平原继续扩大,此时形成的陆地被称为"东海十六沙",即今东凤、南头、黄圃、阜沙、三角、浪网、民众、港口等镇区。清朝,形成今港口以南、磨刀门水道以东的板芙、神湾、三乡、坦洲一带的西南部平原。沧海桑田的变化,使石岐以北与顺德和番禺大陆连成一体,成为珠江三角洲冲积平原的一部分。

在5 000年前的新石器时代中、晚期,已有土著古越族人在香山岛上渔猎和居住。春秋战国时期,香山岛为百越海屿之地,秦时属南海郡,汉代属南海郡之番禺县。唐代属东莞县,设为香山镇,境域为现今的石岐、沙溪、大涌、南区、深湾、三乡、神湾、石塘、翠亨、五桂山、南朗、张家边和珠海市的山场、前山、唐家、下栅一带。南宋绍兴二十二年(1152),改镇为县,并"割南海、番禺、新会三县滨海地益之",隶属广州。

香山建县之初,属地是一群互不相连的海岛,只有近万户人口,为落后的半渔半农经济,直到清中期前均被列为下等县。其间,1553年葡萄牙人入据澳门,实行自治,1849年香山失去对澳门统理权。清康熙二十三年(1684)广东宣布"迁界令"①废止,自此中山的社会经济文化进入了一个迅速发展的时期。至清朝嘉庆、道光年间,由于沙滩的迅速大量淤积,以及中原移民多次迁入,全县人口大增,农业生产得到迅速发展,一时成为广东的肥沃之区。至民国时,中山已成为以"鱼米之乡"著称的大县,地方财政收入富

---

① 迁界令又名迁海令,是清政府为对付明朝遗臣郑成功在台湾的政权,以断绝中国大陆沿海居民对其之接济,于康熙元年(1662)由辅政大臣鳌拜下令从山东省至广东省沿海的所有居民内迁50里,并将该处的房屋全部焚毁,以及不准沿海居民出海的措施。

足,在1929年被国民政府确定为全国模范县,又在1948年被广东省政府确定为全省示范县。

1949年后,中山县经济发展迅速。1950年4月,被广东省民政厅列为特等县。此后中山虽被逐渐分出珠海县、斗门县(大部分)和划出部分地方归番禺、顺德、新会等县,但主要经济指标仍处于全省100多个县的前列。1982年,中山县被国家农牧渔业部列为全国富县之一;1983年12月,中山获准撤县改市,1988年1月升格为地级市,1989年被国家统计局列为我国第一批36个跨入小康水平的城市之一。

## 二、民主共和总理乡

近代以来,得益于毗邻港澳的地缘和海外华侨众多的人缘,香山得风气之先,开启了迎汇世界潮流的近代思维,孕育了民主革命的思潮,产生了一批对近代中国的民主革命有着重大影响的人物。容闳是中国第一位在外国高等学府毕业的学士和博士、中国第一位资产阶级知识分子。中国早期资产阶级维新派的代表人物郑观应所著的《盛世危言》为后来康有为领导的"戊戌变法"起到了先导作用。伟大的民主革命先行者孙中山诞生于香山翠亨村,在他领导的资产阶级民主革命中,香山同乡始终是支持者和参与者,程奎光、程耀宸以及陆皓东等都为革命而牺牲。1911年11月,在武昌起义推动下,由中国同盟会南方统筹部澳门总支部直接领导的香山县革命武装进军县城,占领县衙,成立香山县临时军政府,此即为辛亥香山起义时期。孙中山于1925年3月12日在北京逝世,4月15日,香山县改名为中山县以示纪念。今中山市有翠亨孙中山故居、孙中山纪念馆、孙文纪念公园、孙中山纪念堂等一系列孙中山先生纪念地。

香山人反对帝国主义侵略,反对官僚资本主义统治,形成了光荣的革命传统。在中国共产党领导的新民主主义革命中,涌现了华南地区最早宣传马克思主义的理论家杨匏安、省港大罢工领导人苏兆征、中共六届政治局常委会候补委员兼中共中央军事部长杨殷等。在抗击日本帝国主义的入侵斗争中,珠江纵队第一支队等战斗集体和英雄战士,开辟五桂山区抗日根据地,艰苦奋战,取得了中山敌后抗日游击战争的胜利。

## 三、务实崇商实业城

香山人向来有经商务实的传统。宋代香山立县的县城石岐一直是各种商品的聚散地,元明时期,石岐山下就有商铺十八间的传说。葡萄牙人占据澳门以后,澳门与香山地区之间的贸易更加频繁。近代香山人得风气之先、开风气之先,以爱国、创新的精神,为中国近代化作出了重大贡献。容闳被称为中国迈向近代化的先驱人物之一,唐廷枢、徐润、郑观应等,更直接参与了洋务运动的一系列"自强""求富"活动,并在兴办实业方面留下了许多创举。

19世纪中叶,美国加利福尼亚和澳大利亚相继发现金矿,随后,香山涌起淘金热,一批批穷乡青壮纷纷漂洋过海淘金,逐渐积累起财富,他们也成为香山的早期华侨。清末民国,中山华侨中的成功人士纷纷携资回国创业。澳洲中山籍华侨马应彪、郭乐兄弟、蔡昌兄弟、李敏周和刘锡基,先后创办了先施、永安、大新、新新中国四大百货公司,开创了近代中国百货业的先河。香山人是中国近现代工商实业的重要开拓者和推动者。

为呈现中山深厚的商业文化,在位于孙文西路的19世纪40年代石岐镇商会旧址兴建有我国首家商业文化专题博物馆——中山商业文化博物馆,主要展示清末民国时期中山的商贸发展状况和富有特色的商业文化、孙中山和郑观应的商业思想、中国早期现代化中的香山籍买办以及四大百货公司的创立等。

## 75 粤东门户——惠州

惠州位于广东省东南部,是广东省海洋大市之一,因传说中仙人乘木鹅翩然而至而别名"鹅城"。惠州在隋唐已是"粤东重镇",至今1 400多年,一直是东江流域政治、经济、文化和交通中心,有"岭南名郡"之誉。宋代文豪苏轼谪居惠州两年余,留下诸多脍炙人口的文学作品,为惠州增添了文化内涵。近代惠州涌现了廖仲恺、邓演达、彭湃、叶挺等革命先驱。惠州还是海外客家籍华侨的第一大侨乡。惠州风光旖旎,集湖、山、泉、海、江、瀑、岛于一身,聚古城胜景、道教源流、名士遗址、革命纪念地以及瑶乡风情和客家民俗于一体,有号称"岭南第一山"的道教名山罗浮山、惠州西湖等名胜和泗洲塔、古城墙、文笔塔、黄家祠、朝云墓、苏堤、元妙古观、平海古城、多祝皇思扬古围村等历史古迹。

## 一、粤东重镇

惠州市位于广东省东南部,属珠江三角洲东北、东江中下游地区。市境东接汕尾市,南临南海,并与深圳市相连,西南接东莞市,西交广州市,北与韶关市、西北与河源市为邻。市辖惠城区、惠阳区及惠东县、博罗县和龙门县,设有大亚湾经济技术开发区和仲恺高新技术产业开发区两个国家级开发区。

惠州市北依九连山,南临南海。北部和东部有天堂山、罗浮山、白云嶂和莲花山集结形成的中低山、丘陵。境内海拔1 000米以上的山峰有30余座。惠东的莲花山海拔1 336米,为全市第一高峰。中部和西部主要为东江、西枝江及支流侵蚀、堆积形成的平原、台地或谷地。南部连南海,海岸线长281.4千米,半岛与海湾相间,良港较多,岛屿罗列,有大小岛屿140个。

惠州市境内已发现多处新石器时代晚期人类生产、生活的遗迹和遗物,表明上古时期已有人类活动。先秦时期属百粤(越)范围。秦始皇三十三年(前214)在今博罗"缚娄"族居地置傅罗县,今市境为南海郡傅罗县(后称博罗县)的一部分。西汉前期属赵氏南越国治下。东晋博罗县先后析置海丰、欣乐、安怀3县,博罗、欣乐两县隶南海郡,安怀县隶东官郡。南齐,安怀县改名怀安县,博罗县析置罗阳县隶南海郡。南梁天监二年(503),南海郡析置梁化郡。怀安县并入欣乐县,罗阳县并入博罗县,同隶梁化郡。隋开皇九年(589),废梁化郡,在今市境置循州。唐代粤东只有潮、循二州。五代南汉乾亨元年(917)改置祯州。宋真宗天禧四年(1020)为避太子赵祯讳,改称惠州。惠州之名遂沿用至今。元至元十六年(1279)改为惠州路,明、清为惠州府。民国至今,行政区划多次调整。1988年1月7日,原惠阳地区建置撤销,分设惠州、东莞、汕尾、河源4个地级市。惠州市管辖惠城区、惠阳县(2003年改区)、惠东县、博罗县、龙门县。

惠州在隋唐已是"粤东重镇",至今1 400多年,一直是东江流域政治、经济、军事、文化中心和商品集散地。从唐到清末一千多年间,有430多位中国名人客寓或履临惠州,留下了近百处遗址和2 100多件文物。

北宋文学家苏轼在绍圣元年(1094)被贬谪到惠州,寓惠两年多,创作了大量诗文,办了很多有益百姓的好事。惠州因东坡的到来而闻名遐迩。苏轼谪居期间,遍游惠州,屐痕所至,光彩顿生,凡有诗句出处,皆成一景。寓居期间,苏东坡共写下了100多首诗词,其中,"日啖荔枝三百颗,不辞长作岭南人"成为流芳千古的名句,至今仍为南方荔枝北上最好的宣传。苏轼自成一家的饮食文化,也对惠州人民生活产生了深远影响。他亲自酿造的"罗浮春"和"岭南万户春"酒、汲江煎茶的心得乃至首创的"盘游饭"(煲仔饭)、"谷董羹"(惠州火锅)、东坡扣肉等菜谱,都已成为惠州文化的组成部分。众多苏轼遗迹中,保存最好的是朝云墓、东坡井,最有影响的是东西两桥和苏堤。

近代惠州著名人物有中国农工民主党创始人邓演达、近代民主革命家廖仲恺、中国人民解放军创始人之一叶挺,以及马来西亚传奇人物、开发吉隆坡的先驱叶亚来等。

### 二、客家侨都

客家人从粤东、闽西、赣南迁到惠州有400余年历史。惠州客家人立足传统,博采众长,既有其来源地梅州、赣南、闽西客家的传统,又善于吸取广府、闽南文化的精华,创造出了富有地域特色的客家文化。如源于梅州的惠州山歌,由于受到当地土著歌谣的影响,曲调不像梅州山歌那么圆润柔和,而是显得高亢豪放。惠州美食有三件宝——东江盐焗鸡、酿豆腐、梅菜扣肉。尤其是梅菜扣肉在海内外颇具盛名。

惠州是客属地区华侨最多的城市,全球约有数百万的惠州华侨,因此,客家华侨多操惠阳客家话。历史上惠州府辖十县,称"惠州十属",包括归善、博罗、河源、永安、龙川、海丰、陆丰、和平、长宁及连平州九县一州。现今的深圳市龙岗区、惠州、河源、新丰、汕尾等市县曾是惠州所属,世界惠州同乡恳亲大会是世界惠属联系乡亲、敦睦乡谊、增强凝聚力的重要大会。

## 76 水绕壶城——柳州

柳州位于广西壮族自治区中部,别称"壶城"。具有典型的岩溶地貌特征,有大龙潭、都乐岩、立鱼峰、马鞍山等风景名胜。建城史2 100年以上,汉武帝元鼎六年(前111)置潭中县,唐贞观八年(634)称柳州,因柳江得名。

唐代柳宗元任柳州刺史4年,颇有惠政,有柳侯祠、柳宗元衣冠墓、柑香亭和荔子碑、龙城石刻、元刻柳宗元像等纪念柳宗元的古迹文物。明洪武年间修建的东门城楼,是广西现存最完好的明代城楼。柳州少数民族众多,民族文化绚丽多彩,以壮族歌仙刘三姐为代表的柳州山歌自唐以来传唱不绝。

## 一、"四野环山立,一水抱城流"

"四野环山立,一水抱城流"是对柳州地形的描述。柳州市区三面环山,柳江流经柳州市70千米的河段蜿蜒曲折,由于其独特的河道流向把柳州市北部市区绕成三面临水的"U"形半岛,唐代文学家柳宗元曾用"江流曲似九回肠"的诗句来描绘迂曲回环的柳江。因江水绕城如壶,故柳州别称"壶城"。柳江水流纤缓,清澈见底,岸边翠竹摇曳,垂柳婆娑,青峰倒影,鸟语花香,宛如一幅淡雅清丽的山水画卷。市区南面为岩溶盆地,具有典型的岩溶地貌特征,有大龙潭、都乐岩、立鱼峰、马鞍山等著名风景名胜。

龙潭公园在市区南部,周围林木苍翠,群山环抱,卧虎山、美女峰、孔雀山等24峰形态各异,形成卧虎山"龙潭虎跃"、牧童山"牧童横笛"、仰狮山"青狮戏珠"、美女峰"美女照镜"等绝妙佳景。雷山绝壁下涌出的一泓清泉在雷山、龙山之间汇成龙潭,古称雷塘,咫尺相隔的雷潭经地下河与之相潜通。雷、龙二潭水常年恒温(18℃～22℃),每逢隆冬,水汽蒸腾,烟雾缭绕,故称"双潭烟雨"。雷、龙二山夹水相峙,相传雷、龙二神在此司掌雷雨,世称"龙雷胜境"。唐代著名文学家、柳州刺史柳宗元曾为民祷雨于此,著有《雷塘祷雨文》传世,现建有"祷雨文"碑亭、祭台及雷塘庙等纪念性建筑。

立鱼峰因柳宗元《柳州山水近治可游者记》中称"山小而高,其形如立鱼"而得名,是柳州名胜。山平地崛起,高88米,亭台楼阁掩映于四季常青的古树绿荫之间。从山脚沿盘山小径登392级石阶,便可到达山顶。从山顶往北眺望,江水碧绿、六桥飞架、大厦林立、车水马龙,壶城美景尽收眼底。山中有清凉国、玉洞、盘古洞、纯阳洞、阴风洞、蠡斯岩、三姐岩七个岩洞,彼此相连贯通,洞中有元、明、清以来文人墨客赞美立鱼峰的石刻60多处。山脚有个小龙潭,潭水随柳江河水涨落。小龙潭和鱼峰山相连,潭光山色、景致清秀。

## 二、"柳州柳刺史,种柳柳江边"

远古时代,柳州已有人类生息繁衍,古人类遗址丰富,有迄今在中国乃至东南亚发现最早的晚期智人"柳江人"化石,以及旧石器时代向新石器时代过渡的白莲洞文化遗址。柳州在秦代属桂林郡,汉武帝元鼎六年(前111)设郁林郡,并在此设潭中县。南朝梁武帝天监元年(502)设马平郡。隋初废郡,县改称马平县。唐武德四年(621)设昆州,后改南昆州,马平县为州治。贞观八年(634)南昆州改称柳州。天宝元年(742)柳州改称龙城郡,故柳州别称"龙城",宋以后一直是州、路、县、府治所,广西中部重镇。抗战时期,湘桂、湘黔铁路修通,在此交会,大大促进了柳州的发展。1946年始设市。

唐元和十年至十四年(815—819),柳宗元因参加政治革新失败被贬,居官柳州4年。在柳州期间,他释放奴婢,发展生产,兴办文教,种柳植柑,美化环境,做了许多有益于人民的事。柳宗元病死柳州之后三年,柳州人在罗池畔建罗池庙祭祀他。北宋末,宋徽宗追封他为文惠昭灵侯,因而纪念柳宗元的祠堂称为柳侯祠。祠内立柳宗元塑像,陈列有许多反映柳宗元的生平和政绩的文物、史料。其中《荔子碑》碑文内容是唐代文学家韩愈写给柳州人民祭祀柳宗元的祭歌《迎享送神诗》,碑文字体系北宋著名文学家、书法家苏轼所写,宋嘉定十年(1217)刻石立碑。由于此碑把柳宗元的事、韩愈的诗文和苏轼的书法集为一体,而他们三人都名列"唐宋八大家",所以被誉称为"三绝碑",是柳侯祠内现存最为珍贵的国家一级文物之一。祠外有柳宗元衣冠墓、柑香亭、罗池等附属建筑。柳州已成为柳宗元研究的中心之一。

### 三、柳州山歌、奇石、寿棺

柳州是汉、壮、瑶等民族聚居的城市,几千年来一直是汉族和岭南各土著民族经济文化交流、融合的汇集点,具有深厚的民族传统文化积淀。

以壮族歌仙刘三姐为代表的柳州山歌自唐以来传唱不衰。柳州山歌是民歌的一种,流传久远。据传唐代刘三姐在立鱼峰传歌升仙,至今山上尚存"三姐岩""对歌坪"等遗址。明清时期,每到春天,青年男女三五为群,互相对歌,一唱一和,竟日乃已。柳州唱山歌习俗历代不衰,演唱形式有独唱、对唱、盘歌、联唱等。如今,立鱼峰、小龙潭、大龙潭、柳江岸边等处常有新老歌手以歌会友,形成柳州市富有地方特色的人文景观。

柳州地方名特产有风味食品柳州螺蛳粉、狗肉、柳城云片糕,极富民族色彩的民族全席（包括壮族、毛南族、侗族、苗族、瑶族、仫佬族等民族的风味菜肴），以及各种奇石和柳州棺材等。广西境内多奇山秀水，奇石资源十分丰富，以柳州一带石种最多，数量最大，形、色、质、纹观赏要素特色鲜明，变化无穷，有"柳州奇石甲天下"之说。艺人们将各种奇石制作成千姿百态的石玩，装点街巷、庭园、案头。柳州建有"八桂奇石馆"等赏石园地，从1999年起举办国际奇石节。

柳州棺材亦称寿枋或长生，以木质坚韧、不生虫蚁、质高艺精驰名。古有民谣"生在杭州，穿在苏州，吃在广州，死在柳州"，可见世人对柳州棺材的看重。柳州棺材有三大特点：1. 棺材木质好，以整块红心油杉为材；2. 油漆精致，经久不变色，越久越光亮，以手敲击，铿锵有声；3. 造型美观，雕刻精巧，顶板和侧板均有浮雕，两端刻有福、寿字样，有龙凤棺、双龙棺、九龙棺、百寿棺、福寿棺等品种。棺材上的图案，以金线缕缀。20世纪60年代殡葬改革后，木质微型工艺品小棺材应运而生，为港、澳、台胞所乐于收藏和摆设，视为一种吉祥物，讨"升官发财"之口彩。

## 77 珍珠之城——北海

北海位于广西壮族自治区南部、北部湾东海岸。北海区位优势突出，地处华南经济圈、西南经济圈和东盟经济圈的结合部，处于泛北部湾经济合作区域结合部的中心位置，是中国西部地区唯一的沿海开放城市。北海开放历史悠久，文化底蕴深厚，是古代"海上丝绸之路"的重要始发港，城市集"海、滩、岛、湖、山、林"于一体，迄今留存的百年骑楼老街，见证了北海一百多年前对外开放和中西文化交流的历史。

### 一、南珠故郡

秦始皇南征百越胜利后，设南海、桂林、象郡，北海属象郡。西汉设合浦郡。北海之称始于宋，因其位于（南）海之北，元代以海北海南道所在而定名。清康熙初年设北海镇标，通常被视为北海城市地名的初设，嘉庆以来沿称为市（市镇之意）。1876年依中英《烟台条约》，北海被辟为通商口岸。1949年12月4日解放，当时为镇，归合浦县管辖，1951年1月改为广东省辖市,同年5月委托广西省领导,1952年3月正式划归广西。1955年7月1日重归广东,1956年降为县级市,1958年降为合浦县北海人民公社。1959年改为县级镇,1964年恢复为县级市,1965年6月又划归广西。1983年10月恢复为地级市。1987年7月1日合浦县划归北海市管辖。

北海素以产珠闻名。古有"西珠不如东珠,东珠不如南珠"之说。南珠主要分布在我国两广、海南沿海,北海产的珍珠素以凝重结实、硕大圆润、晶莹夺目、光泽持久而驰名中外,为南珠上品。

## 二、海角名区

北海历史悠久,新石器时代已有先民生息,历史上是云、贵、川、桂、湘、鄂等省与海外贸易的主要商品集散地之一,是我国西南地区对外通商的重要口岸,地理位置重要。境内港口资源丰富,是古海上丝绸之路始发港之一,现北海港划分为石步岭港区、铁山港西港区、铁山港东港区3个枢纽港区和海角港点、侨港港点、沙田港区、涠洲岛港区等小港点、小港区以及远景预留的大风江港区。

1876年,中英《烟台条约》签订,北海对外通商,英、德、奥、法、意、葡、美、比等西方列强先后在北海设立领事馆、教堂、医院、海关、洋行、女修院、育婴堂、学校等一系列机构,在北海当时的郊区大兴土木,形成北海最早一批近代西式建筑群。这些建筑大多位于北海市北部湾中路北海旧城区以法国领事馆旧址为中心的1.2平方千米的范围内,大部分建于清末民初,最早的涠洲盛塘天主堂建于光绪二年(1876),最晚的北海主教府楼建于1934年,其他重要建筑还有英国领事馆旧址、德国领事馆旧址、法国领事馆旧址、北海关大楼旧址、普仁医院(医生楼、八角楼)旧址、德国森宝洋行旧址等。这批建筑保存较好,类型齐全,是研究我国近现代史、经济史、建筑史、海关史、港口史、宗教史和对外贸易史等方面的重要史料,具有较高的历史价值、科学价值和学术价值。

随着一批西洋建筑陆续在北海建成,经过半个多世纪的文化融合,最终形成了中山路和珠海路的骑楼老街。老街可溯源于19世纪中叶,形成于1927年前后。老街建筑大多为二至三层,主要受19世纪末英、法、德等国在北海建造的领事馆等西方卷柱式建筑的影响。临街两边墙面的窗顶多为卷拱结构,卷拱外沿及窗柱顶端都有雕饰线,线条流畅、工艺精美。临街墙面不同式样的装饰和浮雕,形成了南北两组空中雕塑长廊。这些建筑临街的骑楼部分,既是道路向两侧的扩展,又是铺面向外部的延伸,人们行走在骑楼下,既可遮风挡雨,又可躲避烈日;骑楼的方形柱子粗重厚大,颇有古罗马建筑的风格。老街骑楼虽然西风浓郁,但并不是西洋建筑的简单翻版,而是混合了许多中国元素,是东西方文化碰撞的美丽结晶。

### 三、海湾明珠

北海集"海、滩、岛、湖、山、林"于一体,具有"海水、海滩、海岛、海鲜、海珍、海底珊瑚、海洋动物、海上森林、海上航线、海洋文化"十大海洋特色。涠洲岛是中国最大、最年轻的火山岛,由多次火山喷发堆凝而成,岛屿海蚀、海积及溶岩景观奇特,独步全国,为中国最美海岛之一,有"南国蓬莱"之称。位于合浦的红树林生态自然保护区是国务院1990年9月批准建立的第一批5个国家级海洋类型自然保护区中的一个,在80平方千米的范围内,重点保护着海洋珍稀红树林植物13种,以及海洋浮游植物96种,鱼、虾、蟹、贝等海洋动物259种,鸟类106种,昆虫258种。该保护区2001年加入联合国教科文组织世界生物圈。北海海域内盛产珍珠、沙虫、海参等海产,合浦沙田镇海域生活着俗称美人鱼、海牛的珍稀动物儒艮。

享有"天下第一滩"美誉的北海银滩是名副其实的天地之赐。海滩东西绵延24千米,以滩长平、沙细白、水温净、浪柔软、无鲨鱼、无污染的特点称奇于世。银滩空气清新,气候宜人,负氧离子含量是内陆城市的50～100倍,1992年被列为国家级旅游度假区,每年吸引着数百万游客前来游览,是北海的王牌景点。

## 78 琼台福地——海口、琼山[①]

海口是海南省省会,琼山区隶属海口市。秦代属于象郡的边陲,西汉珠

---

[①] 琼山于1994年列入第三批国家历史文化名城,时为琼山市(县级市);2002年10月16日,琼山、海口行政区划调整,析琼山市改置琼山区。2003年1月1日,琼山区正式挂牌成立,隶属海口市。

崖郡治在今海口境内。"海口"一名最早出现于宋代。海口是岭南才子丘濬、"南海青天"海瑞的故乡，宋代以来文化教育发达，古建筑格局与传统风貌保存完好。有汉代珠崖郡古城址、唐代崖州颜城遗址、唐代旧城遗址、韦执谊墓、琼州文庙、鼓楼、丘濬故居、冼太夫人庙、海瑞故居、琼台书院、冯白驹故居等文物古迹，具有南洋建筑风格的骑楼街区是海口由古老城镇发展为沿海繁华都市的历史见证，马鞍岭火山景观、东寨港红树林是较罕见的自然奇观。

## 一、碧海琼崖

海口位于海南省东北部、南渡江下游，濒临琼州海峡，与雷州半岛相望，是海南的主要侨乡。

海口地区在秦代已设县施政，称本覃，属象郡。汉初为珠崖郡玳瑁县，汉武帝元封元年（前110）在此建瞫都、玳瑁两县，属珠崖郡，当时郡治在今琼山府城东南11千米处的珠崖岭。唐贞观元年（627）置琼山县，贞观五年（631）设琼州，州治立于今琼山旧州镇，宋开宝四年（971）移治今琼山府城。"海口"一名最早出现于宋代，迄今已有900多年的历史。历史上曾设有宋代的海口浦，元代的海口港，明代的海口都、海口所，清代的海口商埠、琼州口，民国初期的海口镇。1926年12月，海口独立建市。1988年4月海南建省，海口市成为海南省省会。2002年，海口市与国家历史文化名城琼山市合并，2007年，国务院批准海口市为国家历史文化名城。

## 二、"南海青天"的故乡

宋明以来，海口文教兴盛，有文史之乡的美誉。北宋庆历四年（1044），府城创办琼州学宫，这是海南岛最早的儒学机构，当时琼州知州宋守之亲自讲学，琼岛学风渐盛。明代琼州进入人文鼎盛期，各类学校数量多、分布广，有社学81所、书院近10所。琼山府城人唐胄撰写《正德琼台志》，是海南保存最完整、最早的一部志书。岭南才子丘濬编撰有《大学衍义补》，其故居是海南现存年代最早、工艺水平最高的木构建筑之一。被称为"南海青天"的海瑞，为官于福建、浙江、云南、南京等地，他在任上竭力惩治贪官，逝后被封太子太保，谥忠介。在海瑞身上，寄寓了人们清官治世的理想，海瑞得到后世人们的纪念与景仰。现琼山区府城街道有复建的海瑞故居，三门坡镇存清代建筑海忠介公庙。

### 三、海上丝路重镇

海口市历史上作为连接我国内陆与东南亚地区的重要枢纽,从明代开始,因战乱以及人口增多的压力,大批海南人逐渐移民海外,目的地以东南亚(即南洋)居多。明清以来,尤其是清末民初以来,以海口和府城为中心,逐渐形成振东街、博爱路、水巷口街、中山路、新华路、得胜沙路、长堤路、义兴街等主要街道。老街骑楼相依的建筑群占地面积约 25 000 平方米,骑楼式建筑达 200 余座,其中以博爱路、中山路、得胜沙路、新华路、解放东路最为著名。这些颇具南洋建筑风格的 5 条历史街区(骑楼街区),是海口由古老城镇发展为沿海繁华都市的历史见证。

## 79 阆苑仙境——阆中

阆中位于四川省北部。周属巴子国,约公元前 330 年巴子国迁都阆中。秦置阆中县,长期是川北地区政治、军事、经济、文化中心。古城内保留着主要的历史街区,传统风貌保存较好。汉、唐阆中为民间天文学研究中心之一。汉末蜀将张飞驻守阆中长达 7 年。阆中古建筑多姿多彩,唐、宋、元、明、清各代都有典型建筑保留至今,有桓侯祠、滕王阁、华光楼、大佛寺、永安寺、五龙庙、川北道贡院、巴巴寺等古迹,城南锦屏山是历代文人墨客登临胜地。

### 一、风水古城

阆中处于川中丘陵区向川北低山区过渡地带,嘉陵江从北向南流过,白溪、东河、构溪、西河 4 条嘉陵江支流贯穿境内。山脉分列嘉陵江东西,嘉陵江以东为大巴山脉,以西为剑门山脉。阆中之名古已有之,一说阆中城南有锦屏山,"其山四合于郡,故曰阆中"[①],一说嘉陵江绕此城三面,故曰阆中。

阆中城外围为群山环绕,北有盘龙山屏蔽,南有锦屏山伞盖,东有大像山蜿蜒,西有马家山衬景;之中有南津关、五吉关、河溪关、梁山关、锯山关、

---

① (宋)乐史. 太平寰宇记·卷八十六·剑南东道五.

土地关、滴水关七关相连;嘉陵江从北向南、从西向东三面环绕;古城依山傍水,山、水、城融为一体,形成山环水绕、金城环抱之势。山水配置天造地设地呈现"玄武垂头、朱雀翔舞、青龙蜿蜒、白虎驯俯"的风水意象图案。

阆中还拥有丰厚的风水传统文化。自汉代以来,阆中一直是民间天文学的研究中心。古代的风水和天文是紧密联系在一起的,阆中风水有深厚的民间研究基础。远在汉武帝时期,诞生于阆中的天文学家落下闳是世界天文学领域的灿烂"星座",他改进的赤道式浑天仪在中国沿用了 2 000 多年,并确立了浑天说的理论基础。他与邓平、唐都创制的《太初历》于太初元年(前104)颁行,是我国有文字记载的第一部完整、严密的历法,成为此后中国历法的基础。东汉初任文孙、任文公父子,三国时周舒、周群、周巨祖孙三代,继落下闳之绝学,均为当时著名的天文学家。唐代天文学家和风水大师袁天罡、李淳风先后定居阆中,研究天文。李淳风撰写的《己巳占》是一部气象学专著,在世界上最早给风力定级。

## 二、古建筑博物馆

阆中作为川北政治、军事、经济、文化中心达 2 200 多年之久。战国中期(约公元前 330 年),巴子屡为楚国侵逼,迁都阆中,公元前 325 年后称巴王。秦灭巴后,于公元前 314 年,置阆中县及巴郡,郡治在阆中县。以后阆中历为州、府治所。阆中古建筑多姿多彩,唐、宋、元、明、清各代都有典型建筑保留至今,被专家誉为"古建筑的博物馆""实物构成的编年史"。现存古城整体格局形成于唐宋时期,主体为明、清建筑,59 条古街南北纵横,60 多座古民居院落汇集其中。民居建筑造型独特,呈"多"字形结构(第一重天井和第二重天井不在一条轴线上,错位成一个"多"字)的大院布局和上千种门花窗雕,构成中国民居建筑的一大奇观。

阆中张飞庙是纪念三国名将张飞的祠宇,张飞于公元 214—221 年驻守阆中 7 年,后被叛将所害,身葬阆中,谥桓侯,故张飞庙又称桓侯祠。经历代修葺,古今题咏甚多。宋代抗金骁将、岳飞部将张宪是阆中人,同岳飞父子一起被害,明代被追封为烈文侯,有张烈文侯祠。玉台山滕王阁为唐高祖李渊第二十二子滕王李元婴所建造,唐代佛塔仍保存完整。五龙庙、永安寺等古建筑历千年而不毁,具有重要研究价值。

# 80 万里长江第一城——宜宾

宜宾位于四川省南部，是金沙江、岷江交汇处，长江正流的起点，有"万里长江第一城"之称。古为僰人居地，西汉（一说秦）始建县级政权僰道，州、郡名称曾反复更替，先后为犍为郡、戎州、叙州等。古迹名胜有流杯池、旧州塔、汉代墓葬、唐代花台寺、大佛沱石刻、珙县僰人悬棺、屏山万寿寺、万寿观、禹帝宫、真武山古建筑群、旋螺殿、夕佳山古民居及翠屏山、蜀南竹海、兴文石海洞乡等。古城保存有600多米长的旧城墙和清代、民国时期民居一条街冠英街，还有历史文化名镇李庄镇、龙华镇。宜宾是酒都，千余年来名酿代出，现存五粮液古窖池明代老窖窖龄长达600余年。宜宾的铜鼓文化、崖墓葬、苗乡风情具有地方特色。

## 一、僰人旧地

宜宾在商周前为僰人部落氏族活动中心，史称僰侯国。战国后期属秦。汉设僰道县，曾为犍为郡治。南朝为戎州治。北周为外江县。隋大业初仍改名僰道县。北宋政和四年（1114）始建宜宾县，并改戎州为叙州。元升为叙州路。明清为叙州府。

公元前316年秦灭蜀国，但宜宾一代的古僰国尚未纳入秦的统治范围。公元前250年，蜀郡守李冰沿今岷江而下开发下游各地，至今宜宾城西北，见岩石高峻坚硬，斧凿不易为功，于是采用"积薪烧岩"法，使岩石加热猛烈膨胀，再浇冷水使其骤然收缩而爆裂，终于辟山修通道路，使今宜宾与蜀郡各地直接沟通，从此僰人聚居之地也纳入秦国蜀郡治理之下。

在今宜宾城南珙县境内，分布着迄今国内数量最多、保存最完好的僰人悬棺。悬棺葬是古代少数民族的一种葬式，俗称"挂岩子"，悬棺置放高度一般为25～60米，最高者可达百米以上。其置放方式有三：一是在陡峭的岩壁上凿孔安桩，将棺架放在上面；二是凿岩为穴，置棺于内；三是利用天然洞穴和岩缝安放棺木。悬棺四周绝壁尚有大量桩孔遗迹，星罗棋布，密不可数。僰人悬棺具有重要的历史价值和研究价值，悬棺内出土丝麻织品、铁器、骨器、竹器、瓷器等丰富的文物。经对棺内骸骨鉴定，成年者颌骨均有打掉左右两侧间齿的痕迹,与古代僚人打牙习俗相同。麻塘坝悬棺周围有100多幅岩画,画面呈朱红色,形象古朴,有骑马、跳舞、钓鱼、执戈持矛和马、牛、虎、豹、狗、鸟以及一些充满神秘色彩的图案符号。

## 二、川南重镇

宜宾是川南地区政治、经济、文化、军事重镇。自古以来,宜宾就是扼四川出入滇、黔之要地,历代王朝无不以此作为开发和控制西南边陲的门户。秦始皇统一中国后,修筑通往云南的道路。汉兴,筑僰道县城,作为出入西南地区驻兵屯粮和管辖贸易的要塞。建元六年(前135)汉武帝发巴蜀士卒在秦五尺道的基础上修筑南夷道,一直延伸到昆明、大理以西,成为通往国外的南丝绸之路,四川特产的蜀布、邛杖经这条道路输入今缅甸、印度和阿富汗并转运到古罗马等国。汉武帝为加强对宜宾地区的开发和经营管理,还从中原迁徙大批汉民,使先进的生产技术得以推广传播,推动了宜宾社会生产的繁荣发展。隋、唐又在宜宾修筑了通昆明和大理的石门道。唐会昌二年(842),马湖江(金沙江)洪水陡涨,戎州城被淹没,乃迁址于临江筑方城(俗称旧州城)。南宋末年,蒙古军由滇入蜀,叙州城首当其冲,因城无险可守,迁于江北岸山上,城随山势用石条修建。城建后屡破蒙古军进攻,为保卫重庆南翼的重要城塞。元时,叙州城仍迁回僰道城旧址。明初增筑外城,砌砖石城墙包旧城,以后城址未有大的变动。

宜宾是川、滇、黔结合部的商贸中心,从汉代起一直商贾云集,舟楫如林,马帮不断。四川的布匹、盐、粮、油、茶、酒,云贵的铜、锡、山货药材,印度、缅甸的象牙、棉花等源源不断地在这里吞吐,素有"填不满的叙府"之说。清至民国,城里先后建有云南、广东、江西、陕西、浙江、苏州等十多个商业会馆。此地手工业素称发达,唐、宋曾以荔枝煎、葛布、葛纤等贡品知名,所产重碧春酒、荔枝绿等名酒曾使诗人杜甫、黄庭坚、范成大倾倒。民国时期,城内林家巷丝织绉帕远销云贵康藏,出口缅甸;利川永五粮液酒曾远销美国旧金山等地。抗战中宜宾现代工业奠基,机械制造、化工等初具规模。现宜宾仍是川南水陆交通枢纽和以轻工、能源为主的工业城市。

## 三、人文盛区

宜宾文化发达,人文荟萃。汉代僰道文士任永,博古精学,《华阳国志》

记有其事。北宋时任渊著《黄陈诗集注》，为研究江西诗派的重要著作。北宋诗人、书法家黄庭坚谪居戎州期间，仿绍兴兰亭"曲水流觞"凿流杯池，与友人把酒围坐，吟诗唱和，今流杯池公园尚留有其题刻。明清宜宾书院学馆林立，著述可考者不下20家。晚清著名书法家包弼臣独树一帜的"包体字"书法开一代书风，在书法艺术史上占有重要地位。宜宾的木刻印刷在川南和滇东北一带素以规模宏大著名，从明代中叶开办翠屏、三台、涪翁、孝节4座书院到1956年的460年间，先后刻印各种书籍百数十种、数千卷，现仍有部分刻版保存。抗战期间，国立同济大学、中央研究院历史语言研究所、中央博物馆、中央研究院人类体质学研究所、中国营造学社、中国大地测量所、金陵大学人文研究所等从上海、北京、南京辗转迁往宜宾李庄镇，使这里成为抗战时期大后方文化中心之一。宜宾是川剧资阳河派、四川清音中河派声腔的孕育、成长之地，"叙府名角"在外地挂牌演出备受青睐。此外，唐代杜甫，宋代"三苏"（苏洵、苏轼、苏辙）、黄庭坚、陆游、范成大等先后活动于宜宾，并有诗赋著作流传，黄庭坚所写的不少宜宾美酒的诗文，至今仍是研究我国酿酒历史的重要资料。

## 81 井盐之都——自贡

自贡位于四川省南部。自古以井盐生产著称，是中国的"盐都"。早在东汉今富顺地区就出现了第一批开凿成功的盐井，以后因井设镇、设县，1939年正式合并自流井、贡井两地成立自贡市。自贡还是恐龙之乡、南国灯城。大山铺出土大量恐龙化石，建有恐龙博物馆。起源于唐宋的自贡灯会名播海内外。井盐史作为中国人在人类科技史上写下的重要篇章，恐龙化石作为大自然赐予自贡得天独厚的财富，灯会作为继承与弘扬民族文化的杰作，组成了自贡这座独具特色的历史文化名城的基本骨架。自贡典型的名胜古迹大都与盐、灯、龙紧密相关。此外还有富顺文庙、荣县大佛、西秦会馆、王爷庙、刘光第墓等古迹。

### 一、因盐设市

自贡位于四川省南部，辖自流井、贡井、大安、沿滩4区和荣县、富顺2

县。自贡蕴藏有丰富的盐卤、天然气、煤及石灰石矿,素以生产井盐著称,其井盐生产已有 2 000 年历史,向有"盐都"之称。自贡之名为自流井和贡井两个地区的合称,这两地又长期分属富顺县和荣县,因此,自贡城市的沿革是同荣县、富顺的历史联系在一起的。

公元前 316 年,秦灭巴蜀,今自贡地域的富顺和荣县两地便成为秦置巴、蜀两郡的属地。东汉章帝时期,今富顺邓井关一带出现了一批开凿成功的盐井。一口位于今富顺城西门附近的盐井,因"出盐最多,人获厚利"而得名为"富世"盐井。南北朝时,今荣县的贡井地区,又凿成以大公井为代表的一批盐井。在盐业开发生产的过程中,随着经济的繁荣、人口的增加,到北周武帝时,因富世盐井而置富世县,在大公井所在地置公井镇。

唐贞观二十三年(649)因避唐太宗讳,富世县改为富义县。北宋乾德四年(966)升富义县为富义监,后因避宋太宗讳改富顺监。明嘉靖十八年至三十三年(1539—1554),在距富顺县城约 45 千米的釜溪河水滨,以自流井为代表的一批盐井开凿成功,并逐渐成为富顺县盐业生产的中心。清雍正八年(1730)分设富顺县自流井县丞署。

公井镇于唐武德元年(618)改为公井县,属荣州。贞观元年(627)因旭川盐井置旭川县。永徽二年(651)荣州州治移到旭川县。宋代改旭川县为荣德县,升荣州为绍熙府。元末复置荣州。明洪武九年(1376)改荣州为县,延至清代。因贡井地区盐业繁荣,清雍正八年(1730)设荣县贡井县丞署。

分属富顺和荣县的贡井、自流井两地相距 5 千米,在盐业生产的发展和演进中,逐步互相渗溶联为一体,合起来实际上是一个大盐场,故自清代以来,便先后将两地合称富义厂、富荣厂,1914 年以后统称富荣场,将自流井称为东场或下厂,贡井称为西场或上厂。这时两地虽分属两县,但已"地方称自贡""厂场称富荣"了。1928 年自贡地区各界人民曾请求设市,到 1938 年 6 月方获准成立自贡市政筹备处。1939 年 9 月 1 日,自流井和贡井地区正式从富顺县和荣县划出,合并成立自贡市。1978 年和 1983 年,荣县、富顺县划归自贡市。作为古盐都,1959 年自贡市建立了盐业历史博物馆。

自贡的城市建设凸现出典型的盐场烙印,街道以原产区产场为基础,先因井就灶,进而发展成居民点,再连片成街,逐步形成今日城市分片集中、成组成团、相对独立的布局。自贡保存有众多的古代、近代盐业遗址和文物,如大公井遗址、小桥井、燊海井、发源井、东源井、木制井架等,展示了高超的井盐开采技术和工艺。

## 二、盐都文化

自贡的历史文化内涵丰富,传统的自贡灯会名噪海内外;自贡川剧艺术轰动剧坛;龚扇、扎染、自贡剪纸被誉为自贡民间工艺三绝;火边子牛肉等土特名产远近闻名。

自贡因盐设市,会馆林立,古戏台众多,为川剧资阳河流派的中心,有"戏窝子""品仙台"之称,先后出现彭华廷、曹俊臣、唐金莲、张德成等川剧名家。1949年后,自贡川剧又继承创新。1980年以来,以自贡川剧团为代表,创作演出了《易胆大》《四姑娘》《巴山秀才》《潘金莲》等一大批优秀川剧剧目,并多次走出国门,向世界展示川剧艺术的无穷魅力。

自贡灯会早在9世纪已在民间流传。传统的狮灯市场、灯竿节、提灯会久负盛名。20世纪60年代自贡开始有组织地举办灯会。1987年改为自贡国际恐龙灯会以来,名声大震,"南国灯城"的美誉不胫而走。自贡灯会将传统彩灯技艺与现代科技融为一体,达到形、光、声、色、动俱佳的境界,题材上古今中外,无美不备,展示出很高的思想性、知识性、艺术性、趣味性。1994年建成了中国彩灯博物馆。

扎染是自贡传统工艺,源于民间,秦汉时已流行,唐代四川扎染(蜀缬)名噪京城长安。传统民间扎染以家织布为材料,用蓝白两色,构图对称,图案以花鸟虫鱼、福禄寿喜为主。20世纪70年代初,经自贡民间工艺美术家张宇仲等人长期研究,四川扎染取得全新突破。用料上丝、绸、缎、棉、麻均可;色彩上不仅保持了传统庄重、古朴的特点,而且根据需要,赤橙黄绿青蓝紫并用;题材上也有所开拓,有古代传说、人物、汉代画像砖、石刻、敦煌壁画、历史名画等;构图上打破了注重对称的传统,吸收国画、油画以及一些现代绘画艺术流派的表现特点,使作品在审美和艺术价值上有很高的水准。

自贡剪纸由著名剪纸艺术家余曼白创新发展。他继承了自贡民间剪纸的文化传统,将北方剪纸的粗犷刚劲和南方剪纸的细腻精致较好地结合在一起,形成了块面结合、曲直相宜、疏密有致、刚柔并显的独特风格。自贡剪纸曾多次出国展出,销往国外。

龚扇是一龚姓人家世代相传的绝技,清末曾选送入宫,被光绪帝赐予"宫扇"之名。龚扇以优质黄竹加工而成的细如发丝、薄如蝉翼、柔似丝绸的竹丝编制而成,扇把用楠竹、牛角、象牙等制作,并以珠宝翠玉为扇坠。龚扇中以双面竹丝扇最为精品,与双面刺绣有异曲同工之妙。

火边子牛肉是自贡名吃。自贡古代盐业生产的动力主要是役牛,因此,自贡以牛为原料的制品品种繁多,最具特色的食品为火边子牛肉。其选料十分考究,一头牛只能选十余斤牛肉作原料。制作时将牛肉钉在斜倚的木板上,以奇绝的刀工,将其滚片连续不断地削成宽33厘米、长1～2米的薄如纸的长片,然后佐以特制调料加工而成。火边子牛肉红亮透明,隔肉可见文字图案,吃起来酥而不绵,干香化渣,回味悠长,又便于携带,为四川旅游名特产品。

## 82 大佛之乡——乐山

乐山位于四川省中南部。公元前6世纪春秋中期,蜀开明王朝在今乐山境内建立城邑。北周时置嘉州,历为州、府治所。城位于岷江、大渡河、青衣江三江交汇处,依山临江而筑,城堤合一,有"江城"之称。境内有四大佛教名山之一的峨眉山,峨眉山—乐山大佛在1996年被联合国教科文组织列为世界自然和文化双遗产。乐山文物古迹以汉代崖墓、唐宋佛教造像最具特色。开凿在红砂岩上的汉代崖墓数以万计,遍布古城郊区山崖之上,唐宋佛教造像集中于江河两岸。此外还有南宋抗元山城三龟九顶城、凌云寺、灵宝塔、离堆、乌尤寺、乐山文庙、龙泓寺、三苏故居、尔雅台、东坡楼、郭沫若旧居等古迹。

### 一、山水胜地

乐山古称嘉州。相传为黄帝之子昌意属地。2 000多年前为蜀王开明故治。秦属蜀郡,当时因地处蜀郡之南,名"南安"。汉武帝时属犍为郡。西魏恭帝元年(554)更名青衣县。北周在此设平羌郡,改称平羌县。隋代曾先后称峨眉县、龙游县。唐代在此设嘉州,取其"郡土嘉美"之意,为州治之始,下辖峨眉、夹江、犍为、马边等地,初步形成现乐山地域。宋宣和元年(1119)

改称嘉祥县。南宋及元、明时期称嘉定府、州。清雍正十二年(1734)复升为嘉定府,辖7县1厅,府治乐山,即原来的龙游县,以县城西南5里至乐山为名,称乐山县。民国曾为四川省第五行政督察区专员公署所在地。1979年建市。1985年撤销乐山地区,设省辖地级乐山市。西汉官吏邓通、现代文学家郭沫若等为乐山人。

乐山山川如画,景色秀美。宋代文学家苏轼曾感慨:"少年不愿万户侯,亦不愿识韩荆州。颇愿身为汉嘉守,载酒时作凌云游。"[1]乐山城坐落在岷江、大渡河、青衣江三江交汇处,建筑依山傍水。五通桥区境内茫溪曲流,两岸苍劲的黄桷树遮天蔽日,街道依势就曲,建筑高低错落,江面宽阔平静,荡桨泛舟,溪转峰回,有"小西湖"之称。城对岸有凌云72峰对峙,峰峰奇秀,所谓"天下山水之胜在蜀,蜀之山水在嘉,嘉之山水在凌云"。

## 二、大佛与崖墓

乐山文物古迹以开凿在红砂岩上的汉代崖墓、唐宋佛教造像最具特色。举世闻名的乐山大佛位于凌云山栖鸾峰下临江处,主像为弥勒佛,两侧配龛为二天王。大佛在唐开元初年由海通和尚发起开凿,一直到贞元十九年(803)才由韦皋主持完工,前后延续90年。佛像通高71米,是世界上最大的摩崖弥勒佛像。

乐山境内汉代崖墓数以万计。凌云山南的麻浩崖墓前临麻浩河,沿山开凿,分布有崖墓330多座。崖墓除出土陶器、铜镜、钱币等随葬品外,还有大量的画像石刻,内容丰富,画面活泼,具有很高的艺术价值和史料价值。

# 83 中华酒都——泸州

泸州位于四川省东南部。西汉景帝六年(前151)设江阳县,为泸州建城设治之始。南朝梁武帝大同年间(535—546)设泸州。泸州是中原地区同西南少数民族交往的"西南要会",为著名的军事古城、近现代革命历史名城和酒文化名城,古建筑与传统风貌保持完好,有报恩塔、龙脑桥、明代城垣、

---

[1] (宋)苏轼.送张嘉州.

龙透关、明代泸州大曲老窖池、云峰寺、春秋祠、川南师范学堂旧址、朱家山石园、蔡锷题写"护国岩"、朱德旧居陈家花园、泸州起义电报局旧址、四渡赤水太平渡及二郎滩旧址、冯玉祥"还我河山"石刻等文物古迹。

## 一、西南要会

泸州位于长江与沱江交汇处,古为梁州之域,属巴国。秦惠王至秦始皇时期,中原移民进入长江、沱江交汇处,带来中原的生产技术和文化,推动了泸州经济、文化的发展。西汉建元六年(前135)建城,为犍为郡江阳县治。汉武帝开发西南少数民族地区,派唐蒙从符关(今合江镇)到夜郎,说服其归附汉朝。东汉建安十八年(213)升为郡治,称江阳郡,是"锁钥沱江门户,屏障西川"的边陲重镇,盐业和农业发达。梁大同三年(537)取泸水为名,置泸州。唐代农业发达,贡赋有麦、葛、酱、麻、布。宋代,泸州成为沃野千里、土植五谷、牲具六畜、商贾辐辏、五方杂处的富庶之地,号"汉、夷门户"、蜀南粮仓,酿酒业大发展,盐业发展规模大,有利用天然气煎盐的文献记载,与少数民族贸易互市。元代,准许酿酒、制盐、制茶、分兵屯田,修筑马道、桥梁,开辟驿传,制造木船发展航运事业,沟通物资交流,发展农村商品经济。明朝,泸州直隶于四川布政使司,宣德四年(1429)进入全国33个较大的商业及手工业城市行列。清代实行移民入川,促进泸州经济、文化发展,泸州成为川滇黔接壤部的政治、经济、军事、文化中心。

## 二、革命历史名城

泸州城三面环水,地势险要,易守难攻,历代为兵家必争之地。明末张献忠曾在此屯兵;清末佘竟成在此建立同盟会川南分会;1915年,蔡锷组织护国军入川讨袁,在泸州与袁世凯军队进行生死决战,朱德作为护国军将领指挥了著名的棉花坡战役;中国共产党建党初期,著名活动家恽代英、萧楚女曾在泸州川南师范任教,从事新文化运动,传播马列主义,建立党团组织;1926年10月至1927年5月刘伯承领导发动了震惊全川的顺泸起义,创办军事政治学校,培养了一批革命干部;长征中,古蔺县太平渡、九溪口、二郎滩等是红军四渡赤水的重要港口。

位于市区江阳西路的龙透关是始建于蜀汉的古关隘,北临沱江,南抵长江,犹如巨龙穿透两江,因此得名。泸州城三面环水,一面靠山,龙透关位于通道,历来是军事要地。1926年12月1日,中共重庆地委领导的泸州起义爆发,刘伯承任前线总指挥,于1927年1月到达泸州,在龙透关与刘湘指挥的军队决战,为武装起义写下了光辉的一页。

### 三、酒文化名城

泸州以酒著称。泸州酒的历史可追溯到秦汉,市区出土有汉陶酒角杯、陶酒罐、陶饮酒俑等文物,在汉代已开始"以酒祭祀""以酒成礼""以酒宴乐"等文化活动。宋代泸州是全国商税最高的26个城市之一,其中酒税占到商税的33.6%,黄庭坚在泸州留下"江阳酒有余"(《史应之赞》)的赞叹。明代泸州有因"酒务"而命名的酒务街。自唐代以来,以酒为媒,杜甫、苏轼、黄庭坚、陆游、范成大、杨慎、黄炎培、朱德、章士钊等名家写下咏泸州酒的大量诗章。今泸州老窖特曲、古蔺郎酒为国家名酒。明万历年间(1573—1620)在泸州城南建造的酿酒窖池有10个至今仍在连续使用,其中4个窖龄最长的已超400年。泸州现有300多个老窖池。从1987年起,泸州举办国际名酒文化节,宣传泸州酒文化,提高泸州的知名度。

## 84 川滇锁钥——会理

会理位于四川省西南部,在凉山彝族自治州最南端,因"川原并会、政平颂理"而得名。县处横断山脉东北部、青藏高原东南边缘,境内山峦起伏,沟谷相间,自古称"川滇锁钥",为古南方丝绸之路必经要塞。会理历史悠久,文化底蕴丰厚,历史遗存丰富,近代城市建设特色突出。古城形如小船,别称"船城",街市格局数百年未变,保存有明代城北门(城鼓楼)、钟鼓楼、城隍庙戏楼、科甲巷、小巷、金江书院、明清大院等大量明清建筑。会理还是红军长征途中重大事件的发生地,民族风情多姿多彩,石榴特产闻名遐迩。古城文化、红色文化、石榴文化、川滇文化、山水文化相互交融,彰显出会理的恒久魅力。

### 一、川原并会的重镇

会理位于四川省西南部,西连攀枝花,南邻云南省的昆明市和楚雄州,历来是川滇两省交界的军事和经济重镇、川西南与滇西及南亚商贸往来周转重地。古代南方丝绸之路南北纵贯县境达100多千米。会理县城是这条古道的重要驿站,素有"川滇锁钥"之称。

据考古发现,会理县境早在新石器时期就有人类繁衍生息。战国秦灭蜀后,会理可能已置县。西汉武帝元鼎六年(前111年)遣司马相如开灵关道,通西南夷,建会无县(属越嶲郡),此是会理有文字记载的建置之始。西晋惠帝元康二年(292),越嶲郡治移至会无县。唐高宗上元二年(675)改称会川县,其意为"川原并会,诸酋听会之所"。唐、宋时设会川都督府、会川府,曾归属南诏、大理国。元为会川路,明为会川卫。清康熙二十九年(1690)置会理州。1913年,改州为县,始称会理县。1939年,西康省成立,会理隶西康。1955年10月,西康省撤销,会理县改属四川,1978年10月,会理县并入凉山彝族自治州。

会理是一个典型的民族散杂居县,境内有汉、彝、藏、羌、苗、回、蒙古、土家、傈僳、满、瑶、侗、纳西、布依、白、壮、傣等二十余个民族。以彝族为主的少数民族约占全县人口的16.7%,有全省唯一的傣族自治乡。会理民风淳朴,风情独具,既有川滇文化的彼此影响,又有民族文化的相互融合,在服饰、饮食、住宅、婚俗、丧葬、祀典、庙会、节日上极富地方特色。会理多姿多彩的民族文化中,饵块制作、古法造纸、彝族手工刺绣入选州级非物质文化遗产名录,彝族长号唢呐、彝族蹢脚舞、会理绿釉陶瓷手工技艺、会理红铜火锅制作技艺等被列入四川省非物质文化遗产名录,小黑箐乡、关河乡荣获中国民间文化艺术之乡。

## 二、蜀韵滇风的古城

会理古城始建于明太祖洪武十五年(1382),距今600余年。城依玉墟山余脉,南北长1 776米,东西宽920米,东西窄而南北长,形如小船,故又称"船城",又有"穿城三里三,围城九里九"的说法。以钟鼓楼为界,城内东、西、南、北四条大街纵横交错,保存着完整的古城格局,现有明清古民居(古建筑)17万平方米,其中结构良好、特征鲜明、具有保存价值的建筑占80%以上。

会理古城的标志性建筑是钟鼓楼和北城门。钟鼓楼又名凌霄楼,位于老城的中心,在南、北街与东、西街的交会处,是会理古城最富代表性的建筑。楼始建于清雍正十二年(1734)，后多次重修。现楼为1980年修复，楼体雕梁画栋，造型优美，溢彩流光。鼓楼北面与鼓楼遥相呼应的是北门城楼，会理人俗称城鼓楼。城鼓楼建于明初，当时的古城山环水绕，四门井然，后几经战火，仅存此一门。门上有楼，是重檐硬山式顶，木质镂花，彩漆门窗。城楼连接着一段古城墙，长满了青苔和草，满含古韵。南北大街自钟鼓楼纵向伸展，街宽7米，依街店铺均为一楼一底的木板楼房，青瓦屋面，木楼上有镂空雕花木窗，瓦楞上还有垂吊的百草和青苔，店面悬本县书法家书写的匾额，古朴清雅，引人驻足，被评为"四川省十大最美街道"之一。

除四街外，古城内尚有三关、二十三巷。小巷中最具特色的是位于北关西侧、马帮商旅聚居的西城巷，长约400米，宽3米。巷内房屋多为清代建筑，巷口有"西城"门廊，路面为石板铺砌，西城马店、蔡家马店、廖家马店、庆丰号马店4处建筑至今保存完好。巷口还有清光绪十一年(1885)立的"功德碑"和"禁止碑"，会理古城建设和环境保护的"市政管理规约"古已有之。离北门城楼不远的科甲巷，因科举人家居住而得名(据统计，会理全县明清以来曾考中贡生、举人、进士以上达390人之多)。巷内至今保存有许多完整的明清传统民居院落，其中尤以胡家大院、吴家大院等院落最有建筑历史价值和艺术价值。西城巷和科甲巷是会理历史文化名城保护的重点街区。街巷里现存17万平方米的古建筑和传统民居建筑，百年古树千年古井点缀其间，浓浓的市井氛围随处可见。

### 三、红色文化的要地

在举世闻名的红军二万五千里长征中，中央红军在毛泽东同志率领下，四渡赤水，兵临贵阳，佯攻昆明，出奇制胜，直插金沙江，于1935年5月3日至9日，从皎平渡口巧渡金沙江，彻底摆脱了国民党几十万大军的围追堵截，实现了中国革命的战略转移，并于5月12日在会理城郊的铁厂村召开了著名的"会理会议"，写下了中国革命史上浓墨重彩的光辉篇章。当年红军在中武山下水流相对平缓的江面上，巧渡金沙江至北岸的会理，然后智取厘金卡，强攻狮子山，占领通安，在37名当地船工的帮助下，历时七天七夜，将三万中央红军官兵，用六只木船，昼夜渡过金沙江。江边伸入江面的巨石，被当地老百姓称为"将军石"，当年的红军总参谋长、渡江总指挥刘伯承将军曾站在上面指挥大军渡江。会理一侧的江岸边有一排山洞,开凿于清末民初,本是马帮行旅宿营歇脚的地方,当时,洞口前的小平台成了红军的临时渡江指挥部,朱德、周恩来等中央领导就住在山洞内,靠北的小山洞是毛泽东主席单独住的地方,在这里,他挥毫写下了"金沙水拍云崖暖"的不朽诗篇。

1992年,连接川滇两省的皎平渡大桥落成,聂荣臻元帅亲自为《红军巧渡金沙江纪念碑》题写碑名,宋任穷(当年红军干部团政委)题写了碑文,详尽地记载了红军的渡江经历和渡江后两次激战的经过。如今"皎平渡红军渡江遗址"和"会理会议"遗址,已被确立为全国100个红色旅游景点之一,列入全国30条红色旅游精品线名录。长征,为会理人民留下了宝贵的精神财富。

## 85 革命名城——遵义

遵义位于贵州省北部,川、黔、渝三省市交界处。春秋战国时曾是巴、蜀、夜郎等方国领地。唐初建播州,唐贞观十六年(642)改播州所辖罗蒙县为遵义县,是为遵义得名之始。唐末至明725年间为杨氏土司世袭统治。明万历年间,改土归流,分属川、黔两省。清雍正五年(1727),遵义府改属贵州省,建置疆域基本形成。遵义历史文化悠久,清代儒学兴盛,以著述宏富、人才辈出为特征的沙滩文化独放异彩,涌现了郑珍、莫友芝、黎庶昌等"西南巨儒"。遵义留有杨粲墓、湘山寺、桃溪寺、桃溪寺杨氏宋元墓群、普济桥等古代文化遗存。1935年1月,中国工农红军长征途中,在此召开了中国共产党中央政治局扩大会议,确立了毛泽东在红军及全党的领导地位,具有伟大的历史意义,遵义以此成为革命历史名城。遵义还是著名酒都,所产茅台酒被奉为国酒。境内有赤水丹霞、海龙屯土司遗址两处世界遗产。

### 一、黔北重镇

遵义城名源于《尚书·洪范》"无偏无陂,遵王之义",历来为黔北的政治、经济、文化、交通中心。战国时期,遵义属大夜郎国。秦统一中国时,就鳖国地置鳖县,隶蜀郡管辖。汉武帝时通西南夷,元鼎六年(前111),夜郎侯入朝长安,被武帝封为夜郎王,夜郎国地建为牂牁郡,下设17县。晋建兴元年(313)分牂牁郡置平夷郡,此后相沿。隋初置牂牁州。唐武德三年(620)改为建安县。贞观九年(635)改名郎州;贞观十三年(639)改名播州,置恭水等县,后改恭水为罗蒙;贞观十六年(642)改罗蒙为遵义,遵义之名始出。不过当时所建的播州和遵义县均不是现在的遵义市所在地,而是在今天绥阳县城附近。遵义建城始于南宋孝宗淳熙三年(1176),播州土司杨轸将首邑白锦堡(现遵义市辖区)迁到今遵义所在的湘江流域,迄今已有800多年的历史,以后元明两代称谓的播州,就是今日的遵义市。明万历二十九年(1601),在第二次动工修筑城墙时,播州改名为遵义军民府,从此遵义城名替代了播州。清雍正五年(1727)遵义由四川行省改隶贵州。

遵义北倚大娄山,南濒乌江,地势高峻,峭壁陡险,关隘重锁,是川黔咽喉和交通要冲,历来为兵家必争之地。古城布局独特,包括老城、新城两个部分,两城隔江而峙,形成罕见的双联式城池。老城位于湘江北岸,始筑于明洪武十五年(1382),万历间为安置"改土归流"后的官员、驻军及其家属而重建,一面临江,三面环山,城墙高大,有明显的军事色彩。清中叶以后,遵义以蚕桑和丝织业为主的经济兴旺发达,由此促成了城市商业的迅速发展和四川经遵义至贵阳商路的开辟,遵义人口更加集中,逐渐向湘江东岸扩展,沿交通线形成新的市街。清咸丰八年(1858)围绕新市街修筑城垣,是为新城。新城以川黔商路为轴带状布局,城内多为繁荣的商铺区。以后在新城南北又沿川黔商路扩展,形成两个狭长的关厢带。这样,老城应军事防御的需要布置在山麓地带,受地形限制,呈不规则的圆形;新城适应经济发展的需要,沿交通线呈带状延伸。新老城夹河而立,各呈其姿,在名城的城市格局中是非常特别的。

## 二、革命名城

遵义是中国革命史上的一座英雄城市、革命圣地。1935年1月,中国工农红军第一方面军自闽、赣突围西征,历尽艰辛,来到遵义,在此召开了政治局扩大会议,即遵义会议。会议通过了《中央关于反对敌人五次"围剿"的总结的决议》,肯定了毛泽东关于红军作战的基本原则;改组了中央领导机构,选举张闻天为总书记,主持党中央的日常工作,成立了毛泽东、周恩来、王稼祥三人小组,指挥军事,从而结束了王明"左"倾冒险主义在党中央的统治,开始了从毛泽东为首的党中央的新的集体领导。会议挽救了党和红军,是中国共产党历史上的一个生死攸关的转折点。遵义会议会址、红军总政治部旧址、毛泽东等住处、红军烈士陵园、四渡赤水纪念塔、娄山关等即为这段历史的纪念地。

### 三、国酒之乡

遵义还是著名的酒乡,茅台酒、董酒、鸭溪窖酒名扬中外。国酒茅台产于遵义市西面赤水河畔的茅台镇。茅台镇酿酒历史悠久,清乾隆年间(1736—1795),茅台镇成为川盐入黔的重要口岸,商贾云集,酒的需求量激增,酿酒生产迅速发展。道光年间(1821—1850),茅台镇的酿酒作坊不下20家,产量达170吨。茅台酒选用优质高粱为原料,小麦制曲,采用我国传统的独特工艺精心酿造,经过两次投料,八次高温堆集发酵,八次下窖,七次蒸馏取酒,并经过长期窖藏而成。一般要窖藏5年后才成为出厂的成品。茅台酒酒体丰满醇厚,晶莹透明,酱香突出,幽雅细腻,低而不淡,浓而不艳,回味悠长,曾在1915年巴拿马国际博览会上获金奖。

此外,陆羽《茶经》盛赞遵义茶"其味极佳",现遵义茶园面积为贵州第一,有"湄潭翠芽""凤冈绿宝石""遵义红""正安白茶"等名茶。遵义烤烟以"金色粉底色鲜美,油润光滑细如绸"而驰名中外,有"遵义""贵烟"等名牌香烟。遵义的柞蚕丝织业由清代知府陆玉璧从山东引入,质地优良,"竟与吴绫蜀锦争价于中州"。遵义地区苗族的传统工艺苗锦、挑花、刺绣等也很有特色。以遵义特有的棕竹为杖杆的棕竹牛角手杖制作精巧考究,造型美观大方,主要运销国外。

## 86 黔东古城——镇远

镇远位于贵州省东部、黔湘两省交界处,为黔东南苗族侗族自治州所辖县。北宋大观元年(1107)始在今镇远置安夷县。南宋置镇远州。后历为州、府、卫、道治所。镇远位于沅江支流潕阳河上游,是中原通往云南直至缅甸、印度等国的孔道,南方丝绸之路的重要驿站,明清发展成为繁荣的西南大都会。潕阳河穿城而过,建于明代的卫城、府城分列南北,部分古城垣、12处水码头、10余条古巷道尚存,长达1 000余米、宽300余米的多地域、多民族融为一体的明清民居建筑群保存完好。还有青龙洞古建筑群、四官殿、天后宫、吴王洞摩崖、文笔塔、谭家公馆、祝圣桥等文物古迹。城西有潕阳三峡(诸葛峡、龙王峡、西峡)风景区。

## 一、苗乡古城

镇远是一座有2 000多年历史,多民族聚居的古城,苗族、侗族、土家族等少数民族占总人口的2/5强。殷周时期属鬼方,春秋时期属牂柯国,战国时期属夜郎国。秦为黔中郡属地。汉高祖五年(前202),改黔中郡为武陵郡,属无阳县,隶荆州。北宋大观元年(1107)始在今镇远置安夷县,隶思州。南宋绍兴元年(1131)置镇远州。元设镇远军民总管府,隶湖广行省,又置镇安县为附郭,旋改镇安县为安夷县。至正二年(1342)废安夷县置金容金达蛮夷长官司。明洪武二十二年(1389)增设镇远卫,永乐十一年(1413)设镇远府,州、卫、府同城而治。弘治十一年(1498)置镇远县。清袭明制。1956年7月在此设黔东南苗族侗族自治州,1958年州府迁往凯里。潕阳镇一直为镇远县城。穿城而过的潕阳河将县城一分为二,北岸叫府城,为主城;南岸叫卫城,为辅城。

在镇远生活的苗族、侗族能歌善舞,每逢各种节日便是男女老少展示歌喉的机会,苗族善芦笙舞、鼓舞,侗族善芦笙、牛腿琴、侗笛等乐器。清代作家吴敬梓在其名著《儒林外史》中称誉镇远为"歌舞地"。

## 二、黔东门户

镇远位于贵州省东部湘黔两省交界处,历来是湖广入滇黔的交通孔道、水陆交通线的衔接点和南方丝绸之路的重要驿站,素有"黔东门户""湘黔要塞""滇楚锁钥"之称。中原地区的大批商人沿长江入洞庭进沅江来到镇远,使镇远的贸易、经济、文化繁荣兴盛。历史上有不少显贵要员、文人学士游经此地。据传,三国时期著名的军事家诸葛亮七擒孟获时率兵抵镇远,在潕阳河畔留下诸葛洞遗址。明代贵州奢香夫人到南京朝见明太祖时由镇远乘船而下。清代文学家吴敬梓也曾游历到此,并在《儒林外史》中描述了当时镇远的情况。吴三桂曾领兵到镇远屯兵操练,留下吴王洞遗迹。民族英雄林则徐任云贵总督时来到镇远,在诗中写道:"两山夹溪溪水恶,一径秋烟凿山脚。行人在山影在溪,此身未坠胆已落。"(《镇远道中》)著名讨袁将领李烈钧曾在镇远驻兵一年,留下不少诗词佳作。著名抗日爱国将领冯玉祥曾到镇远视察。

### 三、青龙洞古建筑群

镇远有许多宝贵的文化遗产。明清两代在全县范围内建造的寺观、庵堂、楼阁、祠馆、关梁、洞井及古城垣、古驿道、古民宅、古码头等共有210余处,其中最具特色的青龙洞古建筑群,集多民族、多地区建筑艺术之大成。建筑群分布在镇远县城东中和山腰。中和山绝壁千尺,怪石嶙峋,古树参天,三面临河(潕阳河),山巅宽平,元代曾置总管府于此。青龙洞古建筑群建于明弘治、嘉靖年间,由青龙洞、紫阳洞、中元洞、万寿宫、香炉岩和祝圣桥6组33栋大小单体建筑组成,现存建筑面积6 665平方米。建筑布局依山傍洞,贴壁凌空,五步一楼,十步一阁,曲径连绵,回廊如带,将中原建筑形制与黔东南苗族侗族传统的干栏式吊脚楼民居建筑风格巧妙结合,结构精致典雅,飞檐翘角,碧瓦红墙,雕塑逼真,彩绘精美,洞、崖、树、寺融为一体,宏伟壮观,是贵州省最大的古建筑群。明清时期,这里是儒、道、佛三教圣地,印度、缅甸等国家的佛教僧人曾来此传经拜佛。

## 87 春城——昆明

昆明是云南省省会。春秋时为滇部落领地,公元前三世纪,约前298～277年间,楚将庄蹻率众入滇,与当地部落联盟,在滇地建滇国。汉武帝时置益州郡,把云南纳入中国政区序列。元设云南行中书省于昆明,从此昆明成为云南政治、文化中心。昆明城濒临滇池,青山环抱,四季如春,号为春城。汉、彝、白、回、苗、傈僳、哈尼等民族杂居,城市格局和"一颗印"民居建筑体现各民族文化交融的特点。元代以来,儒学、佛教兴盛,杨慎、徐霞客等内地文人先后入滇,留下传世之作。抗战时期,昆明以战略大后方的历史机遇,成为当时的文化教育中心和对外交通枢纽,名流云集。昆明有滇池、西山、翠湖、黑龙潭、石林、地藏寺经幢、筇竹寺五百罗汉、金刚塔、金殿、郑和之父马哈只墓、大观楼、云南陆军讲武堂、皎平渡、聂耳墓、"一二·一"四烈士墓等风景名胜和历史古迹。

## 一、花都春城

昆明城坐落在滇西横断山脉与滇东高原之间的滇池盆地东北部,三面环山,南濒滇池,形成了湖光山色的天然环境。冬季由于北部乌蒙山等山脉屏障,抵御了南下的寒流,南部受孟加拉湾等海洋季风暖湿气流的影响,加之滇池湖水的调节,并不寒冷,一年四季鲜花不败,素有"春城"之称。明代状元杨慎谪戍云南,曾在《滇海曲》中写道"天气常如二三月,花枝不断四时春"。

## 二、滇国首府

昆明是古西南夷族称的音译。昆明族原游牧于云南西部,后迁入滇池地区定居,即以族称作为地名。昆明作为城市已有2 000多年历史。公元前3世纪的战国时期,楚将庄𫏋率众"以兵威定"滇池地区,与当地民族融合,在今晋宁一带筑城置都,建立了滇王国。

秦统一全国后,着手开发西南。西汉元封二年(前109),以滇池地区为中心设益州郡,辖24县,郡治滇池县(今昆明市城南)。两晋至隋初,滇池地区为昆明族和西爨白蛮居住地区,历时300多年。唐初在滇池西岸设昆州,辖4县,首邑益宁(今昆明)。唐永泰元年(765),南诏在今昆明城区筑拓东城(后改称鄯阐城),置拓东节度使,此为昆明筑城之始。元宪宗四年(1254),大将兀良合台攻占鄯阐城,统一云南,旋置昆明千户。至元十一年(1274)设云南行中书省,至元十三年(1276)置昆明县,省行政中心由大理迁昆明。此后,昆明逐步成为云南省的政治、经济和文化中心。

明洪武十四年(1381)改中庆路为云南府,次年在今昆明城区筑砖城。明末大西军入滇建立政权后,于1650年改云南省为云兴省,云南府为昆明府,昆明县为昆海县。清顺治十三年(1656)明永历帝朱由榔来昆后,曾一度称滇都。康熙二十年(1681)讨平吴三桂割据势力,沿袭明制,仍置云南府。辛亥革命推翻清朝统治,废云南府留昆明县。1919年从昆明县划出城区设昆明市,直属云南省。

### 三、抗战后方

昆明也是一座具有光荣革命传统的城市。1911年,昆明革命党人发动起义,在同盟会革命党人的领导下,为辛亥革命的成功作出了积极的贡献。在护法、讨袁战争中,蔡锷、唐继尧等人在昆明首举护国大旗,护国军出师讨袁。1937年抗日战争爆发后,昆明成为抗日的大后方。国民政府迁都重庆,许多学校、工厂、银行、商号辗转搬迁昆明,以中央机器厂、中央电工厂、中央钢铁厂为代表的一批大型工厂迁到昆明,成为云南现代工业的骨干。滇缅公路和中印"驼峰航线"使昆明成为全国接受国际援助的主要通道和物资中转站。1938年,北京大学、清华大学、南开大学奉命内迁昆明,组建国立西南联合大学,大批教授名流云集昆明,对云南现代文化教育产生了重大影响。抗战胜利后,在中国共产党的领导下,掀起了震撼中外的反对内战、呼吁和平的"一二·一"运动和"七·一五"爱国民主运动。1949年12月,云南省主席卢汉将军率云南军政人员起义,云南宣告和平解放。

### 四、风景胜地

昆明四季如春,气候宜人,其独特的文化历史和山川地貌形成了诸多风景名胜、历史遗迹。大观楼的长联、黑龙潭的深潭烟岚、滇池的万顷碧波,以及杨升庵祠、圆通寺、筇竹寺等,都令游人流连忘返。

大观楼位于昆明市区大观路西端,为一处三面临水、一径相通的湖滨园林,清康熙二十一年(1682),湖北僧人乾印在此建观音寺讲经。康熙三十五年(1696),巡抚王继文在寺址建楼二层,题名"大观楼",道光八年(1828),云南按察使翟锦观将楼改建为三层。登楼远眺,景色极为辽阔。现悬挂楼头"拔浪千层"的金匾额为咸丰帝所赐。咸丰七年(1857),大观楼毁于战火。同治五年(1866),云南提督马如龙在原址重建,为三层木结构,四方形,楼顶为四角攒尖式,正中冠以高耸的宝顶,雄伟壮观。后又毁于大水。光绪九年(1883),云贵总督岑毓英及观音寺住持性田和尚重修。大观楼建成后,文人雅士常在这里酌酒赋诗,留下众多墨迹。乾隆间寒士孙髯所撰长联计180字,被誉为"海内第一长联"。联文曰:"五百里滇池,奔来眼底。披襟岸帻,喜茫茫空阔无边。看东骧神骏,西翥灵仪,北走蜿蜒,南翔缟素。高人韵士,何妨选胜登临。趁蟹屿螺洲,梳裹就风鬟雾鬓。更蘋天苇地,点缀些翠羽丹霞。莫辜负四周香稻,万顷晴沙,九夏芙蓉,三春杨柳。数千年往事,注到心头。把酒凌虚,叹滚滚英雄谁在?想汉习楼船,唐标铁柱,宋挥玉斧,元跨革囊。伟烈丰功,费尽移山心力。尽珠帘画栋,卷不及暮雨朝云。便断碣残碑,都付与苍烟落照。只赢得几杵疏钟,半江渔火,两行秋雁,一枕清霜。"现悬挂于前门的长联是光绪十四年(1888)由白族诗人、书法家赵藩用工楷书写的,蓝底白字,典雅大方。

西山森林公园坐落在滇池西岸,由碧鸡山、华亭山、太华山、罗汉山等山峰组成,山脉绵延40多千米,远眺西山,宛如一个美丽的少女仰卧在滇池之畔,人们称之为"睡美人"。众多的名胜、古刹就建筑在群山之中,龙门石雕嵌缀在罗汉山千仞峭壁上,人民音乐家聂耳墓在山腰。每年农历三月初三,是昆明人的传统风俗耍西山的日子,此时西山别有一派热闹的气象。

石林位于石林彝族自治县境内,是发育完整、世界上为数不多的典型岩溶地貌之一,有"天下第一奇观"之称。进入石林景区,各种奇峰危石千姿百态,有石林湖、大石林、小石林、剑峰池等20余个风景点,著名景点有象距石台、凤凰梳翅、阿诗玛等。在距石林11千米的地方,有一片莽莽苍苍、石色为灰黑的石林,称为"乃古石林",这里有溶洞多处。石林风景区内还有大叠水瀑布等。2007年,云南石林喀斯特与贵州荔波锥状喀斯特、重庆武隆峡峪喀斯特共同申报的"中国南方喀斯特"项目被列为世界自然遗产。

## 88 纳西古城——丽江

丽江位于云南省西北部。战国时期属秦国蜀郡。元代至元年间(1264—1294)先后设丽江宣慰司和丽江路军民总管府,始有丽江之名。明至清初,由木氏土司世袭统治。境内有玉龙雪山、虎跳峡、长江第一湾、老君山九十九龙潭、黑龙潭等诸多名胜和丽江人遗址、木府、五凤楼、白沙明清建筑群、大宝积宫、普济寺铜瓦殿等文物古迹。始建于南宋的丽江古城,不设城墙,在布局上体现出三山为屏、一川相连的构思,在水系应用上,设计了三河穿城、家家流泉的独特风貌,兼水乡之容、山城之貌,古朴自然,1997年被列入《世界遗产名录》。丽江是纳西族的聚居地,长期处于藏、汉、彝等民族走廊中,创造了独特的东巴文化,东巴经、纳西古乐、东巴舞谱、东巴画都是东巴文化的精华。纳西族的祭天、祭风仪式及三朵节、棒棒节，摩梭人的阿夏婚，摩梭人和普米族的成年礼，民族色彩浓郁。

### 一、玉龙雪山与金沙江

丽江市位于云南省西北部、长江上游金沙江江湾之中，因金沙江又称丽江而得名。其地域随金沙江河道曲折延伸，似一个巨大的"V"字。丽江地处青藏高原东南端横断山向云贵高原过渡的衔接地带，兼有横断山峡谷与云贵高原两种地形特征，境内高山纵贯南北，与我国绝大多数山脉的东西走向形成鲜明对比。由于地势向东西两侧作切割状急剧下降，形成气势磅礴、山河交错、峰大谷深的地形特点。金沙江在境内回绕达447千米，在玉龙雪山与哈巴雪山之间的虎跳峡是世界上最深最险的峡谷，峡长17千米，落差200多米，有18个险滩，峡宽仅30米，汹涌的金沙江水被挤入虎跳石两侧猛然跌落，怒涛咆哮，构成"万仞绝壁万马奔，一线天盖一线江"的奇观。江水南流至石鼓镇，突然转向北去，形成壮观的"万里长江第一湾"。城北的玉龙雪山是云南第二大高山，主峰扇子陡海拔5 596米，终年积雪皑皑，宛如晶莹的玉龙凌空飞舞。玉龙雪山是纳西族人的圣地。

### 二、大研古城

丽江古城的纳西语古名为"巩本芝"，"巩"指仓库，"本"指村寨，"芝"指集市，因古城北依象山、金虹山，西靠狮子山，其地形略似一个大仓库，因而得名，一说因此地曾是仓廪集中的集镇而得名。元代改汉名为"大叶场"，明代称为"大研厢"，清代称为"大研里"，民国开始称为"大研镇"。大研之名由元代的大叶而来，因丽江坝区的纳西族头领木氏为古纳西族四大支系中的"叶"支系，元代以后，随着木氏权力的上升，古城成为木氏的居住地之一，人们就用含有尊敬之义的"大叶"一词作为地名称呼。叶、研音近，后来通写为大研。一说因古城四周青山环绕，河溪潭泉碧水盈盈，形似一块碧玉砚石而得名"大砚"，即"大研"。

丽江历史源远流长。这里发现了距今10万年的"丽江人"。战国时期，丽江属秦国蜀郡，东汉末，纳西人定居于此。唐初属姚州都督府，后由于南诏归附吐蕃，丽江一度属吐蕃之神川都督府。唐贞元十年(794)，南诏王异牟寻反吐蕃归唐，丽江属南诏铁桥节度使(后改为剑川节度使)。宋代大理国时期,丽江在行政区域上虽属段氏大理国之善巨郡,但么西(纳西)牟西磋势力崛起后,实际上不受大理统治。

元宪宗三年(1253),忽必烈取道丽江南征大理国,在丽江设茶罕章管民官。至元八年(1271)设丽江宣慰司,至元十三年(1276)改为丽江路军民总管府,隶属云南行省。明代至清初,丽江由木氏土司世袭统治。清雍正元年(1723)实行改土归流,降世袭知府木氏为通判,设流官知府。乾隆三十五年(1770),府下增设丽江县。1913年废府改县,丽江为县治。抗日战争时期,内地通往缅甸的交通中断,丽江成为内地通向中国西藏、缅甸、印度的交通要道和滇西北的商业贸易重镇。1961年4月成立丽江纳西族自治县。2002年设地级丽江市。

丽江古城坐落在海拔2400米的高原台地上,以大江深峡、高山险关为依托,北依金虹山和象山,远借玉龙雪山,西枕狮子山,东南接辽阔的平川,形成了古城三山为屏、一川相连的宏大地理背景。古城布局有别于中国其他的古代城池,没有森严的城墙,城四周依险设塔门关、石门关、九门关、太子关和邱塘关五座关隘。土司衙署位于城南,周围建宫室苑囿,城北是以四方街为中心的商业区,城东为旧时流官府衙所在地,至今格局仍存。城内民居造型朴实生动,装饰精美雅致;古城瓦屋,依山傍水,错落有致,构成了"水乡之容,山城之貌"的古城风貌。

"城依水存,水随城在"是大研古城的一大特色。位于城北的黑龙潭是古城的主要水源,潭水由北向南蜿蜒而下,到双石桥下分成东河、中河、西河三股支流,进而又分为无数细流,穿屋绕户,流遍全城。街旁渠畔,垂柳拂水,古城内街道与河道的密切结合使街景与水景相得益彰。水网上飞架有345座桥梁,其密度为平均每平方千米93座,廊桥(风雨桥)、石拱桥、石板桥、木板桥形式各异,数量众多、风格独特的桥梁使古城丽江成为名副其实的"桥城"。古城水系中到处散布的水井大多是一井分三眼的"三眼井"形式,井上三眼相连,依次为饮用水眼、洗菜用水眼和洗涤用水眼,卫生实用,生动地反映了当地的民族习俗。城中广场西侧的西河上设有活动闸门,利用西河与中河水位的高差开启闸门冲洗街面,这种独特的卫生设施,在国内外都属罕见。古城的大街小巷均用红色角砾石铺筑而成,雨季不泥泞,旱季不飞尘,经过几十代人的行走磨压,显得精亮滑溜,光耀夺目,与整个城市环境十分协调,是大研古城特有的景观。

## 三、纳西文化

丽江市的玉龙纳西族自治县是全国唯一的一个纳西族自治县(纳西族人口占全县人口 55.6%)。纳西族是古代南迁羌人的后裔,自远古时期就创造了一种独特的民族文化,因主要保存于东巴教中而称为纳西东巴文化。东巴文化主要包括东巴文字、东巴经、东巴音乐、东巴舞蹈、东巴法器和各种祭祀仪式。东巴文字是世界上唯一活着的象形文字,共有 1 400 个单字,至今使用不衰,被视为全人类的文化遗产。从 19 世纪 70 年代起,国际学术界开始关注东巴文字的研究。用东巴文字写成的东巴经现存约 4 万册,内涵丰富,是纳西古代社会的百科全书。2003 年,东巴古籍文献被纳入联合国教科文组织《世界记忆遗产名录》。东巴绘画大体分为木牌画、纸牌画、卷轴画三种,其中以卷轴画最负盛名,《神路图》是东巴画中的代表作。东巴祭祀仪式种类繁多,共有 50 多种,其中规模最大的有祭天、祭祖、祭风、求寿等。纳西古乐是流传于纳西民间的古典音乐,由大型古典乐曲《白沙细乐》和《洞经音乐》构成,传承了元明遗音,被称为"中国音乐的活化石"。

丽江纳西族有不少传统节日。农历二月八日的北岳庙会,纳西语叫"三朵宋",即祭祀"三朵神"的节日。三朵神即为北岳神,是玉龙雪山的化身,是纳西族最大的保护神和战神,为纳西族心灵中的至尊。1986 年,经丽江县人民代表大会通过,将农历二月八日的"三朵节"定为丽江西南地区的民族节,届时全县放假一天,开展各种群众性文体活动。创美生恩节即火把节,纳西语"创美"指农历六月,其意为六月过小年。在节日期间的晚饭后,家家户户要用火把驱鬼出门,遂形成点火把的习俗,故汉语称为火把节。正月十五棒棒节,原为佛教节日,叫"弥老会"。清初丽江改土归流后,逐渐成为交流竹木农具的街市,遂改称棒棒节或棒棒会。当天,天初破晓,人们纷纷上市,大街小巷到处都是锄耙、竹子、篮筐、犁架、木桶等,所有竹木农具、家具应有尽有,看上去满街都是竹木棒棒,极富地方特色,还有各种花卉盆景、果树苗木,热闹非凡。七月骡马会是纳西族的又一重要节日,开始于清朝末年,于农历七月中旬举行,会期 14 天左右,以交易骡、马、牛等大牲畜为主,同时有赛马、文艺演出、各种体育活动和歌手对唱活动,是古城一年中最热闹的时候。

历史上,丽江纳西族的铜器制作驰名滇、康藏地区,其中尤以丽江铜锁更负盛名,常作为馈赠亲朋嘉宾的礼品,明末著名地理学家徐霞客云游丽江时,知府木增赠他的礼品中就有丽江铜锁。丽江铜锁最大的如手掌,最小的如核桃,各有妙用。锁的正反面都有精工錾刻的图案及行云流水般的书法题款,既是牢靠的把门器具,又是玲珑雅致的艺术品。窨酒、粑粑、鸡豆凉粉、米灌肠是丽江的地方特色饮食。

## 89 滇南邹鲁——建水

建水位于云南省南部,为红河哈尼族彝族自治州所辖县。县城为唐南诏时所筑。建水作为滇南的政治、军事、经济和文化中心达7个世纪之久,形成以汉文化为主体,融合各民族文化的多元一体的边地文化。明清两代科举中试者较多,有"滇南邹鲁""文献名邦"之雅号。现存古建筑和民居众多,始建于元初的文庙是国内仅次于曲阜孔庙的大型文庙,指林寺大殿是罕见的宋式营造风格的元代大型木构架建筑。文物古迹还有东城门朝阳楼、双龙桥、文笔塔、纳楼彝族土司衙署、朱家花园、朱德旧居等。燕子洞溶洞景观雄奇壮观,哈尼族、彝族歌舞和传统节日展示着浓郁的民族风情。

### 一、南诏古城

建水古称步头,亦名巴甸。唐元和年间(806—820),南诏国于此筑惠历城,汉语译为建水,大理国前期设建水郡,为巴甸侯爨判的封地,后期爨氏没落,属秀山郡阿棘部地。元、明设建水州,隶属于临安路、府,府治设于建水城。清乾隆三十五年(1770)改州为县。1912年,改为临安县,次年,因与浙江省临安县重名,复称建水县。1957年后隶属于红河哈尼族彝族自治州。

### 二、滇南邹鲁

从唐代起,建水就是古代国际通道上的要冲,作为滇南的政治、经济、军事和文化中心长达7个世纪之久,形成以汉文化为主体、融合各民族文化的多元一体的边地文化。现存文物古迹众多,人文景观丰富,有古建筑博物馆和民居博物馆之称。明清两代科举中试者较多,共出文武进士110名,文武举人1 273名,有"滇南邹鲁""文献名邦"之誉。

始建于元初的建水文庙,是国内仅次于山东曲阜孔庙的大型文庙,主要建筑有一殿、二庑、二堂、二阁、五祠、八坊,规制严谨,气势宏伟。门前太和元气坊后,有椭圆形泮池,池中筑岛及思乐亭。主体建筑先师殿为明弘治年间(1488—1505)重建,单檐歇山顶,全殿由28根大柱支撑,其中22根用青石雕成,前廊楹柱透雕云龙,技艺精巧。正殿大门的22扇屏门上,精工雕刻有近百种飞禽走兽的图案,形态各异,生动活泼。殿后存有元明清历代碑记,包括元代"圣旨碑"、清代平定准噶尔碑记等,有重要的历史价值。建水县于2005年起举办"中国红河·建水孔子文化节"。

### 三、传统歌舞、节庆

建水生活着汉族及彝族、哈尼族等少数民族,有不少流行于当地的传统歌舞和传统节日,地方与民族色彩浓郁。

洞经音乐流行于县城和集镇的汉族群众中。清乾隆至民国年间,先后出现过"朝元学""明圣学""新文学""崇文学"等洞经会,会员上千人,一年之中有多次演奏活动,如农历正月初五至初九的上九会、六月十九的观音会、八月二十七的孔子会等。每逢会期,连续演奏数天,观听者数千人。洞经曲牌较为丰富,乐器种类较多,有独特的合奏手法。

花灯是云南汉族地区广为流传的地方剧种。建水花灯是云南花灯的一个分支,由于其音乐融入当地彝族民间小调,歌舞也融入彝族民间舞蹈而有别于其他地方的花灯。在彝族聚居的白云村和羊街,吸收了彝族民歌"沙莜腔""海菜腔"及"杂弦调",在山区的塔瓦村,吸收了"放猪调""四平腔""河边腔"等曲调,发展成典型的彝族花灯,为彝汉两族文化交流的结晶。

烟盒舞是建水、石屏一带彝族群众喜爱的传统性自娱舞蹈,因使用以薄木、竹片制成的烟盒作道具而得名。起舞时由领头者弹奏四弦琴,边弹边舞。共舞的男女双手各持一只烟盒,以肩耸动带动手臂前后摆动,在舞曲的每小节强拍上弹响烟盒,随之手脚动作一次。当地彝族人民长期同汉族杂居,烟盒舞也同样受到汉文化的影响,歌词用汉语唱出,并借鉴汉语的音韵节律,因此也受到当地汉族群众的喜爱。

铓鼓舞是哈尼族在传统的"昂玛奥"节上表演的祭祀性喜庆舞蹈。此舞在云南以居住在建水龙岔河一带的哈尼族所独有。舞蹈以铓锣、皮鼓伴奏，有清山净寨、驱邪避鬼、弃旧图新、祈求丰收之意。

祭孔乐舞是明清至民国时期每年农历八月二十七在文庙内跳的祭祀性舞蹈。这一日凌晨三时，先点燃文庙内道路上搭起的柴垛，各级官吏、文人学子聚集在先师庙前，举行祭孔仪式。主祭官读毕祭文，开始乐舞。乐舞生140名，其中舞生48名为十二三岁的儿童，排成纵队6行，边唱边舞。整套唱词由96个字组成，每唱一字变换一个动作，分为三段唱跳，笙、鼓、琴、瑟等乐器同时鸣奏。

火把节是彝、汉族人民的传统节日。旧时每年农历六月二十四日夜，各村寨点燃大火把，人人持小火把，巡行田头，有祈年照岁之意，并能杀灭农作物害虫。此夜文庙泮池内水影映照出焕文山上星星点点的火把，旧俗以此预测秋闱中榜者的多寡。

哈尼族在传统节日举办长街宴。届时全寨每家摆出一张饭桌，摆满自家做的饭菜，桌凳相连排成长龙，男女老少围桌而坐，由"昂玛威"（推选出的主持仪式的德高望重的长者）带领大家演唱讲述民族历史的传统歌曲"哈巴"，共同吃欢乐团结饭，用这种独特的方式来表示全民族亲密团结。

昂玛奥是反映哈尼族自然崇拜的传统节日。每个村寨都在村头或附近山林中选择一株参天古木象征寨神，称"昂玛召"。每年农历正月初三后的第一个属龙日为"昂玛奥"节。即日第一件事就是祭神。祭时由"昂玛威"带领9名未婚男青年至神树下杀猪献饭，祭毕将猪肉分给每家一份。各家都将这份肉腌干悬于梁柱待开春播种时用以祭秧，祈求寨神保佑秧苗茁壮、稻谷丰登。节日早上，家家吃黄糯米饭和红鸡蛋，晚饭吃糯米粑粑。次日晚上在月色下，男青年敲起"布鲁热"（铓锣）和"胡笃碟"（鼓），跳铓鼓舞，女青年跳"把其打"（流行于哈尼族妇女中的古老传统歌舞），连跳3个夜晚。

## 90 南诏故都——巍山

巍山彝族回族自治县位于云南省西部，隶属于大理白族自治州，曾为南诏国都城。古城建于明洪武二十三年（1390），城方如印，城内25条街18条巷，呈棋盘式格局，明清风貌宛然。巍山因历代人文荟萃，清乾隆年间被御封为"文献名邦",并建文献楼纪盛。城南巍宝山有众多道教古建筑,具有浓厚道教色彩的洞经音乐自明代传入巍山后流传至今。有杜文秀起义遗址、圆觉寺、云龙寺、五印山、小鸡足山、三鹤洞等古迹。

### 一、南诏国故都

巍山在战国时属滇国地,西汉武帝元封二年(前109)设邪龙县,隶属益州郡。公元7世纪初,云南西部大理洱海地区出现了由乌蛮人和磨些蛮人分别建立的六诏,其中蒙舍诏和蒙嶲诏都在巍山境内。蒙舍诏在五诏之南,又称南诏。唐贞观二十三年(649),南诏始祖细奴逻建立大蒙国,以巍山为首府,南诏在巍山经营4代,开元年间(713—741)细奴逻曾孙皮逻阁在唐王朝的支持下统一六诏,建立南诏政权,迁都太和城(今大理境内)。明清为蒙化府、蒙化直隶厅。民国初年设蒙化府,后裁府设蒙化县。1954年改巍山县,属大理专区。1956年分设巍山彝族自治县和永建回族自治县,1958年两县合并为巍山彝族回族自治县。

### 二、古城和古建筑

巍山古城建于明洪武二十三年(1390),城方如印,忠武、南薰、威远、拱辰四谯楼分列东、南、西、北,星拱楼居中为印柄。拱辰楼是巍山古城的重要标志物,建于8米多高的城郭上,为二层重檐歇山顶,登楼可俯视全城,南北檐下分别有"魁雄六诏""万里瞻天"的匾额,南诏王统一六诏的雄风犹可想见。古城内的街巷呈棋盘式格局,80%以上的民居建筑保留着明清风貌。

城南巍宝山是南诏发祥地,南诏始祖细奴逻曾在此耕牧。山上的巡山殿(又称土主庙)初为南诏第三代王盛逻皮于开元二年(714)所建,奉祀细奴逻,是巍宝山最早的殿宇,南诏立土主庙祭祀祖先由此开始。因当地有太上老君点化细奴逻的传说,自唐至清,地方政府和道教信徒先后在山中建起文昌宫、玉皇宫、龙潭殿、斗姆阁、老君殿等宫观殿宇,使巍宝山成为闻名遐迩的道教名山。

## 91 钱王之乡——会泽

会泽位于云南省东北部、金沙江东岸,隶属曲靖市。会泽县名始于清雍正五年(1727),历史上以铜矿开采冶炼铸币而兴盛,有"铜都""钱王之乡"之称。特别是清乾嘉年间,会泽在铜的开采、冶炼、铸币、运输等方面盛况空前,吸引各地商贾云集,形成了别具一格的铜商文化和会馆文化。1935年红军长征时,1 500余名会泽儿女参加红军,红色文化由此注入会泽文明的河流,成为会泽文化的重要组成部分。

## 一、乌蒙明珠

会泽县位于云南省曲靖市西北部,处三省(云南、贵州、四川)八县接壤地带。地形上属滇东北高原,乌蒙山主峰中段。山川相间排列,山区、河谷条块分布。境内金沙江、小江、牛栏江、以礼河等江河交汇,山区面积约占96%。

至少在4 000年前,这里就有古代先民生活。夏商时期,包括会泽在内的云南大部分地区属九州之一的梁州,但荒远偏僻,与中原缺乏交往。秦汉时为夜郎地。秦统一后,凿五尺道①,连通云南与内地。汉武帝建元六年(前135),中央朝廷在这里设置了堂琅县(县境包括今会泽县、巧家县和东川区的新村、碧谷一带),成为云南最早设置的4个郡县之一,属犍为郡。此后会泽的隶属关系和名称多次改易。明朝时为东川府。清雍正五年(1727)设会泽县,隶云南省。1913年裁东川府,更名东川县,1919年恢复会泽县名(一说1927年)。1949年后会泽的隶属也数次变化,1964年恢复会泽县建置,隶属曲靖地区(现曲靖市)至今。

会泽县名为雍正东川知府黄士杰所命,其含义有三种说法:一说,会、惠相通,为惠泽于民之意;一说,因境内小江、金沙江、牛栏江数水交汇名,有汇集百川、泽润天下之意;一说,因会泽的地理位置位于"会川都督府以东(东川),府治临泽"得名。

## 二、"铜都"与"钱王之乡"

会泽历史,是一部3 000多年铜的开采、冶炼、鼓铸、京运的历史,曾有过三次"铜商文化"的辉煌,为会泽赢得"铜都"之誉。

商代晚期,会泽已开始冶炼铜,是河南安阳殷墟出土的青铜器的主要原

---

① 五尺道,又称滇僰古道、僰道,是连接云南与内地的最古老的官道,秦统一后,为了有效地控制在夜郎、滇等地设立的郡县,秦始皇派遣将军常頞率军修筑。因道宽五尺而得名。

料。作为云南矿产资源开发最早的地区,会泽创造了以铜商文化为代表的第一次辉煌。汉武帝时期,铜的开采进入全新阶段。从传世及出土的数十件"堂琅铜洗"来看,其铸造和锻打工艺均处于汉代领先水平;铜洗的铭文,是滇中最早使用汉字的实物;而铜与镍的合金——白铜,为会泽最早发明创造,比欧洲早 15 个世纪。这是会泽历史上以铜商文化为代表的第二次辉煌。清代,会泽铜业鼎盛,省外大批客商和淘金者蜂拥而至。乾、嘉时期,年最高产量达 1600 万斤以上,每年清政府额定运往京城 633.14 万斤,占全省京运铜的 80% 以上。会泽所产之铜,除部分供县城 70 座炉子鼓铸外,大部分经昭通达泸州进入长江,转京杭大运河抵达北京,形成滇铜万里运京城的壮丽景观。此后的 100 多年时间,会泽铜冶业产量之高、持续时间之长、运程之遥、道路之险、对外影响之深远、贡献之大,在中国乃至世界冶金史上都十分罕见。清同治十三年(1874)成立的"东川矿务股份公司",使会泽成为云南商贾实行资本组织形式最早的地区。清代 184 年的"滇铜京运"成就了会泽历史上以铜商文化为代表的第三次辉煌。

会泽铜业的发展,孕育了一项独特的工艺——会泽斑铜。它采用会泽特有的天然铜(民间称"鸡窝铜",铜块中含有少量的金、银等贵金属),经烧斑、锤打等数十道工序,烧数十次、打数万锤方能成型。用这种方法做出的香炉、花瓶、笔筒等工艺品,在橘红色的基面上均匀布满黄白交灿的晶斑,因晶斑特有的折光性和立体感,宛若在铜体内均匀地镶进了若干细小的水晶石,看似凹凸不平实则光滑如镜。整个工艺品锃亮璀璨,金赤交辉,被鉴赏家誉为"金属宝石",是观赏价值极高的工艺品。会泽斑铜工艺制作开创于明末,至今已有 300 余年历史。清末民国鼎盛时期,会泽金钟古镇的铜匠街上,数十家作坊打造着各种铜制器皿和工艺品。会泽张氏斑铜传人制作的一件斑铜香炉,曾在 1915 年巴拿马太平洋万国博览会上获得银奖。如今会泽斑铜制作工艺已被列为国家级非物质文化遗产。

明代东川府铸钱局开炉铸造的纪念币"嘉靖通宝",直径 57.8 厘米,厚 3.8 厘米,重 41.5 千克,2002 年上海大世界基尼斯纪录认定其为迄今为止世界上最大、最重的金属古钱币。会泽因此而得"钱王之乡"美名。

### 三、会馆之乡

会泽铜矿开采的兴旺带动了运输、冶炼、建筑、加工、金融、纺织、商业服务等行业的繁荣。明清时期,会泽八方辐辏,百物竞流,来自赣、浙、桂、川、黔等十省八府的商贾云集,兴建了风格各异的十省八府会馆,包括省级会馆11处,府、厅、州级会馆7处,县级会馆2处,其中以江西会馆、湖广会馆、楚黔会馆、江南会馆、云南会馆、福建会馆、陕西会馆和四川会馆"八大会馆"最为宏大。另外还有宝庆、衡州、临江、吉安、岳州、长沙、豫章、清江等八府会馆以及一些州、县级的小会馆。至今会泽古城仍遗留的会馆、寺庙、祠堂等古建筑有100余座。富有地方特色的居民宅院随处可见,一进院、二进院、三进院、一颗印、三坊一照壁、四合天井、走马串角楼式的民居建筑不一而足,堪称古建文化的"大观园"。会泽的文化也呈现出鲜明的多元特征。赣文化、秦文化、楚文化、闽文化、川文化等地方文化,以及彝族、苗族、壮族等民族文化在这块土地上争奇斗艳,形成了"十里不同俗,一巷不同音"的文化特色。高亢古朴的会泽海腔是传统艺术的佼佼者。

### 四、红色沃土

明清以来频繁的人流、物流、信息流使会泽思想风气开放,养育造就了策动重九起义、领导护国运动的唐继尧,民主革命先驱、打响重九起义第一枪的黄毓英,护国将领邓泰中等仁人志士。会泽还是一块红色的土地。1927年,会泽就有党的基层组织,革命烈士蒋开榜、刘文明是早期会泽地下党的领导人之一。1935年,以罗炳辉为军团长、何长工为政委的红九军团长征过会泽,横穿县境,东进西出,历时6天,在为会泽人民除暴安良的同时,播下了红色革命的种子。会泽人民踊跃参军,仅两天时间,红九军团在县城就扩充战士1 300余人,这是红九军团在长征途中扩军人数最多的一次。会泽人民主动为红军筹集军需物资,其间共筹款10万银元,骡马上百匹,这是红军长征途中筹款最多的地方。会泽因扩红人数和筹款金额最多而被载入史册。位于会泽县城西北水城村扩红遗址所在地的水城扩红文化生态园,名列全国百个红色旅游经典景区。

## 92 后藏首府——日喀则

日喀则位于西藏自治区中南部,是西藏第二大城市,后藏(历史上前藏称"卫",后藏称"藏")政治、文化、经济中心,迄今有600多年历史。明正统十二年(1447),一世达赖根敦朱巴在尼色日山下主持兴建了扎什伦布寺,以后城区建设即围绕扎寺扩展开来。现全城基本保持藏式传统建筑风貌,有纳唐寺、夏鲁寺、俄尔寺、安贡寺等各具特色的多教派寺庙16座,14世纪初修建的旧宗遗址尚存,藏式民宅遍布城乡。雄伟壮丽的扎什伦布寺是历世班禅驻锡地,纳唐寺内有西藏最大的印经院,是著名的文库。

## 一、后藏首府

日喀则位于青藏高原南部、喜马拉雅山北麓、雅鲁藏布江与年楚河交汇的冲积平原,是西藏第二大城市,后藏政治、经济、文化中心,历代班禅驻锡地。

日喀则地区在吐蕃王朝建立前属强盛一时的苏毗部落。吐蕃王朝时,此地称"耶如",属后藏。13世纪中叶,元朝为了便于对西藏的统治,将西藏分为13个万户,日喀则属秋米万户,人口日渐增多,出现城镇雏形。14世纪初期,大司徒绛曲坚赞战胜萨迦王朝,建立了帕竹王朝。绛曲坚赞在元、明皇帝的支持下,取消万户制,建立了13个宗,日喀则是他建立的最后一个宗,因此取名"喜柯桑主孜",意为"如愿以偿"。到帕竹王朝后期,仁蚌巴独揽权位,在日喀则占了大量的土地、草场,又改名"奚卡(庄园)桑主孜",声称这是他"土质最好的庄园",日喀则即意为"土质最好的庄园"。

噶玛王朝统治西藏后,在日喀则建都,历时24载。这期间,各地商客云集,城市得到扩展。后来固始汗丹增曲加征服噶玛王朝,把王权移交给达赖喇嘛,日喀则又成为一个宗。20世纪初,西藏噶厦政府把日喀则升为"基宗"(总管府,相当于现在的地区)。2014年设立地级日喀则市。

## 二、班禅驻锡地——扎什伦布寺

日喀则建城已有600多年历史。相传8世纪时,印度高僧莲花生应藏王赤松德赞之请进藏建桑耶寺,路经日喀则地方,在此修行讲经,传播佛法。这位高僧进入西藏时曾预言,雪域的中心将在拉萨,其次在年麦(日喀则)。此后,虔诚的宗教徒便在尼玛山设宗,从而逐步发展为后藏的中心。明正统十二年(1447),宗喀巴弟子一世达赖根敦珠巴在尼色日山下主持修建了扎什伦布寺。

扎什伦布寺坐落在日喀则城西尼色日山下。扎什伦布藏语意为"吉祥须弥",初建时全称为"扎什伦布巴吉德钦却唐皆南巴杰巴林",意为"吉祥宏固资丰福聚殊胜诸方洲",是西藏黄教四大寺院之一。全寺占地面积 15 万平方米,周围筑有宫墙,沿山势迤逦蜿蜒,绕寺一周,长达 3 000 多米。寺内房屋 3 600 余间,内有经堂 56 个。整个寺院依山而筑,坐北向南,楼房经堂依次递接,布局和谐,金顶红墙高大壮观的主建筑在 10 多千米外即可看到。数百年来,扎寺强烈地吸引着国内外佛教信徒、游人来朝拜、观瞻。扎寺内最早的建筑是大经堂,即显宗大殿。大雄宝殿内供奉的释迦牟尼镀金佛像高 26.2 米,现为世界上最高最大的铜铸佛像,为铸造这尊佛像,110 名工匠花费了 4 年时间,共耗用黄金 6 700 两,黄铜 11.5 万公斤。佛像眉宇白毫间镶饰的大小钻石、珍珠、琥珀、珊瑚、松耳石等多达 1 400 多颗,其他珍贵装饰不计其数。甲纳拉康(藏语意为汉佛堂)是西藏其他寺庙不曾见的佛堂,内藏历代皇帝和中央政府赠送给班禅的古瓷、金银酒盏、茶碗碟盘、玉石器皿、纺织品等诸多礼品,其中有清朝皇帝赐给班禅的一枚重达 8.25 公斤,上镌汉、满、藏三种文字的金印。汉佛堂内的文物,证明了西藏地方与历代中央朝廷的隶属关系。灵塔祀殿是历代班禅的舍利塔,规模宏大,气派豪华,各灵塔内分别藏有一世达赖和一至四世班禅涅槃后的法体;1989 年,五至九世班禅合葬塔落成,十世班禅大师主持了落成开光典礼;1993 年,十世班禅灵塔落成开光,国家拨款 6 404 万元、黄金 614 公斤、白银 275 公斤。扎寺的殿宇顶部全是金银镶裹,俗称金顶,金顶下的梁栋雕饰着各种珍禽异兽和花纹图案,其结构造型多与拉萨布达拉宫相仿。在扎寺的东北部耸立着一座展佛台,高 32 米,是扎寺最高的建筑。因扎寺依山而建,展佛台又凌驾于整个建筑群之上,更显得高大宏伟,从南面几十里外眺望日喀则,首先映入眼帘的就是展佛台。此台由一世达赖为纪念释迦牟尼诞生、成佛、涅槃而建,每年藏历五月十五前后三天都要举行隆重的展佛活动,分别展出过去佛、现在佛、未来佛的巨幅画像,僧徒和信徒千里迢迢赶来顶礼膜拜,敬献哈达,祈求佛祖去灾降吉。扎寺的展佛台是西藏黄教各大寺院绝无仅有的,为扎寺一大景观。

## 93 抗英英雄城——江孜

江孜位于西藏自治区南部,年楚河上游。吐蕃王朝灭亡后,赞普后裔贝科赞看到江孜地形奇特,有吉祥之兆,因此在江孜宗山修建王宫居住。14世纪,萨迦王朝的朗钦帕巴白在宗山重建宫殿,称"杰卡尔孜"(意为王宫),以后逐渐演变成为江孜,并以此命名古城,至今有600余年历史。建于14世纪末、15世纪初的白居寺,规模宏大,藏传佛教各派共居一寺,大经堂内珍藏的全套金粉书写的《甘珠尔》《丹珠尔》大藏经为无价之宝。寺旁九层石塔白居塔是西藏佛塔中独一无二的建筑。宗山城堡位于古城中央,1904年藏族军民曾在此抗击英帝国主义侵略,被称为"英雄峰"。

## 一、众派汇聚白居寺

江孜位于西藏自治区南部,属日喀则市,是西藏历史上仅次于拉萨、日喀则的重镇。14世纪末15世纪初,江孜地方夏喀哇家族的热丹·贡桑帕和格鲁派僧人克珠杰共同筹建白居寺。该寺藏语全称"吉祥轮上乐金刚鲁希巴坛城仪轨大乐香水海寺",意为"吉祥轮大乐寺",白居寺是汉语的称谓。寺建于三面环山的山坳内,依山冈形势,夯土围墙,寺内以措钦大殿和白阔曲登为中心,分布有17个扎仓(僧学院)及其他建筑。这17个扎仓分属于萨迦、布敦、格鲁三大教派,这种聚众多教派于一寺的情形比较少见。白居寺是江孜最大的寺院,寺内有佛像、罗汉、壁画、唐卡等艺术珍品。

寺中心措钦大殿的西侧有白居塔,始建于明宣德二年(1427),历时10年建成。塔高32米,9层,将佛教中八种佛塔的特点融于一身,是西藏佛塔建筑中独一无二的珍品。塔内藏融合印度、尼泊尔、克什米尔、汉族地区等地佛教艺术风格的10万余尊佛像,故又称"十万佛塔"。

## 二、"英雄峰"宗山城堡

江孜宗是一组集军政职能于一体的宫堡式建筑,1904年当地军民在此抗击过英国侵略军,由此成为抗英"英雄峰"。

"宗"藏语意为碉堡、山寨,在古代西藏是相当于县一级的建置。宗一级的地方政府驻地一般建在山头上,具有完备的防御体系。江孜宗位于江孜城中央,三面绝壁,只有连接县城的一条小道,形势险要。19世纪中后期,英帝国主义利用传教、游历等名义,对西藏进行渗透,并逐渐演变为武力侵略。1904年4月,英军凭借优势兵力和装备侵入江孜城。江孜沦陷后,西藏各地军民集结 16 000 余人,对英作战。5 月 4 日,经过周密部署,在一夜之间收复江孜的宗山、白居寺、曲龙寺等重要据点,抵御英军进攻。6 月下旬,英援军携带大量重炮和其他新式武器包围宗山。藏族军民在宗山上筑起炮台,修建工事,用大刀、土枪、弓箭等坚守阵地,在水断粮绝、火药库爆炸起火的险恶处境下仍拼死抵抗三天三夜,使侵略军付出了沉重代价。最后敌军攻上宗山,藏军徒手和敌人搏斗,来不及突围的纷纷跳下悬崖,以身殉国。宗山抗英遗址记录了这一幕可歌可泣的爱国壮举。

## 94 文史之乡——韩城

韩城位于陕西省东部、黄河西岸,是世界历史文化名人"史圣"司马迁的故乡,民重耕读,士风醇茂,明清科举中士者众,被誉为"解状盛区"。旧城金城街区内保存大量具有传统风貌的街道和四合院民居。城东北党家村是明清四合院民居的典型,被誉为"民居瑰宝"。城郊有春秋初梁国都城少梁城遗址、战国魏长城遗址、司马迁祠墓、法王庙、金代砖塔、周原大禹庙、普照寺等古迹。城东北约 30 千米的龙门,形如闸口,扼黄河咽喉,为秦晋要冲,雄奇壮美。

### 一、龙门天堑

韩城位于陕西省东部,黄河流经南北,在韩城境内长 65 千米。在韩城东北约 30 千米的龙门镇境内,黄河两岸悬崖相对如门,传说惟神龙可越,故称龙门,又传为夏禹所凿,亦称禹门。龙门宽 80 米,扼黄河咽喉,水流汹涌,所谓"禹门三级浪,平地一声雷"。河水出龙门后,河道陡然变宽,水流雍容浩渺。龙门山水壮美,昔日文人学士留下许多赞美诗篇,有千尺梯子崖、天险石门关、玉女莲花洞等景点。

### 二、史圣故里

韩城在夏、商时属雍州之地,西周为韩侯国封地,后为梁伯国。秦惠文王十一年(前 327)始置夏阳县,隋开皇十八年(598)改称韩城县。西龙门山发掘的禹门洞穴遗址表明,早在旧石器时代晚期,这里就有人类居住生活;从庙后村等遗址发现,到新石器时代,人类已逐渐扩展到大部分台原和川道地区,其生活和生产方式有了较大发展,并创造了自己的文化。

战国初,孔子高徒子夏来韩城设教。2 000多年来,韩城办学之风兴盛,民重耕读,因而人才辈出,士风醇茂。特别是作为世界历史文化名人司马迁的故乡,素有"文史之乡"之称。司马迁(前145—约前86)出身于史官世家,父司马谈为汉太史令。汉武帝元封三年(前108),司马迁继承父职,历时18年撰成中国第一部纪传体通史《史记》,对中国的史学和文学发展产生了极其深远的影响,其秉笔直书的崇高史德受到历代文人的推崇。韩城是司马迁祖籍,城西南有其祖茔,城南芝川镇有其祠、墓。

### 三、古建民居

韩城地面地下文物丰富,民俗民居具有特色,古城格局与传统风貌保存完好。

古城金城街区古朴典雅,主街道呈龙形,南北贯通,北端的赳赳寨塔如龙昂首,千米长的街道如龙身摆动,南端的古石桥如同龙尾。主街两翼和东西南北四关有纵横交错、四通八达的大小街道40多条,千余座具有地方特色的古民居星罗棋布,其中包括清乾隆朝状元王杰府邸等名人故居。

韩城唐、宋、元、明、清的古建筑均有,共140多处,尤其元代建筑多达20处,为陕西省之最。著名的古建筑除始建于晋的汉太史司马迁祠墓外,还有唐建的弥陀寺,宋建的法王庙,金建的赳赳寨古塔,元建的大禹庙、普照寺、城隍庙,明建的文庙建筑群,清建的毓秀桥等。这些古建筑布局协调,雄伟壮观,飞檐斗拱,雕梁画栋,充分展示了传统的建筑风貌。明清两代形成的韩城民居四合院,为"四檐八滴水"的砖木结构,格局独特,内涵丰富,三雕俱全,建造精良,酷似北京四合院,有"小北京"之称。城东北的党家村,是中国北方典型的传统民居村落,被称为"民居瑰宝"。

## 95 塞外驼城——榆林

榆林位于陕西省北部、毛乌素沙地南缘、长城脚下,是著名的沙漠城市。明代开始建城设治,成化七年(1471)建榆林卫,成化九年(1473),九边重镇之一延绥镇治所由绥德迁往榆林。清雍正年间设榆林府、榆林县。榆林北瞰河套,南蔽三秦,明清时是名将重兵把守的军事要地,也是蒙汉互市的一大据点,贸易发达,兴文重教。建于明代的古城城墙大部分尚存,明清街巷、四合院民居风貌古朴。榆林传统手工业兴盛,民间音乐榆林小曲脍炙人口。

## 一、边塞重地古驼城

榆林位于陕西省北部,西北与内蒙古自治区乌审旗接壤,又称驼城,也叫榆阳城。古城建在榆溪河之东,东北依驼山,西南在川原上。

榆林古属雍州,又曰朔方地,先秦时期是猃狁、犬戎、白狄等游牧部落的生活地。秦始皇统一中国后属上郡地,在市境西南设肤施县治所,同时也是上郡治所。秦始皇三十三年(前214),大将蒙恬和秦始皇长子扶苏镇守这一带,经略边备,督修长城。西汉置上郡,设龟兹、鸿门、独乐三县,并在市境古城滩设置龟兹属国,安置归附的龟兹、匈奴人。三国时为匈奴所据。十六国时代赫连勃勃建大夏国,榆林为大夏国都统万城属地。北周时在榆林境内设银州,榆林为银州治。明洪武二年(1369)置榆林寨,成化七年(1471)升为榆林卫,筑卫城,是明代长城边防上九个主要军事重镇之一。清代置榆林府。1949年设榆林分区。2000年设立榆林地级市。

榆林北瞰河套,南蔽秦陇,历史上为中原地区的边塞,战争频繁。西汉武帝伐匈奴曾在榆林一带征战。唐代郭子仪和宋代杨业、狄青、文彦博、范仲淹、沈括在这一带活动过。明武宗于正德十三年(1518)来榆林巡边,逗留三月之久。崇祯十七年(1644)李自成建立大顺政权后,派李过、刘芳亮攻占榆林,与守军激战12昼夜。清康熙三十六年(1697),圣祖率大军第三次征讨蒙古准噶尔部叛乱头目噶尔丹时,渡过黄河来到榆林,写下了"森森万骑历驼城,沙塞风清碛路平。冰泮长河堪饮马,月来大野照移营"(《出塞》)的诗句。榆林城南榆阳桥边立有康熙皇帝御书石碑,上书"两守孤城,千秋忠勇"。

榆林也是陕北革命的摇篮。杜斌丞、魏野畴、李子洲、刘志丹、谢子长等革命先驱在这里宣传民主、科学,燃起了熊熊革命烈火。续范亭、王震、马明方、张德生、郭洪涛等在这里进行了艰苦卓绝的斗争。西安事变前夕,张学良、杨虎城来这里向国民党驻军宣传停止内战,国共合作,一致抗日。

## 二、万骑辐辏易马城

榆林位于长城线上,不仅是沙漠边塞军事重镇,也是陕北行政、军事、经济、文化的中心,蒙汉人民贸易的集市。自明嘉靖四十三年(1564)开放蒙汉互市建易马城以来,此处一直为蒙汉商贾云集之地。明时易马城"当贡市期,万骑辐辏",呈现一派交易盛况。清初,移市榆林城内,各类商人来此经商定居。至民国初,各类大商号、店铺已有180余家,为陕、晋、蒙、宁边区最大的皮毛商埠。榆林的文教也比较发达。明中叶,榆林即已兴办榆林卫学、榆阳书院、兴文书院、榆林卫医学等。清末,榆林是本省最早设立新学的地方之一。400多年来脍炙人口、含蓄雅致的榆林小曲,至今传唱不衰。

榆林文物古迹众多。著名的有汉代古城滩古城遗址、宋元时代红石峡石窟、寿宁寺梅花楼、明代榆林城墙、长城、红石峡摩崖石刻、镇北台、戴兴寺庙群、清代民国的万佛楼、三岔湾古水磨、金刚寺桃园山庄、斌丞图书楼等40余处。此外,榆林城内穿廊虎抱头、门窗雕刻花草鸟兽、五脊六兽仰合瓦屋顶的青砖木结构民宅比比皆是,素有"小北京"之称。

## 96 大汉之源——汉中

汉中位于陕西省西南部、汉水上游。西周时称周南、南郑,战国置汉中郡,东汉初郡治迁于南郑(今汉中城),后政区多变,为历代郡、州、府、路、道治所。汉中是汉王朝的发祥地和汉族名称的发源地,三国时是魏蜀相争的军事要地。被誉为"走向世界的第一人"的丝绸之路的开拓者张骞、造纸术的改造者蔡伦和蜀汉名相诸葛亮都葬于此。这里还是川陕革命根据地的重要组成部分,李先念、徐向前、王震等都曾在这里战斗过,今尚存马儿崖红二十九军军部驻地旧址。褒斜栈道及石门石刻中的"汉魏十三品"为书法珍品,备受历代书法家推崇。

### 一、陕西小江南

汉中位于陕西省南部的秦岭、大巴山之间,北倚秦岭,南临汉江,处汉江上游、汉中盆地中部,主要河流有汉江、褒河等。由于纬度位置偏南和秦岭的屏障作用,寒潮不易入侵,故有陕西"小江南"之称,地理景观和人民的生产、生活习惯,具有显著的南方特色。汉代以来,汉中一直是陕南山区最大的农业中心和粮食基地。

## 二、上下三千年

汉中因地处汉水中游而得名。夏、商为梁州域,古为褒国之附庸,西周时称周南、南郑。据《水经注》载:"南郑之号,始于郑桓公。桓公死于犬戎,其民南奔,故以南郑称。"春秋为秦地。秦武公十一年(前687)始置南郑县。此后除西魏一度改置光义县外,隋唐至明清及民国,一直保留南郑县的建置。

汉中作为县以上一级行政区域名称,曾有过多次变动。《史记·秦本纪》载:"秦惠文王更元十三年(前312),攻楚汉中,取地六百里,置汉中郡。"东汉献帝初平二年(191),张鲁占领汉中,建立了自己的政权,改汉中郡为汉宁郡。献帝建安二十年(215),曹操征降了张鲁,改汉宁郡仍为汉中郡。隋文帝统一全国,为避其父杨忠之讳,改汉中郡为汉川郡。唐代又有梁州、褒州、汉中郡等多次变更。唐德宗李适于兴元元年(784)避朱泚、李怀光之乱,逃到汉中,乱平返都时,为褒扬汉中,特用其年号诏改梁州为兴元府。元初改为兴元路。明洪武三年(1370),改兴元路为汉中府。1913年废府,改为汉中道;1935年,改设陕西省第六行政督察区,治南郑县。1949年后设南郑市。1953年改称为汉中市。1964年改市为县。1980年复设市。1996年升为地级市。

## 三、汉初、三国遗迹

公元前206年,刘邦被项羽封为汉中王,都南郑,汉中由此成为汉王朝的发祥地。刘邦到汉中后,朝思暮想东归灭楚,乃筑坛拜韩信为大将,养精蓄锐,明修栈道,暗度陈仓,聚汉中人力、物力,一举平定三秦,逐鹿天下,成就帝业。刘邦称帝后,即以"汉"为国号,"汉人""汉族""汉字""汉语""汉学"等称谓均源于此。

东汉末年,汉中始为张鲁割据,后为魏蜀相争的战略要地,诸葛亮六出祁山、姜维九伐中原,均以汉中为根据地。蜀汉建兴十二年(234),鏖战成疾的诸葛亮病逝五丈原,葬于汉中勉县定军山。除曹操、刘备、诸葛亮外,三国时期杨修、夏侯渊、张郃、钟会、法正、蒋琬、杨仪、黄忠、马超、魏延、姜维、王平等一批文臣武将也都在汉中写下纷繁的历史篇章。

汉中有西汉、三国时期的大量人文景观,著名者如古栈道、褒斜道石门、石门摩崖石刻、山河堰、古汉台、拜将台、饮马池、张良庙、张骞墓、武侯墓与武侯祠、马超墓祠等。

古栈道位于秦岭、大巴山之间的汉中盆地。古时南北交通极为不便,故有"蜀道难,难于上青天"的诗句。为了开辟从关中翻越秦岭、大巴山,通往巴蜀的通道,早在战国时期,秦国人就在秦巴山区依山傍水修筑栈道。所谓栈道,就是沿河修筑的道路,在通过河湾的凹岸或断崖绝壁处,凿石架木而成。秦昭襄王末年已有"栈道千里,通于蜀汉"①的说法。到了汉代,由汉中至关中的栈道有故道、褒斜道、骆道和子午道;由汉中到四川的栈道有金牛道和米仓道;由汉中到甘肃的栈道有白水道。汉中共有六条栈道会集,真可谓栈道之乡,其中以兴修于西汉中叶的褒斜道最为有名,这条栈道循水依山,南起褒谷口,北至斜谷口,要比经由陈仓的故道近便,因而成为以后很长一段时期南北往来的大道。褒斜道南口有一处人工隧道,史称石门,凿于汉明帝永平六年(63),到九年(66)四月成就,是世界上最早的人工穿山隧道。古时行经褒斜道的车辆,都要经过石门。人们目睹栈道、石门、古山河堰之伟大和褒谷山水之胜迹,常感受于怀,或为文题记,或题词留名,相继镌于石门洞内东西两壁和洞外南北数里的断崖、陡壁、褒河岸边及河床巨砾之上,形成了浩瀚的石门石刻,其中有以汉魏石刻为主体的十三种摩崖石刻最为历代考古学家、书法家所推崇,世称"石门十三品",在书法史上价值极高,日本书道界称"汉中石门,日本之师"。

古汉台、拜将台和饮马池相传都是汉元年(前206)刘邦驻汉中时的遗迹。位于市中心东南侧的古汉台是刘邦的宫廷故址,台高8米,占地7 000平方米,四周有高耸的台垣,砌以砖石,台内汉代的建筑已无从稽考,宋代以后相继建有许多亭台楼榭,主要有宋代的天汉楼(今之望江楼),明代的桂荫堂、镜吾池、洗心亭,清代的清晖亭,清末民初的东华厅和1926年建的竹林阁。望江楼为汉台的最高处,高檐飞角,甚为古雅。台上有一石鼓,相传为刘邦的上马石,被誉为汉中名胜之一的"月台苍玉"即指石鼓而言。

定军山下武侯墓是诸葛亮葬地,此墓距今已有1 700余年,虽历经战乱,却一直受到人民的保护。勉县还有武侯祠,最初为蜀汉景耀六年(263)

---

①(汉)司马迁.史记·卷七十九·范雎蔡泽列传.

奉后主刘禅诏所建,是国内最早的武侯祠。

## 97 羲皇故里——天水

  天水位于甘肃省东南部。天水是"羲皇故里",秦文化发祥地,现存有伏羲卦台山、天水伏羲庙、华盖寺伏羲塑像、陇城女娲庙等伏羲、女娲胜迹,以及秦非子牧马因功被封的秦亭、放马滩秦墓、秦人宗庙遗址。三国诸葛亮六出祁山,取道天水,留有诸葛军垒、祁山堡、街亭、天水关、木门道等遗迹。天水也是丝绸之路南道要冲,麦积山、大像山、水帘洞、木梯寺、华盖寺、禅殿寺、仙人崖等石窟列掘于渭水两岸的丝路古道上。此外还有南郭寺、玉泉观、兴国寺、李广墓等古迹。城区的街道、民居、寺观、古树保留了明清时期风貌。汉忠烈将军纪信、飞将军李广、三国蜀大将姜维、唐高祖李渊等均为天水历史名人。

### 一、陇上江南

  天水位于甘肃省东南部,地处六盘山地、陇中黄土高原和秦岭山地交接处,渭河自西向东穿流而过。渭河及其北岸支流散渡河、葫芦河、牛头河,南岸支流藉河,犹如天水的动脉血管和神经中枢,在山地、丘陵环绕之中,形成大小不等的河谷盆地。这些地带土地肥沃,便于灌溉,物产丰饶,所以天水有"陇上江南"之誉。甘肃还有一句流传颇广的民谚:"金张掖,银武威,金银不换的是天水。"

### 二、华夏第一县

  天水在夏、商时期属雍州。秦人先祖嬴非子在此为王室养马有功,于公元前890年被周孝王封邑于秦亭,号嬴秦。秦即后世的秦亭,是今天水市辖区见于史籍的最早地名。秦武公十年(前688),秦灭邽戎、冀戎,置邽(今天水市城区)、冀(今甘谷县东)二县,是天水境内置县之始,也是中国历史上有确切记载最早的两个县级建置。秦昭王二十八年(前279),设陇西郡。郡县制在今辖区确立。西汉武帝元鼎三年(前114),从陇西、北地二郡析置天水郡,从此有"天水"的名称。三国魏文帝黄初元年(220),一度设秦州,从此有"秦州"的名称。晋以后为州、郡等治所。1950年设天水市。1985年升为地级市。

### 三、伏羲画八卦

　　天水是华夏文明的重要发祥地之一。相传始祖伏羲和女娲均出于天水,因而天水有"羲皇故里"之称,这里保存着全国规模最大的明代建筑群伏羲庙和伏羲创画八卦的遗址卦台山,是海内外华人寻根祭祖的圣地,也是伏羲文化研究交流的中心。

　　伏羲位居三皇之首、百王之先,他"有圣德,仰则观象于天,俯则观法于地,旁观鸟兽之文,与地之宜,近取诸身,远取诸物。始画八卦,以通神明之德,以类万物之情。造书契以代结绳之政"[1]。又制嫁娶,设官制,定节气,制琴瑟,教民结网捕鱼,驯养动物,为中华文明的发展作出了多方面的贡献。相传他在卦台山凝思远望,忽然对面山上龙马洞云雾滚滚,龙马翻腾,渭河中一磐石(分心石)挡住滚滚急流,形成一个大漩涡,不禁灵机一动,立刻画下代表自然界天、水、山、雷、风、火、地、泽的乾、坎、艮、震、巽、离、坤、兑八卦和示意阴阳交汇的太极图,卦台山因伏羲创立八卦而驰名,前往寻根祭祖的人络绎不绝。

　　天水伏羲庙始创于明代,经明清多次扩建维修,成为占地1万多平方米的大型古建筑群。每年农历正月十六日相传为伏羲生日,这一天天水市民众自发集会到伏羲庙祭奠"人宗爷"(天水人对伏羲的称呼),祈求幸福安详,新年好运。除了民间祭祀,天水还在每年举行盛大的公祭活动。

### 四、麦积山石窟

　　麦积山位于天水城东南,俗名麦积崖,因"望之团团,如民间积麦之状,故有此名"[2]。周围群峰环抱,麦积独秀崛起,松竹丛生,清流遍地,自古有"秦地林泉之冠"的美誉,"麦积烟雨"为秦州十景之一。麦积山石窟开凿在距地面80米的悬崖绝壁上,洞窟密如蜂房,栈道凌空穿云,其惊险陡峻为世罕见。杜甫有诗赞曰:"野寺残僧少,山园细路高。麝香眠石竹,鹦鹉啄金桃。乱石通人过,悬崖置屋牢。上方重阁晚,百里见秋毫。"[3]麦积山石窟是

---

[1] 语见(唐)司马贞注《史记》所补之《三皇本纪》.
[2] 语见《太平广记》卷三九七引五代王仁裕《玉堂闲话》.
[3] (唐)杜甫.山寺.

随着丝绸之路的畅通,从十六国后秦(384—417)时期开始营造的。古谚云:"砍尽南山柴,堆起麦积崖。"可见建造时的工程浩大与艰辛。唐、五代、宋、元、明、清都不断开凿或重修。历史上虽遭多次地震、火灾的破坏,现仍保存窟龛194个,泥塑、石刻造像7 800多尊,壁画千余平方米。在我国四大石窟中,莫高窟以壁画著称,云冈和龙门石窟以石刻见长,麦积山石窟独以精湛优美的泥塑著称于世。2014年,麦积山石窟作为"丝绸之路:长安—天山廊道网"的遗产点之一成为世界遗产。

## 98 金色谷地——同仁

同仁位于青海省东南部,属黄南藏族自治州。宋代建热贡城,为黄南重镇。明宣德元年(1426),隆务寺宗教领袖洛追森格被封为"弘修妙悟国师",势力逐渐扩大,形成政教合一统治,以后由夏日仓系统转世继承,成为青海最大的政教合一的统治体系,夏日仓曾受乾隆皇帝和达赖封赠"诺门汗"名号。1929年设同仁县。同仁完好保留有许多珍贵的古遗址、古墓葬、古建筑和大量传世文物,其中隆务寺是青海南部地区最大的寺院和周围地区的宗教文化中心。以隆务镇吾屯村为中心的热贡艺术是藏传佛教艺术的重要流派,在中国西南、西北地区及国外一些地方享有盛誉。

### 一、黄南重镇

同仁位于青海省东南部、黄南藏族自治州北部,藏语称为"热贡",意为"金色谷地"(或曰"如意")。同仁历史上是游牧地区,秦汉以前被称为羌戎之地。东晋十六国南北朝为吐谷浑地,唐代作为金城公主的汤沐邑赐予吐蕃,吐蕃大力经营,于其西部筑大汉门城,作为东进据点。秦汉属西羌地,宋曾属唃厮啰政权辖区。元、明、清属必里卫。明代起逐渐建立政教合一的统治,1929年置同仁县,后迁址于隆务镇。同仁之名,取"同登仁义"之意。1955年起隆务镇是黄南藏族自治州和同仁县政府所在地。

隆务镇老城区分上下街,有南北城门各一,街区风貌基本完整,有隆务寺、二郎庙、清真寺等古建筑。隆务寺初属萨迦派寺院,后改宗格鲁派,为藏汉结合式建筑,是青海南部地区最大的寺院,下属年都乎寺、吾屯下寺等几十个小寺。寺内设有显宗、密宗、医宗、天文四大学院,是黄南地区重要的宗教文化学府,高僧辈出,著述甚多。

## 二、热贡艺术中心

同仁是历史上佛教宗教艺术比较发达的地区之一。"热贡艺术"是民族佛教艺术中一支颇有影响的流派,15世纪发祥于黄南藏族自治州同仁县境内隆务河流域,包括彩绘、雕塑、木刻、堆绣、建筑、装饰等。数百年来,这里有大批艺人从事民间佛教绘塑艺术,其从艺人员之众多、群体技术之精妙,均为其他藏族地区所少见,因此这一艺术便统称为"热贡艺术"。

热贡艺术作品的内容主要有释迦牟尼、菩萨、护法神、佛经故事及仙女之类的佛像,采用天然矿物为原料,画工精细,颜色鲜艳,永不褪色。早期的作品手法粗放古朴,色彩单纯,绘画带有较典型的印度、尼泊尔风格。其笔调雄迈,人物、山水、花鸟、草虫生动传神,画面给人以雄浑、博大之感。目前在隆务寺、年都乎寺、吾屯寺院里仍能见到早、中期匠师们留下的气势宏伟的巨幅壁画和技术精湛的唐卡。至17世纪中叶,热贡的匠师们技艺日趋精妙,线描简练流畅,刚劲有力,采用工笔重彩,庄重沉稳,设色清新浓郁,匀净协调,所画人物形神兼备,画风趋向华丽、精细,同时开始注重画面的装饰效果,成为热贡艺术承前启后的辉煌鼎盛时期。19世纪以后为热贡艺术的近代时期。这个时期的作品色彩鲜艳,笔法细腻,特别追求装饰趣味,同时大量用金,使画面呈现出金碧辉煌的效果和热烈的气氛。近期的代表人物有更藏、尖木措、夏吾才郎(20世纪40年代曾随师受聘协助张大千赴敦煌临摹壁画)。他们的作品构图疏密有致,人物造型严谨又不显刻板,色彩鲜丽和谐,富于装饰性,画面既有一种统一感,又显得生动活泼,艺术效果不同凡响。热贡艺术作为藏传佛教艺术中的一个流派区别于其他藏族地区艺术,也是这一时期表现得最为突出,作品一经拿出,即知是热贡地区的佳作。

几个世纪以来,热贡艺人四处作画,足迹遍及青海、西藏、甘肃、四川、内蒙古诸地及印度、尼泊尔、泰国、蒙古等国,给这些地方留下了数以万计的精美艺术品,赢得了很高的声誉。同时热贡艺术也从西藏绘画、敦煌壁画和国外的同类作品中吸取了丰富的艺术养料,加上结合青海本地的民间艺术总结、提炼,因而技艺日臻娴熟,影响广泛,在中国西南、西北及东南亚一些国家负有盛名。2009年,热贡艺术被列入联合国教科文组织人类非物质文化遗产代表作名录。

## 99 "火洲"——吐鲁番

吐鲁番位于新疆维吾尔自治区天山支脉博格达山南麓、吐鲁番盆地中心,市区距自治区首府乌鲁木齐市183千米,辖高昌区及鄯善县、托克逊县。吐鲁番市历史悠久,文化底蕴丰厚,历史遗存丰富,民族特色突出。交河故城沟西台地发现旧石器时代晚期的文化遗存证明,该地区在距今1.5万～2万年前的远古时期就有古人类活动、居住。西汉时期,今吐鲁番境域内有车师前国。前凉在此设高昌郡。唐置西州,为丝绸之路重镇。市郊有火焰山、葡萄沟、坎儿井、柏孜克里克千佛洞、苏公塔、交河故城、阿斯塔那古墓等自然景观和古迹,以及历史文化名镇(村)鲁克沁镇和吐峪沟麻扎村。市区吐鲁番博物馆收藏着吐鲁番地区出土的上至旧石器时代,下至近现代的5 000多件文物精品,是了解吐鲁番历代社会、政治、军事、经济、文化生活的一部百科全书。

### 一、"火洲""风库"

坐落于天山支脉博格达山南麓的吐鲁番盆地,地势北高南低,北面的博格达山、西面的喀拉乌成山一般高度在3 500～4 000米,南面的觉罗塔格是干燥剥蚀低山,东面库姆塔格则为一片沙山,其高度为600～1 500米。而盆地中心的大部分地面却在海平面以下。吐鲁番盆地面积有5万多平方千米,其中海平面以下的陆地有4 050平方千米,海平面以下100米的陆地有2 085平方千米,为世界内陆最低的盆地之一,"吐鲁番"即为维吾尔语的"最低地"。吐鲁番市东南面的艾丁湖低于海平面以下154.31米,是吐鲁番盆地内最低点,也是我国最低的内陆洼地。

吐鲁番地当亚欧大陆腹心,深居内陆,海洋湿润气团无力进入,又因地形复杂,其山地与盆地在短距离内比高超过5 600米,气流下沉增温效应显著,再加上山地裸露,戈壁沙漠面积大,日照时间长,白天增温迅速,热空气以盆地过低不易散失,于是形成了北纬42°线上世界唯一的热火炉,被称为

"火洲"。吐鲁番地区年超过35℃的日数在100天以上,40℃以上的酷热天气年均35~40日之多,多年测得的绝对最高气温为49.6℃(1975年7月13日),而地表温度能达到83.3℃,是名副其实的"中国热极"。多年平均降水量只有16毫米,且分布不均,终年不雨或雨未觉雨亦不足为奇,又堪称是"中国干极"。

盆地北部绵延着长约100千米、宽9千米、海拔500米的火焰山,《山海经》中称之为"炎火之山",维吾尔语叫"克孜尔塔克",意为红山。火焰山山体为红色砂岩,对太阳光辐射的反射力很强,在强烈阳光照射下,熠熠发光,弯弯曲曲的沟壑,宛若烈焰腾升,故而得名。唐代著名边塞诗人岑参在《经火山》诗作中描绘说:"火山今始见,突兀蒲昌东。赤焰烧虏云,炎氛蒸塞空。不知阴阳炭,何独然此中。我来严冬时,山下多炎风。人马尽流汗,孰知造化功。"著名的古典神话小说《西游记》曾取材于此,言火焰山是孙悟空大闹天宫时,将太上老君炼丹炉蹬倒,几块带着余火的砖落到人间形成的。火焰山是吐鲁番古代文明和绿洲农业的摇篮,吐鲁番80%的自然和人文景观都集中在这里。

风也是吐鲁番重要的自然特征之一。吐鲁番地势高低悬殊,受热面积大,温度振幅大,从而导致了多风天气的产生。出现阵风6级以上大风的日数,年平均80.3天。特别是吐鲁番的风口,风能资源更加丰富,如达坂城至托克逊长约100千米、宽10多米的白杨河谷,狭管效应显著,加之盆地内外强大的气压梯度,素有"风库"之称。

## 二、葡萄沟、坎儿井

火洲的炎热给人们带来不爽,吐鲁番人不得不调整作息时间,"日藏地窖夜出作",但热也成为一种独特资源。吐鲁番的年日照达3 000小时,全年平均无霜期240多天,俨然一个天然大温室,加上昼夜温差大,生长期长,喜温喜光的瓜果糖分积累高,口味佳,吐鲁番的葡萄中外驰名,美味无穷。

在火焰山中的一块河谷地中有以广栽葡萄闻名于世的葡萄沟。沟全长8千米,东西宽约2千米,布依鲁克河(葡萄沟河)横穿其间,河边山坡上种植着世界上最甜的葡萄,有无核白、马奶子、白加干、红玫瑰等500多种,形成了一所天然的葡萄博物馆。沟内还有桃、杏、梨、石榴、无花果、桑葚等各种花果树木点缀其间,令人目不暇接,整个葡萄沟就像一条甜蜜的河。坐落于葡萄沟深处始建于1981年的葡萄沟游乐园,历经30余年的变迁,已形成集旅游、购物、娱乐、餐饮、住宿为一体的国家AAAAA自然风景区。

吐鲁番干旱少雨,只能仰赖北面天山、西面喀拉乌成山的雪水资源,但是这些雪山融水流出山不久就消失在戈壁砾石之中了。在这种情况下,古代吐鲁番人利用盆地优势,开凿坎儿井,把深层地下水逐渐变为浅层地下水,有效地防止了水量的强烈蒸发。坎儿井意为地下水道,是一种独特的地下水利灌溉系统,由竖井、暗渠、明渠、涝坝(蓄水池)四部分构成,利用北高南低的地势,不需动力将地下水引出地表。竖井是用来开挖暗渠,运送沙石及通风用的,井口呈长方形,每隔20~30米开挖一口竖井,越向上游,竖井距离越长,越是下游,竖井间隔距离越短。暗渠也就是地下河道,一般高1.7米,宽1.2米,长3~5千米,吐鲁番地区坎儿井最长的暗渠达25千米,最短的仅一二百米。明渠是地面的导流渠,将水引入涝坝(蓄水池)或直接浇灌田地。浩大的坎儿井工程,同长城、大运河并称我国古代的三大工程。

### 三、交河故城、高昌故城

吐鲁番地区历史悠久,在距今1.5万~2万年前的远古时期,这里就有古人类活动、居住,境内所存交河故城、高昌故城见证了该地区的历史发展。

交河故城位于吐鲁番市西郊约12千米的亚尔乃孜沟西河床之间的一个呈柳叶型的河心洲上,是古代西域三十六国之一的车师前国的都城,现存遗址均属唐代时期建筑群落,是全国现存面积最大的、保存最完整的生土建筑遗址。其得名据《汉书·西域传》记载:"车师前国,王治交河,河水分流绕城下,故号交河。"交河故城历史悠久。旧石器时代晚期,交河流域就有"姑师人"(后来称作车师人)活动的踪迹。春秋末期,交河出现姑师(车师)国;秦汉时期吐鲁番盆地有车师前国、狐胡国等。汉代这里是汉王朝与匈奴军事冲突的前哨基地。汉武帝元封三年(前108)车师为汉将赵破奴所破,宣帝神爵二年(前60)西汉王朝在西域设立都护府,管辖西域诸国,从此吐鲁番纳入中国版图。公元460年,柔然灭北凉沮渠氏,立阚伯周为高昌王,高昌国始建立。唐贞观十四年(640),唐太宗派侯君集平定麹氏高昌,在此设交河县,属西州管辖。公元 8 世纪中期至 9 世纪中叶,吐鲁番曾为吐蕃所陷。唐懿宗咸通七年(866),回鹘高昌建立,设交河州。公元 14 世纪皈依伊斯兰教的察合台汗国对吐鲁番地区发动圣战,强迫当地居民信奉伊斯兰教,交河城毁于这次战火。其遗址以中心大街为中轴线,包括官署区、寺庙区、民居区和与中心大街相联结的众多的街巷道路,有城门 4 座。

高昌故城位于火焰山脚下。该城滥觞于西汉时期的屯垦戍堡,从军事据点发展为郡县级城市和地方政权的都城(间或为中央政权辖属的州县),大致经历了高昌壁、高昌郡城、高昌国都、唐西州城、回鹘高昌及高昌回鹘国都 5 个历史时期,至明初毁于战火,历经 1 400 余年。故城现存有外城、内城和宫城三部分城墙的遗址。东南距高昌故城遗址 1.2 千米有台藏塔遗址,塔始建于公元 6—7 世纪,曾是当时著名的佛教建筑。

南距高昌故城约 2 千米的阿斯塔那古墓群从西晋至十六国时期(公元 3—5 世纪)开始,是三堡乡(阿斯塔那)至二堡乡(哈拉和卓)一带居民的墓地,高昌故城及附近居民死后大都埋葬于此(其中一部分采用家族丛葬的方式),逐渐形成一片断续相连的墓葬区,延续至麹氏高昌国时期(公元 499—640 年)和唐西州时期(公元 640 年—8 世纪)。古墓群分布在阿斯塔那以北至哈拉和卓以东方圆 10 千米地带,除已经发掘的 400 余座墓葬以及少量被盗掘、扰动者之外,其余墓葬均未经考古发掘。

## 四、吐峪沟麻扎村

吐鲁番居住着维吾尔族、汉族、回族等 37 个民族,民族风情浓郁。位于吐峪沟大峡谷南沟谷的吐峪沟麻扎村是新疆最古老的维吾尔族村落,2005 年被评为中国历史文化名村。村落分布在绿塔耸立的清真大寺四周,有百十户人家。这个村庄完整地保留了古老的维吾尔族传统和民俗风情,人们日出而作,日落而息,使用维吾尔语交际,信仰伊斯兰教,穿着最具民族特色的服饰,走亲访友的主要交通工具依然是古典式的驴车代步,一派淳朴、悠闲、与世无争的世外桃源景象。村落中的房屋建筑均是以黄土制坯建成的窑房,大小高矮错落,或独立成房,或连成一片,现存历时最长的已有四五百年的历史。这些独具特色的民居处处闪烁着古老的"黄土文化"的光芒。

# 100 八卦城——特克斯

　　特克斯位于新疆维吾尔自治区西北部、伊犁河上游特克斯河流域、天山北麓西部特克斯—昭苏盆地东段，隶属伊犁哈萨克自治州，主要聚居的是哈萨克民族。汉代这里是西域都护府管辖的乌孙国的夏都，乌孙人是今天哈萨克族的主要族源。这里有国内少见的原始人洞窟彩绘岩画，有乌孙人、突厥人古墓及不同时期的珍贵文物，历史文化底蕴丰厚。特克斯县城是世界唯一建筑正规、保存完整的八卦城，整座城环环相连，路路相通，景象奇特，演绎着《周易》学说古老神秘的文化内涵。

## 一、乌孙夏都

　　公元前176年以前，特克斯河流域居住着塞种人。公元前176年—前161年居住在敦煌、祁连间的月氏被匈奴击败后西迁，驱逐塞种人占据了伊犁河流域地区，史籍称大月氏。公元前139—前129年间，乌孙与匈奴联合进击大月氏，乌孙人在伊犁河、特克斯河流域建立了历史上著名的乌孙国。唐朝统一西域后，特克斯河流域隶属北庭都护府属下的噘鹿州都督府。元代特克斯河流域为成吉思汗次子察合台封地。明代为厄鲁特（又称瓦剌、卫拉特）等部游牧地。清初为准噶尔（厄鲁特蒙古四部之一）活动区域。乾隆二十七年（1762）清政府平定准噶尔后设置伊犁将军，统辖天山南北。清代以来，县的名称和归属曾几经变化，2001年隶属伊犁哈萨克自治州。

　　特克斯是伊犁河主要支流特克斯河的名字，准噶尔语意为"野山羊众多的地方"。公元前2世纪前期，乌孙人由甘肃西迁至新疆伊犁河流域，占据了伊犁河流域中最富饶的特克斯河流域天然大草原，生息繁衍长达500余年，是两千年前西域举足轻重的第一大国。乌孙人建立了"冬都""夏都"两座都城，冬都即"赤谷城"，在今吉尔吉斯斯坦的伊塞克湖东南，夏都在今特克斯河流域的"汗草原"，即特克斯河以南的广袤大草原。乌孙人是今天哈萨克族的主要族源，"乌孙"在哈萨克语中意为"聚合聚集"。据《汉书·西域传》记载，乌孙国为与汉朝联姻，以千匹良马为聘礼求娶汉朝公主。元封六年（前105），汉武帝以宗戚江都王刘建的女儿刘细君为公主，嫁给乌孙王猎骄靡为右夫人,史称"江都公主""乌孙公主"。乌孙公主去世后,太初年间(前104—前101)汉武帝为了维持与乌孙的联姻,又以楚王刘戊的孙女解忧为公主嫁给了乌孙王军须靡,后嫁接位的翁归靡,其子孙相继为乌孙王。解忧公主在乌孙生活了约50年,于甘露三年(前51)近70岁高龄时回到长安。解忧公主的侍者冯嫽嫁给了乌孙右大将为妻。冯嫽遍访天山以南诸国,先后两次为巩固乌孙政权往返长安,赢得了乌孙人民的敬重和信任,人们尊敬地称她为"冯夫人",她是我国历史上第一个杰出的女外交家。另外,她擅长书写隶书,是我国书法史上最早出现的女书法家。

特克斯在西汉时是乌孙国政治、军事、经济、文化中心之一,现存汉代乌孙古城、地下堡垒、乌孙古墓群等见证了乌孙国的强大和昌盛。特克斯县境内分布着1 500多座土墩墓,分别属于塞种、乌孙、突厥三个时期,是活跃在特克斯河谷的古代民族遗存的见证,出土有铜斧、铜鼎、铜箭头、铜币、牛头形及月牙形饰件等文物。为使乌孙国夏都历史文化得到很好的体现,特克斯县正在建设乌孙夏都旅游区。该旅游区由"乌孙国王牙帐""乌孙国雕像群""乌孙鼓乐台""乌孙博物馆"四块组成,全面系统地挖掘乌孙文化民俗民情、西汉乌孙和亲、西域安定、历史事件、著名人物等,充分展示古代西域草原文化、风土人情的魅力。

## 二、八卦奇城

1937年3月1日,特克斯设治局正式升县,县址仍在原局治科布(今齐勒乌泽克镇阔布村)。由于科布背山面河,地域狭窄,无发展前景,当时任伊犁屯垦使兼警备司令的邱宗浚于1936年冬亲临查勘,召集4个千户长及著名阿訇商议迁城大事,1937年春在克孜勒库热选定新城城址。邱宗浚素喜《老子》《庄子》和《周易》,便取《周易》中"天地交而万物通,上下交而其志同"的意思,设计了八卦格局城区建设图。经多方筹备,1939年夏开始动工兴建。特克斯县县长班吉春特聘一位俄罗斯水利技术员按八卦图形打桩放线,用牛拉20张步犁犁出了八条射线,奠定了八卦街道的雏形,县政府、保卫队营房、诊疗所及30余家商铺店面次第建成,10月22日县政府正式迁入办公。

特克斯县城是世界唯一建筑正规、保存完整的八卦城,以其独特的"八卦"城建布局于2001年荣膺世界吉尼斯之最。整个县城占地面积近7平方千米,环环相连,路路相通,迷宫般的64卦街道布局,景象奇特,神奇的《易经》方位学说以有形方式再现于特克斯县城。

一进县城,就有一个犁铧形状、黑白两柱组成的雕塑,称为八卦城标,竣工于1994年10月22日。雕塑上镶嵌有黑白两圆球,象征阴阳鱼眼睛,四周用花岗岩修建,上面印有象征"乾、兑、坤、离、巽、震、艮、坎"八个不同的三画卦;城标的外围由64根铁柱组成,象征易经64卦,在城标下方的花岗岩石上刻有城标记。县城中心是占地60亩的八卦广场。广场内每条街根据"八卦后天图"定位,用彩色石砖铺有相应的三画卦符号,供人们辨别八卦城的方向,并放置相应寓意的雕塑。每一个雕塑都被赋予了两种含义:一是直观的含义,是用人物和动物的形式反映民族文化、草原风情。二是内含周易文化的寓意,利用人物的男女、动物的种类、所放的位置来反映八卦所代表的方位和阴阳等。广场中心建有观光塔,塔上有两个圆球体,远看似明珠,所以又称"草原明珠"。登上观光塔俯瞰特克斯全境,八卦城别具一格的特色尽收眼底。

### 三、草原文化

特克斯县风光秀丽,气候宜人,有中外驰名的喀拉峻大草原、著名的阔克苏大峡谷、阿热善药浴温泉、琼库什台原始森林、天然钟乳石溶洞、天然石林,还有塞种人古墓、乌孙古墓、古代岩画等独特的人文古迹。

喀拉峻大草原距离八卦城56千米,属典型的高山草甸大草原,总面积达2848平方千米。"喀拉峻"是哈萨克语,意为"黑色莽原"。喀拉峻山横亘其间,山峦起伏跌宕,两侧梳状沟谷密布山地,生长着茂密的雪岭云杉,苍苍莽莽。山顶是浑然一体向南倾斜的高台地貌,犹如一座悬空草场,芳草萋萋,繁花似锦,恰似一幅美妙的碧色地毯,一直铺到冰雪皑皑的高山脚下。每年春夏近30万头牲畜游牧于喀拉峻大草原,羊群、牛群、马群围着座座毡房,袅袅炊烟从毡房穹顶飘出,羔羊、牛犊、马驹欢奔嘶鸣,洋溢着浓郁的草原游牧生活风情。

特克斯是古岩画保存较多的县份。唐姆洛克塔什岩画位于县城以东约16千米的喀拉翁克尔山西坡哈甫萨的一块石头上,刻有鹿、山羊、岩羊、狼等动物形态,刻画整齐、大小各异,旁边还刻有蒙古文字。近年发现的阔克苏河峡谷岩画群主要分布在上游区和下游区。上游区岩画又称买格尔岩画,位于县城南37千米的阔克苏河畔的买提格尔山脚下的5块巨石上,其中4块在通往阿拉善温泉的公路西边,1块在公路东边。路东侧的一块高2米,宽3米,画面上不仅有大头羊等动物图像,更多的是成群结队、神态各异的骏马,堪称群马图。路西4块都在买格尔山西坡石林状巨石中,画面大小不一,各种动物形象生动。下游区岩画位于阔克苏河下游红山嘴电站附近的山上,凿刻在陡峭的石壁上,画面较大,除动物形象外还刻有人物图形。另外,在齐勒乌泽克镇阿克塔斯洞窟内的石壁上有一处彩绘岩画,画面赭红色,深浅不一。岩壁上绘有马、大角羊、太阳、月亮、女性生殖器和氏族印记。从画面内容看,是母系氏族社会的遗物,距今在5 000年以上。

特克斯保存有较多的草原石人。煊赫一时的突厥人曾活动于伊犁、特克斯河谷。突厥人死后,按照他们的习俗要停尸帐前,宰杀马、羊等牲畜祭祀,择吉日殡葬。墓前往往竖立死者石像,死者生前作战打死过多少敌人,就在其墓堆放多少石头,以铭记其功绩。散落在草原上的一尊尊石人,是我国古代突厥人历史文化的象征。

特克斯自古以来是多民族聚居区,至今居住有哈萨克、维吾尔、蒙古、回、柯尔克孜、乌孜别克、锡伯等20个少数民族,其中哈萨克族人口最多。哈萨克族拥有自己的语言、文字,文学、艺术丰富多彩,民俗古朴豪放。哈萨克族特有的餐饮、民间歌舞、精湛的刺绣被称为"传统三绝"。主要餐饮有手抓羊羔肉、那仁、抓饭、马奶子、鲜酸奶等。"歌曲和骏马是哈萨克人的两只翅膀",哈萨克人一生伴随着他们的歌曲和骏马,民间传统歌舞有劳动歌、挤奶舞、制毡舞、斗熊舞、走马舞等,婚丧嫁娶都唱歌,"六十二阔恩尔"是西汉以来中原文化与西域草原文化融合、发展、传承的集民间诗歌、舞蹈、弹唱为一体的民族民间文化艺术形式,是哈萨克民族集体化艺术的瑰宝。哈萨克妇女自幼学习各种刺绣,墙上地下都是刺绣毯,服饰等用品大都是精美的民族刺绣品。特克斯还是柯尔克孜族《玛纳斯》史诗的起源地之一。《玛纳斯》史诗是我国历史上少数民族的三大史诗之一,有当代《荷马史诗》的美称,是柯尔克孜民间文学的代表和精华。特克斯的阔克铁热克柯尔克孜族乡是北疆最大的柯尔克孜族聚居地。《玛纳斯》的主人公玛纳斯就诞生在特克斯草原上,民间艺人至今传唱着《玛纳斯》史诗。2009 年,《玛纳斯》被列入联合国教科文组织人类非物质文化遗产代表作名录。

# 101 歌舞之乡——库车

库车位于新疆维吾尔自治区中西部,属阿克苏地区,是连接南北疆的交通枢纽和沟通亚欧大陆的桥梁。库车古称龟兹,是历史上著名的丝绸之路重镇和西域军事重镇、龟兹文化的发祥地。早在汉唐时期龟兹就被西方誉为"西域乐都",素有"歌舞之乡"的美名。境内生活有维吾尔、汉、回、柯尔克孜、哈萨克、蒙古、俄罗斯、锡伯、满、乌孜别克等 14 个民族,重要的文物古迹有库木吐拉千佛洞、龟兹古城遗址、苏巴什佛寺等;库车大寺是新疆地区仅次于喀什艾提尕尔清真寺的第二清真大寺;近年原址重建的库车王府再现了 12 代库车王 190 年的历史生活。高山湖泊大龙池、天山大峡谷等呈现了壮丽、独特的自然景观。

## 一、建置沿革

库车是古龟兹国所在地,汉代西域都护府、唐代安西都护府均设于此。古龟兹国于公元前 176 年建国,公元 1001 年被回鹘所灭,存在了一千多年,汉唐为西域三十六国之一。五代至宋称龟兹回鹘,元时称亦力巴力。清乾隆二十三年(1758)定名库车,清廷设库车办事大臣。库车之义,一种说法是突厥语译音,意为胡同,因其地为达南疆腹地之要冲而得名。另一说库车系古代龟兹语,意为"龟兹人的城"。

1884 年设库车直隶抚民厅,辖现沙雅、新和县境。1902 年改设库车直隶州,归属阿克苏道,辖沙雅县。1913 年改设库车县。1922 年隶属新疆省第四区行政督察专员公署。1950 年属阿克苏专区,设库车镇。1971 年隶属阿克苏地区。2019 年 12 月,库车撤县设市。

## 二、龟兹乐舞

库车历史上是丝路重镇、联系和沟通亚欧大陆的桥梁,中西文化在此交汇,形成灿烂的龟兹文化。在西域三十六国中,龟兹是大国;汉唐以来,龟兹是中央政府统辖西域的政治、经济、军事、文化和商贸中心。龟兹的音乐、舞蹈即在东西融会的土壤上发展起来,成为西域乐舞的杰出代表,为中国传统乐舞注入活力。库车也因此被称为"西域乐都""歌舞之乡"。

龟兹与中原交往频繁。《汉书·西域传》载元康元年(前65),汉宣帝曾赐给前来长安朝贺的龟兹王绛宾及妻乌孙公主(汉室解忧公主与乌孙王所生长女)"车骑、旗鼓、歌吹数十人"。后绛宾数度朝贺,回龟兹后"治宫室,作徼道周卫,出入传呼,撞钟鼓,如汉家仪",汉乐、乌孙乐、龟兹乐的交流对龟兹乐舞艺术发展产生了重要影响。

南北朝时期,在文化和民族大交流、大融合中,龟兹音乐艺术日趋繁盛。前秦国主苻坚派吕光平龟兹,将一大批龟兹乐舞伎人带至中原,从此揭开了龟兹乐舞大规模东传的序幕,至隋有"西国龟兹""齐朝兹""土龟兹"等三部龟兹乐(《隋书·音乐志》)。唐代是龟兹乐舞的黄金时期,唐代诗人元稹《连昌宫词》曰:"逡巡大遍凉州彻,色色龟兹轰录续。"龟兹乐还进一步东传日本、朝鲜。日本的"雅乐"里有许多是与龟兹有关的乐曲,龟兹乐中的筚篥、五弦琵琶等成为日本传统乐器,至今日本还保存着唐代制作的五弦琵琶等。朝鲜半岛流传的"长鼓"就是随龟兹乐舞传入的,古代朝鲜使用一种乐器"桃皮筚篥"乃是龟兹筚篥的变种。古代缅甸等国,亦有龟兹乐舞的影响。《新唐书·骠国①传》记载该国宫廷乐部中有四部,第一部即"龟兹部",其乐器配置与唐宫廷龟兹部完全一致。向西,龟兹乐传至东欧。今拜城县克孜尔千佛洞《天宫伎乐图》巨幅壁画充分反映了龟兹乐舞"回裾转袖若飞雪,左铤右铤生旋风"②的艺术魅力。

### 三、人文史迹

库车境内人文史迹众多,有闻名于世的库木吐拉千佛洞、苏巴什佛寺、克孜尔尕哈烽火台、可可沙炼铁遗址、龟兹古城遗址、默拉纳额什丁墓、林基路烈士纪念馆,以及库车大寺、库车王府等。

苏巴什佛寺位于库车城郊的北山龙口,傍山而建,面积约5 000平方

---

①骠国是7至9世纪缅甸骠人所建立的国家。8世纪时,骠国疆土北至南诏(今云南德宏和缅甸交界地带),东至陆真腊(今泰国、老挝、柬埔寨接壤地带),西至东天竺(今印度阿萨姆邦等地),拥有整个伊洛瓦底江流域,共计9个城镇、18个属国、298个部落。唐大和六年(832),骠国败于南诏,从此衰落。

②(唐)岑参.田使君美人舞如莲花北铤歌.

米。苏巴什传为著名的女儿国。寺建于魏晋,鼎盛于隋唐,东寺和西寺隔河相望,亦称雀梨大寺、昭怙厘寺。唐玄奘西行取经经过龟兹时,曾在这里开坛讲经两个月,说这里"佛像庄饰,殆越人工"①。7世纪中叶,安西都护府移设龟兹后,这里更是高僧云集,佛事兴隆。9世纪后佛教在龟兹开始衰落,13世纪后苏巴什寺被废弃。东寺尚存的古建筑有佛殿、佛塔和众多的佛龛,龛内佛像已无一幸存,仅一座方座圆顶佛塔保存完好。西寺有一座规模较大的佛殿和方形土塔保存较完整。西寺北部有17个千佛洞,大部分是禅窟,造型奇特,窟中尚存部分壁画和古龟兹文字。西寺西侧为古墓群。东、西寺址中曾出土过龟兹小铜钱、波斯银币和塑像、陶片、陶罐、釉漆以及唐代方砖残片。

库车大寺坐落在库车城黑墩巴扎最高处,是新疆境内仅次于喀什艾提尕尔清真寺的第二大寺。始建于15世纪,初为土建寺院,17世纪改作木结构寺院。现寺院是20世纪初遭焚毁后重建的。寺内礼拜大厅1 500平方米,可容纳3 000人大礼拜。寺内庭院东南角有一处声威显赫的宗教法庭,它是政教合一的产物,也是新疆保留的为数不多的伊斯兰教司法机构遗址。

库车王府是清乾隆二十四年(1759)乾隆皇帝为表彰当地维吾尔族首领鄂对协助平定大小和卓叛乱的功绩,专门派遣内地汉族工匠建造的,历经十一代亲王扩建,杂糅中原汉族、新疆维吾尔族和俄罗斯式建筑风格。到本世纪初,原库车王府仅存部分房屋和城墙。2004年,根据库车最后一位王爷达吾提·买合苏提的回忆,在原址重建了库车王府,为末代库车王建造了专门住所,并于2006年对外开放。王府内有龟兹博物馆、库车王府文物馆、库车民俗展馆、末代库车王官邸、清代城墙等。

### 四、自然奇观

库车位处天山中段南麓,塔里木盆地北缘,境内有高山湖泊大、小龙池,雅丹地貌红山石林,以及天山神秘大峡谷等自然奇观。

大、小龙池是天山深处的两个高山湖泊。大龙池水面约2平方千米,四面环山,山上终年积雪,雪线上生长着名贵中药材——雪莲。唐代高僧玄奘

---

① (唐)玄奘.大唐西域记·卷一·屈支国·昭怙厘二伽蓝.

西去印度取经时曾途经大龙池,在其所著《大唐西域记》中有关于大龙池的生动描述。

红山石林位于库车城以北 66 千米,为风蚀雅丹地貌。原海底的岩石由于造山运动形成的直立的单斜岩石组成了层层叠叠的"石林",奇峰突起,尽态极妍。石林旁的赤沙山是由新生代胶结、半胶结沙砾岩组成的山体,在不同光线照射下,会呈现难以名状的绚丽色彩,极为奇观。

天山峡谷距离库车城约 70 千米,是天山支脉克孜利亚山中的一条峡谷。维语中"克孜利亚"意为"红色的山崖"。在谷内仰望,红褐色的峰峦壁立,奇峰异石千姿百态。

# 102 西域天府——伊宁

伊宁位于新疆西北部伊犁河谷,古称宁远,始建于清乾隆二十七年(1762),清代曾为伊犁将军驻地,是伊犁河谷的政治、经济、文化、交通中心,现为伊犁哈萨克自治州的首府和新疆生产建设兵团农四师的师部所在地。伊宁市是祖国西部边陲塞外江南的一座花园城市,气候宜人,物产丰富,素有"花城""苹果城""塞外江南""天马之乡"之美誉,所在的伊犁河谷被《中国国家地理》评选为中国十大新天府。境内生活着哈萨克、汉、维吾尔、回、蒙古、锡伯、乌孜别克、俄罗斯等 35 个民族,民族文化异彩纷呈;六星街历史街区、林则徐纪念馆、拜吐拉清真寺、伊宁回族大寺、三区革命烈士陵园、伊犁哈萨克自治州文化博物馆、汉宾乡果园八角凉亭、汉家公主纪念馆、喀赞奇民俗旅游区等景区吸引着各地游客。

## 一、花园城市

伊宁始建于清乾隆二十七年(1762),称宁远,为清代伊犁九城之一。城位于伊犁河谷,北倚天山雪峰,南临伊犁河,周围是广阔的草原和森林。市内大街小巷白杨夹道,清流环绕;市郊居民庭院内果木繁茂;伊犁河碧水西流,一桥横跨。伊宁日照长,昼夜温差大,气候湿润,有着与地中海岸相似的地理气候,物产丰饶,盛产苹果,也是多种优质芳香植物的重要种植区,拥有中国薰衣草生产基地。白杨、苹果树是伊宁市的市树,玫瑰是市花,每当百花盛开和水果收获的季节,到处飘散着诱人的芳香。伊宁被人们誉为"花城""白杨城"。

## 二、边贸重镇

伊宁自古为伊犁河谷重要的交通和聚落中心,扼东西交通之要冲,是祖国内地与中亚、西亚的交通咽喉和商贸集散地。今天的伊宁临近霍尔果斯、都拉塔、木扎尔特三个一类口岸(其中霍尔果斯口岸已成为西部地区最大的公路口岸),距哈萨克斯坦最大城市,也是中亚五国政治、经济、文化中心的阿拉木图市400千米。1992年伊宁被中央确定为沿边开放城市、成为祖国西部最大的沿边开放城市,新亚欧大陆桥西部桥头堡和连接中亚的重要枢纽。现已与霍尔果斯口岸和中哈霍尔果斯国际边境合作中心有机构成联结中亚—东欧与祖国内陆—沿海的重要的经济枢纽和主要通道。

## 三、旅游名城

伊宁旅游景点众多。人文古迹有金顶寺遗址、吐鲁番圩子旧城遗址、拜图拉清真寺、伊宁回族大寺、速檀歪思汗麻扎、汉家公主纪念馆、民族英雄林则徐纪念馆等。

金顶寺建于18世纪,原为喇嘛庙,极盛时供奉喇嘛6 000余众,因层顶饰有黄金,金碧辉煌而得名。清乾隆四十年(1775)毁于战火。现遗址地面尚散见有黄绿色琉璃砖片及残断佛像。河北承德外八庙之一的安远寺,就是仿金顶寺修建的,故俗称"伊犁庙"。金顶寺遗址西侧有古朴庄重的中国古典式伊斯兰建筑——伊宁回族大寺。该寺亦名宁固寺、陕西大寺、陕甘大寺,始建于清乾隆二十五年(1760),为陕西、甘肃、宁夏、青海回族穆斯林捐资所建,原占地面积6 000多平方米,其结构布局模仿西安化觉巷清真寺,呈现中国传统的宫殿式砖木结构和阿拉伯装饰艺术相结合的建筑风格。在伊宁市南门,有伊犁最古老的维吾尔族清真寺——拜吐拉清真寺,据传于乾隆三十八年(1773)建成,是伊宁穆斯林最大的宗教活动场所。

居于市中的六星街(黎光街)历史文化街区在解放路以南,北经原农机厂到环城公路,穿过工人街,呈南北走向,长1 000米,宽7米,大小巷11条,六条主干道从中心向外辐射,把街区分成六个扇形地区。六星街始建于20世纪30年代中期(1934—1936),由德国工程师瓦斯里规划设计,其理念见端于当时新疆省政府推行的"反帝、亲苏、民族平等、清廉、和平、建设"六大政策。当时这一街区60%以上的居民是俄罗斯人，而今已成为多民族的聚居区。街区内带有田园风格的伊斯兰、维吾尔族和俄罗斯等各式庭院民居随处可见，东正教堂以及他们的仙逝坟地无不透着历史的痕迹。伊宁市是多民族聚居、多元文化的交汇地，六星街见证了外来文化和本地文化结合的奇特的文化共生现象。

在伊宁市东北16千米处有伊宁县的吐鲁番圩子旧城。古城遗址由两部分组成，俗称大小金城。传为唐代之弓月城或唐之双河城遗址。位于伊宁县麻扎乡的速檀歪思汗麻扎，是成吉思汗11代孙的陵墓，修复后成为伊犁麻扎朝拜圣地之一。

伊宁市五彩斑斓的民族风情，城外的雪岭冰川、高山湖泊、森林公园、草原毡房都是旅游观光、度假休闲的好去处。维吾尔族的麦西来甫、赛乃姆，哈萨克的赛马、叼羊、姑娘追草原风韵独特；西郊的汉宾乡果园建有典雅的维吾尔式迎宾凉亭，可开展多种民俗文化活动，被称作伊宁市的"迎宾园"。伊犁河北岸的阿拉木图风情园风光旖旎。伊宁市素以边贸重镇闻名，商业发达，塔西来普开工业品市场、汉人街巴扎等是国内外游人乐于光顾的繁华市场。

# 参考文献

[1] 贾鸿雁.中国历史文化名城通论[M].南京:东南大学出版社,2007.

[2] 罗亚蒙.中国历史文化名城大辞典(上、下)[Z].北京:人民日报出版社,1998.

[3] 国家文物局.中国历史文化名城词典(初、续、三编)[Z].上海:上海辞书出版社,2000.

[4] 丁季华,乔林.中国历史文化名城旅游大全[Z].上海:上海古籍出版社,1994.

[5] 陈桥驿.中国历史名城[M].北京:中国青年出版社,2004.

[6] 陈桥驿.中国七大古都[M].北京:中国青年出版社,1991.

[7] 冯天瑜,周积明.从殷墟到紫禁城[M].武汉:武汉出版社,1989.

[8] 史念海.中国古都和文化[M].北京:中华书局,1998.

[9] 叶骁军.中国都城发展史[M].西安:陕西人民出版社,1988.

[10] 杨宽.中国古代都城制度史研究[M].上海:上海人民出版社,2016.

[11] 周云方.中国古代名城历史地理研究[M].北京:中国社会出版社,2015.

[12] 黄新亚.三秦文化[M].沈阳:辽宁教育出版社,1995.

[13] 张志孚.中州文化[M].沈阳:辽宁教育出版社,1998.

[14] 侯仁之,邓辉.北京城的起源与变迁[M].北京:北京燕山出版社,1997.

[15] 朱祖希.营国匠意——古都北京的规划建设及其文化渊源[M].北京:中华书局,2007.

[16] 丁守和,劳允兴.北京文化综览[M].北京:北京师范学院出版社,1990.

[17] 张敬淦.北京规划建设纵横谈[M].北京:北京燕山出版社,1997.

[18] 张正明.楚文化史[M].上海:上海人民出版社,1987.

[19] 张京华.燕赵文化[M].沈阳:辽宁教育出版社,1995.

[20] 黄松.齐鲁文化[M].沈阳:辽宁教育出版社,1995.

[21] 冯宝志.三晋文化[M].沈阳:辽宁教育出版社,1995.

[22] 周文英.江西文化[M].沈阳:辽宁教育出版社,1995.

[23] 万陆.客家学概论[M].南昌:江西高校出版社,1995.

[24] 旺堆次仁.拉萨[M].北京:中国建筑工业出版社,1995.

[25] 薛琳.新编大理风物志[M].昆明:云南人民出版社,1999.

[26] 陈宝森.承德避暑山庄外八庙[M].北京:中国建筑工业出版社,1995.

[27] 张贤达,王悦.长春历史街区[M].长春:吉林文史出版社,2015.

[28] 朱福烓.扬州史述[M].苏州:苏州大学出版社,2001.

[29] 王渝.盐商与扬州[M].南京:江苏古籍出版社,2001.

[30] 王卫平,王建华.苏州史纪:古代[M].苏州:苏州大学出版社,1999.

[31] 小田.苏州史纪:近现代[M].苏州:苏州大学出版社,1999.

[32] 张怡,潘文明.苏州市志[M].南京:江苏人民出版社,1995.

[33] 薛庆仁,夏泽民,总纂;江苏省扬州市地方志编纂委员会编.扬州市志(全3册)[M].上海:中国大百科全书出版社上海分社,1997.

[34] 裴根.青岛八大关——历史文化街区研究[M].青岛:中国海洋大学出版社,2012.

[35] 中国航海学会,泉州市人民政府.泉州港与海上丝绸之路(一)[C].北京:中国社会科学出版社,2002.

[36] 中国航海学会,泉州市人民政府.泉州港与海上丝绸之路(二)[C].北京:中国社会科学出版社,2003.

[37] 南帆.福建历史文化街区[M].福州:海峡文艺出版社,2017.

[38] 张忠民.近代上海城市发展与城市综合竞争力[M].上海:上海社会科学院出版社,2005.

[39] 周峰.南北朝前古杭州(修订版)[M].杭州:浙江人民出版社,1997.

[40] 韩振飞,阳春.古城赣州[M].南昌:江西美术出版社,1992.

[41] 张松林.古都郑州[M].杭州:杭州出版社,2011.

[42] 龚伯洪.商都广州[M].广州:广东省地图出版社,1999.

[43] 杨宏烈,陈伟昌.广州十三行历史街区文化研究[M].北京:社会科学文献出版社,2017.

[44] 李群育.新编丽江风物志[M].昆明:云南人民出版社,1999.

[45] 雍际春,吴宏岐.陇上江南——天水[M].西安:三秦出版社,2003.

[46] [美]刘易斯·芒福德.城市发展史——起源、演变和前景[M].宋俊岭,倪文彦,译.北京:中国建筑工业出版社,2005.

[47] 董鉴泓.中国城市建设史[M].3版.北京:中国建筑工业出版社,2004.

[48] 何一民.中国城市史[M].武汉:武汉大学出版社,2012.

[49] 单霁翔.历史文化名城保护[M].天津:天津大学出版社,2015.

[50] 单霁翔.历史文化街区保护[M].天津:天津大学出版社,2015.

[51] 仇保兴.风雨如磐——历史文化名城保护30年[M].北京:中国建筑工业出版社,2014.

[52] 罗哲文.罗哲文历史文化名城与古建筑保护文集[C].北京:中国建筑工业出版社,2003.

[53] 中国历史文化名城委员会(筹).中国历史文化名城保护与建设[C].北京:文物出版社,1987.

[54] 中国城市科学研究会历史文化名城委员会秘书处.中国历史文化名城研究文集(三)[C].西安:陕西人民出版社,2007.

[55] 王景慧,阮仪三,王林.历史文化名城保护理论与规划[M].上海:同济大学出版社,1999.

[56] 李勤.历史街区保护规划案例教程[M].北京:冶金工业出版社,2016.

[57] 张松.历史城市保护学导论——文化遗产和历史环境保护的一种整体性方法[M].2版.上海:同济大学出版社,2008.

[58] 张松.当代中国历史保护读本[M].北京:中国建筑工业出版社,2016.

[59] 张松.城市笔记[M].上海:东方出版中心,2017.

[60] 汪德华.中国山水文化与城市规划[M].南京:东南大学出版社,2002.

[61] 阮仪三.城市遗产保护论[M].上海:上海科学技术出版社,2005.

[62] 木基元.云南历史文化名城研究[M].昆明:云南教育出版社,2002.

[63] 范文兵.上海里弄的保护与更新[M].上海:上海科学技术出版社,2004.

[64] 李其荣.城市规划与历史文化保护[M].南京:东南大学出版社,2002.

[65] [英]史蒂文·蒂耶斯德尔.城市历史街区的复兴[M].张玫英,董卫,译.北京:中国建筑工业出版社,2006.

[66] 梁乔.历史街区保护的双系统模式——以巴蜀地区为例[M].北京:中国建筑工业出版社,2017.

[67] 陈曦.建筑遗产保护思想的演变[M].上海:同济大学出版社,2016.

[68] 刘伯英.美丽中国宽窄梦——成都宽窄巷子历史文化保护区的复兴[M].北京:中国建筑工业出版社,2014.

[69] 曹昌智,邱跃.历史文化名城名镇名村和传统村落保护法律法规文件选编[Z].北京:中国建筑工业出版社,2015.

[70] 谢彦君.基础旅游学[M].4版.北京:商务印书馆,2015.

[71] 韩卫成,等.基于功能复兴的历史文化名城整体保护方法研究——以山西省孝义古城为例[J].城市发展研究,2017,24(12):15-19.

[72] 胡敏,郑文良,王军.中国历史文化街区制度设立的意义与当前要务[J].城市规划,2016,40(11)30-37,48.

[73] 胡敏,郑文良,陶诗琦.我国历史文化街区总体评估与若干对策建议——基于第一批中国历史文化街区申报材料的技术分析[J].城市规划,2016,40(10):65-

73,97.

[74] 邓巍,何依,胡海艳.新时期历史城区整体性保护的探索——以宁波为例[J].城市规划学刊,2016(4):87-93.

[75] 唐鸣镝.历史文化名城旅游协同思考——基于"历史性城镇景观"视角[J].城市规划,2015,39(2):99-105.

[76] 陈艳.古镇遗产研究:回顾与反思——兼论中国"名城名镇名村"保护与研究[J].东南文化,2013(5):26-33.

[77] 张杰,陶金,霍晓卫.历史文化名城遗产保护价值评估——意愿价值评估法在喀什老城中的运用[J].国际城市规划,2013,28(3):106-110.

[78] 肖建莉.历史文化名城制度30年背景下城市文化遗产管理的回顾与展望[J].城市规划学刊,2012(5):111-118.

[79] 赵勇,唐渭荣,龙丽民,等.我国历史文化名城名镇名村保护的回顾和展望[J].建筑学报,2012(6):12-17.

[80] 单霁翔.关于城市文化遗产保护的思考[J].科学对社会的影响,2010(3):50-54.

[81] 王景慧.中国历史文化名城的保护概念[J].城市规划汇刊,1994(4):12-16.

[82] 郭天祥.中国的古都与大古都[J].广西社会科学,2004(9):140-144.

[83] 王富德.中国国家历史文化名城与旅游业发展[J].北京第二外国语学院学报,2003(3):83-89.

[84] 赵中枢.从文物保护到历史文化名城保护——概念的扩大与保护方法的多样化[J].城市规划,2001,25(10):33-36.

[85] 杨文棋.历史文化名城在我国旅游业中的地位论析[J].江西社会科学,2001(3):133-135.

[86] 李慕寒,鲍洪明.试论我国历史文化名城的类型及其特征[J].地理研究,1996(1):98-104.

[87] 郑孝燮.文态环境与建筑特色——关于历史文化名城保护的问题[J].城市发展研究,1998(5):247-250.

[88] 世界遗产中心网站 whc.unesco.org.

[89] 国家文物局网站 www.ncha.gov.cn.

[90] 中华人民共和国住房和城乡建设部网站 www.mohurd.gov.cn.

[91] 中华人民共和国文化和旅游部网站 www.mct.gov.cn.

[92] 各名城政府网站.

# 附录：中国历史文化名城名单

### 第一批　24个　1982年2月公布

| | | | | | | | |
|---|---|---|---|---|---|---|---|
| 北京 | 承德 | 大同 | 南京 | 苏州 | 扬州 | 杭州 | 绍兴 |
| 泉州 | 景德镇 | 曲阜 | 洛阳 | 开封 | 江陵① | 长沙 | 广州 |
| 桂林 | 成都 | 遵义 | 昆明 | 大理 | 拉萨 | 西安 | 延安 |

### 第二批　38个　1986年12月公布

| | | | | | | | |
|---|---|---|---|---|---|---|---|
| 上海 | 天津 | 沈阳 | 武汉 | 南昌 | 重庆 | 保定 | 平遥 |
| 呼和浩特 | 镇江 | 常熟 | 徐州 | 淮安 | 宁波 | 歙县 | 寿县 |
| 亳州 | 福州 | 漳州 | 济南 | 安阳 | 南阳 | 商丘 | 襄樊② |
| 潮州 | 阆中 | 宜宾 | 自贡 | 镇远 | 丽江 | 日喀则 | 韩城 |
| 榆林 | 武威 | 张掖 | 敦煌 | 银川 | 喀什 | | |

### 第三批　37个　1994年1月公布

| | | | | | | | |
|---|---|---|---|---|---|---|---|
| 新绛 | 邯郸 | 祁县 | 代县 | 集安 | 吉林 | 衢州 | 哈尔滨 |
| 长汀 | 临海 | 青岛 | 赣州 | 邹城 | 聊城 | 郑州 | 临淄 |
| 随州 | 浚县 | 正定 | 钟祥 | 岳阳 | 肇庆 | 佛山 | 梅州 |
| 雷州 | 琼山③ | 柳州 | 乐山 | 都江堰 | 泸州 | 建水 | 巍山 |
| 江孜 | 咸阳 | 汉中 | 同仁 | 天水 | | | |

①1994年，经国务院批准撤销荆州地区、沙市市及江陵县，设立荆沙市（1996年11月更名为荆州市）及荆州、沙市、江陵三区，原江陵县一分为三，主体部分划入荆州区。
②2010年12月9日正式更名襄阳。
③2002年10月16日，经国务院批准，琼山市撤销，成为新组建的海口市辖琼山区。

## 续 增

山海关(2001年8月)　　凤凰(2001年12月)　　濮阳(2004年10月)
安庆(2005年4月)　　　泰安(2007年3月)　　　金华(2007年3月)
绩溪(2007年3月)　　　海口(2007年3月)　　　吐鲁番(2007年4月)
特克斯(2007年5月)　　无锡(2007年9月)　　　南通(2009年1月)
北海(2010年11月)　　 宜兴(2011年1月)　　　嘉兴(2011年1月)
中山(2011年3月)　　　太原(2011年3月)　　　蓬莱(2011年5月)
会理(2011年11月)　　 库车(2012年3月)　　　伊宁(2012年6月)
泰州(2013年2月)　　　会泽(2013年5月)　　　烟台(2013年7月)
青州(2013年11月)　　 湖州(2014年7月)　　　齐齐哈尔(2014年8月)
常州(2015年6月)　　　瑞金(2015年8月)　　　惠州(2015年10月)
温州(2016年4月)　　　高邮(2016年11月)　　 永州(2016年12月)
龙泉(2017年7月)　　　长春(2017年10月)　　 蔚县(2018年5月)